202

甘肃统计年

GANSU STATISTICAL YEAR

甘　肃　省　统　计　局
国家统计局甘肃调查总队　编

Compiled by
Gansu Provincial Bureau of Statistics
Survey Office of the National Bureau of Statistics in Gansu

中国统计
China Statist

《甘肃统计年鉴2024》

编委会和编辑工作人员

Gansu Statistical Yearbook 2024

Editorial Board and Staff

编者说明

一、从2024年开始，原《甘肃发展年鉴》更名为《甘肃统计年鉴》，编纂方式与原《甘肃发展年鉴》保持不变，内容上删除了第一部分9个篇目的综合性文字稿件，包括特载、概况、国民经济、交通通信、财政金融、经济管理、社会事业、人民生活、地县及兰州新区概况等。《甘肃发展年鉴》编委会随之更名为《甘肃统计年鉴》编委会。

二、《甘肃统计年鉴》是由甘肃省统计局和国家统计局甘肃调查总队编纂，中国统计出版社出版，国内外公开发行的资料性年刊。它以大量翔实可靠的数据资料，全面记载了甘肃经济社会发展情况，是各级党政领导、经济管理部门、企事业单位、科研部门和中外投资者了解省情、市情，进行科学决策、咨询和研究的重要工具书。

三、《甘肃统计年鉴2024》全部为中英文对照版并配有电子版，主要记载2023年甘肃经济社会发展情况，统计资料在时间上有所上溯。

四、本年鉴共设23个篇章，包括综合，人口，国民经济核算，就业和工资，价格，人民生活，财政和金融业，资源和环境，能源，固定资产投资，对外经济贸易，农业，工业，建筑业，批发和零售业，住宿、餐饮业和旅游业，运输和邮电，教育和科学技术，卫生、社会服务和社会保障，文化和体育，城市，民族自治地方，兰州新区。为方便读者使用资料，统计资料各篇前附有简要说明，篇末附有主要统计指标解释。

五、与2023年版《甘肃发展年鉴》相比较，本年鉴根据现行统计调查制度和统计工作开展情况，主要作如下修订：在“就业和工资”部分，更改了涉及到平均工资统计指标下的细分项。在“价格”部分，不再统计“商品零售价格指数”指标。在“住宿、餐饮业和旅游业”部分，将“国内旅游收入”指标修改为“旅游总花费”指标。在“固定资产投资”部分，删除“本年购置土地面积”指标。在“建筑业”部分，删除“内资企业”指标及“房屋建筑面积”指标下的细分项；在“批发和零售业”部分，修改“内资企业”指标下的细分项。在“农业”部分，删除“农林牧渔业增加值”指标下的细分项。在“城市”部分，更新了简要说明和指标解释内容。

六、由于统计制度方法改革，有些统计指标的口径、包括范围和计算方法有所变化，使用时请注意。

七、本年鉴中涉及的历史数据，均以最新出版的本年鉴数据为准；本年鉴中所使用的度量衡单位均采用国际统一标准计量单位；部分数据合计数或相对数由于单位取舍不同而产生的计算误差，均未做机械调整。

八、符号使用说明：年鉴各表中的“空格”表示该项统计指标数据不足本表最小单位数、数据不详或无该项数据；“#”表示其中的主要项。

本年鉴的编辑出版，得到省直相关部门和有关企业事业单位的大力支持，我们对此表示诚挚的谢意！

编者

2024年9月

Preface

I. Since 2024, *Gansu Development Yearbook* was renamed as *Gansu Statistical Yearbook*, with the same compilation method as the original "*Gansu Development Yearbook*". The 9 comprehensive text articles of the first part have been deleted, including Featured Articles, Survey, National Economy, Traffic Communication, Government Finance and Financial, Economy & Management, Social Undertaking, People's Living Conditions, City & County and Lanzhou New Area Overview. The editorial board of *Gansu Development Yearbook* was renamed as the editorial board of *Gansu Statistical Yearbook*.

II. *Gansu Statistical Yearbook* is edited by the Gansu Provincial Bureau of Statistics and Survey Office of the National Bureau of Statistics in Gansu and published by China Statistics Press, is a Informative annual publication publicly issued domestically and internationally. It records comprehensively Gansu economic and social development situation by the large amount of reliable data materials, and is an important tool to understand the situation of the province, city and conduct a scientific decision-making, consult and research for every level party and government leaders, economic management department, enterprise and public institution, research departments and domestic and foreign investors.

III. The *Gansu Statistical Yearbook 2024* is a bilingual version in both Chinese and English, with an electronic version, records mainly Gansu economic and social development situation in 2023, but its statistics materials have traced back in time.

IV. The yearbook contains total 23 sections and chapters: General Survey; Population; National Accounts; Employment and Wages; Prices; People's Living Conditions; Government Finance and Financial Intermediation; Resources and Environment; Energy; Investment in Fixed Assets; Foreign Trade and Economic Cooperation; Agriculture; Industry; Construction; Wholesale and Retail Trades; Hotels, Catering Services and Tourism; Transport, Postal and Telecommunication Services; Education & Science and Technology; Public Health, Social Services and Social Security; Culture and Sports; City; Ethnic Minority Autonomous Area; Lanzhou New Area. For the convenience of using information for the readers, statistics have a brief introduction at the beginning of each part. In addition, explanatory notes on main statistical indicators are provided at the end of each part.

V. In comparison with *Gansu Development Yearbook 2023*, following revisions have been made in this new version in terms of the statistical contents and in editing:In the chapter on "Employment and Wages",the sub items related to the statistical indicators of average wages are changed.In the chapter on "Prices",the indicator of "Retail Price Index of Goods" is no longer included in the statistics.In the indicator of "Hotels, Catering Services and Tourism",change the indicator of "Earnings from Domestic Tourism" to"Total Tourism Expenditure".In the chapter on "Investment in Fixed Assets",the indicator of "Land Space Purchased This Year" is deleted.In the chapter on "Construction",the sub items related to the statistical indicators of"Domestic Funded Enterprises" and "Floor Space of Buildings " are deleted.In the chapter on "Wholesale and Retail Trades",the sub items related to the statistical indicators of"Domestic Funded Enterprises" are changed.In the chapter on "Agriculture",the sub items related to the statistical indicators of"Value-added of Agriculture,Forestry,Animal Husbandry and Fished " is deleted.In the chapter on "City",the brief explanation and indicator explanation content are renewed .

VI. As the methods of statistical system reform, some of the caliber of statistical indicators, including the scope and computational method change and please note that when used. The presentation data is provided by the units and some are preliminary statistics, if they does not accord with the statistical tables to tables shall prevail.

VII. Please refer to the newly published version of the yearbook for updated historical data. The units of measurement used in this yearbook are internationally standard measurement units, statistical discrepancies on totals and relative figures due to rounding are not adjusted in the yearbook.

VIII. Notations used in the yearbook: (blank space) indicates that the figure is not large enough to be measured with the smallest unit in the table, or data are unknown, or are not available; "#" indicates a major breakdown of the total.

The edit and publishing of the yearbook were strongly supported by the departments under the provincial leadership, relevant enterprises and public institutions. We express our sincere thanks!

Editor
September 2024

目　录

统计资料
STATISTICS

一、综 合
General Survey

二、人口
Population

三、国民经济核算
National Accounts

四、就业和工资
Employment and Wages

五、价 格
Prices

六、人民生活
People's Living Conditions

七、财政和金融业
Government Finance and Financial Intermediation

八、资源和环境
Resources and Environment

九、能源
Energy

十、固定资产投资
Investment in Fixed Assets

十一、对外经济贸易
Foreign Trade and Economic Cooperation

十二、农业
Agriculture

十三、工业
Industry

十四、建筑业
Construction

十五、批发和零售业
Wholesale and Retail Trades

十六、住宿、餐饮业和旅游业
Hotels, Catering Services and Tourism

十七、运输和邮电
Transport, Postal and Telecommunication Services

十八、教育和科学技术
Education & Science and Technology

十九、卫生、社会服务和社会保障
Public Health, Social Services and Social Security

二十、文化和体育
Culture and Sports

二十一、城市
City

二十二、民族自治地方
Ethnic Minority Autonomous Area

二十三、兰州新区
Lanzhou New Area

1

综　合

General Survey

简要说明

一、本篇资料主要内容

本篇资料主要包括行政区划、河流基本情况、国民经济和社会发展综合资料、私营个体经济基本情况及法人单位与产业活动单位基本情况资料。

二、本篇资料来源

1. 甘肃行政区划资料是截至 2023 年末全省行政区划变更情况汇总，由省民政厅提供。

2. 河流资料由省水利厅提供。

3. 国民经济和社会发展综合资料是由省统计局国民经济综合统计处抽取全书的精华，通过对各篇章主要统计指标及其速度、结构、比例和效益等加工计算，来反映国民经济和社会发展的总体情况。

4. 全省私营个体经济资料来自省市场监督管理局。

5. 全省法人单位与产业活动单位资料由省统计局普查中心汇总、加工整理。

1-1 行政区划（2023）
Divisions of Administrative Areas in Gansu (2023)

单位：个 (unit)

地级区划名称	Prefectures, Autonomous Regions and Municipalities	地级 Prefecture Level	县级 County Level	县 Counties	自治县 Autonomous Counties	县级市 County-level Cities	市辖区 Districts under the Jurisdiction of Cites	乡镇级 Townships Level	镇 Towns	乡 Towns	民族乡 Ethnic Community Towns	街道办事处 Street Commu-nites
甘肃省	**Gansu**	**14**	**86**	**57**	**7**	**5**	**17**	**1229**	**892**	**305**	**32**	**127**
兰州市	Lanzhou	1	8	3			5	61	47	14		53
嘉峪关市	Jiayuguan	1						3	3			3
金昌市	Jinchang	1	2	1			1	12	11	1		6
白银市	Baiyin	1	5	3			2	69	53	15	1	9
天水市	Tianshui	1	7	4	1		2	113	101	12		10
武威市	Wuwei	1	4	2	1		1	93	84	9		9
张掖市	Zhangye	1	6	4	1		1	60	48	8	4	5
平凉市	Pingliang	1	7	5		1	1	102	70	23	9	3
酒泉市	Jiuquan	1	7	2	2	2	1	68	53	9	6	8
庆阳市	Qingyang	1	8	7			1	116	73	42	1	3
定西市	Dingxi	1	7	6			1	119	87	32		3
陇南市	Longnan	1	9	8			1	195	140	51	4	4
临夏州	Linxia	1	8	5	2	1		123	58	61	4	7
甘南州	Gannan	1	8	7		1		95	64	28	3	4

1-2 河流基本情况
Major Rivers

名 称	River	流域面积（万平方公里） Drainage Area Within Borders (10 000 sq.km)	河流长度（公里） Length Within Borders (km)	年径流量（亿立方米） Annual Flow (100 million cu.m)
长江	Yangtze River	3.83	3484.66	90.00
#白龙江	Bailong River	1.81	450.00	57.07
黄河	Huanghe River (Yellow River)	14.27	7752.46	86.45
#洮河	Taohe River	2.52	673.00	29.53
内陆河	Inland Rivers	27.00	4691.00	45.14
#疏勒河	Shulehe River	13.01	583.00	9.45
黑河	Heihe River	5.60	413.00	21.43
石羊河	Shiyanghe River	3.98	179.60	11.21
苏干湖	Sugan Lake	1.89	204.00	3.05

注：1. 流域面积依据第三次全省水资源调查评价（审查通过）已更新。

2. 增加了苏干湖水资源信息，河长为大小哈尔腾河河长之和。

a) The basin area has been updated based on the third water resources survey and evaluation of Gansu province (passed by review).

b) The water resources information of Sugan Lake has been added, and the length of the river is the sum of the lengths of the large and small Harten Rivers.

1-3 国民经济和社会发展总量与速度指标

指　标	Item	总量指标 Aggregate Data	
		2010	2015
人口（万人）	**Population (10 000 persons)**		
年末常住人口	Permanent Population at Year-end	2559.98	2523.18
城镇人口	Urban Population	924.66	1116.26
乡村人口	Rural Population	1635.32	1406.93
就业（万人）	**Employment (10 000 persons)**		
就业人员数	Total Number of Employed Persons	1397	1346
第一产业	Primary Industry	861	768
第二产业	Secondary Industry	215	217
第三产业	Tertiary Industry	322	361
城镇登记失业人数	Number of Registered Unemployed Persons in Urban Areas	10.72	9.48
国民经济核算	**National Accounts**		
地区生产总值（亿元）	Gross Regional Product (100 million yuan)	3943.73	6556.55
第一产业	Primary Industry	472.61	733.37
第二产业	Secondary Industry	1910.35	2505.41
第三产业	Tertiary Industry	1560.77	3317.77
人均地区生产总值（元）	Per Capita GDP (yuan)	15421	25946
固定资产投资（%）	**Investment in Fixed Assets (%)**		
固定资产投资总额	Total Investment in Fixed Assets	36.24	11.17
第一产业	Primary Industry	10.69	30.75
第二产业	Secondary Industry	32.99	-2.74
第三产业	Tertiary Industry	39.98	21.94
财政（亿元）	**Finance (100 million yuan)**		
财政收入	Government Revenue	745.25	1386.28
一般公共预算收入	General Public Budget Revenue	353.58	743.86
一般公共预算支出	General Public Budget Expenditure	1468.58	2958.31
物价总指数（上年 =100）	**Price Indices (preceding year=100)**		
商品零售价格指数	Retail Price Index	104.6	101.0
居民消费价格指数	Consumer Price Index	104.1	101.6
工业生产者出厂价格指数	Producer Price Indices for Industrial Products	115.0	87.0
工业生产者购进价格指数	Purchasing Price Index for Industrial Producers	114.4	87.0
能源（万吨标煤）	**Energy (10 000 tons of SCE)**		
能源生产总量	Total Energy Production	4631.59	5816.78
能源消费总量	Total Energy Consumption	5829.85	7488.50

Principal Aggregate Indicators on National Economic and Social Development and Their Related Indices and Growth Rates

				速度指标（%） Indices and Growth Rates							
				指数（2023 年为以下各年 %） Index (2023 as Percentage of the Following Years)					年均增长速度 Average Annual Growth Rate		
2020	2021	2022	2023	2010	2015	2020	2021	2022	2011-2015	2016-2020	2021-2023
2501.02	2490.02	2492.42	2465.48	96.31	97.71	98.58	99.01	98.92	-0.29	-0.18	-0.48
1306.28	1327.93	1350.64	1368.05	147.95	122.56	104.73	103.02	101.29	3.84	3.19	1.55
1194.74	1162.09	1141.78	1097.43	67.11	78.00	91.86	94.44	96.12	-2.96	-3.22	-2.79
1331	1319	1307	1316	94.20	97.77	98.87	99.77	100.69	-0.74	-0.22	-0.38
597	580	614	587	68.20	76.43	98.32	101.21	95.60	-2.25	-4.91	-0.56
237	238	227	231	107.65	106.53	97.47	97.06	101.76	0.21	1.79	-0.85
497	501	466	498	154.79	137.90	100.20	99.40	106.87	2.34	6.60	0.07
12.20	13.08	13.38	12.44	116.04	131.22	101.97	95.11	92.97	-2.43	5.17	0.65
8979.67	10225.49	11121.37	11863.8	256.89	154.75	118.80	111.08	106.36	10.67	5.43	5.91
1188.09	1364.80	1499.69	1641.28	211.31	159.48	122.72	111.49	105.91	5.79	5.38	7.06
2824.84	3451.24	3928.26	4080.79	239.78	143.23	117.42	110.88	106.46	10.86	4.05	5.50
4966.74	5409.46	5693.42	6141.77	282.65	162.06	118.65	111.10	106.42	11.77	6.43	5.87
35848	40976	44646	47867	265.08	157.78	120.07	111.85	106.90	10.93	5.62	6.29
7.85	11.11	10.14	5.95	295.29	94.55	129.66	116.69	105.95	23.67	-6.12	9.04
37.01	-3.06	-4.58	-1.87	660.54	95.19	90.77	93.63	98.13	37.46	0.96	-3.18
0.45	39.86	56.91	30.04	261.80	109.53	285.37	204.04	130.04	17.63	-17.43	41.84
8.05	6.06	-1.75	-4.10	359.00	96.20	99.93	94.23	95.90	28.32	-0.76	-0.02
1625.97	1863.93	1686.68	1830.85	245.67	132.07	112.60	98.23	108.55	13.22	3.24	4.04
874.55	1001.86	907.65	1003.58	283.83	134.92	114.75	100.17	110.57	16.04	3.29	4.69
4163.40	4032.56	4257.16	4521.82	307.90	152.85	108.61	112.13	106.22	15.03	7.07	2.79
101.3	102.0	103.7									
102.0	100.9	101.9	100.5	96.54	98.92	98.53	99.60	98.63			
93.9	116.4	110.9	95.9	83.39	110.23	102.13	82.39	86.50			
94.1	118.1	113.5	92.5	80.86	106.32	98.30	78.32	81.47			
6729.39	7031.70	7778.97	8725.09	188.38	150.00	129.66	124.08	112.16	4.66	2.96	9.04
8104.71	8434.23	8667.89	9088.69	155.90	121.37	112.14	107.76	104.85	5.14	1.59	3.89

1-3 续表 1

指 标	Item	总量指标 Aggregate Data 2010	2015
农业	**Agriculture**		
农林牧渔业从业人员（万人）	Employed Persons of Agriculture, Forestry, Animal, Husbandry & Fishery (10 000 persons)	724.82	668.07
农林牧渔业总产值（亿元）	Gross Output Value of Agriculture Forestry, Animal Husbandry and Fishery (100 million yuan)	905.22	1386.18
主要农产品产量（万吨）	Output of Major Farm Products (10 000 tons)		
粮食	Grain	948.82	1154.58
棉花	Cotton	7.99	4.82
油料	Oil-bearing Crops	66.06	76.71
中草药材	Chinese Medicinal Materials	48.47	83.75
甜菜	Beet Roots	23.31	18.26
蔬菜	Vegetables	752.71	1086.19
园林水果	Garden Fruits	197.17	304.06
肉类	Meat	81.50	89.90
#猪牛羊肉	Pork,Beef,Mutton	75.15	82.43
工业	**Industry**		
工业增加值（亿元）	Value-added of Industry (100 million yuan)	1613.76	2031.55
规模以上工业主要产品产量	Main Product Output of Industry above Designated Size		
原煤（万吨）	Coal (10 000 tons)	4547.20	4390.27
原油（万吨）	Crude Oil (10 000 tons)	382.14	820.09
原油加工量（万吨）	Crude Oil Processing (10 000 tons)	1383.54	1424.31
发电量（亿千瓦小时）	Electricity (100 million kWh)	791.53	1139.45
粗钢（万吨）	Crude Steel (10 000 tons)	662.25	852.10
水泥（万吨）	Cement (10 000 tons)	2414.11	4764.30
乙烯（万吨）	Ethene (10 000 tons)	69.48	64.20
卷烟（万箱）	Cigarettes (10 000 pack)	80.00	103.00
建筑业	**Construction**		
建筑业从业人员（万人）	Number of Employed Persons of Construction (10 000 persons)	45.76	55.10
建筑业增加值（亿元）	Value-added of Construction (100 million yuan)	296.59	484.24
房地产业	**Real Estate**		
房地产业施工房屋面积（万平方米）	Floor Space of Buildings under Construction (10 000 sq.m)	3130.40	8586.18
房地产业竣工房屋面积（万平方米）	Floor Space of Buildings Completed (10 000 sq.m)	598.66	962.24
房地产业商品房销售面积（万平方米）	Floor Space of Commercialized Buildings Sold (10 000 sq.m)	756.51	1434.96
#住宅	Residential Buildings	692.07	1307.48
房地产业商品房销售额（亿元）	Total Sale of Commercialized Buildings (100 million yuan)	227.81	704.93
#住宅	Residential Buildings	201.47	603.08
交通运输	**Transportation**		
货运量（万吨）	Freight Traffic (10 000 tons)	29009	58258
#铁路	Railways	4926	5936
公路	Highways	24050	52281

continued

				速度指标（%） Indices and Growth Rates							
				指数（2023 年为以下各年 %） Index (2023 as Percentage of the Following Years)					年均增长速度 Average Annual Growth Rate		
2020	2021	2022	2023	2010	2015	2020	2021	2022	2011-2015	2016-2020	2021-2023
638.90	629.09	622.79	616.10	85.00	92.22	96.43	97.94	98.93	-1.62	-0.89	-1.20
2103.61	2439.54	2680.74	2927.69	209.51	160.03	125.05	112.36	106.06	5.54	5.06	7.74
1202.21	1231.46	1264.99	1272.88	134.15	110.25	105.88	103.36	100.62	4.00	0.81	1.92
3.01	3.06	3.99	4.25	53.14	88.10	141.05	138.94	106.53	-9.62	-8.98	12.15
61.45	58.79	61.32	63.10	95.52	82.26	102.68	107.34	102.90	3.03	-4.34	0.89
123.22	131.46	137.48	148.90	307.18	177.79	120.84	113.26	108.31	11.56	8.03	6.51
22.42	15.88	15.83	16.88	72.40	92.46	75.29	106.29	106.61	-4.77	4.19	-9.03
1478.51	1655.25	1736.64	1822.65	242.14	167.80	123.28	110.11	104.95	7.61	6.36	7.22
481.07	539.07	575.39	616.40	312.62	202.72	128.13	114.35	107.13	9.05	9.61	8.61
110.09	135.31	142.65	157.44	193.19	175.13	143.01	116.35	110.37	1.98	4.14	12.67
101.67	124.60	131.60	143.36	190.76	173.92	141.01	115.06	108.93	1.86	4.29	12.14
2265.39	2835.35	3274.67	3389.56	255.49	148.40	118.97	110.95	106.84	11.48	4.52	5.96
3848.12	4151.06	5351.76	5990.19	131.73	136.44	155.67	144.31	111.93	-0.70	-2.60	15.89
968.74	1029.05	1092.24	1166.37	305.22	142.22	120.40	113.34	106.79	16.50	3.39	6.38
1467.55	1469.87	1454.31	1466.50	106.00	102.96	99.93	99.77	100.84	0.58	0.60	-0.02
1601.18	1724.61	1816.58	1925.39	243.25	168.98	120.25	111.64	105.99	7.56	7.04	6.34
1059.17	1059.00	1084.89	1108.86	167.44	130.13	104.69	104.71	102.21	5.17	4.45	1.54
4651.15	4450.03	4008.21	4125.46	170.89	86.59	88.70	92.71	102.93	14.56	-0.48	-3.92
69.70	73.85	70.54	60.79	87.49	94.69	87.21	82.31	86.17	-1.57	1.66	-4.46
92.24	93.20	93.60	94.00	117.50	91.26	101.91	100.86	100.43	5.18	-2.18	0.63
40.86	49.34	51.39	53.74	117.43	97.53	131.50	108.92	104.57	3.78	-5.80	9.56
568.30	625.87	663.34	707.66	183.34	123.86	112.54	111.52	105.90	8.16	1.94	4.02
11328.26	13197.55	12268.44	12102.49	386.61	140.95	106.83	91.70	98.65	22.36	5.70	2.23
881.36	1463.07	917.80	1241.19	207.33	128.99	140.83	84.83	135.23	9.96	-1.74	12.09
1967.92	2224.09	1470.42	1496.73	197.85	104.30	76.06	67.30	101.79	13.66	6.52	-8.72
1863.81	2118.38	1388.16	1426.81	206.17	109.13	76.55	67.35	102.78	13.57	7.35	-8.52
1293.41	1344.89	835.48	900.81	395.41	127.79	69.65	66.98	107.82	25.35	12.91	-11.36
1205.42	1267.78	780.54	845.67	419.75	140.23	70.16	66.71	108.35	24.52	14.86	-11.14
67240	76110	72945	79808	275.11	136.99	118.69	104.86	109.41		2.91	5.88
5966	6444	8861	9905	201.07	166.86	166.02	153.70	111.78	3.80	0.10	18.41
61272	69665	64084	69902	290.65	133.70	114.08	100.34	109.08		3.22	4.49

1-3 续表 2

指 标	Item	总量指标 Aggregate Data	
		2010	2015
客运量（万人次）	Passenger Traffic (10 000 person-times)	53776	41516
#铁路	Railways	2178	3123
公路	Highways	51404	37242
邮电通信业	**Postal and Telecommunication Services**		
邮政业务总量（亿元）	Business Volume of Postal Services (100 million yuan)	8.49	16.32
电信业务总量（亿元）	Business Volume of Telecommunication Services (100 million yuan)	444.81	347.29
移动电话年末用户（万户）	Number of Mobile Telephone Subscribers at Year-end(10 000 subscribers)	1390.10	2108.10
固定电话年末用户（万户）	Number of Fixed Telephone Subscribers at Year-end (10 000 subscribers)	411.90	325.99
互联网宽带接入用户（万户）	Broadband Subscribers of Internet (10 000 subscribers)	109.52	245.34
批发、零售和旅游业	**Wholesale, Retail Sales and Tourism**		
社会消费品零售总额（亿元）	Total Retail Sales of Consumer Goods (100 million yuan)	1373.52	2737.10
国内旅游人数（万人次）	Number of Domestic Tourists (10 000 person-times)	4284.45	15633.00
国内旅游收入（亿元）	Earnings from Domestic Tourism (100 million yuan)	237.20	975.00
对外经济贸易	**Foreign Trade**		
进出口总额（万元）	Total Value of Exports and Imports (10 000 yuan)	5026829	4939668
出口总额	Total Exports	1111806	3611754
进口总额	Total Imports	3915023	1327914
金融业（亿元）	**Financial Intermediation (100 million yuan)**		
金融机构人民币各项存款	Deposits of National Banking System	7115.37	16141.19
金融机构人民币各项贷款	Loans of National Banking System	4433.05	13292.18
保险公司保费收入	Insurance Premium of Insurance Companies	146.34	256.89
保险公司赔付支出	Indemnity Expenditure and Payment of Insurance Companies	31.18	92.75
教育	**Education**		
专任教师数（人）	Number of Full-time Teachers (person)		
#普通高等学校	Regular Higher Education Institutions	20761	26132
普通中学	Regular Secondary Schools	120689	128621
普通小学	Regular Primary Schools	140381	140320
在校学生数（万人）	Students Enrollment (10 000 persons)		
#普通高等学校	Regular Higher Education Institutions	38.15	45.05
普通中学	Regular Secondary Schools	203.10	153.86
普通小学	Regular Primary Schools	237.04	180.24
地方财政用于教育的支出（亿元）	Government Expenditures on Education (100 million yuan)	228.23	498.33
科技	**Science and Technology**		
研究与试验发展经费支出（亿元）	Expenditure on R&D (100 million yuan)	41.59	82.72

continued

				速度指标（%） Indices and Growth Rates							
				指数（2023 年为以下各年 %） Index (2023 as Percentage of the Following Years)					年均增长速度 Average Annual Growth Rate		
2020	2021	2022	2023	2010	2015	2020	2021	2022	2011-2015	2016-2020	2021-2023
26831	15634	8097	15939	29.64	38.39	59.40	101.95	196.85		-8.36	-15.94
4153	4601	2444	6200	284.68	198.54	149.29	134.75	253.70	7.47	5.87	14.29
22478	10813	5544	9371	18.23	25.16	41.69	86.66	169.04		-9.60	-25.30
47.13	49.80	49.45	62.83			133.31	126.16	127.06	13.98	23.62	10.06
2556.96	292.31	296.54	300.09					101.20	-4.83		
2673.83	2744.72	2784.35	2879.48	207.14	136.59	107.69	104.91	103.42	8.68	4.87	2.50
309.80	301.20	299.90	306.60	74.44	94.05	98.97	101.79	102.23	-4.57	-1.01	-0.35
931.42	1025.24	1092.69	1186.80	1083.64	483.74	127.42	115.76	108.61	17.50	30.58	8.41
3632.35	4037.11	3922.20	4329.70	315.23	158.19	119.20	107.25	110.39	14.79	5.82	6.03
21288.22	27601.91	13482.02	38804.60	905.71	248.22	182.28	140.59	287.82	29.55	6.37	22.16
1454.38	1841.78	665.02	2745.80	1157.59	281.62	188.80	149.08	412.89	32.67	8.33	23.59
3824498	4919265	5679692	4916103	97.80	99.52	128.54	99.94	86.56	-0.35	-4.99	8.73
856364	969151	1200181	1237799	111.33	34.27	144.54	127.72	103.13	26.57	-25.01	13.07
2968133	3950114	4479510	3678304	93.95	277.00	123.93	93.12	82.11	-19.45	17.45	7.41
20938.25	22546.39	24826.46	26488.28	372.27	164.10	126.51	117.48	106.69	17.80	5.34	8.15
21935.57	23730.41	25280.97	27407.31	618.25	206.19	124.94	115.49	108.41	24.56	10.54	7.71
485.19	490.32	490.90	534.25	365.08	207.97	110.11	108.96	108.83	11.91	13.56	3.26
169.31	174.57	158.04	213.48	684.61	230.17	126.09	122.29	135.08	24.36	12.79	8.03
31030	32369	34021	35952	173.17	137.58	115.86	111.07	105.68	4.71	3.50	5.03
127233	129645	130572	132322	109.64	102.88	104.00	102.06	101.34	1.28	-0.22	1.32
150870	152144	151868	152108	108.35	108.40	100.82	99.98	100.16	-0.01	1.46	0.27
58.11	61.34	64.81	66.25	173.64	147.07	114.01	108.01	102.21	3.38	5.22	4.47
139.00	139.99	142.93	148.17	72.95	96.30	106.60	105.84	103.67	-5.40	-2.01	2.15
200.91	202.50	202.01	204.04	86.08	113.20	101.56	100.76	101.01	-5.33	2.19	0.52
662.99	661.92	699.58	715.57	313.52	143.59	107.93	108.10	102.29	16.90	5.88	2.58
109.64	129.47	144.15	156.25	375.70	188.89	142.51	120.68	108.39	14.74	5.80	12.53

1-3 续表 3

指　标	Item	总量指标 Aggregate Data 2010	2015
文化	**Culture**		
图书出版总印数（万册）	Number of Books Published (10 000 Volumes)	6737	6650
期刊出版总印数（万册）	Number of Magazines Issued (10 000 Volumes)	11082	9672
报纸出版总印数（万份）	Number of Newspapers Issue (10 000 Copies)	40714	50828
人民生活	**People's Livelihoods**		
全省居民人均可支配收入（元）	Per Capita Disposable Income of Households (yuan)	7358	13467
城镇居民人均可支配收入（元）	Per Capita Disposable Income of Urban Households (yuan)	13820	23767
农村居民人均可支配收入（元）	Per Capita Disposable Income of Rural Households (yuan)	3747	6936
城镇居民人均居住面积（平方米）	Per Capita Net Floor Space of Urban Residents (sq.m)	27.9	34.0
农村居民人均居住面积（平方米）	Per Capita Net Floor Space of Rural Residents (sq.m)	21.0	29.3
卫生	**Health Care**		
卫生机构数（个）	Number of Health Care Institutions (unit)	10267	11031
#医院、卫生院	Number of Hospitals and Health Centers	1728	1793
卫生机构床位数（张）	Number of Beds in Health Care Institutions (unit)	94883	127011
#医院、卫生院	Number of Beds in Hospital and Health Centers	82422	118609
卫生技术人员（人）	Number of Medical Technical Personnel (person)	97387	129523
#执业（助理）医师	Number of Licensed (Assistant) Doctors	38249	49663
社会保险	**Welfare and Social Insurance**		
社会保险基金收入（亿元）	Revenue of Social Insurance Fund (100 million yuan)	227.37	444.56
社会保险基金支出（亿元）	Expenses of Social Insurance Fund (100 million yuan)	174.41	413.69
参加基本养老保险人数（万人）	Participants in Basic Endowment Insurance (10 000 persons)	621.47	1542.94
参加失业保险人数（万人）	Participants in Unemployment Insurance (10 000 persons)	164.46	162.76
参加基本医疗保险人数（万人）	Participants in Basic Medical Insurance (10 000 persons)	588.79	634.96

注：本表中卫生机构数不包含村卫生室数。

continued

				速度指标 (%) Indices and Growth Rates							
				指数 (2023 年为以下各年 %) Index (2023 as Percentage of the Following Years)					年均增长速度 Average Annual Growth Rate		
2020	2021	2022	2023	2010	2015	2020	2021	2022	2011-2015	2016-2020	2021-2023
9593	11445	12155	13815	205.06	207.74	144.01	120.71	113.65	-0.26	7.60	12.93
7971	8193	8625	8965	80.89	92.69	112.46	109.42	103.93	-2.69	-3.79	3.99
34404	31054	27405	26369	64.77	51.88	76.65	84.91	96.22	4.54	-7.51	-8.48
20335	22066	23273	25011	339.91	185.72	122.99	113.34	107.47	12.85	8.59	7.14
33822	36187	37572	39833	288.23	167.60	117.77	110.07	106.02	11.45	7.31	5.60
10344	11433	12165	13131	350.45	189.31	126.94	114.86	107.94	13.11	8.32	8.28
35.0	35.5	32.9	36.0	129.08	105.88	102.96	101.51	109.28	4.04	0.56	0.98
31.9	32.1	32.5	33.5	159.83	114.33	104.95	104.50	102.97	6.93	1.73	1.62
9829	9456	9002	9073	88.37	82.25	92.31	95.95	100.79	1.45	-2.28	-2.63
2073	2058	2063	2088	120.83	116.45	100.72	101.46	101.21	0.74	2.94	0.24
177929	183246	188994	203974	214.97	160.60	114.64	111.31	107.93	6.01	6.97	4.66
167260	171393	174284	188322	228.49	158.78	112.59	109.88	108.05	7.55	7.12	4.03
188932	201099	207303	220576	226.49	170.30	116.75	109.69	106.40	5.87	7.84	5.30
66396	70673	72325	78030	204.01	157.12	117.52	110.41	107.89	5.36	5.98	5.53
1010.80	1226.48	1284.80	1464.83	644.24	329.50	144.92	119.43	114.01	14.35	17.85	13.16
1029.76	1127.36	1162.12	1349.40	773.68	326.18	131.04	119.70	116.12	18.86	20.01	9.43
1872.68	1890.39	1904.10	1911.52	307.58	123.89	102.07	101.12	100.39	19.95	3.95	0.69
187.36	196.08	202.76	210.05	127.72	129.06	112.11	107.12	103.60	-0.21	2.86	3.88
2590.40	2587.19	2555.12	2510.59	426.40	395.39	96.92	97.04	98.26	1.52	32.47	-1.04

a) Number of health care institutions in this table doesn’t include villages clinics.

1-4 国民经济和社会发展结构指标
Structural Indicators on National Economic and Social Development

单位：%　　(%)

指　标	Item	2005	2010	2015	2020	2023
人口	**Population**					
城乡结构	Urban and Rural Composition					
城镇	Urban	30.02	36.12	44.24	52.23	55.49
乡村	Rural	69.98	63.88	55.76	47.77	44.51
性别结构	Sexual Composition					
男	Male	51.44	51.08	51.04	50.76	50.76
女	Female	48.56	48.92	48.96	49.24	49.24
年龄结构	Age Composition					
0—14 岁	Aged 0-14	23.42	18.16	17.54	19.40	18.41
15—64 岁	Aged 15-64	69.35	73.61	72.63	68.02	67.94
65 岁及以上	Aged 65 and Over	7.23	8.23	9.83	12.58	13.65
就业	**Employment**					
产业结构	Industrial Composition					
第一产业	Primary Industry	63.67	61.61	57.06	44.85	44.60
第二产业	Secondary Industry	14.66	15.36	16.11	17.81	17.55
第三产业	Tertiary Industry	21.67	23.03	26.83	37.34	37.84
国民经济核算	**National Accounts**					
生产总值产业结构	Industrial Composition					
第一产业	Primary Industry	16.32	11.98	11.19	13.23	13.83
第二产业	Secondary Industry	41.42	48.44	38.21	31.46	34.40
第三产业	Tertiary Industry	42.27	39.58	50.60	55.31	51.77
财政	**Government Finance**					
一般公共预算收入中	Of General Public Budget Revenue					
税收收入	Tax Revenue	74.46	62.30	71.22	64.94	69.62
#国内增值税	Domestic Value-added Tax	27.55	20.01	16.95	45.81	46.16
企业所得税	Corporate Income Tax	9.17	9.07	11.17	11.34	11.79
个人所得税	Individual Income Tax	5.63	5.05	3.57	3.62	3.55
非税收入	Non-tax Revenue	25.54	37.70	28.78	35.06	30.38
能源	**Energy**					
能源生产	Energy Production					
原煤	Raw Coal	71.72	68.37	52.02	39.17	44.29
原油	Crude Oil	12.07	11.79	20.14	20.57	19.10
天然气	Natural Gas	0.57	0.28	0.27	0.70	1.03
一次电力及其他能源	Primary Electricity and Other Energy	15.64	19.56	27.57	39.56	35.57
能源消费	Energy Consumption					
煤炭	Coal	67.84	64.08	60.21	52.74	51.43
石油	Petroleum	16.17	16.99	16.15	15.33	15.34
天然气	Natural Gas	2.88	3.39	4.45	5.29	5.88
一次电力及其他能源	Primary Electricity and Other Energy	13.11	15.54	19.19	26.64	27.35
投资	**Investment in Fixed Assets**					
固定资产投资结构	Composition of Total Investment in Fixed Assets					
产业结构	Industrial Composition					
第一产业	Primary Industry	4.79	4.08	6.20	4.94	3.46
第二产业	Secondary Industry	40.04	47.29	39.82	16.27	35.81
第三产业	Tertiary Industry	55.17	48.62	53.98	78.79	60.73

1-4 续表 1 continued

单位：% (%)

指 标	Item	2005	2010	2015	2020	2023
资金来源结构	Composition of Funding Sources					
国家预算内资金	State Budget	9.62	16.41	13.01	15.02	18.28
国内贷款	Domestic Loans	19.90	18.36	11.69	20.30	13.46
债券	Bonds			0.21	0.34	
利用外资	Foreign Investment	1.65	0.53	0.25	0.40	0.07
自筹资金	Self-raising Funds	55.31	52.54	64.81	40.30	49.49
其他投资	Other Investments	13.52	12.16	10.02	23.64	18.71
农业	**Agriculture**					
农林牧渔业产值结构	Composition of Gross Output Value of Agriculture					
农业	Agriculture	66.01	69.47	68.62	67.69	68.37
林业	Forestry	2.89	2.44	2.44	1.51	1.27
牧业	Animal Husbandry	20.80	15.63	15.69	23.54	23.91
渔业	Fishery	0.19	0.09	0.10	0.09	0.06
农林牧渔服务业	Service for Agriculture,Forestry, Animal Husbandry and Fishery	10.11	12.37	13.14	7.17	6.38
工业（规模以上）	**Industry (above designated size)**					
按轻重工业分	Grouped by Light and Heavy Industries					
轻工业	Light Industry	18.77	14.09	19.24	15.25	12.29
重工业	Heavy Industry	81.23	85.91	80.76	84.75	87.71
按工业门类分	Grouped by Industries					
采矿业	Mining				18.54	25.56
制造业	Manufacturing				62.60	62.23
电力、热力、燃气及水生产和供应业	Production and Supply of Electricity, Heat, Gas and Water				18.86	12.22
建筑业	**Construction**					
建筑业总产值结构	Composition of Gross Output Value of Construction Industry					
国有经济	State-owned Enterprise	37.22	17.33	14.77	28.32	
城镇集体经济	Collective-owned Enterprises	11.97	7.72	6.74	2.75	
其他	Others	50.81	74.95	78.49	68.93	
运输业	**Transportation**					
货运量结构	Composition of Freight Traffic					
#铁路	Railways	12.67	16.98	10.19	8.87	12.41
公路	Highways	87.14	82.91	89.74	91.12	87.59
国内商业	**Domestic Trade**					
社会消费品零售总额构成	Composition of Retail Sales of Consumer Goods					
城镇	Urban		80.55	79.69	82.35	81.86
#城区	City Subdivision		59.82	58.79	59.07	59.24
乡村	Rural		19.45	20.31	17.65	18.14
对外经济贸易	**Foreign Trade**					
进出口总值构成	Composition of Imports and Exports					
出口	Exports	41.51	22.12	73.12	22.39	25.18
进口	Imports	58.49	77.88	26.88	77.61	74.82
教育	**Education**					
普通学校在校学生结构	Composition of Student Enrollment in Regular Schools					
大学	Colleges and Universities	4.40	7.98	11.88	14.60	15.83
中学	Secondary Schools	37.32	42.46	40.58	34.92	35.41
小学	Primary Schools	58.28	49.56	47.54	50.48	48.76

1-4 续表 2 continued

单位：% (%)

指 标	Item	2005	2010	2015	2020	2023
普通学校专任教师结构	Composition of Full-time Teachers in Regular Schools					
大学	Colleges and Universities	6.05	7.37	8.86	10.04	11.22
中学	Secondary Schools	40.50	42.82	43.59	41.16	41.30
小学	Primary Schools	53.45	49.81	47.55	48.80	47.48
科技	**Science and Technology**					
R&D 经费内部支出结构	Composition of Intramural Expenditure on R&D by Sources					
基础研究	Basic Research		13.58	15.45	14.68	16.51
应用研究	Applied Research		21.05	15.59	21.85	23.67
试验发展	Experimental Development		65.37	68.95	63.47	59.82
人民生活	**People's Living Conditions**					
农村居民消费结构	Consumption Composition of Urban Residents					
食品烟酒	Food,Tobacco and Liquor	47.20	44.71	32.86	30.89	31.80
衣着	Clothing	5.07	6.26	6.83	6.13	5.58
居住	Residence	13.23	18.75	17.88	19.21	19.74
生活用品及服务	Household Facilities,Articles and Services	4.07	4.99	6.52	5.93	5.05
交通通信	Transport and Communications	8.52	8.73	11.88	12.44	13.47
教育文化娱乐	Education, Cultural and Recreation	14.17	8.09	12.50	12.21	10.95
医疗保健	Health Care and Medical Services	6.26	6.90	9.81	11.49	11.78
其他用品及服务	Other Goods and Services	1.48	1.57	1.73	1.70	1.63
城镇居民消费结构	Consumption Composition of Urban Residents					
食品烟酒	Food,Tobacco and Liquor	36.04	37.41	30.63	28.72	28.82
衣着	Clothing	12.35	12.69	10.08	7.55	6.92
居住	Residence	10.43	9.20	20.28	23.51	22.33
生活用品及服务	Household Facilities,Articles and Services	5.61	6.04	6.45	6.75	5.85
交通通信	Transport and Communications	9.78	10.88	10.60	12.52	13.83
教育文化娱乐	Education, Cultural and Recreation	14.44	11.49	11.72	9.86	10.86
医疗保健	Health Care and Medical Services	7.54	8.37	7.97	8.49	8.90
其他用品及服务	Other Goods and Services	3.82	3.92	2.27	2.60	2.49
卫生	**Health Care**					
卫生机构人员结构	Composition of Health Agency Personnel					
#执业助理医师	Licensed (Assistant) Doctors	36.65	33.15	27.24	27.92	29.14
#执业医师	Licensed Doctors	28.65	27.14	22.04	22.61	24.39
注册护士	Registered Nurses	27.64	25.70	26.24	35.85	37.49
药师(士)	Pharmacist	6.20	4.38	3.36	3.24	3.48
技师(士)	Technician	4.27	4.79	3.68	4.45	5.94
医院床位结构	Composition of Hospital Beds					
#医院	Hospitals	73.97	64.25	74.48	77.90	76.55
卫生院	Health Centers	20.09	22.62	18.91	16.10	15.78

注：2014 年以前城乡居民食品烟酒支出为食品支出（下表同）。

a) Expenditures of food, tobacco and liquor are the expenditures of food before 2014 (The following related tables are the same).

1-5 国民经济和社会发展比例及效益指标
Indicators on Proportions and Efficiency in National Economic and Social Development

指 标	Item	2005	2010	2015	2020	2023
人口与就业	**Population and Employment**					
出生率（‰）	Birth Rate (‰)	12.59	12.05	12.36	10.55	7.71
死亡率（‰）	Death Rate (‰)	6.57	6.02	6.15	7.91	9.04
自然增长率（‰）	Natural Growth Rate (‰)	6.02	6.03	6.21	2.64	-1.33
总抚养比 （%）	Gross Dependency Ratio (%)	44.20	35.85	37.68	47.02	47.18
少儿抚养比（%）	Children Dependency Ratio (%)	33.77	24.67	24.15	28.52	27.09
老年抚养比 （%）	Elderly Dependency Ratio (%)	10.43	11.18	13.53	18.49	20.09
城镇登记失业率（%）	Registered Unemployment Rate in Urban Areas(%)	3.26	3.21	2.14	3.27	
国民经济核算	**National Accounts**					
全员劳动生产率（元/人·年）	Overall Labor Productivity (yuan/person·year)	12045	22044	48601	64197	81340
第一产业	Primary Industry	2950	4275	8079	14649	24279
第二产业	Secondary Industry	29704	65333	147425	139920	144839
第三产业	Tertiary Industry	23683	41090	76688	98222	122261
人均生产总值（元）	Per Capita GDP (yuan)	7332	15421	25946	35848	47867
人民生活	**People's Livelihoods**					
城乡收入比（农村居民收入为1）	Urban and Rural Income Ratio(Rural Income as 1)	3.98	3.69	3.43	3.27	3.03
财政	**Government Finance**					
财政收入相当于生产总值比例（%）	Proportion of Government Revenue to Gross Regional Product (%)	13.65	18.90	21.14	18.11	15.43
一般公共预算支出相当于生产总值比例（%）	Proportion of General Public Budget Expenditure to Gross Regional Product (%)	23.03	37.24	45.12	46.36	38.11
农业	**Agriculture**					
农业从业者人均农产品产量（千克）	Output of Farm Corps per Agricultural Laborer (kg)					
粮食	Grain	1099.19	1309.04	1728.24	1881.70	2066.01
中草药材	Chinese Medicinal Materials	46.70	66.87	125.36	192.86	241.67
油料	Oil-bearing Crops	66.08	91.14	114.82	96.18	102.42
猪牛羊肉	Pork,Beef and Mutton	84.18	103.69	123.38	159.13	232.69
每公顷播种面积农产品产量（千克）	Output of Farm Crops Per Hectare of Sown Area (kg)					
粮食	Grain	3235.00	3485.17	4251.48	4556.78	4695.35
中草药材	Chinese Medicinal Materials	2489.19	3183.20	4026.80	4295.77	4697.37

1-5 续表 continued

指 标	Item	2005	2010	2015	2020	2023
工业	**Industry**					
总资产贡献率（%）	Ratio of Total Assets to Industrial Output Value (%)	8.37	11.01	5.65	8.00	8.07
资产负债率（%）	Assets-Liability Ratio (%)	58.70	62.32	65.37	60.02	60.38
流动资产周转次数（次/年）	Number of Times of Annual of Turnover Circulating Funds (times/year)	1.96	2.05	2.08	1.71	1.76
成本费用利润率（%）	Ratio of Profits to Industrial Cost (%)	3.49	4.73	-1.08	4.31	5.62
产品销售率（%）	Proportion of Products Sold (%)		95.15	94.78	99.55	97.67
建筑业	**Construction**					
产值利税率（%）	Ratio of Pre-tax Profits to Gross Output Value (%)	3.80	8.10	7.48	6.58	6.99
全员劳动生产率（元/人）（按总产值计算）	Overall Labor Productivity (yuan/person) (By Gross Output Value)	73456	164323	303474	383299	501958
对外经济贸易	Foreign Trade					
进出口总额相当于生产总值比例（%）	Proportion of Total Value of Imports & Exports to Gross Product (%)	11.61	12.75	7.53	4.26	4.14
邮电通信业	**Postal and Telecommunication Services**					
移动电话普及率（部/百人）	Popularization Rate of Mobile Telephone (set/100 persons)		52.75	81.37	101.00	115.60
金融	**Financial Intermediation**					
金融机构人民币存款相当于生产总值比例（%）	Deposits of Financial Institutions as Percentage of GDP (Renminbi) (%)	155.30	180.42	246.18	233.17	223.27
金融机构人民币贷款相当于生产总值比例（%）	Loans of Financial Institutions as Percentage of GDP(Renminbi) (%)	103.16	112.41	202.73	244.28	231.02
教育	**Education**					
小学学龄儿童净入学率（%）	Net Enrollment Ratio of Primary Schools (%)	98.87	99.46	99.83	99.99	99.99
小学升学率（%）	Promotion Rate from Primary Schools to Junior Secondary Schools (%)	96.67	95.67	96.90	99.52	99.00
初中升学率（%）	Promotion Rate from Junior Secondary Schools to Senior Secondary Schools (%)	48.58	48.31	60.00	60.22	64.02
平均每个教师负担学生数（人）	Students Taught Each Teacher (person)					
普通高等学校	Regular Higher Education Institutions	15	18	18	19	20
普通中等专业学校	Regular Secondary Vocational Schools	20	23	17	14	13
普通中学	Regular Secondary Schools	20	17	12	11	11
普通小学	Regular Primary Schools	23	17	13	13	13
科技	**Science and Technology**					
R&D 经费内部支出相当于生产总值比例（%）	Ratio of Intramural Expenditure on R&D to GDP (%)	1.01	1.03	1.22	1.22	1.32
卫生	**Health Care**					
每万人执业（助理）医师（人）	Number of Licensed (Assistant) Doctors per 10 000 Population (person)	11.7	14.9	19.1	26.54	31.60
每万人口医疗卫生机构床位数（张）	Beds of Medical Institutions per 10000 Population(unit)	25.0	37.1	48.9	71.1	82.7
城市市政建设	**Urban Municipal Development**					
供水普及率（%）	Coverage Rate of Urban Population with Access to Tap Water(%)		91.57	97.28	96.12	99.22
燃气普及率（%）	Coverage Rate of Urban Population with Access to Gas (%)		74.29	85.77	94.80	97.98
人均公园绿地面积（平方米）	Public Recreational Green Space Per Capita (sq.m)		8.12	12.23	15.15	16.04

1-6 甘肃国民经济主要指标占全国比重（2023）
Percentage of Gansu's National Economy in the Whole Nation (2023)

指 标	Item	全国 Whole Nation	甘肃 Gansu	甘肃省占全国 % As Percentage of the Whole Nation
年末总人口（万人）	Total Population at Year-end (10 000 persons)	140967	2465	1.75
就业人员（万人）	Employment at the Year-end (10 000 persons)	74041	1316	1.78
国内生产总值（亿元）	Gross Regional Product (100 million yuan)	1260582.07	11863.84	0.94
第一产业	Primary Industry	89755.15	1641.28	1.83
第二产业	Secondary Industry	482588.52	4080.79	0.85
第三产业	Tertiary Industry	688238.40	6141.77	0.89
固定资产投资增长（%）	Growth Rate of Investment in Fixed Assets (%)	2.77	5.95	
一般公共预算收入（亿元）	General Public Budget Revenue (100 million yuan)	216784.37	1003.58	0.46
一般公共预算支出（亿元）	General Public Budget Expenditure (100 million yuan)	274573.81	4521.82	1.65
城镇非私营单位从业人员平均工资（元）	Average Wage of Employed Persons in Urban Non-private Units(yuan)	120698	99124	82.13
全体居民人均可支配收入（元）	Annual per Capita Disposable Income of Households (yuan)	39218	25011	63.77
城镇居民人均可支配收入（元）	Per Capita Disposable Income of Urban Residents (yuan)	51821	39833	76.87
农村居民人均可支配收入（元）	Per Capita Net Income of Rural Residents (yuan)	21691	13131	60.54
主要农产品产量（万吨）	Output of Major Agricultural Products (10 000 tons)			
粮食	Grain	69541	1272.88	1.83
油料	Oil-Bearing Crops	3863.66	63.10	1.63
肉类	Output of Meat	9748.23	157.44	1.62
主要工业产品产量	Output of Major Industry Products			
农用化肥（万吨）	Chemical Fertilizers (10 000 tons)	5713.60	21.00	0.37
原煤（万吨）	Coal (10 000 tons)	471128.69	5990.19	1.27
原油（万吨）	Crude Oil (10 000 tons)	20902.60	1166.37	5.58
发电量（亿千瓦小时）	Electricity (100 million kWh)	94564.40	1925.39	2.04
粗钢（万吨）	Crude Steel (10 000 tons)	101908.10	1108.86	1.09
水泥（万吨）	Cement (10 000 tons)	202293.00	4125.46	2.04
邮政业务总量（亿元）	Business Volume of Postal Services (100 million yuan)		62.83	
电信业务总量（亿元）	Business Volume of Telecommunication Services (100 million yuan)	18326.84	300.09	1.64
社会消费品零售总额（亿元）	Total Retail Sales of Consumer Goods (100 million yuan)	471495.20	4329.70	0.92
进出口总额（亿元）	Total Exports and Imports (100 million)	417568.30	491.61	0.12
#出口总额	Total Exports	237725.90	123.78	0.05
普通高等学校在校学生数（万人）	Students Enrollment in Institutions of Higher Education (10 000 persons)	3775.01	66.25	1.75
R&D 经费内部支出（亿元）	Internal Expenditure on R&D (10 000yuan)	33278.00	156.25	0.47
医疗卫生机构数（个）	Number of Health Care Institutions(unit)	1070785	25345	2.37
医疗卫生机构床位数（万张）	Number of Hospital Beds(10 000 units)	1017.37	20.40	2.00
执业（助理）医师（万人）	Licensed (Assistant) Doctors (10 000 persons)	478.21	7.80	1.63

注：1. 全国数据来源于国家统计局数据库。
2. 本表卫生机构数包含村卫生室数。

a) Data of national are from the National Bureau of Statistics database.
b) Number of health care institutions in this table include villages clinics.

1-7　人均国民经济主要指标
Per Capita Major Indicators of National Economy

指　标	Item	2005	2010	2015	2020	2023
生产总值（元）	Per Capita GDP (yuan)	7332	15421	25946	35848	47867
第一产业	Primary Industry	1196	1848	2902	4743	6621
第二产业	Secondary Industry	3036	7470	9914	11277	16462
第三产业	Tertiary Industry	3099	6103	13129	19827	24776
主要工农业产品产量	Output of Major Industry and Agricultural Products					
粮食（千克）	Grain (kg)	329	371	457	480	513
中药材（千克）	Chinese Medicinal Materials （kg)	14.0	19.0	33.1	49.2	57.8
油料（千克）	Oil-Bearing (kg)	19.8	25.8	30.4	24.5	25.5
肉类（千克）	Output of Meat (kg)	27.4	31.9	35.6	43.9	63.5
禽蛋（千克）	Eggs (kg)	5.7	6.2	8.2	7.9	9.5
牛奶（千克）	Milk (kg)	12.5	13.6	14.9	23.0	41.1
粗钢（千克）	Crude Steel (kg)	180	259	337	423	447
原煤（千克）	Coal (kg)	1423	1778	1737	1536	2416
发电量（千瓦小时）	Electricity (kWh)	1990	3095	4509	6392	7767
社会消费品零售总额（元）	Total Retail Sales of Consumer Goods (yuan)	2435	5371	10831	14500	17466
一般公共预算收入（元）	General Public Budget Revenue (yuan)	486	1383	2943	3491	4048
一般公共预算支出（元）	General Public Budget Expenditure (yuan)	1688	5742	11706	16620	18241
在岗职工平均工资（元）	Average Annual Wage of Staff and Workers (yuan)	14939	29588	54454	83392	99124
全体居民人均可支配收入(元)	Annual per Capita Disposable Income of Households (yuan)	3962	7358	13467	20335	25011
城镇居民人均可支配收入(元)	Per Capita Disposable Income of Urban Residents (yuan)	8323	13820	23767	33822	39833
农村居民人均可支配收入(元)	Per Capita Disposable Income of Rural Households (yuan)	2091	3747	6936	10344	13131

1-8 个体工商业基本情况（2023）
Basic Statistics on Individual Industrial and Commercial Business (2023)

行 业	Item	户数（户）Number of Household (household)	资金数额（万元）Amount of Funds (10 000yuan)
合计	**Total**	**1601040**	**20141390**
农、林、牧、渔业	Agriculture,Forestry,Animal Husbandry and Fishery	139333	4336418
采矿业	Mining	506	37235
制造业	Manufacturing	67071	730419
电力、热力、燃气及水生产和供应业	Production and Supply of Electricity, Heat, Gas and Water	260	9276
建筑业	Construction	7892	174846
批发和零售业	Wholesale and Retail Trades	825777	8024940
交通运输、仓储和邮政业	Transport,Storage and Post	29581	418331
住宿和餐饮业	Hotels and Catering Services	277605	3498892
信息传输、软件和信息技术服务业	Information Transmission, Software and Information Technology	14749	167836
金融业	Financial Intermediation	25	264
房地产业	Real Estate	850	12410
租赁和商务服务业	Leasing and Business Services	32729	649859
科学研究和技术服务业	Scientific Research and Technical Services	4482	83144
水利、环境和公共设施管理业	Management of Water Conservancy, Environment and Public Facilities	481	8003
居民服务、修理和其他服务业	Services to Households，Repair and Other Services	166610	1519325
教育	Education	682	14861
卫生和社会工作	Health and Social Service	10106	92282
文化、体育和娱乐业	Culture, Sports and Entertainment	22287	362852
其他	Others	14	197

1-9 私营企业基本情况（2023）
Basic Conditions of Private Enterprises (2023)

行 业	Item	户数（户）Number of Enterprises (unit)	注册资本（金）（亿元）Registered Capital (100 million yuan)
合计	**Total**	**601596**	**34325.39**
农、林、牧、渔业	Agriculture,Forestry,Animal Husbandry and Fishery	58191	2306.95
采矿业	Mining	3073	729.77
制造业	Manufacturing	28805	2783.69
电力、热力、燃气及水生产和供应业	Production and Supply of Electricity, Heat, Gas and Water	3501	831.61
建筑业	Construction	94224	7013.56
批发和零售业	Wholesale and Retail Trades	189665	7075.10
交通运输、仓储和邮政业	Transport,Storage and Post	14802	1211.94
住宿和餐饮业	Hotels and Catering Services	15741	516.84
信息传输、软件和信息技术服务业	Information Transmission, Software and Information Technology	23149	802.05
金融业	Financial Intermediation	4797	1671.03
房地产业	Real Estate	16883	1578.11
租赁和商务服务业	Leasing and Business Services	66159	3419.26
科学研究和技术服务业	Scientific Research and Technical Services	33975	2702.48
水利、环境和公共设施管理业	Management of Water Conservancy, Environment and Public Facilities	3443	351.90
居民服务、修理和其他服务业	Services to Households，Repair and Other Services	20865	534.90
教育	Education	5735	72.22
卫生和社会工作	Health and Social Service	2523	117.94
文化、体育和娱乐业	Culture, Sports and Entertainment	15957	600.17
其他	Others	108	5.86

1-10 分地区按行业门类分组的法人单位数（2022）
Number of Legal Entities Grouped by Industry Category in Regions (2022)

单位：个 (unit)

地 区	Region	法人单位数 Number of legal Entities	农、林、牧、渔业 Agriculture, Forestry, Animal Husbandry and Fishery	采矿业 Mining	制造业 Manufacturing	电力、热力、燃气及水生产和供应业 Production and Supply of Electricity, Heat,Gas and Water	建筑业 Construction	批发和零售业 Wholesale and Retail Trades
甘肃省	**Gansu**	**422738**	**82186**	**2024**	**22363**	**2525**	**39391**	**99167**
兰州市	Lanzhou	80426	6608	120	4941	208	7455	25484
嘉峪关市	Jiayuguan	6039	269	34	424	47	466	2252
金昌市	Jinchang	12149	1708	121	931	160	987	3642
白银市	Baiyin	27092	7130	245	1375	109	2457	6268
天水市	Tianshui	48666	9561	109	2285	136	5277	11155
武威市	Wuwei	23352	5201	68	1289	151	2452	5066
张掖市	Zhangye	40558	9302	169	1814	257	5393	8129
平凉市	Pingliang	22458	4366	54	969	106	1753	5375
酒泉市	Jiuquan	23705	2817	313	1627	404	2521	5901
庆阳市	Qingyang	33704	6151	342	1700	148	3009	8374
定西市	Dingxi	32187	9072	113	1717	223	2615	6286
陇南市	Longnan	30781	11136	184	1035	230	1772	4727
临夏州	Linxia	29852	4996	60	1628	154	2560	5097
甘南州	Gannan	11769	3869	92	628	192	674	1411

1-10 续表 1 continued

单位：个 (unit)

地 区	Region	交通运输、仓储和邮政业 Transport, Storage and Post	住宿和餐饮业 Hotels and Catering Services	信息传输、软件和信息技术服务业 Information Transmission, Software and Information Technology	金融业 Financial Intermediation	房地产业 Real Estate	租赁和商务服务业 Leasing and Business Services	科学研究和技术服务业 Scientific Research and Technical Services
甘肃省	**Gansu**	**8390**	**8809**	**7755**	**1740**	**11303**	**36073**	**14002**
兰州市	Lanzhou	2082	2302	2766	359	3389	8913	4238
嘉峪关市	Jiayuguan	194	128	129	39	169	719	195
金昌市	Jinchang	468	179	280	54	260	1111	466
白银市	Baiyin	558	314	402	73	676	1814	581
天水市	Tianshui	858	1139	733	112	1254	3157	1728
武威市	Wuwei	343	312	296	47	643	1451	623
张掖市	Zhangye	695	729	805	128	874	5173	1128
平凉市	Pingliang	655	569	292	114	542	1546	683
酒泉市	Jiuquan	573	581	433	98	659	2315	1031
庆阳市	Qingyang	648	556	560	471	788	3058	1284
定西市	Dingxi	481	459	328	89	689	1685	738
陇南市	Longnan	337	394	329	59	505	1691	464
临夏州	Linxia	390	581	284	60	660	2657	632
甘南州	Gannan	108	566	118	37	195	783	211

1-10 续表 2 continued

单位：个 (unit)

地 区	Region	水利、环境和公共设施管理业 Management of Water Conservancy, Environment and Public Facilities	居民服务、修理和其他服务业 Service to Households, Repair and Other Services	教育 Education	卫生和社会工作 Health and Social Service	文化、体育和娱乐业 Culture, Sports and Entertainment	公共管理、社会保障和社会组织 Public Management, Social Security and Social Organizations
甘肃省	**Gansu**	**2837**	**8497**	**13835**	**4113**	**8264**	**49464**
兰州市	Lanzhou	502	2136	2312	836	1827	3948
嘉峪关市	Jiayuguan	44	212	198	49	144	327
金昌市	Jinchang	99	245	276	79	240	843
白银市	Baiyin	173	429	932	195	603	2758
天水市	Tianshui	345	1049	1256	455	743	7314
武威市	Wuwei	154	339	910	282	339	3386
张掖市	Zhangye	313	652	815	286	969	2927
平凉市	Pingliang	177	529	926	267	451	3084
酒泉市	Jiuquan	204	542	632	205	722	2127
庆阳市	Qingyang	236	800	1612	278	564	3125
定西市	Dingxi	183	435	1790	340	601	4343
陇南市	Longnan	154	442	853	327	413	5729
临夏州	Linxia	156	513	991	388	404	7641
甘南州	Gannan	97	174	332	126	244	1912

1-11 分地区按三次产业和机构类型分组的法人单位数（2022）
Number of Legal Entities by Three Strata of Industry and Type of Institutions in Regions (2022)

单位：个 (unit)

地 区	Region	法人单位数 Number of legal Entities	按三次产业分 Grouped by Three strata of Industry			按机构类型分 By Type of Institutions				
			第一产业 Primary Industry	第二产业 Secondary Industry	第三产业 Tertiary Industry	企 业 Business Entity	事业单位 Institution Entity	机 关 Government Entity	社会团体 Social Organization	其 他 Others
甘肃省	**Gansu**	**422738**	**76857**	**65588**	**280293**	**288370**	**16715**	**6586**	**14316**	**96751**
兰州市	Lanzhou	80426	6390	12548	61488	70748	1868	746	1356	5708
嘉峪关市	Jiayuguan	6039	236	947	4856	5199	169	68	131	472
金昌市	Jinchang	12149	1561	2171	8417	9894	334	181	298	1442
白银市	Baiyin	27092	6730	4164	16198	17655	1053	394	1061	6929
天水市	Tianshui	48666	9016	7786	31864	31238	1441	554	2816	12617
武威市	Wuwei	23352	4827	3950	14575	14483	935	400	1548	5986
张掖市	Zhangye	40558	8523	7602	24433	30500	1271	468	1021	7298
平凉市	Pingliang	22458	4188	2868	15402	14334	1392	511	381	5840
酒泉市	Jiuquan	23705	2119	4830	16756	18160	986	448	716	3395
庆阳市	Qingyang	33704	5453	4881	23370	22848	1817	520	745	7774
定西市	Dingxi	32187	8362	4658	19167	16716	2093	545	1393	11440
陇南市	Longnan	30781	10919	3214	16648	13264	1349	695	1243	14230
临夏州	Linxia	29852	4816	4389	20647	17454	1398	561	1200	9239
甘南州	Gannan	11769	3717	1580	6472	5877	609	495	407	4381

1-12 分地区按登记注册类型分企业法人单位数（2022）
Number of Business Entities by Status in Regions (2022)

单位：个 (unit)

地 区	Region	企业单位数 Number of Enterprises	内资企业 Domestic Funded Enterprises	国有企业 State-owned Enterprises	集体企业 Collective-owned Enterprises	股份合作企业 Cooperative Enterprises	联营企业 Joint Ownership
甘肃省	**Gansu**	**288370**	**288119**	**1728**	**1142**	**221**	**114**
兰州市	Lanzhou	70748	70651	530	341	97	35
嘉峪关市	Jiayuguan	5199	5197	26	8	1	2
金昌市	Jinchang	9894	9885	46	41	7	2
白银市	Baiyin	17655	17637	68	100	10	5
天水市	Tianshui	31238	31226	199	102	16	7
武威市	Wuwei	14483	14469	79	68	8	11
张掖市	Zhangye	30500	30483	144	83	18	7
平凉市	Pingliang	14334	14327	99	52	3	2
酒泉市	Jiuquan	18160	18124	113	32	17	10
庆阳市	Qingyang	22848	22835	74	39	11	4
定西市	Dingxi	16716	16709	115	115	11	13
陇南市	Longnan	13264	13260	90	65	8	6
临夏州	Linxia	17454	17444	102	66	13	6
甘南州	Gannan	5877	5872	43	30	1	4

1-12 续表 continued

单位：个 (unit)

地 区	Region	有限责任公司 Limited Liability Corporations	股份有限公司 Share-holding Corporations Ltd.	私营企业 Private	其他 Others	港、澳、台商投资企业 Enterprises with Funds from Hong Kong, Macao and Taiwan	外商投资企业 Enterprises with Foreign Investment
甘肃省	**Gansu**	**40095**	**3536**	**237361**	**3922**	**105**	**146**
兰州市	Lanzhou	8035	851	60536	226	47	50
嘉峪关市	Jiayuguan	390	24	4706	40	1	1
金昌市	Jinchang	1940	105	7595	149	6	3
白银市	Baiyin	1585	203	15546	120	4	14
天水市	Tianshui	4771	402	24774	955	2	10
武威市	Wuwei	2682	199	11361	61	8	6
张掖市	Zhangye	2929	181	26452	669	6	11
平凉市	Pingliang	1615	227	12145	184	3	4
酒泉市	Jiuquan	6670	200	10810	272	13	23
庆阳市	Qingyang	2236	238	20203	30	5	8
定西市	Dingxi	2876	267	13042	270	2	5
陇南市	Longnan	1813	404	10718	156	2	2
临夏州	Linxia	1284	162	15154	657	3	7
甘南州	Gannan	1269	73	4319	133	3	2

注：数据来源为基本单位名录库 2022 年年报库，登记注册类型划分仍按照国家统计局、国家市场监督管理总局《关于划分企业登记注册类型的规定》（国统字〔2011〕86 号）文件。

a) The Data Source is the 2022 annual report of the basic unit register. The classification of registered types is still in accordance with the National Bureau of Statistics and State Administration of Market Supervision and administration"Provisions on the classification of types of enterprise registration"(Guotong character [2011] No. 86).

主要统计指标解释

行政区划 指国家对行政区域的划分。根据有关法规规定，我国的行政区域划分如下：（1）全国分为省、自治区、直辖市；（2）省、自治区分为自治州、县、自治县、市；（3）自治州分为县、自治县、市；（4）县、自治县分为乡、民族乡、镇；（5）直辖市和较大的市分为区、县；（6）国家在必要时设立的特别行政区。

平均增长速度 平均增长速度表明社会经济现象在一个较长的时期内逐期平均增长变化的程度，它不能根据各个环比增长速度直接求得，但与平均发展速度之间存在着一定的数量关系：平均增长速度＝平均发展速度－1。

平均发展速度是一种根据环比发展速度计算的序时平均数，由于各时期对比的基础不同，所以计算平均发展速度不能采用一般的序时平均数的计算方法，计算方法分为水平法和累计法。水平法，又称几何平均法，即将环比发展速度按连乘法用几何平均数公式计算。累计法，也称方程法，根据一段时期内各年发展水平总和与基期水平的关系，列出方程式计算平均发展速度。水平法着重考虑最后一年所达到的发展水平；累计法着重考虑整个时期累计发展水平的总量。

本《年鉴》内所列的平均增长速度，除固定资产投资用“累计法”计算外，其余均用“水平法”计算。从某年到某年平均增长速度的年份，均不包括基期年在内。如“十二五”平均增长速度是以2010年为基期计算的，则写为2011—2015年平均增长速度，其余类推。

企业（单位）登记注册类型 是以在工商行政管理机关登记注册的各类企业为划分对象，以工商行政管理部门对企业登记注册的类型为依据，将企业登记注册类型分为内资企业、港澳台商投资企业和外商投资企业三大类。内资企业包括国有企业、集体企业、股份合作企业、联营企业、有限责任公司、股份有限公司、私营公司和其他企业；港澳台商投资企业和外商投资企业分别包括合资经营企业、合作经营企业、独资经营企业和股份有限公司。对不在工商行政管理部门进行登记注册的行政机关、事业单位和社会团体，主要按其经费来源和管理方式进行划分。

国有企业 指企业全部资产归国家所有，并按《中华人民共和国企业法人登记管理条例》规定登记注册的非公司制的经济组织。不包括有限责任公司中的国有独资公司。

集体企业 指企业资产归集体所有，并按《中华人民共和国企业法人登记管理条例》规定登记注册的经济组织。

股份合作企业 指以合作制为基础，由企业职工共同出资入股，吸收一定比例的社会资产投资组建，实行自主经营，自负盈亏，共同劳动，民主管理，按劳分配与按股分红相结合的一种集体经济组织。

联营企业 指两个及两个以上相同或不同所有制性质的企业法人或事业单位法人，按自愿、平等、互利的原则，共同投资组成的经济组织。联营企业包括国有联营企业、集体联营企业、国有与集体联营企业和其他联营企业。

有限责任公司 指根据《中华人民共和国公司登记管理条例》规定登记注册，由两个以上、五十个以下的股东共同出资，每个股东以其所认缴的出资额对公司承担有限责任，公司以其全部资产对其债务承担责任的经济组织。有限责任公司包括国有独资公司以及其他有限责任公司。

股份有限公司 指根据《中华人民共和国公司登记管理条例》规定登记注册，其全部注册资本由等额股份构成并通过发行股票筹集资本，股东以其认购的股份对公司承担有限责任，公司以其全部资产对其债务承担责任的经济组织。

私营企业 指由自然人投资设立或由自然人控股，以雇佣劳动为基础的营利性经济组织。包括按照《公司法》《合伙企业法》《个人独资企业法》规定登记注册的私营独资企业、私营合伙企业、私营有限责任公司、私营股份有限公司和个人独资企业。

其他内资企业 指上述企业之外的其他内资经济组织。

2

人 口

Population

简要说明

一、本篇资料主要内容

本篇资料主要包括人口方面的基本情况。

二、本篇资料来源

1. 本篇资料由省统计局人口与就业处整理。

2. 总人口指当地户籍人口与户口待定人口之和，包括户籍外出人口，不包括外来人口。

3. 常住人口是指实际经常居住在某地区半年以上的人口，包括离开户籍地半年以上的外来人口，不包括当地户籍外出半年以上的外出人口。常住人口包括：居住在本乡镇街道、户口在本乡镇街道或户口待定的人；居住在本乡镇街道、离开户口所在乡镇街道半年以上的人；户口在本乡镇街道、外出不满半年或在境外工作学习的人。

4. 家庭户是指以家庭成员关系为主、居住一处共同生活的人组成的户。

5. 城乡人口是指居住在城镇、乡村地域上的人口，城镇、乡村是按 2008 年国家统计局《统计上划分城乡的规定》划分的。

2-1 人口数及构成
Population and Its Composition

单位：万人 (10 000 persons)

年 份 Year	年末总人口 Total Population (year-end)	按性别分 By Sex 男 Male 人口数 Population	比重（%） Proportion	女 Female 人口数 Population	比重（%） Proportion	按城乡分 By Urban and Rural 城镇 Urban 人口数 Population	比重（%） Proportion	乡村 Rural 人口数 Population	比重（%） Proportion
1978	1870.05	965.88	51.65	904.17	48.35	269.44	14.41	1600.61	85.59
1979	1893.79	977.39	51.61	916.40	48.39	279.89	14.78	1613.90	85.22
1980	1918.43	989.72	51.59	928.71	48.41	290.65	15.15	1627.78	84.85
1981	1941.40	1004.29	51.73	937.11	48.27	304.72	15.70	1636.68	84.30
1982	1974.88	1021.41	51.72	953.47	48.28	305.83	15.49	1669.05	84.51
1983	1999.84	1034.52	51.73	965.32	48.27	324.91	16.25	1674.93	83.75
1984	2025.88	1047.58	51.71	978.30	48.29	345.18	17.04	1680.70	82.96
1985	2052.89	1063.19	51.79	989.70	48.21	366.71	17.86	1686.18	82.14
1986	2085.39	1078.36	51.71	1007.03	48.29	389.58	18.68	1695.81	81.32
1987	2115.73	1093.41	51.68	1022.32	48.32	413.88	19.56	1701.85	80.44
1988	2148.15	1110.38	51.69	1037.77	48.31	439.69	20.47	1708.46	79.53
1989	2184.86	1128.92	51.67	1055.94	48.33	467.12	21.38	1717.74	78.62
1990	2254.67	1151.95	51.09	1102.72	48.91	496.25	22.01	1758.42	77.99
1991	2284.92	1180.85	51.68	1104.07	48.32	508.76	22.27	1776.16	77.73
1992	2314.19	1197.59	51.75	1116.60	48.25	521.59	22.54	1792.60	77.46
1993	2345.23	1194.25	50.92	1150.98	49.08	534.75	22.80	1810.48	77.20
1994	2387.25	1222.27	51.20	1164.98	48.80	548.23	22.96	1839.02	77.04
1995	2437.95	1256.49	51.54	1181.46	48.46	562.06	23.05	1875.89	76.95
1996	2466.86	1276.67	51.75	1190.19	48.25	572.07	23.19	1894.79	76.81
1997	2494.20	1278.57	51.26	1215.63	48.74	582.26	23.34	1911.94	76.66
1998	2519.37	1289.16	51.17	1230.21	48.83	592.63	23.52	1926.74	76.48
1999	2542.58	1292.05	50.82	1250.53	49.18	603.18	23.72	1939.40	76.28
2000	2515.31	1303.69	51.83	1211.62	48.17	603.93	24.01	1911.38	75.99
2001	2523.35	1307.85	51.83	1215.50	48.17	618.47	24.51	1904.88	75.49
2002	2530.76	1311.95	51.84	1218.81	48.16	656.99	25.96	1873.77	74.04
2003	2537.19	1313.00	51.75	1224.19	48.25	694.68	27.38	1842.51	72.62
2004	2541.48	1314.45	51.72	1227.03	48.28	727.12	28.61	1814.36	71.39
2005	2545.10	1309.20	51.44	1235.90	48.56	764.04	30.02	1781.06	69.98
2006	2546.79	1308.54	51.38	1238.25	48.62	791.80	31.09	1754.99	68.91
2007	2548.19	1308.50	51.35	1239.69	48.65	804.97	31.59	1743.22	68.41
2008	2550.88	1309.11	51.32	1241.77	48.68	820.11	32.15	1730.77	67.85
2009	2554.91	1310.16	51.28	1244.75	48.72	834.18	32.65	1720.73	67.35
2010	2559.98	1307.64	51.08	1252.34	48.92	924.66	36.12	1635.32	63.88
2011	2551.73	1302.66	51.05	1249.07	48.95	950.52	37.25	1601.21	62.75
2012	2550.15	1302.87	51.09	1247.28	48.91	988.95	38.78	1561.20	61.22
2013	2537.13	1295.71	51.07	1241.42	48.93	1027.54	40.50	1509.59	59.50
2014	2531.08	1292.37	51.06	1238.71	48.94	1070.14	42.28	1460.94	57.72
2015	2523.18	1287.83	51.04	1235.35	48.96	1116.26	44.24	1406.93	55.76
2016	2520.10	1286.01	51.03	1234.09	48.97	1161.01	46.07	1359.09	53.93
2017	2522.07	1286.76	51.02	1235.31	48.98	1213.62	48.12	1308.45	51.88
2018	2515.08	1282.94	51.01	1232.14	48.99	1249.74	49.69	1265.34	50.31
2019	2509.02	1279.60	51.00	1229.42	49.00	1272.07	50.70	1236.95	49.30
2020	2501.02	1269.52	50.76	1231.50	49.24	1306.28	52.23	1194.74	47.77
2021	2490.02	1266.01	50.84	1224.01	49.16	1327.93	53.33	1162.09	46.67
2022	2492.42	1266.15	50.80	1226.27	49.20	1350.64	54.19	1141.78	45.81
2023	2465.48	1251.48	50.76	1214.00	49.24	1368.05	55.49	1097.43	44.51

注：1.1981 年及以前数据为户籍统计数；1982、1990、2000、2010、2020 年数据为当年人口普查数据推算数，其余年份数据为年度人口抽样调查推算数据（下表同）。
2. 2000 年及以后数据为常住人口口径。
3. 根据第七次全国人口普查结果，修订了 2011—2019 年年末常住人口数。

a) Figures 1981 (inclusive) are from household registrations; for the year 1982,1990,2000,2010 and 2020 are the census year estimates; the rest of the data covered in those tables have been estimated on the basis of the annual national sample surveys of population (The following related tables are the same).

b) Data since 2000 are obtained from the standard of permanent population.

c) According to the results of the Seventh National Census, the data of Permanent Population at Year-end from 2011.

2-2 人口出生率、死亡率和自然增长率
Birth Rate, Death Rate and Natural Growth Rate of Population

单位：‰ (‰)

年 份 Year	出生率 Birth Rate	死亡率 Death Rate	自然增长率 Natural Growth Rate
1978	17.77	5.87	11.90
1980	16.53	5.15	11.38
1985	18.31	5.46	12.85
1986	21.14	5.91	15.23
1987	20.55	5.71	14.84
1988	20.41	5.06	15.35
1989	22.57	5.60	16.97
1990	20.68	6.08	14.60
1991	19.38	6.05	13.33
1992	19.37	6.64	12.73
1993	20.16	6.84	13.32
1994	20.82	6.84	13.98
1995	20.65	6.49	14.16
1996	18.43	6.64	11.79
1997	17.22	6.20	11.02
1998	16.45	6.41	10.04
1999	15.61	6.44	9.17
2000	14.38	6.41	7.97
2001	13.58	6.43	7.15
2002	13.16	6.45	6.71
2003	12.58	6.46	6.12
2004	12.43	6.52	5.91
2005	12.59	6.57	6.02
2006	12.86	6.62	6.24
2007	13.14	6.65	6.49
2008	13.22	6.68	6.54
2009	13.32	6.71	6.61
2010	12.05	6.02	6.03
2011	12.08	6.03	6.05
2012	12.11	6.05	6.06
2013	12.16	6.08	6.08
2014	12.21	6.11	6.10
2015	12.36	6.15	6.21
2016	12.18	6.18	6.00
2017	12.54	6.52	6.02
2018	11.07	6.65	4.42
2019	10.60	6.75	3.85
2020	10.55	7.91	2.64
2021	9.68	8.26	1.42
2022	8.47	8.51	-0.04
2023	7.71	9.04	-1.33

2-3 七次人口普查基本情况
Basic Statistics on National Population Census in 1953, 1964, 1982, 1990, 2000 , 2010 and 2020

指 标	Item	1953	1964	1982	1990	2000	2010	2020
总人口（万人）	**Total population (10 000 persons)**	**1109.36**	**1263.06**	**1956.93**	**2237.11**	**2512.43**	**2557.53**	**2501.98**
男	Male	580.80	657.17	1012.37	1159.28	1302.17	1306.41	1270.09
女	Female	528.56	605.89	944.56	1077.83	1210.26	1251.11	1231.89
性别比（以女性为100）	Sex Ratio (female=100)	109.88	108.46	107.18	107.56	107.59	104.42	103.10
家庭户规模（人/户）	**Average Family Household Size (person/household)**	**5.40**	**4.95**	**5.17**	**4.58**	**3.99**	**3.49**	**2.77**
各年龄组人口（%）	**Population by Age Group (%)**							
0-14岁	Aged 0-14	39.56	40.18	36.32	27.97	27.00	18.16	19.40
15-64岁	Aged 15-64	57.35	57.75	60.19	67.97	68.00	73.61	68.02
65岁及以上	Aged 65 and Over	3.09	2.07	3.49	4.06	5.00	8.23	12.58
民族人口	**Population by Ethnicity**							
汉族（万人）	Han (10 000 persons)	1013.18	1167.50	1802.03	2051.50	2292.51	2316.48	2236.34
占总人口比重（%）	Percentage to Total Population (%)	91.33	92.43	92.08	91.70	91.25	90.57	89.38
少数民族（万人）	Ethnic Minorities (10 000 persons)	96.18	95.56	154.90	185.61	219.92	241.05	265.64
占总人口比重（%）	Percentage to Total Population (%)	8.67	7.57	7.92	8.30	8.75	9.43	10.62
每十万人拥有的各种受教育程度人口（人）	**Population with Various Education Attainments Per 100 000 Persons (person)**							
大专及以上	Junior College and Above			551	1104	2665	7520	14506
高中和中专	Senior Secondary School and Technical Secondary School			6246	7825	9863	12686	12937
初 中	Junior Secondary School			12190	16851	23925	31213	27423
小 学	Primary School			27679	29127	36907	32504	29808
文盲人口及文盲率	**Illiterate Population and Illiterate Rate**							
文盲人口（万人）	Illiterate Population (10 000 persons)			634.48	631.06	361.32	222.22	168.03
文盲率（%）	Illiterate Rate (%)			50.91	39.17	19.68	8.69	6.72
城乡人口（万人）	Population by Residence (10 000 persons)							
城镇人口	Urban Population	111.27	140.58	300.19	493.06	603.23	923.66	1306.73
乡村人口	Rural Population	998.09	1122.48	1656.74	1744.05	1909.20	1633.87	1195.25
平均预期寿命（岁）	**Life Expectancy (year old)**			**65.75**	**68.25**	**70.39**	**72.23**	**75.64**
男	Male			65.05	67.42	69.28	70.60	73.64
女	Female			66.49	69.17	71.88	74.06	77.85

注：1. 1953年、1964年、1982年及1990年全国人口普查标准时点为当年7月1日零时，2000年、2010年和2020年全国人口普查标准时点为当年11月1日零时。
2. 2000年、2010年、2020年人口为常住人口。

a) Standard reference time of national population census in 1953,1964,1982 and 1990 was zero hour of July 1st, and in 2000,2010 and 2020 was zero hour of November 1st.

b) Total population of 2000,2010 and 2020 are permanent population.

2-4 人口年龄结构和抚养比
Age Composition and Dependency Ratio of Population

单位：%　　(%)

年份 Year	按年龄组分 By Age			少儿儿童抚养比 Children Dependency Ratio	老年人口抚养比 Elderly Dependency Ratio	总抚养比 Gross Dependency Ratio
	0-14 岁比重 Aged 0-14 Proportion	15-64 岁比重 Aged 15-64 Proportion	65 岁及以上比重 Aged 65 and Over Proportion			
1953	39.56	57.35	3.09	68.98	5.39	74.37
1964	40.18	57.75	2.07	69.58	3.58	73.16
1982	36.32	60.19	3.49	60.34	5.80	66.14
1990	27.97	67.97	4.06	41.15	5.97	47.12
2000	27.00	68.00	5.00	39.71	7.35	47.06
2001	25.98	68.41	5.61	37.98	8.20	46.18
2002	24.95	69.31	5.74	36.00	8.28	44.28
2003	23.91	70.06	6.03	34.13	8.61	42.73
2004	22.75	71.01	6.24	32.04	8.79	40.83
2005	23.42	69.35	7.23	33.77	10.43	44.20
2006	22.29	70.36	7.35	31.68	10.45	42.13
2007	21.33	71.18	7.49	29.97	10.52	40.49
2008	21.17	71.25	7.58	29.71	10.64	40.35
2009	20.81	71.56	7.63	29.08	10.66	39.74
2010	18.16	73.61	8.23	24.67	11.18	35.85
2011	18.03	73.47	8.50	24.54	11.57	36.11
2012	17.84	73.28	8.88	24.34	12.12	36.46
2013	17.72	73.04	9.24	24.26	12.65	36.91
2014	17.62	72.83	9.55	24.19	13.11	37.31
2015	17.54	72.63	9.83	24.15	13.53	37.68
2016	17.44	72.19	10.37	24.16	14.36	38.52
2017	17.46	71.62	10.92	24.38	15.25	39.63
2018	17.49	71.25	11.26	24.55	15.80	40.35
2019	17.42	70.97	11.61	24.55	16.36	40.90
2020	19.40	68.02	12.58	28.52	18.49	47.02
2021	19.16	67.79	13.05	28.26	19.25	47.51
2022	18.71	67.85	13.44	27.58	19.81	47.38
2023	18.41	67.94	13.65	27.09	20.09	47.18

2-5 年末各市（州）人口年龄构成和抚养比（2023）
Age Composition and Dependency Ratio of Population by Region at Year-end (2023)

市（州）	Region	年末常住人口（万人）Permanent Population at Year-end (10 000 persons)	0-14 岁 Aged 0-14	15-64 岁 Aged 15-64	65 岁及以上 Aged 65 and Over	总抚养比(%) Gross Dependency Ratio (%)	少年儿童抚养比 Children Dependency Ratio	老年人口抚养比 Old Dependency Ratio
甘肃省	**Gansu**	**2465.48**	**453.84**	**1675.16**	**336.48**	**47.18**	**27.09**	**20.09**
兰州市	Lanzhou	442.51	59.19	312.82	70.50	41.46	18.92	22.54
嘉峪关市	Jiayuguan	31.50	4.88	22.25	4.37	41.59	21.93	19.66
金昌市	Jinchang	43.20	5.47	30.94	6.79	39.63	17.69	21.94
白银市	Baiyin	148.81	26.70	99.37	22.75	49.76	26.87	22.89
天水市	Tianshui	290.72	56.59	196.65	37.48	47.84	28.78	19.06
武威市	Wuwei	142.73	23.76	98.49	20.47	44.92	24.13	20.79
张掖市	Zhangye	110.46	17.28	77.54	15.63	42.45	22.29	20.16
平凉市	Pingliang	178.58	33.18	120.28	25.12	48.47	27.59	20.88
酒泉市	Jiuquan	104.27	14.49	75.04	14.74	38.96	19.31	19.65
庆阳市	Qingyang	213.25	43.61	140.48	29.15	51.80	31.04	20.75
定西市	Dingxi	248.24	47.82	165.02	35.40	50.43	28.98	21.45
陇南市	Longnan	234.22	47.73	157.76	28.72	48.46	30.25	18.21
临夏州	Linxia	210.11	58.59	131.11	20.42	60.26	44.69	15.58
甘南州	Gannan	66.87	14.54	47.41	4.92	41.05	30.67	10.39

2-6 各市（州）城乡人口及构成（2023）
Population of Urban and Rural and Its composition by Region (2023)

单位：万人 (10 000 persons)

市（州）	Region	年末常住人口 Permanent Population at Year-end	城镇 Urban		乡村 Rural	
			人口数 Population	比重（%） Proportion（%）	人口数 Population	比重（%） Proportion（%）
甘肃省	**Gansu**	**2465.48**	**1368.05**	**55.49**	**1097.43**	**44.51**
兰州市	Lanzhou	442.51	375.45	84.85	67.06	15.15
嘉峪关市	Jiayuguan	31.50	29.82	94.67	1.68	5.33
金昌市	Jinchang	43.20	34.49	79.83	8.71	20.17
白银市	Baiyin	148.81	88.51	59.48	60.30	40.52
天水市	Tianshui	290.72	142.56	49.03	148.17	50.97
武威市	Wuwei	142.73	72.60	50.87	70.13	49.13
张掖市	Zhangye	110.46	60.60	54.86	49.86	45.14
平凉市	Pingliang	178.58	85.89	48.09	92.70	51.91
酒泉市	Jiuquan	104.27	69.94	67.07	34.34	32.93
庆阳市	Qingyang	213.25	96.40	45.21	116.85	54.79
定西市	Dingxi	248.24	102.91	41.46	145.33	58.54
陇南市	Longnan	234.22	93.92	40.10	140.30	59.90
临夏州	Linxia	210.11	84.62	40.27	125.50	59.73
甘南州	Gannan	66.87	30.36	45.40	36.51	54.60

2-7 分地县年末人口数
Population at Year-end by Region & County

单位：万人 (10 000 persons)

地、县	Region & County	2010	2015	2018	2019	2020	2021	2022	2023
兰州市	**Lanzhou**	**361.91**	**397.89**	**421.53**	**428.67**	**437.18**	**438.43**	**441.53**	**442.51**
城关区	Chengguan	128.00	137.81	144.35	146.34	148.74	149.00	150.21	150.47
七里河区	Qilihe	56.14	63.50	68.22	69.71	71.48	71.75	72.12	72.35
西固区	Xigu	36.43	38.36	39.79	40.21	40.77	40.95	41.22	41.37
安宁区	Anning	28.86	35.77	40.72	42.32	44.21	44.30	47.21	47.44
红古区	Honggu	13.62	13.93	14.22	14.30	14.39	14.40	14.41	14.07
永登县	Yongdeng	41.94	33.49	30.59	29.58	28.33	28.27	26.95	26.52
皋兰县	Gaolan	13.20	12.29	12.45	12.49	12.50	12.49	9.33	9.23
榆中县	Yuzhong	43.72	45.39	46.67	47.04	47.45	47.26	47.23	47.13
兰州新区	Lanzhou New Area	0.00	17.36	24.52	26.69	29.30	30.00	32.85	33.93
嘉峪关市	**Jiayuguan**	**23.21**	**27.16**	**29.68**	**30.49**	**31.40**	**31.53**	**31.63**	**31.50**
金昌市	**Jinchang**	**46.44**	**44.98**	**44.35**	**44.09**	**43.76**	**43.53**	**43.44**	**43.20**
金川区	Jinchuan	22.88	24.38	25.42	25.74	26.09	26.10	26.15	26.17
永昌县	Yongchang	23.56	20.59	18.93	18.35	17.67	17.43	17.29	17.03
白银市	**Baiyin**	**170.98**	**160.58**	**155.24**	**153.26**	**150.88**	**150.30**	**150.21**	**148.81**
白银区	Baiyin	29.47	31.52	32.93	33.36	33.84	32.28	32.04	32.81
平川区	Pingchuan	19.26	19.61	19.93	20.02	20.10	19.96	19.65	19.60
靖远县	Jingyuan	45.54	41.29	38.97	38.14	37.17	36.58	36.88	36.63
会宁县	Huining	54.11	46.98	42.96	41.57	39.93	40.04	40.18	40.08
景泰县	Jingtai	22.60	21.18	20.45	20.18	19.85	21.44	21.46	19.69
天水市	**Tianshui**	**326.63**	**311.55**	**304.25**	**301.44**	**298.00**	**295.65**	**295.44**	**290.72**
秦州区	Qinzhou	64.45	64.86	65.46	65.59	65.69	65.14	65.15	64.21
麦积区	Maiji	55.39	55.33	55.60	55.62	55.61	55.27	55.27	54.39
清水县	Qingshui	26.73	25.31	24.61	24.34	24.02	23.85	23.83	23.43
秦安县	Qinan	51.61	46.47	43.65	42.65	41.47	40.82	40.75	40.10
甘谷县	Gangu	56.03	53.18	51.78	51.24	50.59	50.18	50.14	49.29
武山县	Wushan	43.78	39.95	37.87	37.13	36.25	35.99	35.93	35.34
张家川县	Zhangjiachuan	28.64	26.45	25.29	24.87	24.37	24.40	24.37	23.96
武威市	**Wuwei**	**181.66**	**163.55**	**153.59**	**150.07**	**145.91**	**144.33**	**144.51**	**142.73**
凉州区	Liangzhou	101.12	94.52	91.09	89.83	88.32	87.86	88.14	87.43
民勤县	Minqin	24.13	20.92	19.11	18.48	17.74	17.39	17.33	17.11
古浪县	Gulang	38.91	31.86	27.80	26.41	24.79	24.34	24.30	23.69
天祝县	Tianzhu	17.50	16.25	15.59	15.35	15.06	14.75	14.74	14.50
张掖市	**Zhangye**	**120.06**	**116.21**	**114.55**	**113.86**	**112.99**	**112.25**	**112.01**	**110.46**

注：2010，2020 年数据为当年人口普查数据推算数；其余年份数据为年度人口抽样调查推算数据。各地区数据为常住人口口径。

a) Data of 2010 and 2020 are the census year estimates; the rest are the estimates from the annual national sample survey of population. Data by region are of permanent residents.

2-7 续表 1 continued

单位：万人 (10 000 persons)

地、县	Region & County	2010	2015	2018	2019	2020	2021	2022	2023
甘州区	Ganzhou	50.79	51.19	51.72	51.83	51.93	51.76	51.71	51.09
肃南县	Sunan	3.37	3.06	2.90	2.84	2.77	2.73	2.74	2.70
民乐县	Minle	21.96	20.54	19.80	19.53	19.20	19.07	19.06	18.77
临泽县	Linze	13.44	12.48	11.97	11.78	11.56	11.43	11.37	11.21
高台县	Gaotai	14.35	13.42	12.93	12.75	12.54	12.40	12.35	12.15
山丹县	Shandan	16.15	15.53	15.24	15.13	14.98	14.86	14.78	14.54
平凉市	**Pingliang**	**207.01**	**195.31**	**189.38**	**187.17**	**184.49**	**182.47**	**182.25**	**178.58**
崆峒区	Kongtong	50.53	50.32	50.48	50.47	50.42	50.01	50.04	49.72
泾川县	Jingchuan	28.14	25.10	23.41	22.82	22.12	21.56	21.47	20.83
灵台县	Lingtai	18.41	16.96	16.19	15.91	15.58	15.34	15.27	14.77
崇信县	Chongxin	10.22	9.19	8.62	8.42	8.18	8.21	8.20	8.04
庄浪县	Zhuanglang	38.32	35.83	34.53	34.06	33.49	33.29	33.27	32.36
静宁县	Jingning	42.44	39.37	37.76	37.17	36.47	36.13	36.08	35.10
华亭市	Huating	18.95	18.54	18.40	18.33	18.23	17.92	17.91	17.76
酒泉市	**Jiuquan**	**109.69**	**107.29**	**106.45**	**106.04**	**105.50**	**105.33**	**105.31**	**104.27**
肃州区	Suzhou	42.88	44.08	45.05	45.32	45.61	45.49	45.21	44.79
金塔县	Jinta	14.76	13.42	12.70	12.44	12.13	12.08	12.01	11.89
瓜州县	Guazhou	14.89	13.87	13.33	13.13	12.90	12.89	13.28	13.22
肃北县	Subei	1.50	1.50	1.51	1.51	1.51	1.51	1.51	1.50
阿克塞县	Akesai	1.06	1.08	1.09	1.09	1.10	1.10	1.10	1.06
玉门市	Yumen	15.99	14.83	14.22	14.00	13.74	13.73	13.70	13.57
敦煌市	Dunhuang	18.61	18.51	18.55	18.54	18.52	18.53	18.50	18.24
庆阳市	**Qingyang**	**221.39**	**218.99**	**218.78**	**218.44**	**217.91**	**215.94**	**215.84**	**213.25**
西峰区	Xifeng	37.80	44.46	48.71	50.07	51.61	51.38	51.08	50.79
庆城县	Qingcheng	26.22	24.79	24.07	23.80	23.47	23.20	23.30	23.12
环　县	Huanxian	30.33	30.30	30.46	30.47	30.47	30.22	30.17	29.89
华池县	Huachi	12.10	11.98	11.97	11.96	11.93	11.80	11.83	11.76
合水县	Heshui	14.59	14.05	13.80	13.70	13.57	13.38	13.47	13.32
正宁县	Zhengning	18.12	17.67	17.49	17.41	17.31	17.04	17.16	16.82
宁　县	Ningxian	40.61	37.00	35.04	34.34	33.52	33.22	33.17	32.54
镇原县	Zhenyuan	41.62	38.75	37.24	36.69	36.03	35.70	35.66	35.01
定西市	**Dingxi**	**270.11**	**260.43**	**256.08**	**254.31**	**252.11**	**250.78**	**250.58**	**248.24**
安定区	Anding	42.09	42.03	42.23	42.25	42.24	42.07	42.03	41.64
通渭县	Tongwei	34.98	33.57	32.90	32.64	32.32	32.11	32.09	31.79

2–7 续表 2 continued

单位：万人 (10 000 persons)

地、县	Region & County	2010	2015	2018	2019	2020	2021	2022	2023
陇西县	Longxi	45.37	43.91	43.29	43.02	42.69	42.50	42.47	42.07
渭源县	Weiyuan	32.44	30.00	28.71	28.24	27.68	27.41	27.39	27.13
临洮县	Lintao	50.78	49.24	48.59	48.32	47.97	47.83	47.79	47.34
漳　县	Zhangxian	19.32	17.97	17.26	17.00	16.69	16.54	16.52	16.37
岷　县	Minxian	45.13	43.71	43.10	42.84	42.52	42.32	42.29	41.89
陇南市	**Longnan**	**256.97**	**248.06**	**244.10**	**242.48**	**240.46**	**238.73**	**238.91**	**234.22**
武都区	Wudu	55.58	54.95	54.88	54.78	54.65	54.48	54.52	54.12
成　县	Chengxian	24.26	24.13	24.19	24.18	24.16	24.09	24.11	23.63
文　县	Wenxian	21.88	20.72	20.14	19.92	19.65	19.44	19.45	19.07
宕昌县	Tanchang	27.44	26.38	25.90	25.70	25.46	24.84	24.86	24.37
康　县	Kangxian	18.01	17.07	16.60	16.43	16.21	16.16	16.17	15.85
西和县	Xihe	39.36	37.11	35.97	35.55	35.04	34.85	34.88	34.19
礼　县	Lixian	45.87	44.00	43.13	42.78	42.36	42.03	42.06	40.57
徽　县	Huixian	20.03	19.45	19.21	19.10	18.97	18.91	18.92	18.55
两当县	Liangdang	4.54	4.24	4.09	4.03	3.96	3.93	3.93	3.86
临夏州	**Linxia**	**194.93**	**202.32**	**207.90**	**209.51**	**211.24**	**211.66**	**212.40**	**210.11**
临夏市	Linxia	27.47	31.44	34.00	34.81	35.73	35.97	36.48	36.97
临夏县	Linxia	32.65	32.35	32.36	32.32	32.26	32.22	32.23	31.66
康乐县	Kangle	23.36	24.40	25.17	25.39	25.63	25.74	25.78	25.35
永靖县	Yongjing	18.02	17.99	18.07	18.07	18.07	17.88	17.85	17.55
广河县	Guanghe	22.80	24.35	25.43	25.75	26.11	26.31	26.41	26.03
和政县	Hezheng	18.54	19.44	20.08	20.28	20.48	20.56	20.58	20.33
东乡县	Dongxiang	28.50	28.66	28.92	28.97	29.01	29.09	29.19	28.73
积石山县	Jishishan	23.59	23.69	23.88	23.92	23.94	23.89	23.89	23.51
甘南州	**Gannan**	**69.00**	**68.87**	**69.19**	**69.20**	**69.18**	**69.10**	**68.37**	**66.87**
合作市	Hezuo	9.04	10.10	10.79	11.01	11.25	11.23	11.26	10.97
临潭县	Lintan	13.72	13.19	12.94	12.84	12.72	12.70	12.72	12.43
卓尼县	Zhuoni	10.07	9.77	9.65	9.60	9.53	9.53	9.55	9.35
舟曲县	Zhouqu	13.21	12.83	12.68	12.61	12.53	12.51	11.66	11.41
迭部县	Diebu	5.22	5.20	5.22	5.22	5.22	5.20	5.21	5.09
玛曲县	Maqu	5.49	5.58	5.67	5.69	5.71	5.71	5.72	5.60
碌曲县	Luqu	3.57	3.57	3.59	3.59	3.59	3.59	3.60	3.54
夏河县	Xiahe	8.68	8.63	8.65	8.65	8.63	8.63	8.65	8.48

2-8 分地县年末城镇人口比重
Proportion of Urban Population at Year-end by Region & County

单位：% (%)

地、县	Region & County	2010	2015	2018	2019	2020	2021	2022	2023
兰州市	**Lanzhou**	**76.28**	**80.58**	**83.03**	**83.08**	**83.10**	**83.56**	**84.07**	**84.85**
城关区	Chengguan	98.47	98.62	98.76	98.76	98.76	98.77	98.78	98.85
七里河区	Qilihe	83.86	86.16	87.66	87.66	87.66	87.67	87.69	88.01
西固区	Xigu	87.99	90.90	91.80	91.81	91.81	91.82	91.85	91.90
安宁区	Anning	100.00	100.00	100.00	100.00	100.00	100.00	100.00	98.00
红古区	Honggu	73.54	75.31	75.99	76.00	76.01	76.03	76.06	77.96
永登县	Yongdeng	32.98	44.84	48.63	48.64	48.64	48.71	49.02	50.90
皋兰县	Gaolan	32.04	46.78	56.51	56.52	56.53	56.54	59.11	60.85
榆中县	Yuzhong	31.94	45.20	49.23	49.23	49.23	52.03	52.68	53.25
兰州新区	Lanzhou New Area		43.86	57.94	57.95	57.96	60.04	60.67	68.79
嘉峪关市	**Jiayuguan**	**93.32**	**94.31**	**94.41**	**94.41**	**94.43**	**94.44**	**94.47**	**94.67**
金昌市	**Jinchang**	**62.10**	**69.51**	**74.33**	**75.43**	**77.40**	**78.43**	**78.90**	**79.83**
金川区	Jinchuan	85.50	89.70	90.79	90.99	91.38	91.38	91.43	91.56
永昌县	Yongchang	39.39	45.60	52.25	53.62	56.90	59.04	59.95	61.81
白银市	**Baiyin**	**39.48**	**47.46**	**53.10**	**54.47**	**56.56**	**57.69**	**58.32**	**59.48**
白银区	Baiyin	83.69	88.48	89.99	90.30	90.81	91.29	91.32	91.71
平川区	Pingchuan	61.21	66.61	71.70	71.83	73.54	74.69	75.61	77.44
靖远县	Jingyuan	25.00	31.92	37.03	38.07	39.45	41.39	42.50	44.01
会宁县	Huining	19.29	25.84	31.21	32.93	35.34	37.33	38.18	38.99
景泰县	Jingtai	40.91	46.93	52.22	53.37	56.22	57.08	58.11	58.35
天水市	**Tianshui**	**28.36**	**36.56**	**42.52**	**43.54**	**45.57**	**46.68**	**47.66**	**49.03**
秦州区	Qinzhou	49.50	57.66	63.72	64.05	65.61	66.98	68.09	70.05
麦积区	Maiji	41.16	49.14	55.11	55.29	57.91	59.09	60.16	61.84
清水县	Qingshui	15.73	22.88	28.12	28.88	32.90	33.84	34.71	35.70
秦安县	Qinan	18.22	26.77	31.11	32.31	33.77	35.25	36.05	37.08
甘谷县	Gangu	18.13	26.57	33.28	34.89	36.26	36.81	37.77	38.86
武山县	Wushan	19.96	27.31	33.59	34.34	35.91	37.09	38.08	39.17
张家川县	Zhangjiachuan	18.93	22.87	25.94	28.27	29.94	30.49	31.29	32.19
武威市	**Wuwei**	**27.56**	**36.12**	**43.06**	**44.67**	**47.01**	**48.22**	**49.35**	**50.87**
凉州区	Liangzhou	32.89	41.78	48.78	50.31	52.83	53.94	55.05	56.52
民勤县	Minqin	18.99	28.31	35.68	37.55	40.12	41.45	42.58	44.06
古浪县	Gulang	16.96	23.28	28.96	30.29	31.71	32.79	33.93	35.41
天祝县	Tianzhu	32.17	38.43	43.85	45.02	46.37	47.60	48.61	50.08
张掖市	**Zhangye**	**34.84**	**42.96**	**48.47**	**49.59**	**51.29**	**52.52**	**53.49**	**54.86**

2-8 续表 1 continued

单位：% (%)

地、县	Region & County	2010	2015	2018	2019	2020	2021	2022	2023
甘州区	Ganzhou	42.97	49.27	52.32	52.65	53.57	54.56	55.57	56.96
肃南县	Sunan	31.09	35.91	37.98	38.78	39.33	40.57	41.01	42.06
民乐县	Minle	22.88	32.48	41.67	43.83	46.70	48.20	49.40	50.78
临泽县	Linze	28.10	37.03	43.19	44.97	46.84	48.56	49.18	50.50
高台县	Gaotai	24.60	36.82	47.40	48.85	51.10	52.71	53.45	54.79
山丹县	Shandan	41.02	47.53	51.31	52.82	55.11	56.04	57.15	58.56
平凉市	**Pingliang**	**29.09**	**36.58**	**41.83**	**42.81**	**44.77**	**46.02**	**46.79**	**48.09**
崆峒区	Kongtong	49.44	60.21	65.29	65.55	65.92	66.98	67.66	68.64
泾川县	Jingchuan	24.66	31.55	37.12	37.99	39.14	40.73	41.37	42.69
灵台县	Lingtai	19.79	25.12	28.80	31.18	34.49	35.26	35.75	37.01
崇信县	Chongxin	31.09	39.87	42.79	42.89	43.02	44.00	44.54	45.48
庄浪县	Zhuanglang	15.01	19.13	23.79	25.41	28.42	28.78	29.30	30.43
静宁县	Jingning	16.16	20.72	26.71	27.37	30.90	32.97	34.18	35.56
华亭市	Huating	46.72	55.50	59.32	59.88	60.67	62.35	63.28	64.28
酒泉市	**Jiuquan**	**50.05**	**57.05**	**61.63**	**62.57**	**64.20**	**65.22**	**65.90**	**67.07**
肃州区	Suzhou	59.54	66.23	70.01	70.84	71.88	72.47	73.12	74.40
金塔县	Jinta	31.88	38.44	43.70	44.49	50.12	50.91	51.20	52.54
瓜州县	Guazhou	29.79	35.00	38.56	39.41	39.96	42.82	44.74	45.71
肃北县	Subei	50.80	58.47	63.91	64.24	65.81	66.08	66.13	66.79
阿克塞县	Akesai	95.21	94.26	93.67	93.58	93.26	94.35	94.35	95.61
玉门市	Yumen	49.40	56.39	62.27	63.04	63.56	64.23	65.11	66.45
敦煌市	Dunhuang	56.73	63.44	67.60	68.61	70.10	71.21	71.84	72.88
庆阳市	**Qingyang**	**23.79**	**32.61**	**39.16**	**40.22**	**41.89**	**43.13**	**43.98**	**45.21**
西峰区	Xifeng	48.41	53.51	59.61	60.61	61.94	63.20	64.80	66.26
庆城县	Qingcheng	26.27	32.34	38.27	39.05	40.57	41.94	42.58	43.38
环　县	Huanxian	18.65	27.66	33.78	34.53	36.21	37.23	37.98	39.36
华池县	Huachi	21.18	34.01	40.01	40.78	42.15	43.49	44.21	45.35
合水县	Heshui	21.91	31.44	37.38	38.24	39.64	41.18	41.72	43.09
正宁县	Zhengning	24.10	33.27	39.09	39.89	41.22	42.72	43.24	44.60
宁　县	Ningxian	14.86	24.05	29.75	30.63	32.34	33.35	34.04	34.76
镇原县	Zhenyuan	13.61	20.55	26.65	27.58	28.98	29.92	30.51	31.60
定西市	**Dingxi**	**23.42**	**30.82**	**35.91**	**36.93**	**38.39**	**39.51**	**40.30**	**41.46**
安定区	Anding	37.82	43.99	49.14	51.05	52.65	52.89	53.79	54.89
通渭县	Tongwei	13.15	20.49	25.55	26.23	27.09	27.43	28.12	29.28

2-8 续表 2 continued

单位：% (%)

地、县	Region & County	2010	2015	2018	2019	2020	2021	2022	2023
陇西县	Longxi	36.03	42.81	47.82	48.81	51.27	51.60	52.23	53.33
渭源县	Weiyuan	14.61	23.43	27.46	27.83	28.49	29.22	29.95	31.59
临洮县	Lintao	24.49	31.32	37.50	38.38	39.30	39.79	40.56	41.75
漳 县	Zhangxian	19.58	28.38	32.61	32.00	33.83	34.71	35.25	36.59
岷 县	Minxian	12.03	19.51	24.08	25.56	27.14	31.45	32.35	33.37
陇南市	**Longnan**	**19.70**	**27.96**	**33.58**	**34.67**	**36.18**	**37.28**	**38.49**	**40.10**
武都区	Wudu	25.22	33.60	40.24	42.09	44.55	45.79	46.91	48.84
成 县	Chengxian	35.33	40.03	45.47	46.43	50.14	51.07	52.52	54.19
文 县	Wenxian	15.64	20.87	28.54	30.73	32.50	33.49	34.52	35.59
宕昌县	Tanchang	15.25	20.65	25.55	27.09	27.31	28.43	29.35	30.62
康 县	Kangxian	15.94	21.22	30.05	30.25	30.35	31.16	32.17	33.31
西和县	Xihe	12.49	23.29	27.78	27.83	27.88	29.06	30.06	32.09
礼 县	Lixian	12.03	23.49	28.69	29.51	30.23	31.33	32.94	34.38
徽 县	Huixian	27.76	36.66	38.18	38.67	41.70	42.28	43.59	44.76
两当县	Liangdang	34.50	41.03	44.97	45.34	45.46	47.11	48.64	49.69
临夏州	**Linxia**	**24.30**	**31.02**	**35.29**	**35.86**	**36.75**	**38.01**	**39.02**	**40.27**
临夏市	Linxia	80.48	86.10	88.12	88.31	88.51	88.90	90.21	90.37
临夏县	Linxia	8.03	13.79	15.27	15.50	15.87	19.06	20.98	22.53
康乐县	Kangle	10.66	16.64	21.49	21.94	22.97	23.78	24.56	25.72
永靖县	Yongjing	38.69	44.30	51.02	51.63	52.50	52.94	53.16	54.12
广河县	Guanghe	20.14	26.90	32.01	33.32	34.41	35.48	36.46	37.65
和政县	Hezheng	16.36	22.02	26.69	26.94	27.82	28.94	28.98	30.20
东乡县	Dongxiang	12.15	16.82	18.60	18.92	19.48	20.87	21.48	22.52
积石山县	Jishishan	8.79	15.03	20.77	20.78	21.88	22.54	23.07	24.03
甘南州	**Gannan**	**24.46**	**33.67**	**39.78**	**40.82**	**42.27**	**43.52**	**44.29**	**45.40**
合作市	Hezuo	63.56	67.16	67.21	67.21	67.44	69.28	69.98	70.56
临潭县	Lintan	19.03	29.26	36.24	36.99	37.53	38.74	39.15	40.39
卓尼县	Zhuoni	15.62	24.87	31.50	33.02	34.88	35.99	36.02	36.89
舟曲县	Zhouqu	13.12	21.82	28.94	29.90	31.90	32.77	33.88	34.79
迭部县	Diebu	18.08	27.88	34.87	36.21	38.07	39.42	39.73	42.63
玛曲县	Maqu	20.22	36.02	48.32	51.49	55.62	57.09	58.57	59.82
碌曲县	Luqu	18.23	30.81	40.11	42.34	45.43	46.52	46.94	47.18
夏河县	Xiahe	28.92	31.98	33.18	32.64	32.20	33.14	33.76	35.26

2-9 各地、县人口的城乡结构和出生率、死亡率、自然增长率（2023）

Total Population by Urban and Rural Residence and Birth Rate,Death Rate, Natural Growth Rate by Region & County (2023)

单位：万人 (10 000 persons)

地、县	Region & County	年末常住人口 Permanent Population at Year-end	城镇 Urban		乡村 Rural		出生率（‰）Birth Rate (‰)	死亡率（‰）Death Rate (‰)	自然增长率（‰）Natural Growth Rate (‰)
			人口数 Population	比重（%）Proportion	人口数 Population	比重（%）Proportion			
兰州市	**Lanzhou**	**442.51**	**375.45**	**84.85**	**67.06**	**15.15**	**5.96**	**6.29**	**-0.33**
城关区	Chengguan	150.47	148.74	98.85	1.73	1.15	5.92	6.85	-0.93
七里河区	Qilihe	72.35	63.68	88.01	8.67	11.99	6.64	6.23	0.42
西固区	Xigu	41.37	38.02	91.90	3.35	8.10	6.30	7.02	-0.73
安宁区	Anning	47.44	46.49	98.00	0.95	2.00	4.23	2.75	1.48
红古区	Honggu	14.07	10.97	77.96	3.10	22.04	3.51	6.32	-2.81
永登县	Yongdeng	26.52	13.50	50.90	13.02	49.10	7.48	8.60	-1.12
皋兰县	Gaolan	9.23	5.62	60.85	3.61	39.15	4.30	7.54	-3.24
榆中县	Yuzhong	47.13	25.10	53.25	22.03	46.75	5.30	6.15	-0.85
兰州新区	Lanzhou New Area	33.93	23.34	68.79	10.59	31.21	7.79	5.99	1.80
嘉峪关市	**Jiayuguan**	**31.50**	**29.82**	**94.67**	**1.68**	**5.33**	**7.62**	**6.35**	**1.28**
金昌市	**Jinchang**	**43.20**	**34.49**	**79.83**	**8.71**	**20.17**	**5.34**	**10.46**	**-5.12**
金川区	Jinchuan	26.17	23.96	91.56	2.21	8.44	4.97	8.53	-3.56
永昌县	Yongchang	17.03	10.53	61.81	6.50	38.19	5.92	13.40	-7.49
白银市	**Baiyin**	**148.81**	**88.51**	**59.48**	**60.30**	**40.52**	**7.61**	**9.40**	**-1.79**
白银区	Baiyin	32.81	30.09	91.71	2.72	8.29	8.63	9.25	-0.62
平川区	Pingchuan	19.60	15.18	77.44	4.42	22.56	6.62	9.17	-2.55
靖远县	Jingyuan	36.63	16.12	44.01	20.51	55.99	7.89	9.52	-1.63
会宁县	Huining	40.08	15.63	38.99	24.45	61.01	8.22	9.96	-1.74
景泰县	Jingtai	19.69	11.49	58.35	8.20	41.65	5.35	8.74	-3.39
天水市	**Tianshui**	**290.72**	**142.56**	**49.03**	**148.17**	**50.97**	**7.83**	**9.70**	**-1.87**
秦州区	Qinzhou	64.21	44.98	70.05	19.23	29.95	7.74	9.90	-2.16
麦积区	Maiji	54.39	33.63	61.84	20.76	38.16	7.66	9.67	-2.01
清水县	Qingshui	23.43	8.36	35.70	15.07	64.30	8.04	9.31	-1.27
秦安县	Qinan	40.10	14.87	37.08	25.23	62.92	7.92	9.65	-1.73
甘谷县	Gangu	49.29	19.15	38.86	30.14	61.14	7.84	9.65	-1.81
武山县	Wushan	35.34	13.84	39.17	21.50	60.83	7.86	9.82	-1.96
张家川县	Zhangjiachuan	23.96	7.71	32.19	16.25	67.81	7.86	9.51	-1.65
武威市	**Wuwei**	**142.73**	**72.60**	**50.87**	**70.13**	**49.13**	**7.13**	**11.22**	**-4.08**
凉州区	Liangzhou	87.43	49.42	56.52	38.01	43.48	7.86	10.25	-2.39
民勤县	Minqin	17.11	7.54	44.06	9.57	55.94	4.06	14.51	-10.45
古浪县	Gulang	23.69	8.39	35.41	15.30	64.59	7.50	12.50	-5.00
天祝县	Tianzhu	14.50	7.26	50.08	7.24	49.92	5.47	10.95	-5.47
张掖市	**Zhangye**	**110.46**	**60.60**	**54.86**	**49.86**	**45.14**	**6.50**	**9.71**	**-3.21**

2-9 续表 1 continued

单位：万人 (10 000 persons)

地、县	Region & County	年末常住人口 Permanent Population at Year-end	城镇 Urban 人口数 Population	城镇 Urban 比重（%） Proportion	乡村 Rural 人口数 Population	乡村 Rural 比重（%） Proportion	出生率（‰） Birth Rate (‰)	死亡率（‰） Death Rate (‰)	自然增长率（‰） Natural Growth Rate (‰)
甘州区	Ganzhou	51.09	29.10	56.96	21.99	43.04	6.56	9.60	-3.04
肃南县	Sunan	2.70	1.14	42.06	1.57	57.94	8.38	12.60	-4.23
民乐县	Minle	18.77	9.53	50.78	9.24	49.22	6.17	8.29	-2.13
临泽县	Linze	11.21	5.66	50.50	5.55	49.50	5.77	8.76	-2.99
高台县	Gaotai	12.15	6.66	54.79	5.49	45.21	7.56	13.21	-5.65
山丹县	Shandan	14.54	8.51	58.56	6.02	41.44	6.03	9.12	-3.09
平凉市	**Pingliang**	**178.58**	**85.89**	**48.09**	**92.70**	**51.91**	**7.59**	**10.13**	**-2.54**
崆峒区	Kongtong	49.72	34.13	68.64	15.59	31.36	7.53	8.42	-0.89
泾川县	Jingchuan	20.83	8.89	42.69	11.94	57.31	7.22	12.54	-5.32
灵台县	Lingtai	14.77	5.47	37.01	9.30	62.99	6.73	12.44	-5.71
崇信县	Chongxin	8.04	3.66	45.48	4.39	54.52	8.60	10.17	-1.57
庄浪县	Zhuanglang	32.36	9.85	30.43	22.52	69.57	7.78	9.83	-2.05
静宁县	Jingning	35.10	12.48	35.56	22.62	64.44	8.19	10.74	-2.55
华亭市	Huating	17.76	11.42	64.28	6.34	35.72	6.94	9.15	-2.21
酒泉市	**Jiuquan**	**104.27**	**69.94**	**67.07**	**34.34**	**32.93**	**6.19**	**8.22**	**-2.04**
肃州区	Suzhou	44.79	33.32	74.40	11.47	25.60	5.27	8.24	-2.98
金塔县	Jinta	11.89	6.25	52.54	5.64	47.46	8.20	7.95	0.25
瓜州县	Guazhou	13.22	6.04	45.71	7.18	54.29	6.79	7.77	-0.98
肃北县	Subei	1.50	1.00	66.79	0.50	33.21	5.31	6.64	-1.33
阿克塞县	Akesai	1.06	1.01	95.61	0.05	4.39	6.48	5.56	0.93
玉门市	Yumen	13.57	9.02	66.45	4.55	33.56	7.55	9.39	-1.83
敦煌市	Dunhuang	18.24	13.29	72.88	4.95	27.12	5.83	8.00	-2.18
庆阳市	**Qingyang**	**213.25**	**96.40**	**45.21**	**116.85**	**54.79**	**7.98**	**9.60**	**-1.62**
西峰区	Xifeng	50.79	33.65	66.26	17.13	33.74	6.77	4.73	2.05
庆城县	Qingcheng	23.12	10.03	43.38	13.09	56.62	8.24	8.72	-0.48
环　县	Huanxian	29.89	11.77	39.36	18.13	60.64	9.31	9.49	-0.18
华池县	Huachi	11.76	5.33	45.35	6.43	54.65	8.58	8.28	0.30
合水县	Heshui	13.32	5.74	43.09	7.58	56.91	8.39	10.96	-2.57
正宁县	Zhengning	16.82	7.50	44.60	9.32	55.40	7.41	11.79	-4.38
宁　县	Ningxian	32.54	11.31	34.76	21.23	65.24	8.48	13.29	-4.81
镇原县	Zhenyuan	35.01	11.06	31.60	23.94	68.40	7.85	12.71	-4.86
定西市	**Dingxi**	**248.24**	**102.91**	**41.46**	**145.33**	**58.54**	**7.95**	**9.78**	**-1.83**
安定区	Anding	41.64	22.86	54.89	18.78	45.11	8.40	8.84	-0.44
通渭县	Tongwei	31.79	9.31	29.28	22.48	70.72	7.59	9.33	-1.75

2-9 续表2 continued

单位：万人 (10 000 persons)

地、县	Region & County	年末常住人口 Permanent Population at Year-end	城镇 Urban		乡村 Rural		出生率（‰） Birth Rate (‰)	死亡率（‰） Death Rate (‰)	自然增长率（‰） Natural Growth Rate (‰)
			人口数 Population	比重（%） Proportion	人口数 Population	比重（%） Proportion			
陇西县	Longxi	42.07	22.44	53.33	19.64	46.67	8.25	10.89	-2.64
渭源县	Weiyuan	27.13	8.57	31.59	18.56	68.41	7.39	10.79	-3.40
临洮县	Lintao	47.34	19.77	41.75	27.58	58.25	7.70	9.56	-1.86
漳　县	Zhangxian	16.37	5.99	36.59	10.38	63.41	8.61	10.61	-2.00
岷　县	Minxian	41.89	13.98	33.37	27.91	66.63	7.76	9.32	-1.56
陇南市	**Longnan**	**234.22**	**93.92**	**40.10**	**140.30**	**59.90**	**7.89**	**10.39**	**-2.51**
武都区	Wudu	54.12	26.43	48.84	27.69	51.16	6.88	8.38	-1.50
成　县	Chengxian	23.63	12.81	54.19	10.83	45.81	7.65	10.06	-2.41
文　县	Wenxian	19.07	6.79	35.59	12.28	64.41	8.24	10.16	-1.92
宕昌县	Tanchang	24.37	7.46	30.62	16.91	69.38	8.15	11.46	-3.31
康　县	Kangxian	15.85	5.28	33.31	10.57	66.69	8.29	11.17	-2.88
西和县	Xihe	34.19	10.97	32.09	23.22	67.91	8.27	10.98	-2.72
礼　县	Lixian	40.57	13.95	34.38	26.62	65.62	8.73	12.02	-3.28
徽　县	Huixian	18.55	8.30	44.76	10.25	55.24	7.37	9.92	-2.55
两当县	Liangdang	3.86	1.92	49.69	1.94	50.31	8.47	11.67	-3.20
临夏州	**Linxia**	**210.11**	**84.62**	**40.27**	**125.50**	**59.73**	**12.30**	**8.56**	**3.74**
临夏市	linxia	36.97	33.41	90.37	3.56	9.63	10.43	8.10	2.33
临夏县	linxia	31.66	7.13	22.53	24.52	77.47	12.49	9.70	2.79
康乐县	Kangle	25.35	6.52	25.72	18.83	74.28	11.35	8.61	2.74
永靖县	Yongjing	17.55	9.50	54.12	8.05	45.88	9.78	8.73	1.04
广河县	Guanghe	26.03	9.80	37.65	16.23	62.35	15.42	8.57	6.85
和政县	Hezheng	20.33	6.14	30.20	14.19	69.80	13.73	8.56	5.17
东乡县	Dongxiang	28.73	6.47	22.52	22.26	77.48	13.31	8.08	5.23
积石山县	Jishishan	23.51	5.65	24.03	17.86	75.97	11.98	8.20	3.78
甘南州	**Gannan**	**66.87**	**30.36**	**45.40**	**36.51**	**54.60**	**9.43**	**8.48**	**0.95**
合作市	Hezuo	10.97	7.74	70.56	3.23	29.44	9.89	8.99	0.90
临潭县	Lintan	12.43	5.02	40.39	7.41	59.61	10.34	9.55	0.79
卓尼县	Zhuoni	9.35	3.45	36.89	5.90	63.11	10.57	9.53	1.04
舟曲县	Zhouqu	11.41	3.97	34.79	7.44	65.21	9.54	8.67	0.87
迭部县	Diebu	5.09	2.17	42.63	2.92	57.37	7.77	5.83	1.94
玛曲县	Maqu	5.60	3.35	59.82	2.25	40.18	8.83	7.07	1.76
碌曲县	Luqu	3.54	1.67	47.18	1.87	52.82	8.41	8.40	0.01
夏河县	Xiahe	8.48	2.99	35.26	5.49	64.74	8.18	7.01	1.17

主要统计指标解释

人口数 指一定时点、一定地区范围内有生命的个人总和。年末统计的年末人口数指每年12月31日24时的人口数。

城镇人口和乡村人口 城镇人口是指居住在城镇地域内的全部常住人口；乡村人口是除上述人口以外的全部人口。

出生率（又称粗出生率） 指在一定时期内（通常为一年）一定地区的出生人数与同期内平均人数（或期中人数）之比，用千分率表示。本资料中的出生率指年出生率，其计算公式为：

$$\text{出生率} = \frac{\text{年出生人数}}{\text{年平均人数}} \times 1000‰$$

式中：出生人数指活产婴儿，即胎儿脱离母体时（不管怀孕月数），有过呼吸或其他生命现象。年平均人数指年初、年底人口数的平均数，也可用年中人口数代替。

死亡率（又称粗死亡率） 指在一定时期内（通常为一年）一定地区的死亡人数与同期内平均人数（或期中人数）之比，用千分率表示。本资料中的死亡率指年死亡率，其计算公式为：

$$\text{死亡率} = \frac{\text{年死亡人数}}{\text{年平均人数}} \times 1000‰$$

人口自然增长率 指在一定时期内（通常为一年）人口自然增加数（出生人数减死亡人数）与该时期内平均人数（或期中人数）之比，用千分率表示，其计算公式为：

$$\text{人口自然增长率} = \frac{\text{本年出生人数} - \text{本年死亡人数}}{\text{年平均人数}} \times 1000‰$$

$$= \text{人口出生率} - \text{人口死亡率}$$

总抚养比 也称总负担系数。指人口总体中非劳动年龄人口数与劳动年龄人口数之比。通常用百分比表示。说明每100名劳动年龄人口大致要负担多少名非劳动年龄人口。用于从人口角度反映人口与经济发展的基本关系。计算公式为：

$$GDR = \frac{P_{0\sim14} + P_{65^+}}{P_{15\sim64}} \times 100\%$$

其中：GDR为总抚养比；

$P_{0\sim14}$为0~14岁少年儿童人口数；

P_{65+}为65岁及65岁以上的老年人口数；

$P_{15\sim64}$为15~64岁劳动年龄人口数。

老年人口抚养比 也称老年人口抚养系数。指某一人口中老年人口数与劳动年龄人口数之比。通常用百分比表示。用以表明每100名劳动年龄人口要负担多少名老年人。老年人口抚养比是从经济角度反映人口老化社会后果的指标之一。计算公式为：

$$ODR = \frac{P_{65^+}}{P_{15\sim64}} \times 100\%$$

其中：ODR为老年人口抚养比；

P_{65+}为65岁及65岁以上的老年人口数；

$P_{15\sim64}$为15~64岁的劳动年龄人口数。

少年儿童抚养比 也称少年儿童抚养系数。指某一人口中少年儿童人口数与劳动年龄人口数之比。通常用百分比表示。以反映每100名劳动年龄人口要负担多少名少年儿童。计算公式为：

$$CDR = \frac{P_{0\sim14}}{P_{15\sim64}} \times 100\%$$

其中：CDR为少年儿童抚养比；

$P_{0\sim14}$为0~14岁少年儿童人口数；

$P_{15\sim64}$为15~64岁劳动年龄人口数。

3

国民经济核算

National Accounts

简要说明

一、本篇资料主要内容

本篇资料主要包括国民经济核算基本情况资料。

二、本篇资料来源

本篇资料由省统计局国民经济核算处汇总、加工整理。

地区生产总值数据是由省统计局国民经济核算处根据不同产业部门、不同支出构成的特点和资料来源情况而采用不同方法计算的。本年鉴公布的地区生产总值以及与之有关的指标数据，最后一年数据不是最终数，还会在获得更多的财务和行政记录等资料后发生变动。如果遇到普查或者重大核算方法改革，在能够获得更详细的基础资料的情况下，地区生产总值的历史数据还会发生变动。

3-1 地区生产总值
Gross Regional Product

单位：亿元　　本表按当年价格计算。Data in this table are calculated at current prices.　　(100 million yuan)

年 份 Year	地区生产总值 Gross Regional Product	第一产业 Primary Industry	第二产业 Secondary Industry	第三产业 Tertiary Industry	农林牧渔业 Agriculture,Forestry, Animal Husbandry and Fishery Industries	工业 Industry	建筑业 Construction
1978	64.73	13.21	39.04	12.48	13.21	34.66	4.38
1979	67.51	12.89	40.98	13.64	12.89	36.90	4.08
1980	73.90	16.46	39.85	17.59	16.46	35.25	4.60
1981	70.89	17.63	35.30	17.96	17.63	31.33	3.97
1982	76.88	19.68	38.54	18.66	19.68	33.63	4.91
1983	91.50	27.65	42.92	20.93	27.65	37.52	5.40
1984	103.17	27.83	49.98	25.36	27.83	43.65	6.33
1985	123.39	33.08	58.81	31.50	33.08	50.54	8.27
1986	140.74	38.02	65.27	37.45	38.02	56.01	9.26
1987	159.52	45.27	68.40	45.85	45.27	58.26	10.14
1988	191.84	52.77	81.33	57.74	52.77	67.28	14.05
1989	216.84	59.01	91.79	66.04	59.01	77.62	14.17
1990	242.80	64.06	98.33	80.41	64.06	83.93	14.40
1991	271.39	66.55	111.91	92.93	66.55	97.19	14.72
1992	317.79	74.20	128.66	114.93	75.32	110.21	18.45
1993	372.24	87.43	159.96	124.85	88.88	136.74	23.22
1994	453.61	103.87	198.67	151.07	105.59	174.56	24.11
1995	557.76	110.65	256.83	190.28	112.67	226.29	30.54
1996	722.52	188.12	311.98	222.42	191.13	276.37	35.61
1997	793.57	190.21	337.79	265.58	193.76	286.70	51.09
1998	887.67	202.76	373.43	311.48	206.73	311.26	62.17
1999	956.32	191.84	410.07	354.42	196.21	326.99	83.08
2000	1052.88	194.10	421.65	437.13	199.18	327.60	94.04
2001	1125.37	207.96	458.07	459.35	213.55	355.51	102.56
2002	1232.03	215.51	501.69	514.83	221.30	389.38	112.31
2003	1399.94	238.00	572.24	589.70	244.39	452.32	119.92
2004	1653.61	283.32	680.27	690.02	287.00	549.52	130.75
2005	1864.63	304.28	772.24	788.11	308.41	633.32	138.92
2006	2202.97	329.83	972.50	900.64	334.51	818.27	154.23
2007	2675.12	365.93	1254.14	1055.05	390.98	1070.21	183.93
2008	3071.70	391.24	1429.93	1250.53	418.60	1197.09	232.84
2009	3268.26	418.39	1473.24	1376.63	447.31	1214.03	259.21
2010	3943.73	472.61	1910.35	1560.77	501.73	1613.76	296.59
2011	4816.94	525.60	2288.63	2002.71	558.26	1947.15	341.48
2012	5393.12	590.94	2493.31	2308.87	626.71	2107.12	386.19
2013	6014.53	658.10	2674.04	2682.39	698.34	2262.55	428.90
2014	6518.39	695.77	2823.26	2999.36	739.69	2374.32	466.12
2015	6556.55	733.37	2505.41	3317.77	780.74	2031.55	484.24
2016	6907.91	800.75	2483.50	3623.66	834.46	1995.53	498.33
2017	7336.74	859.75	2515.75	3961.24	896.00	2020.50	504.60
2018	8104.07	926.05	2761.64	4416.38	962.28	2253.41	518.24
2019	8718.30	1059.33	2862.42	4796.55	1097.15	2319.75	552.99
2020	8979.67	1188.09	2824.84	4966.74	1227.29	2265.39	568.30
2021	10225.49	1364.80	3451.24	5409.46	1406.84	2835.35	625.87
2022	11121.37	1499.69	3928.26	5693.42	1545.72	3274.67	663.34
2023	11863.84	1641.28	4080.79	6141.77	1690.75	3389.56	707.66

注：1. 根据地区生产总值最终核实，修订了 2022 年地区生产总值相关数据。
　　2. 2023 年地区生产总值数据为初步核算数。
　　3. 以下相关表同。

a) According to the final verification of gross regional product ,the relevant data of gross regional product 2022 were revised.
b) Data of gross regional product 2023 are preliminary accounting figures.
c) The same applies to the relevant tables following.

3-1 续表 1 continued

单位：亿元 (100 million yuan)

年 份 Year	批发和零售业 Wholesale and Retail Trades	交通运输、仓储和邮政业 Transport,Storage and Post	住宿和餐饮业 Hotels and Catering Services	金融业 Financial Intermediation	房地产业 Real Estate	其他 Others	人均地区生产总值（元） Per Capita GDP (yuan)
1978	4.55	3.23		1.18		3.52	348
1979	4.83	3.26		1.32		4.23	359
1980	6.86	3.27		1.95	0.09	5.42	388
1981	7.07	3.50		0.10	0.60	6.69	367
1982	7.18	3.74		2.17	0.10	5.47	393
1983	8.63	4.07		2.26	0.11	5.86	460
1984	10.16	5.14		2.52	0.12	7.42	513
1985	11.40	7.36		3.76	0.13	8.85	605
1986	12.71	9.33		5.54	0.13	9.74	680
1987	15.67	10.67		8.37	0.17	10.97	759
1988	22.55	10.94		10.50	0.45	13.30	900
1989	29.08	11.82		10.90	0.50	13.74	1001
1990	30.64	12.01		11.30	0.90	25.56	1094
1991	31.17	12.45		13.28	0.96	35.07	1196
1992	28.29	14.18	10.86	11.87	1.14	44.47	1382
1993	31.01	15.03	12.10	15.73	1.48	48.05	1598
1994	37.48	21.40	12.69	24.02	7.83	45.93	1917
1995	46.72	28.72	20.27	30.74	9.76	52.05	2312
1996	54.96	33.66	23.90	32.54	11.25	63.10	2946
1997	63.25	43.74	26.29	41.64	13.71	73.40	3199
1998	68.42	52.20	29.92	50.55	18.66	87.76	3541
1999	73.57	60.26	33.58	54.08	21.48	107.08	3778
2000	78.54	78.38	34.27	55.87	24.78	160.21	4163
2001	84.37	89.00	36.91	57.53	27.44	158.50	4467
2002	94.83	107.01	35.08	42.08	41.52	188.52	4875
2003	100.45	127.13	38.15	43.05	49.26	225.27	5525
2004	116.90	126.11	44.64	44.51	59.66	294.52	6512
2005	129.71	152.23	48.38	47.12	68.58	337.96	7332
2006	144.31	181.45	52.05	54.14	80.65	383.36	8653
2007	164.59	197.24	57.63	67.18	94.26	449.10	10501
2008	193.73	233.66	63.07	80.44	108.46	543.81	12048
2009	226.83	240.50	69.92	99.66	120.08	590.72	12802
2010	266.25	260.10	74.38	126.08	139.74	665.11	15421
2011	343.43	303.58	91.26	201.85	182.81	847.12	18846
2012	387.79	330.26	101.14	262.47	217.61	973.83	21141
2013	445.59	349.19	112.36	342.99	269.79	1104.81	23647
2014	475.83	343.92	118.94	449.21	313.05	1237.31	25724
2015	490.29	342.21	126.70	555.13	335.34	1410.35	25946
2016	516.57	343.74	133.31	646.29	364.70	1574.98	27396
2017	540.63	378.28	138.67	717.99	394.35	1745.72	29103
2018	587.60	407.23	142.98	774.45	440.82	2017.06	32178
2019	646.28	438.39	158.27	862.33	470.49	2172.66	34707
2020	662.13	409.88	138.77	859.27	540.47	2308.17	35848
2021	763.67	471.97	163.60	887.82	586.97	2483.41	40976
2022	795.61	562.16	153.89	924.30	551.40	2650.28	44646
2023	848.09	691.37	190.64	955.94	568.70	2821.14	47867

3-2 地区生产总值构成
Composition of Gansu Gross Regional Product

单位：% 本表按当年价格计算。Data in this table are calculated at current prices. (%)

年 份 Year	地区生产总值 Gross Regional Product	第一产业 Primary Industry	第二产业 Secondary Industry	第三产业 Tertiary Industry	农林牧渔业 Agriculture,Forestry, Animal Husbandry and Fishery Industries	工业 Industry	建筑业 Construction
1978	100.0	20.4	60.3	19.3	20.4	53.5	6.8
1979	100.0	19.1	60.7	20.2	19.1	54.7	6.0
1980	100.0	22.3	53.9	23.8	22.3	47.7	6.2
1981	100.0	24.9	49.8	25.3	24.9	44.2	5.6
1982	100.0	25.6	50.1	24.3	25.6	43.7	6.4
1983	100.0	30.2	46.9	22.9	30.2	41.0	5.9
1984	100.0	27.0	48.4	24.6	27.0	42.3	6.1
1985	100.0	26.8	47.7	25.5	26.8	41.0	6.7
1986	100.0	27.0	46.4	26.6	27.0	39.8	6.6
1987	100.0	28.4	42.9	28.7	28.4	36.5	6.4
1988	100.0	27.5	42.4	30.1	27.5	35.1	7.3
1989	100.0	27.2	42.3	30.5	27.2	35.8	6.5
1990	100.0	26.4	40.5	33.1	26.4	34.6	5.9
1991	100.0	24.5	41.2	34.2	24.5	35.8	5.4
1992	100.0	23.3	40.5	36.2	23.7	34.7	5.8
1993	100.0	23.5	43.0	33.5	23.9	36.7	6.2
1994	100.0	22.9	43.8	33.3	23.3	38.5	5.3
1995	100.0	19.8	46.0	34.1	20.2	40.6	5.5
1996	100.0	26.0	43.2	30.8	26.5	38.3	4.9
1997	100.0	24.0	42.6	33.5	24.4	36.1	6.4
1998	100.0	22.8	42.1	35.1	23.3	35.1	7.0
1999	100.0	20.1	42.9	37.1	20.5	34.2	8.7
2000	100.0	18.4	40.0	41.5	18.9	31.1	8.9
2001	100.0	18.5	40.7	40.8	19.0	31.6	9.1
2002	100.0	17.5	40.7	41.8	18.0	31.6	9.1
2003	100.0	17.0	40.9	42.1	17.5	32.3	8.6
2004	100.0	17.1	41.1	41.7	17.4	33.2	7.9
2005	100.0	16.3	41.4	42.3	16.5	34.0	7.5
2006	100.0	15.0	44.1	40.9	15.2	37.1	7.0
2007	100.0	13.7	46.9	39.4	14.6	40.0	6.9
2008	100.0	12.7	46.6	40.7	13.6	39.0	7.6
2009	100.0	12.8	45.1	42.1	13.7	37.1	7.9
2010	100.0	12.0	48.4	39.6	12.7	40.9	7.5
2011	100.0	10.9	47.5	41.6	11.6	40.4	7.1
2012	100.0	11.0	46.2	42.8	11.6	39.1	7.2
2013	100.0	10.9	44.5	44.6	11.6	37.6	7.1
2014	100.0	10.7	43.3	46.0	11.3	36.4	7.2
2015	100.0	11.2	38.2	50.6	11.9	31.0	7.4
2016	100.0	11.6	36.0	52.5	12.1	28.9	7.2
2017	100.0	11.7	34.3	54.0	12.2	27.5	6.9
2018	100.0	11.4	34.1	54.5	11.9	27.8	6.4
2019	100.0	12.2	32.8	55.0	12.6	26.6	6.3
2020	100.0	13.2	31.5	55.3	13.7	25.2	6.3
2021	100.0	13.3	33.8	52.9	13.8	27.7	6.1
2022	100.0	13.5	35.3	51.2	13.9	29.4	6.0
2023	100.0	13.8	34.4	51.8	14.3	28.6	6.0

3-2 续表 1 continued

单位：% (%)

年 份 Year	批发和零售业 Wholesale and Retail Trades	交通运输、仓储和邮政业 Transport,Storage and Post	住宿和餐饮业 Hotels and Catering Services	金融业 Financial Intermediation	房地产业 Real Estate	其他 Others
1978	7.0	5.0		1.8		5.4
1979	7.2	4.8		2.0		6.3
1980	9.3	4.4		2.6	0.1	7.3
1981	10.0	4.9		0.1	0.8	9.4
1982	9.3	4.9		2.8	0.1	7.1
1983	9.4	4.4		2.5	0.1	6.4
1984	9.8	5.0		2.4	0.1	7.2
1985	9.2	6.0		3.0	0.1	7.2
1986	9.0	6.6		3.9	0.1	6.9
1987	9.8	6.7		5.2	0.1	6.9
1988	11.8	5.7		5.5	0.2	6.9
1989	13.4	5.5		5.0	0.2	6.3
1990	12.6	4.9		4.7	0.4	10.5
1991	11.5	4.6		4.9	0.4	12.9
1992	8.9	4.5	3.4	4.7	0.4	14.0
1993	8.3	4.0	3.3	4.2	0.4	12.9
1994	8.3	4.7	2.8	5.3	1.7	10.1
1995	8.4	5.1	3.6	5.5	1.7	9.3
1996	7.6	4.7	3.3	4.5	1.6	8.7
1997	8.0	5.5	3.3	5.2	1.7	9.2
1998	7.7	5.9	3.4	5.7	2.1	9.9
1999	7.7	6.3	3.5	5.7	2.2	11.2
2000	7.5	7.4	3.3	5.3	2.4	15.2
2001	7.5	7.9	3.3	5.1	2.4	14.1
2002	7.7	8.7	2.8	3.4	3.4	15.3
2003	7.2	9.1	2.7	3.1	3.5	16.1
2004	7.1	7.6	2.7	2.7	3.6	17.8
2005	7.0	8.2	2.6	2.5	3.7	18.1
2006	6.6	8.2	2.4	2.5	3.7	17.4
2007	6.2	7.4	2.2	2.5	3.5	16.8
2008	6.3	7.6	2.1	2.6	3.5	17.7
2009	6.9	7.4	2.1	3.0	3.7	18.1
2010	6.8	6.6	1.9	3.2	3.5	16.9
2011	7.1	6.3	1.9	4.2	3.8	17.6
2012	7.2	6.1	1.9	4.9	4.0	18.1
2013	7.4	5.8	1.9	5.7	4.5	18.4
2014	7.3	5.3	1.8	6.9	4.8	19.0
2015	7.5	5.2	1.9	8.5	5.1	21.5
2016	7.5	5.0	1.9	9.4	5.3	22.8
2017	7.4	5.2	1.9	9.8	5.4	23.8
2018	7.3	5.0	1.8	9.6	5.4	24.9
2019	7.4	5.0	1.8	9.9	5.4	24.9
2020	7.4	4.6	1.5	9.6	6.0	25.7
2021	7.5	4.6	1.6	8.7	5.7	24.3
2022	7.2	5.1	1.4	8.3	5.0	23.8
2023	7.1	5.8	1.6	8.1	4.8	23.8

3-3 地区生产总值指数（上年 =100）
Indices of Gansu Gross Regional Product (preceding year=100)

本表按不变价格计算。Data in this table are calculated at constant prices.

年 份 Year	地区生产总值 Gross Regional Product	第一产业 Primary Industry	第二产业 Secondary Industry	第三产业 Tertiary Industry	农林牧渔业 Agriculture,Forestry, Animal Husbandry and Fishery Industries	工业 Industry	建筑业 Construction
1978	113.2	96.0	115.1	128.8	96.0	113.7	129.2
1979	101.4	87.4	104.9	103.2	87.4	105.7	97.2
1980	109.1	123.9	98.0	135.4	123.9	96.6	112.1
1981	91.6	93.8	85.9	102.3	93.8	85.8	86.3
1982	108.9	116.1	108.3	104.0	116.1	107.6	113.3
1983	114.9	112.6	113.1	120.4	112.6	112.3	119.4
1984	113.8	111.2	112.9	117.7	111.2	113.2	110.9
1985	113.2	108.1	113.5	116.9	108.1	111.2	129.8
1986	111.0	106.9	106.2	122.7	106.9	105.0	113.2
1987	108.9	106.5	102.4	120.3	106.5	102.2	103.4
1988	113.7	107.6	113.9	116.9	107.6	113.1	118.8
1989	108.8	106.0	109.8	109.0	106.0	110.0	108.2
1990	105.6	105.0	105.4	106.3	105.0	105.9	102.4
1991	106.6	101.6	109.0	107.6	101.6	109.0	108.9
1992	109.9	105.8	110.2	112.6	105.8	110.3	109.9
1993	111.6	108.8	113.6	111.1	108.8	114.2	110.2
1994	110.8	106.1	111.0	113.7	106.1	111.3	109.4
1995	110.4	103.1	110.0	115.5	103.1	110.1	109.3
1996	112.0	109.9	110.4	114.9	109.9	110.5	109.9
1997	109.1	98.1	110.0	114.1	98.1	110.3	108.3
1998	109.7	105.1	108.8	112.9	105.1	107.3	118.6
1999	109.0	99.5	108.5	113.8	99.5	96.3	178.7
2000	109.7	101.6	110.1	112.5	101.6	110.2	109.8
2001	109.8	107.6	109.5	111.0	107.6	110.0	107.8
2002	109.9	105.9	110.2	111.3	105.9	110.9	107.9
2003	111.3	105.5	111.8	113.2	105.5	113.9	104.3
2004	110.9	106.3	112.5	111.2	105.9	115.1	102.2
2005	111.8	105.8	113.4	112.6	105.9	116.1	101.2
2006	112.0	105.1	114.6	112.1	105.2	116.4	106.3
2007	112.3	99.7	117.4	111.8	106.1	117.9	114.8
2008	110.1	107.5	108.7	112.5	107.1	110.3	100.5
2009	110.2	105.2	111.3	110.7	105.1	111.5	110.2
2010	111.8	105.8	114.8	110.3	105.6	115.8	109.2
2011	113.2	105.9	116.0	111.9	105.9	117.6	107.2
2012	111.8	106.8	112.6	112.1	106.8	113.1	109.6
2013	111.3	105.4	110.5	114.0	105.6	111.4	110.2
2014	109.0	105.5	107.9	111.3	105.6	107.8	108.2
2015	108.2	105.3	107.5	109.6	105.4	107.8	105.7
2016	107.6	105.5	106.8	108.8	105.5	107.4	104.4
2017	103.5	105.4	99.2	106.3	105.3	99.4	98.2
2018	106.1	104.9	104.2	107.8	104.6	105.2	99.5
2019	106.2	105.8	104.7	107.2	105.6	104.9	103.6
2020	103.8	105.3	105.6	102.2	105.1	105.9	104.2
2021	106.9	110.1	105.9	106.8	109.9	107.2	100.9
2022	104.4	105.3	104.2	104.4	105.3	103.9	105.3
2023	106.4	105.9	106.5	106.4	105.9	106.8	105.9

3-3 续表 1 continued

年 份 Year	批发和零售业 Wholesale and Retail Trades	交通运输、仓储和邮政业 Transport,Storage and Post	住宿和餐饮业 Hotels and Catering Services	金融业 Financial Intermediation	房地产业 Real Estate	其他 Others	人均地区生产总值 Per Capita GDP
1978	122.0	105.5				116.5	111.9
1979	105.0	100.0		120.2		97.9	100.2
1980	136.7	104.4		128.4		155.7	107.7
1981	106.0	105.2		98.3	97.9	97.2	90.4
1982	101.8	103.0		109.4	108.2	105.6	107.4
1983	112.2	113.7		104.3	105.3	141.8	113.2
1984	117.9	121.0		108.9	107.7	118.2	112.3
1985	112.0	129.5		120.3	118.8	114.5	111.7
1986	150.0	109.7		136.2	119.3	98.8	109.4
1987	135.2	110.2		139.7	118.8	96.5	107.3
1988	124.3	111.1		123.2	120.2	101.7	112.0
1989	114.2	112.2		109.0	107.2	92.7	107.0
1990	105.6	97.3		109.3	108.8	115.3	103.1
1991	109.2	105.4		109.4	109.0	105.8	104.2
1992	120.1	108.0		106.4	105.4	108.5	108.5
1993	116.2	109.6	118.1	109.4	111.4	104.7	110.1
1994	119.6	121.1	103.8	111.1	114.6	109.2	109.1
1995	108.4	122.9	139.0	115.8	117.4	110.5	108.2
1996	115.3	121.8	115.6	114.8	117.3	110.0	110.1
1997	110.8	124.6	105.9	119.9	115.4	113.0	107.8
1998	108.0	119.0	113.6	105.5	117.3	118.3	108.6
1999	109.8	116.6	114.6	107.0	115.1	119.7	108.0
2000	109.7	119.8	104.9	103.1	113.1	118.0	109.8
2001	108.4	114.4	108.7	103.8	113.0	113.3	110.2
2002	114.1	121.8	96.5	72.9	152.9	113.8	109.5
2003	111.4	123.8	114.4	101.4	116.2	110.4	111.0
2004	108.6	95.0	104.2	132.2	89.5	124.7	110.7
2005	110.7	116.2	103.9	110.4	108.2	114.3	111.7
2006	109.9	109.4	109.2	165.1	75.0	114.7	111.9
2007	109.2	108.2	109.4	112.8	101.4	110.6	112.2
2008	109.1	109.8	111.3	103.9	95.8	119.4	110.0
2009	115.0	102.5	122.2	109.6	105.3	112.0	110.1
2010	112.4	105.5	121.7	110.9	100.3	110.9	111.6
2011	113.0	105.9	207.8	125.1	55.6	112.8	113.2
2012	110.1	105.5	127.0	116.3	105.0	112.4	112.0
2013	112.0	101.2	129.3	119.1	102.8	113.6	111.7
2014	105.7	98.0	128.6	114.0	102.6	113.4	109.4
2015	102.0	101.4	123.6	108.2	103.8	111.3	108.5
2016	104.4	101.0	103.5	116.4	109.0	109.7	107.9
2017	103.2	109.9	102.4	107.1	104.4	107.2	103.5
2018	106.9	107.7	101.7	104.4	106.5	110.6	106.2
2019	107.9	108.0	109.3	110.6	104.7	106.0	106.4
2020	104.0	94.9	89.7	102.4	106.0	103.5	104.1
2021	109.3	111.3	115.5	100.1	106.4	107.3	107.4
2022	99.5	118.6	92.2	102.9	95.5	106.6	104.6
2023	106.6	117.7	121.7	105.2	102.0	104.3	106.9

3-4 地区生产总值指数（1978=100）

Indices of Gansu Gross Regional Product (year of 1978=100)

本表按不变价格计算。 Date in this table are calculated at constant prices.

年份 Year	地区生产总值 Gross Regional Product	第一产业 Primary Industry	第二产业 Secondary Industry	第三产业 Tertiary Industry	农林牧渔业 Agriculture,Forestry, Animal Husbandry and Fishery Industries	工业 Industry
1979	101.4	87.4	104.9	103.2	87.4	105.7
1980	110.6	108.3	102.8	139.7	108.3	102.1
1981	101.3	101.6	88.3	142.9	101.6	87.7
1982	110.3	118.0	95.6	148.6	118.0	94.3
1983	126.7	132.9	108.1	178.9	132.9	105.9
1984	144.1	147.8	122.1	210.5	147.8	119.9
1985	163.2	159.8	138.6	246.1	159.8	133.3
1986	181.2	170.8	147.1	302.0	170.8	139.9
1987	197.3	182.0	150.7	363.4	182.0	143.0
1988	224.2	195.9	171.7	424.8	195.9	161.7
1989	243.9	207.6	188.4	463.2	207.6	177.9
1990	257.6	217.9	198.5	492.5	217.9	188.4
1991	274.5	221.4	216.4	529.8	221.4	205.4
1992	301.7	234.3	238.5	596.3	234.3	226.5
1993	336.6	254.9	270.9	662.5	254.9	258.6
1994	372.9	270.4	300.7	753.4	270.4	287.8
1995	411.5	278.8	330.8	870.2	278.8	316.8
1996	460.7	306.4	365.2	1000.1	306.4	350.1
1997	502.5	300.6	401.8	1141.1	300.6	386.1
1998	551.4	315.9	437.3	1287.8	315.9	414.3
1999	601.2	314.3	474.4	1465.7	314.3	398.9
2000	659.5	319.4	522.2	1648.2	319.4	439.5
2001	723.9	343.5	571.8	1829.2	343.5	483.4
2002	795.3	363.6	630.3	2035.2	363.6	535.9
2003	885.4	383.7	704.7	2304.7	383.6	610.3
2004	982.1	407.7	792.7	2563.8	406.2	702.3
2005	1098.4	431.2	898.7	2888.0	430.0	815.1
2006	1230.1	452.9	1029.9	3237.6	452.3	949.0
2007	1381.6	451.5	1209.0	3619.5	479.7	1118.8
2008	1521.4	485.6	1314.2	4070.2	513.8	1234.1
2009	1676.6	510.6	1462.3	4504.0	539.8	1375.6
2010	1873.6	540.3	1679.2	4969.7	570.1	1593.2
2011	2120.5	572.2	1947.8	5562.8	603.8	1873.8
2012	2369.8	611.3	2193.0	6236.5	644.8	2119.0
2013	2638.1	644.2	2423.8	7107.6	680.6	2360.6
2014	2875.4	679.7	2614.5	7908.8	718.7	2544.2
2015	3110.1	715.9	2811.3	8667.9	757.6	2742.9
2016	3347.8	755.3	3002.1	9427.2	799.2	2945.2
2017	3465.6	796.4	2978.0	10022.0	841.9	2926.7
2018	3678.3	835.4	3102.1	10800.6	880.4	3079.6
2019	3904.6	883.8	3246.9	11579.9	929.7	3230.5
2020	4051.4	930.4	3429.3	11839.3	976.8	3421.6
2021	4332.8	1024.1	3631.6	12643.5	1073.9	3668.7
2022	4525.3	1078.0	3782.4	13200.1	1131.1	3810.1
2023	4813.0	1141.7	4026.6	14047.1	1198.0	4070.6

3-4 续表 1 continued

年份 Year	建筑业 Construction	批发和零售业 Wholesale and Retail Trades	交通运输、仓储和邮政业 Transport,Storage and Post	金融业 Financial Intermediation	其他 Others	人均地区生产总值 Per Capita GDP
1979	97.2	105.0	100.0	120.2	97.9	100.2
1980	109.0	143.5	104.3	154.3	152.5	107.9
1981	94.1	152.2	109.8	151.7	148.3	97.5
1982	106.6	155.0	113.0	166.0	156.6	104.7
1983	127.3	174.0	128.5	173.1	222.1	118.5
1984	141.1	205.1	155.5	188.5	262.6	133.1
1985	183.2	229.8	201.4	226.8	300.8	148.7
1986	207.4	344.8	221.0	309.0	297.1	162.7
1987	214.5	466.4	243.5	431.6	286.7	174.6
1988	254.7	579.7	270.5	532.0	291.5	195.5
1989	275.7	662.0	303.5	579.8	270.3	209.2
1990	282.3	699.1	295.3	633.6	311.8	215.7
1991	307.4	763.4	311.3	692.8	329.8	224.8
1992	337.9	916.8	336.2	736.8	357.7	243.8
1993	372.3	1065.1	368.5	806.1	374.4	268.5
1994	407.4	1274.2	446.1	895.5	409.1	292.9
1995	445.3	1381.7	548.3	1037.0	452.1	317.0
1996	489.4	1593.1	667.7	1190.5	497.5	349.2
1997	530.0	1765.5	831.7	1427.4	562.4	376.6
1998	628.6	1906.1	990.0	1505.9	665.0	408.8
1999	1123.1	2093.4	1154.2	1611.4	796.2	441.5
2000	1233.1	2297.0	1382.7	1661.3	939.9	484.7
2001	1329.7	2490.5	1582.1	1724.4	1065.2	534.0
2002	1435.4	2841.5	1926.3	1257.4	1211.8	585.0
2003	1496.6	3165.3	2385.8	1275.0	1337.4	649.4
2004	1529.3	3436.1	2266.9	1686.0	1668.0	718.8
2005	1547.9	3804.3	2634.7	1861.7	1906.9	802.7
2006	1646.0	4182.3	2882.3	3073.9	2186.7	898.1
2007	1889.6	4567.4	3119.8	3467.0	2418.4	1008.0
2008	1898.4	4982.1	3426.7	3601.0	2886.4	1109.1
2009	2092.9	5730.3	3513.2	3948.3	3231.8	1220.7
2010	2284.9	6442.4	3707.2	4380.5	3585.3	1361.7
2011	2450.0	7279.2	3925.0	5480.9	4042.6	1542.0
2012	2685.3	8013.1	4139.8	6374.8	4543.5	1726.6
2013	2958.9	8974.2	4189.4	7594.7	5163.5	1927.8
2014	3200.2	9484.5	4106.4	8660.6	5853.6	2109.1
2015	3382.2	9676.4	4162.6	9368.3	6512.2	2287.6
2016	3530.0	10104.1	4205.5	10904.0	7140.8	2467.8
2017	3467.2	10428.7	4624.0	11681.5	7652.3	2555.1
2018	3449.2	11145.3	4977.8	12197.4	8460.1	2714.7
2019	3573.4	12029.3	5376.1	13490.3	8971.3	2889.1
2020	3722.3	12506.4	5101.3	13813.9	9281.3	3006.1
2021	3756.5	13668.0	5679.8	13821.3	9958.6	3227.2
2022	3955.7	13605.7	6737.0	14220.7	10612.3	3376.6
2023	4189.2	14499.9	7927.4	14957.1	11069.0	3609.5

3-5 分行业增加值

Value-added by Sector

单位：亿元　　本表按当年价格计算。Data in this table are calculated at current prices.　　(100 million yuan)

行　业	Sector	2015	2020	2021	2022	2023
地区生产总值	**Gross Domestic Product**	**6556.55**	**8979.67**	**10225.49**	**11121.37**	**11863.84**
农林牧渔业	Agriculture, Forestry, Animal Husbandry and Fishery	780.74	1227.29	1406.84	1545.72	1690.75
采矿业	Mining	455.69	425.46	623.89	845.03	857.48
制造业	Manufacturing	1220.49	1394.69	1749.69	1988.08	2037.41
电力、热力、燃气及水生产和供应业	Production and Supply of Electricity, Heat, Gas and Water	355.37	445.24	461.77	441.56	494.67
建筑业	Construction	484.24	568.30	625.87	663.34	707.66
批发和零售业	Wholesale and Retail Trades	490.29	662.13	763.67	795.61	848.09
交通运输、仓储和邮政业	Transport, Storage and Post	342.21	409.88	471.97	562.16	691.37
住宿和餐饮业	Hotels and Catering Services	126.70	138.77	163.60	153.89	190.64
信息传输、软件和信息技术服务业	Information Transmission, Software and Information Technology	96.39	184.66	196.19	192.22	206.93
金融业	Financial Intermediation	555.13	859.27	887.82	924.30	955.94
房地产业	Real Estate	335.34	540.47	586.97	551.40	568.70
租赁和商务服务业	Leasing and Business Services	128.04	169.21	189.25	191.86	220.13
科学研究和技术服务业	Scientific Research and Technical Services	116.00	233.53	262.39	288.02	303.81
水利、环境和公共设施管理业	Management of Water Conservancy, Environment and Public Facilities	28.71	45.79	49.32	47.99	49.15
居民服务、修理和其他服务业	Service to Households, Repair and Other Services	67.56	95.03	101.46	94.86	100.27
教育	Education	315.52	533.03	581.67	632.43	661.47
卫生和社会工作	Health and Social Service	154.76	244.03	273.74	315.88	341.16
文化、体育和娱乐业	Culture, Sports and Entertainment	39.12	48.51	57.59	56.83	67.90
公共管理、社会保障和社会组织	Public Management, Social Security and Social Organization	464.25	754.39	771.78	830.18	870.32

3-6 三次产业和主要行业贡献率
Share of the Contributions of the Three Strata of Industry and Main Sectors to the Increase of the GDP

单位：%　　本表按不变价格计算。Data in this table are calculated at constant prices.　　(%)

年 份 Year	地区生产总值 Gross Domestic Product	第一产业 Primary Industry	第二产业 Secondary Industry	第三产业 Tertiary Industry	#工业 Industry	#批发和零售业 Wholesale and Retail Trades	#金融业 Financial Intermediation
1995	100.00	6.77	40.87	52.36	35.57	9.36	6.93
1996	100.00	17.49	36.76	45.75	31.91	14.43	5.90
1997	100.00	-4.34	45.98	58.36	40.72	13.85	10.72
1998	100.00	9.79	38.17	52.04	27.24	9.67	3.04
1999	100.00	-0.99	39.13	61.85	-14.60	12.64	4.01
2000	100.00	2.69	43.08	54.23	32.87	11.73	1.62
2001	100.00	14.28	39.02	46.70	31.85	6.44	2.07
2002	100.00	10.72	41.38	47.91	34.31	10.53	-13.77
2003	100.00	8.48	41.82	49.70	38.58	7.70	0.41
2004	100.00	9.45	46.02	44.52	44.41	6.00	8.95
2005	100.00	7.68	46.05	46.28	45.28	6.78	3.18
2006	100.00	6.87	50.46	42.67	46.52	5.77	13.72
2007	100.00	-0.38	59.85	40.54	51.34	5.11	3.87
2008	100.00	10.11	38.07	51.81	37.74	5.96	1.43
2009	100.00	6.72	48.34	44.94	41.72	9.68	3.34
2010	100.00	6.26	55.73	38.00	50.58	7.26	3.27
2011	100.00	5.37	58.79	35.84	54.67	6.65	6.09
2012	100.00	6.51	53.16	40.33	47.34	5.78	4.90
2013	100.00	5.09	46.48	48.43	43.31	7.03	6.22
2014	100.00	6.22	43.41	50.36	37.23	4.22	6.14
2015	100.00	6.41	45.33	48.26	40.76	1.61	4.12
2016	100.00	8.05	33.94	58.01	29.90	4.33	18.16
2017	100.00	16.97	-8.63	91.66	-5.53	6.62	18.55
2018	100.00	8.89	24.66	66.44	25.26	8.10	6.82
2019	100.00	10.41	27.06	62.54	23.43	9.39	16.06
2020	100.00	15.42	52.51	32.07	45.72	7.81	6.20
2021	100.00	19.18	26.72	54.10	26.23	9.86	0.07
2022	100.00	16.16	29.12	54.73	21.93	-0.77	5.82
2023	100.00	12.75	31.53	55.71	27.05	7.42	7.18

注：贡献率指三次产业或主要行业增加值增量与 GDP 增量之比。

a) Share of the contributions of the three strata of industry or main sectors to the increase of the GDP refers to the proportion of the increment of the value-added of each industry to the increment of GDP.

3-7 三次产业和主要行业对地区生产总值增长的拉动
Contribution of the Three Strata of Industry and Main Sectors to GDP Growth

单位：百分点　　本表按不变价格计算。Data in this table are calculated at constant prices.　　(percentage points)

年 份 Year	地区生产总值 Gross Domestic Product	第一产业 Primary Industry	第二产业 Secondary Industry	第三产业 Tertiary Industry	#工业 Industry	#批发和零售业 Wholesale and Retail Trades	#金融业 Financial Intermediation
1995	10.36	0.70	4.23	5.43	3.68	0.97	0.72
1996	11.96	2.09	4.40	5.47	3.82	1.73	0.71
1997	9.08	-0.39	4.17	5.30	3.70	1.26	0.97
1998	9.72	0.95	3.71	5.06	2.65	0.94	0.30
1999	9.03	-0.09	3.53	5.59	-1.32	1.14	0.36
2000	9.70	0.26	4.18	5.26	3.19	1.14	0.16
2001	9.76	1.39	3.81	4.56	3.11	0.63	0.20
2002	9.87	1.06	4.08	4.73	3.39	1.04	-1.36
2003	11.33	0.96	4.74	5.63	4.37	0.87	0.05
2004	10.92	1.03	5.03	4.86	4.85	0.66	0.98
2005	11.85	0.91	5.46	5.48	5.36	0.80	0.38
2006	11.99	0.82	6.05	5.12	5.58	0.69	1.65
2007	12.31	-0.05	7.37	4.99	6.32	0.63	0.48
2008	10.12	1.02	3.85	5.24	3.82	0.60	0.14
2009	10.20	0.69	4.93	4.58	4.25	0.99	0.34
2010	11.75	0.74	6.55	4.47	5.94	0.85	0.38
2011	13.18	0.71	7.75	4.72	7.20	0.88	0.80
2012	11.76	0.77	6.25	4.74	5.57	0.68	0.58
2013	11.32	0.58	5.26	5.48	4.90	0.80	0.70
2014	9.00	0.56	3.91	4.53	3.35	0.38	0.55
2015	8.16	0.52	3.70	3.94	3.33	0.13	0.34
2016	7.64	0.62	2.59	4.43	2.28	0.33	1.39
2017	3.52	0.60	-0.30	3.23	-0.19	0.23	0.65
2018	6.14	0.55	1.51	4.08	1.55	0.50	0.42
2019	6.15	0.64	1.66	3.85	1.44	0.58	0.99
2020	3.76	0.58	1.97	1.21	1.72	0.29	0.23
2021	6.94	1.33	1.86	3.76	1.82	0.68	0.01
2022	4.44	0.72	1.29	2.43	0.97	-0.03	0.26
2023	6.36	0.81	2.01	3.54	1.72	0.47	0.46

注：拉动指 GDP 增长速度与三次产业或主要行业贡献率之乘积。

a) Contribution of the three strata of industry or main sectors to GDP growth refers to the growth rate of GDP multiplied by the contribution share of every industry.

3-8 全员劳动生产率
Overall Labor Productivity

单位：元 / 人 · 年 (yuan/person·year)

年 份 Year	全员劳动生产率 Over all Labor Productivity	第一产业 Primary Industry	第二产业 Secondary Industry	第三产业 Tertiary Industry
		按 1970 年价格计算	Price Base Year=1970	
1979	919.21			
1980	934.90			
		按 1980 年价格计算	Price Base Year=1980	
1980	979.46			
1981	826.16			
1982	860.96			
1983	908.36			
1984	943.73	280.70	4073.73	2548.05
1985	1024.24	305.66	3875.36	2365.80
1986	1110.14	329.55	3439.36	2783.45
1987	1177.68	358.43	3339.04	2648.03
1988	1292.30	383.62	3696.74	2631.97
1989	1361.74	388.93	3922.11	2931.99
1990	1373.21	384.32	4161.38	3003.44
		按 1990 年价格计算	Price Base Year=1990	
1990	1937.44	743.33	5316.57	3894.89
1991	1994.39	723.48	5583.22	4203.68
1992	2180.27	765.82	5867.99	4781.47
1993	2329.48	800.31	6136.56	5224.61
1994	2460.54	832.30	6091.22	5379.84
1995	2654.57	872.55	6086.88	5624.34
1996	2890.33	946.38	6343.43	6151.33
1997	3104.16	926.81	6663.90	6803.05
1998	3385.54	994.42	6998.07	7208.94
1999	3741.61	1026.29	7724.67	7722.36
2000	4192.28	1067.45	8955.59	8558.59
		按 2000 年价格计算	Price Base Year=2000	
2000	7100.98	2206.86	14600.57	13903.40
2001	7794.21	2362.74	16650.70	15076.75
2002	8494.27	2489.45	18399.54	16335.12
2003	9387.47	2621.82	20302.90	18190.80
2004	10344.50	2783.09	22585.12	19887.54
2005	12044.91	2950.21	29704.47	23683.44
		按 2005 年价格计算	Price Base Year=2005	
2005	12807.33	3425.75	31611.04	24369.51
2006	14954.74	3607.96	43045.35	28986.77
2007	16656.18	3595.48	49528.31	31655.78
2008	18053.62	3832.37	52416.10	34604.97
2009	19394.34	3949.42	56377.21	37004.63
2010	22043.78	4275.22	65333.26	41090.14
		按 2010 年价格计算	Price Base Year=2010	
2010	27333.61	5298.99	86492.51	47288.30
2011	32157.49	5869.84	103702.60	54324.89
2012	36449.98	6420.27	117358.55	60625.11
2013	40982.10	6947.13	128435.61	67797.44
2014	44834.28	7509.86	137051.36	72775.15
2015	48601.32	8079.11	147424.88	76688.50
		按 2015 年价格计算	Price Base Year=2015	
2015	48675.20	9461.63	115490.67	93466.35
2016	52531.22	10190.72	124346.52	97759.04
2017	54562.81	10996.12	125289.36	99582.04
2018	57998.95	11769.47	132456.61	103043.99
2019	61658.73	12691.10	141740.26	106180.91
2020	64197.28	14648.70	139919.99	98222.26
		按 2020 年价格计算	Price Base Year=2020	
2020	67414.94	18234.86	128975.91	107641.81
2021	72477.71	22220.76	125956.35	106295.43
2022	76389.31	23058.91	134007.89	114531.87
2023	81340.19	24279.20	144839.46	122260.91

3-9 各市（州）地区生产总值（2023）

Gross Regional Product by Region (2023)

单位：万元　　本表按当年价格计算。Data in this table are calculated at current prices.　　(10 000 yuan)

市（州）	Region	地区生产总值 Gross Regional Product	第一产业 Primary Industry	第二产业 Secondary Industry	第三产业 Tertiary Industry	农林牧渔业 Agriculture, Forestry,Animal Husbandry and Fishery Industries	工业 Industry	建筑业 Construction
兰州市	Lanzhou	34872621	730688	11206296	22935637	758003	9145892	2110704
嘉峪关市	Jiayuguan	3827923	71179	2483832	1272912	71220	2426788	64390
金昌市	Jinchang	5677329	349193	4035023	1293113	373788	3786572	252467
白银市	Baiyin	6722951	1248134	2643882	2830935	1285023	2140959	503902
天水市	Tianshui	8567755	1724790	2176474	4666491	1735612	1643010	560658
武威市	Wuwei	7080815	2323480	1279119	3478216	2357654	867125	412420
张掖市	Zhangye	6080142	1783648	1195483	3101011	1882130	780625	419484
平凉市	Pingliang	6685708	1639838	1909846	3136024	1652373	1529716	380358
酒泉市	Jiuquan	9086778	1513532	4037767	3535479	1635879	3582382	460841
庆阳市	Qingyang	11003691	1365343	5946381	3691967	1388759	5558557	447714
定西市	Dingxi	6001104	1236747	1058295	3706062	1258733	565666	493282
陇南市	Longnan	6026938	1159691	1573968	3293279	1179226	1306816	268635
临夏州	Linxia	4396604	826282	934837	2635485	862645	340966	595063
甘南州	Gannan	2608059	440301	326695	1841063	466419	220479	106642

3-9 续表 1 continued

单位：万元　　(10 000 yuan)

市（州）	Region	批发和零售业 Wholesale and Retail Trades	交通运输、仓储和邮政业 Transport, Storage and Post	住宿和餐饮业 Hotels and Catering Services	金融业 Financial Intermediation	房地产业 Real Estate	其他 Others	人均地区生产总值（元） Per-Capita GDP (yuan)
兰州市	Lanzhou	2846618	3740264	492062	4431384	2107574	9240120	78894
嘉峪关市	Jiayuguan	188705	153849	54723	187375	88926	591947	121290
金昌市	Jinchang	178652	67137	30423	189114	102979	696197	131056
白银市	Baiyin	395114	339189	68545	429411	271410	1289398	44967
天水市	Tianshui	652760	515929	100980	665718	485105	2207983	29233
武威市	Wuwei	902104	245924	93686	395756	444235	1361911	49302
张掖市	Zhangye	564255	313643	122303	451330	201508	1344864	54660
平凉市	Pingliang	286334	144738	97130	421306	374294	1799459	37057
酒泉市	Jiuquan	575567	486308	124398	517173	307819	1396411	86714
庆阳市	Qingyang	532847	225117	238068	446677	309499	1856453	51289
定西市	Dingxi	506199	193515	145305	497018	305566	2035820	24061
陇南市	Longnan	451850	123604	104855	491012	333485	1767455	25477
临夏州	Linxia	274947	122852	142515	291103	256280	1510233	20812
甘南州	Gannan	124907	241661	91385	145065	98324	1113177	38569

3-10 各市（州）地区生产总值构成（2023）
Composition of Gross Regional Product by Region (2023)

单位：% 本表按当年价格计算。Data in this table are calculated at current prices. (%)

市（州）	Region	地区生产总值 Gross Regional Product	第一产业 Primary Industry	第二产业 Secondary Industry	第三产业 Tertiary Industry	农林牧渔业 Agriculture, Forestry,Animal Husbandry and Fishery Industries	工业 Industry	建筑业 Construction
兰州市	Lanzhou	100	2.10	32.13	65.77	2.17	26.23	6.05
嘉峪关市	Jiayuguan	100	1.86	64.89	33.25	1.86	63.40	1.68
金昌市	Jinchang	100	6.15	71.07	22.78	6.58	66.70	4.45
白银市	Baiyin	100	18.60	39.30	42.10	19.10	31.80	7.50
天水市	Tianshui	100	20.13	25.40	54.47	20.26	19.18	6.54
武威市	Wuwei	100	32.81	18.07	49.12	33.30	12.25	5.82
张掖市	Zhangye	100	29.34	19.66	51.00	30.96	12.84	6.90
平凉市	Pingliang	100	24.50	28.60	46.90	24.70	22.90	5.70
酒泉市	Jiuquan	100	16.66	44.43	38.91	18.00	39.43	5.07
庆阳市	Qingyang	100	12.41	54.04	33.55	12.62	50.52	4.07
定西市	Dingxi	100	20.61	17.64	61.75	20.98	9.43	8.22
陇南市	Longnan	100	19.24	26.12	54.64	19.57	21.68	4.46
临夏州	Linxia	100	18.79	21.26	59.95	19.62	7.76	13.54
甘南州	Gannan	100	16.88	12.53	70.59	17.88	8.45	4.09

3-10 续表 1 continued

单位：% (%)

市（州）	Region	批发和零售业 Wholesale and Retail Trades	交通运输、仓储和邮政业 Transport, Storage and Post	住宿和餐饮业 Hotels and Catering Services	金融业 Financial Intermediation	房地产业 Real Estate	其他 Others
兰州市	Lanzhou	8.16	10.73	1.41	12.71	6.04	26.50
嘉峪关市	Jiayuguan	4.93	4.02	1.43	4.89	2.32	15.47
金昌市	Jinchang	3.15	1.18	0.54	3.33	1.81	12.26
白银市	Baiyin	5.90	5.10	1.00	6.40	4.00	19.20
天水市	Tianshui	7.62	6.02	1.18	7.77	5.66	25.77
武威市	Wuwei	12.74	3.47	1.32	5.59	6.27	19.24
张掖市	Zhangye	9.28	5.16	2.01	7.42	3.31	22.12
平凉市	Pingliang	4.30	2.20	1.40	6.30	5.60	26.90
酒泉市	Jiuquan	6.33	5.35	1.37	5.69	3.39	15.37
庆阳市	Qingyang	4.84	2.05	2.16	4.06	2.81	16.87
定西市	Dingxi	8.44	3.22	2.42	8.28	5.09	33.92
陇南市	Longnan	7.50	2.05	1.74	8.15	5.53	29.32
临夏州	Linxia	6.25	2.79	3.24	6.62	5.83	34.35
甘南州	Gannan	4.79	9.27	3.50	5.56	3.77	42.69

3-11　各市（州）地区生产总值指数（2023）

Indices of Gross Regional Product by Region (2023)

（上年 =100）　　本表按不变价格计算。Data in this table are calculated at constant prices.　　(preceding year=100)

市（州）	Region	地区生产总值 Gross Regional Product	第一产业 Primary Industry	第二产业 Secondary Industry	第三产业 Tertiary Industry	农林牧渔业 Agriculture, Forestry,Animal Husbandry and Fishery Industries	工业 Industry	建筑业 Construction
兰州市	Lanzhou	104.4	105.0	100.4	106.2	104.9	102.1	95.1
嘉峪关市	Jiayuguan	108.7	105.6	107.1	111.7	105.7	107.7	100.2
金昌市	Jinchang	111.5	104.7	113.5	108.5	104.7	114.0	107.1
白银市	Baiyin	107.0	105.6	109.5	105.8	105.7	107.8	116.2
天水市	Tianshui	105.4	106.3	101.7	106.7	106.3	104.4	97.2
武威市	Wuwei	107.0	106.4	107.6	107.1	106.4	100.9	122.8
张掖市	Zhangye	105.5	106.0	101.0	106.7	106.1	104.1	96.5
平凉市	Pingliang	105.6	106.0	102.9	106.6	106.0	103.7	100.4
酒泉市	Jiuquan	108.9	106.6	110.8	108.1	106.7	109.6	121.1
庆阳市	Qingyang	108.5	105.8	111.1	106.6	105.8	111.0	116.2
定西市	Dingxi	106.6	105.5	111.0	105.9	105.5	110.0	112.0
陇南市	Longnan	106.6	106.2	108.4	106.1	106.2	106.3	118.4
临夏州	Linxia	106.5	105.5	112.6	105.0	105.5	103.5	118.4
甘南州	Gannan	106.0	103.8	115.9	105.0	103.8	108.5	135.5

3-11　续表 1　continued

（上年 =100）　　(preceding year=100)

市（州）	Region	批发和零售业 Wholesale and Retail Trades	交通运输、仓储和邮政业 Transport, Storage and Post	住宿和餐饮业 Hotels and Catering Services	金融业 Financial Intermediation	房地产业 Real Estate	其他 Others	人均地区生产总值 Per-Capita GDP
兰州市	Lanzhou	102.6	117.7	124.5	104.3	103.7	103.7	103.9
嘉峪关市	Jiayuguan	108.2	117.0	116.0	107.9	102.3	112.6	108.8
金昌市	Jinchang	114.5	117.3	116.0	112.6	121.5	103.5	111.9
白银市	Baiyin	105.2	117.5	117.1	107.4	102.7	103.0	107.6
天水市	Tianshui	108.4	117.7	116.4	105.6	101.2	104.8	106.3
武威市	Wuwei	107.3	118.4	123.8	108.2	103.7	105.3	107.6
张掖市	Zhangye	109.6	116.9	121.3	108.2	100.3	103.3	106.3
平凉市	Pingliang	107.0	117.0	123.7	109.8	93.9	107.4	106.7
酒泉市	Jiuquan	108.4	117.2	123.7	108.9	96.0	106.6	109.5
庆阳市	Qingyang	102.8	116.6	121.6	106.0	102.8	104.9	109.2
定西市	Dingxi	107.7	117.5	120.7	106.1	100.4	104.4	107.1
陇南市	Longnan	110.8	118.4	119.4	107.4	100.6	104.4	107.6
临夏州	Linxia	109.7	119.4	123.0	103.8	105.2	102.1	106.9
甘南州	Gannan	114.1	117.3	117.9	105.0	104.6	101.1	107.7

3-12 各地、县地区生产总值（2023）
Gross Regional Product by Region & County (2023)

单位：万元 本表按当年价格计算。Data in this table are calculated at current prices. (10 000 yuan)

地、县	Region & County	地区生产总值 Gross Regional Product	第一产业 Primary Industry	第二产业 Secondary Industry	第三产业 Tertiary Industry	农林牧渔业 Agriculture, Forestry,Animal Husbandry and Fishery Industries	工业 Industry	建筑业 Construction
兰州市	**Lanzhou**	**34872621**	**730688**	**11206296**	**22935637**	**758003**	**9145892**	**2110704**
城关区	Chengguan	11909328	9756	1498261	10401311	10529	880776	646869
七里河区	Qilihe	6003762	95222	2118775	3789765	102271	1775848	363820
西固区	Xigu	4657266	38022	2413424	2205820	38379	2242776	170648
安宁区	Anning	3058125	21176	826175	2210774	22155	685794	140380
红古区	Honggu	1428585	68650	829134	530801	70054	816000	13156
永登县	Yongdeng	1443979	156620	497819	789540	158211	471818	26001
皋兰县	Gaolan	672574	72407	303963	296204	73870	294915	9049
榆中县	Yuzhong	1955708	193720	893159	868829	205138	784159	109001
兰州新区	Lanzhou New Area	3743294	75115	1825586	1842593	77396	1193806	631780
嘉峪关市	**Jiayuguan**	**3827923**	**71179**	**2483832**	**1272912**	**71220**	**2426788**	**64390**
金昌市	**Jinchang**	**5677329**	**349193**	**4035023**	**1293113**	**373788**	**3786572**	**252467**
金川区	Jinchuan	4465562	115637	3590513	759412	128250	3401516	192120
永昌县	Yongchang	1211767	233556	444510	533701	245538	385056	60347
白银市	**Baiyin**	**6722951**	**1248134**	**2643882**	**2830935**	**1285023**	**2140959**	**503902**
白银区	Baiyin	2867237	71518	1425462	1370257	75303	1224657	200804
平川区	Pingchuan	1112208	83126	633555	395527	92907	497911	135644
靖远县	Jingyuan	1095747	448080	293353	354314	456697	247582	45771
会宁县	Huining	853149	396906	77282	378961	401955	43523	33759
景泰县	Jingtai	794610	248504	214230	331876	258161	127286	87924
天水市	**Tianshui**	**8567755**	**1724790**	**2176474**	**4666491**	**1735612**	**1643010**	**560658**
秦州区	Qinzhou	2574498	243549	774173	1556776	244809	608231	165942
麦积区	Maiji	2242530	220605	950692	1071233	222019	910899	66987
清水县	Qingshui	460399	172886	29609	257904	174444	13575	16035
秦安县	Qinan	1033298	316468	108981	607849	317036	28944	80036
甘谷县	Gangu	1044773	316882	185445	542446	318946	46112	139333
武山县	Wushan	811910	316446	93391	402073	318645	24544	68847
张家川县	Zhangjiachuan	400347	137954	34183	228210	139713	10705	23478
武威市	**Wuwei**	**7080815**	**2323480**	**1279119**	**3478216**	**2357654**	**867125**	**412420**
凉州区	Liangzhou	4251579	1143781	748507	2359291	1158730	468353	280484
民勤县	Minqin	1149765	549726	212541	387498	558952	176921	35678
古浪县	Gulang	921546	440086	109678	371782	445329	57254	52442
天祝县	Tianzhu	757925	189887	208393	359645	194643	164597	43816
张掖市	**Zhangye**	**6080142**	**1783648**	**1195483**	**3101011**	**1882130**	**780625**	**419484**

3-12 续表 1 continued

单位：万元 (10 000 yuan)

地、县	Region & County	地区生产总值 Gross Regional Product	第一产业 Primary Industry	第二产业 Secondary Industry	第三产业 Tertiary Industry	农林牧渔业 Agriculture, Forestry,Animal Husbandry and Fishery Industries	工业 Industry	建筑业 Construction
甘州区	Ganzhou	2607072	652900	407751	1546421	718988	264847	145690
肃南县	Sunan	402185	93867	161909	146409	94924	129254	33385
民乐县	Minle	752908	265445	141742	345721	268774	95499	46244
临泽县	Linze	740339	259522	125335	355482	282067	55502	69833
高台县	Gaotai	692274	261781	114428	316065	265555	65075	49435
山丹县	Shandan	885364	250133	244318	390913	251822	170448	74897
平凉市	**Pingliang**	**6685708**	**1639838**	**1909846**	**3136024**	**1652373**	**1529716**	**380358**
崆峒区	Kongtong	2020851	287171	494595	1239085	288458	327183	167467
泾川县	Jingchuan	539782	167674	71347	300761	168345	32519	38833
灵台县	Lingtai	489280	173115	71875	244290	174240	63273	8606
崇信县	Chongxin	647458	114397	372453	160608	116265	358278	14235
庄浪县	Zhuanglang	904353	355433	93974	454946	358008	35148	58831
静宁县	Jingning	1060529	450174	140116	470239	454090	55520	84600
华亭市	Huating	1023455	91874	665486	266095	92967	657795	7786
酒泉市	**Jiuquan**	**9086778**	**1513532**	**4037767**	**3535479**	**1635879**	**3582382**	**460841**
肃州区	Suzhou	2789796	471165	771561	1547070	552185	459798	314419
金塔县	Jinta	1002238	357914	357739	286585	381085	324273	33685
瓜州县	Guazhou	1316507	244639	611695	460173	253217	574611	38291
肃北县	Subei	261495	16868	135415	109212	17106	126516	8899
阿克塞县	Akesai	128204	14736	35269	78199	14874	32254	3016
玉门市	Yumen	2616503	276893	1930632	408978	282710	1883164	48311
敦煌市	Dunhuang	972035	131317	195456	645262	134702	181766	14220
庆阳市	**Qingyang**	**11003691**	**1365343**	**5946381**	**3691967**	**1388759**	**5558557**	**447714**
西峰区	Xifeng	3180521	89575	1497827	1593119	96329	1318092	215408
庆城县	Qingcheng	1271144	161027	818721	291396	163937	769955	66784
环　县	Huanxian	1573784	191709	951477	430598	193370	924758	28142
华池县	Huachi	1568512	79152	1311303	178057	80145	1256891	55475
合水县	Heshui	954199	108408	660209	185582	109819	641504	19768
正宁县	Zhengning	490843	90792	203414	196637	93140	192263	11172
宁　县	Ningxian	844696	257706	180178	406812	261523	145584	36679
镇原县	Zhenyuan	1119992	386974	323252	409766	390496	309510	14286
定西市	**Dingxi**	**6001104**	**1236747**	**1058295**	**3706062**	**1258733**	**565666**	**493282**
安定区	Anding	1536688	244070	299806	992812	245601	156965	143334
通渭县	Tongwei	721754	142627	96931	482196	143441	37416	59657

3-12 续表 2 continued

单位：万元 (10 000 yuan)

地、县	Region & County	地区生产总值 Gross Regional Product	第一产业 Primary Industry	第二产业 Secondary Industry	第三产业 Tertiary Industry	农林牧渔业 Agriculture, Forestry,Animal Husbandry and Fishery Industries	工业 Industry	建筑业 Construction
陇西县	Longxi	1019342	204658	195699	618985	215953	133045	62655
渭源县	Weiyuan	566763	201577	60445	304741	203096	22849	37596
临洮县	Lintao	1101733	204656	241130	655947	210793	125211	115919
漳 县	Zhangxian	360499	93705	72812	193982	93973	59032	13779
岷 县	Minxian	694325	145454	91472	457399	145876	31148	60342
陇南市	**Longnan**	**6026938**	**1159691**	**1573968**	**3293279**	**1179226**	**1306816**	**268635**
武都区	Wudu	1788576	352234	205808	1230534	353742	76514	129294
成 县	Chengxian	876235	122046	403121	351068	128104	368201	36403
文 县	Wenxian	751909	94064	425383	232462	94750	414325	11058
宕昌县	Tanchang	393070	98442	16788	277840	98990	11446	5342
康 县	Kangxian	307622	54819	55209	197594	56160	34475	20733
西和县	Xihe	477375	102713	105199	269463	105112	97086	8113
礼 县	Lixian	576785	158355	82274	336156	162490	44854	37421
徽 县	Huixian	713228	130369	274851	308008	132707	257821	17030
两当县	Liangdang	142138	46649	5335	90154	47171	2094	3241
临夏州	**Linxia**	**4396604**	**826282**	**934837**	**2635485**	**862645**	**340966**	**595063**
临夏市	Linxia	1202052	19836	233873	948343	23318	76766	157507
临夏县	Linxia	610736	155839	85502	369395	162052	25319	60546
康乐县	Kangle	307009	96623	71434	138952	102852	12584	58851
永靖县	Yongjing	843272	258581	278571	306120	263816	127534	151465
广河县	Guanghe	246838	56597	49702	140539	59680	34914	14788
和政县	Hezheng	377479	69447	91927	216105	71774	32366	59561
东乡县	Dongxiang	453756	99101	93280	261375	106928	13808	79472
积石山县	Jishishan	355462	70258	30548	254656	72225	17675	12873
甘南州	**Gannan**	**2608059**	**440301**	**326695**	**1841063**	**466419**	**220479**	**106642**
合作市	Hezuo	727842	31618	113378	582846	33183	81912	31684
临潭县	Lintan	306078	48973	21667	235438	52746	7756	14119
卓尼县	Zhuoni	341676	63957	52131	225588	67694	35778	16353
舟曲县	Zhouqu	342689	53045	36794	252850	57942	28959	7835
迭部县	Diebu	228627	47133	37165	144329	48052	24372	12794
玛曲县	Maqu	233882	72834	15228	145820	75864	8591	6637
碌曲县	Luqu	168541	42703	18494	107344	47019	3425	15069
夏河县	Xiahe	258724	80038	31838	146848	83919	29686	2151

3-12 续表 3 continued

单位：万元 (10 000 yuan)

地、县	Region & County	批发和零售业 Wholesale and Retail Trades	交通运输、仓储和邮政业 Transport, Storage and Post	住宿和餐饮业 Hotels and Catering Services	金融业 Financial Intermedia-tion	房地产业 Real Estate	其他 Others	人均地区生产总值（元） Per Capita GDP (yuan)
兰州市	**Lanzhou**	**2846618**	**3740264**	**492062**	**4431384**	**2107574**	**9240120**	**78894**
城关区	Chengguan	1479768	1049409	256455	2006838	1111172	4467512	79216
七里河区	Qilihe	233713	1064538	55732	944549	352461	1110830	83114
西固区	Xigu	137503	603078	30145	569431	127670	737636	112780
安宁区	Anning	459629	22939	53602	235488	217121	1221017	64620
红古区	Honggu	23485	210587	14122	55451	30515	195215	100322
永登县	Yongdeng	76058	286943	17165	114120	45707	247956	54011
皋兰县	Gaolan	17844	43693	4386	41949	34866	152002	72476
榆中县	Yuzhong	67020	136504	29984	88757	117410	417735	41452
兰州新区	Lanzhou New Area	351598	322573	30471	374801	70652	690217	112107
嘉峪关市	**Jiayuguan**	**188705**	**153849**	**54723**	**187375**	**88926**	**591947**	**121290**
金昌市	**Jinchang**	**178652**	**67137**	**30423**	**189114**	**102979**	**696197**	**131056**
金川区	Jinchuan	104477	34665	17737	106672	63246	416879	170702
永昌县	Yongchang	74175	32472	12686	82442	39733	279318	70616
白银市	**Baiyin**	**395114**	**339189**	**68545**	**429411**	**271410**	**1289398**	**44967**
白银区	Baiyin	198482	265318	27483	315686	72237	487267	88427
平川区	Pingchuan	43067	20852	9960	22993	43473	245401	56673
靖远县	Jingyuan	49418	16535	8553	34563	47963	188665	29812
会宁县	Huining	39685	4656	11773	31014	62968	223816	21260
景泰县	Jingtai	64462	31828	10776	25155	44769	144249	38620
天水市	**Tianshui**	**652760**	**515929**	**100980**	**665718**	**485105**	**2207983**	**29233**
秦州区	Qinzhou	182293	90146	30883	315135	124224	812835	39804
麦积区	Maiji	182099	285784	20134	132668	76376	345564	40900
清水县	Qingshui	14580	2386	8331	25361	36261	169426	19484
秦安县	Qinan	158119	35491	13051	65086	66469	269066	25561
甘谷县	Gangu	71520	75780	15945	55277	73113	248747	21015
武山县	Wushan	33858	10377	8062	45213	73704	228660	22784
张家川县	Zhangjiachuan	10291	15965	4574	26978	34958	133685	16567
武威市	**Wuwei**	**902104**	**245924**	**93686**	**395756**	**444235**	**1361911**	**49302**
凉州区	Liangzhou	798953	184686	76469	242656	292514	748734	48432
民勤县	Minqin	54731	8025	4280	48868	44530	217780	66769
古浪县	Gulang	27100	28559	4499	46979	69228	190156	38406
天祝县	Tianzhu	21320	24654	8438	57253	37963	205241	51842
张掖市	**Zhangye**	**564255**	**313643**	**122303**	**451330**	**201508**	**1344864**	**54660**

3-12 续表 4 continued

单位：万元 (10 000 yuan)

地、县	Region & County	批发和零售业 Wholesale and Retail Trades	交通运输、仓储和邮政业 Transport, Storage and Post	住宿和餐饮业 Hotels and Catering Services	金融业 Financial Intermedia-tion	房地产业 Real Estate	其他 Others	人均地区生产总值(元) Per Capita GDP (yuan)
甘州区	Ganzhou	338851	171597	62245	140750	93167	670937	50722
肃南县	Sunan	22047	6898	4498	18337	8013	84829	147763
民乐县	Minle	59677	16108	7845	90486	36172	132103	39805
临泽县	Linze	47536	45001	12143	57682	18395	152180	65594
高台县	Gaotai	41181	29937	17321	69959	9625	144186	56502
山丹县	Shandan	54963	44102	18251	74116	36136	160629	60393
平凉市	**Pingliang**	**286334**	**144738**	**97130**	**421306**	**374294**	**1799459**	**37057**
崆峒区	Kongtong	148315	69413	33659	222897	147190	616269	40514
泾川县	Jingchuan	23154	4293	14616	35206	50132	172684	25523
灵台县	Lingtai	13501	1212	5555	32432	24227	166234	32572
崇信县	Chongxin	11325	6248	9850	18196	11856	101205	79702
庄浪县	Zhuanglang	35186	10144	12491	44200	54817	295528	27559
静宁县	Jingning	38293	29748	10366	38617	63290	286005	29799
华亭市	Huating	16560	23680	10593	29758	22782	161534	57382
酒泉市	**Jiuquan**	**575567**	**486308**	**124398**	**517173**	**307819**	**1396411**	**86714**
肃州区	Suzhou	314037	119896	45621	214071	181067	588702	61995
金塔县	Jinta	25189	24144	6426	68415	24843	114178	83869
瓜州县	Guazhou	104530	106193	13573	50113	23836	152143	99359
肃北县	Subei	7890	24879	3590	7285	3007	62323	173751
阿克塞县	Akesai	5894	12303	3266	6631	1567	48399	118708
玉门市	Yumen	48825	90637	8601	57359	29367	167529	191896
敦煌市	Dunhuang	69202	108256	43321	113299	44132	263137	52914
庆阳市	**Qingyang**	**532847**	**225117**	**238068**	**446677**	**309499**	**1856453**	**51289**
西峰区	Xifeng	268963	148901	88611	267389	89247	687581	62445
庆城县	Qingcheng	32158	23285	22578	23111	24865	144471	54770
环　县	Huanxian	71918	6909	37181	32922	33204	245380	52404
华池县	Huachi	28056	6323	13601	20562	15639	91820	132980
合水县	Heshui	15863	5613	15609	21855	17133	107035	71224
正宁县	Zhengning	15986	5822	10523	14513	28361	119063	28891
宁　县	Ningxian	31197	16519	14758	34286	50211	253939	25711
镇原县	Zhenyuan	68706	11745	35207	32039	50839	207164	31698
定西市	**Dingxi**	**506199**	**193515**	**145305**	**497018**	**305566**	**2035820**	**24061**
安定区	Anding	198506	82227	31156	146592	33324	498983	36731
通渭县	Tongwei	50047	16083	16126	46496	49692	302796	22597

3-12 续表 5 continued

单位：万元 (10 000 yuan)

地、县	Region & County	批发和零售业 Wholesale and Retail Trades	交通运输、仓储和邮政业 Transport, Storage and Post	住宿和餐饮业 Hotels and Catering Services	金融业 Financial Intermedia-tion	房地产业 Real Estate	其他 Others	人均地区生产总值（元） Per Capita GDP (yuan)
陇西县	Longxi	83870	42878	28571	91063	42663	318644	24114
渭源县	Weiyuan	33838	9147	10522	36494	37485	175736	20790
临洮县	Lintao	84433	16298	25786	87743	59107	376443	23162
漳　县	Zhangxian	20985	6291	8109	22509	23514	112307	21921
岷　县	Minxian	34520	20591	25035	66121	59781	250911	16496
陇南市	**Longnan**	**451850**	**123604**	**104855**	**491012**	**333485**	**1767455**	**25477**
武都区	Wudu	206580	56748	39064	282064	89506	555064	32926
成　县	Chengxian	36305	4951	11146	26650	28609	235866	36708
文　县	Wenxian	24555	6670	9345	18762	23395	149049	39041
宕昌县	Tanchang	52080	5796	12853	30336	32455	143772	15968
康　县	Kangxian	8027	4832	3586	23512	20298	135999	19213
西和县	Xihe	18485	5212	9712	26531	47662	159462	13823
礼　县	Lixian	28885	17674	5544	50688	57617	171612	13961
徽　县	Huixian	67701	19650	7905	22540	28957	158917	38067
两当县	Liangdang	9232	2071	5700	9929	4986	57714	36506
临夏州	**Linxia**	**274947**	**122852**	**142515**	**291103**	**256280**	**1510233**	**20812**
临夏市	Linxia	124228	60918	38347	124629	70547	525792	32733
临夏县	Linxia	38446	14231	25408	24597	21275	238862	19120
康乐县	Kangle	14619	4598	9164	23463	26900	53978	12010
永靖县	Yongjing	20602	14702	17850	37164	29193	180946	47637
广河县	Guanghe	21207	4634	14315	20347	31826	45127	9415
和政县	Hezheng	19623	4039	8854	22846	27147	131269	18455
东乡县	Dongxiang	17705	4832	12866	19137	25579	173429	15668
积石山县	Jishishan	18517	14898	15711	18920	23813	160830	15000
甘南州	**Gannan**	**124907**	**241661**	**91385**	**145065**	**98324**	**1113177**	**38569**
合作市	Hezuo	39450	141635	18419	55161	42739	283659	65483
临潭县	Lintan	14964	36690	5996	14408	12828	146571	24340
卓尼县	Zhuoni	4023	10361	6263	13676	12803	174725	36156
舟曲县	Zhouqu	29208	18856	10189	18593	10508	160599	29709
迭部县	Diebu	12396	10671	28133	8539	4930	78740	44394
玛曲县	Maqu	8189	14857	6610	13278	2164	97692	41322
碌曲县	Luqu	4997	4959	3704	7633	1523	80212	47210
夏河县	Xiahe	11680	3632	12071	13777	10829	90979	30207

3-13 各地、县地区生产总值指数（2023）
Indices of Gross Regional Product by Region & County (2023)

（上年=100）　本表按不变价格计算。Data in this table are calculated at constant prices.　(preceding year=100)

地、县	Region & County	地区生产总值 Gross Regional Product	第一产业 Primary Industry	第二产业 Secondary Industry	第三产业 Tertiary Industry	农林牧渔业 Agriculture, Forestry,Animal Husbandry and Fishery Industries	工业 Industry	建筑业 Construction
兰州市	**Lanzhou**	**104.4**	**105.0**	**100.4**	**106.2**	**104.9**	**102.1**	**95.1**
城关区	Chengguan	105.2	102.9	99.5	106.0	103.1	96.8	103.2
七里河区	Qilihe	107.0	102.5	104.5	108.3	102.0	105.9	98.5
西固区	Xigu	100.1	102.2	92.6	108.5	102.1	92.0	98.2
安宁区	Anning	109.1	72.5	111.3	108.7	75.0	114.4	97.0
红古区	Honggu	100.3	106.3	94.6	106.5	106.3	94.4	108.0
永登县	Yongdeng	115.1	107.1	132.2	109.4	106.9	133.4	114.7
皋兰县	Gaolan	104.9	105.4	104.5	105.1	105.4	104.5	106.5
榆中县	Yuzhong	103.0	105.9	98.8	106.3	105.8	99.3	95.9
兰州新区	Lanzhou New Area	110.1	115.1	112.4	107.7	114.9	124.7	93.9
嘉峪关市	**Jiayuguan**	**108.7**	**105.6**	**107.1**	**111.7**	**105.7**	**107.7**	**100.2**
金昌市	**Jinchang**	**111.5**	**104.7**	**113.5**	**108.5**	**104.7**	**114.0**	**107.1**
金川区	Jinchuan	112.7	105.5	113.8	109.4	105.0	114.7	102.2
永昌县	Yongchang	107.5	104.4	110.6	107.3	104.6	107.7	128.1
白银市	**Baiyin**	**107.0**	**105.6**	**109.5**	**105.8**	**105.7**	**107.8**	**116.2**
白银区	Baiyin	107.7	105.9	109.6	106.2	105.9	108.4	116.4
平川区	Pingchuan	106.5	105.2	107.4	105.4	105.3	106.1	111.9
靖远县	Jingyuan	107.4	105.3	120.2	105.3	105.2	122.6	114.8
会宁县	Huining	105.5	105.9	105.9	105.1	106.2	115.7	97.4
景泰县	Jingtai	106.7	106.0	108.9	105.7	105.7	98.0	136.7
天水市	**Tianshui**	**105.4**	**106.3**	**101.7**	**106.7**	**106.3**	**104.4**	**97.2**
秦州区	Qinzhou	102.8	106.6	94.5	106.2	106.6	100.6	79.1
麦积区	Maiji	106.6	106.0	103.4	109.4	106.0	106.2	89.4
清水县	Qingshui	106.6	106.4	113.2	106.1	106.4	115.7	111.3
秦安县	Qinan	107.2	106.2	116.4	106.1	106.2	105.0	121.2
甘谷县	Gangu	107.1	106.2	117.9	104.5	106.3	115.7	118.7
武山县	Wushan	105.2	106.3	97.0	106.3	106.2	111.9	93.2
张家川县	Zhangjiachuan	107.0	106.5	111.7	106.6	106.5	105.8	114.5
武威市	**Wuwei**	**107.0**	**106.4**	**107.6**	**107.1**	**106.4**	**100.9**	**122.8**
凉州区	Liangzhou	106.6	106.2	106.2	107.0	106.2	101.3	115.3
民勤县	Minqin	106.1	106.4	102.0	107.3	106.4	95.2	141.6
古浪县	Gulang	109.0	107.0	128.2	106.9	107.0	110.5	151.7
天祝县	Tianzhu	108.0	106.2	109.6	108.2	106.2	102.8	134.5
张掖市	**Zhangye**	**105.5**	**106.0**	**101.0**	**106.7**	**106.1**	**104.1**	**96.5**

3-13 续表 1 continued

（上年 =100） (preceding year=100)

地、县	Region & County	地区生产总值 Gross Regional Product	第一产业 Primary Industry	第二产业 Secondary Industry	第三产业 Tertiary Industry	农林牧渔业 Agriculture, Forestry,Animal Husbandry and Fishery Industries	工业 Industry	建筑业 Construction
甘州区	Ganzhou	104.7	106.1	94.4	107.0	105.7	103.9	82.0
肃南县	Sunan	106.4	105.8	105.6	107.4	105.8	102.4	121.2
民乐县	Minle	103.0	106.2	92.3	104.5	106.1	91.9	93.1
临泽县	Linze	107.2	106.2	109.7	107.2	106.4	116.0	105.6
高台县	Gaotai	107.0	105.9	112.5	106.1	106.6	111.3	114.0
山丹县	Shandan	106.8	105.0	107.7	107.3	105.1	107.3	108.8
平凉市	**Pingliang**	**105.6**	**106.0**	**102.9**	**106.6**	**106.0**	**103.7**	**100.4**
崆峒区	Kongtong	105.0	106.0	101.3	106.1	105.9	104.9	95.2
泾川县	Jingchuan	105.5	106.3	109.9	104.3	106.2	118.9	103.9
灵台县	Lingtai	105.3	106.5	91.9	107.6	106.4	89.4	107.1
崇信县	Chongxin	106.4	105.9	105.7	108.0	105.9	106.2	97.1
庄浪县	Zhuanglang	106.9	106.2	107.1	107.4	106.1	113.0	104.4
静宁县	Jingning	107.1	105.7	108.7	107.8	106.0	112.5	106.7
华亭市	Huating	103.4	105.8	101.1	106.8	105.5	101.0	103.7
酒泉市	**Jiuquan**	**108.9**	**106.6**	**110.8**	**108.1**	**106.7**	**109.6**	**121.1**
肃州区	Suzhou	109.3	106.9	117.3	106.6	107.2	116.8	119.0
金塔县	Jinta	109.6	106.4	117.3	107.0	106.5	117.0	120.1
瓜州县	Guazhou	107.0	106.8	108.1	105.5	106.7	107.0	135.1
肃北县	Subei	102.3	106.5	100.4	103.7	106.5	98.3	135.4
阿克塞县	Akesai	109.1	106.3	119.9	105.8	106.3	118.9	131.9
玉门市	Yumen	109.9	106.6	110.6	109.3	106.2	110.2	129.1
敦煌市	Dunhuang	109.3	106.2	96.0	114.9	106.3	95.4	107.2
庆阳市	**Qingyang**	**108.5**	**105.8**	**111.1**	**106.6**	**105.8**	**111.0**	**116.2**
西峰区	Xifeng	107.7	106.1	108.3	107.4	106.1	109.4	108.1
庆城县	Qingcheng	111.5	106.0	114.5	108.5	106.1	114.3	122.7
环 县	Huanxian	106.9	105.4	108.1	105.7	105.4	107.1	142.3
华池县	Huachi	107.3	105.8	107.9	104.7	105.8	107.1	125.0
合水县	Heshui	110.9	105.7	114.6	105.4	105.7	113.7	143.7
正宁县	Zhengning	120.0	105.6	168.9	104.2	105.7	175.1	118.5
宁 县	Ningxian	107.4	105.5	118.5	105.1	105.5	121.6	111.8
镇原县	Zhenyuan	106.7	106.2	107.0	107.0	106.2	106.1	125.1
定西市	**Dingxi**	**106.6**	**105.5**	**111.0**	**105.9**	**105.5**	**110.0**	**112.0**
安定区	Anding	106.7	105.3	108.8	106.4	105.3	110.0	107.8
通渭县	Tongwei	106.5	105.1	112.6	105.8	105.1	109.5	114.4

3-13 续表 2 continued

（上年 =100） (preceding year=100)

地、县	Region & County	地区生产总值 Gross Regional Product	第一产业 Primary Industry	第二产业 Secondary Industry	第三产业 Tertiary Industry	农林牧渔业 Agriculture, Forestry,Animal Husbandry and Fishery Industries	工业 Industry	建筑业 Construction
陇西县	Longxi	105.5	105.2	106.9	105.1	105.3	109.9	102.2
渭源县	Weiyuan	107.2	105.6	113.9	107.2	105.6	111.7	115.3
临洮县	Lintao	106.9	105.8	111.1	105.9	105.8	108.6	113.9
漳 县	Zhangxian	106.5	105.6	110.4	105.5	105.6	109.4	114.5
岷 县	Minxian	107.2	105.9	114.7	106.5	105.9	111.6	116.6
陇南市	**Longnan**	**106.6**	**106.2**	**108.4**	**106.1**	**106.2**	**106.3**	**118.4**
武都区	Wudu	106.8	106.3	115.4	105.7	106.3	106.0	121.1
成 县	Chengxian	105.2	106.5	104.9	105.1	106.5	103.9	116.6
文 县	Wenxian	106.6	106.2	106.3	107.0	106.2	106.8	93.6
宕昌县	Tanchang	105.2	105.9	114.8	104.4	105.9	113.7	117.3
康 县	Kangxian	106.7	106.3	113.1	105.5	106.3	108.2	120.6
西和县	Xihe	107.0	106.0	111.6	106.2	106.0	110.9	117.5
礼 县	Lixian	107.0	106.1	115.2	105.9	106.1	110.6	120.3
徽 县	Huixian	107.2	106.4	107.8	107.1	106.4	107.0	117.9
两当县	Liangdang	106.5	105.9	110.3	106.5	105.9	97.3	117.6
临夏州	**Linxia**	**106.5**	**105.5**	**112.6**	**105.0**	**105.5**	**103.5**	**118.4**
临夏市	Linxia	106.3	105.9	113.1	104.9	105.8	103.7	116.6
临夏县	Linxia	106.6	105.7	112.6	105.8	105.8	109.2	114.5
康乐县	Kangle	108.3	105.2	123.7	104.0	105.2	111.6	126.5
永靖县	Yongjing	105.7	106.8	107.0	104.7	106.7	93.0	121.9
广河县	Guanghe	108.7	105.9	119.8	107.0	106.2	120.7	118.9
和政县	Hezheng	106.6	106.4	112.4	104.6	106.3	127.1	110.1
东乡县	Dongxiang	107.4	105.4	119.0	104.6	105.6	114.9	120.2
积石山县	Jishishan	106.1	105.1	114.5	105.2	104.4	118.4	108.8
甘南州	**Gannan**	**106.0**	**103.8**	**115.9**	**105.0**	**103.8**	**108.5**	**135.5**
合作市	Hezuo	106.1	102.5	108.8	105.9	102.5	99.3	141.9
临潭县	Lintan	103.6	104.1	93.9	104.4	103.9	134.0	81.4
卓尼县	Zhuoni	108.8	104.8	138.5	105.0	104.8	123.7	191.3
舟曲县	Zhouqu	103.8	103.8	113.5	102.6	103.7	112.8	116.1
迭部县	Diebu	106.3	102.6	100.6	109.3	102.6	91.9	130.6
玛曲县	Maqu	103.2	103.1	106.3	103.0	103.1	91.5	133.1
碌曲县	Luqu	108.5	103.4	173.2	104.7	103.6	87.8	220.9
夏河县	Xiahe	107.7	103.6	144.0	104.8	103.6	148.6	101.8

3-13 续表 3 continued

（上年 =100） (preceding year=100)

地、县	Region & County	批发和零售业 Wholesale and Retail Trades	交通运输、仓储和邮政业 Transport, Storage and Post	住宿和餐饮业 Hotels and Catering Services	金融业 Financial Intermedia-tion	房地产业 Real Estate	其他 Others	人均地区生产总值 Per Capita GDP
兰州市	**Lanzhou**	**102.6**	**117.7**	**124.5**	**104.3**	**103.7**	**103.7**	**103.9**
城关区	Chengguan	108.7	117.9	127.4	105.5	107.3	101.9	105.1
七里河区	Qilihe	99.2	117.2	122.6	106.0	110.5	104.0	106.5
西固区	Xigu	100.6	117.4	129.5	105.9	104.1	106.2	99.6
安宁区	Anning	112.0	116.9	124.5	103.0	97.7	110.1	108.8
红古区	Honggu	85.5	117.1	127.0	102.0	101.8	101.0	101.5
永登县	Yongdeng	108.6	117.2	119.7	108.8	103.1	103.0	116.0
皋兰县	Gaolan	97.6	117.5	117.4	112.3	102.6	101.5	105.5
榆中县	Yuzhong	117.7	117.7	117.3	106.1	97.2	103.2	103.2
兰州新区	Lanzhou New Area	92.9	119.9	110.7	105.8	110.1	110.8	108.4
嘉峪关市	**Jiayuguan**	**108.2**	**117.0**	**116.0**	**107.9**	**102.3**	**112.6**	**108.8**
金昌市	**Jinchang**	**114.5**	**117.3**	**116.0**	**112.6**	**121.5**	**103.5**	**111.9**
金川区	Jinchuan	119.5	117.8	119.1	108.4	131.7	104.0	112.5
永昌县	Yongchang	108.3	116.7	112.0	118.5	108.2	102.8	108.8
白银市	**Baiyin**	**105.2**	**117.5**	**117.1**	**107.4**	**102.7**	**103.0**	**107.6**
白银区	Baiyin	101.0	117.6	117.8	105.5	106.8	103.1	106.8
平川区	Pingchuan	108.7	117.5	117.2	105.0	95.4	105.6	107.5
靖远县	Jingyuan	106.7	117.5	116.1	109.7	102.8	103.6	107.3
会宁县	Huining	111.7	117.6	115.8	125.1	104.2	101.0	105.5
景泰县	Jingtai	111.4	117.4	117.3	108.0	100.9	102.0	111.2
天水市	**Tianshui**	**108.4**	**117.7**	**116.4**	**105.6**	**101.2**	**104.8**	**106.3**
秦州区	Qinzhou	107.7	120.2	116.3	102.0	100.9	106.6	103.5
麦积区	Maiji	109.1	117.3	116.3	110.5	102.3	102.4	107.5
清水县	Qingshui	110.9	117.3	111.9	107.3	103.3	105.7	107.5
秦安县	Qinan	108.1	114.6	115.2	107.4	102.0	104.6	108.1
甘谷县	Gangu	108.0	117.2	117.5	107.3	95.8	101.6	108.0
武山县	Wushan	108.1	116.9	124.4	109.1	102.0	106.0	106.2
张家川县	Zhangjiachuan	108.5	119.7	113.5	111.0	106.5	104.1	107.9
武威市	**Wuwei**	**107.3**	**118.4**	**123.8**	**108.2**	**103.7**	**105.3**	**107.6**
凉州区	Liangzhou	106.9	118.3	124.4	108.5	103.8	104.3	106.9
民勤县	Minqin	107.6	120.0	126.6	108.2	103.0	107.3	106.9
古浪县	Gulang	112.8	118.3	123.4	108.0	103.9	105.2	110.5
天祝县	Tianzhu	115.7	118.4	117.8	107.2	103.0	107.3	108.9
张掖市	**Zhangye**	**109.6**	**116.9**	**121.3**	**108.2**	**100.3**	**103.3**	**106.3**

3-13 续表 4 continued

（上年=100） (preceding year=100)

地、县	Region & County	批发和零售业 Wholesale and Retail Trades	交通运输、仓储和邮政业 Transport, Storage and Post	住宿和餐饮业 Hotels and Catering Services	金融业 Financial Intermedia-tion	房地产业 Real Estate	其他 Others	人均地区生产总值 Per Capita GDP
甘州区	Ganzhou	109.2	117.7	124.0	106.7	108.6	103.3	105.3
肃南县	Sunan	110.5	115.2	117.6	103.7	101.4	106.9	106.9
民乐县	Minle	111.2	115.8	117.1	107.9	87.6	103.8	103.8
临泽县	Linze	110.0	115.8	119.6	110.9	95.5	103.3	108.5
高台县	Gaotai	109.8	116.6	117.8	109.8	84.6	101.1	108.1
山丹县	Shandan	109.7	116.2	118.6	109.5	102.3	103.0	107.9
平凉市	**Pingliang**	**107.0**	**117.0**	**123.7**	**109.8**	**93.9**	**107.4**	**106.7**
崆峒区	Kongtong	105.8	117.1	124.8	108.7	87.0	109.0	105.3
泾川县	Jingchuan	107.8	116.4	125.6	110.1	98.0	103.0	107.4
灵台县	Lingtai	114.9	117.1	123.1	112.8	106.2	105.9	107.3
崇信县	Chongxin	116.3	116.1	125.1	109.6	91.6	107.3	107.5
庄浪县	Zhuanglang	107.5	117.6	120.4	109.7	99.9	107.9	108.5
静宁县	Jingning	105.3	117.6	120.6	111.7	99.5	108.0	108.6
华亭市	Huating	109.3	116.4	124.2	112.9	92.5	105.5	103.9
酒泉市	**Jiuquan**	**108.4**	**117.2**	**123.7**	**108.9**	**96.0**	**106.6**	**109.5**
肃州区	Suzhou	112.4	117.2	124.1	108.6	91.9	104.7	110.1
金塔县	Jinta	116.6	118.6	117.2	111.4	103.3	101.3	110.4
瓜州县	Guazhou	92.0	117.6	119.3	109.3	102.4	105.7	105.6
肃北县	Subei	111.8	119.8	121.1	100.9	102.4	98.3	102.7
阿克塞县	Akesai	111.6	117.1	119.1	111.2	102.7	101.7	111.1
玉门市	Yumen	116.4	116.5	122.6	117.0	102.6	103.4	110.5
敦煌市	Dunhuang	110.7	116.8	126.5	104.8	102.2	121.3	110.2
庆阳市	**Qingyang**	**102.8**	**116.6**	**121.6**	**106.0**	**102.8**	**104.9**	**109.2**
西峰区	Xifeng	99.4	117.7	120.5	106.5	104.5	106.3	108.3
庆城县	Qingcheng	109.1	113.8	120.7	105.2	102.9	104.6	111.7
环　县	Huanxian	102.9	113.3	125.2	106.5	99.1	104.7	107.5
华池县	Huachi	105.4	116.9	112.2	104.6	105.0	102.5	107.5
合水县	Heshui	106.8	115.6	116.6	104.5	102.6	103.7	111.2
正宁县	Zhengning	99.6	111.7	118.0	105.5	104.3	103.1	120.8
宁　县	Ningxian	103.9	116.4	124.2	104.2	102.0	104.3	108.5
镇原县	Zhenyuan	112.4	113.3	128.0	106.4	101.8	103.7	107.8
定西市	**Dingxi**	**107.7**	**117.5**	**120.7**	**106.1**	**100.4**	**104.4**	**107.1**
安定区	Anding	103.5	121.3	116.3	106.1	100.4	105.3	107.2
通渭县	Tongwei	114.1	114.5	124.0	106.6	102.8	103.8	107.1

3-13 续表 5 continued

（上年 =100） (preceding year=100)

地、县	Region & County	批发和零售业 Wholesale and Retail Trades	交通运输、仓储和邮政业 Transport, Storage and Post	住宿和餐饮业 Hotels and Catering Services	金融业 Financial Intermedia-tion	房地产业 Real Estate	其他 Others	人均地区生产总值 Per Capita GDP
陇西县	Longxi	100.5	115.2	119.1	106.0	98.9	104.7	106.0
渭源县	Weiyuan	113.7	117.2	118.9	108.2	102.5	105.9	107.8
临洮县	Lintao	112.6	119.5	120.0	103.6	97.3	105.4	107.5
漳　县	Zhangxian	111.8	115.5	121.9	105.4	104.4	103.2	107.0
岷　县	Minxian	114.4	109.1	127.3	108.9	100.1	103.0	107.8
陇南市	**Longnan**	**110.8**	**118.4**	**119.4**	**107.4**	**100.6**	**104.4**	**107.6**
武都区	Wudu	110.7	117.8	119.8	106.3	103.6	103.4	107.3
成　县	Chengxian	111.4	118.8	119.5	110.4	104.4	104.5	106.3
文　县	Wenxian	110.8	119.3	119.1	108.2	101.6	106.9	107.7
宕昌县	Tanchang	111.8	119.5	119.7	106.7	88.2	104.4	106.3
康　县	Kangxian	111.1	119.2	119.7	108.1	112.9	103.3	107.8
西和县	Xihe	110.3	118.8	119.4	109.6	90.3	110.6	108.1
礼　县	Lixian	111.2	118.7	118.5	110.3	104.7	103.4	109.0
徽　县	Huixian	109.9	118.7	119.4	108.5	106.6	100.6	108.3
两当县	Liangdang	110.6	118.2	118.1	105.5	103.8	105.3	107.6
临夏州	**Linxia**	**109.7**	**119.4**	**123.0**	**103.8**	**105.2**	**102.1**	**106.9**
临夏市	Linxia	110.0	117.1	123.1	102.2	106.3	101.9	104.8
临夏县	Linxia	111.0	120.5	122.4	101.0	105.9	103.2	107.6
康乐县	Kangle	108.6	123.9	124.0	105.7	100.0	99.8	109.1
永靖县	Yongjing	109.4	125.4	123.3	102.6	106.1	101.4	106.7
广河县	Guanghe	110.0	116.3	122.4	102.6	107.4	102.3	109.3
和政县	Hezheng	108.0	118.0	123.1	108.1	109.0	101.4	107.2
东乡县	Dongxiang	112.4	122.8	123.3	106.9	102.2	102.4	108.0
积石山县	Jishishan	104.6	120.2	122.9	112.7	102.7	102.5	106.7
甘南州	**Gannan**	**114.1**	**117.3**	**117.9**	**105.0**	**104.6**	**101.1**	**107.7**
合作市	Hezuo	113.5	117.4	117.4	109.6	96.6	100.5	107.3
临潭县	Lintan	111.7	117.1	109.0	100.2	102.9	101.6	104.7
卓尼县	Zhuoni	110.1	117.2	109.5	103.2	158.3	101.8	109.9
舟曲县	Zhouqu	111.4	116.9	110.5	98.9	102.8	99.9	108.8
迭部县	Diebu	127.3	117.1	128.8	103.9	102.7	102.0	107.5
玛曲县	Maqu	109.6	117.2	106.2	103.4	103.1	100.6	104.2
碌曲县	Luqu	113.9	117.2	108.4	109.1	102.6	103.0	109.3
夏河县	Xiahe	118.9	117.3	122.3	103.4	102.6	101.6	108.6

主要统计指标解释

国内生产总值（GDP） 指按市场价格计算的一个国家（或地区）所有常住单位在一定时期内生产活动的最终成果。国内生产总值有三种表现形态，即价值形态、收入形态和产品形态。从价值形态看，它是所有常住单位在一定时期内生产的全部货物和服务价值超过同期投入的全部非固定资产货物和服务价值的差额，即所有常住单位的增加值之和；从收入形态看，它是所有常住单位在一定时期内创造并分配给常住单位和非常住单位的初次收入之和；从产品形态看，它是所有常住单位在一定时期内最终使用的货物和服务价值减去货物和服务进口价值。在实际核算中，国内生产总值有三种计算方法，即生产法、收入法和支出法。三种方法分别从不同的方面反映国内生产总值及其构成。

对于一个地区来说，称为地区生产总值或地区 GDP。

三次产业 三次产业的划分是世界上较为常用的产业结构分类，但各国的划分不尽一致。根据《国民经济行业分类》（GB/T 4754—2017），我国的三次产业划分是：

第一产业是指农、林、牧、渔业（不含农、林、牧、渔服务业）。

第二产业是指采矿业（不含开采辅助活动），制造业（不含金属制品、机械和设备修理业），电力、热力、燃气及水生产和供应业，建筑业。

第三产业即服务业，是指除第一产业、第二产业以外的其他行业。

4

就业和工资

Employment and Wages

简要说明

一、本篇资料主要内容

本篇资料反映劳动就业方面基本情况，主要包括经济活动人口数、就业人员及职工人数、城镇登记失业人数、职工工资总额、平均工资及指数变化等情况。

二、本篇资料来源

1. 本篇资料中劳动就业和工资等资料由省统计局人口与就业处整理提供。

2. 城镇登记失业与新增就业等资料来源于省人力资源和社会保障厅。

4-1 就业基本情况
Employment

单位：万人 (10 000 persons)

项 目	Item	2010	2015	2020	2022	2023
经济活动人口	**Economically Active Population**	**1407.72**	**1355.48**	**1343.20**	**1320.38**	**1328.44**
就业人员	**Total Number of Employed Persons**	**1397**	**1346**	**1331**	**1307**	**1316**
第一产业	Primary Industry	861	768	597	614	587
第二产业	Secondary Industry	215	217	237	227	231
第三产业	Tertiary Industry	322	361	497	466	498
就业人员构成(合计=100)(%)	**Composition of Employed Persons (total=100) (%)**					
第一产业	Primary Industry	61.61	57.06	44.85	46.98	44.60
第二产业	Secondary Industry	15.36	16.11	17.81	17.37	17.55
第三产业	Tertiary Industry	23.03	26.83	37.34	35.65	37.84
按城乡分就业人员	**Number of Employed Persons by Urban and Rural Areas**					
城镇就业人员	Urban Employed Persons	403.98	497.37	618.00	618.00	635.00
#非私营单位就业人员	Non-private Unit Employed Persons	194.29	261.76	262.22	257.55	234.06
国有单位	State-owned Units	147.36	153.88	137.83	140.00	127.68
城镇集体单位	Urban Collective-owned Units	6.88	10.17	5.69	4.60	
股份合作单位	Cooperative Units	1.03	0.70	0.90	0.95	
联营单位	Joint Ownership Units	0.46	0.10	0.12	0.10	
有限责任公司	Limited Liability Corporations	23.84	70.65	79.40	77.10	
股份有限公司	Share-holding Corporations Ltd.	10.36	22.05	31.14	27.56	
港澳台商投资单位	Units with Funds from Hong Kong, Macao & Taiwan	0.47	0.85	0.84	0.79	1.05
外商投资单位	Foreign Funded Units	0.77	1.56	1.84	1.91	1.36
其他	Others	3.12	1.82	4.47	4.53	
乡村就业人员	Rural Employed Persons	993.02	848.63	713.00	689.00	681.00
在岗职工人数	**Number of Staff and Workers**	**187.96**	**228.97**	**222.01**	**222.22**	**202.90**
国有单位	State-owned Units	142.46	137.97	122.84	124.31	114.81
城镇集体单位	Urban Collective-owned Units	6.76	9.14	4.95	4.07	
其他单位	Units of Other Types of Ownership	38.74	81.87	94.22	93.84	
城镇单位女性就业人员	**Number of Female Employed Persons in Urban Units**	**63.56**	**86.29**	**100.57**	**100.96**	**95.16**
城镇新增就业人员	**New Increased Urban Employed Persons**	**29.30**	**43.70**	**35.68**	**32.02**	**32.01**
城镇登记失业人数	**Number of Registered Unemployed Persons in Urban Areas**	**10.72**	**9.48**	**12.20**	**13.38**	**12.44**
城镇登记失业率(%)	**Registered Unemployment Rate in Urban Areas (%)**	**3.21**	**2.14**	**3.27**		

注：1. 就业人员按常住人口口径统计。
2. 自 2022 年起，省人社厅不再统计城镇登记失业率指标（下表同）。

a) the number of employed persons is calculated according to the caliber of permanent residents.

b) since 2022,the Department of People Society of Gancu Province no longer statistical urban unemployment rate indicators (The following related tables are the same).

4-2 就业人员
Employed Persons

单位：万人 (10 000 persons)

年 份 Year	经济活动人口 Economically Active Population	就业人员 Total Employed Persons	按三次产业分 By Three Strata of Industry			按城乡分 By Urban and Rural Areas	
			第一产业 Primary Industry	第二产业 Secondary Industry	第三产业 Tertiary Industry	城镇 Urban Areas	乡村 Rural Areas
1978		694				160	534
1979		713				164	549
1980	805	796				173	623
1981	853	842				182	660
1982	879	870				187	683
1983	999	994	797	108	89	191	803
1984	1051	1047	803	124	119	205	842
1985	1089	1081	786	153	143	211	870
1986	1106	1099	790	179	131	221	878
1987	1151	1140	754	171	215	231	909
1988	1191	1179	798	189	192	236	943
1989	1228	1214	824	184	206	237	977
1990	1305	1292	899	186	207	240	1052
1991	1314	1302	900	198	205	257	1045
1992	1315	1306	899	205	202	264	1042
1993	1428	1418	974	232	212	271	1147
1994	1449	1439	936	257	246	282	1157
1995	1492	1483	942	282	260	283	1200
1996	1531	1521	961	289	271	288	1233
1997	1539	1530	946	308	276	284	1246
1998	1548	1540	922	311	307	320	1220
1999	1497	1489	879	298	313	336	1153
2000	1484	1476	881	280	316	320	1156
2001	1496	1489	887	275	327	324	1165
2002	1509	1501	889	278	333	327	1174
2003	1520	1511	890	282	339	333	1178
2004	1530	1520	891	285	345	339	1181
2005	1401	1391	886	204	302	364	1027
2006	1411	1401	886	207	308	372	1030
2007	1424	1415	886	212	316	383	1032
2008	1456	1446	902	219	326	398	1049
2009	1499	1489	923	227	338	414	1075
2010	1408	1397	861	215	322	404	993
2011	1390	1379	845	213	321	416	963
2012	1368	1358	821	212	325	449	909
2013	1361	1352	801	217	334	462	890
2014	1358	1348	782	217	349	478	870
2015	1356	1346	768	217	361	497	849
2016	1351	1341	750	213	377	512	829
2017	1347	1337	733	210	393	531	806
2018	1347	1337	721	207	409	548	789
2019	1344	1333	706	201	425	565	768
2020	1343	1331	597	237	497	618	713
2021	1332	1319	580	238	501	626	693
2022	1320	1307	614	227	466	618	689
2023	1328	1316	587	231	498	635	681

注：2005 年及以后，就业人员按常住人口口径统计。

a) Since 2005, the number of employed persons is calculated according to the caliber of permanent residents.

4-3 按登记注册类型和行业分城镇非私营单位就业人员数（2023）
Number of Employed Persons in Urban Non-private Units at Year-end by Status of Registration Sector in Detail (2023)

单位：万人 (10 000 persons)

项 目	Item	就业人员数 Total Employed Persons	内资 Domestic Investment	国有单位 State-owned Units	其他内资 Others
城镇非私营单位就业人员	**Urban Non-private Unit Employed Persons**	**234.06**	**231.65**	**127.68**	**103.97**
按执行会计标准类别分组	**By Accounting Standard**				
企业	Enterprises	116.75	114.34	11.52	102.82
政府	Government Organs	115.96	115.96	115.73	0.24
民间非营利组织	Folk Non-profit Organization	1.33	1.33	0.43	0.90
其他	Other	0.02	0.02	0.00	0.02
按国民经济行业分	**By Sector**				
农、林、牧、渔业	Agriculture, Forestry, Animal Husbandry and Fishery	1.63	1.62	0.86	0.76
采矿业	Mining	7.17	7.06	1.22	5.84
制造业	Manufacturing	25.40	24.78	2.62	22.16
电力、热力、燃气及水生产和供应业	Production and Supply of Electricity, Heat, Gas and Water	9.51	9.32	0.58	8.74
建筑业	Construction	18.32	18.32	1.07	17.25
批发和零售业	Wholesale and Retail Trades	8.02	7.79	0.70	7.10
交通运输、仓储和邮政业	Transport,Storage and Post	12.16	12.15	1.40	10.76
住宿和餐饮业	Hotels and Catering Services	2.42	2.15	0.10	2.05
信息传输、软件和信息技术服务业	Information Transmission,Software and Information Technology Services	3.14	2.54	0.36	2.18
金融业	Financial Intermediation	11.02	10.96	1.90	9.06
房地产业	Real Estate	5.19	5.12	0.16	4.96
租赁和商务服务业	Leasing and Business Services	4.75	4.75	0.81	3.95
科学研究和技术服务业	Scientific Research and Technical Services	6.42	6.16	2.92	3.25
水利、环境和公共设施管理业	Management of Water Conservancy, Environment and Public Facilities	5.55	5.55	3.82	1.73
居民服务、修理和其他服务业	Services to Households,Repair and Other Services	0.24	0.24	0.08	0.16
教育	Education	39.31	39.31	37.18	2.14
卫生和社会工作	Health and Social Services	21.10	21.10	20.05	1.05
文化、体育和娱乐业	Culture, Sports and Entertainment	2.71	2.71	1.97	0.74
公共管理、社会保障和社会组织	Public Management,Social Security and Social Organization	50.01	50.01	49.90	0.12

4-4 按行业分城镇非私营单位年末在岗职工人数

Number of Staff and Workers in Urban Non-private Units at Year-end by Sector

单位：万人 (10 000 persons)

行 业	Sector	2010	2015	2020	2022	2023
在岗职工人数	**Number of Staff and Workers**	**187.96**	**228.97**	**222.01**	**222.22**	**202.90**
农、林、牧、渔业	Agriculture, Forestry, Animal Husbandry and Fishery	5.19	4.52	1.67	1.72	1.43
采矿业	Mining	8.87	10.48	6.68	7.16	6.61
制造业	Manufacturing	34.54	32.51	25.31	25.58	22.87
电力、热力、燃气及水生产和供应业	Production and Supply of Electricity, Heat,Gas and Water	6.60	11.02	9.43	9.56	8.29
建筑业	Construction	14.32	30.25	21.03	18.93	12.16
批发和零售业	Wholesale and Retail Trades	9.93	7.30	7.82	8.76	7.36
交通运输、仓储和邮政业	Transport,Storage and Post	1.66	11.48	11.63	11.35	11.12
住宿和餐饮业	Hotels and Catering Services	5.59	2.88	2.59	2.36	1.90
信息传输、软件和信息技术服务业	Information Transmission,Software and Information Technology Services	1.82	2.13	3.36	3.09	2.99
金融业	Financial Intermediation	6.59	6.52	8.60	8.21	8.20
房地产业	Real Estate	1.68	4.00	4.82	4.72	3.94
租赁和商务服务业	Leasing and Business Services	1.33	1.99	3.20	3.46	3.51
科学研究和技术服务业	Scientific Research and Technical Services	5.01	6.43	6.42	6.70	5.46
水利、环境和公共设施管理业	Management of Water Conservancy, Environment and Public Facilities	3.05	5.03	3.92	3.76	4.05
居民服务、修理和其他服务业	Services to Households,Repair and Other Services	0.22	0.29	0.75	0.65	0.20
教育	Education	33.40	37.25	39.00	38.76	36.95
卫生和社会工作	Health and Social Services	9.66	12.43	16.51	18.75	18.62
文化、体育和娱乐业	Culture, Sports and Entertainment	2.76	2.29	2.54	2.46	2.27
公共管理、社会保障和社会组织	Public Management,Social Security and Social Organization	35.73	40.17	46.74	46.23	45.00

4-5 按登记注册类型和行业分城镇非私营单位年末在岗职工人数（2023）
Number of Staff and Workers in Urban Non-private Units at Year-end by Status of Registration and Sector in Detail (2023)

单位：人 (person)

项 目	Item	年末在岗职工人数 Number of Staff and Workers	# 内资 Domestic Investment	国有单位 State-owned	其他内资 Others
在岗职工人数	**Number of Staff and Workers**	**2029043**	**2008460**	**1148142**	**860318**
按企、事业和机关分	**By Enterprises, Institutions and Agencies**				
企业	Enterprises	968431	947849	98273	849576
政府	Government Organs	1048127	1048127	1046067	2060
民间非营利组织	Folk Non-profit Organizations	12316	12316	3785	8531
其他	Other	168	168	17	151
按国民经济行业分	**By Sector**				
农、林、牧、渔业	**Agriculture,Forestry,Animal Husbandry and Fishery**	**14284**	**14244**	**8223**	**6021**
农业	Agriculture	4120	4116	222	3894
林业	Forestry	4840	4840	4553	286
畜牧业	Animal Husbandry	1539	1513	231	1282
渔业	Fishery	159	159	21	138
农、林、牧、渔服务业	Services in Support of Agriculture	3626	3616	3195	421
采矿业	**Mining**	**66101**	**65029**	**11797**	**53232**
煤炭开采及洗选业	Mining and Washing of Coal	46979	46979	11528	35451
石油和天然气开采业	Extraction of Petroleum and Natural Gas	10724	10724	97	10627
黑色金属矿采选业	Mining and Processing of Ferrous Metal Ores	1576	1576		1576
有色金属矿采选业	Mining and Processing of Non-Ferrous Metal Ores	4944	3872	172	3700
非金属矿采选业	Mining and Processing of Non-metal Ores	1671	1671		1671
开采辅助活动	Support Activities for Mining	207	207		207
其他采矿业	Mining of Other Ores				
制造业	**Manufacturing**	**228687**	**222986**	**23255**	**199731**
农副食品加工业	Processing of Food from Agricultural Products	9512	8170	730	7440
食品制造业	Manufacture of Foods	5090	4921		4921
酒、饮料和精茶制造业	Manufacture of Liquor, Beverages and Refined Tea	9883	8278	172	8106
烟草制品业	Manufacture of Tobacco	1938	1938		1938
纺织业	Manufacture of Textile	1066	1066	885	181
纺织服装、服饰业	Manufacture of Textile, Wearing Apparel and Accessories	1142	1142	46	1096
皮革、毛皮、羽毛（绒）及其制品和制鞋业	Manufacture of Leather, Fur, Feather and Related Products and Footwear	579	481	174	307
木材加工及木、竹、藤、棕、草制品业	Processing of Timber, Manufacture of Wood, Bamboo, Rattan, Palm and Straw Products	15	15		15
家具制造业	Manufacture of Furniture	3	3		3

4-5 续表 1 continued

单位：人 (person)

项 目	Item	年末在岗职工人数 Number of Staff and Workers	#内资 Domestic Investment	国有单位 State-owned	其他内资 Others
造纸及纸制品业	Manufacture of Paper and Paper Products	526	526		526
印刷业和记录媒介复制业	Printing and Reproduction of Recording Media	1561	1561	936	625
文教、工美、体育和娱乐用品制造业	Manufacture of Articles for Culture, Education, Arts and Crafts, Sport and Entertainment Activities	61	61		61
石油、煤炭及其他燃料加工业	Petroleum, Coal and Other Fuel Processing Industries	22585	22585	1287	21298
化学原料及化学制品制造业	Manufacture of Raw Chemical Materials and Chemical Products	24692	24079	963	23116
医药制造业	Manufacture of Medicines	10108	10108	19	10089
化学纤维制造业	Manufacture of Chemical Fibres	353	353		353
橡胶和塑料制品业	Manufacture of Rubber and Plastic Products	2201	1875		1875
非金属矿物制品业	Manufacture of Non-metallic Mineral Products	19003	18985	1291	17694
黑色金属冶炼和压延 加工业	Smelting and Pressing of Ferrous Metals	19722	19722		19722
有色金属冶炼和压延 加工业	Smelting and Pressing of Non-ferrous Metals	48474	47610	15713	31897
金属制品业	Manufacture of Metal Products	4391	4322	417	3905
通用设备制造业	Manufacture of General Purpose Machinery	7158	6795	65	6730
专用设备制造业	Manufacture of Special Purpose Machinery	10966	10816	68	10748
汽车制造业	Manufacture of Automobile	153	91		91
铁路、船舶、航空航天和其他运输设备制造业	Manufacture of Railway, Ships, Aerospace and Other Transport Equipments	69	69		69
电气机械及器材制造业	Manufacture of Electrical Machinery and Apparatus	12530	12530	489	12041
计算机、通信和其他电子设备制造业	Manufacture of Computers,Communication and Other Electronic Equipment	11118	11099		11099
仪器仪表制造业	Manufacture of Measuring Instruments and Machinery	479	479		479
其他制造业	Other Manufacture				
废弃资源综合利用业	Utilization of Waste Resources	1130	1130		1130
金属制品、机械和设备修理业	Repair Service of Metal Products, Machinery and Equipment	2175	2175		2175
电力、燃气及水生产和供应业	**Production and Supply of Electricity, Heat, Gas and Water**	**82942**	**81535**	**5020**	**76515**
电力、热力生产和供应业	Production and Supply of Electric Power and Heat Power	68449	67117	2233	64884
燃气生产和供应业	Production and Supply of Gas	3516	3447	60	3387
水生产和供应业	Production and Supply of Water	10977	10971	2727	8244
建筑业	**Construction**	**121578**	**121570**	**5438**	**116132**
房屋建筑业	Construction of Buildings	72985	72985	4505	68480
土木工程建筑业	Civil Engineering	38482	38477	603	37874

4–5 续表 2 continued

单位：人 (person)

项　目	Item	年末在岗职工人数 Number of Staff and Workers	#内资 Domestic Investment	国有单位 State-owned	其他内资 Others
建筑安装业	Building Installation	8205	8205	194	8011
建筑装饰业和其他建筑业	Building Decoration and Other Construction	1905	1902	136	1766
批发和零售业	**Wholesale and Retail Trades**	**73562**	**71372**	**6148**	**65224**
批发业	Wholesale Trade	32108	30905	4834	26071
零售业	Retail Trade	41454	40467	1314	39153
交通运输、仓储和邮政业	**Transport, Storage and Post**	**111185**	**111137**	**12827**	**98310**
铁路运输业	Railway Transport	57343	57343	6	57337
道路运输业	Road Transport	38200	38200	10277	27923
水上运输业	Water Transport	78	78		78
航空运输业	Air Transport	3405	3405	1841	1564
管道运输业	Transport Via Pipelines	367	367		367
多式联运和运输代理业	Multimodal Transport and Transportation Agency	547	499	14	485
装卸搬运和仓储业	Handling and Warehousing	3605	3605	689	2916
邮政业	Post	7640	7640		7640
住宿和餐饮业	**Hotels and Catering Services**	**18965**	**17769**	**911**	**16858**
住宿业	Hotels	10950	10571	567	10004
餐饮业	Catering Services	8016	7199	344	6855
信息传输、软件和信息技术服务业	**Information Transmission,Software and Information Technology Services**	**29886**	**24164**	**3487**	**20678**
电信、广播电视和卫星传输服务	Telecommunication,Radio and Television, Satellite Transmission Services	25467	19745	2980	16765
互联网和相关服务	Internet and Related Services	862	862	358	504
软件和信息技术服务业	Software and Information Technology Services	3558	3558	149	3410
金融业	**Financial Intermediation**	**81992**	**81779**	**18797**	**62982**
货币金融服务	Monetary and Financial Service	60164	60129	16143	43986
资本市场服务	Capital Markets Service	1814	1814	1606	208
保险业	Insurance	19669	19491	970	18521
其他金融活动	Other Financial Activities	345	345	78	267
房地产业	**Real Estate**	**39375**	**38678**	**1206**	**37472**
租赁和商务服务业	**Leasing and Business Services**	**35091**	**35091**	**7158**	**27933**
租赁业	Leasing	807	807	2	805
商务服务业	Business Services	34284	34284	7156	27128

4-5 续表 3 continued

单位：人 (person)

项目	Item	年末在岗职工人数 Number of Staff and Workers	#内资 Domestic Investment	国有单位 State-owned	其他内资 Others
科学研究和技术服务业	**Scientific Research and Technical Services**	**54552**	**52276**	**26481**	**25795**
研究与试验发展	Research and Experimental Development	8260	8252	6512	1739
专业技术服务业	Professional Technical Services	38016	35748	13044	22703
科技推广和应用服务业	Science and Technology Popularization and Application Services	8276	8276	6924	1352
水利、环境和公共设施管理业	**Management of Water Conservancy, Environment and Public Facilities**	**40549**	**40536**	**25989**	**14548**
水利管理业	Management of Water Conservancy	10935	10935	9955	980
生态保护和环境治理业	Ecological Protection and Environmental Treatment	5788	5788	4818	970
公共设施管理业	Management of Public Facilities	23447	23434	11092	12341
土地管理业	Management of Land	380	380	124	256
居民服务、修理和其他服务业	**Service to Households, Repair and Other Services**	**1958**	**1958**	**634**	**1324**
居民服务业	Services to Households	1269	1269	500	769
机动车、电子产品和日用产品修理业	Repair of Motor Vehicle, Electronics and Household Products	269	269	29	240
其他服务业	Other Services	420	420	105	315
教育	**Education**	**369543**	**369543**	**349052**	**20490**
卫生和社会工作	**Health and Social Services**	**186159**	**186159**	**176298**	**9861**
文化、体育和娱乐业	**Culture,Sports and Entertainment**	**22657**	**22657**	**16312**	**6345**
新闻和出版业	Journalism and Publishing Activities	3285	3285	1904	1381
广播、电视、电影和影视录音制作业	Radio, Television, Motion Picture and Videotape Programme	4202	4202	3163	1038
文化艺术业	Cultural and Art Activities	12387	12387	9844	2543
体育	Sports Activities	965	965	732	233
娱乐业	Entertainment	1818	1818	669	1149
公共管理、社会保障和社会组织	**Public Management,Social Security and Social Organization**	**449978**	**449978**	**449109**	**869**
中国共产党机关	Organs of Communist Party of China	22124	22124	22124	
国家机构	Government Agencies	417960	417960	417265	695
人民政协和民主党派	People's Political Consultative Conference and Democratic Parties	4038	4038	4038	
社会保障	Social Security	1674	1674	1674	
群众团体、社会团体和其他成员组织	Non-Governmental Organizations, Social Organizations and Other Member Organizations	4182	4182	4008	174
基层群众自治组织	Grass Roots Self-Governing Organizations				

4-6 城镇登记失业人数及失业率

Registered Unemployment Persons and Unemployment Rate in Urban Areas

单位：万人 (10 000 persons)

年 份 Year	城镇登记失业人数 Number of Registered Unemployed Persons in Urban Areas	城镇登记失业率(%) Registered Unemployment Rate in Urban Areas (%)	城镇新增就业人员 Newly Increased Urban Employee	城镇失业人员实现再就业人数 Number of Re-employment of Urban Laid-off Workers	城镇就业困难对象再就业人数 Number of Re-employment of the Object of Urban Employment Difficulties
2006	9.69	3.63	18.40	7.40	2.50
2007	9.51	3.34	22.70	9.20	3.60
2008	9.43	3.20	25.60	11.70	4.80
2009	10.28	3.25	27.80	10.90	4.40
2010	10.72	3.21	29.30	10.90	4.70
2011	10.80	3.11	29.55	11.70	4.60
2012	9.78	2.68	36.00	13.60	5.20
2013	9.28	2.35	43.46	16.10	5.89
2014	9.71	2.19	43.50	15.81	5.19
2015	9.48	2.14	43.70	16.80	4.80
2016	9.77	2.20	43.70	14.90	4.80
2017	9.65	2.71	43.78	15.70	3.70
2018	9.95	2.78	43.13	16.50	4.20
2019	10.83	3.00	39.22	16.20	5.95
2020	12.20	3.27	35.68	14.68	5.20
2021	13.08	3.40	33.25	13.97	4.92
2022	13.38		32.02	13.91	4.70
2023	12.44		32.01	13.91	4.80

4-7 城镇非私营单位就业人员工资总额
Total Wage Bill of Employed Persons in Urban Non-private Units

单位：万元 (10 000 yuan)

年 份 Year	工资总额 Total Wage Bill	国有单位 State-owned Units	城镇集体单位 Urban Collective-owned Units	其他单位 Units of Other Types of Ownership
2005	2838270	2450917	117662	269691
2006	3296705	2552452	104095	640158
2007	3925014	3104484	107857	712673
2008	4610436	3613034	116787	880615
2009	5177207	4129160	139368	908679
2010	5689458	4443116	155806	1090536
2011	6240152	4775310	197167	1267675
2012	7967933	6066343	264201	1637389
2013	11105296	6735143	374031	3996122
2014	12472598	7628223	375881	4468494
2015	13851432	8860878	390032	4600522
2016	14956853	9836352	356876	4763625
2017	16239401	10786806	338019	5114577
2018	17306537	10700469	302495	6303573
2019	18532006	10670698	293327	7567981
2020	20751775	12054560	333678	8363536
2021	22001560	12675854	315259	9010447
2022	23426338	13919114	295198	9212026

4-7 续表 continued

单位：万元 (10 000 yuan)

年 份 Year	工资总额 Total Wage Bill	#内资 Domestic Investment	国有单位 State-owned	其他内资 Others
2023	23200723	22909752	13417452	9492300

注：自 2023 年起，按照国家统计局相关制度，统计分类发生变化（下表同）。

a) Starting from 2023, according to the relevant regulations of the National Bureau of Statistics, there will be changes in statistical classification (The following related tables are the same).

4-8　城镇非私营单位就业人员工资总额指数
Indices of Total Wage Bill of Employed Persons in Urban Non-private Units

（上年 =100）　　(preceding year=100)

年 份 Year	工资总额指数 Indices of Total Wage Bill	国有单位 State-owned Units	城镇集体单位 Urban Collective-owned Units	其他单位 Units of Other Types of Ownership
2005	111.99	169.56	95.74	110.45
2006	116.15	104.14	88.47	237.37
2007	119.06	121.63	103.61	111.33
2008	117.46	116.38	108.28	123.57
2009	112.29	114.29	119.34	103.19
2010	109.89	107.60	111.79	120.01
2011	109.68	107.48	126.55	116.24
2012	127.69	127.04	134.00	129.16
2013	139.37	111.02	141.57	244.05
2014	112.31	113.26	100.49	111.82
2015	111.05	116.16	103.76	102.95
2016	107.98	111.01	91.50	103.55
2017	108.57	109.66	94.72	107.37
2018	106.57	99.20	89.49	123.25
2019	107.08	99.72	96.97	120.06
2020	111.98	112.97	113.76	110.51
2021	106.02	105.15	94.48	107.73
2022	106.48	109.81	93.64	102.24
2023	99.04	96.40		

4-9 城镇非私营单位就业人员平均工资
Average Wage of Employed Persons in Urban Non-private Units

单位：元 (yuan)

年 份 Year	平均工资 Average Wage	#在岗职工 Staff and Workers	国有单位 State-owned Units	城镇集体单位 Urban Collective-owned Units	其他单位 Units of Other Types of Ownership
2005	14654	14939	15840	9089	11626
2006	16843	17246	17108	11411	15313
2007	20657	20987	21968	12858	17681
2008	23524	24017	24625	15761	20801
2009	26743	27177	28082	18914	23191
2010	29096	29588	29889	22084	27375
2011	32092	32906	33232	28129	32565
2012	37679	38440	38401	32580	36074
2013	42833	44109	45636	32822	39834
2014	46960	48470	49614	34257	44297
2015	52942	54454	57888	37465	46869
2016	57575	59549	63930	38772	49255
2017	63374	65726	70549	43138	53549
2018	70695	73704	75730	48721	64786
2019	73607	77336	78904	51496	68282
2020	79730	83392	88145	58131	71012
2021	84500	88289	92296	59787	76515
2022	90870	94231	99763	62234	81138
2023	99124	102934	105486		

4-9 续表 continued

单位：元 (yuan)

年 份 Year	平均工资 Average Wage	#在岗职工 Staff and Workers	#内资 Domestic Investment	国有单位 State-owned	其他内资 Others
2023	99124	102934	98911	105486	90902

4-10 城镇非私营单位就业人员平均工资指数
Indices of Average Wage of Employed Persons in Urban Non-private Units

（上年 =100） (preceding year=100)

年份 Year	平均工资指数 Indices of Average Wage					平均实际工资指数 Indices of Average Real Wage				
	平均工资 Average Wage	#在岗职工 Staff and Workers	国有单位 State-owned Units	城镇集体单位 Urban Collective-owned Units	其他单位 Units of Other Types of Ownership	平均工资 Average Wage	#在岗职工 Staff and Workers	国有单位 State-owned Units	城镇集体单位 Urban Collective-owned Units	其他单位 Units of Other Types of Ownership
2005	109.95	109.66	110.05	110.96	101.14	108.11	107.83	108.21	109.11	99.45
2006	114.94	115.44	108.01	125.55	131.71	113.46	113.96	106.62	123.94	130.02
2007	122.64	121.69	128.41	112.68	115.46	116.25	115.35	121.72	106.81	109.44
2008	113.88	114.44	112.09	122.58	117.65	105.25	105.77	103.60	113.29	108.73
2009	113.68	113.16	114.04	120.01	111.49	112.22	111.71	112.58	118.47	110.06
2010	108.80	108.87	106.43	116.76	118.04	104.51	104.58	102.24	112.16	113.39
2011	110.30	111.21	111.18	127.37	118.96	104.15	105.01	104.99	120.27	112.33
2012	117.41	117.21	115.55	115.82	110.78	114.32	114.13	112.51	112.78	107.87
2013	113.70	114.70	118.80	100.70	110.40	110.17	111.14	115.12	97.58	106.98
2014	109.64	109.89	108.72	104.37	111.20	107.38	107.63	106.48	102.23	108.92
2015	112.74	112.35	116.68	109.36	105.81	110.96	110.58	114.84	107.64	104.14
2016	108.75	109.36	110.44	103.49	105.09	107.36	107.95	109.02	102.16	103.74
2017	110.07	110.37	110.35	111.26	108.72	108.55	108.85	108.83	109.72	107.22
2018	111.55	112.14	112.66	116.25	124.39	109.36	109.94	110.45	113.97	121.95
2019	104.12	104.93	104.19	105.70	105.40	101.78	102.57	101.85	103.32	103.03
2020	108.32	107.83	115.99	115.27	108.92	106.19	105.72	113.72	113.01	106.78
2021	105.98	105.87	104.71	102.85	107.75	105.04	104.93	103.78	101.93	106.79
2022	107.54	106.73	108.09	104.09	106.04	105.53	104.74	106.07	102.15	104.06
2023	109.08	109.24	105.74			108.54	108.69	105.21		

4-11 按登记注册类型和行业分城镇非私营单位就业人员工资总额（2023）
Total Wage Bill of Employed Persons in Urban Non-private Units by Status of Registration Sector in Detail (2023)

单位：万元 (10 000 yuan)

项 目	Item	工资总额 Total Wage Bill	#内资 Domestic Investment	国有单位 State-owned	其他内资 Others
城镇单位就业人员工资总额	**Total Wage Bill of Employed Persons in Urban Units**	**23200723**	**22909752**	**13417452**	**9492300**
按企、事业和机关分	**By Enterprises, Institutions and Agencies**				
企业	Enterprises	11089562	10798591	1360454	9438137
政府	Government Organs	12034163	12034163	12017739	16423
民间非营利组织	Folk Non-profit Organization	75662	75662	39092	36569
其他	Other	1336	1336	167	1170
按国民经济行业分	**By Sector**				
农、林、牧、渔业	Agriculture, Forestry, Animal Husbandry and Fishery	122970	122680	77263	45418
采矿业	Mining	999540	986950	150986	835964
制造业	Manufacturing	2465188	2401635	312434	2089200
电力、热力、燃气及水生产和供应业	Production and Supply of Electricity, Heat, Gas and Water	1060884	1031232	50121	981110
建筑业	Construction	1371510	1371472	104453	1267018
批发和零售业	Wholesale and Retail Trades	654173	637170	110967	526203
交通运输、仓储和邮政业	Transport,Storage and Post	1341520	1340711	129240	1211471
住宿和餐饮业	Hotels and Catering Services	121053	112666	6231	106435
信息传输、软件和信息技术服务业	Information Transmission,Software and Information Technology Services	367115	268806	37370	231436
金融业	Financial Intermediation	1185772	1182206	234820	947387
房地产业	Real Estate	307626	303931	10364	293567
租赁和商务服务业	Leasing and Business Services	317089	317089	55810	261280
科学研究和技术服务业	Scientific Research and Technical Services	796953	743997	366218	377778
水利、环境和公共设施管理业	Management of Water Conservancy, Environment and Public Facilities	355261	355139	278926	76213
居民服务、修理和其他服务业	Service to Households, Repair and Other Services	14574	14574	6701	7873
教育	Education	4261933	4261933	4160974	100960
卫生和社会工作	Health and Social Service	2126162	2126162	2050085	76077
文化、体育和娱乐业	Culture, Sports and Entertainment	244089	244089	194331	49758
公共管理、社会保障和社会组织	Public Management,Social Security and Social Organization	5087311	5087311	5080159	7152

4-12 按登记注册类型和行业分城镇非私营单位就业人员平均工资（2023）
Average Wage of Employed Persons in Urban Non-private Units by Status of Registration Sector in Detail (2023)

单位：元 (yuan)

项目	Item	平均工资 Average Wage	#内资 Domestic Investment	国有单位 State-owned	其他内资 Others
城镇单位就业人员平均工资	**Average Wage of Employed Persons in Urban Units**	**99124**	**98911**	**105486**	**90902**
按企、事业和机关分	**By Enterprises, Institutions and Agencies**				
企业	Enterprises	94568	94042	117946	91373
政府	Government Organs	104226	104226	104294	70801
民间非营利组织	Folk Non-profit Organization	57813	57813	90801	41641
其他	Other	62153	62153	98000	59076
按国民经济行业分	**By Sector**				
农、林、牧、渔业	Agriculture, Forestry, Animal Husbandry and Fishery	76382	76437	88362	62164
采矿业	Mining	140388	140703	121802	144760
制造业	Manufacturing	97020	96947	121646	94090
电力、热力、燃气及水生产和供应业	Production and Supply of Electricity, Heat, Gas and Water	112778	111929	86813	113609
建筑业	Construction	72672	72673	93504	71362
批发和零售业	Wholesale and Retail Trades	81888	82003	160480	74338
交通运输、仓储和邮政业	Transport,Storage and Post	110187	110164	91204	112662
住宿和餐饮业	Hotels and Catering Services	49936	52301	64938	51712
信息传输、软件和信息技术服务业	Information Transmission,Software and Information Technology Services	116925	105910	104257	106182
金融业	Financial Intermediation	106770	107138	123188	103787
房地产业	Real Estate	57901	57967	66190	57714
租赁和商务服务业	Leasing and Business Services	66435	66435	69625	65791
科学研究和技术服务业	Scientific Research and Technical Services	123998	120612	124894	116731
水利、环境和公共设施管理业	Management of Water Conservancy, Environment and Public Facilities	63820	63814	72143	44858
居民服务、修理和其他服务业	Service to Households, Repair and Other Services	60859	60859	79268	50816
教育	Education	109294	109294	112724	48486
卫生和社会工作	Health and Social Service	101666	101666	103120	73668
文化、体育和娱乐业	Culture, Sports and Entertainment	89269	89269	97811	66566
公共管理、社会保障和社会组织	Public Management,Social Security and Social Organization	102066	102066	102156	62616

4-13 按行业分城镇私营单位就业人员平均工资
Average Wage of Employed Persons in Urban Private Units by Sector

单位：元 (yuan)

项 目	Item	2015	2020	2022	2023
甘肃省	**Gansu**	**31091**	**43771**	**48108**	**51380**
农、林、牧、渔业	Agriculture, Forestry, Animal Husbandry and Fishery	26297	35617	41394	41836
采矿业	Mining	34446	49055	61185	78675
制造业	Manufacturing	32110	43266	52947	57544
电力、热力、燃气及水生产和供应业	Production and Supply of Electricity, Heat, Gas and Water	33692	46701	51583	55947
建筑业	Construction	30687	46026	49375	51295
批发和零售业	Wholesale and Retail Trades	33872	43422	46785	49044
交通运输、仓储和邮政业	Transport,Storage and Post	30261	46927	55704	54810
住宿和餐饮业	Hotels and Catering Services	26854	35796	36473	43703
信息传输、软件和信息技术服务业	Information Transmission,Software and Information Technology Services	30890	60125	69263	69405
金融业	Financial Intermediation	29668	55295	58217	67415
房地产业	Real Estate	27716	42654	42840	45897
租赁和商务服务业	Leasing and Business Services	33373	47213	53057	52561
科学研究和技术服务业	Scientific Research and Technical Services	35573	56872	55119	56273
水利、环境和公共设施管理业	Management of Water Conservancy, Environment and Public Facilities	32320	32421	31236	35603
居民服务、修理和其他服务业	Service to Households, Repair and Other Services	25121	38985	42992	45271
教育	Education	29412	37998	35960	40540
卫生和社会工作	Health and Social Service	30324	41784	44381	50015
文化、体育和娱乐业	Culture, Sports and Entertainment	26491	36888	40453	41060
公共管理、社会保障和社会组织	Public Management,Social Security and Social Organization				

4-14 按行业分非私营单位在岗职工工资总额（2023）
Total Wages of Staff and Workers in Non-private Units by Sector (2023)

单位：万元 (10 000 yuan)

项 目	Item	工资总额 Total Wage Bill	# 内资 Domestic Investment	国有单位 State-owned	其他内资 Others
工资总额	**Total**	**21486094**	**21211487**	**12830784**	**8380704**
按企、事业和机关分	**By Enterprises, Institutions and Agencies**				
企业	Enterprises	9855746	9581139	1252236	8328904
政府	Government Organs	11556803	11556803	11541121	15682
民间非营利组织	Folk Non-profit Organization	72500	72500	37260	35240
其他	Other	1045	1045	167	879
按国民经济行业分	**By Sector**				
农、林、牧、渔业	Agriculture,Forestry,Animal Husbandry and Fishery	114886	114620	75765	38855
采矿业	Mining	929336	916747	149472	767274
制造业	Manufacturing	2281558	2221847	294891	1926956
电力、热力、燃气及水生产和供应业	Production and Supply of Electricity, Heat, Gas and Water	997915	971322	46678	924644
建筑业	Construction	975522	975484	56174	919310
批发和零售业	Wholesale and Retail Trades	611968	595231	105132	490099
交通运输、仓储和邮政业	Transport,Storage and Post	1276379	1275571	123176	1152394
住宿和餐饮业	Hotels and Catering Services	102867	95607	5683	89924
信息传输、软件和信息技术服务业	Information Transmission,Software and Information Technology Services	353925	258034	36721	221313
金融业	Financial Intermediation	1009166	1007373	233937	773436
房地产业	Real Estate	258855	255160	9303	245857
租赁和商务服务业	Leasing and Business Services	255838	255838	51398	204440
科学研究和技术服务业	Scientific Research and Technical Services	732402	683300	351638	331662
水利、环境和公共设施管理业	Management of Water Conservancy, Environment and Public Facilities	304088	303967	237405	66562
居民服务、修理和其他服务业	Service to Households, Repair and Other Services	12355	12355	5495	6861
教育	Education	4170035	4170035	4071815	98220
卫生和社会工作	Health and Social Service	1992063	1992063	1921299	70764
文化、体育和娱乐业	Culture, Sports and Entertainment	223310	223310	177597	45712
公共管理、社会保障和社会组织	Public Management,Social Security and Social Organization	4883624	4883624	4877205	6420

4–15 非私营单位在岗职工平均工资及指数
Average Wage of Staff and Workers and Related Indices in Non-private Units

年 份 Year	平均货币工资（元） Average Money Wage (yuan)				指数（上年=100） Indices (preceding year=100) 货币工资 Average Money Wage				实际工资 Average Real Wage			
	合计 Total	国有单位 State-owned Units	城镇集体单位 Urban Collective-owned Units	其他单位 Units of Other Types of Ownership	合计 Total	国有单位 State-owned Units	城镇集体单位 Urban Collective-owned Units	其他单位 Units of Other Types of Ownership	合计 Total	国有单位 State-owned Units	城镇集体单位 Urban Collective-owned Units	其他单位 Units of Other Types of Ownership
1978	708	751	437									
1979	792	824	557		111.8	109.7	127.5		110.7	108.6	126.2	
1980	875	896	676		110.5	108.7	121.4		105.0	103.3	115.4	
1981	878	904	676		100.3	100.9	100.0		98.1	98.7	97.8	
1982	907	937	649		103.3	103.6	96.0		102.2	102.5	95.0	
1983	944	973	702		104.1	103.8	108.2		103.7	103.4	107.8	
1984	1200	1251	866		127.1	128.6	123.4		123.0	124.5	119.5	
1985	1363	1400	1116	1640	113.6	111.9	128.9		102.7	101.2	116.5	
1986	1555	1630	1090	1848	114.1	116.4	97.7	112.7	106.6	108.8	91.3	105.3
1987	1680	1761	1188	1880	108.0	108.0	109.0	101.7	99.6	99.6	100.6	93.8
1988	1949	2040	1400	2331	116.0	115.8	117.8	124.1	96.2	96.0	97.7	102.9
1989	2207	2317	1577	1927	113.2	113.5	112.6	82.7	95.8	96.0	95.3	70.0
1990	2407	2546	1675	2058	109.1	109.9	106.2	106.8	107.1	107.9	104.2	104.8
1991	2566	2706	1918	2155	106.6	106.3	114.5	104.7	100.9	100.6	108.3	99.1
1992	2902	3077	2127	2205	113.1	113.7	110.9	102.3	105.4	106.0	103.4	95.3
1993	3422	3627	2457	3389	117.9	117.9	115.5	153.7	102.3	102.3	100.3	133.4
1994	4796	5059	3506	4409	140.2	139.5	142.7	130.1	112.5	112.0	114.5	104.4
1995	5493	5747	3944	6534	114.5	113.6	112.5	148.2	96.3	95.5	94.6	124.6
1996	5882	6131	4471	6734	107.1	106.7	113.4	103.1	97.1	96.7	102.8	93.5
1997	6182	6445	4598	6703	105.1	105.1	102.8	99.5	102.2	102.2	100.0	96.8
1998	6418	6757	4774	5528	103.8	104.8	103.8	82.5	104.8	105.9	104.8	83.3
1999	6928	7311	5118	5837	107.9	108.2	107.2	105.6	111.0	111.3	110.3	108.6
2000	7913	8278	6228	6504	114.2	113.2	121.7	111.4	115.1	114.1	122.7	112.3
2001	9177	9690	5929	8244	116.0	113.2	95.2	126.8	112.6	109.9	92.4	123.1
2002	10272	10925	6127	8712	111.9	112.7	103.3	105.7	112.7	113.5	104.0	106.4
2003	11419	12079	6674	10115	111.2	110.6	108.9	116.1	110.2	109.6	107.9	115.1
2004	12711	13427	7676	10957	111.3	111.2	115.0	108.3	109.9	109.8	113.5	106.9
2005	14939	15840	9291	11827	117.5	118.0	121.0	107.9	116.1	116.6	119.6	106.6
2006	17246	18108	11514	15515	115.4	114.3	123.9	131.2	114.1	112.9	122.4	129.6
2007	20987	22314	12979	17948	121.7	123.2	112.7	115.7	115.7	117.1	107.1	110.0
2008	24017	25284	16179	20966	114.4	113.3	124.7	116.8	105.9	104.9	115.5	108.1
2009	27177	28565	19453	23360	113.2	113.0	120.2	111.4	112.2	112.0	119.1	110.4
2010	29588	30475	22249	27616	108.9	106.7	114.4	118.2	104.3	102.2	109.6	113.2
2011	32906	33232	28129	32565	111.2	109.0	126.4	117.9	104.9	102.8	119.2	111.2
2012	38440	39177	32524	36896	116.8	117.9	115.6	113.3	113.7	114.8	112.6	110.3
2013	44109	47050	33040	40833	114.7	120.1	101.6	110.7	111.1	116.4	98.4	107.3
2014	48470	51366	34978	45437	109.9	109.2	105.9	111.3	107.6	106.9	103.7	109.0
2015	54454	59989	37625	47365	112.3	116.8	107.6	104.2	110.6	114.9	105.9	102.6
2016	59549	66511	38907	50093	109.4	110.9	103.4	105.8	108.0	109.4	102.1	104.4
2017	65726	73328	43892	54974	110.4	110.2	112.8	109.7	108.8	108.7	111.3	108.2
2018	73704	79483	50146	66612	112.1	108.4	114.2	121.2	109.9	106.3	112.0	118.8
2019	77336	83141	52623	71255	104.9	104.6	104.9	107.0	102.6	102.3	102.6	104.6
2020	83392	91524	59359	74370	107.8	110.1	112.8	104.4	105.7	107.9	110.6	102.3
2021	88289	96007	60837	79937	105.9	104.9	102.5	107.5	104.9	104.0	101.6	106.5
2022	94231	103457	62801	83703	113.0	113.0	105.8	112.5	110.9	110.9	103.8	110.5
2023	102934	109303			109.2	105.7			108.7	105.1		

注：2005 年起职工工资为在岗职工平均工资。

a) Since 2005 , data in this table are average wage of staff and workers.

4-16 按登记注册类型和行业分非私营单位在岗职工平均工资（2023）
Average Wage of Staff and Workers in Non-private Units by Status of Registration Sector in Detail (2023)

单位：元 (yuan)

项　目	Item	平均工资 Average Wage	#内资 Domestic Investment	国有单位 State-owned	其他内资 Others
职工平均工资	**Per Capita Wage of Staff and Workers**	**102934**	**102659**	**109303**	**94297**
按企、事业和机关分	**By Enterprises, Institutions and Agencies**				
企业	Enterprises	98164	97500	120890	94813
政府	Government Organs	108138	108138	108196	77498
民间非营利组织	Folk Non-profit Organization	59121	59121	96469	41922
其他	Other	62220	62220	98000	58192
按国民经济行业分	**By Sector**				
农、林、牧、渔业	Agriculture,Forestry,Animal Husbandry and Fishery	80473	80509	90672	67147
采矿业	Mining	140907	141232	121835	145423
制造业	Manufacturing	98349	98306	125836	95152
电力、热力、燃气及水生产和供应业	Production and Supply of Electricity, Heat, Gas and Water	114186	113351	90338	114804
建筑业	Construction	76536	76538	93988	75660
批发和零售业	Wholesale and Retail Trades	82870	83005	163171	75204
交通运输、仓储和邮政业	Transport,Storage and Post	110824	110801	92491	113198
住宿和餐饮业	Hotels and Catering Services	53266	52753	64104	52229
信息传输、软件和信息技术服务业	Information Transmission,Software and Information Technology Services	117438	106003	105472	106089
金融业	Financial Intermediation	120560	120650	123235	119910
房地产业	Real Estate	59324	59413	66631	59182
租赁和商务服务业	Leasing and Business Services	69012	69012	70518	68659
科学研究和技术服务业	Scientific Research and Technical Services	125591	122175	126173	118470
水利、环境和公共设施管理业	Management of Water Conservancy, Environment and Public Facilities	67593	67586	76758	46611
居民服务、修理和其他服务业	Service to Households, Repair and Other Services	63402	63402	83405	52522
教育	Education	112019	112019	115663	48776
卫生和社会工作	Health and Social Service	106002	106002	107782	73827
文化、体育和娱乐业	Culture, Sports and Entertainment	93316	93316	102550	68847
公共管理、社会保障和社会组织	Public Management,Social Security and Social Organization	106332	106332	106391	74511
国际组织	International Organizations				

4-17 各市（州）地区就业再就业工作情况（2023）
Work Situation of Employment and Re-employment by Region (2023)

单位：人　　(person)

市（州）	Region	城镇新增就业人员 Newly Increased Urban Employee	城镇失业人员再就业人数 Number of Re-employment of Urban Laid-off Workers	城镇就业困难对象再就业人数 Number of Re-employment of the Object of Urban Employment Difficulties
兰州市	Lanzhou	81977	30006	9567
嘉峪关市	Jiayuguan	6583	2511	571
金昌市	Jinchang	10611	6173	2049
白银市	Baiyin	27355	13394	4005
天水市	Tianshui	41345	16269	5718
武威市	Wuwei	19241	6072	2436
张掖市	Zhangye	22618	9111	2962
平凉市	Pingliang	27106	12035	3700
酒泉市	Jiuquan	14923	9108	2706
庆阳市	Qingyang	27400	12178	4137
定西市	Dingxi	18128	5331	2583
陇南市	Longnan	16433	6343	2374
临夏州	Linxia	19507	7217	2968
甘南州	Gannan	4700	1919	1567

4-18 各市（州）按行业分城镇非私营单位就业人员数（2023）
Number of Employed Persons in Urban Non-private Units at Year-end by Sector and Region (2023)

单位：万人　　(10 000 persons)

市（州）	Region	合计 Total	农、林、牧、渔业 Agriculture, Forestry, Animal Husbandry and Fishery	采矿业 Mining	制造业 Manufacturing	电力、热力、燃气及水生产和供应业 Production and Supply of Electricity,Heat, Gas and Water	建筑业 Construction	批发和零售业 Wholesale and Retail Trades
甘肃省	**Gansu**	**234.06**	**1.63**	**7.17**	**25.40**	**9.51**	**18.32**	**8.02**
兰州市	Lanzhou	67.53	0.23	0.94	7.68	5.19	6.43	3.70
嘉峪关市	Jiayuguan	5.51			2.49	0.34	0.22	0.29
金昌市	Jinchang	8.75	0.20	0.02	3.53	0.34	0.91	0.11
白银市	Baiyin	13.97	0.03	1.40	2.24	0.45	1.38	0.69
天水市	Tianshui	18.96	0.08	0.04	2.43	0.24	1.17	0.38
武威市	Wuwei	11.81	0.14	0.33	1.13	0.33	0.98	0.42
张掖市	Zhangye	11.33	0.22	0.36	0.74	0.31	1.00	0.70
平凉市	Pingliang	15.19	0.05	1.96	0.36	0.28	1.00	0.21
酒泉市	Jiuquan	12.55	0.26	0.13	2.28	0.59	1.11	0.30
庆阳市	Qingyang	14.34	0.06	1.53	0.27	0.45	0.57	0.41
定西市	Dingxi	15.44	0.06	0.01	0.91	0.35	1.82	0.32
陇南市	Longnan	13.27	0.13	0.41	0.84	0.21	0.45	0.29
临夏州	Linxia	12.71	0.03	0.03	0.33	0.26	1.07	0.13
甘南州	Gannan	6.77	0.13	0.01	0.18	0.15	0.21	0.06

注：表中分市州统计口径不包含兰州铁路局数据。
a) The statistical caliber of cities and states in the table does not include the data of Lanzhou Railway Administration.

4-18 续表 1 continued

单位：万人 (10 000 persons)

市（州）	Region	交通运输、仓储和邮政业 Transport, Storage and Post	住宿和餐饮业 Hotels and Catering Services	信息传输、软件和信息技术服务业 Information Transmission, Software and Information Technology Services	金融业 Financial Intermediation	房地产业 Real Estate	租赁和商务服务业 Leasing and Business Services	科学研究和技术服务业 Scientific Research and Technical Services
甘肃省	**Gansu**	**12.16**	**2.42**	**3.14**	**11.03**	**5.19**	**4.75**	**6.42**
兰州市	Lanzhou	3.20	1.23	1.84	4.27	3.15	2.62	3.74
嘉峪关市	Jiayuguan	0.10	0.05	0.07	0.20	0.09	0.06	0.07
金昌市	Jinchang	0.30	0.04	0.12	0.28	0.10	0.09	0.11
白银市	Baiyin	0.36	0.03	0.11	0.36	0.28	0.15	0.21
天水市	Tianshui	0.39	0.16	0.13	0.61	0.37	0.40	0.50
武威市	Wuwei	0.23	0.09	0.10	0.82	0.14	0.20	0.19
张掖市	Zhangye	0.18	0.09	0.08	0.74	0.20	0.15	0.25
平凉市	Pingliang	0.26	0.14	0.10	0.57	0.20	0.14	0.24
酒泉市	Jiuquan	0.21	0.18	0.11	0.80	0.10	0.15	0.16
庆阳市	Qingyang	0.35	0.12	0.12	0.75	0.12	0.13	0.23
定西市	Dingxi	0.23	0.09	0.12	0.40	0.19	0.26	0.32
陇南市	Longnan	0.33	0.05	0.11	0.46	0.12	0.09	0.12
临夏州	Linxia	0.17	0.07	0.08	0.52	0.09	0.15	0.19
甘南州	Gannan	0.11	0.07	0.06	0.23	0.03	0.16	0.08

4-18 续表 2 continued

单位：万人 (10 000 persons)

市（州）	Region	水利、环境和公共设施管理业 Management of Water Conservancy, Environment and Public Facilities	居民服务、修理和其他服务业 Service to Households, Repair and Other Services	教育 Education	卫生和社会工作 Health and Social Service	文化、体育和娱乐业 Culture, Sports and Entertainment	公共管理、社会保障和社会组织 Public Management, Social Security and Social Organization
甘肃省	**Gansu**	**5.55**	**0.24**	**39.31**	**21.10**	**2.71**	**50.01**
兰州市	Lanzhou	1.67	0.10	7.99	4.76	0.99	7.80
嘉峪关市	Jiayuguan	0.11		0.36	0.41	0.06	0.60
金昌市	Jinchang	0.13	0.02	0.61	0.53	0.03	1.27
白银市	Baiyin	0.38	0.01	2.09	1.23	0.09	2.47
天水市	Tianshui	0.47	0.06	4.87	1.96	0.14	4.55
武威市	Wuwei	0.62	0.01	2.19	1.31	0.11	2.47
张掖市	Zhangye	0.45	0.01	1.75	1.26	0.13	2.70
平凉市	Pingliang	0.45	0.01	3.04	1.77	0.15	4.25
酒泉市	Jiuquan	0.34		1.40	0.93	0.36	3.15
庆阳市	Qingyang	0.19	0.01	3.15	1.74	0.16	3.96
定西市	Dingxi	0.30	0.02	4.11	1.79	0.12	4.00
陇南市	Longnan	0.14		3.15	1.45	0.10	4.81
临夏州	Linxia	0.17	0.01	3.13	1.52	0.17	4.59
甘南州	Gannan	0.09		1.47	0.45	0.10	3.19

4-19 各市（州）按行业分非私营单位在岗职工平均工资（2023）
Average Wage of Staff and Workers in Non-private Units by Sector and Region (2023)

单位：元 (yuan)

市（州）	Region	平均工资 Average Wage	农、林、牧、渔业 Agriculture, Forestry, Animal Husbandry and Fishery	采矿业 Mining	制造业 Manufacturing	电力、热力、燃气及水生产和供应业 Production and Supply of Electricity,Heat, Gas and Water	建筑业 Construction	批发和零售业 Wholesale and Retail Trades
甘肃省	**Gansu**	**102934**	**80473**	**140907**	**98349**	**114186**	**76536**	**82870**
兰州市	Lanzhou	111014	80804	87948	111633	115713	98458	87466
嘉峪关市	Jiayuguan	109319	#DIV/0!	#DIV/0!	111307	109385	90670	123608
金昌市	Jinchang	104663	74139	55281	119685	132155	97221	64875
白银市	Baiyin	97082	102663	119618	80619	131792	68695	72777
天水市	Tianshui	86286	88331	103734	62112	74773	62867	57616
武威市	Wuwei	93937	78796	107642	61721	109348	59395	64257
张掖市	Zhangye	98902	87145	131300	68814	103642	78502	73683
平凉市	Pingliang	108764	64366	148877	72484	131670	66865	89617
酒泉市	Jiuquan	103340	64636	90712	107983	157209	75985	67721
庆阳市	Qingyang	103422	91931	212659	129698	71006	47678	72781
定西市	Dingxi	90303	73417	42881	83249	72168	53003	84638
陇南市	Longnan	89884	96506	92981	93340	85399	53698	94691
临夏州	Linxia	93632	48134	69449	60875	128579	52857	100798
甘南州	Gannan	116363	94474	107640	72100	100278	75701	100241

4-19 续表 1 continued

单位：元 (yuan)

市（州）	Region	交通运输、仓储和邮政业 Transport, Storage and Post	住宿和餐饮业 Hotels and Catering Services	信息传输、软件和信息技术服务业 Information Transmission, Software and Information Technology Services	金融业 Financial Intermediation	房地产业 Real Estate	租赁和商务服务业 Leasing and Business Services	科学研究和技术服务业 Scientific Research and Technical Services
甘肃省	**Gansu**	**110824**	**53266**	**117438**	**120560**	**59324**	**69012**	**125591**
兰州市	Lanzhou	82641	58529	110573	144343	59197	72942	140145
嘉峪关市	Jiayuguan	82667	56086	108299	112448	82216	92322	119522
金昌市	Jinchang	103410	53994	123971	122478	70816	61378	113383
白银市	Baiyin	80028	44115	130498	106293	56424	75196	101389
天水市	Tianshui	78167	43384	133461	106301	51167	61920	93847
武威市	Wuwei	75950	40313	123410	116510	48263	50988	104994
张掖市	Zhangye	104394	58537	117846	95056	46329	59226	99616
平凉市	Pingliang	63754	47793	133565	110868	69289	69111	107451
酒泉市	Jiuquan	93175	56001	129744	105574	70815	74371	116847
庆阳市	Qingyang	63087	47917	129616	92714	62644	65677	108965
定西市	Dingxi	80041	40236	133081	107570	58824	72568	104080
陇南市	Longnan	72367	37830	134126	102163	69235	74809	92193
临夏州	Linxia	66916	49838	117102	87559	53649	67165	104788
甘南州	Gannan	95070	55398	91292	138708	56885	46100	130021

4-19 续表 2 continued

单位：元 (yuan)

市（州）	Region	水利、环境和公共设施管理业 Management of Water Conservancy, Environment and Public Facilities	居民服务、修理和其他服务业 Service to Households, Repair and Other Services	教 育 Education	卫生和社会工作 Health and Social Service	文化、体育和娱乐业 Culture, Sports and Entertainment	公共管理、社会保障和社会组织 Public Management, Social Security and Social Organization
甘肃省	**Gansu**	**67593**	**63402**	**112019**	**106002**	**93316**	**106332**
兰州市	Lanzhou	68865	65539	139461	136122	105199	119600
嘉峪关市	Jiayuguan	55950	102436	122849	117137	54492	114149
金昌市	Jinchang	67700	45078	103867	75613	64369	85859
白银市	Baiyin	90970	46591	108020	96416	75372	110060
天水市	Tianshui	51004	58817	97825	94466	81191	96575
武威市	Wuwei	58012	65887	112028	111876	89286	109704
张掖市	Zhangye	102045	64517	116986	108889	84336	104957
平凉市	Pingliang	56798	96527	115577	102002	79558	113611
酒泉市	Jiuquan	93253	68096	117379	111096	109598	100603
庆阳市	Qingyang	63357	57267	101292	90978	76636	92108
定西市	Dingxi	30858	49862	99163	88781	81505	105577
陇南市	Longnan	76048	59584	89437	80798	75891	94561
临夏州	Linxia	14377	138628	104866	90386	74440	103757
甘南州	Gannan	92699	62819	123064	109947	99446	126948

主要统计指标解释

经济活动人口 指在16周岁及以上，有劳动能力，参加或要求参加社会经济活动的人口。包括就业人员和失业人员。

就业人员 指在一定年龄以上，有劳动能力，为取得劳动报酬或经营收入而从事一定社会劳动的人员。具体指年满16周岁，为取得报酬或经营利润，在调查周内从事了1小时（含1小时）以上的劳动或由于学习、休假等原因在调查周内暂时处于未工作状态，但有工作单位或场所的人口。

单位就业人员 指报告期末最后一日24时在本单位中工作，并取得工资或其他形式劳动报酬的人员数。该指标为时点指标，不包括最后一日当天及以前已经与单位解除劳动合同关系的人员，是在岗职工、劳务派遣人员及其他就业人员之和。就业人员不包括：

（1）离开本单位仍保留劳动关系，并定期领取生活费的人员；

（2）利用课余时间打工的学生及在本单位实习的各类在校学生；

（3）本单位因劳务外包而使用的人员。

城镇私营和个体就业人员 城镇私营就业人员指在工商管理部门注册登记，其经营地址设在县城关镇（含县城关镇）以上的私营企业就业人员，包括私营企业投资者和雇工。城镇个体就业人员指在工商管理部门注册登记，并持有城镇户口或在城镇长期居住，经批准从事个体工商经营的就业人员，包括个体经营者和在个体工商户劳动的家庭帮工和雇工。

在岗职工 指在本单位工作且与本单位签订劳动合同，并由单位支付各项工资和社会保险、住房公积金的人员，以及上述人员中由于学习、病伤、产假等原因暂未工作仍由单位支付工资的人员。在岗职工还包括：

（1）应订立劳动合同而未订立劳动合同人员（如使用的农村户籍人员）；

（2）处于试用期人员；

（3）编制外招用的人员；

（4）派往外单位工作，但工资仍由本单位发放的人员（如挂职锻炼、外派工作等情况）。

城镇登记失业人员 指有非农业户口，在一定的劳动年龄内（16周岁至退休年龄），有劳动能力，无业而要求就业，并在当地劳动保障部门进行求职登记的人员。

城镇登记失业率 城镇登记失业人员与城镇单位就业人员（扣除使用的农村劳动力、聘用的离退休人员、港澳台及外方人员）、城镇单位中的不在岗职工、城镇私营业主、个体户主、城镇私营企业和个体就业人员、城镇登记失业人员之和的比。计算公式为：

$$\text{城镇登记失业率}=\frac{\text{城镇登记失业人数}}{\begin{array}{l}\text{城镇单位就业人员}-\text{使用的农村}\\\text{劳动力}-\text{聘用的离退休人员}-\text{聘}\\\text{用的港澳台及外方人员}+\text{不在岗}\\\text{职工}+\text{城镇私营业主}+\text{城镇个体}\\\text{户主}+\text{城镇私营企业及个体就业}\\\text{人员}+\text{城镇登记失业人数}\end{array}}\times 100\%$$

工资总额 指根据《关于工资总额组成的规定》（1990年1月1日国家统计局发布的一号令）进行修订，在报告期内（季度或年度）直接支付给本单位全部就业人员的劳动报酬总额。包括计时工资、计件工资、奖金、津贴和补贴、加班加点工资、特殊情况下支付的工资，是在岗职工工资总额、劳务派遣人员工资总额和其他就业人员工资总额之和。

工资总额是税前工资，包括单位从个人工资中直接为其代扣或代缴的房费、水费、电费、住房公积金和社会保险基金个人缴纳部分等。

工资总额不论是计入成本的还是不计入成本的，不论是以货币形式支付的还是以实物形式支付的，均应列入工资总额的计算范围。

平均工资 指单位就业人员在一定时期内平均每人所得的工资额。它表明一定时期工资收入的高低程度，是反映就业人员工资水平的主要指标。计算公式为：

$$\text{平均工资}=\frac{\text{报告期就业人员工资总额}}{\text{报告期就业人员平均人数}}$$

平均工资指数 指报告期就业人员平均工资与基期就业人员平均工资的比率，是反映不同时期就业人员货币工资水平变动情况的相对数。计算公式为：

$$平均工资指数 = \frac{报告期就业人员平均工资}{基期就业人员平均工资} \times 100\%$$

平均实际工资指数 就业人员平均实际工资指扣除物价变动因素后的就业人员平均工资。就业人员平均实际工资指数是反映实际工资变动情况的相对数，表明就业人员实际工资水平提高或降低的程度。计算公式为：

$$平均实际工资指数 = \frac{报告期就业人员平均工资指数}{报告期城镇居民消费价格指数} \times 100\%$$

5

价 格

Prices

简要说明

一、本篇资料的主要内容

本篇资料反应生产、流通、消费等环节的价格变动趋势和变动幅度。主要包括居民消费价格指数、商品零售价格指数、工业生产者出厂价格指数、工业生产者购进价格指数、农产品生产者价格指数等。

二、本篇资料的来源

1. 居民消费、商品零售价格指数由国家统计局甘肃调查总队消费价格调查处整理提供。

2. 工业生产者出厂、工业生产者购进等价格指数由国家统计局甘肃调查总队生产价格调查处整理提供。

3. 农产品生产者价格指数由国家统计局甘肃调查总队农业调查处整理提供。

5-1 各种价格指数

Price Indices

（上年 =100） (preceding year=100)

年 份 Year	居民消费价格指数 Consumer Price Index	城市 Urban Household	农村 Rural Household	商品零售价格指数 Retail Price Index	农产品生产者价格指数 Producer Price Indices for Farm Products	工业生产者出厂价格指数 Producer Price Index for Industrial Products	工业生产者购进价格指数 Purchasing Price Index for Industrial Producers
1978	100.6	100.8		100.5			
1979	101.1	101.1	101.0	100.8			
1980	104.2	105.2	102.7	104.1			
1981	101.7	102.2	100.7	101.6			
1982	101.1	101.1	101.1	101.2			
1983	100.4	100.4	100.4	100.6			
1984	102.5	103.3	101.5	103.0			
1985	109.2	110.6	107.1	108.5			
1986	106.6	107.0	106.0	106.0			
1987	107.6	108.4	106.5	107.4			
1988	119.1	120.6	116.0	118.6			
1989	117.9	118.2	117.6	116.4			
1990	103.2	101.9	104.7	103.4		110.7	114.1
1991	104.9	105.7	104.5	104.6		104.2	112.4
1992	107.2	107.3	106.4	105.8		110.3	117.2
1993	115.4	115.2	115.8	113.0		125.3	139.4
1994	123.7	124.6	123.5	122.5		121.2	118.3
1995	119.8	118.9	120.3	116.5		115.0	113.7
1996	110.2	110.3	109.7	106.6		104.4	107.6
1997	102.9	102.8	102.9	101.6		105.0	102.2
1998	99.0	99.0	98.9	98.2		95.2	96.4
1999	97.6	97.2	98.2	97.2		98.2	98.3
2000	99.5	99.2	100.1	99.1		107.2	111.8
2001	104.0	103.0	105.5	99.6		98.5	101.4
2002	100.0	99.3	100.9	98.9		97.9	98.4
2003	101.1	100.9	101.4	100.2		110.0	105.6
2004	102.3	101.3	104.3	102.1		114.3	112.5
2005	101.7	101.2	103.0	99.9		109.6	109.9
2006	101.3	101.2	101.4	101.2		109.8	108.8
2007	105.5	105.2	106.3	104.4		105.5	104.3
2008	108.2	108.0	108.7	107.9		104.9	110.2
2009	101.3	100.9	102.2	101.8		91.0	90.5
2010	104.1	104.4	103.6	104.6	113.8	115.0	114.4
2011	105.9	106.0	105.7	105.4	111.3	111.0	115.1
2012	102.7	102.5	103.1	102.6	105.9	96.8	98.7
2013	103.2	103.0	103.4	102.6	105.9	96.9	97.8
2014	102.1	102.2	102.1	101.7	102.1	96.7	97.6
2015	101.6	101.4	101.8	101.0	99.8	87.0	87.0
2016	101.3	101.2	101.5	100.9	99.2	94.9	94.6
2017	101.4	101.4	101.3	101.4	99.1	114.5	115.5
2018	102.0	101.9	102.3	101.7	101.7	109.5	109.8
2019	102.3	102.2	102.4	101.9	109.9	98.3	99.0
2020	102.0	101.9	102.1	101.3	106.6	93.9	94.1
2021	100.9	101.1	100.5	102.0	101.9	116.4	118.1
2022	101.9	101.9	101.8	103.7	100.2	110.9	113.5
2023	100.5	100.5	100.5		103.3	95.9	92.5

注：2011 年以前，工业生产者出厂价格指数为工业品出厂价格指数，工业生产者购进价格指数为原材料、燃料和动力购进价格指数。

a) Before 2011,data of industrial producer price index data refer to producer price index for manufactured goods, data of industrial producer purchase price index refer to purchasing price index for raw material,fuel and power.

5-2 各种价格定基指数
Fixed-based Price Indices

（1978 年 =100） (year of 1978 =100)

年 份 Year	居民消费价格指数 Consumer Price Index	城市 Urban Household	农村 Rural Household	商品零售价格指数 Retail Price Index
1978	100.0	100.0	100.0	100.0
1979	101.1	101.1	101.0	100.8
1980	105.3	106.4	103.7	104.9
1981	107.1	108.7	104.5	106.6
1982	108.3	109.9	105.6	107.9
1983	108.7	110.3	106.0	108.5
1984	111.5	113.9	107.6	111.7
1985	121.7	126.1	115.3	121.2
1986	129.8	134.9	122.2	128.5
1987	139.6	146.2	130.1	137.9
1988	166.3	176.3	150.9	163.6
1989	196.1	208.4	177.5	190.5
1990	202.3	212.4	185.8	196.9
1991	212.2	224.5	194.2	206.0
1992	227.5	240.9	206.6	217.9
1993	262.6	277.5	239.3	246.4
1994	324.8	345.7	295.5	301.8
1995	389.1	411.1	355.5	351.6
1996	428.8	453.4	389.9	374.8
1997	441.2	466.1	401.3	380.8
1998	436.8	461.5	396.9	373.9
1999	426.3	448.5	389.7	363.2
2000	424.2	444.9	390.1	360.2
2001	441.2	458.3	411.6	358.8
2002	441.2	455.1	415.3	354.9
2003	446.1	459.2	421.1	355.6
2004	456.4	465.2	439.2	363.1
2005	464.2	470.8	452.4	362.7
2006	470.2	476.4	458.7	367.1
2007	496.1	501.2	487.1	383.4
2008	536.8	541.3	529.5	413.7
2009	543.8	546.2	541.2	421.2
2010	566.1	570.2	560.7	440.6
2011	599.5	604.4	592.7	464.4
2012	615.7	619.5	611.1	476.5
2013	635.4	638.1	631.9	488.9
2014	648.7	652.1	645.1	497.2
2015	659.1	661.2	656.7	502.1
2016	667.7	669.1	666.6	506.6
2017	677.0	678.4	675.3	513.7
2018	690.5	691.3	690.8	522.4
2019	706.4	706.5	707.4	532.3
2020	720.5	719.9	722.3	539.2
2021	727.0	727.8	725.9	550.0
2022	740.8	741.6	739.0	570.4
2023	744.5	745.3	742.7	

5-3 居民消费价格分类指数（2023）
Consumer Price Indices by Category (2023)

（上年 =100）　　(preceding year =100)

项 目	Item	全省 Provincial Indices	城市 Urban Indices	农村 Rural Indices
居民消费价格指数	**Consumer Price Index**	**100.5**	**100.5**	**100.5**
食品烟酒	**Food, Tobacco and Liquor**	**100.3**	**100.3**	**100.2**
食品	Food	100.1	100.1	100.1
粮食	Grain	102.6	102.9	102.0
薯类	Tubers	110.0	107.4	113.6
豆类	Beans	102.1	103.0	100.6
食用油	Edible oil and Fats	101.6	101.5	101.8
菜及食用菌	Vegetables and Edible Fungi	96.7	96.1	98.3
畜肉类	Meat of Livestock	92.4	92.0	93.0
禽肉类	Meat of Poultry	102.3	103.0	101.1
水产品	Aquatic Products	96.0	95.8	97.2
蛋类	Eggs	99.4	99.4	99.4
奶类	Milk	99.6	99.4	100.0
干鲜瓜果类	Dried and Fresh Melons and Fruits	106.7	106.8	106.7
糖果糕点类	Candy and Cake	102.9	103.0	102.6
调味品	Flavoring	101.6	102.4	100.4
其他食品类	Other Foods	101.8	101.8	101.8
茶及饮料	Tea and Beverages	102.3	102.9	101.1
烟酒	Tobacco and Liquor	101.0	101.3	100.4
在外餐饮	Dining Out	100.4	100.3	100.9
衣着	**Clothing**	**100.2**	**100.3**	**100.0**
服装	Garments	100.6	100.8	100.1
衣着材料及配件	Clothing Materials and Accessories	99.9	99.9	100.0
衣着服务费	Clothing Services	100.1	100.0	100.2
鞋类	Footwear	98.6	98.1	99.9
居住	**Residence**	**99.6**	**99.2**	**100.7**
租赁房房租	Rent of Rental Housing	98.5	98.3	100.8
住房保养维修及管理	Housing Maintenance and Management	100.0	100.1	99.8

5-3 续表 continued

（上年 =100） (preceding year =100)

项 目	Item	全省 Provincial Indices	城市 Urban Indices	农村 Rural Indices
水电燃料	Water,Electricity and Fuels	101.0	101.4	100.1
自有住房	Private Housing	99.2	98.4	101.3
生活用品及服务	**Articles for Daily Use and Services**	**100.0**	**100.0**	**99.8**
家具及室内装饰品	Furniture and Interior Decorations	99.9	100.0	99.8
家用器具	Home Appliances	99.0	99.0	98.7
家用纺织品	Home Textiles	100.0	100.1	99.8
家庭日用杂品	Daily Use Household Articles	100.1	100.2	99.9
个人护理用品	Personal-care Supplies	100.9	100.9	100.8
家庭服务	Household Services	100.6	100.7	100.2
交通和通信	**Transport and Communications**	**99.2**	**99.6**	**98.2**
交通	Transport	99.0	99.6	97.9
交通工具	Transport Facility	98.8	99.1	98.2
交通工具用燃料	Fuels for Transport Facility	94.5	94.5	94.5
交通工具使用和维修	Use and Maintenance of Transport Facility	100.1	100.1	100.2
交通费	Traffic Fee	104.9	105.8	102.1
通信	Communications	99.5	99.7	99.0
教育文化和娱乐	**Education,Culture and Recreation**	**101.6**	**101.6**	**101.5**
教育	Education	101.6	101.6	101.7
教育用品	Education Articles	101.3	100.8	102.1
教育服务	Education Services	101.7	101.6	101.7
文化娱乐	Culture and Recreation	101.4	101.6	100.2
文娱耐用消费品	Durable Consumer Goods for Culture and Recreation	99.7	99.8	99.2
其他文娱用品	Other Articles	100.2	100.3	100.1
文化娱乐服务	Services for Culture and Recreation	99.7	99.6	100.0
旅游	Touring and Outing	106.2	106.7	102.5
医疗保健	**Health Care**	**103.5**	**104.0**	**102.7**
药品及医疗器具	Medicine and Medical Instrument	102.3	102.6	101.8
医疗服务	Medical Services	104.1	104.7	103.1
其他用品及服务	**Other articles and Services**	**103.2**	**103.5**	**102.1**
其他用品类	Other articles	104.4	104.9	102.7
其他服务类	Other Services	102.1	102.3	101.3

5-4 各市（州）居民消费价格指数（2023）
Consumer Price Indices by Prefecture (2023)

（上年=100） (preceding year =100)

市（州）	Region	居民消费价格指数 Consumer Price Index	食品烟酒 Food, Tobacco and Liquor	衣着 Clothing	居住 Residence	生活用品及服务 Articles for Daily Use and Services	交通和通信 Transport and Communications	教育文化和娱乐 Education, Culture and Recreation	医疗保健 Health Care	其他用品和服务 Other Articles and Services
兰州市	Lanzhou	100.6	100.4	100.6	99.3	100.2	100.3	102.7	102.0	104.0
嘉峪关市	Jiayuguan	100.5	100.3	103.0	100.2	100.1	98.7	100.9	100.0	105.6
金昌市	Jinchang	100.7	101.4	100.4	100.8	100.0	98.3	100.3	103.1	102.1
白银市	Baiyin	100.2	100.0	100.1	100.0	99.9	98.6	102.0	100.8	101.5
天水市	Tianshui	100.7	100.4	98.8	101.2	99.7	99.4	100.8	103.7	103.1
武威市	Wuwei	99.4	98.5	100.4	94.0	100.0	100.3	100.1	109.0	102.9
张掖市	Zhangye	101.4	99.6	97.0	99.9	99.5	98.7	100.4	119.2	102.2
平凉市	Pingliang	100.5	100.9	99.7	99.9	99.8	98.3	101.7	102.6	103.4
酒泉市	Jiuquan	101.1	101.3	101.6	99.9	100.0	97.6	100.3	106.9	103.3
庆阳市	Qingyang	100.3	101.1	99.7	100.1	99.3	98.0	100.3	102.0	102.7
定西市	Dingxi	99.8	99.8	101.4	99.6	99.9	98.2	100.3	100.1	101.6
陇南市	Longnan	100.7	100.2	99.8	101.7	99.9	98.1	102.5	101.7	102.3
临夏州	Linxia	100.1	99.7	96.4	97.2	99.5	99.5	100.1	109.3	103.8
甘南州	Gannan	100.2	100.1	98.8	100.4	99.4	100.3	100.7	100.3	102.5

注：本表数据为各市（州）调查点数据，不完全代表各市、州价格总水平。
a) Data in this table are obtained from the sampling points in municipalities and prefectures, not entirely represent the general level of prices of them.

5-5 农产品生产者价格指数
Producer Price Indices for Farm Products

（上年 =100） (preceding year =100)

指标	Item	2010	2015	2020	2022	2023
农产品生产者价格指数	**Producer Price Indices for Farm Products**	**113.8**	**99.8**	**106.6**	**100.2**	**103.3**
种植业产品	**Planting Products**	**119.5**	**100.9**	**102.3**	**104.7**	**106.7**
谷物（原粮）	Cereal (Unprocessed Food Grains)	110.8	98.2	98.4	105.9	100.8
#小麦	Wheat	106.8	97.9	98.0	116.0	100.7
玉米	Corn	119.4	97.5	107.5	101.7	101.0
豆类	Beans	109.4	100.6	98.8	113.6	100.6
#大豆	Beans	106.3	90.9	100.4	104.3	100.0
蚕豆	Broad Bean	154.8	105.2	97.1	128.4	101.3
薯类	Tubers	185.0	93.8	96.7	113.2	114.8
油料	Oil-bearing Crops	107.1	99.4	106.3	107.2	101.9
#油菜籽	Rapeseeds	103.9	101.3	107.3	111.5	100.0
胡麻籽	Benne	104.9	96.9	106.0	102.8	103.9
棉花（籽棉）	Cotton (Unginned Cotton)	176.2	103.0	120.4		
糖料	Sugar			100.0		
蔬菜	Vegetable	114.2	105.1	110.1	101.2	103.3
水果（含果用瓜）	Fruit (Fruit Included Melons)	127.6	103.9	100.1	108.5	109.7
#苹果	Apple	142.9	103.9	94.0	112.9	114.7
梨	Pear	105.8	100.0	122.3		
桃	Peach	151.9	91.4		88.2	113.2
杏	Apricot	116.3		106.1		
西瓜	Water Melon	103.3	128.6	83.8	98.9	98.7
中草药材	Traditional Chinese Medicinal Materials	124.1	98.3	91.8	102.0	120.4
#党参	Codonopsis	156.9	95.7	93.1	127.0	128.3
当归	Angelica	92.7		81.8	141.9	177.9
黄芪	Astragalus	127.9	92.6	98.3	76.0	96.6
甘草	Licorice	122.9				
畜牧业产品	**Animal Husbandry Products**	**101.6**	**97.5**	**116.2**	**92.3**	**97.3**
#活牛	Live Cattle	104.6	103.2	106.9	93.1	97.9
活羊	Live Sheep	103.5	79.0	110.1	92.9	97.2
活猪	Live Pig	92.1	104.0	135.8	86.0	95.9
活鸡	Live Chicken	118.7	100.8	97.3	105.6	98.0
生奶	Raw Milk	129.2	99.2	104.2	100.3	98.6
鸡蛋	Eggs	110.1	98.1	87.1	104.5	100.4
渔业产品	**Fishery Products**	**115.5**	**100.6**	**91.8**		

注：2012 年起，国家统计局实行新方法制度，对分类进行调整并增加了品种。

a) Since 2012,National Bureau of Statistics implemented the new method system, adjusted the classification of producer price indices for farm products and increased the breed.

5-6 工业生产者出厂价格指数
Producer Price Index for Industrial Products

（上年 =100）　(preceding year =100)

项 目	Item	2010	2015	2020	2022	2023
工业生产者出厂价格指数	**Producer Price Index for Industrial Products**	**115.0**	**87.0**	**93.9**	**110.9**	**95.9**
按轻重工业分	**Grouped by Light & Heavy Industry**					
轻工业	Light Industry	104.0	100.1	101.4	102.2	101.8
以农产品为原料	Using Farm Products as Raw Materials	103.2	100.0	101.5	102.1	100.8
以非农产品为原料	Using Non-farm Products as Raw Materials	105.1	100.6	98.4	102.7	105.0
重工业	Heavy Industry	116.7	85.6	93.0	111.9	95.2
采掘工业	Mining & Quarrying Industry	116.3	69.3	83.8	126.0	92.4
原料工业	Raw Materials Industry	118.5	87.6	91.3	114.6	96.1
加工工业	Processing Industry	102.4	88.1	98.8	101.5	94.0
按两大部类分	**Grouped by Division**					
生产资料	Means of Production	116.1	85.6	93.0	111.7	95.2
采掘工业	Mining & Quarrying Industry	113.6	69.3	83.8	126.0	92.4
原料工业	Raw Materials Industry	118.8	87.6	91.3	114.7	96.2
加工工业	Processing Industry	103.9	88.1	98.6	101.5	94.2
生活资料	Consumer Goods	102.4	100.2	101.7	102.0	102.8
食品	Food	102.7	100.2	101.8	102.1	103.1
衣着	Clothing	105.4	90.5	100.7	96.3	95.8
一般日用品	Articles for Daily Use	102.9	100.2	98.1	100.1	97.8
耐用消费品	Durable Consumer Goods	90.5	99.9	104.2	100.0	100.0
按工业部门分	**Grouped by Industry Sector**					
冶金工业	Metallurgical Industry	122.0	86.1	98.8	104.9	94.0
电力工业	Power Industry	100.7	99.8	96.5	104.7	103.4
煤炭及炼焦工业	Coal Industry	101.7	90.0	99.2	114.6	97.4
石油工业	Petroleum Industry	120.1	73.7	76.8	133.6	91.9
化学工业	Chemical Industry	107.9	95.7	99.6	107.7	97.3
机械工业	Machine Manufacturing Industry	101.4	96.9	96.5	101.7	98.9
建筑材料工业	Building Materials Industry	104.6	89.8	99.4	109.0	91.4
森林工业	Timber Industry	102.1	95.8	100.1		
食品工业	Food Industry	103.0	100.1	102.0	102.0	101.2
纺织工业	Textile Industry	111.4	97.5	91.4	103.9	92.3
缝纫工业	Tailoring Industry	104.2	89.9	100.8	96.3	95.8
皮革工业	Leather Industry	103.6	101.6	97.0		
造纸工业	Paper Industry	104.7	100.6	98.8	101.5	92.5
文教艺术用品工业	Cultural,Educational & Handicrafts Articles	102.6	100.0	101.1	100.2	99.9
其他工业	Others	108.5	96.6	91.0	119.2	87.4

5-7 按行业分工业生产者出厂价格指数
Producer Price Indices for Industrial Products by Sector

（上年 =100）　　(preceding year =100)

行 业	Sector	2010	2015	2020	2022	2023
工业生产者出厂价格指数	**Producer Price Indices for Industrial Products**	**115.0**	**87.0**	**93.9**	**110.9**	**95.9**
煤炭开采和洗选业	Mining and Washing of Coal	101.2	90.0	99.1	110.1	98.6
石油和天然气开采业	Extraction of Petroleum and Natural Gas	122.6	52.2	68.2	146.5	86.6
黑色金属矿采选业	Mining and Processing of Ferrous Metal Ores	110.6	73.9	98.5	87.0	95.5
有色金属矿采选业	Mining and Processing of Non-Ferrous Metal Ores	113.0	98.8	100.3	107.7	103.3
非金属矿采选业	Mining and Processing of Non-metal Ores	98.0	97.8	89.9	99.4	101.6
开采专业及辅助性活动	Support Activities for Mining				103.2	100.4
农副食品加工业	Processing of Food from Agricultural Products	104.3	100.5	103.2	104.8	101.5
食品制造业	Manufacture of Foods	104.6	98.6	103.0	103.2	102.2
酒、饮料及精制茶制造业	Manufacture of Liquor,Beverages and Refined Tea	102.4	100.3	99.8	99.4	101.5
烟草制品业	Manufacture of Tobacco	101.4	100.0	100.9	99.8	99.9
纺织业	Manufacture of Textile	111.3	97.6	91.4	103.9	92.3
纺织服装、服饰业	Manufacture of Textile, Wearing Apparel and Accessories	103.8	88.9	100.8	96.3	95.8
皮革、毛皮、羽毛及其制品和制鞋业	Manufacture of Leather, Fur, Feather and Related Products and Footware	103.6	101.6	97.0		
木材加工及木、竹、藤、棕、草制品业	Processing of Timber, Manufacture of Wood, Bamboo, Rattan, Palm and Straw Products	100.3	82.6	100.0		
家具制造业	Manufacture of Furniture	103.3	99.4	100.2		
造纸及纸制品业	Manufacture of Paper and Paper Products	104.7	100.6	98.8	101.5	92.5
印刷业和记录媒介复制业	Printing and Reproduction of Recording Media	102.7	100.0	101.1	100.2	99.9
文教、工美、体育和娱乐用品制造业	Manufacture of Articles for Culture, Education, Arts and Crafts, Sport and Entertainment Activities			91.2		

5-7 续表 continued

（上年 =100） (preceding year =100)

行 业	Sector	2010	2015	2020	2022	2023
石油加工、炼焦和核燃料加工业	Processing of Petroleum, Coking, Processing of Nuclear Fuel	119.8	79.0	79.5	131.6	93.1
化学原料及化学制品制造业	Manufacture of Raw Chemical Materials and Chemical Products	109.0	94.2	100.0	111.0	91.8
医药制造业	Manufacture of Medicines	106.0	101.0	101.6	102.7	109.1
橡胶和塑料制品业	Manufacture of Rubber and Plastics Products			94.4	98.7	92.3
非金属矿物制品业	Manufacture of Non-metallic Mineral Products	109.2	89.9	98.5	112.5	89.9
黑色金属冶炼及压延加工业	Smelting and Pressing of Ferrous Metals	107.5	80.3	98.2	92.6	89.4
有色金属冶炼及压延加工业	Smelting and Pressing of Non-ferrous Metals	133.1	89.2	99.8	108.9	94.7
金属制品业	Manufacture of Metal Products	105.0	95.8	91.3	105.6	96.7
通用设备制造业	Manufacture of General Purpose Machinery	100.9	100.6	99.9	101.4	97.6
专用设备制造业	Manufacture of Special Purpose Machinery	93.0	93.1	98.0	100.0	97.5
汽车制造业	Manufacture of Automobiles			101.5	102.3	99.5
铁路、船舶、航空航天和其他运输设备制造业	Manufacture of Railway, Ship, Aerospace and Other Transport Equipments	96.1	100.3	100.2		
电气机械及器材制造业	Manufacture of Electrical Machinery and Apparatus	111.8	95.1	94.5	102.0	99.8
计算机、通信和其他电子设备制造业	Manufacture of Computers, Communication and Other Electronic Equipment	100.0	99.9	94.3	103.2	99.5
仪器仪表制造业	Manufacture of Measuring Instruments and Machinery	101.8	100.0	103.8		
废弃资源综合利用业	Utilization of Waste Resources			99.4	110.8	91.5
金属制品、机械和设备修理业	Repair Service of Metal Products, Machinery and Equipment			100.0	100.3	100.0
电力、热力生产和供应业	Production and Supply of Electric Power and Heat Power	100.7	99.8	96.5	104.7	103.4
燃气生产和供应业	Production and Supply of Gas	106.9	102.7	98.4	104.9	101.9
水生产和供应业	Production and Supply of Water	98.6	102.9	103.2	100.0	100.0

5-8 工业生产者购进价格指数
Purchasing Price Index for Industrial Producers

（上年=100） (preceding year =100)

类 别	Types	2010	2015	2020	2022	2023
工业生产者购进价格指数	**Purchasing Price Indices for Industrial Producers**	**114.4**	**87.0**	**94.1**	**113.5**	**92.5**
燃料、动力类	Fuel and Power	118.4	81.6	90.7	123.4	89.9
黑色金属材料类	Ferrous Metals	109.4	86.9	101.3	98.6	92.8
#钢材	Rolled Steel	103.7	91.1	100.1	101.8	92.6
有色金属材料和电线类	Nonferrous Metals	118.8	94.0	98.3	104.1	97.9
化工原料类	Raw Chemical Materials	112.0	96.1	90.3	113.5	73.0
木材及纸浆类	Timber and Paper Pulp	104.4	99.4	99.7	103.0	98.0
建筑材料及非金属矿类	Building Materials	102.3	93.8	99.5	136.1	88.9
其他工业原材料及半成品类	Other Industrial Raw and Processed Materials	103.6	96.5	103.9	103.2	100.8
农副产品类	Agricultural Products	111.5	101.6	114.0	105.8	99.2
纺织原料类	Textile Materials	108.0	102.5	88.9	115.3	87.8

主要统计指标解释

居民消费价格指数 是反映一定时期内城乡居民所购买的生活消费品价格和服务项目价格变动趋势和程度的相对数，是对城市居民消费价格指数和农村居民消费价格指数进行综合汇总计算的结果。通过该指数可以观察和分析消费品的零售价格和服务项目价格变动对城乡居民实际生活费支出的影响程度。

城市居民消费价格指数 是反映一定时期内城市居民家庭所购买的生活消费品价格和服务项目价格变动趋势和程度的相对数。通过该指数可以观察和分析消费品的零售价格和服务项目价格变动对城镇居民收入和消费支出的影响。

农村居民消费价格指数 是反映一定时期内农村居民家庭所购买的生活消费品价格和服务项目价格变动趋势和程度的相对数。该指数可以观察农村消费品的零售价格和服务项目价格变动对农村居民收入和生活消费支出的影响。

商品零售价格指数 是反映一定时期内城乡商品零售价格变动趋势和程度的相对数。商品零售价格的变动与国家的财政收入、市场供需的平衡、消费与积累的比例关系有关。因此，该指数可以从一个侧面对上述经济活动进行观察和分析。

农产品生产者价格指数 是反映一定时期内，农产品生产者出售农产品价格水平变动趋势及幅度的相对数。该指数可以客观反映全国农产品生产价格水平和结构变动情况，满足农业与国民经济核算需要。其中某代表品生产价格指数是通过对全部有出售该产品行为的调查单位的个体指数进行几何平均求得的，类价格指数是通过对其所属的类（或代表品）的价格指数进行加权平均求得的。季度累计价格指数的计算方法与分季指数的计算方法相同。

工业生产者出厂价格指数 是反映一定时期内工业企业产品第一次出售时的出厂价格总水平的变动趋势和变动幅度的相对数。

工业生产者购进价格指数 是反映企业作为中间投入的原材料、燃料、动力购进价格总水平的变动趋势和变动幅度的相对数。

6

人民生活

People’s Living Conditions

简要说明

一、本篇资料的主要内容

本篇资料反映了城镇、农村居民的家庭收支、居住、耐用消费品拥有、生产和生活等方面的情况。

二、本篇资料的来源

1. 城镇、农村居民家庭相关资料由国家统计局甘肃调查总队居民收支调查处整理提供。

2. 自 2015 年起甘肃省发布城乡一体化住户收支与生活状况调查数据，即发布城镇、农村居民可支配收入，原农村居民纯收入数据以后不再发布，本年鉴中涉及 2015 年及以后的居民有关数据均来源于此调查。2014 年及以前年份的居民有关数据为新口径回溯数据。

6-1 人民物质文化生活情况
Basic Statistics on People's Living Conditions

指 标	Item	2010	2015	2020	2022	2023
就业	**Employment**					
每一城镇就业者负担人数（人）	Number of Dependents per Urban Employee (person)	2.01	1.46	1.45	1.46	1.51
每一农村劳动力负担人数（人）	Number of Dependents per Rural Laborer (person)	1.56	1.60	1.58	1.57	1.56
收入（元）	**Income of Rural and Urban Residents (yuan)**					
全体居民人均可支配收入	Annual per Capita Disposable Income of Households	7358	13467	20335	23273	25011
城镇居民人均可支配收入	Annual per Capita Disposable Income of Urban Households	13820	23767	33822	37572	39833
农村居民人均可支配收入	Annual per Capita Disposable Income of Rural Households	3747	6936	10344	12165	13131
在岗职工平均工资	Average Wage of Staff and Workers	29588	54454	83392	94231	102934
支出（元）	**Expenditure (yuan)**					
全体居民人均消费支出	Per Capita Consumption Expenditures of all Households			16175	17489	19013
#食品烟酒	Food ,Tobacco and Liquor			4769	5364	5687
城镇居民人均消费支出	Per Capita Consumption Expenditures of Urban Households	10171	17451	24615	25207	27044
#食品烟酒	Food ,Tobacco and Liquor	3412	5346	7068	7530	7793
农村居民人均消费支出	Per Capita Consumption Expenditures of Rural Households	3430	6830	9923	11494	12575
#食品烟酒	Food,Tobacco and Liquor	1443	2244	3065	3682	3999
住房面积（平方米）	**Per Capita Floor Space of Residential Buildings (sq.m)**					
城镇居民人均居住面积	Per Capita Living Space of Urban Households	27.9	34.0	35.0	32.9	36.0
农村居民人均居住面积	Per Capita Living Space of Rural Households	21.0	29.3	31.9	32.5	33.5
文化	**Culture**					
城镇每百户有彩色电视机（台）	Number of Color TV Sets per 100 Urban Households (set)	110	105	105	102	99
农村每百户有彩色电视机（台）	Number of Color TV Sets per 100 Rural Households (set)	104	109	111	110	98
广播节目综合人口覆盖率（%）	Radio Coverage Rate of the Population (%)	93.47	98.01	99.31	99.46	99.48
电视节目综合人口覆盖率（%）	TV Coverage Rate of Population (%)	93.72	98.47	99.41	99.52	99.54
教育	**Education**					
小学学龄儿童净入学率（%）	Net Enrollment Ratio of School-age Children in Primary Schools (%)	99.46	99.83	99.99	99.99	99.99
每万人口中在校大学生数（人）	Number of University Students per 10 000 Population (person)	149	173	232	259	269
卫生	**Public Health**					
每万人口医疗卫生机构床位数（张）	Beds of Medical Institutions per 10000 Population (bed)	37.06	48.86	71.12	75.80	82.70
每万人口执业（助理）医师数（人）	Number of Licensed (Assistant) Doctors per 10 000 Population (person)	15.0	19.1	26.5	29.0	31.6

6-2 全体居民人均收支情况
Per Capita Income and Consumption Expenditure of Households

指　标	Item	2021	2022	2023
人均可支配收入（元）	**Per Capita Disposable Income (yuan)**	**22066**	**23273**	**25011**
工资性收入	Income from Wages and Salaries	12412	12996	14236
经营净收入	Net Business Income	4083	4256	4382
财产净收入	Net Income from Property	1301	1380	1435
转移净收入	Net Income from Transfer	4270	4640	4958
构成（%）	**Disposable Income(%)**	**100.00**	**100.00**	**100.00**
工资性收入	Income from Wages and Salaries	56.25	55.84	56.92
经营净收入	Net Business Income	18.50	18.29	17.52
财产净收入	Net Income from Property	5.90	5.93	5.74
转移净收入	Net Income from Transfer	19.35	19.94	19.82
人均消费支出（元）	**Per Capita Annual Consumption Expenditure (yuan)**	**17456**	**17489**	**19013**
食品烟酒	Food,Tobacco and Liquor	5218	5364	5687
衣着	Clothing	1217	1138	1222
居住	Residence	3706	3919	4065
生活用品及服务	Household Facilities,Articles and Services	1068	1000	1057
交通通信	Transport and Communications	2215	2322	2604
教育文化娱乐	Education, Cultural and Recreation	1894	1776	2071
医疗保健	Health Care and Medical Services	1761	1613	1893
其他用品及服务	Other Goods and Services	377	358	414
构成（%）	**Disposable Income(%)**	**100.00**	**100.00**	**100.00**
食品烟酒	Food,Tobacco and Liquor	29.89	30.67	29.91
衣着	Clothing	6.97	6.50	6.43
居住	Residence	21.23	22.41	21.38
生活用品及服务	Household Facilities,Articles and Services	6.12	5.72	5.56
交通通信	Transport and Communications	12.69	13.28	13.70
教育文化娱乐	Education, Cultural and Recreation	10.85	10.15	10.89
医疗保健	Health Care and Medical Services	10.09	9.22	9.96
其他用品及服务	Other Goods and Services	2.16	2.05	2.18

6-3 城镇居民家庭生活基本情况
Basic Conditions of Urban Households

年份 Year	每一城镇就业者负担人数（人） Number of Dependents Per Urban Employee (person)	城镇居民人均可支配收入（元） Per Capita Disposable Income of Urban Households (yuan)	城镇居民人均消费支出（元） Per Capita Consumption Expenditures of Urban Households (yuan)	#食品烟酒 Food,Tobacco and Liquor	恩格尔系数（%） Engle's Coefficient (%)	人均居住面积（平方米） Per Capita Living Space (sq.m)
1978		408				
1979		418				4.63
1980	2.64	403	399	212	53.10	4.82
1981	1.80	448	433	238	54.97	5.60
1982	1.75	474	447	252	56.41	6.01
1983	1.74	491	482	274	56.78	6.74
1984	1.70	572	552	310	56.22	7.11
1985	1.83	641	625	316	50.59	7.44
1986	1.83	777	737	376	50.96	7.51
1987	1.82	871	829	431	51.97	7.65
1988	1.84	979	1026	502	48.88	8.29
1989	1.82	1133	1065	586	55.05	8.55
1990	1.87	1197	1081	557	51.50	8.86
1991	1.85	1369	1270	666	52.41	9.09
1992	1.75	1708	1457	765	52.51	8.99
1993	1.73	2003	1680	852	50.71	8.96
1994	1.84	2658	2209	1117	50.57	10.44
1995	1.86	3153	2618	1353	51.69	10.74
1996	1.82	3354	2839	1443	50.84	11.10
1997	1.89	3592	2946	1439	48.85	12.70
1998	1.91	4024	3106	1436	46.23	13.30
1999	1.71	4508	3697	1525	41.24	15.16
2000	1.80	4970	4153	1545	37.20	15.21
2001	1.86	5461	4458	1624	36.43	15.54
2002	1.96	6264	5119	1747	34.12	21.55
2003	1.98	6803	5367	1851	34.49	22.27
2004	1.85	7566	6026	2123	35.23	22.90
2005	1.90	8323	6641	2241	33.74	24.16
2006	1.92	9215	7109	2277	32.03	25.60
2007	1.87	10380	8045	2657	33.02	27.04
2008	2.00	11413	8504	2965	34.86	27.19
2009	1.99	12457	9119	3130	34.33	27.35
2010	2.01	13820	10171	3412	33.55	27.89
2011	2.07	15707	11500	3776	32.83	28.04
2012	2.04	17979	13205	4101	31.06	28.45
2013	2.07	19873	14411	4473	31.04	29.82
2014	1.84	21804	15942	4964	31.14	30.60
2015	1.46	23767	17451	5346	30.63	34.00
2016	1.45	25694	19539	5777	29.57	33.69
2017	1.46	27763	20659	6033	29.20	33.80
2018	1.49	29957	22606	6491	28.71	33.90
2019	1.49	32323	24454	6996	28.60	34.60
2020	1.45	33822	24615	7068	28.72	34.97
2021	1.47	36187	25757	7543	29.28	35.47
2022	1.46	37572	25207	7530	29.87	32.94
2023	1.51	39833	27044	7793	28.82	36.00

6-4 城镇居民家庭生活基本情况
Basic Conditions of Urban Households

指　标	Item	2015	2020	2022	2023
调查户数（户）	**Number of Households Surveyed (household)**	**1500**	**1650**	**1650**	**2020**
平均每户家庭人口（人）	Average Household Size (person)	3.2	3.3	3.2	3.3
平均每户就业人口（人）	Average Number of Employed Persons per Household (person)	1.8	2.26	2.18	2.15
平均每户就业面（%）	Proportion of Employment per Household (%)	56.3	68.8	68.6	66.2
平均每一就业者负担人数（含就业者本人）（人）	Number of Dependents per Employee (including the employee himself or herself)(person)	1.46	1.45	1.46	1.51
人均可支配收入（元）	**Per Capita Disposable Income (yuan)**	**23767**	**33822**	**37572**	**39833**
工资性收入	Income from Wages and Salaries	15189	22904	25223	27141
#工资	Wages and Salaries	14201	21533	23709	25740
经营净收入	Net Business Income	1805	2489	2739	2810
财产净收入	Net Income from Property	2295	2627	2950	3001
#利息净收入	Interest Income	32	-108	-37	50
红利收入	Bonus Income	84	47	76	244
转移净收入	Net Income from Transfer	4478	5802	6661	6880
#养老金或离退休金	Endowment Insurance or Pension	4459	6607	7634	
人均消费支出（元）	**Per Capita Annual Consumption Expenditure (yuan)**	**17451**	**24615**	**25207**	**27044**
食品烟酒	Food,Tobacco and Liquor	5346	7068	7530	7793
衣着	Clothing	1759	1859	1759	1871
居住	Residence	3540	5787	6006	6039
生活用品及服务	Household Facilities,Articles and Services	1125	1662	1524	1583
交通通信	Transport and Communications	1850	3081	3335	3740
教育文化娱乐	Education, Cultural and Recreation	2045	2427	2470	2937
医疗保健	Health Care and Medical Services	1391	2090	2005	2407
其他用品及服务	Other Goods and Services	395	640	577	674

6-5 按收入五等份分组的城镇居民人均可支配收入及构成（2023）
Per Capita Disposable Income of Urban Households and Its Composition by Level of Income (2023)

指 标	Item	全省平均 Average	低收入户(20%) Low Income Households	中间偏下户(20%) Lower Middle Income Households	中间收入户(20%) Middle Income Households	中间偏上户(20%) Upper Middle Income Households	高收入户(20%) High Income Households
人均可支配收入（元）	**Per Capita Disposable Income(yuan)**	**39833**	**12531**	**24143**	**35675**	**52450**	**95528**
工资性收入	Income from Wages and Salaries	27141	7901	16114	22773	35442	68852
#工资	Wages and Salaries	25740	7848	15736	21830	33685	63727
经营净收入	Net Business Income	2810	1062	2341	2372	1374	8217
财产净收入	Net Income from Property	3001	1101	2146	4492	3323	4809
转移净收入	Net Income from Transfer	6880	2467	3542	6038	12311	13650
人均可支配收入构成（%）	**Per Composition of Disposable Income(%)**						
工资性收入	Income from Wages and Salaries	68.1	63.1	66.7	63.8	67.6	72.1
经营净收入	Net Business Income	7.1	8.5	9.7	6.6	2.6	8.6
财产净收入	Net Income from Property	7.5	8.8	8.9	12.6	6.3	5.0
转移净收入	Net Income from Transfer	17.3	19.7	14.7	16.9	23.5	14.3

注：按收入五等份分组是指将所有调查户按人均可支配收入水平从低到高顺序排列，平均分为五个等份，处于最低20%的收入群体为低收入组，依此类推依次为中间偏下收入组、中间收入组、中间偏上收入组、高收入组。本表数据为不同分组家庭的人均可支配收入。6–7、6–20、6–21表与此相同。

a) The income quintile refers to the five equal partitions of all surveyed households, who are ranked from low to high based on per capita disposable income level. The 20 percent with lowest income are classified as low-income group (Lowest 20%), and the other four levels are lower-middle-income group (Second 20%), middle-income group (Third 20%), higher-middle-income group (Fourth 20%) and high-income group (Highest 20%). The figures in table 6-7 are the per capita disposable income of the households in the different income groups.The same applies to Table 6-7 , 6-20 and 6-21.

6-6 城镇居民人均总支出
Per Capita Annual Expenditure of Urban Households

单位：元 (yuan)

指 标	Item	2015	2020	2022	2023
总支出	**Per Capita Annual Expenditure**	**22564**	**32625**	**33048**	**35876**
消费支出	Consumption Expenditure	17451	24615	25207	27044
生产经营费用支出	Production Operations Fee Expenditure	607	966	988	1133
第一产业经营费用支出	Primary Industry	107	157	335	237
第二产业经营费用支出	Secondary Industry	14	176	69	88
第三产业经营费用支出	Tertiary Industry	486	633	584	807
财产性支出	Property Expenditure	31	179	111	154
转移性支出	Transfer Expenditure	1031	2203	2548	2044
部分商业保险支出	Expenditure of Part of Commercial Insurance	140	229	290	241
购置资产及非经常性转移支出	Purchase of Assets and Transfer of Non-recurring Expenditure	2043	3162	2586	2962
借贷性支出	Debit and Credit Expenditure	1261	1270	1317	2299

6-7 按收入五等份分组的城镇居民人均购买主要商品数量（2023）
Per Capita Annual Purchases of Major Commodities of Urban Households by Level of Income (2023)

指 标	Item	全省平均 Average	低收入户 (20%) Low Income Households	中间偏下户 (20%) Lower Middle Income Households	中间收入户 (20%) Middle Income Households	中间偏上户 (20%) Upper Middle Income Households	高收入户 (20%) High Income Households
鲜菜（千克）	Fresh Vegetables (kg)	92.9	79.5	93.1	99.2	98.8	98.2
食用植物油（千克）	Edible Vegetable Oil (kg)	9.6	9.0	10.0	9.6	9.4	9.9
猪肉（千克）	Pork (kg)	18.1	19.0	18.3	17.8	18.5	16.3
牛肉（千克）	Beef (kg)	3.2	3.0	2.2	4.0	3.5	3.9
羊肉（千克）	Mutton (kg)	3.2	4.2	1.8	2.8	3.2	3.8
禽类（千克）	Poultry (kg)	5.7	5.4	5.1	5.8	6.2	6.2
鲜蛋（千克）	Fresh Eggs (kg)	10.9	9.5	11.2	11.0	12.3	11.3
鱼（千克）	Fish (kg)	3.0	1.8	2.7	3.8	4.1	3.3
白酒（元）	Liquor (yuan)	290.1	162.0	143.8	287.9	402.9	576.6
啤酒（元）	Beer (yuan)	27.2	23.9	17.1	28.9	34.0	37.2
糕点（元）	Cake(yuan)	115.3	60.2	87.9	112.1	156.2	198.6
鲜奶（千克）	Fresh Milk (kg)	13.0	9.3	10.7	14.0	14.8	18.7
奶粉（千克）	Milk Powder (kg)	0.7	0.5	0.6	0.8	0.7	0.7
电（千瓦时）	Electricity (kWh)	601.9	513.3	584.4	615.7	623.4	719.3
灌装液化石油气（千克）	Liquefied Petroleum Gas(kg)	1.9	2.5	3.0	1.6	1.2	0.4
管道天然气（立方米）	Piped Natural Gas (cu.m)	104.3	36.8	70.4	139.0	155.8	154.9

注：白酒、啤酒、糕点的计量单位自 2022 年起改为元，不再以千克统计。

a) The unit of measurement of liquor,beer and cake has been changed to yuan and no longer counted in kilograms since 2022.

6-8 城镇居民人均购买的主要商品数量
Per Capita Annual Purchases of Major Commodities in Urban Households

指　标	Item	2010	2015	2020	2022	2023
大米（千克）	Rice (kg)	21.7	20.6	15.7	16.0	12.5
面粉（千克）	Flour (kg)	37.6	36.6	26.5	29.4	24.4
食用植物油（千克）	Edible Vegetable Oil (kg)	10.3	11.7	8.9	9.8	9.6
猪肉（千克）	Pork (kg)	11.7	12.6	12.4	18.2	18.1
牛肉（千克）	Beef (kg)	2.3	2.7	2.7	2.6	3.2
羊肉（千克）	Mutton (kg)	1.5	3.1	2.3	2.8	3.2
禽类（千克）	Poultry (kg)	5.0	4.6	6.7	6.1	5.7
鲜蛋（千克）	Fresh Eggs (kg)	8.3	9.2	11.5	12.8	10.9
鱼（千克）	Fish (kg)	3.2	3.1	3.2	3.2	3.0
鲜菜（千克）	Fresh Vegetables (kg)	115.3	99.0	100.3	105.3	92.9
啤酒（元）	Beer (yuan)	3.1	3.3	4.3	23.5	27.2
鲜乳品（千克）	Fresh Dairy Products (kg)	19.8	16.6			
灌装液化石油气（千克）	Liquefied Petroleum Gas(kg)	8.2	8.1	2.4	1.9	1.9
管道天然气（立方米）	Piped Natural Gas (cu.m)	26.6	41.3	75.2	85.6	104.3
水（吨）	Water (ton)	22.3	34.3	29.5	35.1	34.4
电（千瓦小时）	Electricity (kWh)	410.9	559.7	490.0	614.3	601.9

注：啤酒的计量单位自 2022 年起改为元，2022 年以前的计量单位为千克。
a) The unit of measurement of beer has been changed to yuan since 2022 and the unit of measurement before 2022 is kilogram.

6-9 城镇居民平均每百户年末主要耐用消费品拥有量
Main Durable Goods Owned Per 100 Urban Households Nationwide

指　标	Item	2010	2015	2020	2022	2023
摩托车（辆）	Motorcycle (unit)	7.8	20.1	17.5	9.7	10.4
家用汽车（辆）	Automobile (unit)	3.5	18.2	34.0	42.1	47.2
洗衣机（台）	Washing Machine (set)	98.1	99.0	101.9	100.2	101.0
电冰箱（柜）（台）	Refrigerator (set)	85.8	92.8	97.3	99.8	98.8
彩色电视机（台）	Color TV Set (set)	110.0	104.6	105.3	101.8	98.7
照相机（架）	Camera (set)	26.5	29.8	13.1	13.3	9.3
计算机（台）	Computer (set)	42.9	64.7	59.6	57.4	55.7
空调（台）	Air Conditioner (unit)	5.4	10.5	12.2	16.5	20.9
淋浴热水器（台）	Water Heater Shower (unit)	62.3	71.5	84.2	82.6	81.9
移动电话（部）	Mobile Telephone (unit)	159.6	224.5	266.4	248.1	248.2

6-10 各市（州）城镇居民人均可支配收入（2023）
Per Capita Annual Total Income of Urban Households by Region (2023)

单位：元 (yuan)

市（州）	Region	可支配收入 Disposable Income	工资性收入 Income from Wages and Salaries	经营净收入 Net Business Income	财产净收入 Net Income from Property	转移净收入 Net Income from Transfer
兰州市	Lanzhou	48039	27818	1746	5529	12947
嘉峪关市	Jiayuguan	52761	42861	1814	1275	6811
金昌市	Jinchang	50082	39141	4040	2362	4539
白银市	Baiyin	39455	27370	3861	1793	6430
天水市	Tianshui	35453	22477	3627	3247	6101
武威市	Wuwei	37535	29223	2276	1635	4401
张掖市	Zhangye	34373	24639	4543	1140	4051
平凉市	Pingliang	36959	25378	2211	2083	7287
酒泉市	Jiuquan	47352	32465	8376	2331	4179
庆阳市	Qingyang	39878	29281	4733	2664	3200
定西市	Dingxi	33035	25131	2478	1667	3759
陇南市	Longnan	31813	23213	3181	2067	3352
临夏州	Linxia	27216	17076	3666	1297	5177
甘南州	Gannan	32745	25867	4373	941	1564

6-11 各市（州）城镇居民人均消费支出（2023）
Per Capita Annual Consumption Expenditure of Urban Households by Region (2023)

单位：元 (yuan)

市（州）	Region	消费支出 Consumption Expenditures	食品烟酒 Food, Tobacco and Liquor	衣着 Clothing	居住 Residence	生活用品及服务 Household Facilities, Articles and Services	交通通信 Transport and Communications	教育文化娱乐 Education, Culture and Recreation	医疗保健 Health Care and Medical Services	其他用品和服务 Miscellaneous Goods and Services	恩格尔系数(%) Engle's Coefficient (%)
兰州市	Lanzhou	30981	9490	1973	7860	2095	3301	3449	2129	683	30.6
嘉峪关市	Jiayuguan	35384	11052	2898	5266	2338	6592	3606	2548	1084	31.2
金昌市	Jinchang	33466	9592	3216	5156	2133	4606	4491	2583	1689	28.7
白银市	Baiyin	23924	7178	2476	4961	1872	2525	2694	1834	384	30.0
天水市	Tianshui	18707	5249	1456	4654	1443	1855	1973	1632	445	28.1
武威市	Wuwei	29754	8896	3129	5471	1545	3423	4383	2537	371	29.9
张掖市	Zhangye	27182	7691	2184	4141	1427	4288	3085	3226	1140	28.3
平凉市	Pingliang	22617	6760	1819	5052	1634	2542	2290	1955	566	29.9
酒泉市	Jiuquan	32777	9225	2476	5447	2162	5627	3757	3095	989	28.0
庆阳市	Qingyang	25426	7214	2645	5463	1712	3270	2392	2049	682	28.4
定西市	Dingxi	22405	6663	1900	4706	1519	2967	2522	1710	418	29.7
陇南市	Longnan	23831	7676	2007	4524	1794	2658	2711	1803	658	32.2
临夏州	Linxia	21044	5920	2081	4272	1724	2163	2399	1976	509	28.1
甘南州	Gannan	26474	9271	2983	5093	1994	3146	1833	1506	647	35.0

6-12 各地、县城镇居民人均可支配收入（2023）
Per Capita Disposable Income of Urban Households by Region & County (2023)

单位：元 (yuan)

地、县	Region & County	城镇居民人均可支配收入 Per Capita Disposable Income of Urban Households	工资性收入 Income from Wages and Salaries	经营净收入 Net Business Income	财产净收入 Net Income from Property	转移净收入 Net Income from Transfer
兰州市	**Lanzhou**	**48039**	**27818**	**1746**	**5529**	**12947**
城关区	Chengguan	54475	27676	632	9615	16552
七里河区	Qilihe	46471	30741	1566	2850	11315
西固区	Xigu	53374	26503	162	4536	22173
安宁区	Anning	49071	33353	280	3918	11520
红古区	Honggu	41020	29964	3320	772	6964
永登县	Yongdeng	31960	16095	7243	1090	7531
皋兰县	Gaolan	30400	21400	3832	789	4379
榆中县	Yuzhong	32317	20279	6679	1974	3385
兰州新区	Lanzhou New Area	41920	30135	3471	5303	3011
嘉峪关市	**Jiayuguan**	**52761**	**42861**	**1814**	**1275**	**6811**
金昌市	**Jinchang**	**50082**	**39141**	**4040**	**2362**	**4539**
金川区	Jinchuan	55656	46093	2621	2156	4786
永昌县	Yongchang	38640	24868	6952	2786	4033
白银市	**Baiyin**	**39455**	**27370**	**3861**	**1793**	**6430**
白银区	Baiyin	48113	30894	4465	2167	10588
平川区	Pingchuan	46351	32486	5826	1411	6628
靖远县	Jingyuan	33694	24350	3245	2095	4004
会宁县	Huining	24794	20585	2458	1330	421
景泰县	Jingtai	35006	24605	2446	1578	6376
天水市	**Tianshui**	**35453**	**22477**	**3627**	**3247**	**6101**
秦州区	Qinzhou	38858	24512	2767	5718	5862
麦积区	Maiji	35913	21735	1334	4502	8342
清水县	Qingshui	33441	25779	1664	1037	4961
秦安县	Qinan	34861	20023	3874	3013	7951
甘谷县	Gangu	34688	18230	6190	1973	8295
武山县	Wushan	32978	26560	3684	451	2284
张家川县	Zhangjiachuan	32706	20702	8152	2832	1020
武威市	**Wuwei**	**37535**	**29223**	**2276**	**1635**	**4401**
凉州区	Liangzhou	40013	31804	1983	1763	4463
民勤县	Minqin	32274	23665	4363	1961	2285
古浪县	Gulang	30272	24124	2338	1018	2791
天祝县	Tianzhu	33133	22341	2278	1124	7390
张掖市	**Zhangye**	**34373**	**24639**	**4543**	**1140**	**4051**

6-12 续表 1 continued

单位：元 (yuan)

地、县	Region & County	城镇居民人均可支配收入 Per Capita Disposable Income of Urban Households	工资性收入 Income from Wages and Salaries	经营净收入 Net Business Income	财产净收入 Net Income from Property	转移净收入 Net Income from Transfer
甘州区	Ganzhou	35041	26281	3119	1074	4568
肃南县	Sunan	37111	30943	3638	1165	1366
民乐县	Minle	31683	19862	9056	1351	1414
临泽县	Linze	33543	21948	6039	1451	4105
高台县	Gaotai	33381	22113	6064	1387	3816
山丹县	Shandan	34344	23732	5524	880	4209
平凉市	**Pingliang**	**36959**	**25378**	**2211**	**2083**	**7287**
崆峒区	Kongtong	37195	18964	310	2947	14973
泾川县	Jingchuan	33534	23815	4478	1387	3855
灵台县	Lingtai	30672	24393	5068	801	410
崇信县	Chongxin	43857	39084	2995	1342	435
庄浪县	Zhuanglang	36740	33502	519	2127	592
静宁县	Jingning	34015	24601	6483	1210	1721
华亭市	Huating	43981	36327	960	1950	4744
酒泉市	**Jiuquan**	**47352**	**32465**	**8376**	**2331**	**4179**
肃州区	Suzhou	50937	35846	8273	2850	3968
金塔县	Jinta	44673	33799	5822	838	4214
瓜州县	Guazhou	42114	27355	11692	1030	2037
肃北县	Subei	49202	40023	5149	954	3077
阿克塞县	Akesai	50925	43020	4372	1056	2476
玉门市	Yumen	43871	27675	11196	2260	2740
敦煌市	Dunhuang	44605	27920	6297	2936	7453
庆阳市	**Qingyang**	**39878**	**29281**	**4733**	**2664**	**3200**
西峰区	Xifeng	42359	31385	2566	4890	3518
庆城县	Qingcheng	39773	30569	5296	1382	2526
环　县	Huanxian	39471	22310	9970	1470	5720
华池县	Huachi	40797	35061	3614	489	1631
合水县	Heshui	38102	28000	5831	893	3377
正宁县	Zhengning	37776	31999	3239	1863	676
宁　县	Ningxian	39684	29231	6264	1175	3013
镇原县	Zhenyuan	38338	27152	2889	4797	3500
定西市	**Dingxi**	**33035**	**25131**	**2478**	**1667**	**3759**
安定区	Anding	34878	23646	2152	1868	7212
通渭县	Tongwei	31132	28916	636	1456	124

6–12 续表 2 continued

单位：元 (yuan)

地、县	Region & County	城镇居民人均可支配收入 Per Capita Disposable Income of Urban Households	工资性收入 Income from Wages and Salaries	经营净收入 Net Business Income	财产净收入 Net Income from Property	转移净收入 Net Income from Transfer
陇西县	Longxi	32059	25693	2793	2057	1516
渭源县	Weiyuan	31988	29337	715	883	1053
临洮县	Lintao	33053	24509	2578	1299	4667
漳　县	Zhangxian	31950	22875	3407	1467	4201
岷　县	Minxian	32318	25317	4474	1852	674
陇南市	**Longnan**	**31813**	**23213**	**3181**	**2067**	**3352**
武都区	Wudu	33803	25733	2816	3067	2187
成　县	Chengxian	31057	22625	2231	977	5224
文　县	Wenxian	29752	20334	4304	1921	3194
宕昌县	Tanchang	30310	24230	1701	1873	2506
康　县	Kangxian	30455	26027	2035	1074	1319
西和县	Xihe	30798	18444	4114	1476	6765
礼　县	Lixian	29375	24650	1171	1304	2251
徽　县	Huixian	30756	20787	5319	1555	3095
两当县	Liangdang	32300	22265	5710	1805	2519
临夏州	**Linxia**	**27216**	**17076**	**3666**	**1297**	**5177**
临夏市	Linxia	28102	15829	4564	1778	5931
临夏县	Linxia	26972	17622	6431	429	2490
康乐县	Kangle	27017	23574	692	1862	890
永靖县	Yongjing	26974	17565	2159	965	6284
广河县	Guanghe	26054	11278	5510	1064	8201
和政县	Hezheng	26449	15658	5293	470	5028
东乡县	Dongxiang	25621	21057	1784	313	2468
积石山县	Jishishan	26205	19860	1819	332	4196
甘南州	**Gannan**	**32745**	**25867**	**4373**	**941**	**1564**
合作市	Hezuo	32876	27393	3282	1406	795
临潭县	Lintan	32259	23934	7418	457	450
卓尼县	Zhuoni	32717	28498	1592	517	2110
舟曲县	Zhouqu	32261	28975	1274	1086	925
迭部县	Diebu	32201	24066	1389	1667	5079
玛曲县	Maqu	33881	33084	232	545	20
碌曲县	Luqu	33577	19861	11551	848	1318
夏河县	Xiahe	32958	21297	5421	1125	5116

6-13 各地、县城镇居民平均每人消费支出（2023）
Per Capita Consumption Expenditure of Urban Households by Region & County (2023)

单位：元 (yuan)

地、县	Region & County	消费支出 Consumption Expenditures	食品烟酒 Food, Tobacco and Liquor	衣着 Clothing	居住 Residence	生活用品及服务 Household Facilities, Articles and Services	交通通信 Transport and Communications	教育文化娱乐 Education, Culture and Recreation	医疗保健 Health Care and Medical Services	其他用品和服务 Miscellaneous Goods and Services
兰州市	**Lanzhou**	**30981**	**9490**	**1973**	**7860**	**2095**	**3301**	**3449**	**2129**	**683**
城关区	Chengguan	33763	10265	2048	9892	2235	2822	3424	2173	904
七里河区	Qilihe	33950	10039	2132	7108	2108	5088	4619	2283	572
西固区	Xigu	32666	10322	1934	8233	2321	2970	3570	2721	595
安宁区	Anning	31655	10127	2085	8529	1757	3546	3378	1664	569
红古区	Honggu	33412	8907	1972	7225	5844	2409	4559	2091	405
永登县	Yongdeng	20873	6950	1861	3161	1374	3237	2349	1324	616
皋兰县	Gaolan	18564	5527	1299	3195	980	2009	2725	2365	465
榆中县	Yuzhong	20031	6447	1574	3968	1341	2189	2256	1887	369
兰州新区	Lanzhou New Area	22305	7077	1546	5381	1089	2930	1388	2221	674
嘉峪关市	**Jiayuguan**	**35384**	**11052**	**2898**	**5266**	**2338**	**6592**	**3606**	**2548**	**1084**
金昌市	**Jinchang**	**33466**	**9592**	**3216**	**5156**	**2133**	**4606**	**4491**	**2583**	**1689**
金川区	Jinchuan	37484	10922	3542	5356	2507	5460	5092	2315	2290
永昌县	Yongchang	25217	6860	2546	4744	1364	2854	3260	3133	455
白银市	**Baiyin**	**23924**	**7178**	**2476**	**4961**	**1872**	**2525**	**2694**	**1834**	**384**
白银区	Baiyin	30758	9102	3326	6522	2898	3471	3086	1907	447
平川区	Pingchuan	24707	7666	2268	4974	1690	2308	2646	2655	499
靖远县	Jingyuan	18965	5454	2501	4069	1084	1454	2957	1260	186
会宁县	Huining	17722	5630	1393	3402	1285	1999	1983	1747	282
景泰县	Jingtai	18610	5406	1941	3906	975	2157	2419	1362	444
天水市	**Tianshui**	**18707**	**5249**	**1456**	**4654**	**1443**	**1855**	**1973**	**1632**	**445**
秦州区	Qinzhou	28362	7226	2215	8382	2004	2811	2419	2514	791
麦积区	Maiji	17890	4689	1146	3336	1386	2168	2290	2434	441
清水县	Qingshui	16052	4697	1390	3401	1572	1605	1884	1186	318
秦安县	Qinan	18583	5765	1325	5457	1356	1635	1507	1145	391
甘谷县	Gangu	15250	4961	1295	3472	1241	1156	2067	676	383
武山县	Wushan	11898	3629	1067	2223	1047	1338	1308	1164	120
张家川县	Zhangjiachuan	13626	3928	1189	3790	944	1157	1357	975	286
武威市	**Wuwei**	**29754**	**8896**	**3129**	**5471**	**1545**	**3423**	**4383**	**2537**	**371**
凉州区	Liangzhou	31851	9485	3360	6031	1418	3713	4881	2688	275
民勤县	Minqin	27549	7997	3068	4102	1237	4294	4698	1753	400
古浪县	Gulang	21042	6171	2515	3845	2412	1771	1925	1481	922
天祝县	Tianzhu	26531	8496	2282	4613	1796	2381	3261	3267	436
张掖市	**Zhangye**	**27182**	**7691**	**2184**	**4141**	**1427**	**4288**	**3085**	**3226**	**1140**

6-13 续表 1 continued

单位：元 (yuan)

地、县	Region & County	消费支出 Consumption Expenditures	食品烟酒 Food, Tobacco and Liquor	衣着 Clothing	居住 Residence	生活用品及服务 Household Facilities, Articles and Services	交通通信 Transport and Communications	教育文化娱乐 Education, Culture and Recreation	医疗保健 Health Care and Medical Services	其他用品和服务 Miscellaneous Goods and Services
甘州区	Ganzhou	27890	7410	1892	4216	1381	4962	2955	3621	1453
肃南县	Sunan	36654	10717	3118	4961	2811	5755	5008	3209	1073
民乐县	Minle	27696	7658	3510	5683	1590	3379	3680	1746	452
临泽县	Linze	25402	7987	1979	3488	1243	4156	2674	3379	495
高台县	Gaotai	26648	8195	2491	3809	1766	2788	3218	3425	956
山丹县	Shandan	23918	8003	2271	3213	1189	2983	3133	2304	822
平凉市	**Pingliang**	**22617**	**6760**	**1819**	**5052**	**1634**	**2542**	**2290**	**1955**	**566**
崆峒区	Kongtong	24559	7822	1721	5849	1873	2497	2122	2034	640
泾川县	Jingchuan	18027	5009	1784	3906	1576	1804	1570	1942	436
灵台县	Lingtai	19281	5602	1295	3019	1165	3509	1608	2378	704
崇信县	Chongxin	24836	6633	1959	4282	1733	3981	2201	3389	659
庄浪县	Zhuanglang	21750	6014	1896	5151	1429	2528	3243	1078	410
静宁县	Jingning	21337	5720	1840	4447	1472	2568	3048	1748	494
华亭市	Huating	24556	7710	2296	5686	1514	2440	2357	1973	582
酒泉市	**Jiuquan**	**32777**	**9225**	**2476**	**5447**	**2162**	**5627**	**3757**	**3095**	**989**
肃州区	Suzhou	36251	9911	2290	6742	2353	7197	3712	2763	1282
金塔县	Jinta	30575	8387	2537	4265	2084	5446	4004	2978	874
瓜州县	Guazhou	26438	8292	2570	2999	1850	3268	3835	3150	474
肃北县	Subei	41328	11904	4426	5655	3474	5459	6310	2679	1419
阿克塞县	Akesai	35102	10543	3751	5374	3345	4928	3894	2406	860
玉门市	Yumen	26809	7841	2360	4335	1744	4378	2952	2341	858
敦煌市	Dunhuang	32012	9010	2714	5057	1979	4052	3963	4530	707
庆阳市	**Qingyang**	**25426**	**7214**	**2645**	**5463**	**1712**	**3270**	**2392**	**2049**	**682**
西峰区	Xifeng	27654	7484	2785	7859	1704	3247	2329	1774	471
庆城县	Qingcheng	31821	8773	3299	6238	2128	4946	2173	3048	1216
环　县	Huanxian	25605	7660	2548	4661	2323	3201	2179	2061	972
华池县	Huachi	23745	7033	3049	3442	2409	3142	2435	1771	465
合水县	Heshui	21867	6280	2168	4440	1264	2475	2450	2078	713
正宁县	Zhengning	26192	7829	2924	5146	1220	3327	3217	2077	452
宁　县	Ningxian	20226	6049	2560	3397	1037	2359	2575	1760	489
镇原县	Zhenyuan	22583	6223	1894	5023	1666	3036	2177	1896	668
定西市	**Dingxi**	**22405**	**6663**	**1900**	**4706**	**1519**	**2967**	**2522**	**1710**	**418**
安定区	Anding	21580	6449	1581	4959	1720	1912	2784	1683	491
通渭县	Tongwei	22471	6403	1679	4812	1305	3152	2709	1922	490

6-13 续表 2 continued

单位：元 (yuan)

地、县	Region & County	消费支出 Consumption Expenditures	食品烟酒 Food, Tobacco and Liquor	衣着 Clothing	居住 Residence	生活用品及服务 Household Facilities, Articles and Services	交通通信 Transport and Communications	教育文化娱乐 Education, Culture and Recreation	医疗保健 Health Care and Medical Services	其他用品和服务 Miscellaneous Goods and Services
陇西县	Longxi	22636	6533	1638	5375	1351	4040	1987	1368	343
渭源县	Weiyuan	23246	7045	2805	4646	1485	2195	2595	1923	553
临洮县	Lintao	23296	7047	2004	4132	1367	3606	2860	1930	350
漳　县	Zhangxian	19809	6027	2329	3319	1571	2450	1848	1933	332
岷　县	Minxian	23277	7007	2417	4591	1723	3221	2322	1593	403
陇南市	**Longnan**	**23831**	**7676**	**2007**	**4524**	**1794**	**2658**	**2711**	**1803**	**658**
武都区	Wudu	28929	9153	2279	6279	2209	2609	3816	1770	815
成　县	Chengxian	23001	7065	1829	3332	1954	3442	2176	2540	662
文　县	Wenxian	17828	6023	1574	3295	1191	1841	2049	1149	705
宕昌县	Tanchang	17683	5411	1789	4370	1404	1587	1613	1210	299
康　县	Kangxian	22903	7195	2218	4148	1533	2796	2397	2041	574
西和县	Xihe	18401	6874	1733	2979	1217	1796	1678	1693	431
礼　县	Lixian	20256	6873	1996	3818	1947	1567	1883	1667	505
徽　县	Huixian	23200	7604	2001	3522	1716	3462	2477	1932	487
两当县	Liangdang	25631	7040	2130	3443	1697	6499	2114	2071	637
临夏州	**Linxia**	**21044**	**5920**	**2081**	**4272**	**1724**	**2163**	**2399**	**1976**	**509**
临夏市	Linxia	25017	6712	2513	5323	1727	2456	3294	2382	609
临夏县	Linxia	14439	4758	1752	3238	1613	1267	799	750	262
康乐县	Kangle	21440	6696	2049	4377	2489	2424	1358	1697	349
永靖县	Yongjing	16536	5448	1352	3450	1103	1599	1621	1613	350
广河县	Guanghe	14421	3912	1617	2990	1522	2271	488	1271	351
和政县	Hezheng	22643	6496	2381	4105	4186	2727	1232	1380	135
东乡县	Dongxiang	17948	4920	1742	2762	1650	1449	2718	2118	590
积石山县	Jishishan	19975	5377	1899	3177	1992	2808	2282	1618	822
甘南州	**Gannan**	**26474**	**9271**	**2983**	**5093**	**1994**	**3146**	**1833**	**1506**	**647**
合作市	Hezuo	34062	11416	4490	7593	2398	3609	2380	1499	677
临潭县	Lintan	18549	6536	1794	3639	1561	2300	1311	1032	375
卓尼县	Zhuoni	29841	11891	3410	4480	1723	2966	1798	2570	1003
舟曲县	Zhouqu	23603	8009	2540	4160	2322	3245	1600	1092	634
迭部县	Diebu	28878	9931	3148	5047	2331	2478	2978	1793	1172
玛曲县	Maqu	26649	8424	3517	4480	2998	2795	2224	1146	1063
碌曲县	Luqu	32789	12034	3148	4158	1943	5805	2592	2411	698
夏河县	Xiahe	19905	6929	1693	5122	1303	2302	938	1255	363

6-14 农村居民家庭生活基本情况
Basic Conditions of Rural Households

年份 Year	每个农村劳动力负担人数（人）Average Number of Dependents per Labour Force (person)	农村居民人均可支配收入（元）Per Capita Disposable Income of Rural Households (yuan)	农村居民人均消费支出（元）Per Capita Consumption Expenditure of Rural Households (yuan)	#食品烟酒 Food, Tobacco and Liquor	恩格尔系数（%）Engle's Coefficient (%)	人均居住面积（平方米）Per Capita Living Space (sq.m)
1978	2.42	101	88	66	74.82	
1979	2.36	112	97	70	72.08	
1980	2.32	153	126	81	64.80	13.87
1981	2.25	159	135	93	68.76	12.75
1982	2.14	174	141	96	67.81	13.53
1983	1.95	213	163	104	63.70	12.95
1984	1.91	221	178	113	63.35	12.96
1985	1.75	257	205	124	60.37	13.24
1986	1.73	283	233	138	59.21	13.44
1987	1.73	303	253	144	57.12	13.93
1988	1.70	345	277	152	54.96	14.32
1989	1.69	376	296	164	55.27	14.67
1990	1.67	431	339	205	60.49	11.88
1991	1.68	446	403	238	59.05	12.85
1992	1.69	489	420	248	59.04	13.13
1993	1.67	551	538	297	55.27	13.77
1994	1.57	724	674	444	65.85	14.54
1995	1.66	880	915	649	70.94	15.64
1996	1.63	1101	986	669	67.86	14.15
1997	1.67	1210	976	561	57.50	14.56
1998	1.65	1403	949	563	59.27	16.47
1999	1.65	1433	899	507	56.37	18.22
2000	1.72	1458	1121	536	47.78	18.00
2001	1.69	1550	1179	533	45.16	17.58
2002	1.69	1645	1220	547	44.85	17.58
2003	1.66	1742	1432	606	42.30	17.60
2004	1.64	1942	1587	732	46.14	17.88
2005	1.67	2091	1999	898	44.92	18.71
2006	1.64	2269	2061	915	44.41	19.12
2007	1.60	2493	2267	1010	44.54	19.46
2008	1.59	2938	2733	1223	44.77	19.87
2009	1.57	3237	3188	1240	38.88	20.55
2010	1.56	3747	3430	1443	42.07	20.96
2011	1.54	4278	4273	1695	39.66	23.65
2012	1.54	4931	4834	1795	37.13	24.08
2013	1.59	5589	5654	1949	34.47	24.66
2014	1.60	6277	6148	2146	34.91	28.60
2015	1.60	6936	6830	2244	32.86	29.30
2016	1.59	7457	7487	2343	31.29	30.36
2017	1.59	8076	8030	2438	30.36	31.44
2018	1.67	8804	9065	2695	29.73	31.80
2019	1.62	9629	9694	2827	29.20	31.30
2020	1.58	10344	9923	3065	30.89	31.92
2021	1.59	11433	11206	3467	30.94	32.06
2022	1.57	12165	11494	3682	32.03	32.54
2023	1.56	13131	12575	3999	31.80	33.50

6-15 农村居民家庭基本情况
Basic Conditions of Rural Households

指　标	Item	2015	2020	2022	2023
调查户数（户）	**Number of Households Surveyed (household)**	**2500**	**2350**	**2350**	**2080**
平均每户常住人口（人）	Average Number of Permanent Residents per Household (person)	4.50	3.77	3.52	3.50
平均每户整半劳动力（人）	Average Number of Full/Semi Labor Force per Household (person)	2.50	2.38	2.25	2.22
平均每个劳动力负担人口（含本人）（人）	Average Number of Dependents per Labour Force (including the laborer himself or herself) (person)	1.60	1.58	1.57	1.56
人均可支配收入（元）	**Per Capita Disposable Income (yuan)**	**6936**	**10344**	**12165**	**13131**
工资性收入	Income from Wages and Salaries	1975	2986	3498	3893
经营净收入	Net Business Income	3025	4650	5435	5642
财产净收入	Net Income from Property	128	135	161	180
转移净收入	Net Income from Transfer	1808	2573	3071	3417
人均消费支出（元）	**Per Capita Annual Consumption Expenditure (yuan)**	**6830**	**9923**	**11494**	**12575**

6-16 农村居民人均可支配收入及构成
Per Capita Disposable Income of Rural Households and Its Composition

指　标	Item	2015	2020	2022	2023
农村居民人均可支配收入（元）	**Per Capita Disposable Income of Rural Households (yuan)**	**6936**	**10344**	**12165**	**13131**
工资性收入	Income from Wages and Salaries	1975	2986	3498	3893
经营净收入	Net Business Income	3025	4650	5435	5642
第一产业经营净收入	Net Income from Primary Industry	2509	3734	4418	4554
#农业收入	Farming	2003	2891	3275	3351
牧业收入	Animal Husbandry	503	807	1008	1088
第二产业经营净收入	Net Income from Secondary Industry	36	75	83	88
第三产业经营净收入	Net Income from Tertiary Industry	480	842	935	1000
财产净收入	Net Income from Property	128	135	161	180
转移净收入	Net Income from Transfer	1808	2573	3071	3417
构成（%）	**Composition (%)**				
工资性收入	Income from Wages and Salaries	28.47	28.87	28.75	29.65
经营净收入	Net Income from Household Operations	43.62	44.96	44.68	42.96
财产净收入	Net Income from Property	1.84	1.31	1.32	1.37
转移净收入	Net Income from Transfer	26.07	24.87	25.24	26.02

6–17 农村住户总支出及构成
Total Expenditure of Rural Households and Its Composition

指 标	Item	2015	2020	2022	2023
总支出（元）	**Total Expenditure(yuan)**	**11761**	**16009**	**18846**	**19519**
消费支出	Consumption Expenditure	6830	9923	11494	12575
生产经营费用支出	Production Operations Fee Expenditure	2186	2971	3504	3012
第一产业经营费用支出	Primary Industry	1970	2252	2969	2577
第二产业经营费用支出	Secondary Industry	16	47	35	21
第三产业经营费用支出	Tertiary Industry	199	673	500	414
财产性支出	Property Expenditure	21	15	37	40
转移性支出	Transfer Expenditure	198	439	483	559
部分商业保险支出	Expenditure of Part of Commercial Insurance	47	52	71	64
购置资产及非经常性转移支出	Purchase of Assets and Transfer of Non-recurring Expenditure	1912	1912	2449	2343
购置资产支出	Purchase of Assets Expenditure	939	864	1416	810
非经常性转移支出	Purchase of Transfer of Non-recurring Expenditure	973	1048	1033	1532
借贷性支出	Debit and Credit Expenditure	567	696	807	928
存入储蓄款	Deposit Money in Bank	186	5	6	14
借出款	Lending Money	21	35	7	16
归还借款	Returning Loans	242	285	219	411
购买有价证券	Purchase Marketable Securities				
其他投资支出	Other Investment Expenditures		2		7
归还住房贷款	Return the Housing Loans	13	102	179	182
归还汽车贷款	Return the Car Loans	1	16	86	72
归还教育贷款	Return the Education Loans	6	29	11	23
归还其他贷款	Return the Other Loans	91	215	271	191
其他借贷支出	Other Debit and Credit Expenditure	6	7	28	10
总支出构成（%）	**Composition of Total Expenditure(%)**				
消费支出	Consumption Expenditure	58.07	61.99	60.99	64.43
生产经营费用支出	Production Operations Fee Expenditure	18.59	18.56	18.59	15.43
财产性支出	Property Expenditure	0.18	0.09	0.20	0.20
转移性支出	Transfer Expenditure	1.68	2.74	2.56	2.86
部分商业保险支出	Expenditure of Part of Commercial Insurance	0.40	0.32	0.37	0.33
购置资产及非经常性转移支出	Purchase of Assets and Transfer of Non-recurring Expenditure	16.26	11.94	12.99	12.00
借贷性支出	Debit and Credit Expenditure	4.82	4.35	4.28	4.75

6-18 农村居民人均消费支出
Per Capita Living Expenditure of Rural Households

单位：元 (yuan)

指　标	Item	2015	2020	2022	2023
消费支出	**Consumption Expenditure**	**6830**	**9923**	**11494**	**12575**
食品烟酒	Food,Tobacco and Liquor	2244	3065	3682	3999
衣着	Clothing	466	608	655	702
居住	Residence	1221	1906	2297	2482
生活用品及服务	Household Facilities,Articles and Services	445	589	593	635
交通通信	Transport and Communication	812	1234	1536	1694
教育文化娱乐	Education,Cultural and Recreation	854	1211	1236	1376
医疗保健	Health Care and Medical Services	670	1140	1308	1481
其他用品及服务	Other Commodities and Services	118	169	189	205

6-19 农村居民家庭平均每人消费支出构成
Composition of Per Capita Living Expenditure of Rural Households

单位：% (%)

指　标	Item	2015	2020	2022	2023
消费支出	**Consumption Expenditure**	**100.00**	**100.00**	**100.00**	**100.00**
食品烟酒	Food,Tobacco and Liquor	32.86	30.89	32.03	31.80
衣着	Clothing	6.83	6.13	5.69	5.58
居住	Residence	17.88	19.21	19.98	19.74
生活用品及服务	Household Facilities,Articles and Services	6.52	5.93	5.16	5.05
交通通信	Transport and Communications	11.88	12.44	13.36	13.47
教育文化娱乐	Education,Cultural and Recreation	12.50	12.21	10.75	10.95
医疗保健	Health Care and Medical Services	9.80	11.49	11.38	11.78
其他用品及服务	Other Goods and Services	1.73	1.70	1.64	1.63

6-20 按收入五等份分组的农村居民人均可支配收入及构成（2023）

Per Capita Disposable Income of Rural Households and Its Composition by Level of Income (2023)

指标	Item	全省平均 Average	低收入户(20%) Low Income Households	中间偏下户(20%) Lower Middle Income Households	中间收入户(20%) Middle Income Households	中间偏上户(20%) Upper Middle Income Households	高收入户(20%) High Income Households
人均可支配收入（元）	**Per Capita Annual Net Income (yuan)**	**13131**	**4102**	**7714**	**10717**	**15600**	**33634**
工资性收入	Income from Wages and Salaries	3893	1583	2657	3855	5339	7269
经营净收入	Net Business Income	5642	255	1734	2987	5881	21761
财产净收入	Net Income from Property	180	-10	95	73	177	702
转移净收入	Net Income from Transfer	3417	2274	3229	3802	4202	3901
人均可支配收入构成(%)	**Per Composition of Disposable Income (%)**						
工资性收入	Income from Wages and Salaries	29.65	38.58	34.44	35.97	34.23	21.61
经营净收入	Net Business Income	42.96	6.21	22.47	27.87	37.70	64.70
财产净收入	Net Income from Property	1.37	-0.24	1.23	0.68	1.14	2.09
转移净收入	Net Income from Transfer	26.02	55.45	41.86	35.48	26.94	11.60

6-21 按收入五等份分组的农村居民家庭平均每人消费支出（2023）

Per Capita Consumption Expenditure of Rural Households by Income Quintile (2023)

单位：元 (yuan)

指标	Item	全省平均 Average	低收入户(20%) Low Income Households	中间偏下户(20%) Lower Middle Income Households	中间收入户(20%) Middle Income Households	中间偏上户(20%) Upper Middle Income Households	高收入户(20%) High Income Households
消费支出	**Consumption Expenditure**	**12575**	**10747**	**10701**	**12214**	**13705**	**16944**
食品烟酒	Food,Tobacco and Liquor	3999	3353	3454	3826	4362	5473
衣着	Clothing	702	592	645	700	742	895
居住	Residence	2482	1974	2128	2502	2771	3339
生活用品及服务	Household Facilities,Articles and Services	635	560	524	601	682	890
交通通信	Transport and Communications	1694	1415	1327	1604	1923	2453
教育文化娱乐	Education, Cultural and Recreation	1376	1491	1232	1434	1379	1343
医疗保健	Health Care and Medical Services	1481	1219	1225	1356	1596	2237
其他商品及服务	Other Goods and Services	205	144	167	190	250	314

6-22 农村居民人均主要消费品消费量
Per Capita Consumption of Major Consumer Goods by Rural Households

单位：千克 (kg)

指 标	Item	2010	2015	2020	2022	2023
粮食（原粮）	Grain (Unprocessed)	229.03	181.34	176.70	164.85	158.27
#豆类及豆制品	Beans and Bean Products	5.15	4.31	6.38	5.78	6.00
蔬菜（蔬菜及菜制品）	Vegetables	43.14	55.37	64.10	67.26	78.40
食油（油脂类）	Edible Oil	4.13	8.47	9.95	10.18	10.27
肉类	Products of Meat			14.83	20.82	22.18
#猪肉	Pork	12.30	12.46	11.40	16.94	17.71
牛肉	Beef	0.35	0.61	0.85	0.85	1.05
羊肉	Mutton	0.80	1.98	1.50	1.82	1.74
家禽（禽类）	Poultry	1.29	3.53	5.81	5.24	4.87
蛋及蛋制品	Eggs and Processed Products	2.58	6.40	7.28	7.93	8.10
奶和奶制品	Milk and Processed Products	2.72	6.51	6.90	6.86	6.45
水产品	Aquatic Products	0.30	0.75	1.10	1.21	1.45
瓜果（鲜瓜果）	Melons and Fruits	16.39	35.13	40.31	35.14	43.52
食糖	Sugar	0.97	1.73	1.94	1.87	1.60
酒（元）	Liquor (yuan)	7.28	9.82	5.99	171.70	

注：酒的计量单位自 2022 年起改为元，2022 年以前的计量单位为千克。
a) The unit of measurement of liquor has been changed to yuan since 2022 and the unit of measurement before 2022 is kilogram.

6-23 农村居民家庭平均每百户年底耐用消费品拥有量
Number of Durable Consumer Goods Owned Per 100 Rural Households at Year-end

指 标	Item	2015	2020	2022	2023
家用汽车（辆）	Automobile (unit)	10.0	24.6	31.5	38.0
摩托车（台）	Motorcycle (set)	88.6	58.4	51.7	39.3
电冰箱（台）	Refrigerator(set)	55.3	86.2	88.8	94.1
洗衣机（台）	Washing Machine(set)	86.0	98.0	98.1	98.1
热水器（台）	Water Heater(set)	20.3	41.1	39.9	45.4
空调（台）	Air Conditioner(set)	0.7	2.2	4.1	5.6
彩色电视机（台）	Color Tv Set(set)	109.0	111.4	109.5	98.0
照相机（架）	Camera (set)	2.5	1.8	1.6	1.1
家用计算机（台）	Computer(set)	14.2	22.5	21.5	18.4
中高档乐器（件）	Medium and High Grades Musical Instruments(unit)	0.5	0.9	0.5	2.2
移动电话（部）	Mobile Telephone(set)	244.6	309.9	306.0	315.3

6-24 各市（州）农村居民人均可支配收入（2023）

Per Capita Annual Total Income of Rural Households by Region (2023)

单位：元 (yuan)

市（州）	Region	可支配收入 Disposable Income	工资性收入 Income from Wages and Salaries	经营净收入 Net Business Income	财产净收入 Net Income from Property	转移净收入 Net Income from Transfer
兰州市	Lanzhou	18604	9669	5865	389	2680
嘉峪关市	Jiayuguan	28518	14484	12447	1372	215
金昌市	Jinchang	21258	7197	10696	1755	1610
白银市	Baiyin	13752	5418	6719	128	1486
天水市	Tianshui	11520	3556	3409	190	4365
武威市	Wuwei	17266	4927	10059	235	2045
张掖市	Zhangye	20400	7515	10490	509	1885
平凉市	Pingliang	12503	4042	4495	102	3865
酒泉市	Jiuquan	25405	7129	15917	203	2156
庆阳市	Qingyang	13246	4564	5152	249	3281
定西市	Dingxi	11228	3088	5326	226	2588
陇南市	Longnan	10854	4325	3363	100	3066
临夏州	Linxia	10446	3333	4201	157	2756
甘南州	Gannan	11765	5264	4900	115	1487

6-25 各市（州）农村居民人均消费支出（2023）

Per Capita Annual Consumption Expenditure of Rural Households by Region (2023)

单位：元 (yuan)

市（州）	Region	消费支出 Consumption Expenditures	食品烟酒 Food, Tobacco and Liquor	衣着 Clothing	居住 Residence	生活用品及服务 Household Facilities, Articles and Services	交通通信 Transport and Communications	教育文化娱乐 Education, Culture and Recreation	医疗保健 Health Care and Medical Services	其他用品和服务 Miscellaneous Goods and Services	恩格尔系数(%) Engle's Coefficient (%)
兰州市	Lanzhou	14247	4629	861	2849	691	1874	1718	1332	293	32.5
嘉峪关市	Jiayuguan	20059	5833	1436	3392	850	3791	2979	1395	382	29.1
金昌市	Jinchang	15697	4879	972	2434	744	2523	2187	1623	334	31.1
白银市	Baiyin	10084	3172	560	2153	490	1293	1234	992	190	31.5
天水市	Tianshui	12114	3764	722	2620	849	1345	1328	1266	221	31.1
武威市	Wuwei	14690	4621	883	2559	661	2049	2325	1406	187	31.5
张掖市	Zhangye	18123	5625	1100	2907	792	2653	2138	2317	591	31.0
平凉市	Pingliang	12241	3560	646	2550	670	1632	1284	1638	260	29.1
酒泉市	Jiuquan	18446	5260	962	3648	801	3215	2092	2087	381	28.5
庆阳市	Qingyang	11235	3540	748	2248	634	1488	1244	1146	187	31.5
定西市	Dingxi	10819	3626	598	2131	604	1344	1175	1196	147	33.5
陇南市	Longnan	12230	4222	907	2334	793	1524	1097	1177	175	34.5
临夏州	Linxia	9066	2925	697	2108	816	919	468	1027	107	32.3
甘南州	Gannan	9471	3839	728	2300	561	1025	487	354	178	40.5

6–26 各地、县农村居民人均可支配收入（2023）
Per Capita Disposable Income of Rural Households by Region & County (2023)

单位：元 (yuan)

地、县	Region & County	农村居民人均可支配收入 Per Capita Disposable Income of Rural Households	工资性收入 Income from Wages and Salaries	经营净收入 Net Business Income	财产净收入 Net Income from Property	转移净收入 Net Income from Transfer
兰州市	**Lanzhou**	**18604**	**9669**	**5865**	**389**	**2680**
城关区	Chengguan	36147	17763	538	10671	7175
七里河区	Qilihe	27678	13318	11455	218	2687
西固区	Xigu	27496	17217	4725	549	5005
安宁区	Anning					
红古区	Honggu	28940	11574	12150	297	4918
永登县	Yongdeng	16238	6057	6166	35	3980
皋兰县	Gaolan	16223	8879	6218	72	1054
榆中县	Yuzhong	16021	7617	6187	84	2133
兰州新区	Lanzhou New Area	16823	14568	346	362	1546
嘉峪关市	**Jiayuguan**	**28518**	**14484**	**12447**	**1372**	**215**
金昌市	**Jinchang**	**21258**	**7197**	**10696**	**1755**	**1610**
金川区	Jinchuan	26468	9436	12327	3943	762
永昌县	Yongchang	19794	6569	10238	1140	1848
白银市	**Baiyin**	**13752**	**5418**	**6719**	**128**	**1486**
白银区	Baiyin	21740	4990	16337	216	198
平川区	Pingchuan	14769	6456	6298	79	1936
靖远县	Jingyuan	14481	4925	8415	157	984
会宁县	Huining	11365	5441	4124	125	1674
景泰县	Jingtai	16342	6100	7882	70	2291
天水市	**Tianshui**	**11520**	**3556**	**3409**	**190**	**4365**
秦州区	Qinzhou	13306	4634	4086	578	4009
麦积区	Maiji	11578	4397	3571	494	3115
清水县	Qingshui	10489	3404	1432	43	5610
秦安县	Qinan	11740	3030	4909	68	3732
甘谷县	Gangu	11520	3335	4163	123	3899
武山县	Wushan	12028	3809	2870	95	5254
张家川县	Zhangjiachuan	10390	2691	2504	18	5177
武威市	**Wuwei**	**17266**	**4927**	**10059**	**235**	**2045**
凉州区	Liangzhou	21055	6142	11769	351	2794
民勤县	Minqin	19786	3622	14267	106	1791
古浪县	Gulang	10496	3884	5598	155	859
天祝县	Tianzhu	11419	3811	5621	80	1907
张掖市	**Zhangye**	**20400**	**7515**	**10490**	**509**	**1885**

6-26 续表 1 continued

单位：元 (yuan)

地、县	Region & County	农村居民人均可支配收入 Per Capita Disposable Income of Rural Households	工资性收入 Income from Wages and Salaries	经营净收入 Net Business Income	财产净收入 Net Income from Property	转移净收入 Net Income from Transfer
甘州区	Ganzhou	21574	8690	10164	425	2296
肃南县	Sunan	25277	1820	17978	177	5301
民乐县	Minle	17553	6057	8877	970	1648
临泽县	Linze	21886	4904	15662	92	1228
高台县	Gaotai	20608	9486	9724	337	1062
山丹县	Shandan	19609	8336	9588	391	1294
平凉市	**Pingliang**	**12503**	**4042**	**4495**	**102**	**3865**
崆峒区	Kongtong	15599	6189	5272	41	4097
泾川县	Jingchuan	14594	3599	5663	39	5293
灵台县	Lingtai	12474	6168	3575	132	2600
崇信县	Chongxin	12184	6946	1999	250	2989
庄浪县	Zhuanglang	10309	2292	3812	201	4003
静宁县	Jingning	11468	2171	5518	2	3777
华亭市	Huating	13285	7722	2588	182	2794
酒泉市	**Jiuquan**	**25405**	**7129**	**15917**	**203**	**2156**
肃州区	Suzhou	25119	6723	16443	243	1711
金塔县	Jinta	25788	9646	14255	205	1682
瓜州县	Guazhou	24811	4504	17221	32	3054
肃北县	Subei	36555	3841	12902	195	19618
阿克塞县	Akesai	39407	7961	20639	314	10493
玉门市	Yumen	25450	6822	16941	74	1613
敦煌市	Dunhuang	25576	11642	12717	481	735
庆阳市	**Qingyang**	**13246**	**4564**	**5152**	**249**	**3281**
西峰区	Xifeng	14858	7161	5062	1045	1590
庆城县	Qingcheng	12843	5513	4785	220	2325
环　县	Huanxian	12868	4029	5424	309	3106
华池县	Huachi	12819	5996	4894	79	1850
合水县	Heshui	13102	4717	5980	57	2349
正宁县	Zhengning	14219	3878	6956	285	3100
宁　县	Ningxian	13189	3229	4878	72	5010
镇原县	Zhenyuan	12912	4337	4646	124	3805
定西市	**Dingxi**	**11228**	**3088**	**5326**	**226**	**2588**
安定区	Anding	11731	3114	5127	218	3272
通渭县	Tongwei	10123	2090	4265	107	3661

6-26 续表 2 continued

单位：元 (yuan)

地、县	Region & County	农村居民人均可支配收入 Per Capita Disposable Income of Rural Households	工资性收入 Income from Wages and Salaries	经营净收入 Net Business Income	财产净收入 Net Income from Property	转移净收入 Net Income from Transfer
陇西县	Longxi	12465	5421	4517	169	2359
渭源县	Weiyuan	11183	1773	6230	524	2656
临洮县	Lintao	11808	2831	6739	67	2171
漳　县	Zhangxian	10575	2948	4169	132	3326
岷　县	Minxian	10610	3410	5332	357	1511
陇南市	**Longnan**	**10854**	**4325**	**3363**	**100**	**3066**
武都区	Wudu	11451	4623	4080	55	2692
成　县	Chengxian	12981	7611	3239	74	2057
文　县	Wenxian	10015	3650	3656	89	2619
宕昌县	Tanchang	10078	5063	3517	222	1275
康　县	Kangxian	10104	3557	2686	105	3756
西和县	Xihe	10189	2890	2387	20	4892
礼　县	Lixian	10204	2911	2793	130	4371
徽　县	Huixian	13029	7121	3834	99	1976
两当县	Liangdang	9968	2662	5127	196	1983
临夏州	**Linxia**	**10446**	**3333**	**4201**	**157**	**2756**
临夏市	Linxia	20371	10695	6114	1030	2533
临夏县	Linxia	11033	4332	4369	197	2135
康乐县	Kangle	10701	1680	5410	165	3446
永靖县	Yongjing	10390	3517	4378	91	2404
广河县	Guanghe	11455	3432	4419	71	3533
和政县	Hezheng	9912	3447	3607	163	2695
东乡县	Dongxiang	8388	2081	3856	40	2411
积石山县	Jishishan	8929	2569	3023	95	3241
甘南州	**Gannan**	**11765**	**5264**	**4900**	**115**	**1487**
合作市	Hezuo	11900	7581	3582	8	729
临潭县	Lintan	11312	6207	3134	18	1953
卓尼县	Zhuoni	11580	3146	7939	36	460
舟曲县	Zhouqu	11384	7263	2668	39	1414
迭部县	Diebu	11263	5304	4491	114	1354
玛曲县	Maqu	14095	130	10414	37	3515
碌曲县	Luqu	13885	1790	8764	823	2509
夏河县	Xiahe	11777	3246	6203	473	1855

6-27 各地、县农村居民平均每人消费支出（2023）
Per Capita Consumption Expenditure of Rural Households by Region & County (2023)

单位：元 (yuan)

地、县	Region & County	消费支出 Consumption Expenditures	食品烟酒 Food, Tobacco and Liquor	衣着 Clothing	居住 Residence	生活用品及服务 Household Facilities, Articles and Services	交通通信 Transport and Communications	教育文化娱乐 Education, Culture and Recreation	医疗保健 Health Care and Medical Services	其他用品和服务 Miscellaneous Goods and Services
兰州市	**Lanzhou**	**14247**	**4629**	**861**	**2849**	**691**	**1874**	**1718**	**1332**	**293**
城关区	Chengguan	29035	6631	1275	11775	895	2790	2850	2477	343
七里河区	Qilihe	18201	5934	1056	3582	1024	2104	2158	1353	990
西固区	Xigu	22689	6282	1682	7129	1302	1728	2363	1478	726
安宁区	Anning									
红古区	Honggu	17719	7064	947	3365	1167	1705	1662	1443	365
永登县	Yongdeng	13342	4120	935	2220	564	2670	1557	1080	197
皋兰县	Gaolan	10217	3513	619	2017	506	1075	1148	977	361
榆中县	Yuzhong	12391	4055	613	2123	595	1549	1835	1466	155
兰州新区	Lanzhou New Area	14925	5232	1193	3140	699	2003	1266	1163	229
嘉峪关市	**Jiayuguan**	**20059**	**5833**	**1436**	**3392**	**850**	**3791**	**2979**	**1395**	**382**
金昌市	**Jinchang**	**15697**	**4879**	**972**	**2434**	**744**	**2523**	**2187**	**1623**	**334**
金川区	Jinchuan	19909	5468	1117	2987	661	4056	2629	2376	616
永昌县	Yongchang	14514	4714	932	2279	768	2093	2062	1411	255
白银市	**Baiyin**	**10084**	**3172**	**560**	**2153**	**490**	**1293**	**1234**	**992**	**190**
白银区	Baiyin	12668	4037	682	2975	698	1198	1548	975	556
平川区	Pingchuan	12569	3991	628	3074	763	1132	1186	1728	68
靖远县	Jingyuan	10600	3049	649	2414	543	1655	1103	923	263
会宁县	Huining	8773	2948	376	1878	366	946	1198	952	110
景泰县	Jingtai	10816	3432	863	1622	541	1683	1579	889	208
天水市	**Tianshui**	**12114**	**3764**	**722**	**2620**	**849**	**1345**	**1328**	**1266**	**221**
秦州区	Qinzhou	12520	3662	1014	2508	754	1478	1507	1417	180
麦积区	Maiji	14088	3890	749	2932	903	2070	1814	1554	176
清水县	Qingshui	11865	3549	726	2511	1051	1188	1014	1594	232
秦安县	Qinan	11409	3689	491	2405	900	1225	1623	916	161
甘谷县	Gangu	12196	4485	697	2552	869	1053	1288	1018	233
武山县	Wushan	11021	3251	791	2027	624	1398	1663	1067	201
张家川县	Zhangjiachuan	11690	3566	687	3294	756	1152	506	1374	355
武威市	**Wuwei**	**14690**	**4621**	**883**	**2559**	**661**	**2049**	**2325**	**1406**	**187**
凉州区	Liangzhou	16662	5651	925	2721	540	2237	2768	1719	103
民勤县	Minqin	18307	5247	1077	2257	970	3107	3144	1915	588
古浪县	Gulang	9820	2612	764	2749	745	1167	1057	654	71
天祝县	Tianzhu	11177	3650	625	1675	488	1570	2039	911	220
张掖市	**Zhangye**	**18123**	**5625**	**1100**	**2907**	**792**	**2653**	**2138**	**2317**	**591**

6-27 续表 1 continued

单位：元 (yuan)

地、县	Region & County	消费支出 Consumption Expenditures	食品烟酒 Food, Tobacco and Liquor	衣着 Clothing	居住 Residence	生活用品及服务 Household Facilities, Articles and Services	交通通信 Transport and Communications	教育文化娱乐 Education, Culture and Recreation	医疗保健 Health Care and Medical Services	其他用品和服务 Miscellaneous Goods and Services
甘州区	Ganzhou	18203	5814	978	2880	721	2604	1629	2706	871
肃南县	Sunan	24129	7525	1899	2879	1438	5024	2963	1999	403
民乐县	Minle	17480	5231	1152	3071	712	2694	2513	1787	322
临泽县	Linze	18265	5443	1051	2911	887	2775	2245	2515	437
高台县	Gaotai	18634	6069	1241	2671	1230	2319	2907	1672	523
山丹县	Shandan	17177	5079	1173	2847	612	2338	2257	2503	368
平凉市	**Pingliang**	**12241**	**3560**	**646**	**2550**	**670**	**1632**	**1284**	**1638**	**260**
崆峒区	Kongtong	12972	3981	672	2458	717	1703	1402	1912	126
泾川县	Jingchuan	12775	3690	659	2958	666	1561	1288	1806	146
灵台县	Lingtai	9059	3030	486	1956	406	1093	329	1661	99
崇信县	Chongxin	11185	3135	821	2525	612	1349	922	1664	156
庄浪县	Zhuanglang	12569	3850	654	2441	739	1468	1591	1293	533
静宁县	Jingning	12400	3180	608	2673	708	2076	1290	1659	205
华亭市	Huating	13002	3625	750	2820	587	1653	1446	1844	276
酒泉市	**Jiuquan**	**18446**	**5260**	**962**	**3648**	**801**	**3215**	**2092**	**2087**	**381**
肃州区	Suzhou	21219	5842	930	4874	811	3738	2034	2557	432
金塔县	Jinta	16963	5217	1070	2431	668	3307	1991	1881	397
瓜州县	Guazhou	14229	4236	745	2204	778	2687	1616	1701	261
肃北县	Subei	29973	8310	1875	4054	2377	4584	5679	1161	1933
阿克塞县	Akesai	30685	9681	2295	7147	1708	3996	3352	2022	483
玉门市	Yumen	14798	4437	879	3067	644	2181	1796	1585	210
敦煌市	Dunhuang	19859	5521	1304	3735	857	3057	3048	1951	386
庆阳市	**Qingyang**	**11235**	**3540**	**748**	**2248**	**634**	**1488**	**1244**	**1146**	**187**
西峰区	Xifeng	13955	4385	1145	2848	807	1982	1276	1264	247
庆城县	Qingcheng	12580	3298	747	2454	631	2214	1719	1280	238
环　县	Huanxian	10316	3590	660	2022	521	1458	1399	565	102
华池县	Huachi	9352	3151	596	1413	541	1547	958	950	195
合水县	Heshui	10938	3669	726	2517	674	1343	686	1173	149
正宁县	Zhengning	9788	3169	684	2129	686	1050	992	979	98
宁　县	Ningxian	10328	3543	860	2013	565	1016	1017	1145	168
镇原县	Zhenyuan	11972	3432	601	2454	703	1534	1426	1566	256
定西市	**Dingxi**	**10819**	**3626**	**598**	**2131**	**604**	**1344**	**1175**	**1196**	**147**
安定区	Anding	10174	3849	495	1878	379	1371	917	1144	140
通渭县	Tongwei	11241	3262	305	1748	578	920	2316	1918	194

6-27 续表 2 continued

单位：元 (yuan)

地、县	Region & County	消费支出 Consumption Expenditures	食品烟酒 Food, Tobacco and Liquor	衣着 Clothing	居住 Residence	生活用品及服务 Household Facilities, Articles and Services	交通通信 Transport and Communications	教育文化娱乐 Education, Culture and Recreation	医疗保健 Health Care and Medical Services	其他用品和服务 Miscellaneous Goods and Services
陇西县	Longxi	11951	4058	690	3121	679	1382	1084	780	157
渭源县	Weiyuan	10772	3581	658	1873	663	1572	1372	900	154
临洮县	Lintao	10945	3674	603	1826	466	1516	949	1726	186
漳　县	Zhangxian	10432	3423	711	2025	631	1027	1074	1415	126
岷　县	Minxian	10205	3518	751	2424	812	1435	643	551	72
陇南市	**Longnan**	**12230**	**4222**	**907**	**2334**	**793**	**1524**	**1097**	**1177**	**175**
武都区	Wudu	13846	4411	970	2464	985	1900	1664	1264	187
成　县	Chengxian	12500	4213	1076	2099	838	1672	1244	1148	209
文　县	Wenxian	12631	4316	744	2431	786	1424	1005	1616	307
宕昌县	Tanchang	10236	4162	722	2253	509	1112	604	767	108
康　县	Kangxian	12745	3597	1033	2762	905	1759	1148	1387	154
西和县	Xihe	13388	4936	1053	2545	799	1553	906	1400	196
礼　县	Lixian	9939	3716	719	1939	566	1142	775	943	138
徽　县	Huixian	12618	4178	1107	2319	998	1555	1115	1157	189
两当县	Liangdang	12193	4179	838	1762	898	1727	1099	1502	189
临夏州	**Linxia**	**9066**	**2925**	**697**	**2108**	**816**	**919**	**468**	**1027**	**107**
临夏市	Linxia	15835	4583	1145	3846	1172	1888	925	2102	173
临夏县	Linxia	9900	3331	800	2520	711	981	509	959	88
康乐县	Kangle	10065	3071	748	2394	858	937	462	1525	70
永靖县	Yongjing	9910	3396	585	2320	679	1294	873	657	106
广河县	Guanghe	9708	3044	919	2469	869	979	313	1030	85
和政县	Hezheng	9280	2826	773	1887	1125	1039	360	1215	54
东乡县	Dongxiang	6545	2091	455	1392	885	582	214	806	120
积石山县	Jishishan	7017	2439	488	1393	581	630	568	726	192
甘南州	**Gannan**	**9471**	**3839**	**728**	**2300**	**561**	**1025**	**487**	**354**	**178**
合作市	Hezuo	9671	3837	872	2369	537	1179	351	389	137
临潭县	Lintan	10103	3865	981	2981	858	958	177	247	37
卓尼县	Zhuoni	8498	3446	683	2106	576	690	374	366	256
舟曲县	Zhouqu	8705	3678	409	2284	226	904	805	344	54
迭部县	Diebu	9073	3833	540	2651	469	640	253	442	246
玛曲县	Maqu	13249	5698	1353	1000	1083	2140	675	524	776
碌曲县	Luqu	10049	3897	706	1534	859	1528	892	446	187
夏河县	Xiahe	9724	3744	904	2366	678	1193	272	299	269

主要统计指标解释

从2012年四季度起，国家统计局对分别进行的城乡住户调查实施了一体化改革，规范了城乡划分范围，统一了城乡居民收入指标名称、分类和统计标准，建立了城乡统一的一体化住户调查，并据此采集全国居民有关数据。甘肃省自2015年起发布城乡一体化住户收支与生活状况调查数据。2014年及以前年份的数据，根据城镇住户调查和农村住户调查的历史数据，按照住户收支与生活状况调查可比口径推算得到。

一、居民可支配收入

居民可支配收入指居民可用于最终消费支出和储蓄的总和，即居民可用于自由支配的收入。既包括现金收入，也包括实物收入。按照收入的来源，可支配收入包含四项，分别为：工资性收入、经营净收入、财产净收入和转移净收入。

工资性收入 指就业人员通过各种途径得到的全部劳动报酬和各种福利，包括受雇于单位或个人、从事各种自由职业、兼职和零星劳动得到的全部劳动报酬和福利。

经营净收入 指住户或住户成员从事生产经营活动所获得的净收入，是全部经营收入中扣除经营费用、生产性固定资产折旧和生产税之后得到的净收入。计算公式为：

经营净收入＝经营收入－经营费用－生产性固定资产折旧－生产税

财产净收入 指住户或住户成员将其所拥有的金融资产、住房等非金融资产和自然资源交由其他机构单位、住户或个人支配而获得的回报并扣除相关的费用之后得到的净收入。财产净收入包括利息净收入、红利收入、储蓄性保险净收益、转让承包土地经营权租金净收入、出租房屋净收入、出租其他资产净收入和自有住房折算净租金等。财产净收入不包括转让资产所有权的溢价所得。

转移净收入 计算公式为：转移净收入＝转移性收入－转移性支出

转移性收入 指国家、单位、社会团体对住户的各种经常性转移支付和住户之间的经常性收入转移。包括养老金或退休金、社会救济和补助、政策性生产补贴、政策性生活补贴、救灾款、经常性捐赠和赔偿、报销医疗费、住户之间的赡养收入，本住户非常住成员寄回带回的收入等。转移性收入不包括住户之间的实物馈赠。

转移性支出 指调查户对国家、单位、住户或个人的经常性或义务性转移支付。包括缴纳的税款、各项社会保障支出、赡养支出、经常性捐赠和赔偿支出以及其他经常转移支出等。

根据住户收支与生活状况调查，分城镇和农村的居民人均可支配收入等数据的覆盖人群主要变化：一是计算城镇居民人均可支配收入时分母包括了在城镇地区常住的农民工，计算农村居民人均可支配收入时分母不包括在城镇地区常住的农民工；二是由本户供养的在外大学生视为常住人口。

二、居民消费支出

居民消费支出是指居民用于满足家庭日常生活消费需要的全部支出，既包括现金消费支出，也包括实物消费支出。消费支出可划分为食品烟酒、衣着、居住、生活用品及服务、交通通信、教育文化娱乐、医疗保健以及其他用品及服务八大类。

食品烟酒 指用于各种食品和烟草、酒类的支出。

衣着 指与居民穿着有关的支出，包括服装、服装材料、鞋类、其他衣类及配件、衣着相关加工服务的支出。

居住 指与居住有关的支出，包括房租、水、电、燃料、物业管理等方面的支出，也包括自有住房折算租金。

生活用品及服务 指家庭及个人的各类生活用品及家庭服务。包括家具及室内装饰品、家用器具、家用纺织品、家庭日用杂品、个人用品和家庭服务。

交通通信 指用于交通和通信工具及相关的各种服务费、维修费和车辆保险等支出。

教育文化娱乐 指用于教育、文化和娱乐方面的支出。

医疗保健 指用于医疗和保健的药品、用品和服务的总费用。包括医疗器具及药品，以及医疗服务。

其他用品及服务 指无法直接归入上述各类支出的其他用品与服务支出。

7

财政和金融业

Government Finance and Financial Intermediation

简要说明

一、本篇资料主要内容

本篇反映财政收支状况，金融和保险业的发展情况。主要包括地方财政收支、政府性基金收支资料；金融机构存贷等活动；保险业务情况。

二、本篇资料来源

本篇资料由省统计局国民经济核算处搜集、加工整理：

1. 财政收支资料来源于省财政厅。

2. 金融资料来源于中国人民银行甘肃省分行。

3. 保险数据来源于国家金融监督管理总局甘肃监管局。

7-1 财政收支
Government Revenue and Expenditure

单位：万元 (10 000 yuan)

年 份 Year	财政收入 Government Revenue	一般公共预算收入 General Public Budget Revenue	#税收收入 Tax Revenue	附：上划中央税收 Tax Revenue Turned Over to the Central	一般公共预算支出 General Public Budget Expenditure
1978	205280				143429
1979	184606				141810
1980	149348				123045
1981	129859				111955
1982	124713				127857
1983	109003				155256
1984	132338				211510
1985	163814				239971
1986	197635				300125
1987	225831				317747
1988	249786				363835
1989	315242				412645
1990	342065				459395
1991	399801				513188
1992	399736				534786
1993	521132				631676
1994	626198	290797	270086	335401	723817
1995	684142	339211	302594	344931	813908
1996	822714	433733	367663	388981	909538
1997	919259	494108	416575	425151	1067215
1998	974793	540253	465578	434540	1253382
1999	1030025	583657	490034	446368	1477868
2000	1083752	612849	516624	470903	1882322
2001	1241396	699485	587853	541911	2354643
2002	1503365	762432	654283	740933	2740111
2003	1771750	876561	722434	895189	3000070
2004	2158581	1041600	823382	1104105	3569366
2005	2545665	1235026	919615	1310639	4293479
2006	2949750	1412152	1108360	1537598	5285946
2007	3918687	1909107	1420532	2009580	6753372
2008	4709361	2649650	1628049	2059711	9684336
2009	6039849	2865898	1760411	3173951	12462817
2010	7452511	3535833	2202883	3916678	14685810
2011	9336165	4501188	2840435	4834977	17912432
2012	10798983	5203993	3477792	5594990	20595638
2013	11448265	6072717	4177266	5375548	23096230
2014	12342376	6726698	4902596	5615678	25414935
2015	13862830	7438604	5297863	6424226	29583117
2016	14406849	7869669	5259996	6537180	31500340
2017	15405937	8157323	5471429	7248614	33044417
2018	16417050	8710537	6104732	7706513	37722330
2019	15895173	8504879	5779249	7390294	39515991
2020	16259729	8745518	5679343	7514211	41633990
2021	18639317	10018589	6674107	8620728	40325582
2022	16866823	9076461	5827869	7790362	42571570
2023	18308500	10035836	6986452	8272664	45218215

注：财政收入不含基金收入。
a) Revenue does not include the fund's income.

7-2 税收收入
Tax Revenue

单位：万元 (10 000 yuan)

年 份 Year	税收收入 Tax Revenue	# 增值税 Value-added Tax	# 企业所得税 Corporate Income Tax	# 个人所得税 Individual Income Tax
1994	270086	86783	27011	4471
1995	302594	90356	33393	6242
1996	367663	93094	32494	8706
1997	416575	104079	39864	10271
1998	465578	108318	44537	14399
1999	490034	111778	66686	18349
2000	516624	119471	60957	25921
2001	587853	133758	104045	38788
2002	654283	150720	66054	40920
2003	722434	181230	53111	36776
2004	823382	216152	63182	43112
2005	919615	253337	84320	51793
2006	1108360	314071	106902	57884
2007	1420532	403624	179740	71513
2008	1628049	379120	206233	81306
2009	1760411	371096	169511	89876
2010	2202883	440902	199868	111253
2011	2840435	489460	285861	140563
2012	3477792	605180	365313	135407
2013	4177266	636506	400978	147793
2014	4902596	884047	459990	158097
2015	5297863	897868	592025	189368
2016	5259996	1731601	549494	205524
2017	5471429	2694096	672415	273323
2018	6104732	2933605	745858	305325
2019	5779249	2768230	647874	203020
2020	5679343	2601650	643903	205417
2021	6674107	3033353	800561	239856
2022	5827869	2076405	847366	236416
2023	6986452	3224664	823993	248354

注：1. 税收收入为一般公共预算收入中的税收收入。
2. 自 2016 年 5 月 1 日起，在全国范围内全面推开营业税改征增值税试点，全部营业税纳税人由缴纳营业税改为缴纳增值税（下表同）。
a) Tax revenue refers to tax revenue in the general public budget revenue.
b) Since May 1,2016, the replacement of business tax with VAT has been extended to all industries. All business tax payers pay VAT instead of business tax (The following related tables are the same).

7-3 财政收入情况
Government Revenue

单位：万元 (10 000 yuan)

项 目	Item	2015	2020	2022	2023
财政收入	**Government Revenue**	**13862830**	**16259729**	**16866823**	**18308500**
一般公共预算收入	**General Public Budget Revenue**	**7438604**	**8745518**	**9076461**	**10035836**
税收收入	Total Tax Revenue	5297863	5679343	5827869	6986452
国内增值税	Value-added Tax	897868	2601650	2076405	3224664
企业所得税	Corporate Income Tax	592025	643903	847366	823993
个人所得税	Individual Income Tax	189368	205417	236416	248354
资源税	Resource Tax	168137	216986	419929	414453
城市维护建设税	City Maintenance and Construction Tax	441658	457382	487598	509336
房产税	House Property Tax	177057	249160	292767	340290
印花税	Stamp Tax	84253	135632	144179	158694
城镇土地使用税	Urban Land Use Tax	188420	216478	265039	287462
土地增值税	Land Appreciation Tax	169708	341086	295249	223597
车船税	Tax on Vehicles and Boat Operation	92186	156561	180238	199008
耕地占用税	Farm Land Occupation Tax	54640	41444	71171	87872
契税	Deed Tax	168466	389360	484375	440587
烟叶税	Tobacco Leaf Tax	2548	1135	1017	1474
环境保护税	Environmental Protection Tax		22611	22714	25045
其他税收收入	Other Tax Revenue		538	3406	1623
非税收入	Non-tax Revenue	2140741	3066175	3248592	3049384
专项收入	Special Program Receipts	651409	879131	781608	788741
行政事业性收费收入	Charge of Administrative and Institutional Units	534371	555184	526107	486520
罚没收入	Penalty Receipts	177164	377242	324127	388656
国有资本经营收入	Operating Income from Government Capital	16915	19023	186583	64045
国有资源（资产）有偿使用收入	Income from Use of State-owned Resources (Assets)	515385	812766	1139431	1005105
其他收入	Other Revenue	245497	422829	290736	316317
上划中央税收收入	**Tax Revenue Turned Over to the Central**	**6424226**	**7514211**	**7790362**	**8272664**
#国内增值税	Value Added Tax	2109173	2681645	1803666	2768974
消费税	Consumption Tax	2634996	2828891	3402071	3014533
企业所得税	Corporate Income Tax	884729	963783	1292585	1213791
个人所得税	Individual Income Tax	284050	308126	354626	372533
车辆购置税	Vehicle Purchase Tax	339729	386537	259921	351416

7-4 财政支出情况
Government Expenditure

单位：万元 (10 000 yuan)

项　目	Item	2015	2020	2022	2023
一般公共预算支出	**General Public Budget Expenditure**	**29583117**	**41633990**	**42571570**	**45218215**
一般公共服务支出	Expenditure for General Public Services	2720127	3821653	3973393	3850158
国防支出	Expenditure for National Defense	30301	29980	25232	24376
公共安全支出	Expenditure for Public Security	1231006	1961024	2070936	2107855
教育支出	Expenditure for Education	4983251	6629908	6995758	7155652
科学技术支出	Expenditure for Science and Technology	298471	320654	476878	586028
文化旅游体育与传媒支出	Expenditure for Culture, Sport and Media	627640	884348	846970	839843
社会保障和就业支出	Expenditure for Social Security and Employment	4213133	5809456	6412342	7245161
卫生健康支出	Expenditure for Medical and Health Care	2500965	3702377	4022932	4432788
节能环保支出	Expenditure for Energy Conservation and Environment Protection	953513	1140250	1132117	1463397
城乡社区支出	Expenditure for Urban and Rural Community Affairs	1216135	2063547	1991699	1938399
农林水支出	Expenditure for Agriculture, Forestry and Water Conservancy Affairs	4970520	7758349	7515136	7626058
交通运输支出	Expenditure for Transportation	2782433	3233432	2210415	2275877
资源勘探信息等支出	Expenditures for Affairs of Resource Exploration and Information	477300	495977	490942	632525
商业服务业等支出	Expenditure for Affairs of Commerce and Services	296858	141141	101192	117007
金融支出	Expenditure for Financial Affairs	21591	121900	58037	172799
自然资源海洋气象等支出	Expenditure for Affairs of Land and Weather	352034	373360	544810	587329
住房保障支出	Expenditure for Affairs of Housing Security	1278705	1396163	1437101	1812971
粮油物资储备支出	Expenditure for Affairs of Management of Grain & Oil Reserves	133170	205570	141972	133622
灾难防治及应急管理支出	Expenditure for Disaster Prevention and Emergency Management		454043	683398	813729
债务付息支出	Expenditure for Principal and Interest of Debts	150947	678124	823767	854488
债务发行费用支出	Expenditure for Issuing Debts		4943	3930	6476
其他支出	Other Expenditure	345017	407791	612613	541677

注：债务付息支出2014年之前为国债还本付息支出。

a) Before 2014,data of expenditure for principal and interest of debts were the interest payment for domestic and foreign debts.

7-5 政府性基金收支情况
Revenue and Expenditure of Government Fund

单位：万元 (10 000 yuan)

项 目	Item	2015	2020	2022	2023
政府性基金收入合计	**Total Revenue of Government Funds**	**4135104**	**6320250**	**3449841**	**3240899**
#国有土地收益基金收入	State Land Income Fund	52401	107479	43598	16125
农业土地开发资金收入	Agricultural Land Development Funds	16091	13378	11548	10734
国有土地使用权出让收入	Transfer of Use Rights of State Land	2873504	5253168	2145624	1758850
彩票公益金收入	Public Welfare Fund from Lottery	113022	85796	86139	99910
城市基础设施配套费收入	Urban Infrastructure Support Fee	190339	244490	123121	171819
车辆通行费	Vehicle Toll	765473	509412	935560	1069152
污水处理费收入	Sewage Treatment	34711	46992	43729	55930
彩票发行机构和销售机构业务费用	Business of Lottery Issuance and Sales Agency	37206	22542	19715	22468
政府性基金支出合计	**Total Expenditure of Government Fund**	**5001010**	**11905891**	**14636352**	**10034434**
文化旅游体育与传媒支出	Expenditure for Culture, Sport and Media	2873	3645	1686	1211
社会保障和就业支出	Expenditure for Social Security and Employment	23945	24609	27268	39286
节能环保支出	Expenditure for Energy Conservation and Environment Protection		6275	2134	2069
城乡社区支出	Expenditure for Urban and Rural Community Affairs	3462875	4170012	2559850	1732750
农林水支出	Expenditure for Agriculture, Forestry and Water Conservancy Affairs	55230	27265	32054	36143
交通运输支出	Expenditure for Transportation	1123593	1866847	2354713	2181124
资源勘探信息等支出	Expenditures for Affairs of Resource Exploration and Information	3210			
债务付息支出	Expenditure for Principal and Interest of Debts	127230	499646	1050381	1317402
债务发行费用支出	Expenditure for Issuing Debts	1687	6962	12349	9902
抗疫特别国债安排的支出	Expenditure of Special Treasury Bonds for Against COVID-19		939284	11545	1451
其他支出	Other Expenditure	196043	4361346	8584372	4713096

7-6 各市（州）财政收入（2023）
Government Revenue by Region (2023)

单位：万元 （10 000 yuan）

市（州）	Region	一般公共预算收入 General Public Budget Revenue	#税收收入 Tax Revenue	#增值税 Domestic Value-added Tax	#企业所得税 Corporate Income Tax	#个人所得税 Individual Income Tax
兰州市	Lanzhou	2553279	1975270	804397	165207	66286
嘉峪关市	Jiayuguan	271068	185094	91200	4294	2516
金昌市	Jinchang	310148	246046	102778	8211	4475
白银市	Baiyin	385179	253319	109166	18251	6607
天水市	Tianshui	463443	291249	93407	17473	5323
武威市	Wuwei	323889	189319	79084	16808	3729
张掖市	Zhangye	349019	150459	59130	14914	3642
平凉市	Pingliang	373378	237546	93112	29003	4275
酒泉市	Jiuquan	557639	342989	138137	30186	7474
庆阳市	Qingyang	779310	571059	262018	12227	5989
定西市	Dingxi	325995	165210	56884	9651	3283
陇南市	Longnan	318998	190979	85294	18210	5352
临夏州	Linxia	220816	149141	52712	8153	2373
甘南州	Gannan	144254	59052	27856	4648	1906

7-7 各市（州）财政支出（2023）
Government Expenditure by Region (2023)

单位：万元 (10 000 yuan)

市（州）	Region	一般公共预算支出 General Public Budget Expenditure	#一般公共服务 General Public Service	#教育 Education	#社会保障和就业 Social Security and Emploment	#卫生健康 Medical and Health Care	#农林水 Agriculture, Forestry and Water Conservancy
兰州市	Lanzhou	5029172	482975	787472	733970	508367	383705
嘉峪关市	Jiayuguan	413353	32479	61212	44649	37747	18773
金昌市	Jinchang	856315	79153	108120	108222	75147	113007
白银市	Baiyin	2180933	191565	411744	306631	205405	410215
天水市	Tianshui	3507949	247427	677370	583058	448149	725519
武威市	Wuwei	2559835	161455	388964	332415	257856	615911
张掖市	Zhangye	1967762	184058	287219	251571	209017	428046
平凉市	Pingliang	2739650	218454	508357	410129	346304	604312
酒泉市	Jiuquan	2086108	215833	253531	256477	201999	389094
庆阳市	Qingyang	3477350	391592	602642	489407	424542	662887
定西市	Dingxi	3349010	270947	621716	481215	394585	801124
陇南市	Longnan	3504108	337648	527209	500165	403308	841769
临夏州	Linxia	3342374	325988	564239	456830	397987	818673
甘南州	Gannan	2373229	301607	290499	235733	217157	430489

7-8 各地、县财政收支（2023）
Government Revenue and Expenditure by Region & County (2023)

单位：万元 (10 000 yuan)

地、县	Region & County	一般公共预算收入 General Public Budget Revenue	一般公共预算支出 General Public Budget Expenditure	地、县	Region & County	一般公共预算收入 General Public Budget Revenue	一般公共预算支出 General Public Budget Expenditure
兰州市	**Lanzhou**	**2553279**	**5029172**	瓜州县	Guazhou	70893	292526
城关区	Chengguan	386725	636346	肃北县	Subei	47858	170364
七里河区	Qilihe	137598	281227	阿克塞县	Akesai	10927	95922
西固区	Xigu	107759	211754	玉门市	Yumen	75707	275050
安宁区	Anning	127968	214292	敦煌市	Dunhuang	63214	288447
红古区	Honggu	52252	176440	**庆阳市**	**Qingyang**	**779310**	**3477350**
永登县	Yongdeng	71091	347283	西峰区	Xifeng	101327	375194
皋兰县	Gaolan	41704	205461	庆城县	Qingcheng	48150	288388
榆中县	Yuzhong	55478	382982	环　县	Huanxian	47515	535251
嘉峪关市	**Jiayuguan**	**271068**	**413353**	华池县	Huachi	43413	280730
金昌市	**Jinchang**	**310148**	**856315**	合水县	Heshui	25317	218398
金川区	Jinchuan	58786	218066	正宁县	Zhengning	32260	231634
永昌县	Yongchang	45814	335722	宁　县	Ningxian	34487	377189
白银市	**Baiyin**	**385179**	**2180933**	镇原县	Zhenyuan	31190	498452
白银区	Baiyin	86836	275440	**定西市**	**Dingxi**	**325995**	**3349010**
平川区	Pingchuan	52958	259967	安定区	Anding	47338	491419
靖远县	Jingyuan	45889	455026	通渭县	Tongwei	29212	481344
会宁县	Huining	28575	519899	陇西县	Longxi	68012	454661
景泰县	Jingtai	57154	363022	渭源县	Weiyuan	22527	378239
天水市	**Tianshui**	**463443**	**3507949**	临洮县	Lintao	55227	489220
秦州区	Qinzhou	91458	494203	漳　县	Zhangxian	15631	215600
麦积区	Maiji	62321	487242	岷　县	Minxian	34190	443144
清水县	Qingshui	21030	294541	**陇南市**	**Longnan**	**318998**	**3504108**
秦安县	Qinan	30277	402603	武都区	Wudu	56572	566773
甘谷县	Gangu	46900	456269	成　县	Chengxian	48369	312673
武山县	Wushan	29319	367147	文　县	Wenxian	24016	303576
张家川县	Zhangjiachuan	16457	381561	宕昌县	Tanchang	18101	362297
武威市	**Wuwei**	**323889**	**2559835**	康　县	Kangxian	14647	258775
凉州区	Liangzhou	128629	756138	西和县	Xihe	26104	409473
民勤县	Minqin	46502	456259	礼　县	Lixian	29732	498766
古浪县	Gulang	33963	516155	徽　县	Huixian	43528	253101
天祝县	Tianzhu	47006	460120	两当县	Liangdang	8417	128049
张掖市	**Zhangye**	**349019**	**1967762**	**临夏州**	**Linxia**	**220816**	**3342374**
甘州区	Ganzhou	119062	455632	临夏市	linxia	61074	315846
肃南县	Sunan	31866	186376	临夏县	linxia	24445	443477
民乐县	Minle	35116	296160	康乐县	Kangle	18878	355144
临泽县	Linze	28105	212646	永靖县	Yongjing	36418	321905
高台县	Gaotai	28353	244125	广河县	Guanghe	16172	302219
山丹县	Shandan	46931	280309	和政县	Hezheng	14238	338844
平凉市	**Pingliang**	**373378**	**2739650**	东乡县	Dongxiang	16334	471914
崆峒区	Kongtong	61876	437976	积石山县	Jishishan	13485	367696
泾川县	Jingchuan	15311	265807	**甘南州**	**Gannan**	**144254**	**2373229**
灵台县	Lingtai	46656	282570	合作市	Hezuo	29974	240344
崇信县	Chongxin	47351	176374	临潭县	Lintan	8662	320699
庄浪县	Zhuanglang	20309	420850	卓尼县	Zhuoni	12022	276966
静宁县	Jingning	36146	521867	舟曲县	Zhouqu	11428	295891
华亭市	Huating	83711	238022	迭部县	Diebu	8398	216697
酒泉市	**Jiuquan**	**557639**	**2086108**	玛曲县	Maqu	4281	236507
肃州区	Suzhou	81479	341363	碌曲县	Luqu	7841	196840
金塔县	Jinta	52152	270189	夏河县	Xiahe	36382	254555

7-9 金融机构本外币信贷收支表
Balance Sheet of RMB and Foreign Currency Credit Funds of Financial Institutions

单位：亿元　　（年末余额）(year-end balance)　　(100 million yuan)

项　目	Item	2015	2020	2022	2023
各项存款	**Total Deposits**	**16299.50**	**20992.67**	**24896.37**	**26544.05**
境内存款	Domestic Deposits	16297.66	20977.93	24883.79	26532.94
住户存款	Household Deposits	7804.53	12454.51	15453.12	17376.71
活期存款	Demand Deposits	3120.90	4313.11	5185.54	5473.41
定期及其他存款	Time and other Deposits	4683.63	8141.39	10267.57	11903.30
非金融企业存款	Non-financial Enterprises Deposits	5288.88	4922.68	4671.61	4253.61
活期存款	Demand Deposits	3024.93	3387.30	3048.49	2616.59
定期及其他存款	Time and other Deposits	2263.95	1535.38	1623.12	1637.02
广义政府存款	General Government Deposits	2874.35	3303.87	4216.76	4385.74
机关团体存款	Government Agencies & Organizations Deposits	2646.35	2951.12	3725.90	3801.62
财政性存款	Fiscal Deposits	228.00	352.75	490.86	584.12
非银行业金融机构存款	Non-banking Financial Institutions Deposit	329.90	296.87	542.30	516.88
境外存款	Offshore Deposits	1.84	14.74	12.58	11.11
各项贷款	**Total Loans**	**13728.89**	**22159.41**	**25389.80**	**27489.81**
境内贷款	Domestic Loans	13649.02	22043.34	25308.99	27416.71
#住户贷款	Household Loans	3551.09	6019.32	6577.66	7037.87
短期贷款	Short-term Loans	1374.61	1688.66	1653.46	1675.38
中长期贷款	Medium and Long Term Loans	2176.48	4330.66	4924.20	5362.49
企事业单位贷款	Loans of Enterprises and Institutions	10097.93	16013.02	18716.33	20334.77
短期贷款	Short-term Loans	3287.73	3643.37	3398.31	3468.00
中长期贷款	Medium and Long Term Loans	5890.12	10824.74	13246.88	14697.43
票据融资	Bill Financing	458.16	941.73	1243.22	1276.39
融资租赁	Finance Lease	446.72	555.10	796.78	839.28
各项垫款	Advances	15.20	48.07	31.13	53.67
境外贷款	Overseas Loans	79.88	116.06	80.81	73.09

注：2015、2020、2021、2022、2023 年的汇率分别为 6.4936，6.5249，6.3757，6.9646、7.0827。
a) The exchange rate of 2015 , 2020 , 2021 , 2022 , 2023were 6.4936 , 6.5249 , 6.3757 , 6.9646 , 7.0827.

7-10 金融机构人民币信贷收支表
Balance Sheet of RMB Credit Funds of Financial Institutions

单位：亿元　　（年末余额）(year-end balance)　　(100 million yuan)

项　目	Item	2015	2020	2022	2023
各项存款	**Total Deposits**	**16141.19**	**20938.25**	**24826.46**	**26488.28**
境内存款	Domestic Deposits	16139.48	20924.71	24816.40	26478.15
住户存款	Household Deposits	7776.80	12419.62	15417.85	17345.19
活期存款	Demand Deposits	3104.36	4290.95	5164.14	5456.03
定期及其他存款	Time and other Deposits	4672.44	8128.67	10253.70	11889.16
非金融企业存款	Non-financial Enterprises Deposits	5163.05	4909.28	4640.80	4231.72
活期存款	Demand Deposits	2970.71	3374.70	3019.22	2606.14
定期及其他存款	Time and other Deposits	2192.34	1534.59	1621.58	1625.58
广义政府存款	General Government Deposits	2869.89	3299.10	4215.73	4384.58
财政性存款	Fiscal Deposits	228.00	352.75	490.86	584.12
机关团体存款	Government Agencies & Organizations Deposits	2641.89	2946.35	3724.87	3800.46
非银行业金融机构存款	Non-banking Financial Institutions Deposit	329.74	296.71	542.02	516.66
境外存款	Offshore Deposits	1.72	13.54	10.06	10.12
各项贷款	**Total Loans**	**13292.18**	**21935.57**	**25280.97**	**27407.31**
境内贷款	Domestic Loans	13292.11	21922.38	25273.46	27400.21
#住户贷款	Household Loans	3550.91	6019.16	6577.51	7037.68
短期贷款	Short-term Loans	1374.51	1688.56	1653.32	1675.19
中长期贷款	Medium and Long Term Loans	2176.40	4330.61	4924.19	5362.49
企事业单位贷款	Loans of Enterprises and Institutions	9741.20	15892.22	18680.95	20318.46
短期贷款	Short-term Loans	2982.57	3573.12	3384.80	3467.97
中长期贷款	Medium and Long Term Loans	5838.74	10774.19	13225.03	14681.19
票据融资	Bill Financing	458.16	941.73	1243.22	1276.39
融资租赁	Finance Lease	446.72	555.10	796.78	839.28
各项垫款	Advances	15.01	48.07	31.12	53.64
境外贷款	Overseas Loans	0.07	13.19	7.51	7.10

7-11 金融机构外汇信贷收支表

Balance Sheet of Foreign Exchange Credit Funds of Financial Institutions

单位：万美元　　（年末余额）(year-end balance)　　(USD 10 000)

项 目	Item	2015	2020	2022	2023
各项存款	**Total Deposits**	**243783**	**83400**	**100379**	**78748**
境内存款	Domestic Deposits	243600	81568	96757	77358
住户存款	Household Deposits	42701	53466	50640	44502
活期存款	Demand Deposits	25467	33972	30726	24535
定期及其他存款	Time and other Deposits	17233	19494	19914	19967
非金融企业存款	Non-financial Enterprises Deposits	193776	20535	44229	30908
活期存款	Demand Deposits	83499	19312	42029	14754
定期及其他存款	Time and other Deposits	110277	1222	2200	16154
广义政府存款	General Government Deposits	6877	7309	1484	1633
财政性存款	Fiscal Deposits	6			
机关团体存款	Government Agencies & Organizations Deposits	6871	7309	1484	1633
非银行业金融机构存款	Non-banking Financial Institutions Deposit	247	258	403	315
境外存款	Offshore Deposits	183	1832	3622	1390
各项贷款	**Total Loans**	**672522**	**343054**	**156264**	**116475**
境内贷款	Domestic Loans	549623	185386	51024	23294
住户贷款	Household Loans	277	242	215	271
短期贷款	Short-term Loans	154	156	207	269
中长期贷款	Medium and Long Term Loans	123	86	8	2
企事业单位贷款	Loans of Enterprises and Institutions	549346	185144	50809	23024
短期贷款	Short-term Loans	469946	107673	19411	48
中长期贷款	Medium and Long Term Loans	79122	77470	31380	22940
票据融资	Bill Financing				
融资租赁	Finance Lease				
各项垫款	Advances	278		18	35
境外贷款	Overseas Loans	122899	157668	105240	93181

注：2015、2020、2021、2022、2023 年的汇率分别为 6.4936，6.5249，6.3757，6.9646、7.0827。
a) The exchange rate of 2015 , 2020 , 2021 , 2022 , 2023were 6.4936 , 6.5249 , 6.3757 , 6.9646 , 7.0827.

7-12 各市（州）金融机构本外币存款（2023）
RMB Deposits of Financial Institutions by Region (2023)

单位：万元 (10000 yuan)

市（州）	Region	各项存款 Total Deposits	各项贷款 Total Loans
兰州市	Lanzhou	104460888	158617287
嘉峪关市	Jiayuguan	5376544	6344572
金昌市	Jinchang	6470971	5561211
白银市	Baiyin	12021818	9704382
天水市	Tianshui	20983251	15717423
武威市	Wuwei	14344369	10405505
张掖市	Zhangye	11665095	8653297
平凉市	Pingliang	13935672	9294412
酒泉市	Jiuquan	14569033	11507483
庆阳市	Qingyang	17537620	9274853
定西市	Dingxi	14043093	10762176
陇南市	Longnan	15032235	9490120
临夏州	Linxia	10131028	6785203
甘南州	Gannan	4868895	2780140

注：2015、2020、2021、2022、2023 年的汇率分别为 6.4936，6.5249，6.3757，6.9646、7.0827。
a) The exchange rate of 2015 , 2020 , 2021 , 2022 , 2023were 6.4936 , 6.5249 , 6.3757 , 6.9646 , 7.0827.

7-13 保险事业发展情况
Insurance Business Development

项　目	Item	2010	2015	2020	2022	2023
保险事业机构（个）	**Number of Insurance Institution(unit)**	**1242**	**1567**	**1934**	**1959**	**1954**
省级	Provincial	21	24	32	32	32
地市级	Prefecture	146	226	278	283	282
县级	County	1075	1317	1624	1644	1640
财产保险	Property Insurance	491	751	1081	1106	1105
人身保险	Life Insurance	751	816	853	853	849
年末实有职工人数（人）	**Number of Employed Persons at Year-end (person)**	**53787**	**91298**	**149482**	**76187**	**69741**
财产保险	Property Insurance	10357	22267	33647	22040	24516
人身保险	Life Insurance	43430	69031	115835	54147	45225

注：本表指标均按公司类型划分。
a) Indicators of this table are divided on the type of companies.

7-14 保险业务情况
Major Indicators of Insurance Business

单位：万元　　　　(10 000 yuan)

项　目	Item	2010	2015	2020	2022	2023
保费收入	**Premium Income**	**1463354**	**2568881**	**4851936**	**4909026**	**5342479**
财产保险	Property Insurance	388224	902985	1439907	1395866	1506312
#机动车辆险	Motor Vehicle Insurance	314573	709018	956617	853443	934320
企业财产险	Enterprise Property Insurance	30129	36672	47003	50413	55823
家庭财产险	Family Property Insurance	1165	2060	7115	12184	16069
人身保险	Life Insurance	1075130	1665896	3412029	3513160	3836166
寿险	Life Insurance	989821	1327356	2381638	2602391	2839465
健康险	Health Insurance	58756	259611	886916	784866	873046
意外伤害险	Accidents Insurance	26553	78928	143476	125903	123655
赔付支出	**Payment**	**311829**	**927501**	**1693122**	**1580400**	**2134798**
财产保险	Property Insurance	163246	456811	840238	862520	1047198
#机动车辆险	Motor Vehicle Insurance	132848	357410	513314	490872	625563
企业财产险	Enterprise Property Insurance	14974	17575	38106	26571	33490
家庭财产险	Family Property Insurance	253	793	3494	2695	3163
人身保险	Life Insurance	148583	470691	852884	717880	1087600
寿险	Life Insurance	118911	330579	439486	375197	582231
健康险	Health Insurance	21221	116664	370857	299380	454674
意外伤害险	Accidents Insurance	8451	23448	42541	43303	50695

主要统计指标解释

一般公共预算收入 指国家财政参与社会产品分配所取得的收入，是实现国家职能的财力保证。主要包括：（1）各项税收：包括国内增值税、国内消费税、进口货物增值税和消费税、出口货物退增值税和消费税、营业税、企业所得税、个人所得税、资源税、城市维护建设税、房产税、印花税、城镇土地使用税、土地增值税、车船税、船舶吨税、车辆购置税、关税、耕地占用税、契税、烟叶税等。（2）非税收入：包括专项收入、行政事业性收费、罚没收入和其他收入。

一般公共预算支出 指国家财政将筹集起来的资金进行分配使用，以满足经济建设和各项事业的需要。主要包括：一般公共服务、外交、国防、公共安全、教育、科学技术、文化体育与传媒、社会保障和就业、医疗卫生与计划生育、节能环保、城乡社区、农林水、交通运输、资源勘探信息、商业服务业、金融、援助其他地区、国土海洋气象、住房保障、粮油物资储备、政府债务付息等方面的支出。

信贷资金 指金融机构以信用方式积聚和分配的货币资金。金融机构信贷资金的来源有各项存款、金融债券、对国际金融机构负债、流通中现金、其他项目等；信贷资金的运用有各项贷款、有价证券及投资、金银占款、外汇占款、财政借款及在国际金融机构中的资产等。

存款 指企业、机关、团体或居民根据资金必须收回的原则，把货币资金存入银行或其他信贷机构保管并取得一定利息的一种信用活动形式。根据存款对象或性质的不同可划分为企业存款、财政存款、机关团体存款、城乡储蓄存款、农业存款、信托及委托类存款、其他存款等科目。它是银行信贷资金的主要来源。

贷款 指银行或其他信贷机构根据资金必须归还的原则，按一定利率，为企业、个人等提供资金的一种信用活动形式。我国银行贷款分为短期贷款、委托及信托类贷款、其他类贷款等。

保费 指投保人为取得保险人在约定范围内所承担赔偿责任而支付给保险人的费用。

赔款 指保险人根据保险合同的规定，向被保险人支付的赔偿保险责任损失的金额。

给付 包括死伤医疗给付和满期给付。死伤医疗给付是指保险人根据人寿保险及长期健康保险合同的规定，因被保险人在保险期内发生保险责任范围内的保险事故支付给被保险人（或受益人）的金额。满期给付是指被保险人生存期满，保险人按人寿保险合同规定支付给被保险人的满期保险金额。

8 资源和环境

Resources and Environment

简要说明

一、本篇资料主要内容

本篇资料主要反映自然资源状况和环境保护事业发展情况。自然资源状况包括气候、矿产、水资源、土地情况等。环境保护事业发展情况包括：自然保护、集中式饮用水源情况，城市空气质量，污染物排放及治理等内容。

二、本篇资料来源

本篇资料中气候情况由省气象局提供，矿产、土地情况由省自然资源厅提供，水资源、供水用水情况由省水利厅提供，自然保护区情况由省林草局提供，其余资料由省生态环境厅提供。

8-1 气候情况（2023）
Climate Conditions (2023)

指 标	Indicators	2023	指 标	Indicators	2023
年平均气温（℃）	Annual Average Temperature (℃)	9.3	年相对湿度（%）	Annual Relative Humidity (%)	55.6
年最高气温 （℃）	Annual Utmost Highest Air Temperature (℃)	41.4	年降水量（毫米）	Annual Precipitation (mm)	387.2
年最低气温 （℃）	Annual Utmost Lowest Air Temperature (℃)	-29.2	年降雨日数（天）	Annual Rainy Days (day)	84.1
年日照时数（小时）	Annual Sunshine Time (hour)	2425.2	年无霜期 （天）	Annual Frost-free Period (day)	251

8-1 续表 continued

月 份	Month	平均气温（℃） Monthly Average Temperature (℃)	日照时数（小时） Sunshine Time (hour)	降雨量（毫米） Precipitation (mm)
1 月	Jan.	-5.9	192.7	1.7
2 月	Feb.	-0.4	141.1	10.9
3 月	Mar.	5.8	226.8	12.5
4 月	Apr.	9.6	201.9	41.5
5 月	May	14.5	188.5	44.7
6 月	June	19.3	233.5	33.2
7 月	July	21.6	246.8	82.8
8 月	Aug.	20.8	225.3	46.8
9 月	Sept.	16.5	171.0	65.5
10 月	Oct.	9.7	180.3	42.7
11 月	Nov.	2.5	214.2	2.9
12 月	Dec.	-3.5	203.1	2.2

8-2 土地状况（2022）
Land Characteristics (2022)

项 目	Item	面积 Area	占总面积比重（%） Percentage to Total Area（%）
总面积（万平方公里）	Total Land Area (10 000 sq.km)	42.58	100.00
按特征分（万公顷）	By Land Use (10 000 hectares)		
农用地	Land for Agriculture Use	2208.59	51.86
建设用地	Land for Construction	102.49	2.41
城镇村及工矿	Land for City,Town and Village,Mining and Manufacturing	88.01	2.07
交通运输	Land for Transportation Facilities	13.38	0.31
水域及水利设施	Land for Waters,Water Conservancy Facilities	1.10	0.03
未利用地	Unused Land	1947.88	45.73

8-3 土地利用情况
Land Use

单位：万公顷 (10 000 hectares)

年份 Year	土地调查面积 Area under Land Survey	农用地 Land for Agriculture Use	#耕地 Cultivated Land	#园地 Garden Land	#林地 Wood Land	#牧草地 Area of Grassland	建设用地 Land for Construction	城镇村及工矿 Land for City,Town and Village, Mining and Manufacturing	交通运输 Land for Transportation Facilities	水域及水利设施 Land for Waters,Water Conservancy Facilities
2005	4540.00	2541.44	463.26	20.46	516.63	1411.29	96.66	87.41	6.41	2.83
2006	4540.00	2541.73	462.71	20.54	517.76	1410.99	96.93	87.60	6.47	2.86
2007	4540.00	2541.79	462.47	20.54	518.25	1410.84	97.19	87.81	6.51	2.87
2008	4540.00	2541.66	462.37	20.60	518.32	1410.69	97.67	88.17	6.63	2.88
2009	4540.00	2541.66	462.37	20.60	518.29	1410.69	97.67	88.17	6.63	2.88
2010	4540.00	2541.22	462.17	20.56	518.46	1410.53	98.17	88.57	6.73	2.87
2011	4540.00	2541.22	461.43	20.56	518.27	1410.53	98.17	88.57	6.73	2.87
2012	4258.00	2544.87	465.93	20.43	518.27	1410.99	101.43	90.94	7.61	2.88
2013	4258.89	1856.45	538.56	26.00	610.35	592.43	83.94	73.10	7.02	3.83
2014	4258.89	1855.61	537.88	25.86	610.03	592.28	86.44	75.09	7.51	3.84
2015	4258.89	1855.32	537.79	25.79	609.92	592.17	88.30	76.47	7.97	3.86
2016	4258.89	1854.58	537.24	25.64	609.84	591.97	91.12	78.65	8.56	3.91
2017	4258.89	1854.91	537.77	25.60	609.61	591.86	92.04	79.23	8.88	3.93
2018	4258.89	1854.27	537.42	25.52	609.58	591.75	92.76	79.77	9.05	3.94
2019	4258.89	1854.64	537.67	25.52	609.58	591.74	92.97	79.97	9.06	3.94
2020	4258.95	2190.74	519.95	42.86	796.70	659.05	99.55	86.19	12.40	0.96
2021	4258.95	2201.26	520.53	42.61	806.84	658.69	100.96	87.08	12.88	1.00
2022	4258.95	2208.59	519.52	42.52	815.17	658.50	102.49	88.01	13.38	1.10

注：数据来源为 2022 年度土地变更调查。

a) Data of this table came from the Third National Land Survey and 2022 Land Change Survey.

8-4 水资源情况
Water Resources

年 份 Year	水资源总量（亿立方米）Total Amount of Water Resources (100 million cu.m)	地表水资源量 Surface Water Resources	地下水资源量 Groundwater Resources	地表水与地下水资源重复量 Duplicated Measurement Between Surface Water and Groundwater	人均水资源量（立方米/人）Per Capita Water Resources (cu.m/person)
2005	304.4	295.2	150.2	140.9	1173.5
2006	220.9	212.2	128.8	120.1	846.8
2007	268.9	259.2	136.9	127.3	1027.4
2008	217.7	210.6	113.2	106.2	828.4
2009	244.1	236.9	123.6	116.4	926.3
2010	254.4	245.9	124.2	115.7	987.8
2011	272.1	263.8	128.4	120.1	1061.3
2012	300.7	292.7	139.1	131.2	1166.6
2013	303.2	295.5	139.1	131.4	1174.2
2014	230.8	222.9	112.6	104.7	891.0
2015	198.8	191.5	100.7	93.5	765.0
2016	209.6	202.0	108.7	101.1	803.0
2017	280.8	273.6	133.4	126.2	1069.0
2018	354.9	345.6	167.3	158.0	1345.7
2019	325.9	312.2	148.7	135.0	1231.0
2020	410.9	398.9	158.2	146.2	1642.2
2021	279.0	268.2	120.0	109.1	1120.6
2022	231.0	221.6	112.7	103.3	926.8
2023	222.6	213.7	107.9	98.9	903.0

8-5 供水用水情况
Water Supply and Water Use

年 份 Year	供水总量（亿立方米）Water Supply (100 million cu.m)	地表水 Surface Water	地下水 Ground-water	其他 Others	用水总量（亿立方米）Water Use (100 million cu.m)	农业 Agricul-ture	城镇公共 Urban Public	工业 Industry	生活 Consump-tion	生态 Ecological Protection	人均用水量（立方米/人）Per Capita Water Use (cu.m/person)
2005	123.0	92.4	28.9	1.7	123.0	97.5	1.7	14.7	6.2	3.1	474.0
2006	123.4	93.0	28.8	1.6	123.4	98.4	1.8	14.4	6.3	2.7	473.0
2007	123.1	93.3	27.9	2.0	123.1	98.5	1.9	13.4	6.4	2.9	470.4
2008	121.5	93.7	25.9	1.9	121.5	97.0	1.9	13.2	6.5	3.0	462.3
2009	120.6	95.2	24.0	1.4	120.6	95.6	2.0	13.1	7.0	3.0	457.7
2010	121.8	96.1	24.2	1.5	121.8	95.8	2.0	13.9	7.2	3.0	473.0
2011	122.9	97.0	24.4	1.5	122.9	95.3	2.0	15.4	7.2	3.0	479.0
2012	123.1	95.9	25.7	1.5	123.1	95.2	2.0	15.7	7.3	3.0	478.0
2013	122.0	91.1	29.4	1.5	122.0	99.2	2.9	13.1	5.0	1.8	472.5
2014	120.6	90.9	28.1	1.6	120.6	97.8	3.1	12.8	5.1	1.8	465.4
2015	119.2	90.0	26.9	2.3	119.2	96.2	3.0	11.6	5.3	3.1	458.0
2016	118.4	90.5	24.8	3.1	118.4	94.8	3.0	11.2	5.3	4.1	453.0
2017	116.1	87.1	25.1	3.9	116.1	92.3	3.3	10.4	5.4	4.7	442.0
2018	112.3	83.6	24.8	3.9	112.3	89.2	3.5	9.3	5.7	4.7	426.0
2019	110.0	81.2	24.6	4.2	110.0	85.6	3.1	8.7	6.2	6.3	415.0
2020	109.9	82.1	23.6	4.2	109.9	83.7	1.9	6.2	7.3	10.7	439.3
2021	110.1	83.9	23.5	2.7	110.1	82.6	2.1	6.5	7.7	11.3	442.0
2022	112.9	85.2	24.3	3.4	112.9	82.4	1.9	6.3	8.4	13.9	453.0
2023	115.8	76.5	35.5	3.8	115.8	91.4	2.3	6.4	8.4	7.3	469.7

8-6 主要矿产保有资源储量
Identified Reserves of Major Mineral

项 目	Item	2015	2020	2021	2022
石油（万吨）	Petroleum (10 000 tons)	24109.8	39561.0	44681.1	48233.8
天然气（亿立方米）	Natural Gas (100 million cu.m)	271.9	588.0	643.8	729.8
煤炭（亿吨）	Coal (100 million tons)	312.6	278.3	280.0	283.9
铁矿（矿石，亿吨）	Iron (Ore, 100 million tons)	9.4	9.9	9.5	9.6
锰矿（矿石，万吨）	Manganese (Ore, 10 000 tons)	3196.6	2737.7	2784.3	2780.9
铬矿（矿石，万吨）	Chromium Ore (Ore, 10 000 tons)	242.6	219.6	219.6	219.6
钒矿（V_20_5，万吨）	Vanadium (V_20_5, 10 000 tons)	169.1	213.3	211.5	194.7
原生钛铁矿（万吨）	Titanium Ore (10 000 tons)	0.1	7.5	7.5	7.5
铜矿（铜，万吨）	Copper (Metal, 10 000 tons)	341.1	343.0	340.6	329.6
铅矿（铅，万吨）	Lead (Metal, 10 000 tons)	368.0	403.7	391.3	440.6
锌矿（锌，万吨）	Zinc (Metal, 10 000 tons)	1078.0	1033.7	995.4	1177.5
镍矿（镍，万吨）	Nickel (Metal, 10 000 tons)	387.1	375.6	364.0	351.4
钨矿（WO_3，万吨）	Tungsten (WO_3, 10 000 tons)	41.7	50.5	50.3	50.3
锡矿（锡，万吨）	Tin (Metal, 10 000 tons)	0.7	0.7	0.7	0.7
钼矿（钼，万吨）	Molybdenum (Metal, 10 000 tons)	12.1	11.7	11.7	11.7
锑矿（锑，万吨）	Antimony (Metal, 10 000 tons)	23.2	33.9	35.1	45.5
金矿（金，吨）	Gold (Metal, ton)	918.9	1151.5	1130.7	1230.9
银矿（银，吨）	Silver (Metal, ton)	8000.4	11320.1	11820.2	12713.3
稀土矿（氧化物，万吨）	Rare Earths (REO, 10 000 tons)	2.6		28.9	28.9
菱镁矿（矿石，万吨）	Magnesite Ore (Ore, 10 000 tons)	3072.7	3002.1	3143.0	3143.0
普通萤石（矿物，万吨）	Fluorspar Mineral (Mineral, 10 000 tons)	73.1	87.0	108.1	224.4
硫铁矿（矿石，万吨）	Pyrite Ore (Ore, 10 000 tons)	499.9	561.9	537.6	548.8
磷矿（矿石，万吨）	Phosphorus Ore (Ore,10 000 tons)	4792.9	4800.0	4793.3	4793.1
钾盐（KCl，万吨）	Potassium KCl (KCl, 10 000 tons)	26.1	26.1	26.1	26.1
盐矿（NaCl，万吨）	Sodium Salt NaCl (NaCl, 10 000 tons)	971.6	900.0	1190.9	1267.1
芒硝（矿石，万吨）	Mirabilite (Na2SO4, 10 000 tons)		2800.0	2858.5	3780.6
重晶石（矿石，万吨）	Barite Ore (Ore, 10 000 tons)	2405.1	4789.4	4916.1	5494.7
石墨（矿物，万吨）	Graphite Mineral (Crystal) (Mineral, 10 000 tons)	102.5	103.8	120.7	120.7
滑石（矿石，万吨）	Talc Ore (Ore, 10 000 tons)	10.4	10.0	28.7	123.7
高岭土（矿石，万吨）	Kaolin Ore (Ore, 10 000 tons)	2937.0	2937.0	2937.0	2937.0

8-7 自然保护情况
Basic Statistics on of Natural Protection

指　标	Item	2015	2020	2022	2023
自然保护区情况	**Nature Reserves**				
自然保护区个数（个）	Number of Nature Reserves (unit)	60	56	56	56
#国家级	National Level	20	21	21	21
省级	Provincial Level	36	35	35	35
自然保护区面积（万公顷）	Area of Nature Reserves (10 000 hectares)	914	875	875	875
#国家级	National Level	687	693	693	693
省级	Provincial Level	216	182	182	182
集中式饮用水水源情况	**Centralized Drinking Water Sources**				
地表水集中式饮用水源保护区个数(个)	Number of Protected Areas of Surface Water Source for Centralized Drinking Water (unit)	61	74	80	80
地表水集中式饮用水源保护区面积（平方公里）	Protection Area of Surface Water Source for Centralized Drinking-water (sq.km)	4298	2172	2118	1980
地下水集中式饮用水源保护区个数(个)	Number of Protected Areas of Groundwater Source for Centralized Drinking Water (unit)	68	55	54	53
地下水集中式饮用水源保护区面积（平方公里）	Protection Area of Groundwater Source for Centralized Drinking-water (sq.km)	6967	600	604	599
集中式饮用水源服务人口（万人）	Service Population of Centralized Drinking Water Source (10 000 persons)	1059	1306	2077	2130

8-8 各市（州）城市空气质量指标（2023）
Ambient Air Quality by Region (2023)

市（州）	Region	二氧化硫年平均浓度（微克/立方米）Annual Average Concentration of SO_2 (μg/m³)	二氧化氮年平均浓度（微克/立方米）Annual Average Concentration of NO_2 (μg/m³)	可吸入颗粒物（PM_{10}）年平均浓度（微克/立方米）Annual Average Concentration of PM_{10} (μg/m³)	一氧化碳日均值第95百分位浓度（毫克/立方米）95th Percentile Daily Average Concentration of CO (mg/m³)
兰州市	Lanzhou	13	41	71	1.8
嘉峪关市	Jiayuguan	16	23	57	0.7
金昌市	Jinchang	21	18	62	1.0
白银市	Baiyin	34	23	58	1.3
天水市	Tianshui	12	24	54	1.2
武威市	Wuwei	6	23	65	1.0
张掖市	Zhangye	7	19	60	0.7
平凉市	Pingliang	8	30	58	1.0
酒泉市	Jiuquan	8	22	64	0.8
庆阳市	Qingyang	7	14	53	0.9
定西市	Dingxi	9	22	57	1.4
陇南市	Longnan	10	18	50	1.3
临夏州	Linxia	9	21	57	1.7
甘南州	Gannan	9	24	43	0.8

注：1. 临夏州空气质量监测数据为临夏市数据，甘南州空气质量监测数据为合作市数据。

2. 为准确评价城市空气质量，根据生态环境部《受沙尘天气过程影响城市空气质量评价补充规定》，表中可吸入颗粒物、细颗粒物年均浓度数据为剔除沙尘后数据；空气质量达到及好于二级的天数和空气质量达到二级以上天数占全年比重数据为未剔除沙尘数据。

a) Data of air quality monitoring of Linxia Autonomous prefecture are data of Linxia city,data of air quality monitoring of Gannan Autonomous prefecture are data of Hezuo city.

b) In order to accurately evaluate the quality of urban air, according to "Supplementary Provisions of Urban Air Quality Evaluation Affected by the Dust Weather Process" of Ministry of Ecological Environment, the data in the table is the data excludes dust data.

8-8 续表 continued

市（州）	Region	臭氧（O_3）日最大8小时第90百分位浓度（微克/立方米）90th Percentile Daily Maximum 8 Hours Average Concentration of O_3 (μg/m³)	细颗粒物（$PM_{2.5}$）年平均浓度（微克/立方米）Annual Average Concentration of $PM_{2.5}$ (μg/m³)	空气质量达到及好于二级的天数（天）Days of Air Quality Equal to or Above Grade II (day)	空气质量达到二级以上天数占全年比重（%）Proportion of Days of Air Quality Equal to or above Grade II in the Whole Year (%)
兰州市	Lanzhou	156	37	282	77.3
嘉峪关市	Jiayuguan	140	19	304	83.3
金昌市	Jinchang	140	20	302	82.7
白银市	Baiyin	142	24	313	85.8
天水市	Tianshui	135	28	338	92.9
武威市	Wuwei	145	30	296	81.1
张掖市	Zhangye	144	24	296	81.1
平凉市	Pingliang	140	27	326	89.3
酒泉市	Jiuquan	143	24	282	77.3
庆阳市	Qingyang	138	27	310	85.4
定西市	Dingxi	142	28	342	93.7
陇南市	Longnan	132	20	357	98.3
临夏州	Linxia	134	31	312	85.5
甘南州	Gannan	130	21	351	96.2

8-9 各市（州）一般工业固体废物产生及处理利用情况（2023）
Production, Disposal and Utilization of Common Industrial Solid Wastes by Region(2023)

单位：万吨 (10 000 tons)

市（州）	Region	一般工业固体废物产生量 Common Industrial Solid Wastes Generated	一般工业固体废物综合利用量 Integrated Reuse of Common Industrial Solid Wastes	一般工业固体废物处置量 Common Industrial Solid Wastes Disposed	一般工业固体废物贮存量 Stock of Common Industrial Solid Wastes
甘肃省	**Gansu**	**7177.56**	**3173.52**	**1500.25**	**3201.09**
兰州市	Lanzhou	545.09	537.71	7.28	0.21
嘉峪关市	Jiayuguan	1060.12	526.19	70.87	463.09
金昌市	Jinchang	1974.03	256.07	623.52	1698.55
白银市	Baiyin	770.96	521.90	210.30	117.44
天水市	Tianshui	84.10	81.40	2.15	0.77
武威市	Wuwei	124.21	105.85	18.98	0.16
张掖市	Zhangye	342.45	302.60	11.34	35.11
平凉市	Pingliang	528.85	351.32	98.26	82.93
酒泉市	Jiuquan	468.23	122.04	42.69	303.75
庆阳市	Qingyang	129.69	129.04	0.66	
定西市	Dingxi	36.47	35.18	2.42	0.21
陇南市	Longnan	946.73	119.67	405.08	423.38
临夏州	Linxia	15.32	15.32		
甘南州	Gannan	71.47	6.92	4.58	60.05
兰州新区	Lanzhou New Area	25.50	23.43	2.13	
甘肃矿区	Gansu Mining Area	54.33	38.88		15.45

注：兰州市数据中不包含兰州新区数据（下表同）。
a) Data of Lanzhou was not include Lanzhou New Area (The following related tables are the same).

8-9 续表 continued

单位：万吨 (10 000 tons)

市（州）	Region	一般工业固体废物倾倒丢弃量 Common Industrial Solid Wastes Discharged	危险废物产生量 Hazardous Wastes Generated	危险废物利用处置量 Integrated Reuse and Disposal of Hazardous Wastes	危险废物本年末贮存量 Year-end Stock of Hazardous Wastes
甘肃省	**Gansu**		**203.98**	**232.89**	**312.31**
兰州市	Lanzhou		19.55	25.34	1.78
嘉峪关市	Jiayuguan		32.57	32.84	4.97
金昌市	Jinchang		28.81	29.63	5.27
白银市	Baiyin		36.93	60.79	173.40
天水市	Tianshui		0.75	0.75	0.01
武威市	Wuwei		2.49	2.29	0.24
张掖市	Zhangye		7.59	7.57	0.08
平凉市	Pingliang		1.88	1.90	0.07
酒泉市	Jiuquan		12.04	12.41	0.46
庆阳市	Qingyang		13.24	13.20	0.56
定西市	Dingxi		11.41	14.95	12.52
陇南市	Longnan		25.51	19.46	70.46
临夏州	Linxia		0.89	0.88	0.01
甘南州	Gannan		2.40	2.40	42.40
兰州新区	Lanzhou New Area		7.18	7.74	0.07
甘肃矿区	Gansu Mining Area		0.74	0.74	

8-10 各市（州）废水主要污染物排放情况（2023）

Main Pollutant Contents Discharged in Wastewater by Region (2023)

市（州）	Region	化学需氧量排放总量（吨）COD Emission (ton)	氨氮排放总量（吨）Ammonia Nitrogen Emission (ton)	总氮排放总量（吨）Total Nitrogen Emission (ton)	总磷排放总量（吨）Total Phosphorus Emission (ton)	石油类排放总量（吨）Petroleum Emission (ton)	挥发酚排放总量（千克）Volatile Phenol Emission (kg)
甘肃省	**Gansu**	**879172.62**	**13530.73**	**46411.59**	**6610.32**	**21.92**	**653.40**
兰州市	Lanzhou	18539.07	1482.11	3644.13	171.83	11.85	170.81
嘉峪关市	Jiayuguan	2243.75	223.24	418.52	22.26	6.58	199.65
金昌市	Jinchang	2539.71	199.90	464.47	25.14	0.17	2.93
白银市	Baiyin	11790.72	960.38	1455.63	102.10	1.39	
天水市	Tianshui	17003.34	1087.82	1733.24	124.97	0.17	
武威市	Wuwei	8397.12	547.42	917.31	66.41	0.01	0.01
张掖市	Zhangye	8178.74	651.11	1082.60	73.49		0.01
平凉市	Pingliang	9143.17	452.27	888.45	55.18	0.98	9.57
酒泉市	Jiuquan	5685.92	381.00	704.30	45.52	0.12	223.24
庆阳市	Qingyang	13807.01	844.51	1343.51	97.70	0.31	47.18
定西市	Dingxi	15794.71	845.84	1338.14	102.85	0.20	
陇南市	Longnan	16703.61	977.96	1488.96	115.94	0.11	
临夏州	Linxia	15216.76	932.59	1464.43	105.50	0.03	
甘南州	Gannan	5624.17	423.01	655.31	46.16		
兰州新区	Lanzhou New Area	51.80	0.93	10.37	0.16		
甘肃矿区	Gansu Mining Area	146.77	3.64	3.66			

注：1. 本表中废水主要污染物排放总量包括工业源、生活源、农业源、集中式污染治理设施废水污染物排放量。

2. 根据《排放源统计调查制度》，农业源以省级为单位调查，只有省级数据，无分市（州）数据，因此表中全省化学需氧量、氨氮、总氮和总磷数据包含农业源数据，市级数据不包含农业源数据。

a) Total emissions of main pollutant contents discharged in wastewater in this table include the wastewater pollutants emissions of industrial sources, living sources, agricultural sources, and the centralized pollution control facilities.

b) According to the "Statistical Investigation System of Emission Sources", agricultural sources are surveyed at the provincial level. So,there are only provincial data and no city (state) data. Therefore, the province's chemical oxygen demand, ammonia nitrogen, total nitrogen and total phosphorus data in the table include agricultural source data, municipal data does not include agricultural source data.

8-11 各市（州）工业和生活废水主要污染物排放情况（2023）

Main Industrial and Living Pollutant Contents Discharged in Wastewater by Region (2023)

单位：吨 (ton)

市（州）	Region	工业源化学需氧量排放量 Industrial COD Emission	工业源氨氮排放量 Industrial Ammonia Nitrogen Emission	生活源化学需氧量排放量 Living COD Emission	生活源氨氮排放量 Living Ammonia Nitrogen Emission
甘肃省	**Gansu**	**2214.30**	**119.29**	**148296.03**	**9830.89**
兰州市	Lanzhou	609.26	15.61	17927.91	1466.19
嘉峪关市	Jiayuguan	284.47	18.12	1958.63	205.04
金昌市	Jinchang	20.48	1.04	2518.46	198.67
白银市	Baiyin	336.25	25.72	11449.63	934.11
天水市	Tianshui	103.13	6.77	16857.98	1071.79
武威市	Wuwei	90.50	2.20	8306.52	545.21
张掖市	Zhangye	92.13	3.43	8085.98	647.56
平凉市	Pingliang	110.51	2.39	8863.92	426.41
酒泉市	Jiuquan	71.27	9.24	5614.30	371.70
庆阳市	Qingyang	99.85	1.55	13678.70	836.70
定西市	Dingxi	41.60	1.24	15689.77	830.85
陇南市	Longnan	48.05	1.63	16625.68	969.91
临夏州	Linxia	94.53	25.26	15121.23	907.12
甘南州	Gannan	14.09	0.59	5597.32	419.63
兰州新区	Lanzhou New Area	51.42	0.89		
甘肃矿区	Gansu Mining Area	146.77	3.64		

注：本表生活化学需氧量和氨氮排放量包括城镇和农村。

a) The discharge of COD and Ammonia Nitrogen includes urban and rural areas.

8-12 各市（州）废气主要污染物排放情况（2023）

Emission of Waste Gas and Major Pollutants by Region (2023)

单位：吨 (ton)

市（州）	Region	二氧化硫排放总量 Sulphur Dioxide Emission	氮氧化物排放总量 Nitrogen Oxides Emission	颗粒物排放总量 Particulate Matter Emission
甘肃省	**Gansu**	**77664.72**	**233785.57**	**105226.22**
兰州市	Lanzhou	17966.67	32913.55	8043.05
嘉峪关市	Jiayuguan	17022.47	17357.63	19464.59
金昌市	Jinchang	6009.81	9488.69	11023.23
白银市	Baiyin	6446.98	15308.15	6102.02
天水市	Tianshui	2421.63	11864.56	4880.63
武威市	Wuwei	2312.45	9364.91	5679.80
张掖市	Zhangye	3375.93	8097.20	4062.85
平凉市	Pingliang	3338.60	13182.05	4765.30
酒泉市	Jiuquan	4469.44	11773.28	8007.90
庆阳市	Qingyang	2405.96	7521.95	6196.12
定西市	Dingxi	6650.58	9205.42	7531.06
陇南市	Longnan	2345.32	6984.02	8069.48
临夏州	Linxia	1410.89	9554.86	3645.36
甘南州	Gannan	932.54	2754.48	3444.11
兰州新区	Lanzhou New Area	122.22	448.45	182.45
甘肃矿区	Gansu Mining Area	433.23	837.37	255.36

注：本表中废气主要污染物排放总量包括工业源、生活源、机动车、集中式污染治理设施废气污染物排放量。

a) Total emissions of major pollutants in waste gas in this table include the waste gas pollutants emissions of industrial sources, living sources, motor vehicles, and the centralized pollution control facilities.

8-13 各市（州）工业和生活废气主要污染物排放情况（2023）
Emission of Industrial and Living Waste Gas and Major Pollutants by Region (2023)

单位：吨 (ton)

市（州）	Region	工业二氧化硫排放量 Industrial Sulphur Dioxide Emission	工业氮氧化物排放量 Industrial Nitrogen Oxides Emission	工业颗粒物排放量 Industrial Particulate Matter Emission	生活及其他二氧化硫排放量 Domestic and Other Sulphur Dioxide Emission	生活及其他氮氧化物排放量 Domestic and Other Nitrogen Oxides Emission	生活及其他颗粒物排放量 Domestic and Other Particulate Matter Emission
甘肃省	**Gansu**	**65846.38**	**78422.81**	**52861.64**	**11814.47**	**7832.06**	**47494.57**
兰州市	Lanzhou	17660.20	15310.11	6613.56	305.41	1209.69	1318.29
嘉峪关市	Jiayuguan	16992.46	15601.45	19329.10	30.01	45.82	122.99
金昌市	Jinchang	4545.29	6086.20	5137.22	1464.52	678.25	5861.10
白银市	Baiyin	5773.17	7819.50	3335.93	673.81	422.69	2706.57
天水市	Tianshui	1649.61	3685.69	1605.92	772.02	441.20	3097.21
武威市	Wuwei	1436.16	2862.48	2121.02	876.29	464.99	3512.28
张掖市	Zhangye	2668.80	3586.26	1173.99	707.13	589.90	2853.56
平凉市	Pingliang	2738.57	6201.54	2264.59	600.03	336.00	2406.60
酒泉市	Jiuquan	3081.37	5581.36	2418.12	1385.27	647.98	5544.53
庆阳市	Qingyang	982.98	1969.79	419.74	1422.98	860.07	5712.95
定西市	Dingxi	5275.51	3182.74	1916.69	1375.07	761.34	5514.33
陇南市	Longnan	1381.05	3078.07	4139.46	964.27	475.63	3861.71
临夏州	Linxia	723.25	1245.60	733.63	687.64	614.50	2778.60
甘南州	Gannan	382.52	926.20	1214.88	550.02	284.00	2203.85
兰州新区	Lanzhou New Area	122.22	448.45	182.45			
甘肃矿区	Gansu Mining Area	433.23	837.37	255.36			

主要统计指标解释

气候 指地球与大气之间长期能量交换与质量交换所形成的一种自然环境状态，它是多种因素综合作用的结果。气候既是人类生活和生产的环境要素之一，又是供给人类生活和生产的重要资源。气温、降水、湿度等气象要素的多年平均值是用来描述一个地区气候状况的主要参数，而各种气象要素某年、某月的平均值（或总量）则可以反映出该时期天气气候状况的重要特征。

自然资源 指人类可以直接从自然界获得，并用于生产和生活的物质资源。自然资源一般可以分成可再生资源和非再生资源两大类。可再生资源指在较短时间内可以再生、可以循环利用的资源，包括土地资源、水资源、气候资源、生物资源和海洋资源等。非再生资源指在使用后不能再生的资源，包括矿产资源和地热能源。

土地资源 土地指陆地的表层部分，它主要由岩石、岩石的风化物和土壤构成。土地资源按利用类型可以分为农用地、建筑用地和未利用地。农用地包括耕地、园地、林地、牧草地和水面。建筑用地包括居民点及工矿用地、交通用地和水利设施用地。未利用地指农用地和建筑用地以外的土地，包括滩涂、荒漠、戈壁、冰川和石山等。

矿产资源 矿产资源指由地质作用形成的，具有利用价值的，呈固态、液态、气态的自然资源，是社会生产发展的重要物质基础。目前我国已发现矿种有170多种，甘肃省已发现矿119种，按其特点和用途，可分为能源矿产（如煤炭、石油、天然气、地热）、金属矿产（如铁矿、锰矿、铜矿、铅矿、铝土矿）、非金属矿产（如金刚石、石灰岩、粘土）和水气矿产（如地下水、矿泉水、二氧化碳气）四大类。其中：金属矿产按其物质成分和性质又可分为：黑色金属矿产、有色金属矿产、贵金属矿产、稀有金属矿产、稀土金属矿产、分散元素金属矿产六类。

矿产保有储量 指探明的矿产储量（包括工业储量和远景储量），扣除已开采部分和地下损失量后的年末实有储量。

平均气温 指空气的温度，我国一般以摄氏度（℃）为单位表示。气象观测的温度表是放在离地面约1.5米处通风良好的百叶箱里测量的，因此，通常说的气温指的是离地面1.5米处百叶箱中的温度。其统计计算方法为：

月平均气温是将全月各日的平均气温相加，除以该月的天数而得。

年平均气温是将12个月的月平均气温累加后除以12而得。

年平均相对湿度 指空气中实际水气压与当时气温下的饱和水气压之比。其统计方法与气温相同。

降水量 指从天空降落到地面的液态或固态（经融化后）水，未经蒸发、渗透、流失而在地面上积聚的深度。其统计计算方法为：

月降水量是将全月各日的降水量累加而得。

年降水量是将12个月的月降水量累加而得。

水资源总量 指当地降水形成的地表和地下产水总量，即地表径流量与降水入渗补给量之和。

地表水资源量 指河流、湖泊、冰川等地表水体中可以逐年更新的动态水量，即天然河川径流量。

地下水资源量 指地下饱和含水层逐年更新的动态水量，即降水和地表水入渗对地下水的补给量。

地表水与地下水资源重复量 指地表水和地下水相互转化的部分，即天然河川径流量中的地下水排泄量和地下水补给量中来源于地表水的入渗补给量。

供水总量 指各种水源为用水户提供的包括输水损失在内的毛水量。

地表水源供水量 指地表水体工程的取水量，按蓄、引、提、调四种形式统计。从水库、塘坝中引水或提水，均属蓄水工程供水量；从河道或湖泊中自流引水的，无论有闸或无闸，均属引水工程供水量；利用扬水站从河道或湖泊中直接取水的，属提水工程供水量；跨流域调水指水资源一级区或独立流域之间的跨流域调配水量，不包括在蓄、引、提水量中。

地下水源供水量 指水井工程的开采量，按浅层淡水、深层承压水和微咸水分别统计。城市地下水源供水量包括自来水厂的开采量和工矿企业自备井的开采量。

其他水源供水量 包括污水处理再利用、集雨工程、海水淡化等水源工程的供水量。

用水总量 指各类用户取用的包括输水损失在内的毛用水量之和。

农业用水 指农田灌溉用水、林果地灌溉用水、草地灌溉用水、鱼塘补水和畜禽用水。

工业用水 指工矿企业在生产过程中用于制造、加工、冷却、空调、净化、洗涤等方面的用水，按新水取用量计，不包括企业内部的重复利用水量。

生活用水 包括城镇生活用水和农村生活用水。城镇生活用水由居民用水和公共用水（含第三产业及建筑业等用水）组成；农村生活用水指居民生活用水。

自然保护区 指对有代表性的自然生态系统、珍稀濒危野生动植物物种的天然分布区、水源涵养区、有特殊意义的自然历史遗迹等保护对象所在的陆地、陆地水体或海域，依法划出一定面积进行特殊保护和管理的区域。以县及县以上各级人民政府正式批准建立的自然保护区为准(包括“六五”以前由部门或“革委会”批准且现仍存在的自然保护区）。风景名胜区、文物保护区不计在内。

环境污染治理投资 指在工业污染源治理和城市环境基础设施建设的资金投入中，用于形成固定资产的资金。包括工业新老污染源治理工程投资、建设项目“三同时”环保投资，以及城市环境基础设施建设所投入的资金。

一般工业固体废物产生量 指未被列入《国家危险废物名录》或者根据国家规定的危险废物鉴别标准（GB5085）、固体废物浸出毒性浸出方法（GB5086）及固体废物浸出毒性测定方法（GB / T 15555）鉴别方法判定不具有危险特性的工业固体废物。计算公式是：

一般工业固体废物产生量 =（一般工业固体废物综合利用量—其中：综合利用往年贮存量）+ 一般工业固体废物贮存量 +（一般工业固体废物处置量—其中：处置往年贮存量）+ 一般工业固体废物倾倒丢弃量

危险废物 指列入国家危险废物名录或根据国家规定的危险废物鉴别标准和鉴别方法认定的，具有爆炸性、易燃性、易氧化性、毒性、腐蚀性、易传染疾病等危险特性之一的废物。

一般工业固体废物综合利用量 指报告期内企业通过回收、加工、循环、交换等方式，从固体废物中提取或者使其转化为可以利用的资源、能源和其他原材料的固体废物量(包括当年利用往年的工业固体废物贮存量)，如用作农业肥料、生产建筑材料、筑路等。综合利用量由原产生固体废物的单位统计。

一般工业固体废物处置量 指报告期内企业将工业固体废物焚烧和用其他改变工业固体废物的物理、化学、生物特性的方法，达到减少或者消除其危险成分的活动，或者将工业固体废物最终置于符合环境保护规定要求的填埋场的活动中，所消纳固体废物的量。

9 能 源

Energy

简要说明

一、本篇资料主要内容

本篇包括的主要内容有能源生产、消费及品种构成，综合能源平衡表和主要能源品种的单项平衡表，能源生产和消费弹性系数等。

二、本篇资料的统计范围

本篇资料的统计范围为全社会。

三、本篇资料来源

全社会用电量数据来自国网甘肃省电力公司。

本篇资料由省统计局能源处搜集、加工整理，来自能源生产、消费统计及能源平衡表。

本篇根据第四次经济普查结果，对 2015-2018 年有关能源数据进行了修订。

9-1 能源生产总量及构成
Total Production of Energy and Its Composition

年 份 Year	能源生产总量（万吨标准煤）Total Energy Production (10 000 tons of SCE)	占能源生产总量的比重（%） As Percentage of Total Energy Production (%)			
		原煤 Coal	原油 Crude Oil	天然气 Natural Gas	一次电力及其他能源 Primary Electricity and Other Energy
2005	3605.12	71.72	12.07	0.57	15.64
2006	3798.83	71.88	12.50	0.52	15.10
2007	3985.59	70.78	12.61	0.49	16.13
2008	4069.28	68.71	12.82	0.42	18.06
2009	4232.34	67.10	12.15	0.46	20.29
2010	4631.59	68.37	11.79	0.28	19.56
2011	4884.56	64.64	14.70	0.22	20.45
2012	5362.84	60.29	16.77	0.31	22.63
2013	5538.21	55.48	18.32	0.25	25.95
2014	5926.50	54.64	18.61	0.27	26.48
2015	5816.78	52.02	20.14	0.27	27.57
2016	5667.42	51.86	20.20	0.24	27.70
2017	5749.10	45.20	20.55	0.39	33.86
2018	6107.42	40.76	20.11	0.48	38.65
2019	6394.63	39.53	20.19	0.31	39.97
2020	6729.39	39.17	20.57	0.70	39.56
2021	7031.70	40.52	20.91	0.70	37.87
2022	7778.97	44.32	20.06	0.84	34.78
2023	8725.09	44.29	19.10	1.03	35.57

注：电力折算标准煤的系数根据当年平均发电煤耗计算（下表同）。

a) The coefficient for conversion of electric power into SCE (standard coal equivalent) is calculated on the basis of the data on average coal consumption in generating electric power in the same year (The following related tables are the same).

9-2 能源消费总量及构成
Total Consumption of Energy and Its Composition

年 份 Year	能源消费总量（万吨标准煤）Total Energy Consumption (10 000 tons of SCE)	占能源消费总量的比重（%） As Percentage of Total Energy Consumption (%)			
		煤炭 Coal	石油 Crude Oil	天然气 Natural Gas	一次电力及其他能源 Primary Electricity and Other Energy
2005	4300.88	67.84	16.17	2.88	13.11
2006	4670.33	69.09	15.30	3.33	12.28
2007	5031.35	68.78	15.09	3.35	12.78
2008	5264.80	68.54	14.53	2.97	13.96
2009	5398.00	66.15	14.95	2.99	15.91
2010	5829.85	64.08	16.99	3.39	15.54
2011	6393.69	63.35	17.18	3.85	15.62
2012	6893.76	61.85	16.48	4.06	17.61
2013	7286.72	60.63	16.70	3.98	18.69
2014	7521.45	60.41	16.34	4.19	19.06
2015	7488.50	60.21	16.15	4.45	19.19
2016	7299.93	58.72	17.25	4.63	19.40
2017	7503.63	55.83	17.13	4.93	22.11
2018	7822.54	54.44	16.21	4.98	24.37
2019	7818.02	52.40	15.50	5.27	26.83
2020	8104.71	52.74	15.33	5.29	26.64
2021	8434.23	55.45	14.58	5.25	24.72
2022	8667.89	55.00	15.46	5.46	24.08
2023	9088.69	51.43	15.34	5.88	27.35

9-3 综合能源平衡表
Overall Energy Balance Sheet

单位：万吨标准煤 (10 000 tons of SCE)

项　目	Item	2010	2015	2020	2022	2023
可供消费的能源总量	**Total Energy Available for Consumption**	**5829.85**	**7532.37**	**8126.02**	**8736.77**	**9156.19**
一次能源生产量	Primary Energy Output	4631.59	5816.78	6729.39	7778.97	8725.09
调入量	Imports	4003.51	4578.47	5674.84	5651.72	5271.18
调出量（-）	Exports (-)	2823.88	2887.47	4570.00	4626.84	4607.05
年初年末库存差额	Stock Changes in the Year	18.64	24.59	291.80	-67.08	-233.03
能源消费总量	**Total Energy Consumption**	**5829.85**	**7488.50**	**8104.71**	**8667.89**	**9088.69**
在总量中：	Consumption by Sector					
农、林、牧、渔业	Agriculture,Forestry,Animal Husbandry,Fishery	252.38	226.60	234.29	266.17	277.01
工业	Industry	4258.42	5334.95	5476.01	5850.49	6005.43
建筑业	Construction	79.77	104.39	117.01	115.61	131.63
交通运输、仓储和邮政业	Transport,Storage and Post	466.19	568.15	620.82	676.04	759.34
批发、零售业和住宿、餐饮业	Wholesale and Retail Trades,Hotels and Catering Services	77.58	165.56	243.04	268.46	333.38
其他	Others Sectors	162.65	297.10	428.74	474.79	538.31
生活消费	Household Consumption	532.86	791.76	984.80	1016.33	1043.59
在总量中：	Consumption by Usage					
终端消费	End-use Consumption	5655.94	7196.13	7770.57	8323.40	8750.73
#工业	Industry	4084.51	5042.56	5141.86	5506.00	5667.46
加工转换损失量	Losses During the Process of Energy Conversion	216.72	130.84	144.08	172.01	146.97
#炼焦	Coking	46.75	70.07	46.49	40.07	42.02
炼油及煤制油	Petroleum Refining and Coal-to-liquids	99.88	182.38	198.30	174.98	134.61
损失量	Energy Losses	136.03	161.53	190.07	172.48	190.99
回收能（-）	Recovery of Energy (-)	178.83	229.32	286.00	312.00	316.83
平衡差额	**Balance**		**43.86**	**21.31**	**68.88**	**67.50**

注：电力按等价热值折算，因此加工转换损失量中不包括发电损失量。

a) Electric Power is converted on the basis of equivalent caloric value.Therefore,losses during the process of energy conversion do not include losses in power generation.

9-4 石油平衡表
Petroleum Balance Sheet

单位：万吨 (10 000 tons)

项 目	Item	2010	2015	2020	2022	2023
可供量	**Total Energy Available for Consumption**	**703.52**	**864.37**	**881.62**	**974.05**	**1008.52**
生产量	Output	382.14	820.09	968.74	1092.24	1166.37
调入量	Imports	1062.56	665.79	550.54	493.27	403.78
调出量 (-)	Exports (-)	779.25	618.61	744.47	616.72	584.69
年初年末库存差额	Stock Changes in the Year	38.07	-2.90	106.81	5.26	23.06
消费量	**Total Energy Consumption**	**703.52**	**864.37**	**881.62**	**974.05**	**1008.52**
在消费量中：	Consumption by Sector					
农、林、牧、渔业	Agriculture, Forestry, Animal Husbandry,Fishery	32.90	37.00	39.50	37.14	39.40
工业	Industry	357.15	397.86	373.53	477.13	427.82
建筑业	Construction	22.80	34.50	37.42	36.96	46.92
交通运输、仓储和邮政业	Transport, Storage and Post	212.72	257.65	247.60	253.52	286.33
批发、零售业和住宿、餐饮业	Wholesale and Retail Trades, Hotels and Catering Services	7.71	14.16	19.11	17.60	21.65
其他行业	Other Sectors	35.01	49.50	64.97	64.95	75.14
生活消费	Household Consumption	35.23	73.70	99.49	86.75	111.26
在消费量中：	Consumption by Usage					
终端消费	End-use Consumption	598.66	691.3	704.52	804.94	861.66
#工业	Industry	252.29	224.79	196.43	308.02	280.96
中间消费	Intermediate Consumption	104.86	173.07	177.1	169.11	146.86
（用于加工转换）	(Consumed in Conversion)					
发电	Power Generation	0.59	1.11	0.72	0.67	0.52
供热	Heating	11.35	12.66	9.5	14.53	14.09
制气	Gas Production					
炼油损失量	Losses in Petroleum Refining	92.92	159.3	166.88	153.91	132.25
损失量	Energy Losses					
平衡差额	**Balance**					

注：生产量为原油产量。
a) Data on output refer to the output of crude oil.

9-5 煤炭平衡表
Coal Balance Sheet

单位：万吨 (10 000 tons)

项　目	Item	2010	2015	2020	2022	2023
可供量	**Total Energy Available for Consumption**	**5301.89**	**6585.06**	**7245.45**	**8486.45**	**8361.42**
生产量	Outputs	4688.25	4399.63	3859.01	5414.38	6019.72
调入量	Imports	2255.30	3961.63	4799.33	4972.97	4248.59
调出量（-）	Exports (-)	1600.10	1785.12	1625.79	1810.52	1556.71
年初年末库存差额	Stock Changes in the Year	-41.56	8.92	212.90	-90.38	-350.18
消费量	**Total Energy Consumption**	**5301.89**	**6585.06**	**7245.45**	**8486.45**	**8361.42**
在消费量中：	Consumption by Sector					
农、林、牧、渔业	Agriculture,Forestry,Animal Husbandry, Fishery	48.10	51.10	36.60	37.45	22.9
工业	Industry	4787.79	6034.96	6830.66	8108.09	8075.17
建筑业	Construction	28.00	17.00	14.50	13.30	10.30
交通运输、仓储和邮政业	Transport,Storage and Post	49.00	28.00	14.30	13.50	12.92
批发、零售业和住宿、餐饮业	Wholesale and Retail Trades,Hotels and Catering Services	33.00	30.00	20.10	17.15	14.96
其他	Other Sectors	22.00	31.00	19.10	17.67	13.18
生活消费	Household Consumption	334.00	393.00	310.19	279.29	211.99
在消费量中：	Consumption by Usage					
终端消费	End-use Consumption	1646.57	2035.85	1484.56	1372.62	1257.57
#工业	Industry	1132.47	1485.75	1069.77	994.26	971.32
中间消费（用于加工转换）	Intermediate Consumption (Consumed in Conversion)	3655.32	4549.21	5760.89	7113.83	7103.85
发电	Power Generation	2775.80	3168.96	3983.70	5080.54	4867.93
供热	Heating	445.30	534.68	933.16	1086.34	1111.98
炼焦	Coking	389.93	699.18	723.45	676.31	785.10
制气	Gas Production	9.29	5.08	6.44	16.75	22.45
洗选损耗	Losses in Coal Washing and Dressing	35.00	141.31	112.13	251.03	312.08
平衡差额	**Balance**					

注：生产量为原煤产量。

a) Data on output refer to the output of raw coal.

9-6 电力平衡表
Electricity Balance Sheet

单位：亿千瓦小时　　　　(100 million kWh)

项　目	Item	2010	2015	2020	2022	2023
可供量	**Total Energy Available for Consumption**	**804.43**	**1112.99**	**1386.60**	**1521.91**	**1670.74**
生产量	Output	874.51	1242.20	1798.33	1991.29	2138.91
水电、风电及其他发电	Hydropower,Wind Power and other Power	283.16	521.79	886.40	902.86	1058.78
火电	Thermal Power	591.35	720.41	911.93	1088.43	1080.13
调入量	Imports	119.73	114.85	375.59	364.68	424.53
调出量（-）	Exports (-)	189.81	244.06	787.32	834.06	892.70
消费量	**Total Energy Consumption**	**804.43**	**1098.72**	**1375.70**	**1500.69**	**1644.68**
在消费量中：	Consumption by Sector					
农、林、牧、渔业	Agriculture,Forestry,Animal Husbandry, Fishery	54.37	44.38	51.22	63.03	69.81
工业	Industry	617.13	860.21	1026.10	1090.75	1191.68
建筑业	Construction	8.33	13.05	17.02	16.78	17.54
交通运输、仓储和邮政业	Transport,Storage and Post	32.57	41.04	59.90	73.48	81.08
批发、零售业和住宿、餐饮业	Wholesale and Retail Trades,Hotels and Catering Services	11.41	23.55	38.79	45.31	58.02
其他	Other Sectors	27.11	39.87	67.14	79.06	87.86
生活消费	Household Consumption	53.52	76.62	115.53	132.28	138.69
在消费量中：	Consumption by Usage					
终端消费	End-use Consumption	761.91	1046.17	1311.58	1442.40	1579.53
#工业	Industry	574.61	807.66	961.98	1032.46	1126.53
输配电损失量	Losses in Transmission	42.52	52.55	64.12	58.29	65.15
平衡差额	**Balance**		**14.27**	**10.90**	**21.22**	**26.06**

9-7 分行业能源消费量（2023）

行 业	Sector	能源消费总量（万吨标准煤）Total Energy Consumption (10000 tons of SCE)	煤炭（万吨）Coal (10 000 tons)
消费总计	**Total Consumption**	**9088.69**	**8361.42**
农、林、牧、渔业	**Agriculture,Forestry,Animal Husbandry and Fishery**	**277.01**	**22.90**
工业	**Industry**	**6005.43**	**8075.17**
采矿业	**Mining**	**401.22**	**388.47**
煤炭开采和洗选业	Mining and Washing of Coal	168.24	383.51
石油和天然气开采业	Extraction of Petroleum and Natural Gas	94.11	
黑色金属矿采选业	Mining and Processing of Ferrous Metal Ores	16.80	2.51
有色金属矿采选业	Mining and Processing of Non-Ferrous Metal Ores	43.86	0.39
非金属矿采选业	Mining and Processing of Nonmetal Ores	20.05	2.06
开采专业及辅助性活动	Support Activities for Mining	2.55	
其他采矿业	Mining of Other Ores	55.61	
制造业	**Manufacturing**	**4860.19**	**1862.38**
农副食品加工业	Processing of Food from Agricultural Products	42.64	10.54
食品制造业	Manufacture of Foods	15.45	2.90
酒、饮料和精制茶制造业	Manufacture of Liquor, Beverages and Refined Tea	12.36	4.25
烟草制品业	Manufacture of Tobacco	1.98	
纺织业	Manufacture of Textile	3.82	0.20
纺织服装、服饰业	Manufacture of Textile, Wearing Apparel and Accessories	0.61	
皮革、毛皮、羽毛及其制品和制鞋业	Manufacture of Leather, Fur, Feather and Related Products and Footwear	0.51	0.01
木材加工及木、竹、藤、棕、草制品业	Processing of Timber, Manufacture of Wood, Bamboo, Rattan, Palm and Straw Products	2.14	
家具制造业	Manufacture of Furniture	1.32	
造纸和纸制品业	Manufacture of Paper and Paper Products	12.15	10.30
印刷和记录媒介复制业	Printing and Reproduction of Recording Media	0.85	0.01
文教、工美、体育和娱乐用品制造业	Manufacture of Articles for Culture, Education, Arts and Crafts, Sport and Entertainment Activities	0.09	
石油煤炭及其他燃料加工业	Petroleum, Coal and Other Fuel Processing Industries	678.92	882.67
化学原料和化学制品制造业	Manufacture of Raw Chemical Materials and Chemical Products	457.82	77.09
医药制造业	Manufacture of Medicines	29.35	7.82
化学纤维制造业	Manufacture of Chemical Fibres	3.75	
橡胶和塑料制品业	Manufacture of Rubber and Plastics Products	17.46	
非金属矿物制品业	Manufacture of Non-metallic Mineral Products	806.13	516.26
黑色金属冶炼和压延加工业	Smelting and Pressing of Ferrous Metals	950.25	201.07
有色金属冶炼和压延加工业	Smelting and Pressing of Non-ferrous Metals	1655.24	146.68
金属制品业	Manufacture of Metal Products	22.32	0.45
通用设备制造业	Manufacture of General Purpose Machinery	8.60	
专用设备制造业	Manufacture of Special Purpose Machinery	6.00	
汽车制造业	Manufacture of Automobiles	0.21	
铁路、船舶、航空航天和其他运输设备制造业	Manufacture of Railway, Ship, Aerospace and Other Transport Equipments	0.73	
电气机械和器材制造业	Manufacture of Electrical Machinery and Apparatus	11.66	
计算机、通信和其他电子设备制造业	Manufacture of Communication Equipment, Computers and Other Electronic Equipment	38.27	
仪器仪表制造业	Manufacture of Measuring Instruments and Machinery	0.03	
其他制造业	Other Manufacturing	30.87	
废弃资源综合利用业	Utilization of Waste Resources	42.73	2.13
金属制品、机械和设备修理业	Repair Service of Metal Products, Machinery and Equipment	5.93	
电力、热力、燃气及水的生产和供应业	**Electric Power, Gas and Water Production and Supply**	**744.02**	**5824.32**
电力、热力的生产和供应业	Production and Supply of Electric Power and Heat Power	688.89	5824.31
燃气生产和供应业	Production and Supply of Gas	27.73	
水的生产和供应业	Production and Supply of Water	27.40	0.01
建筑业	**Construction**	**131.63**	**10.30**
交通运输储运业和邮政业	**Transport, Storage and Post**	**759.34**	**12.92**
批发、零售业和住宿、餐饮业	**Wholesale, Retail Trade and Hotel,Restaurants**	**333.38**	**14.96**
其他行业	**Others**	**538.31**	**13.18**
城乡居民生活	**Urban and Rural Residential Consumption**	**1043.59**	**211.99**

Consumption of Energy by Sector (2023)

焦炭 (万吨) Coke (10 000 tons)	原油 (万吨) Crude Oil (10 000 tons)	汽油 (万吨) Gasoline (10 000 tons)	煤油 (万吨) Kerosene (10 000 tons)	柴油 (万吨) Diesel Oil (10 000 tons)	燃料油 (万吨) Fuel Oil (10 000 tons)	液化石油气 (万吨) Liquefied Petroleum Gas (10 000 tons)	天然气 (亿立方米) Natural Gas (100 million cu.m)	电力 (亿千瓦小时) Electricity (100 million kWh)
622.61	**1483.21**	**251.25**	**8.99**	**312.91**	**1.66**	**17.67**	**44.50**	**1644.68**
		5.95		**33.45**				**69.81**
622.61	**1483.21**	**2.35**	**0.13**	**18.94**	**1.01**	**0.26**	**14.06**	**1191.68**
7.49	**14.19**	**0.21**		**7.31**			**0.74**	**71.54**
		0.05		3.32			0.11	7.14
	14.19	0.06		0.32			0.63	22.41
7.49		0.01		0.63				2.47
		0.02		0.38				14.67
		0.00		0.98				5.88
		0.07		1.68				
								18.97
615.12	**1469.02**	**1.11**	**0.13**	**10.65**	**0.99**	**0.26**	**12.08**	**919.33**
0.08		0.10		0.40			0.17	8.58
		0.02		0.02			0.30	2.39
		0.02		0.01			0.28	1.96
							0.05	0.47
							0.03	1.13
								0.17
							0.01	0.13
								0.72
								0.45
				0.01			0.01	1.78
								0.28
								0.03
	1469.02	0.06		0.68	0.37	0.12	2.61	27.20
47.90		0.08		0.28	0.03		3.13	83.65
		0.05		0.03	0.03		0.46	5.71
		0.03					0.05	1.06
		0.02		0.01			0.02	4.91
9.88		0.30		5.99	0.13		2.39	92.59
527.47		0.05		0.73			0.25	128.90
16.48		0.06	0.13	1.94	0.40	0.14	1.73	508.47
		0.03		0.05			0.21	6.69
0.17		0.03		0.01	0.03		0.03	2.72
		0.01		0.02			0.08	1.57
								0.07
								0.25
		0.24		0.03			0.09	3.40
				0.01			0.06	12.36
								0.01
								10.53
13.14		0.01		0.28			0.09	9.33
				0.15			0.03	1.82
		1.03		**0.98**	**0.02**		**1.24**	**200.81**
		0.80		0.91	0.02		0.13	183.26
		0.18		0.03			1.11	8.40
		0.05		0.04				9.15
		6.05		**29.16**	**0.65**	**0.15**	**0.08**	**17.54**
		70.88	**8.86**	**206.59**			**6.10**	**81.08**
		15.43		**3.26**		**2.96**	**6.08**	**58.02**
		58.49		**16.65**			**8.86**	**87.86**
		92.10		**4.86**		**14.30**	**9.32**	**138.69**

9-8 能源生产弹性系数
Elasticity Ratio of Energy Production

年 份 Year	能源生产 比上年增长 (%) Growth Rate of Energy Production over Preceding Year (%)	电力生产 比上年增长 (%) Growth Rate of Electricity Production over Preceding Year (%)	能源生产 弹性系数 Elasticity Ratio of Energy Production	电力生产 弹性系数 Elasticity Ratio of Electricity Production
2000	-13.06	6.83		0.70
2001	5.39	8.26	0.55	0.85
2002	37.66	12.53	3.82	1.27
2003	16.84	18.71	1.49	1.65
2004	17.71	13.18	1.62	1.21
2005	7.29	10.70	0.62	0.90
2006	5.37	5.08	0.45	0.42
2007	4.92	16.33	0.40	1.33
2008	2.10	11.58	0.21	1.14
2009	4.01	1.86	0.39	0.18
2010	9.43	24.35	0.80	2.07
2011	5.46	17.54	0.41	1.33
2012	9.79	7.70	0.83	0.65
2013	3.27	8.57	0.29	0.76
2014	7.01	3.26	0.78	0.36
2015	-1.85	0.09		0.01
2016	-2.57	-2.24		
2017	1.44	11.10	0.41	3.15
2018	6.23	19.18	1.01	3.12
2019	4.70	3.81	0.76	0.62
2020	5.24	7.73	1.35	1.99
2021	4.49	7.59	0.65	1.09
2022	10.63	2.92	2.34	0.64
2023	12.16	7.41	1.91	1.16

9-9 能源消费弹性系数
Elasticity Ratio of Energy Consumption

年 份 Year	能源消费 比上年增长 (%) Growth Rate of Energy Consumption over Preceding Year (%)	电力消费 比上年增长 (%) Growth Rate of Electricity Consumption over Preceding Year (%)	能源消费 弹性系数 Elasticity Ratio of Energy Consumption	电力消费 弹性系数 Elasticity Ratio of Electricity Consumption
2000	3.23	1.29	0.33	0.13
2001	1.88	1.58	0.19	0.16
2002	4.36	11.84	0.44	1.20
2003	11.82	16.36	1.04	1.44
2004	15.78	13.47	1.45	1.23
2005	10.06	8.29	0.85	0.70
2006	8.59	9.57	0.72	0.80
2007	7.73	14.62	0.63	1.19
2008	4.64	10.25	0.46	1.01
2009	2.53	4.09	0.25	0.40
2010	8.00	14.02	0.68	1.19
2011	9.67	14.79	0.73	1.12
2012	7.82	7.70	0.66	0.65
2013	5.70	7.91	0.50	0.70
2014	3.22	2.07	0.36	0.23
2015	-0.44	0.30		0.04
2016	-2.52	-3.06		
2017	2.79	9.32	0.79	2.65
2018	4.25	10.75	0.69	1.75
2019	-0.06	-0.11		
2020	3.67	6.80	0.95	1.75
2021	4.07	8.65	0.59	1.25
2022	2.77	0.40	0.61	0.09
2023	4.85	9.59	0.77	1.50

9–10 能源消耗
Energy Consumption

年 份 Year	单位生产总值能耗上升或下降（±%） Change of Energy Consumption per Unit of GDP（±%）	单位生产总值电耗上升或下降（±%） Change of Electricity Consumption per Unit of GDP（±%）	规模以上工业单位增加值能耗上升或下降（±%） Change of Energy Consumption per Unit of Designated Industrial Value-added（±%）
2006	-2.61	-1.74	-3.03
2007	-4.09	2.02	-6.53
2008	-5.00	0.09	-5.66
2009	-6.97	-5.55	-12.84
2010	-3.40	2.01	-7.94
2011	-2.51	2.02	-1.96
2012	-4.21	-4.31	-8.10
2013	-4.56	-2.57	-7.25
2014	-5.21	-6.26	-7.02
2015	-7.95	-7.20	-10.66
2016	-9.44	-9.93	-12.40
2017	-0.71	5.55	3.08
2018	-1.78	4.14	2.72
2019	-5.85	-5.90	-6.56
2020	-0.20	2.81	0.75
2021	-2.6	1.7	-3.2
2022	-1.6	-3.9	-2.1
2023	-1.4	3.0	-6.5

注：1. 1.2006–2010 年地区生产总值按 2005 年可比价格计算，2011–2015 年地区生产总值按 2010 年可比价格计算，2016–2020 年地区生产总值按 2015 年可比价格计算，2021–2023 年地区生产总值按 2020 年可比价格计算。
2. 根据快报数进行的能耗核算。

a) GDP of 2006-2010 are calculated at 2005 constant prices. GDP of 2011-2015 is calculated at 2010 constant prices.GDP of 2016-2020 are calculated at 2015 constant prices.GDP of 2021-2023 are calculated at 2020 constant prices.

b) Energy consumption accounting are according to the quick reports data.

9-11 能源加工转换效率
Efficiency of Energy Conversion

单位：%　　(%)

年 份 Year	总效率 Total Efficiency	火力发电 Generation Efficiency of Thermal Power	炼焦 Coking	炼油及煤制油 Petroleum Refining and Coal-to-liquids
2005	72.97	36.30	97.74	90.13
2006	73.11	36.78	84.54	91.67
2007	73.40	37.17	97.70	89.31
2008	72.81	37.29	94.76	93.25
2009	73.61	37.53	94.00	93.06
2010	70.60	38.42	86.70	94.88
2011	69.41	39.13	88.35	92.41
2012	70.08	39.44	87.88	93.60
2013	72.14	39.96	90.10	92.86
2014	72.55	39.94	91.01	93.22
2015	70.89	39.98	89.27	91.04
2016	70.99	40.11	92.86	91.56
2017	71.66	40.24	92.46	92.15
2018	68.40	40.35	91.39	90.16
2019	70.07	40.93	90.75	90.92
2020	69.89	41.46	92.63	90.56
2021	69.04	41.67	92.83	91.21
2022	69.17	41.53	93.32	91.63
2023	71.06	41.92	93.92	92.90

9-12 生活能源消费量
Average Annual Energy Consumption for Households

品 种	Item	2010	2015	2020	2022	2023
合计（万吨标准煤）	**Total (10 000 tons of SCE)**	**532.20**	**791.76**	**984.80**	**1016.33**	**1043.59**
煤炭（万吨）	Coal (10 000 tons)	334.00	393.00	310.19	279.29	211.99
液化石油气（万吨）	Liquefied Petroleum Gas (10 000 tons)	5.72	8.50	13.39	14.33	14.30
焦炉煤气（亿立方米）	Coke Oven Gas (100 million cu.m)	0.15	0.16	0.20	0.20	0.20
天然气（亿立方米）	Natural Gas (100 million cu.m)	1.90	4.00	8.10	8.70	9.32
热力（万百万千焦）	Heat (10 billion kilo-joule)	1741.92	3260.00	5456.24	5853.77	6433.02
电力（亿千瓦小时）	Electricity (100 million kWh)	53.52	76.62	115.53	132.28	138.69

9-13 重点耗能企业单位产品能源消费
Energy Consumption of Per Unit of Product for Key Energy-consuming Enterprises

项 目	Item	2020	2022	2023
吨原煤生产综合能耗（千克标准煤/吨）	Comprehensive Energy Consumption of Tonne Coal Production (kg of SCE/ton)	3.09	3.29	3.38
单位油气产量综合能耗（千克标准煤/吨）	Comprehensive Energy Consumption of Unit Oil and Gas Output (kg of SCE/ton)	49.28	44.14	40.97
铁矿选矿工序单位能耗（千克标准煤/吨）	Unit Energy Consumption of Iron Ore Beneficiation Process (kg of SCE/ton)	8.72	8.26	8.09
炼焦工序单位能耗（千克标准煤/吨）	Unit Energy Consumption of Coking Process (kg of SCE/ton)	127.51	120.84	121.91
原油加工单位综合能耗（千克标准油/吨）	Unit Comprehensive Energy Consumption of Crude Oil Processing (kg of Standard Oil Equivalent/ton)	61.90	63.82	60.38
单位电石生产综合能耗（千克标准煤/吨）	Comprehensive Energy Consumption of Unit Calcium Carbide Production (kg of SCE/ton)	919.49	868.03	857.19
单位乙烯生产综合能耗 （千克标准煤/吨）	Comprehensive Energy Consumption of Unit Ethylene Production (kg of SCE/ton)	882.90	873.18	875.87
单位合成氨生产综合能耗（千克标准煤/吨）	Comprehensive Energy Consumption of Unit Synthetic Ammonia Production (kg of SCE/ton)	1241.46	1230.95	1236.60
吨水泥综合能耗（千克标准煤/吨）	Comprehensive Energy Consumption of Tonne Cement (kg of SCE/ton)	93.70	94.27	89.76
吨钢综合能耗（千克标准煤/吨）	Comprehensive Energy Consumption of Tonne Rolled Steel (kg of SCE/ton)	568.16	543.89	557.22
单位粗铜综合能耗（千克标准煤/吨）	Comprehensive Energy Consumption of Unit Blister Copper (kg of SCE/ton)	106.02	143.19	121.12
单位铜精炼综合能耗（千克标准煤/吨）	Comprehensive Energy Consumption of Unit Copper Refining (kg of SCE/ton)	111.13	95.88	85.74
单位电解铝综合能耗（千克标准煤/吨）	Comprehensive Energy Consumption of Unit Electrolytic Aluminum (kg of SCE/ton)	1700.36	1680.40	1660.00
蒸馏锌综合标准煤耗单耗（千克标准煤/吨）	Comprehensive Standard Coal Consumption Unit Consumption of Distillation Zinc (kg of SCE/ton)	2042.62	1992.06	2017.04
单位精锌（电锌）综合能耗（千克标准煤/吨）	Comprehensive Energy Consumption of Unit Refined Zinc (Electrolytic Zinc) (kg of SCE/ton)	582.78	832.29	766.13
电厂火力发电标准煤耗（克标准煤/千瓦时）	Standard Coal Consumption of Thermal Power of Power Plant (g of SCE/kWh)	295.52	292.64	292.32

9-14 平均每天能源消费量

Average Daily Energy Consumption by Type of Energy

品 种	Item	2010	2015	2020	2022	2023
合计（万吨标准煤）	**Total (10 000 tons of SCE)**	**15.97**	**20.52**	**22.20**	**23.75**	**24.90**
煤炭（万吨）	Coal (10 000 tons)	14.53	18.04	19.85	23.25	22.91
焦炭（万吨）	Coke (10 000 tons)	1.48	1.62	1.60	1.68	1.71
原油（万吨）	Crude Oil (10 000 tons)	3.84	3.96	4.07	4.03	4.06
燃料油（万吨）	Fuel Oil (10 000 tons)	0.04	0.01	0.01		
汽油（万吨）	Gasoline (10 000 tons)	0.24	0.47	0.57	0.52	0.69
煤油（万吨）	Kerosene (10 000 tons)	0.01	0.02	0.02	0.02	0.02
柴油（万吨）	Diesel Oil (10 000 tons)	0.76	0.82	0.77	0.79	0.86
天然气（亿立方米）	Natural Gas (100 million cu.m)	0.04	0.07	0.10	0.11	0.12
电力（亿千瓦小时）	Electricity (100 million kWh)	2.20	3.01	3.77	4.11	4.51

9-15 人均生活能源消费量

Annual Per Capita Energy Consumption of Households

年 份 Year	平均每人生活消费能源（千克标准煤） Annual per Capita Consumption for Households (kg of SCE)	# 煤炭（千克） Coal (kg)	# 电力（千瓦小时） Electricity (kWh)	# 液化石油气（千克） Liquefied Petroleum Gas (kg)	# 天然气（立方米） Natural Gas (cu.m)	# 煤气（立方米） Coal Gas (cu.m)
2000	164.00	155.00	84.01	2.09		
2001	174.00	151.79	88.31	1.60	0.23	
2002	156.35	150.24	89.49	1.50	0.73	
2003	171.80	148.50	91.34	1.62	0.96	
2004	169.00	146.53	105.29	1.61	1.11	
2005	184.27	155.59	127.63	1.93	1.57	1.53
2006	186.52	156.71	132.32	1.96	2.75	1.61
2007	198.63	159.77	142.49	1.96	2.83	1.73
2008	210.48	169.84	159.36	2.14	2.98	2.27
2009	228.12	172.16	181.48	2.16	3.06	2.86
2010	208.49	130.60	209.27	2.24	7.43	0.59
2011	227.93	125.44	243.75	2.25	10.93	0.59
2012	243.91	131.59	256.72	2.42	11.86	0.58
2013	249.16	132.41	267.73	2.45	13.76	0.62
2014	256.11	133.58	282.51	2.47	13.92	0.62
2015	305.09	151.44	295.24	3.28	15.41	0.62
2016	313.73	141.86	320.53	3.95	16.89	0.77
2017	328.25	142.10	348.88	3.93	17.00	0.76
2018	344.36	127.74	384.69	5.24	19.76	0.76
2019	355.04	123.92	410.43	5.44	22.93	0.76
2020	393.13	123.83	461.19	5.35	32.34	0.80
2021	398.60	115.80	498.81	5.72	34.34	0.80
2022	407.96	112.11	530.98	5.75	34.92	0.80
2023	420.98	85.52	559.47	5.77	37.60	0.81

注：计算消费量所使用的人口数为平均人口数。

a) Data in the table are calculated with the data on the annual average population.

主要统计指标解释

能源生产总量 指一定时期内，本地区一次能源生产量的总和。该指标是观察能源生产水平、规模、构成和发展速度的总量指标。一次能源生产量包括原煤、原油、天然气、水电、核电及其他动力能(如风能、太阳能、地热能等)发电量。

能源消费总量 指一定地域内，国民经济各行业和居民家庭在一定时期消费的各种能源的总和。能源消费总量分为终端能源消费量、能源加工转换损失量和能源损失量三部分。

（1）终端能源消费量：指一定时期内用于消费（而非用于加工转换产出其他能源）的各种能源之和。

（2）能源加工转换损失量：指一定时期内，本地区投入加工转换的各种能源数量之和与产出各种能源产品之和的差额。该指标是观察能源在加工转换过程中损失量变化的指标。

（3）能源损失量：指一定时期内，能源在输送、分配、储存过程中发生的损失和由客观原因造成的各种损失量。不包括各种气体能源放空、放散量。

能源生产弹性系数 是研究能源生产增长速度与生产总值增长速度之间关系的指标。计算公式：

$$\text{能源生产弹性系数}=\frac{\text{能源生产总量年平均增长速度}}{\text{国内（地区）生产总值年平均增长速度}}$$

电力生产弹性系数 是研究电力生产增长速度与生产总值增长速度之间关系的指标。计算公式为：

$$\text{电力生产弹性系数}=\frac{\text{电力生产量年平均增长速度}}{\text{国内（地区）生产总值年平均增长速度}}$$

能源消费弹性系数 反映能源消费增长速度与生产总值增长速度之间关系的指标。计算公式为：

$$\text{能源消费弹性系数}=\frac{\text{能源消费总量年平均增长速度}}{\text{国内（地区）生产总值年平均增长速度}}$$

电力消费弹性系数 反映电力消费增长速度与生产总值增长速度之间关系的指标。计算公式为：

$$\text{电力消费弹性系数}=\frac{\text{电力消费量年平均增长速度}}{\text{国内（地区）生产总值年平均增长速度}}$$

能源加工转换效率 指一定时期内，能源经过加工、转换后，产出的各种能源产品的数量与投入加工转换的各种能源数量的比率。该指标是观察能源加工转换装置和生产工艺先进与落后、管理水平高低等的重要指标。计算公式为：

$$\text{能源加工转换效率}=\frac{\text{能源加工转换产出量}}{\text{能源加工转换投入量}}\times 100\%$$

单位生产总值能耗 指一定时期内，一个国家（地区）每生产一个单位的国内（地区）生产总值所消耗的能源。计算公式为：

$$\text{单位生产总值能耗}=\frac{\text{能源消费总量}}{\text{国内（地区）生产总值}}$$

单位生产总值电耗 指一定时期内，一个国家（地区）每生产一个单位的国内（地区）生产总值所消耗的电力。计算公式为：

$$\text{单位生产总值电耗}=\frac{\text{全社会用电量}}{\text{国内（地区）生产总值}}$$

规模以上工业单位增加值能耗 指一定时期内，一个国家（地区）每生产一个单位的工业增加值所消耗的能源。

10

固定资产投资

Investment in Fixed Assets

简要说明

一、本篇资料主要内容

本篇资料主要内容包括：固定资产投资及其主要分组，分地区 500 万元及以上项目个数、新增固定资产、施工和竣工房屋面积、投资增速、投资效率以及 500 万元及以上项目能源工业投资情况，房地产开发企业基本情况等。

二、本篇资料的统计范围

固定资产投资的统计范围包括：500 万元及以上固定资产投资项目投资（不含军工、国防、人防建设项目）和房地产开发投资。自 1997 年起，除房地产开发投资、非农户投资、农户投资及城镇和工矿区私人建房投资外，固定资产投资的统计起点由 5 万元提高到 50 万元；自 2006 年起，非农户固定资产投资统计改为按项目统计，调查方法由抽样调查改为全面统计报表，起点提高到 50 万元，城镇和工矿区私人建房投资改为按项目统计，起点为 50 万元；自 2011 年起，提高固定资产投资统计起点标准，从计划总投资额 50 万元提高到 500 万元，投资统计的范围从城镇扩大到农村企事业组织，并将这一统计范围定义为“固定资产投资（不含农户）”。

三、本篇资料来源

本篇资料由省统计局固定资产投资处汇总、加工整理。

10-1 固定资产投资增长速度
Growth Rate of Investment in Fixed Assets

单位：% (%)

指 标	Item	2018	2020	2022	2023
固定资产投资	**Investment in Fixed Assets**	**-3.90**	**7.85**	**10.14**	**5.95**
按组成分	**By Composition**				
项目投资	Project Investment	-10.27	7.88	15.59	13.21
房地产开发	Real Estate Development	18.20	7.77	-2.90	-14.75
按隶属关系分	**By Subordination**				
中央项目	Central	-14.26	19.20	27.20	41.46
地方项目	Local	-3.48	6.85	8.84	2.77
按构成分	**Group by Structure**				
建筑安装工程	Construction and Installation	-7.16	10.37	2.85	0.44
设备工具器具购置	Purchase of Equipment and Instruments	3.43	-7.00	83.84	25.74
其他费用	Others	17.67	1.92	3.20	16.20
按产业分	**By Industry**				
第一产业	Primary Industry	18.76	37.01	-4.58	-1.87
第二产业	Secondary Industry	-10.80	0.45	56.91	30.04
第三产业	Tertiary Industry	-3.56	8.05	-1.75	-4.10
本年实际到位资金	**Actual Funds This Year**	**-2.01**	**13.23**	**15.47**	**3.43**
国家预算资金	State Budget	-6.18	77.49	57.47	-5.48
国内贷款	Domestic Loans	-18.44	5.60	-12.79	10.91
债券	Bonds	275.72		-99.35	
利用外资	Foreign Investment	1617.48	95.68	-2.20	-51.13
自筹资金	Self-raising Funds	-3.28	7.47	22.33	7.87
其他资金	Others	12.59	11.37	-5.44	-2.55

注：1. 因 2018 年国家方法制度有所调整，2018 年增速按可比口径计算（下表同）。
2. 2018 年、2022 年及以后年份到位资金及分项指标统计范围为计划总投资 500 万元及以上项目和房地产开发投资本年到位资金合计。2020–2021 年到位资金及分项指标统计范围为计划总投资 5000 万元及以上项目和房地产开发投资本年到位资金合计。
3. 自 2023 年起，将本年实际到位资金中"债券"调整至"其他资金"中（下表同）。

a) Due to the adjustment of the national method system in 2018, the growth rate in 2018 is calculated on comparable coverage (The following related tables are the same).

b) The statistic scope of actual funds and their sub-indicators for investment covers total actual funds this-year for projects and real estate development with total investment of 5 million yuan or more in 2018,2022 and beyond.The statistic scope of actual funds and their sub-indicators for investment covers total actual funds this-year for projects and real estate development with total investment of 50 million yuan or more in 2021 and 2022.

c) Since 2023,the actual funds received this year is adjusted from "bonds" to "Others" (The following related tables are the same).

10-1 续表 continued

单位：%　　(%)

指　标	Item	2018	2020	2022	2023
按登记注册类型分	**By Registration Categories**				
内资	Domestic Funded Enterprises	-4.11	6.97	10.17	14.43
国有	State-owned Enterprises	-12.43	-23.95	33.13	22.60
集体	Collective-owned Enterprises	-42.25	-31.68	0.86	215.80
股份合作	Cooperative Enterprises	135.35	-71.13	111.17	14.90
联营企业	Joint Ownership Enterprises	-95.71	227.93	-77.76	1653.85
国有联营	State Joint Ownership Enterprises	-96.70			
集体联营	Collective Joint Ownership Enterprises	-59.68	280.00	-54.93	-44.44
国有与集体联营	Joint State-collective Enterprises	-67.63	43.97		
其他联营	Other Joint Ownership Enterprises			-82.78	68.88
有限责任公司	Limited Liability Corporations	-1.83	33.00	-1.62	10.26
国有独资公司	State Sole Funded Corporations	21.74	42.77	2.60	-6.22
其他有限责任公司	Other Limited Liability Corporations	-9.91	28.97	-3.67	21.68
股份有限公司	Share-holding Corporations Limited	16.99	27.82	-2.13	15.15
私营	Private Enterprises	7.63	11.05	9.29	2.22
其他	Other Enterprises	-20.94	-23.72	-3.31	13.56
港澳台商投资	Enterprises with Funds from Hong Kong ,Macao and Taiwan	80.91	7.38	1.82	-47.23
外商投资经济	Foreign Funded Enterprises	16.18	463.54	14.57	-33.59
个体经营	Individual Management	186.56	25.85	-21.27	-35.32

10-2 按控股情况类型分固定资产投资增长速度

Growth Rate of Investment in Fixed Assets by Holding Type

单位：% (%)

年 份 Year	固定资产投资 Investment in Fixed Assets	国有经济 State-owned Units	集体经济 Collective-owned Units	个体经济 Individual Economy	其他经济 Others
1979	20.63	20.45	62.28		
1980	12.74	12.68	22.02		
1981	11.52	-6.63	855.64		
1982	11.23	13.84	40.58	-21.81	
1983	20.53	22.90	-14.22	24.92	
1984	29.62	21.73	86.04	79.12	
1985	38.32	29.99	131.05	41.17	
1986	19.26	19.70	1.05	34.53	
1987	18.51	23.47	-22.15	20.01	
1988	24.29	22.43	53.19	21.37	
1989	-14.02	-13.51	-30.15	-7.24	
1990	15.93	21.20	-8.12	-2.67	
1991	15.57	15.75	13.73	15.13	
1992	24.11	25.83	27.85	10.39	
1993	43.41	33.37	218.81	36.75	
1994	30.28	30.80	-29.94	11.90	
1995	22.39	25.11	-22.34	29.63	22.89
1996	10.36	-1.73	64.72	22.45	109.94
1997	23.07	20.88	6.94	61.73	11.89
1998	25.20	20.77	23.21	44.53	31.01
1999	16.03	13.88	39.59	2.15	36.44
2000	14.91	16.20	18.58	4.56	17.17
2001	14.52	13.65	2.26	4.02	33.26
2002	13.93	13.09	25.25	-9.53	29.42
2003	13.76	6.56	16.44	-0.09	45.09
2004	15.41	15.07	20.25	5.08	18.40
2005	15.68	9.01	16.86	0.96	36.57
2006	17.19	11.14	-56.51	15.44	46.84
2007	27.86	23.33	91.28	7.59	33.91
2008	32.47	37.31	10.59	44.95	26.05
2009	42.85	48.85	17.70	28.07	38.06
2010	36.24	36.54	13.39	-10.91	44.20
2011	40.16	14.42	100.97	-87.57	43.92
2012	30.20	6.67	19.35	104.13	37.43
2013	27.11	31.39	42.63	-82.31	23.14
2014	21.11	13.24	53.62	287.15	26.20
2015	11.17	12.27	-4.68	26.09	11.64
2016	10.52	16.85	-51.20	0.55	9.83
2017	-40.25	-43.80	-70.16	-64.53	-35.48
2018	-3.90	-5.88	-18.31	186.56	-2.26
2019	6.56	3.15	201.42	-74.00	8.31
2020	7.85	-7.01	-60.09	25.85	21.26
2021	11.11	12.83	38.45	172.61	9.71
2022	10.14	22.05	80.30	-21.27	2.01
2023	5.95	14.28	36.69	-35.32	13.56

注：本表国有经济为大口径，含国有、国有联营和国有独资公司；集体经济为大口径，含集体、集体联营和股份合作。

a) Data of state-owned units in this table are based on wide coverage,including state-owned, state joint ownership and state sole funded corporations;collective-owned enterprises are based on wide coverage,including collective-owned enterprises, collective joint ownership enterprises and cooperative enterprises.

10-3 按产业分固定资产投资增长速度
Growth Rate of Investment in Fixed Assets by Industry

单位：% (%)

年份 Year	固定资产投资 Investment in Fixed Assets	第一产业 Primary Industry	第二产业 Secondary Industry	#工业 Industry	第三产业 Tertiary Industry
2010	36.24	10.69	32.99	29.00	39.98
2011	40.16	75.64	33.27	24.88	46.10
2012	30.20	25.52	41.24	30.20	18.78
2013	27.11	36.89	19.96	23.50	35.29
2014	21.11	75.85	8.83	14.21	30.36
2015	11.17	30.75	-2.74	-13.67	21.94
2016	10.52	26.81	-6.23	-3.68	21.00
2017	-40.25	-43.69	-63.11	-54.92	-26.78
2018	-3.90	18.76	-10.80	-10.90	-3.56
2019	6.56	-9.74	23.82	24.45	4.26
2020	7.85	37.01	0.45	-0.28	8.05
2021	11.11	-3.06	39.86	40.84	6.06
2022	10.14	-4.58	56.91	57.00	-1.75
2023	5.95	-1.87	30.04	30.13	-4.10

10-4 按领域分固定资产投资增长速度
Growth Rate of Investment in Fixed Assets by Field

单位：% (%)

年 份 Year	固定资产投资 Investment in Fixed Assets	#基础设施 Infrastructure	#制造业 Manufacturing	#房地产开发 Real Estate Development
2000	14.91			14.18
2001	14.52			13.19
2002	13.93			20.22
2003	13.76			34.72
2004	15.41			41.89
2005	15.68			18.97
2006	17.19			13.96
2007	27.86			37.20
2008	32.47			27.32
2009	42.85			19.60
2010	36.24			30.50
2011	40.16			36.21
2012	30.20			54.60
2013	27.11	27.44	19.45	29.17
2014	21.11	56.46	22.24	-0.44
2015	11.17	13.10	-9.31	6.46
2016	10.52	39.75	6.71	10.67
2017	-40.25	-19.28	-58.88	11.12
2018	-3.90	-13.62	-13.39	18.20
2019	6.56	2.42	24.82	12.67
2020	7.85	12.23	4.96	7.77
2021	11.11	4.22	15.55	12.56
2022	10.14	-0.50	46.92	-2.90
2023	5.95	-0.05	10.96	-14.75

注：1. 2012 年固定资产投资口径调整为计划总投资 500 万元及以上项目。
2. 基础设施投资口径为基础设施投资（不含电力、热力、燃气及水生产和供应业），具体包括铁路运输业，道路运输业，水上运输业，航空运输业，管道运输业，多式联运和运输代理业，装卸搬运，邮政业，电信、广播电视和卫星传输服务，互联网和相关服务，水利管理业，生态保护和环境治理业，公共设施管理业。

a) In 2012, the fixed asset investment scale was adjusted to a project with a planned total investment of 5 million yuan and above.
b) Infrastructure investment caliber is infrastructure investment (excluding electricity, heat, gas and water production and supply industries), specifically including railway transportation, road transportation, water transportation, air transportation, pipeline transportation, multimodal transportation and Transportation agency, loading and unloading, postal services, telecommunications, radio and television and satellite transmission services, Internet and related services, water conservancy management, ecological protection and environmental governance, and public facility management.

10-5 项目固定资产投资增长速度
Growth Rate of Investment in Fixed Assets of Project (Excluding Investment in Real Estate Development)

单位：% (%)

指 标	Item	2018	2020	2022	2023
投资额	**Total Investment**	**-10.27**	**7.88**	**15.59**	**13.21**
按隶属关系分	**By Subordination**				
中央	Central	-8.04	19.58	29.86	41.53
地方	Local	-10.38	6.42	14.08	9.80
按构成分	**By Structure**				
建筑安装工程	Construction and Installation	-11.42	8.63	7.85	6.44
设备工具器具购置	Purchase of Equipment and Instruments	1.58	-6.21	84.50	25.99
其他费用	Others	-11.80	18.55	-11.95	47.42
按产业分	**By Industry**				
第一产业	Primary Industry	18.76	37.01	-4.58	-1.87
第二产业	Secondary Industry	-10.80	0.45	56.91	30.04
#工业	Industry	-10.90	-0.28	57.00	30.13
第三产业	Tertiary Industry	-12.00	8.21	-1.01	2.64
本年实际到位资金	**Actual Funds This Year**	**-3.46**	**20.21**	**29.22**	**9.01**
国家预算内资金	State Budgetary Appropriation	-6.18	77.49	48.60	-5.48
国内贷款	Domestic Loans	-5.53	14.67	2.61	13.73
债券	Bonds	275.72		-99.35	
利用外资	Foreign Investment	1617.48	95.68	-2.20	-51.13
自筹资金	Self-raising Funds	-6.60	10.57	29.90	23.15
其他资金	Others	-1.97	12.48	35.66	-15.85

注：1. 自2022年起，到位资金及分项指标统计范围调整为500万元及以上项目实际到位资金。
2. 本表数据不含房地产开发投资。

a) The statistic scope of actual funds and its sub-indicators is the actual funds in place of projects with a planned total invesstment of 50 million yuan or more since 2022.

b) Data in this table do not include real estate development.

10-5 续表 continued

单位：% (%)

指 标	Item	2018	2020	2022	2023
按登记注册类型分	**By Registration Categories**	**-10.27**	**7.88**	**15.59**	**13.21**
内资	Domestic Funded Enterprises	-10.48	6.33	15.70	14.50
国有	State-owned Enterprises	-12.19	-24.36	31.72	22.60
集体	Collective-owned Enterprises	-41.94	-63.73	15.82	215.80
股份合作	Cooperative Enterprises	138.96	-71.13	111.17	14.90
联营企业	Joint Ownership Enterprises	-95.71	227.93	-77.76	1653.85
国有联营	State Joint Ownership Enterprises	-96.70			
集体联营	Collective Joint Ownership Enterprises	-59.68	280.00	-54.93	-44.44
国有与集体联营	Joint State-collective Enterprises	-67.63	43.97		
其他联营	Other Joint Ownership Enterprises			-82.78	68.88
有限责任公司	Limited Liability Corporations	-5.43	48.50	2.57	10.41
国有独资公司	State Sole Funded Corporations	7.36	42.56	2.69	-6.22
其他有限责任公司	Other Limited Liability Corporations	-11.51	52.62	2.48	22.06
股份有限公司	Share-holding Corporations Limited	2.32	23.05	0.99	15.49
私营	Private Enterprises	-14.63	14.50	23.93	1.99
其他	Other Enterprises	-20.88	-20.96	-5.68	13.56
港澳台商投资	Enterprises with Funds from Hong Kong ,Macao and Taiwan	31.80	184.24	12.11	-47.23
外商投资经济	Foreign Funded Enterprises	-9.99	675.35	14.63	-33.59
个体经营	Individual Management	186.56	25.85	-21.27	-35.32

10-6 按行业分项目固定资产投资增长速度

Growth Rate of Investment in Fixed Assets of Project by Sector

单位：% (%)

指 标	Item	2018	2020	2022	2023
甘肃省	**Gansu**	**-10.27**	**7.88**	**15.59**	**13.21**
农、林、牧、渔业	Agriculture,Forestry,Animal Husbandry and Fishery	18.76	37.01	-4.58	-1.87
采矿业	Mining	48.84	2.04	1.42	125.80
制造业	Manufacturing	-13.39	4.96	46.92	10.96
电力、热力、燃气及水生产和供应业	Production and Supply of Electricity, Heat, Gas and Water	-19.08	-6.94	77.28	31.32
建筑业	Construction	7.97	440.26	11.88	-34.86
批发和零售业	Wholesale and Retail Trades	-25.67	-28.74	4.73	84.71
交通运输、仓储和邮政业	Transport,Storage and Post	-16.99	18.16	-9.54	0.03
住宿和餐饮业	Hotels and Catering Services	-34.11	-35.42	-16.19	56.39
信息传输、软件和信息技术服务业	Information Transmission,Software and Information Technology Services	42.01	16.50	19.33	36.80
金融业	Financial Intermediation	-32.18	49.19	-23.74	42.48
房地产业	Real Estate	-9.34	7.58	-9.31	-2.46
租赁和商务服务业	Leasing and Business Services	14.36	36.43	-11.88	-23.76
科学研究和技术服务业	Scientific Research and Technical Services	-41.14	2.99	-32.14	29.44
水利、环境和公共设施管理业	Management of Water Conservancy, Environment and Public Facilities	-10.16	-4.53	19.01	-0.25
居民服务、修理和其他服务业	Service to households, Repair and Other Services	-52.59	43.18	36.82	-32.97
教育	Education	-9.92	-3.98	5.88	-4.64
卫生和社会工作	Health and Social Work	-6.73	8.65	27.81	24.83
文化、体育和娱乐业	Culture, Sports and Entertainment	7.45	9.90	-19.72	-6.38
公共管理、社会保障和社会组织	Public Management,Social Security and Social Organization	5.69	-10.20	-10.32	73.41
国际组织	International Organizations				

注：本表数据不含房地产开发投资。

a) Data in this table do not include real estate development.

10-7 按行业、建设性质分项目固定资产投资增长情况（2023）
Growth Rate of Investment in Fixed Assets of Project by Secter and Type of Construction (2023)

单位：%　　　　(%)

行　业	Sector	投资额 Total Investment	#新建 New Construction	#扩建 Expansion	#改建和技术改造 Reconstruction and Technical Transformation
甘肃省	**Gansu**	**13.21**	**14.05**	**11.45**	**-1.46**
农、林、牧、渔业	Agriculture,Forestry,Animal Husbandry and Fishery	-1.87	-1.42	-31.10	2.79
采矿业	Mining	125.80	198.96	10.51	-20.68
制造业	Manufacturing	10.96	15.47	-2.37	-11.64
电力、热力、燃气及水生产和供应业	Production and Supply of Electricity, Heat, Gas and Water	31.32	30.83	35.72	58.17
建筑业	Construction	-34.86	-78.63		
批发和零售业	Wholesale and Retail Trades	84.71	87.69	-23.43	-36.12
交通运输、仓储和邮政业	Transport,Storage and Post	0.03	0.04	-17.72	66.75
住宿和餐饮业	Hotels and Catering Services	56.39	53.74		
信息传输、软件和信息技术服务业	Information Transmission,Software and Information Technology Services	36.80	13.92	3311.49	-18.23
金融业	Financial Intermediation	42.48	92.12		
房地产业	Real Estate	-2.46	0.47	-52.81	-34.86
租赁和商务服务业	Leasing and Business Services	-23.76	-26.56	10.13	126.97
科学研究和技术服务业	Scientific Research and Technical Services	29.44	28.45		12.38
水利、环境和公共设施管理业	Management of Water Conservancy, Environment and Public Facilities	-0.25	0.36	-11.47	-4.43
居民服务、修理和其他服务业	Service to households, Repair and Other Services	-32.97	-33.34	74.42	-66.55
教育	Education	-4.64	-9.27	1.40	-22.17
卫生和社会工作	Health and Social Work	24.83	20.30	-35.32	-50.42
文化、体育和娱乐业	Culture, Sports and Entertainment	-6.38	-8.29	774.85	-6.93
公共管理、社会保障和社会组织	Public Management,Social Security and Social Organization	73.41	78.96	363.22	-48.23
国际组织	International Organizations				

注：本表数据不含房地产开发投资。
a) Data in this table do not include real estate development.

10-8 按行业、构成分项目固定资产投资增长情况（2023）
Growth Rate of Investment in Fixed Assets of Projects by Secter and Structure (2023)

单位：% (%)

行业	Sector	投资额 Total Investment	建筑安装工程 Construction and Installation	设备工器具购置 purchase of Equipment and Instruments	其他 Others
甘肃省	**Gansu**	**13.21**	**6.44**	**25.99**	**47.42**
农、林、牧、渔业	Agriculture,Forestry,Animal Husbandry and Fishery	-1.87	2.90	-46.82	-12.73
采矿业	Mining	125.80	149.52	38.35	157.15
制造业	Manufacturing	10.96	16.33	2.50	10.20
电力、热力、燃气及水生产和供应业	Production and Supply of Electricity, Heat,Gas and Water	31.32	28.98	30.72	64.22
建筑业	Construction	-34.86	-73.90	124.74	
批发和零售业	Wholesale and Retail Trades	84.71	87.54	99.17	59.64
交通运输、仓储和邮政业	Transport,Storage and Post	0.03	-10.31	214.88	74.20
住宿和餐饮业	Hotels and Catering Services	56.39	62.38	55.33	-22.66
信息传输、软件和信息技术服务业	Information Transmission,Software and Information Technology Services	36.80	-41.53	70.42	18.75
金融业	Financial Intermediation	42.48	8.16	67.30	660.20
房地产业	Real Estate	-2.46	-5.69	57.24	52.53
租赁和商务服务业	Leasing and Business Services	-23.76	-20.11	17.15	-52.13
科学研究和技术服务业	Scientific Research and Technical Services	29.44	25.89	-0.19	156.50
水利、环境和公共设施管理业	Management of Water Conservancy, Environment and Public Facilities	-0.25	0.04	-34.12	5.14
居民服务、修理和其他服务业	Service to households, Repair and Other Services	-32.97	-37.79	161.70	-55.16
教育	Education	-4.64	-11.47	217.94	39.99
卫生和社会工作	Health and Social Work	24.83	14.09	51.65	149.19
文化、体育和娱乐业	Culture, Sports and Entertainment	-6.38	-5.81	120.92	-22.49
公共管理、社会保障和社会组织	Public Management,Social Security and Social Organization	73.41	73.18	46.48	133.32
国际组织	International Organizations				

注：本表数据不含房地产开发投资。
a) Data in this table do not include real estate development.

10-9 按行业分项目固定资产投资个数及项目新增固定资产增长情况（2023）
Number of Investment in Fixed Assets of Projects and Growth Rate of Newly Increased Fixed Assets of Projects by Secter (2023)

行业	Sector	施工项目（个）Number of Projects under Construction (unit)	全部建成投产项目（个）Number of Projects Completed and Put into Use (unit)	项目建成投产率（%）Rate of Projects Completed and Put into Use (%)	新增固定资产增长（%）Growth Rate of Newly Increased Fixed Assets (%)
甘肃省	**Gansu**	**9397**	**2330**	**24.80**	**10.16**
农、林、牧、渔业	Agriculture,Forestry,Animal Husbandry and Fishery	1028	374	36.38	-2.81
采矿业	Mining	170	35	20.59	-15.77
制造业	Manufacturing	1313	234	17.82	4.63
电力、热力、燃气及水生产和供应业	Production and Supply of Electricity, Heat,Gas and Water	1170	208	17.78	41.02
建筑业	Construction	6	5	83.33	-27.34
批发和零售业	Wholesale and Retail Trades	190	45	23.68	77.11
交通运输、仓储和邮政业	Transport,Storage and Post	1051	266	25.31	-10.15
住宿和餐饮业	Hotels and Catering Services	57	11	19.30	19.95
信息传输、软件和信息技术服务业	Information Transmission,Software and Information Technology Services	93	31	33.33	1105.56
金融业	Financial Intermediation	12	8	66.67	-5.74
房地产业	Real Estate	485	103	21.24	-15.03
租赁和商务服务业	Leasing and Business Services	114	25	21.93	46.41
科学研究和技术服务业	Scientific Research and Technical Services	68	19	27.94	89.25
水利、环境和公共设施管理业	Management of Water Conservancy, Environment and Public Facilities	2177	571	26.23	-3.44
居民服务、修理和其他服务业	Service to households, Repair and Other Services	74	13	17.57	-46.97
教育	Education	656	193	29.42	23.46
卫生和社会工作	Health and Social Work	406	112	27.59	15.64
文化、体育和娱乐业	Culture, Sports and Entertainment	192	46	23.96	67.51
公共管理、社会保障和社会组织	Public Management,Social Security and Social Organization	134	31	23.13	80.34
国际组织	International Organizations				

注：1. 新增固定资产统计范围为计划总投资5000万元及以上项目。
　　2. 本表数据不含房地产开发投资。

a) The statistic scope of newly increased fixed assets covers projects with total planned investment of 50 million yuan or more.
b) Data in this table do not include real estate development.

10-10 各市（州）固定资产投资增长情况（2023）
Growth Rate of Investment in Fixed Assets by Region (2023)

单位：%　　　　(%)

市（州）	Region	固定资产投资额 Investment in Fixed Assets	项目投资 Project Investment	房地产开发投资 Investment in Real Estate Development	亿元及以上项目投资额 Total Investment	施工项目计划总投资 Total Planned Investment of Projects under Construction	新开工项目计划总投资 Total Planned Investment of Newly Started Projects
甘肃省	**Gansu**	**5.95**	**13.21**	**-14.75**	**17.01**	**10.50**	**-21.99**
兰州市	Lanzhou	-7.36	-1.88	-17.26	-5.17	7.72	-18.83
嘉峪关市	Jiayuguan	13.33	40.02	-60.08	47.99	1.28	-38.52
金昌市	Jinchang	24.21	22.05	156.71	30.31	26.66	-25.34
白银市	Baiyin	13.35	14.66	9.33	12.36	9.02	-6.30
天水市	Tianshui	-12.78	-0.22	-30.10	-3.79	-14.04	-39.14
武威市	Wuwei	17.40	18.15	13.64	18.47	16.68	-15.10
张掖市	Zhangye	2.12	10.85	-48.17	20.10	40.64	-1.51
平凉市	Pingliang	-6.18	5.61	-27.68	5.02	16.42	0.12
酒泉市	Jiuquan	21.38	23.72	-12.47	29.61	12.89	17.18
庆阳市	Qingyang	21.56	31.31	-17.99	68.71	-6.54	-64.04
定西市	Dingxi	12.47	18.86	-3.22	26.08	7.76	-10.31
陇南市	Longnan	16.20	18.45	8.32	17.59	40.69	8.61
临夏州	Linxia	30.02	29.21	32.01	31.86	41.99	-48.68
甘南州	Gannan	-3.91	-3.93	-3.72	19.41	-2.11	-71.23
省　直	Provincial Directly Belonged	-2.40	-2.40		-79.25	-89.56	119.11

10-11 各市(州)项目固定资产投资个数及项目新增固定资产增长情况(2023)

Number of Projects of Investment in Fixed Assets and Growth Rate of Newly Increased Fixed Assets of Project by Region (2023)

市(州)	Region	施工项目 (个) Number of Projects under Construction (unit)	全部建成投产项目 (个) Number of Projects Completed and Put into Use (unit)	项目建成投产率 (%) Rate of Projects Completed and Put into Use (%)	新增固定资产增长 (%) Growth Rate of Newly Increased Fixed Assets (%)	固定资产交付使用率 (%) Rate of Projects of Fixed Assets Completed and Put into Use (%)
甘肃省	**Gansu**	**9397**	**2330**	**24.80**	**10.16**	**34.49**
兰州市	Lanzhou	1334	320	23.99	91.92	25.22
嘉峪关市	Jiayuguan	140	18	12.86	135.16	8.13
金昌市	Jinchang	247	46	18.62	-12.58	35.24
白银市	Baiyin	463	83	17.93	8.50	26.66
天水市	Tianshui	792	542	68.43	58.34	80.10
武威市	Wuwei	728	153	21.02	38.81	19.31
张掖市	Zhangye	622	163	26.21	-27.23	24.57
平凉市	Pingliang	672	209	31.10	124.52	61.19
酒泉市	Jiuquan	1086	235	21.64	31.45	38.59
庆阳市	Qingyang	556	102	18.35	-34.72	36.58
定西市	Dingxi	944	236	25.00	-40.88	46.52
陇南市	Longnan	726	86	11.85	54.63	20.22
临夏州	Linxia	490	11	2.24	-11.74	1.73
甘南州	Gannan	568	126	22.18	-12.58	47.83
省　直	Provincial Directly Belonged	29				

注：本表数据不含房地产开发投资。
a) Data in this table do not include real estate development.

10-12 房地产开发企业基本情况
Basic Conditions of Enterprises for Real Estate Development

单位：亿元 (100 million yuan)

指 标	Item	2010	2015	2020	2022	2023
开发企业个数（个）	Number of Enterprises (unit)	1185	1533	1738	1685	1666
内资	Domestic Funded	1158	1515	1729	1683	1664
#国有	State-owned Enterprises	60	46	74	43	49
集体	Collective-owned Enterprises	24	14	4	3	2
港澳台投资经济	Funded by Entrepreneurs from Hong Kong, Macao and Taiwan	16	12	5	1	1
外商投资经济	Foreign Funded	11	6	4	3	1
资产总计	Total Assets	866.84	3671.57	8695.33	9418.74	9641.36
固定资产累计折旧	Accumulated Depreciation of Fixed Assets	13.39	29.64	49.39	81.64	68.01
#本年折旧	Depreciation This Year	1.97	4.97	10.43	10.51	13.81
负债合计	Total Liabilities	639.29	3045.91	7583.06	8044.58	8171.56
所有者权益合计	Owners' Equity	227.55	625.66	1112.26	1374.16	1469.80
#实收资本合计	Total Paid-in Capital	146.75	375.41	650.06	719.30	658.69
资产负债率（%）	Ratio of Debts to Assets(%)	73.75	82.96	87.21	85.41	84.76
主营业务收入	Revenue from Principal Business	190.68	533.77	756.66	943.44	1160.34
土地转让收入	Land Transferred	1.14	1.38	5.87	2.48	4.82
商品房屋销售收入	Commercial Houses Sold	180.89	511.88	730.50	901.92	1098.83
自持物业收入	Houses Leased Self-sustained	3.90	4.79	8.29	8.14	9.74
其他收入	Others	4.75	15.72	12.00	30.91	46.95
营业税金及附加	Business Taxes and Surcharges	13.78	42.58	25.11	29.49	27.90
营业利润	Business Profits	11.12	30.26	15.34	3.85	46.49
利润总额	Total Profits	10.09	29.52	6.38	-0.58	46.89
房屋竣工造价（元/平方米）	Cost of Buildings Completed (yuan/sq.m)	1828	2442	2754	3202	4088

注：营业税金及附加：2010 年为主营业务税金及附加；2011 年以后为营业税金及附加。
a) Business Taxes and Surcharges:2010 are main business taxes and surcharges,since 2011,are the business tax and surcharges.

10–13　房地产开发投资完成情况
The Completion of Real Estate Development Investment

指　标	Item	2010	2015	2020	2022	2023
房地产开发投资（亿元）	**Real Estate Development Investment (100 million yuan)**	**266.41**	**768.06**	**1355.64**	**1481.66**	**1263.07**
#地方	Local	263.69	763.27	280.42	352.00	312.65
按构成分	**Group by Structure**					
建筑工程	Construction	190.26	578.25	996.70	1063.74	876.92
安装工程	Installation	17.80	100.25	69.64	78.64	85.42
设备工器具购置	Purchase of Equipment and Instruments	1.86	11.17	13.21	11.50	12.34
其他费用	Others	56.49	78.39	276.09	327.77	288.39
按工程用途分	**By Purpose**					
住宅	Residential Buildings	187.93	526.56	1010.28	1160.79	1028.60
办公楼	Office Buildings	5.61	28.01	34.89	21.37	17.69
商业营业用房	Houses for Business Use	27.02	162.05	153.87	119.16	87.70
其他	Others	45.85	51.44	156.60	180.34	129.09
本年实际到位资金	**Actual Funds This Year**	**317.57**	**939.65**	**1289.42**	**1212.67**	**1051.84**
国内贷款	Domestic Loans	56.60	153.02	150.31	57.76	48.60
利用外资	Foreign Investment					
自筹资金	Self-raising Funds	132.80	429.93	546.67	652.77	452.91
其他	Others	128.17	356.70	592.44	502.15	550.34
新增固定资产（亿元）	**Newly Increased Fixed Assets (100 million yuan)**	**143.35**	**324.46**	**320.24**	**361.06**	**571.91**
#地方	Local	143.35		18.44	58.18	112.40
房屋施工面积（万平方米）	**Floor Space of Buildings under Construction (10 000 sq.m)**	**3130.40**	**8586.18**	**11328.26**	**12268.44**	**12102.49**
房屋竣工面积（万平方米）	**Floor Space of Buildings Completed (10 000 sq.m)**	**598.66**	**962.24**	**881.36**	**917.80**	**1241.19**
商品房屋销售面积（万平方米）	**Floor Space of Commercialized Buildings Sold(10 000 sq.m)**	**756.51**	**1434.96**	**1967.92**	**1470.42**	**1496.73**
#住宅	Residential Buildings	692.07	1307.48	1863.81	1388.16	1426.81
商品房屋销售额（亿元）	**Total Sales of Commercialized Buildings(100 million yuan)**	**227.81**	**704.93**	**1293.41**	**835.48**	**900.81**
#住宅	Residential Buildings	201.47	603.08	1205.42	780.54	845.67

10-14 各市（州）房地产开发企业建设投资总规模及完成情况（2023）

General Scale of Construction and Actually Completed Investment of Enterprises for Real Estate Development by Region (2023)

单位：亿元 (100 million yuan)

市（州）	Region	计划总投资 Total Planned Investment	自开始建设至本年底累计完成投资 Accumulative Investment Actually Completed Since the Start of Construction to the End of This Year	#本年完成投资 Investment Completed This Year
甘肃省	**Gansu**	**9353.11**	**5597.12**	**1263.07**
兰州市	Lanzhou	4114.49	2324.33	402.93
嘉峪关市	Jiayuguan	200.61	158.95	12.78
金昌市	Jinchang	56.58	22.06	5.77
白银市	Baiyin	384.53	251.06	69.24
天水市	Tianshui	1165.31	740.99	189.77
武威市	Wuwei	375.01	234.70	61.28
张掖市	Zhangye	293.17	229.85	26.89
平凉市	Pingliang	395.60	330.18	87.41
酒泉市	Jiuquan	263.12	194.22	35.22
庆阳市	Qingyang	456.97	208.04	63.93
定西市	Dingxi	656.78	395.38	122.92
陇南市	Longnan	352.81	182.80	57.29
临夏州	Linxia	585.12	290.20	112.83
甘南州	Gannan	53.01	34.36	14.82

10-15 各市（州）按用途分房地产开发企业投资完成额（2023）

Investment Actually Completed by Enterprises for Real Estate Development by Use,Region (2023)

单位：亿元 (100 million yuan)

市（州）	Region	本年完成投资额 Investment Completed This Year	住宅 Residential Buildings	办公楼 Office Buildings	商业营业用房 Houses for Business Use	其他 Others
甘肃省	**Gansu**	**1263.07**	**1028.60**	**17.69**	**87.70**	**129.09**
兰州市	Lanzhou	402.93	315.69	10.27	24.28	52.70
嘉峪关市	Jiayuguan	12.78	11.28	0.04	0.71	0.75
金昌市	Jinchang	5.77	4.82	0.01	0.24	0.70
白银市	Baiyin	69.24	55.70	0.37	6.06	7.11
天水市	Tianshui	189.77	159.42	2.28	17.20	10.88
武威市	Wuwei	61.28	53.03	1.44	2.12	4.69
张掖市	Zhangye	26.89	19.90		5.59	1.40
平凉市	Pingliang	87.41	73.30	0.35	4.43	9.33
酒泉市	Jiuquan	35.22	27.23	0.84	4.31	2.84
庆阳市	Qingyang	63.93	53.27	0.72	5.17	4.77
定西市	Dingxi	122.92	103.82	0.83	6.36	11.91
陇南市	Longnan	57.29	48.23	0.30	3.86	4.90
临夏州	Linxia	112.83	90.36	0.26	5.67	16.55
甘南州	Gannan	14.82	12.55		1.70	0.56

10–16 各市（州）房地产开发企业实际到位资金（2023）
Actual Funds of Real Estate Development Enterprise by Region (2023)

单位：亿元 (100 million yuan)

市（州）	Region	本年实际到位资金 Total Actual Funds This Year	国内贷款 Domestic Loans	自筹资金 Self-raising Funds	其他资金来源 Others
甘肃省	**Gansu**	**1051.84**	**48.60**	**452.91**	**550.34**
兰州市	Lanzhou	323.31	18.30	88.67	216.34
嘉峪关市	Jiayuguan	22.63	3.70	1.62	17.31
金昌市	Jinchang	12.14	0.17	4.55	7.41
白银市	Baiyin	50.08	0.97	20.50	28.60
天水市	Tianshui	168.56	6.01	114.62	47.92
武威市	Wuwei	42.24	0.32	23.88	18.03
张掖市	Zhangye	25.88	0.79	11.43	13.66
平凉市	Pingliang	67.48	2.91	20.42	44.14
酒泉市	Jiuquan	32.34	2.41	12.64	17.29
庆阳市	Qingyang	79.18	1.51	27.50	50.17
定西市	Dingxi	91.10	7.89	46.18	37.03
陇南市	Longnan	50.83	3.02	21.87	25.94
临夏州	Linxia	73.77	0.59	46.77	26.42
甘南州	Gannan	12.32		12.25	0.07

10–17 房地产施工、竣工面积及价值（2023）
Floor Space of Buildings under Construction,Completed and Its Value for Real Estate (2023)

项　目	Item	房屋施工面积（万平方米） Floor Space of Buildings under Construction (10 000 sq.m)	#本年新开工面积 Started This Year	房屋竣工面积（万平方米） Floor Space of Buildings Completed (10 0000 sq.m)	房屋竣工价值（亿元） Value of Buildings Completed (100 million yuan)
甘肃省	**Gansu**	**12102.49**	**1577.93**	**1241.19**	**507.49**
住宅	Residential Buildings	8874.30	1210.61	977.01	400.13
办公楼	Office Buildings	258.27	10.74	19.74	14.76
商业营业用房	Houses for Business Use	998.13	117.98	79.91	42.88
其他	Others	1971.79	238.60	164.52	49.73

10-18 各市（州）商品房屋销售情况（2023）
Sales of Commercialized Buildings by Region (2023)

市（州）	Region	商品房销售面积（万平方米）Floor Space of Commercialized Buildings Sold (10 000 sq.m)	#住宅 Residential Buildings	商品房销售额（亿元）Total Sale of Commercialized Buildings (100 million yuan)	#住宅 Residential Buildings
甘肃省	**Gansu**	**1496.73**	**1426.81**	**900.81**	**845.67**
兰州市	Lanzhou	337.67	317.14	290.93	266.79
嘉峪关市	Jiayuguan	37.65	34.56	18.96	18.04
金昌市	Jinchang	11.91	9.73	6.22	4.83
白银市	Baiyin	68.09	66.66	37.70	36.48
天水市	Tianshui	175.72	170.60	101.79	97.17
武威市	Wuwei	71.42	69.47	36.53	35.15
张掖市	Zhangye	83.22	74.69	30.68	27.43
平凉市	Pingliang	137.02	132.88	71.18	66.08
酒泉市	Jiuquan	100.25	87.42	47.78	41.92
庆阳市	Qingyang	115.09	114.46	66.21	65.34
定西市	Dingxi	158.61	150.96	82.72	77.83
陇南市	Longnan	95.19	94.66	53.80	53.27
临夏州	Linxia	98.36	97.18	53.21	52.33
甘南州	Gannan	6.52	6.40	3.10	3.01

10-19 各市（州）区房地产开发企业建设房屋面积和造价（2023）
Floor Space and Cost of Buildings Developed by Enterprises for Real Estate Development by Region (2023)

市（州）	Region	房屋施工面积（万平方米）Floor Space of Buildings under Construction (10 000 sq.m)	房屋竣工面积（万平方米）Floor Space of Buildings Completed (10 000 sq.m)	房屋建筑面积竣工率（%）Rate of Floor Space of Buildings Completed (%)	房屋竣工价值（亿元）Value of Buildings Completed (100 million yuan)	房屋竣工造价（元/平方米）Cost of Buildings Completed (yuan/sq.m)
甘肃省	**Gansu**	**12102.49**	**1241.19**	**10.26**	**507.49**	**4088.77**
兰州市	Lanzhou	4415.32	395.45	8.96	214.25	5417.86
嘉峪关市	Jiayuguan	303.24	1.96	0.65	0.67	3412.80
金昌市	Jinchang	105.17	0.53	0.50	0.14	2700.44
白银市	Baiyin	686.86	110.36	16.07	37.87	3431.56
天水市	Tianshui	1291.92	77.98	6.04	46.64	5981.73
武威市	Wuwei	591.63	67.39	11.39	18.81	2791.25
张掖市	Zhangye	524.06	173.63	33.13	29.37	1691.52
平凉市	Pingliang	583.33	190.46	32.65	82.36	4324.54
酒泉市	Jiuquan	426.35	47.33	11.10	20.01	4228.35
庆阳市	Qingyang	583.62	54.96	9.42	17.26	3141.09
定西市	Dingxi	922.32	49.00	5.31	19.29	3936.20
陇南市	Longnan	573.31	21.38	3.73	8.01	3746.05
临夏州	Linxia	1023.76	42.65	4.17	10.99	2577.43
甘南州	Gannan	71.59	8.10	11.32	1.80	2227.50

10-20 各地、县固定资产投资和新增固定资产增长情况（2023）
Growth Rate of Investment in Fixed Assets and Newly Increased Fixed Assets by Region & County (2023)

单位：% (%)

地、县	Region & County	投资总额 Total Investment	第一产业 Primary Industry	第二产业 Secondary Industry		第三产业 Tertiary Industry	新增固定资产 Newly Increased Fixed Assets
					#工业 Industry		
兰州市	**Lanzhou**	**-7.36**	**25.97**	**-0.40**	**-0.71**	**-9.62**	**56.55**
城关区	Chengguan	0.61		0.49	0.63	0.61	15.21
七里河区	Qilihe	-5.40		87.70	76.50	-6.00	409.00
西固区	Xigu	0.56	697.89	41.66	41.66	-7.00	143.27
安宁区	Anning	-1.20	-79.50	-28.10	-35.40	0.80	846.90
红古区	Honggu	-6.30	189.62	5.19	5.19	-19.13	-23.74
永登县	Yongdeng	12.00	6.16	-5.63	-5.28	26.30	6.21
皋兰县	Gaolan	5.61	0.84	178.61	178.61	-14.31	-14.42
榆中县	Yuzhong	-8.62	-10.40	32.12	32.12	-16.72	13.55
兰州新区	Lanzhou New Area	-16.36	35.71	-8.09	-8.20	-21.69	166.14
嘉峪关市	**Jiayuguan**	**13.33**	**48.07**	**72.01**	**72.30**	**-33.66**	**157.15**
金昌市	**Jinchang**	**24.21**	**-51.14**	**17.67**	**17.81**	**64.74**	**-12.53**
金川区	Jinchuan	20.77	-45.68	26.32	26.54	7.37	-40.03
永昌县	Yongchang	32.01	-55.61	-1.63	-1.62	237.70	275.15
白银市	**Baiyin**	**13.35**	**11.28**	**39.18**	**39.18**	**0.95**	**30.42**
白银区	Baiyin	4.03	-100.00	26.50	26.50	-8.90	-76.91
平川区	Pingchuan	25.47	10.46	15.94	15.94	34.36	352.81
靖远县	Jingyuan	18.78	77.82	3.14	3.14	23.26	132.55
会宁县	Huining	-20.75	80.72	-1.48	-1.48	-26.95	-61.40
景泰县	Jingtai	34.97	-36.63	127.68	127.68	-0.36	35.83
天水市	**Tianshui**	**-12.78**	**22.08**	**-2.06**	**-2.06**	**-15.19**	**58.34**
秦州区	Qinzhou	-30.78	-49.98	-3.92	-3.92	-33.08	-35.04
麦积区	Maiji	-8.06	529.19	168.21	168.21	-14.46	56.79
清水县	Qingshui	17.19	60.16	201.69	201.69	-1.55	21.36
秦安县	Qinan	13.15	75.66	55.23	55.23	7.87	494.11
甘谷县	Gangu	13.15	51.46	-38.19	-38.19	39.17	28.23
武山县	Wushan	-21.83	2.45	11.77	11.77	-27.12	-0.71
张家川县	Zhangjiachuan	11.63	181.12	5.86	5.86	7.56	46.81
天水经济技术开发区	Tianshui Economic and Technological Development Zone	-41.59		-34.14	-34.14	-48.96	-61.86
武威市	**Wuwei**	**17.40**	**47.28**	**27.57**	**27.57**	**8.14**	**73.10**
凉州区	Liangzhou	10.09	-6.78	37.75	37.75	-2.19	54.66
民勤县	Minqin	21.19	345.79	-7.98	-7.98	67.16	168.80
古浪县	Gulang	28.97	79.67	5.22	5.22	37.56	-31.59
天祝县	Tianzhu	29.02	-13.06	276.25	276.25	5.07	165.42
张掖市	**Zhangye**	**2.12**	**-29.45**	**43.36**	**43.36**	**-26.32**	**-8.07**

注：新增固定资产范围为计划总投资500万元及以上项目和房地产开发投资项目。

a) The statistic scope of newly increased fixed assets covers projects and real estate development investment projects with total planned investment of 50 million yuan or more.

10-20 续表 1 continued

单位：% (%)

地、县	Region & County	投资总额 Total Investment	第一产业 Primary Industry	第二产业 Secondary Industry	#工业 Industry	第三产业 Tertiary Industry	新增固定资产 Newly Increased Fixed Assets
甘州区	Ganzhou	-5.18	-43.07	84.72	84.72	-58.73	-3.47
肃南县	Sunan	43.59	-7.18	-23.08	-23.08	116.37	-51.00
民乐县	Minle	-38.44	-8.87	-43.35	-43.35	-40.79	-74.14
临泽县	Linze	26.68	-29.49	76.82	76.82	-13.31	-35.62
高台县	Gaotai	24.08	-19.51	17.42	17.42	74.32	614.33
山丹县	Shandan	18.10	30.27	16.96	16.96	17.83	-17.65
平凉市	**Pingliang**	**-6.18**	**-0.89**	**60.96**	**60.96**	**-26.59**	**417.45**
崆峒区	Kongtong	-32.46	-21.78	6.75	6.75	-41.80	298.81
泾川县	Jingchuan	2.34	-19.53	41.15	41.15	-9.61	156.54
灵台县	Lingtai	11.98	153.61	155.10	155.10	-41.02	345.26
崇信县	Chongxin	34.13	200.93	116.46	116.46	-30.27	6195.17
庄浪县	Zhuanglang	-8.89	-17.99	49.25	49.25	-18.44	935.45
静宁县	Jingning	7.86	-45.35	22.00	22.00	9.78	-1.83
华亭市	Huating	0.70	237.25	50.07	50.07	-31.52	3307.98
酒泉市	**Jiuquan**	**21.38**	**-5.84**	**30.18**	**30.21**	**11.25**	**34.21**
肃州区	Suzhou	16.82	-40.15	89.32	83.86	-14.79	-11.94
金塔县	Jinta	11.54	15.19	9.01	8.69	15.24	34.21
瓜州县	Guazhou	28.41	-2.27	19.70	23.89	71.78	188.32
肃北县	Subei	25.81	33.62	11.59	11.81	49.76	-67.67
阿克塞县	Akesai	37.96	151.68	44.74	44.74	13.30	-82.34
玉门市	Yumen	24.54	87.65	18.98	23.15	29.83	89.78
敦煌市	Dunhuang	9.82	307.67	35.10	35.10	-31.66	30.85
庆阳市	**Qingyang**	**21.56**	**-48.90**	**64.78**	**65.22**	**-0.57**	**-31.76**
西峰区	Xifeng	24.23	-70.50	98.36	100.30	17.22	9.44
庆城县	Qingcheng	20.58	-59.61	62.85	62.84	10.68	10.64
环　县	Huanxian	19.28	-100.00	48.41	48.41	-42.38	84.59
华池县	Huachi	49.63	-3.65	110.00	121..16	35.82	137.95
合水县	Heshui	32.53	-56.45	57.47	57.47	35.50	-38.82
正宁县	Zhengning	-0.59	-6.54	8.07	8.07	-16.22	-90.94
宁　县	Ningxian	23.24	-25.14	75.81	75.81	-32.19	19.41
镇原县	Zhenyuan	8.77	-54.10	359.12	359.12	-46.86	33.40
定西市	**Dingxi**	**12.47**	**36.89**	**16.24**	**16.24**	**9.71**	**-38.70**
安定区	Anding	10.73	81.76	18.14	18.14	1.86	35.00
通渭县	Tongwei	7.69	-64.72	-13.53	-13.53	30.21	10.26

10-20 续表 2 continued

单位：% (%)

地、县	Region & County	投资总额 Total Investment	第一产业 Primary Industry	第二产业 Secondary Industry	#工业 Industry	第三产业 Tertiary Industry	新增固定资产 Newly Increased Fixed Assets
陇西县	Longxi	0.01	21.66	23.05	23.05	-9.24	57.17
渭源县	Weiyuan	23.96	58.17	64.67	64.67	10.65	-26.15
临洮县	Lintao	15.81	46.07	1.96	1.96	20.13	-10.70
漳 县	Zhangxian	19.73	-66.73	79.09	79.09	12.60	-37.53
岷 县	Minxian	27.00	16.22	45.64	45.64	23.55	-34.27
陇南市	**Longnan**	**16.20**	**-21.66**	**50.09**	**50.09**	**10.48**	**32.23**
武都区	Wudu	33.68	10.53	195.42	195.42	23.01	52.15
成 县	Chengxian	75.20	-33.70	90.36	90.36	78.83	35.04
文 县	Wenxian	-32.10	35.27	122.45	122.45	-48.88	1.33
宕昌县	Tanchang	35.59	-12.41	-4.54	-4.54	50.53	-33.78
康 县	Kangxian	-4.71	-0.66	1.61	1.61	-5.25	36.34
西和县	Xihe	15.91	-85.05	4.17	4.17	27.72	-52.77
礼 县	Lixian	11.06	139.48	62.88	62.88	-3.34	396.82
徽 县	Huixian	34.29	-49.79	-6.07	-6.07	70.18	-20.39
两当县	Liangdang	18.30	-30.60	-18.82	-18.82	59.80	-56.07
临夏州	**Linxia**	**30.02**	**22.00**	**79.79**	**80.15**	**25.20**	**75.79**
临夏市	linxia	32.78	-46.90	271.24	271.24	31.79	212.08
临夏县	linxia	28.15	-4.88	77.37	77.37	27.17	852.72
康乐县	Kangle	66.87		47.36	47.36	69.29	
永靖县	Yongjing	51.07	1392.59	-37.01	-37.01	79.30	1429.15
广河县	Guanghe	31.82	632.48	152.46	152.46	12.66	-98.12
和政县	Hezheng	34.23	62.02	4.95	4.95	38.56	34.76
东乡县	Dongxiang	41.80		474.71	474.71	16.67	
积石山县	Jishishan	-20.97	-46.78	18.58	21.37	-23.01	-7.86
甘南州	**Gannan**	**-3.91**	**39.82**	**28.67**	**35.82**	**-9.80**	**-10.57**
合作市	Hezuo	10.28	12.12	31.06	31.06	6.62	9.96
临潭县	Lintan	-1.53	154.80	52.90	52.90	-7.17	-44.37
卓尼县	Zhuoni	-23.49	-51.83	-97.29	-97.29	-17.37	-44.48
舟曲县	Zhouqu	-32.44	40.62	62.91	62.91	-48.31	4.74
迭部县	Diebu	10.16	509.00	26.03	26.03	3.02	3.55
玛曲县	Maqu	-21.22	-32.41	-1.62	-1.62	-22.26	-86.84
碌曲县	Luqu	9.85	2.30	79.21	166.74	-17.30	18.62
夏河县	Xiahe	3.97	-52.21	29.04	29.04	-1.44	104.29

主要统计指标解释

固定资产投资（不含农户） 指城镇和农村各种登记注册类型的企业、事业、行政单位及城镇个体户进行的计划总投资500万元及500万元以上的建设项目投资和房地产开发投资，包含原口径的城镇固定资产投资加上农村企事业组织项目投资，该口径自2011年起开始使用。

基础设施投资 指为社会生产和生活提供基础性、大众性服务的工程和设施，是社会赖以生存和发展的基本条件。包括以下行业投资：铁路运输业、道路运输业、水上运输业、航空运输业、管道运输业、多式联运和运输代理业、装卸搬运业、邮政业、电信广播电视和卫星传输服务业、互联网和相关服务业、水利管理业、生态保护和环境治理业、公共设施管理业。

实际到位资金 指用于固定资产投资的各种货币资金。包括国家预算资金、国内贷款、利用外资、自筹资金和其他资金。

国家预算资金 国家预算包括一般预算、政府性基金预算、国有资本经营预算和社保基金预算。各类预算中用于固定资产投资的资金全部作为国家预算资金填报，其中一般预算中用于固定资产投资的部分包括基建投资、车购税、灾后恢复重建基金和其他财政投资。各级政府债券也应归入国家预算资金。

国内贷款 指报告期固定资产投资项目单位向银行及非银行金融机构借入用于固定资产投资的各种国内借款，包括银行利用自有资金及吸收存款发放的贷款、上级拨入的国内贷款、国家专项贷款（包括煤代油贷款、劳改煤矿专项贷款等），地方财政专项资金安排的贷款、国内储备贷款、周转贷款等。

利用外资 指报告期收到的境外（包括外国及港澳台地区）资金（包括设备、材料、技术在内）。包括对外借款（外国政府贷款、国际金融组织贷款、出口信贷、外国银行商业贷款、对外发行债券和股票）、外商直接投资、外商其他投资（包括利用外商投资收益在国内进行固定资产再投资活动的资金）。不包括我国自有外汇资金（国家外汇、地方外汇、留成外汇、调剂外汇和国内银行自有资金发放的外汇贷款等）。各类外资按报告期的外汇牌价（中间价）折成人民币计算。

自筹资金 指固定资产投资单位在报告期收到的，由各企、事业单位筹集用于固定资产投资的资金，包括各类企事业单位的自有资金和从其他单位筹集的用于固定资产投资的资金，但不包括各类财政性资金、从各类金融机构借入资金和国外资金。

其他资金来源 指在报告期收到的除以上各种资金之外的用于固定资产投资的资金。包括社会集资、个人资金、无偿捐赠的资金及其他单位拨入的资金等。

固定资产投资按国民经济行业分 指根据其从事的社会经济活动性质对各类单位进行的分类。应根据建设项目建成投产后的主要产品种类或主要用途及社会经济活动种类来划分，不能根据项目单位本身的行业类别来划分。如果项目投产后有几种产品，应根据主要产品来确定行业类别。一般情况下，一个建设项目只能属于一种国民经济行业。

固定资产投资按隶属关系分 是按建设单位或企业、事业、行政单位的主管上级机关确定的。

（1）中央 是指中共中央、人大常委会和国务院各部、委、局、总公司以及直属机构直接领导的建设项目和企业、事业、行政单位。这些单位的固定资产投资计划由国务院各部门直接编制和下达，统一组织或委托下级实施。包括有中央垂直管理的部门（如国家统计局各级调查队）和中央直属企业、事业单位（如工商银行、中国电信、中国石油）等。

（2）地方 是由省（自治区、直辖市）、地（区、市、州、盟）、县（区、市、旗）三级政府及业务主管部门直接领导和管理的建设项目、企业、事业、行政单位。地方项目还包括不隶属以上各级政府及主管部门的建设项目和企业、事业单位，如外商投资企业和无主管部门的企业等。

房地产开发投资 指各种登记注册类型的房地产开发法人单位统一开发的包括统代建、拆迁还建的住宅、厂房、仓库、饭店、宾馆、度假村、写字楼、办公楼等房屋建筑物，配套的服务设施，土地开发工程（如道路、给水、排水、供电、供热、通信、平整场地等基础设施工程）和土地购置的投资；不包括单纯的土地开发和交易活动。

固定资产投资按建设性质分 按整个建设项目情况来确定。建设项目的性质一般分为新建、扩建、改建和技术改造、单纯建造生活设施、迁建、恢复、单纯购置。房地产开发单位、农户投资不划分建设性质。

（1）新建 指从无到有“平地起家”开始建设的项目。现有企业、事业、行政单位投资的项目一般不属于新建。但如有的单位原有基础很小，经过建设后新增的固定资产价值超过该企业、事业、行政单位原有固定资产价值（原值）三倍以上的，也应作为新建。

（2）扩建 指在厂内或其他地点，为扩大原有产品的生产能力（或效益）或增加新的产品生产能力，而增建的生产车间（或主要工程）、分厂、独立的生产线的企业、事业单位。行政、事业单位在原单位增建业务性用房（如学校增建教学用房、医院增建门诊部、病房等）也作为扩建。

现有企、事业单位为扩大原有主要产品生产能力或增加新的产品生产能力，增建一个或几个主要生产车间（或主要工程）、分厂，同时进行一些更新改造工程的，也应作为扩建。

（3）改建和技术改造 指现有企业、事业单位对原有设施进行技术改造或更新（包括相应配套的辅助性生产、生活福利设施）的建设项目。改建项目包括现有企业、事业单位为适应市场变化的需要，而改变企业的主要产品种类（如军工企业转民产品等）的建设项目，原有产品生产作业线由于各工序（车间）之间能力不平衡，为填平补齐充分发挥原有生产能力而增建不增加本企业主要产品设计能力的车间的建设项目。技术改造是指企业、事业单位在现有基础上，用先进的技术代替落后的技术，用先进的工艺和装备代替落后的工艺和装备，以改变企业落后的技术经济面貌，实现以内涵为主的扩大再生产，达到提高产品质量、促进产品更新换代、节约能源、降低消耗、扩大生产规模、全面提高社会经济效益的目的。技术改造具体包括以下内容：机器设备和工具的更新改造；生产工艺改革、节约能源和原材料的改造；厂房建筑和公共设施的改造；保护环境进行的“三废”治理改造；劳动条件和生产环境的改造等。

固定资产投资按构成分

（1）建筑工程 指各种房屋、建筑物的建造工程，又称建筑工作量。这部分投资额必须兴工动料，通过施工活动才能实现，是固定资产投资额的重要组成部分。

（2）安装工程 指各种设备、装置的安装工程，又称安装工作量。

在安装工程中，不包括被安装设备本身价值。

（3）设备工具器具购置 指报告期内购置或自制的，达到固定资产标准的设备、工具、器具的价值。新建单位及扩建单位的新建车间，按照设计或计划要求购置或自制的全部设备、工具、器具，不论是否达到固定资产标准均计入“设备工具器具购置”中。

（4）其他费用 指在固定资产建造和购置过程中发生的，除建筑安装工程和设备、工器具购置投资完成额以外的应当分摊计入固定资产投资的费用，不指经营中财务上的其他费用。

施工项目个数 是指本年正式进行过建筑或安装施工活动的建设项目个数。包括本年新开工项目，以前年度开工跨入本年继续施工项目，本年全部建成投产项目、以前年度全部停缓建在本年恢复施工的项目，本年进行过施工又在本年内全部停缓建的项目。施工项目个数可以反映一定时期固定资产投资的实际规模，与同期全部建成投产项目个数相比，可以从建设速度的角度反映固定资产投资的效果。

本年投产项目个数 指报告期内按设计文件规定建成主体工程和相应配套的辅助设施，形成生产能力或工程效益，经过验收合格，并且已正式投入生产或交付使用的建设项目。

新增固定资产 是指已经完成建造和购置过程，并已交付生产或使用单位的固定资产的价值，包括已经建成投入生产或交付使用的工程投资和达到固定资产标准的设备、工具、器具的投资及有关应摊入的费用。该指标是表示固定资产投资成果的价值指标，也是反映建设进度，计算固定资产投资效果的重要指标。

11

对外经济贸易

Foreign Trade and
Economic Cooperation

简要说明

一、本篇资料主要内容

本篇资料综合反映对外贸易、利用外资、对外经济合作的概况，重点反映对外经济贸易的发展状况。

二、本篇资料来源

本篇资料由省统计局贸易外经处搜集整理。数据来源于兰州海关、省商务厅、省市场监督管理局。

11-1 对外经济贸易
Foreign Trade and Economic Cooperation

指 标	Item	2015	2020	2022	2023
进出口总额（人民币 万元）	**Total Value of Imports and Exports (RMB 10 000 yuan)**	**4939668**	**3824498**	**5679692**	**4916103**
出口总额	Total Exports	3611754	856364	1200181	1237799
进口总额	Total Imports	1327914	2968133	4479510	3678304
进出口差额	Balance	2283840	-2111769	-3279329	-2440505
进出口总额（美元 万美元）	**Total Value of Imports and Exports (USD 10 000)**	**795202**	**552973**	**854322**	**700485**
出口总额	Total Exports	581181	123768	178961	176471
进口总额	Total Imports	214021	429205	675361	524014
进出口差额	Balance	367160	-305437	-496400	-347543
外商直接投资合同项目（个）	**Number of Projects for Contracted Foreign Direct Investment (unit)**	**22**	**23**	**29**	**34**
实际使用外资额（万美元）	**Total Amount of Foreign Investment Actually Utilized (USD 10 000)**	**46036**	**8875**	**12481**	**13920**
外商直接投资	Foreign Direct Investments	11036	8875	12481	13920
外商其他投资	Other Foreign Investments	35000			
外商投资企业基本情况	**Registered Foreign-funded Enterprises**				
年底登记户数（户）	Number of Registered Enterprises (household)	2130	2532	2037	2062
投资总额（万美元）	Total Investment (USD 10 000)	765703	2593102	4103473	4102777
注册资本（万美元）	Registered Capital (USD 10 000)	331937	1851593	3332025	3353521
#外方	Capital from Foreign Investors	231589	1703654	2693906	2707518
对外非金融类直接投资（亿美元）	**Foreign non-financial direct investment Countries & Regions (USD 100 million)**	**1.23**	**0.87**	**2.87**	**8.75**
对外承包工程新签合同金额	Newly Signed Contract Value of Foreign Contracted Projects	8.5	4.9	5.8	3.45
对外承包工程完成营业额	Contracted Projects of Value of Turnover Fulfilled	2.9	2.9	3.5	4.53

注：2016 年起，实际使用外资额不含对外借款（下表同）。
s) Since 2016, data of total amount of foreign Investment actually utilized exclude the foreign loans (The following related tables are the same).

11-2 历年进出口贸易总额
Total Value of Imports and Exports

年 份 Year	人民币（万元） RMB (10 000 yuan)				美元（万美元） USD 10 000			
	进出口总额 Total Imports & Exports	出口总额 Total Exports	进口总额 Total Imports	差额 Balance	进出口总额 Total Imports & Exports	出口总额 Total Exports	进口总额 Total Imports	差额 Balance
1978	5941	5941		5941	3454	3454		3454
1979	5905	5905		5905	3972	3972		3972
1980	5883	5883		5883	3927	3927		3927
1981	8871	7683	1188	6495	5129	4336	793	3543
1982	8850	7743	1107	6636	5069	4330	739	3591
1983	10151	8529	1622	6907	5695	4612	1083	3529
1984	20638	15849	4789	11060	6631	4573	2058	2515
1985	37917	29382	8535	20847	10004	7098	2906	4192
1986	59353	47126	12227	34899	13648	10107	3541	6566
1987	68291	57706	10585	47121	15504	12660	2844	9816
1988	67085	61837	5248	56589	16624	15205	1419	13786
1989	103668	87955	15713	72242	18674	15338	3336	12002
1990	102965	95208	7757	87451	20221	18574	1647	16927
1991	144052	131730	12322	119408	27649	25284	2365	22919
1992	231656	195936	35720	160215	41590	35177	6413	28764
1993	227787	125488	102300	23188	39905	21908	17997	3911
1994	433687	299018	134669	164349	50286	34687	15599	19088
1995	501686	304343	197343	107000	59952	36027	23925	12102
1996	397477	230667	166811	63856	47362	27330	20031	7299
1997	397997	299221	98776	200445	47844	35940	11904	24036
1998	371553	285989	85564	200425	44788	34475	10313	24162
1999	264612	207541	57071	150470	40627	31703	8924	22779
2000	468318	341698	126620	215078	56540	41268	15272	25996
2001	644276	393765	250510	143255	77825	47568	30256	17312
2002	726255	454315	271940	182375	87740	54891	32849	22042
2003	1099315	726112	373203	352909	132714	87720	44994	42726
2004	1457996	824661	633335	191326	176314	99638	76677	22961
2005	2165298	898855	1266443	-367588	263027	109100	153928	-44828
2006	3059167	1209396	1849772	-640376	382493	150960	231533	-80573
2007	4212167	1278068	2934099	-1656031	548351	165797	382554	-216757
2008	4303669	1127793	3175876	-2048083	609543	160135	449408	-289273
2009	2637699	502154	2135545	-1633391	386555	73551	313004	-239453
2010	5026829	1111806	3915023	-2803217	740295	163779	576517	-412738
2011	5689135	1409592	4279543	-2869951	872858	215878	656980	-441102
2012	5617918	2254263	3363655	-1109392	890075	357355	532721	-175366
2013	6362664	2908028	3454636	-546608	1023611	467732	555878	-88146
2014	5299907	3267859	2032049	1235810	864061	532948	331113	201835
2015	4939668	3611754	1327914	2283840	795202	581181	214021	367160
2016	4497259	2658088	1839171	818917	683298	406256	277042	129214
2017	3261407	1153892	2107516	-953624	482633	170979	311655	-140676
2018	3954494	1458484	2496010	-1037526	601303	221080	380223	-159143
2019	3804149	1313538	2490611	-1177073	552009	190700	361309	-170609
2020	3824498	856364	2968133	-2111769	552973	123768	429205	-305437
2021	4919265	969151	3950114	-2980963	760718	150065	610653	-460588
2022	5679692	1200181	4479510	-3279329	854322	178961	675361	-496400
2023	4916103	1237799	3678304	-2440505	700485	176471	524014	-347543

注：货物进出口差额负数为逆差。

a) Negative number of balance between import and export of goods is deficit.

11-3 甘肃省同主要国家(地区)海关进出口总额(2023)
Value of Imports and Exports by Main Country(Region) of Gansu Province (2023)

单位：万元 (10 000 yuan)

地区	Region	进出口总额 Total	出口总额 Exports	进口总额 Imports
甘肃省	**Gansu**	**4916103**	**1237799**	**3678304**
#中国香港	Hongkong,China	212862	211735	1127
中国台湾	Taiwan,China	193855	53610	140245
印度	India	48195	47005	1190
印度尼西亚	Indonesia	497589	24317	473272
日本	Japan	67829	19914	47915
马来西亚	Malaysia	198433	24779	173654
蒙古	Mongolia	216829	1939	214890
新加坡	Singapore	32788	7551	25237
韩国	Korea	116982	74120	42862
泰国	Thailand	30009	29797	212
哈萨克斯坦	Kazakhstan	1253500	54013	1199487
英国	United Kingdom	6266	5126	1140
法国	France	12593	9821	2772
比利时	Belgium	7905	7647	258
德国	Germany	43662	20350	23312
意大利	Italy	24888	15719	9169
荷兰	Netherlands	29342	25197	4145
瑞士	Switzerland	1409	259	1150
俄罗斯	Russia	306976	49336	257640
巴西	Brazil	40200	10268	29932
智利	Chile	97149	1302	95847
加拿大	Canada	49150	10604	38546
美国	United States	102698	84763	17935
澳大利亚	Australia	222462	6778	215684
新西兰	New Zealand	5828	1023	4805

11-4 海关出口主要商品金额（2023）
Main Export Commodities in Value (2023)

单位：万元 (10 000 yuan)

品　名	Item	商品金额 Commodity Value
农产品	Agriculture Products	292736
医药材及药品	Medical Materials and Drugs	32083
塑料制品	Plastic Products	7595
服装及衣着附件	Clothing and Accessories	16407
陶瓷产品	Ceramic Products	11148
铁合金	Ferroalloy	12789
未锻轧铝及铝材	Wrought and Rolled Aluminium and Aluminium Products	8575
家具及其零件	Furniture and Its Parts	4883
玩具	Toys	4255
体育用品及设备	Sporting Goods and Equipment	1068
机电产品	Electromechanical Products	587113
#电工器材	Electrical Equipment	113246
电子元件	Electronic Component	157517
#集成电路	Integrated Circuit	145769
高新技术产品	New and High-tech Product	246048
生物技术	Biotechnology	7049
生命科学技术	Life science and Technology	27019
光电技术	Photoelectric Technology	1303
计算机与通信技术	Computer and Communication Technology	23899
电子技术	Electronic Technique	158873
计算机集成制造技术	Computer Integrated Manufacturing Technology	27727
材料技术	Material Technology	27
航空航天技术	Aerospace Technology	140
电动载人汽车	Electric Passenger Car	
纯电动客车（10 座及以上）	Pure Electric Bus (10 seats and above)	
文化产品	Cultural Products	19441

11-5 海关进口主要商品金额（2023）
Main Import Commodities in Value (2023)

单位：万元 (10 000 yuan)

品　名	Item	商品金额 Commodity Value
农产品	Agriculture Products	206966
金属矿及矿砂	Metal ore and Sand	2136267
基本有机化学品	Basic Organic Chemicals	1019
医药材及药品	Medical Materials and Drugs	4750
美容化妆品及洗护用品	Cosmetics and Toiletries	13092
初级形状的塑料	Plastic in Primary Shape	3709
塑料制品	Plastic Products	7595
天然及合成橡胶（包括胶乳）	Natural and Synthetic Rubber (Including Latex)	0
木及其制品	Wood and Its Products	3588
纸浆、纸及其制品	Pulp, Paper and Its Products	11
纺织纱线、织物及其制品	Textile Yarn, Fabric and Its Products	18
钢材	Steel Products	4107
未锻轧铜及铜材	Unwrought Rolled Copper and Copper Products	107686
未锻轧铝及铝材	Wrought and Rolled Aluminium and Aluminium Products	554
机电产品	Electromechanical Products	371679
#电工器材	Electrical Equipment	804
电子元件	Electronic Component	251052
#集成电路	Integrated Circuit	177002
高新技术产品	New and High-tech Product	257983
生命科学技术	Life science and Technology	1753
光电技术	Photoelectric Technology	8868
计算机与通信技术	Computer and Communication Technology	38031
电子技术	Electronic Technique	200788
计算机集成制造技术	Computer Integrated Manufacturing Technology	5869
材料技术	Material Technology	1608
航空航天技术	Aerospace Technology	1032
其他技术	Other Technologies	34
文化产品	Cultural Products	1621

11-6 利用外资
Utilization of Foreign Capital

单位：个、万美元 (unit,USD 10 000)

年 份 Year	总计 Total		对外借款 Foreign Loans		外商直接投资 Direct Foreign Investments	
	项目 Number of Projects	金额 Value	项目 Number of Projects	金额 Value	项目 Number of Projects	金额 Value
签订利用外资协议（合同）额 **Total Amount of Foreign Capital to be Utilized through the Signed Agreements and Contracts**						
1995	177	44199	21	25224	156	18975
1996	138	34365	16	25813	122	8552
1997	69	30882	7	20160	62	10722
1998	72	27995	4	19631	68	8364
1999	73	28592	5	19150	68	9442
2000	84	32250	8	19910	76	12340
2001	78	26230	6	10720	72	15510
2002	63	32026	12	21000	51	11026
2003	73	69464	14	45000	59	24464
2004	92	57031	29	24467	63	32564
2005	51	53996	17	40600	34	13396
2006	49	53533	11	44977	38	8556
2007	44	34242	9	19080	35	15162
2008	49	35776	12	6840	37	28936
2009	32	79533	6	45000	26	34533
2010	32	44015	4	25000	28	19015
2011	34	60222	6	33500	28	26722
2012	27	43587	7	25000	20	18587
2013	22	93662	4	41000	18	52662
2014						
2015	26	78603	4	35000	22	43603
2016	30	1375038			30	1375038
2017	11	39569			11	39569
2018	16	29003			16	29003
2019	17	130675			17	130675
2020	23	6593			23	6593
2021	36	110580			36	110580
2022	29	138194			29	138194
2023	34	28691			34	28691

11-6 续表 continued

单位：个、万美元 (unit,USD 10 000)

年 份 Year	金额总计 Total	对外借款 Foreign Loans	外商直接投资 Direct Foreign Investments
实际利用外资额			
Total Amount of Foreign Investment Actually Utilized			
1995	35854	24900	10954
1996	29317	20315	9002
1997	21638	16368	5270
1998	14552	10688	3864
1999	20746	16642	4104
2000	20122	13887	6235
2001	20558	13119	7439
2002	22620	17392	5228
2003	24609	20722	3887
2004	26297	22758	3539
2005	25639	23595	2044
2006	27241	24287	2954
2007	38202	26400	11802
2008	47642	34800	12842
2009	51383	38000	13383
2010	51921	38400	13521
2011	38524	31500	7024
2012	37210	31100	6110
2013	39129	32000	7129
2014	45542	35510	10032
2015	46036	35000	11036
2016	11588		11588
2017	4356		4356
2018	5041		5041
2019	8205		8205
2020	8875		8875
2021	10852		10852
2022	12481		12481
2023	13920		13920

11-7 外商直接投资项目和投资额（2023）
Foreign Investment Through Signed Contract and It's Value (2023)

单位：万美元 (USD 10 000)

项目	Item	签订合同项目（个）Number of Contracts (unit)	签订合同投资额 Contracted Value	实际吸收外资金额 Amount of Foreign Capital Actually Used
甘肃省	**Gansu**	**34**	**28691**	**13920**
按登记注册类型分	**By Investment Manner**			
合资经营	Equity Joint Venture	11	8831	1477
合作经营	Contractual Joint Venture			
外资经营	Wholly Foreign-owned Enterprise	23	19860	12371
外商投资股份制	FDI Shareholding Inc.			72
其他	Others			
按行业分	**By Sector**	**34**	**28691**	**13920**
农、林、牧、渔业	Agriculture, Forestry, Animal Husbandry and Fishery	1	49	
采矿业	Mining			
制造业	Manufacturing	2	74	256
电力、燃气及水生产和供应业	Production and Supply of Electricity, Gas and Water	9	17322	12421
建筑业	Construction			
交通运输、仓储和邮政业	Transport, Storage and Post	1	704	23
信息传输、软件和信息技术服务业	Information Transmission,Software and Information Technology	2	1211	601
批发和零售业	Wholesale and Retail Trades	11	314	47
住宿和餐饮业	Hotels and Catering Services			
金融业	Financial Intermediation			
房地产业	Real Estate			
租赁和商务服务业	Leasing and Business Services	3	7488	
科学研究、技术服务和地质勘查业	Scientific Research, Technical Service and Geologic Prospecting	5	1529	500
水利、环境和公共设施管理业	Management of Water Conservancy, Environment and Public Facilities			72
居民服务和其他服务业	Services to Households and Other Services			
教育	Education			
卫生和社会工作	Health and Social Service			
文化、体育和娱乐业	Culture, Sports and Entertainment			
公共管理和社会组织	Public Management and Social Organizations			
其他	Others			
按国别（地区）分	**By Countries or Regions**	**34**	**28691**	**13920**
中国香港	Hong Kong,China	15	18158	13816
新加坡	Singapore	1	7000	
阿拉伯联合酋长国	United Arab Emirates			
加纳	Ghana			
中国台湾	Taiwan,China	4	933	
英国	United Kingdom			
德国	Germany			
荷兰	Netherlands			
西班牙	Spain			
芬兰	Finland			
瑞典	Sweden			
英属维尔京群岛	British Virgin Islands			
加拿大	Canada			
美国	United States	1	45	81
澳大利亚	Australia	1		
其他	Others	12	2555	23

11-8 年末登记外商投资企业行业分布情况（2023）
Sector Distribution Registered of Foreign-Funded Enterprises at the Year-end (2023)

行 业	Sector	企业数（户）Number of Registered Enterprises (unit)	投资总额（万美元）Total Investment (USD 10 000)	注册资本（万美元）Registered Capital (USD 10 000)	#外方 Capital Invested by Foreign Partner
甘肃省	**Gansu**	**2062**	**4102777**	**3353521**	**2707518**
农、林、牧、渔业	Agriculture, Forestry, Animal Husbandry and Fishery	53	121225	84798	56590
采矿业	Mining	6	18455	17830	5449
制造业	Manufacturing	139	1493646	1390620	1346429
电力、燃气及水生产和供应业	Production and Supply of Electricity, Gas and Water	81	657359	225810	164274
建筑业	Construction	20	16956	2768	2126
批发和零售业	Wholesale and Retail Trades	523	1304647	1287590	865215
交通运输、仓储和邮政业	Transport, Storage and Post	27	61250	6335	5138
住宿和餐饮业	Hotels and Catering Services	176	3407	1913	1251
信息传输、软件和信息技术服务业	Information Transmission,Software and Information Technology	722	53069	35680	22593
金融业	Financial Intermediation	29	16324	16319	5015
房地产业	Real Estate	40	75211	65778	63712
租赁和商务服务业	Leasing and Business Services	169	174630	154840	123547
科学研究、技术服务和地质勘查业	Scientific Research, Technical Service and Geologic Prospecting	35	24988	21296	11474
水利、环境和公共设施管理业	Management of Water Conservancy, Environment and Public Facilities	4	46743	14416	13927
居民服务和其他服务业	Services to Households and Other Services	24	604	310	211
教育	Education	1	72	72	72
卫生和社会工作	Health and Social Service	1	25000	1000	490
文化、体育和娱乐业	Culture, Sports and Entertainment	11	9190	26147	20007
其他	Others	1			

11–9 各市（州）进出口及外商投资企业进出口商品总值（2023）
Import and Export Value and Total Value of Imports and Exports Commodities of Foreign Funded Enterprises by Region (2023)

单位：万元 (10 000 yuan)

市（州）	Region	进出口商品总值 Total Value of Imports and Exports Commodities		
		进出口 Total	出口 Exports	进口 Imports
甘肃省	**Gansu**	**4916103.3**	**1237798.7**	**3678304.6**
兰州市	Lanzhou	1175338.5	472615.4	702723.0
嘉峪关市	Jiayuguan	148238.2	10591.7	137646.4
金昌市	Jinchang	1713782.9	117971.6	1595811.3
白银市	Baiyin	1124883.7	68913.7	1055970.0
天水市	Tianshui	341536.7	212534.1	129002.6
武威市	Wuwei	63989.7	62643.9	1345.8
张掖市	Zhangye	45913.7	43236.2	2677.5
平凉市	Pingliang	28273.5	28057.9	215.6
酒泉市	Jiuquan	163883.8	149365.8	14518.0
庆阳市	Qingyang	15151.0	13392.8	1758.2
定西市	Dingxi	41610.0	12459.4	29150.6
陇南市	Longnan	39044.3	38786.2	258.1
临夏州	Linxia	8249.1	5039.0	3210.1
甘南州	Gannan	6208.3	2191.0	4017.3

11-9 续表 continued

单位：万元 (10 000 yuan)

市（州）	Region	外商投资企业进出口商品总值 Total Value of Imports and Exports Commodities of Foreign-funded Enterprises		
		进出口 Total	出口 Exports	进口 Imports
甘肃省	**Gansu**	**80977.0**	**33390.0**	**47587.0**
兰州市	Lanzhou	56403.7	8915.6	47488.1
嘉峪关市	Jiayuguan			
金昌市	Jinchang	22273.3	22273.3	
白银市	Baiyin	483.1	483.1	
天水市	Tianshui			
武威市	Wuwei			
张掖市	Zhangye	1534.7	1436.4	98.3
平凉市	Pingliang			
酒泉市	Jiuquan	199.5	198.9	0.6
庆阳市	Qingyang			
定西市	Dingxi			
陇南市	Longnan			
临夏州	Linxia	83.0	83.0	
甘南州	Gannan			

11-10 各市（州）外商直接投资合同项目和投资额（2023）
Foreign Investment Through Signed Contract and It's Value by Region (2023)

市（州）	Region	签订合同项目（个）Number of Contracts (unit)	签订合同投资额（万美元）Contracted Value (USD 10 000)	实际吸收外资金额（万美元）Amount of Foreign Capital Actually Attracted (USD 10 000)
甘肃省	**Gansu**	**34**	**28691**	**13920**
兰州市	Lanzhou	19	17651	10316
嘉峪关市	Jiayuguan			
金昌市	Jinchang	3	4000	834
白银市	Baiyin	1		
天水市	Tianshui	2	16	9
武威市	Wuwei	1		
张掖市	Zhangye	2	608	572
平凉市	Pingliang	1	70	
酒泉市	Jiuquan	3	5769	921
庆阳市	Qingyang			635
定西市	Dingxi	1	576	
陇南市	Longnan	1	1	
临夏州	Linxia			72
甘南州	Gannan			561

主要统计指标解释

进出口总额 指实际进出我国国境的货物总金额。包括对外贸易实际进出口货物，来料加工装配进出口货物，国家间、联合国及国际组织无偿援助物资和赠送品，华侨、港澳台同胞和外籍华人捐赠品，租赁期满归承租人所有的租赁货物，进料加工进出口货物，边境地方贸易及边境地区小额贸易进出口货物（边民互市贸易除外），中外合资企业、中外合作经营企业、外商独资经营企业进出口货物和公用物品，到、离岸价格在规定限额以上的进出口货样和广告品（无商业价值、无使用价值和免费提供出口的除外），从保税仓库提取在中国境内销售的进口货物，以及其他进出口货物。该指标可以观察一个国家在对外贸易方面的总规模。我国规定出口货物按离岸价格统计，进口货物按到岸价格统计。

进出口货物的收发货人 指在海关备案（原为注册）的对外签订并执行进出口贸易合同的中国境内法人、其他组织或个人。

进出口货物 我国境内法人和其他组织、个人及一般贸易、加工贸易、补偿贸易、保税监管场所进出境货物、易货贸易、国际援助物资或捐赠品等贸易方式进出境的货物。

利用外资 指我国各级政府、部门、企业和其他经济组织通过对外借款、吸收外商直接投资以及用其他方式筹措的境外现汇、设备、技术等。

对外借款 指通过对外正式签订借款协议，从境外筹措的资金，包括外国政府贷款、国际金融组织贷款、外国银行商业贷款、出口信贷以及对外发行债券等。1996 年及以前还包括对外发行股票。该指标是我国利用外资的重要部分。

外商直接投资 是指外国投资者在我国境内通过设立外商投资企业、合伙企业、与中方投资者共同进行石油资源的合作勘探开发以及设立外国公司分支机构等方式进行投资。外国投资者可以用现金、实物、无形资产、股权等投资，还可以用从外商投资企业获得的利润进行再投资。

外商其他投资 指除对外借款和外商直接投资以外的各种利用外资的形式。包括企业在境内外股票市场公开发行的以外币计价的股票（目前主要是在香港证券市场发行的 H 股和在境内证券市场发行的 B 股）发行价总额，国际租赁进口设备的应付款，补偿贸易中外商提供的进口设备、技术、物料的价款，加工装配贸易中外商提供的进口设备、物料的价款。

对外承包工程 根据《对外承包工程管理条例》，对外承包工程是指中国的企业或者其他单位承包境外建设工程项目的活动。

对外劳务合作 指组织劳务人员赴其他国家或地区为国外的企业或机构工作的经营性活动。

12

农业

Agriculture

简要说明

一、本篇资料的主要内容

本篇资料反映了全省农业生产和农村经济的基本情况，主要包括农林牧渔业总产值、增加值、主要农产品产量、农业机械年末拥有量、农村电气化和农业化学化情况以及农田水利建设等方面的内容。

二、本篇资料的来源

1. 农业资料来源于农村社会经济统计年报，由省统计局农村处整理提供。

2. 粮食面积、产量及畜牧业数据来源于国家统计局甘肃调查总队。

3. 水利资料来源于省水利厅。

4. 农机资料来源于省农业农村厅。

三、本篇资料的统计范围和统计口径

《甘肃省农村社会经济统计报表制度》的统计范围包括省内全部农村社会经济情况，以及国营、机关单位农林牧渔场的农林牧渔业生产情况。农业科研单位的农业实验研究生产、军队系统的军马场生产以及军队和公安司法部门的警犬生产除外。

本篇资料中 2003 年及以后年份的农林牧渔业总产值、增加值按新口径计算。即调整了农业中种植业和其他农业的分类，增加农林牧渔服务业统计。

根据第一、二和第三次全国农业普查结果，对全省、分市州、分县农业产值、增加值等历史数据进行了修订。

根据第二次全国农业普查结果，对 1997—2006 年畜牧业数据进行了修订。

根据第三次全国农业普查结果，对 2007—2017 年种植业、园林水果、畜牧业及渔业数据进行了修订。

12-1 农村基层组织情况
Basic Conditions of Rural Grass-roots Unit

项 目	Item	2010	2015	2020	2022	2023
村民委员会（个）	Number of Village Committee (unit)	16162	16133	16056	15974	15949
村民小组（个）	Villagers Group (unit)	96998	97431	97392	96660	96591
乡村户数（万户）	Number of Rural Households (10 000 households)	480.63	493.76	515.34	510.98	509.18
乡村人口（万人）	Rural Population (10 000 persons)	2087.61	2075.19	2062.88	2009.24	1994.92
乡村从业人员（万人）	Number of Rural Laborers (10 000 persons)	1113.99	1129.74	1133.49	1120.06	1114.77
按性别分	By Sex					
男	Male	591.75	607.14	614.63	606.77	605.10
女	Female	522.24	522.60	518.86	513.29	509.67
按行业分	By Sector					
农林牧渔业	Agriculture, Forestry, Animal Husbandry & Fishery	724.82	668.07	638.90	622.79	616.10
工业	Industry	43.68	49.20	56.56	57.41	57.95
建筑业	Construction	86.13	110.69	133.53	139.04	141.04
批发和零售业	Wholesale and Retail Trades	29.66	35.22	37.96	38.17	38.34
交通运输、仓储和邮政业	Transport, Storage and Post	26.92	29.81	30.97	31.45	31.64
住宿和餐饮业	Hotels and Catering Serices	17.57	24.02	31.07	33.31	35.29
信息传输、软件和信息技术服务业	Information Transmission,Software and Information Technology Serices	2.34	3.59	5.35	5.73	5.97
金融业	Financial Intermediation	1.53	1.84	3.26	3.28	3.35
科学研究和技术服务业	Scientific Research and Technical Services	1.92	1.89	2.03	2.04	2.12
教育	Education	6.03	6.91	7.31	7.67	7.80
卫生和社会工作	Health and Social Service	3.52	4.39	4.87	5.14	5.32
乡镇经济组织（乡务）管理	Villages and Towns Economic Organizations (Rural Affairs) Management	0.81	11.33	10.07	9.92	9.64
其他	Others	169.06	182.79	171.61	164.13	160.21

12-2 各市（州）农村基本情况（2023）
Basic Conditions of Rural by Region (2023)

市（州）	Region	村民委员会（个）Number of Village Committee (unit)	村民小组（个）Villagers Group (unit)	乡村户数（万户）Number of Rural Households (10 000 households)	乡村人口（万人）Rural Population (10 000 persons)
兰州市	Lanzhou	728	4204	32.91	120.95
嘉峪关市	Jiayuguan	17	117	0.58	2.09
金昌市	Jinchang	139	1084	8.22	23.83
白银市	Baiyin	703	4588	33.99	126.71
天水市	Tianshui	2491	11457	70.45	303.75
武威市	Wuwei	1053	8158	33.97	125.52
张掖市	Zhangye	837	5707	26.76	84.11
平凉市	Pingliang	1469	8942	48.89	186.47
酒泉市	Jiuquan	438	2531	16.61	59.75
庆阳市	Qingyang	1261	9271	57.34	228.84
定西市	Dingxi	1888	13011	63.55	252.27
陇南市	Longnan	3174	14033	63.61	242.67
临夏州	Linxia	1089	10537	39.78	181.94
甘南州	Gannan	662	2951	12.54	56.04

12-3 各市（州）乡村就业人员（2023）
Rural Laborers by Region (2023)

单位：万人 (10 000 persons)

市（州）	Region	总计 Total	农林牧渔业 Agriculture, Forestry, Animal Husbandry & Fishery	工业 Industry	建筑业 Construction	批发与零售业 Wholesale and Retail Trades	交通运输仓储业和邮政业 Transport, Storage and Post	其他非农行业 Other Non-agricultural Trades
兰州市	Lanzhou	64.56	31.93	5.59	6.14	2.43	3.60	14.87
嘉峪关市	Jiayuguan	1.25	0.78	0.10	0.05	0.04	0.06	0.21
金昌市	Jinchang	12.38	6.88	0.93	1.49	0.41	0.59	2.08
白银市	Baiyin	69.89	47.06	2.81	5.57	1.94	2.03	10.47
天水市	Tianshui	167.47	89.74	10.15	23.40	5.85	3.55	34.77
武威市	Wuwei	74.78	40.32	4.76	10.69	3.37	2.67	12.97
张掖市	Zhangye	60.97	33.08	2.46	9.82	2.33	1.88	11.41
平凉市	Pingliang	104.62	53.66	5.51	15.54	3.38	3.43	23.09
酒泉市	Jiuquan	36.14	20.59	1.64	3.38	1.60	1.25	7.68
庆阳市	Qingyang	120.20	66.88	6.33	10.75	4.32	3.03	28.89
定西市	Dingxi	145.84	90.29	4.97	18.61	4.17	2.77	25.03
陇南市	Longnan	129.22	65.49	5.29	18.34	3.61	2.81	33.68
临夏州	Linxia	96.19	48.35	6.64	14.26	4.02	3.18	19.73
甘南州	Gannan	31.27	21.05	0.75	3.00	0.87	0.78	4.82

12-4 各地、县乡村户数及乡村人口（2023）

Number of Rural Households and Population by Region & County (2023)

地、县	Region & County	乡村户数（万户）Number of Rural Households (10 000 households)	乡村人口（万人）Rural Population (10 000 persons)	地、县	Region & County	乡村户数（万户）Number of Rural Households (10 000 households)	乡村人口（万人）Rural Population (10 000 persons)
兰州市	**Lanzhou**	**32.91**	**120.95**	瓜州县	Guazhou	2.73	10.10
城关区	Chengguan	0.55	2.27	肃北县	Subei	0.23	0.63
七里河区	Qilihe	2.15	8.88	阿克塞县	Akesai	0.10	0.27
西固区	Xigu	1.42	4.88	玉门市	Yumen	2.59	9.18
安宁区	Anning	0.76	2.62	敦煌市	Dunhuang	2.66	9.21
红古区	Honggu	1.32	4.72	**庆阳市**	**Qingyang**	**57.34**	**228.84**
永登县	Yongdeng	9.22	33.18	西峰区	Xifeng	6.68	27.46
皋兰县	Gaolan	2.70	8.70	庆城县	Qingcheng	5.67	22.94
榆中县	Yuzhong	10.83	40.24	环 县	Huanxian	8.57	33.30
兰州新区	Lanzhou New Area	3.96	15.46	华池县	Huachi	3.03	11.29
嘉峪关市	**Jiayuguan**	**0.58**	**2.09**	合水县	Heshui	3.90	15.28
金昌市	**Jinchang**	**8.22**	**23.83**	正宁县	Zhengning	5.16	20.35
金川区	Jinchuan	2.05	5.35	宁 县	Ningxian	12.59	52.12
永昌县	Yongchang	6.17	18.48	镇原县	Zhenyuan	11.75	46.09
白银市	**Baiyin**	**33.99**	**126.71**	**定西市**	**Dingxi**	**63.55**	**252.27**
白银区	Baiyin	2.61	6.70	安定区	Anding	10.24	36.03
平川区	Pingchuan	2.70	9.93	通渭县	Tongwei	8.80	38.07
靖远县	Jingyuan	11.81	45.05	陇西县	Longxi	10.65	42.75
会宁县	Huining	12.60	49.24	渭源县	Weiyuan	8.31	30.57
景泰县	Jingtai	4.27	15.80	临洮县	Lintao	11.04	44.48
天水市	**Tianshui**	**70.45**	**303.75**	漳 县	Zhangxian	4.28	18.78
秦州区	Qinzhou	10.25	46.04	岷 县	Minxian	10.21	41.59
麦积区	Maiji	11.45	47.72	**陇南市**	**Longnan**	**63.61**	**242.67**
清水县	Qingshui	7.15	28.61	武都区	Wudu	13.32	49.66
秦安县	Qinan	12.90	51.40	成 县	Chengxian	5.92	21.97
甘谷县	Gangu	12.75	55.06	文 县	Wenxian	6.85	20.40
武山县	Wushan	9.09	41.55	宕昌县	Tanchang	6.46	25.47
张家川县	Zhangjiachuan	6.85	33.36	康 县	Kangxian	4.97	17.49
武威市	**Wuwei**	**33.97**	**125.52**	西和县	Xihe	8.95	38.92
凉州区	Liangzhou	17.82	68.09	礼 县	Lixian	11.00	46.79
民勤县	Minqin	5.02	17.27	徽 县	Huixian	5.12	18.60
古浪县	Gulang	8.11	29.08	两当县	Liangdang	1.04	3.36
天祝县	Tianzhu	3.03	11.07	**临夏州**	**Linxia**	**39.78**	**181.94**
张掖市	**Zhangye**	**26.76**	**84.11**	临夏市	Linxia	1.99	9.12
甘州区	Ganzhou	8.00	22.98	临夏县	Linxia	8.02	36.54
肃南县	Sunan	0.99	2.81	康乐县	Kangle	6.07	27.46
民乐县	Minle	5.67	19.81	永靖县	Yongjing	3.98	15.83
临泽县	Linze	3.47	11.58	广河县	Guanghe	4.41	23.92
高台县	Gaotai	4.02	12.73	和政县	Hezheng	4.40	18.94
山丹县	Shandan	4.61	14.20	东乡县	Dongxiang	5.36	23.74
平凉市	**Pingliang**	**48.89**	**186.47**	积石山县	Jishishan	5.54	26.38
崆峒区	Kongtong	8.46	32.44	**甘南州**	**Gannan**	**12.54**	**56.04**
泾川县	Jingchuan	8.45	30.93	合作市	Hezuo	0.57	3.57
灵台县	Lingtai	6.24	19.85	临潭县	Lintan	3.27	13.48
崇信县	Chongxin	2.29	8.10	卓尼县	Zhuoni	1.91	9.31
庄浪县	Zhuanglang	9.68	40.51	舟曲县	Zhouqu	2.85	11.08
静宁县	Jingning	10.33	41.17	迭部县	Diebu	0.89	3.97
华亭市	Huating	3.44	13.48	玛曲县	Maqu	1.10	4.51
酒泉市	**Jiuquan**	**16.61**	**59.75**	碌曲县	Luqu	0.59	2.93
肃州区	Suzhou	5.51	20.13	夏河县	Xiahe	1.34	7.21
金塔县	Jinta	2.79	10.23				

12-5 各地、县乡村从业人员（2023）
Rural Employed Persons by Region & County (2023)

单位：万人 (10 000 persons)

地、县	Region & County	乡村从业人员 Rural Employed Persons	#农、林、牧、渔业 Agriculture,Forestry, Animal Husbandry and Fishery
兰州市	**Lanzhou**	**64.56**	**31.93**
城关区	Chengguan	1.17	0.45
七里河区	Qilihe	5.16	3.07
西固区	Xigu	2.79	1.19
安宁区	Anning	1.49	0.89
红古区	Honggu	2.29	1.48
永登县	Yongdeng	17.79	7.95
皋兰县	Gaolan	4.54	2.21
榆中县	Yuzhong	20.90	11.43
兰州新区	Lanzhou New Area	8.43	3.28
嘉峪关市	**Jiayuguan**	**1.25**	**0.78**
金昌市	**Jinchang**	**12.38**	**6.88**
金川区	Jinchuan	2.98	1.67
永昌县	Yongchang	9.40	5.21
白银市	**Baiyin**	**69.89**	**47.06**
白银区	Baiyin	3.50	1.53
平川区	Pingchuan	6.77	4.25
靖远县	Jingyuan	23.64	16.65
会宁县	Huining	26.54	18.66
景泰县	Jingtai	9.44	5.97
天水市	**Tianshui**	**167.47**	**89.74**
秦州区	Qinzhou	25.75	11.16
麦积区	Maiji	25.07	13.04
清水县	Qingshui	15.61	9.48
秦安县	Qinan	29.27	17.38
甘谷县	Gangu	29.43	14.91
武山县	Wushan	23.67	12.41
张家川县	Zhangjiachuan	18.67	11.37
武威市	**Wuwei**	**74.78**	**40.32**
凉州区	Liangzhou	39.67	19.02
民勤县	Minqin	10.17	6.82
古浪县	Gulang	17.44	9.90
天祝县	Tianzhu	7.50	4.58
张掖市	**Zhangye**	**60.97**	**33.08**
甘州区	Ganzhou	21.13	12.05
肃南县	Sunan	1.79	1.25
民乐县	Minle	13.03	7.65
临泽县	Linze	7.26	3.74
高台县	Gaotai	8.37	4.33
山丹县	Shandan	9.40	4.06
平凉市	**Pingliang**	**104.62**	**53.66**
崆峒区	Kongtong	18.98	9.09
泾川县	Jingchuan	16.12	9.36
灵台县	Lingtai	11.47	6.10
崇信县	Chongxin	4.73	2.09
庄浪县	Zhuanglang	23.37	11.31
静宁县	Jingning	22.37	12.93
华亭市	Huating	7.57	2.79
酒泉市	**Jiuquan**	**36.14**	**20.59**
肃州区	Suzhou	12.10	6.49
金塔县	Jinta	5.98	3.40
瓜州县	Guazhou	5.96	4.08
肃北县	Subei	0.32	0.24
阿克塞县	Akesai	0.17	0.12
玉门市	Yumen	5.94	3.62
敦煌市	Dunhuang	5.66	2.63
庆阳市	**Qingyang**	**120.20**	**66.88**
西峰区	Xifeng	14.00	7.48
庆城县	Qingcheng	12.78	8.24
环　县	Huanxian	18.12	8.87
华池县	Huachi	6.19	4.87
合水县	Heshui	8.01	4.98
正宁县	Zhengning	11.91	6.40
宁　县	Ningxian	27.52	14.84
镇原县	Zhenyuan	21.67	11.20
定西市	**Dingxi**	**145.84**	**90.29**
安定区	Anding	20.71	13.18
通渭县	Tongwei	23.03	13.76
陇西县	Longxi	24.19	14.26
渭源县	Weiyuan	18.27	13.00
临洮县	Lintao	24.26	14.93
漳　县	Zhangxian	10.32	4.53
岷　县	Minxian	25.06	16.62
陇南市	**Longnan**	**129.22**	**65.49**
武都区	Wudu	26.04	10.16
成　县	Chengxian	11.96	5.98
文　县	Wenxian	12.46	7.23
宕昌县	Tanchang	13.29	6.63
康　县	Kangxian	9.52	5.19
西和县	Xihe	20.65	11.74
礼　县	Lixian	23.59	13.44
徽　县	Huixian	9.76	4.15
两当县	Liangdang	1.96	0.97
临夏州	**Linxia**	**96.19**	**48.35**
临夏市	Linxia	3.84	0.96
临夏县	Linxia	19.05	6.34
康乐县	Kangle	14.02	8.56
永靖县	Yongjing	8.86	5.42
广河县	Guanghe	12.18	7.22
和政县	Hezheng	11.12	3.63
东乡县	Dongxiang	14.33	9.16
积石山县	Jishishan	12.77	7.06
甘南州	**Gannan**	**31.27**	**21.05**
合作市	Hezuo	2.09	1.80
临潭县	Lintan	7.63	4.71
卓尼县	Zhuoni	5.25	3.58
舟曲县	Zhouqu	6.01	2.82
迭部县	Diebu	2.12	1.33
玛曲县	Maqu	2.59	2.45
碌曲县	Luqu	1.70	1.51
夏河县	Xiahe	3.88	2.86

12-6 农林牧渔业总产值
Gross Output Value of Agriculture,Forestry, Animal Husbandry and Fishery

单位：万元 (10 000 yuan)

年 份 Year	农林牧渔业总产值 Gross Output Value of Agriculture, Forestry,Animal Husbandry and Fishery	农业 Agriculture	林业 Forestry	牧业 Animal Husbandry	渔业 Fishery	农林牧渔服务业 Services in Support of Agriculture
1978	224533	163057	6153	37871	15	17437
1979	232810	167282	6020	42142	22	17344
1980	273886	204964	6509	47391	22	15000
1981	280174	206490	9850	47008	26	16800
1982	305248	211363	16903	53768	29	23185
1983	400865	284715	21158	68525	31	26436
1984	403253	264127	32261	72533	28	34304
1985	488182	326444	36296	104723	90	20629
1986	563960	380401	34052	125629	248	23630
1987	655161	418447	34509	169234	563	32408
1988	847166	532298	38231	242954	1233	32450
1989	891232	563476	33209	252186	1811	40551
1990	1024993	686857	32679	257733	2156	45568
1991	1065704	712525	35284	264560	2669	50666
1992	1194970	811291	41310	279057	3312	60000
1993	1353978	928773	47260	311061	4218	62666
1994	2121949	1479266	57959	479308	5595	99821
1995	2694508	1885426	65048	619212	7845	116977
1996	3073203	2339849	65780	646457	8508	12609
1997	2992411	2099008	74206	678147	9309	131741
1998	3346943	2358231	87791	722056	11645	167220
1999	3199866	2332447	96697	600261	10352	160108
2000	3201176	2228126	111534	688108	11878	161530
2001	3396579	2396351	86471	759285	10896	143576
2002	3528583	2532054	138735	807290	10004	40500
2003	4278433	2758234	198140	854917	9571	457571
2004	5035034	3313663	161915	1057696	9863	491898
2005	5497110	3628896	158959	1143231	10237	555787
2006	5937000	3958383	149934	1182928	10369	635386
2007	6860990	4587283	194286	1311680	10469	757272
2008	7524991	5037264	209174	1217880	8324	1052350
2009	8097206	5505614	225986	1244182	9162	1112262
2010	9052186	6288841	220555	1415203	7787	1119800
2011	9996869	6885580	205049	1639435	10548	1256256
2012	11160035	7729821	238727	1803793	11931	1375763
2013	12337770	8537930	266494	1972491	13275	1547580
2014	13073146	8977921	302083	2089529	14193	1689420
2015	13861771	9511521	338827	2175063	14423	1821936
2016	14431154	9857296	308329	2859114	22185	1384230
2017	15596407	10686132	315719	3089678	20904	1483974
2018	16593567	11660985	330745	3188756	19740	1393340
2019	18875755	13064126	380871	3955697	20306	1454754
2020	21036075	14238463	317349	4952861	19681	1507722
2021	24395358	16232134	328215	6198536	19603	1616870
2022	26807446	18064322	364343	6622253	17457	1739072
2023	29276851	20016374	372639	7001276	17705	1868858

12-7 农林牧渔业总产值指数
Indices of Gross Output Value of Agriculture, Forestry,Animal Husbandry and Fishery

（上年=100） (preceding year=100)

年 份 Year	农林牧渔业总产值 Gross Output Value of Agriculture, Forestry,Animal Husbandry and Fishery	农业 Agriculture	林业 Forestry	牧业 Animal Husbandry	渔业 Fishery	农林牧渔服务业 Services in Support of Agriculture
1978	105.19	104.32	96.75	110.95	84.62	
1979	93.52	91.55	88.71	101.35	120.24	
1980	111.08	115.08	114.92	98.03	83.17	
1981	92.24	91.71	85.76	95.79	104.76	
1982	113.30	108.87	140.21	122.37	111.36	
1983	113.83	115.15	120.15	108.13	107.14	
1984	108.98	105.12	138.46	112.93	138.10	
1985	113.64	108.54	112.93	129.35	158.62	
1986	107.25	107.39	85.43	113.67	145.22	
1987	102.48	102.63	92.00	104.45	200.00	
1988	107.14	111.27	88.71	101.10	134.43	
1989	107.17	105.29	93.81	114.40	136.41	
1990	105.26	106.78	101.45	102.14	117.47	
1991	101.04	100.37	102.04	102.51	113.34	
1992	106.62	108.91	107.01	100.91	114.84	
1993	107.76	109.56	104.46	103.47	116.02	
1994	104.34	104.33	104.09	104.33	114.08	
1995	99.91	98.56	97.36	103.86	128.40	
1996	112.00	115.66	101.20	103.91	106.60	
1997	100.40	100.43	95.49	100.93	110.26	
1998	115.93	119.08	98.92	108.92	117.69	
1999	99.04	98.33	112.22	99.47	120.41	
2000	104.92	103.44	122.46	107.12	109.55	
2001	107.81	109.93	71.19	107.14	104.29	
2002	105.77	103.75	163.62	106.12	100.44	
2003	105.88	103.18	148.36	107.41	97.20	
2004	107.10	108.05	80.83	110.12	107.05	105.00
2005	107.03	107.21	90.85	107.03	105.92	111.30
2006	104.61	103.58	85.55	109.04	105.29	112.99
2007	104.31	104.17	130.96	96.83	107.17	112.76
2008	107.35	108.89	109.48	102.93	101.16	105.24
2009	105.79	105.18	116.21	107.50	101.04	103.57
2010	105.69	106.74	89.35	104.84	105.25	103.02
2011	105.38	106.17	105.35	101.83	109.39	105.83
2012	106.35	106.98	103.13	104.20	102.04	106.22
2013	104.90	104.80	112.25	102.66	105.18	108.79
2014	105.36	104.70	108.91	107.09	101.07	106.92
2015	105.70	105.58	112.16	105.53	101.02	105.94
2016	105.30	105.70	110.45	102.90	101.19	105.52
2017	105.23	105.08	103.14	106.10	105.24	105.17
2018	103.69	105.44	104.76	102.40	96.06	93.61
2019	105.84	106.60	109.44	104.22	102.87	102.46
2020	105.24	105.52	83.32	107.79	105.56	101.51
2021	111.29	106.37	103.42	127.76	102.29	105.34
2022	105.94	105.51	109.37	107.05	89.05	105.55
2023	106.06	104.99	102.28	109.20	101.62	106.08

注：本表按可比价格计算。

a) The indices in this table are calculated at constant prices.

12-8 各地、县农林牧渔业总产值（2023）
Gross Output Value of Agriculture,Forestry, Animal Husbandry and Fishery by Region & County (2023)

单位：万元 (10 000 yuan)

地、县	Region & County	农林牧渔业总产值 Gross Output Value of Agriculture, Forestry,Animal Husbandry and Fishery	农业 Agriculture	林业 Forestry	牧业 Animal Husbandry	渔业 Fishery	农林牧渔服务业 Services in Support of Agriculture
兰州市	**Lanzhou**	**1306771**	**976928**	**12975**	**212325**	**966**	**103578**
城关区	Chengguan	9834	6045	1050	1209		1531
七里河区	Qilihe	159571	121823	73	10215		27461
西固区	Xigu	42203	33241	679	6570		1712
安宁区	Anning	41351	37342	22	2392		1595
红古区	Honggu	117570	95571	871	17227	85	3817
永登县	Yongdeng	269099	207859	236	53678	708	6618
皋兰县	Gaolan	102905	79243	16	18885	6	4756
榆中县	Yuzhong	425646	321357	8622	47393	168	48107
兰州新区	Lanzhou New Area	138591	74447	1407	54756		7982
嘉峪关市	**Jiayuguan**	**114434**	**75572**	**596**	**37949**		**317**
金昌市	**Jinchang**	**747640**	**476636**	**2035**	**170800**	**606**	**97564**
金川区	Jinchuan	265062	118682	828	95569		49983
永昌县	Yongchang	482578	357953	1207	75230	606	47581
白银市	**Baiyin**	**2163682**	**1431729**	**22619**	**567773**	**4378**	**137182**
白银区	Baiyin	115888	59102	941	36274	642	18929
平川区	Pingchuan	124914	75426	2919	37978	275	8317
靖远县	Jingyuan	828115	664820	6536	113105	2835	40819
会宁县	Huining	654172	342395	9698	263597		38482
景泰县	Jingtai	440593	289986	2526	116820	626	30635
天水市	**Tianshui**	**2843600**	**2530251**	**30036**	**240351**	**2687**	**40274**
秦州区	Qinzhou	403453	378785	1775	18111	466	4317
麦积区	Maiji	374104	329850	10796	27663	530	5265
清水县	Qingshui	308017	253844	4431	42917	281	6543
秦安县	Qinan	533143	515716	2199	13104	9	2114
甘谷县	Gangu	486322	440036	4386	32965	325	8611
武山县	Wushan	509241	454575	4417	41453	984	7811
张家川县	Zhangjiachuan	229321	157444	2033	64138	93	5614
武威市	**Wuwei**	**3993414**	**2300483**	**25863**	**1536459**	**74**	**130537**
凉州区	Liangzhou	1871727	1078952	1917	732884	74	57900
民勤县	Minqin	984913	693504	17241	239308		34860
古浪县	Gulang	785027	331506	4462	429341		19718
天祝县	Tianzhu	351747	196521	2243	134925		18058
张掖市	**Zhangye**	**3362342**	**1876404**	**14844**	**1092586**	**3295**	**375213**

12-8 续表 1 continued

单位：万元 (10 000 yuan)

地、县	Region & County	农林牧渔业总产值 Gross Output Value of Agriculture, Forestry,Animal Husbandry and Fishery	农业 Agriculture	林业 Forestry	牧业 Animal Husbandry	渔业 Fishery	农林牧渔服务业 Services in Support of Agriculture
甘州区	Ganzhou	1329081	666995	997	404910	966	255213
肃南县	Sunan	143038	28111	175	110640		4112
民乐县	Minle	468396	328177	1589	125747		12884
临泽县	Linze	534827	261847	6322	182493	1198	82967
高台县	Gaotai	483576	331436	3620	133423	1116	13980
山丹县	Shandan	362979	227099	2143	127667	15	6056
平凉市	**Pingliang**	**2877023**	**2075110**	**13763**	**738786**	**1694**	**47878**
崆峒区	Kongtong	472716	212243	2115	252975	467	4917
泾川县	Jingchuan	277184	212520	1500	60024	576	2563
灵台县	Lingtai	284066	183367	2727	93468	415	4297
崇信县	Chongxin	194431	90495	2114	94673	15	7134
庄浪县	Zhuanglang	644764	556354	854	77611	106	9839
静宁县	Jingning	842479	734816	2245	90451	9	14958
华亭市	Huating	161384	85315	2209	69585	105	4170
酒泉市	**Jiuquan**	**3194582**	**2008371**	**42870**	**681934**	**2343**	**459064**
肃州区	Suzhou	1174626	573392	1845	294477	1107	303805
金塔县	Jinta	735550	476258	21750	150397	294	86851
瓜州县	Guazhou	479699	385181	721	61603	192	32002
肃北县	Subei	37190	4315	86	31882		906
阿克塞县	Akesai	28682	2547	7722	17896		516
玉门市	Yumen	520014	406698	7358	83251	440	22266
敦煌市	Dunhuang	218822	159980	3388	42427	309	12718
庆阳市	**Qingyang**	**2302106**	**1457652**	**47217**	**708910**	**851**	**87476**
西峰区	Xifeng	173229	121686	802	25349	161	25230
庆城县	Qingcheng	261359	202019	8475	39934	60	10871
环　县	Huanxian	366784	187797	4605	168126	55	6201
华池县	Huachi	128518	92499	7492	24726	92	3709
合水县	Heshui	165480	109515	5964	44602	128	5272
正宁县	Zhengning	150064	118062	3516	19671	38	8776
宁　县	Ningxian	430420	301051	11693	103267	149	14259
镇原县	Zhenyuan	626252	325023	4670	283234	168	13157
定西市	**Dingxi**	**2178654**	**1690159**	**29276**	**375037**	**1463**	**82719**
安定区	Anding	433588	345003	2550	80288		5747
通渭县	Tongwei	271383	199551	14368	54409	19	3036

12-8 续表 2 continued

单位：万元 (10 000 yuan)

地、县	Region & County	农林牧渔业总产值 Gross Output Value of Agriculture, Forestry,Animal Husbandry and Fishery	农业 Agriculture	林业 Forestry	牧业 Animal Husbandry	渔业 Fishery	农林牧渔服务业 Services in Support of Agriculture
陇西县	Longxi	362599	264832	3329	51346	294	42799
渭源县	Weiyuan	331418	277886	3325	44390	274	5542
临洮县	Lintao	391487	267700	2004	98271	496	23015
漳 县	Zhangxian	129428	109914	2699	15552	258	1006
岷 县	Minxian	258751	225273	1001	30781	122	1574
陇南市	**Longnan**	**1971366**	**1575609**	**114618**	**205420**	**2225**	**73495**
武都区	Wudu	580030	459706	72395	41970	282	5676
成 县	Chengxian	224767	174661	10424	16714	176	22791
文 县	Wenxian	161418	134848	5512	17369	1114	2575
宕昌县	Tanchang	167052	138930	3007	23008	46	2061
康 县	Kangxian	96522	74326	5832	11272	51	5041
西和县	Xihe	174811	142138	4581	19001	66	9024
礼 县	Lixian	278766	223315	5126	34669	94	15563
徽 县	Huixian	207913	166123	7169	25537	288	8797
两当县	Liangdang	80087	61563	572	15879	107	1965
临夏州	**Linxia**	**1468479**	**878152**	**17737**	**435952**	**2840**	**133797**
临夏市	linxia	46202	22350	61	10910	69	12812
临夏县	linxia	258790	164091	1899	69869	68	22862
康乐县	Kangle	179013	96809	7363	51893	26	22921
永靖县	Yongjing	371071	308993	2408	38192	2216	19261
广河县	Guanghe	111674	48012	420	51900		11342
和政县	Hezheng	113554	69230	3929	31836		8560
东乡县	Dongxiang	249377	80080	835	139361	301	28800
积石山县	Jishishan	138798	88587	822	41991	161	7238
甘南州	**Gannan**	**678819**	**167552**	**35635**	**375777**	**89**	**99766**
合作市	Hezuo	44988	6633	152	32218		5984
临潭县	Lintan	85638	45010	177	26041		14411
卓尼县	Zhuoni	108586	41381	3997	48842	89	14276
舟曲县	Zhouqu	89843	47373	8045	15720		18705
迭部县	Diebu	72226	18971	21413	28333		3509
玛曲县	Maqu	99176		481	87122		11572
碌曲县	Luqu	68258	1972	355	49446		16484
夏河县	Xiahe	110105	6211	1015	88054		14825

12-9 各地、县农林牧渔业总产值指数（2023）
Indices of Gross Output Value of Agriculture,Forestry, Animal Husbandry and Fishery by Region & County (2023)

（上年 =100）　　(preceding year=100)

地、县	Region & County	农林牧渔业总产值 Gross Output Value of Agriculture, Forestry,Animal Husbandry and Fishery	农业 Agriculture	林业 Forestry	牧业 Animal Husbandry	渔业 Fishery	农林牧渔服务业 Services in Support of Agriculture
兰州市	**Lanzhou**	**112.61**	**112.48**	**145.19**	**113.81**	**112.05**	**108.39**
城关区	Chengguan	103.53	99.82	102.71	100.96		120.50
七里河区	Qilihe	99.60	104.98	28.08	60.02		102.10
西固区	Xigu	81.36	78.59	128.25	90.24		97.21
安宁区	Anning	80.17	46.03	91.97	167.17		158.17
红古区	Honggu	94.01	91.95	239.64	101.23	111.93	104.12
永登县	Yongdeng	127.34	135.11	9.45	113.50	112.09	94.50
皋兰县	Gaolan	97.89	96.85	16.21	120.13	111.93	69.70
榆中县	Yuzhong	117.28	114.89	278.96	119.83	111.93	118.98
兰州新区	Lanzhou New Area	158.91	162.65	134.08	165.76		115.23
嘉峪关市	**Jiayuguan**	**106.87**	**104.28**	**217.14**	**111.43**		**112.69**
金昌市	**Jinchang**	**107.09**	**103.94**	**24.39**	**122.06**	**111.83**	**107.53**
金川区	Jinchuan	114.52	104.51	86.87	139.47		103.25
永昌县	Yongchang	103.41	103.76	16.32	105.35	111.83	112.42
白银市	**Baiyin**	**107.87**	**108.29**	**141.15**	**105.94**	**111.93**	**107.36**
白银区	Baiyin	112.04	120.64	64.10	104.31	102.08	107.38
平川区	Pingchuan	103.15	99.35	129.95	107.94	98.04	110.85
靖远县	Jingyuan	104.20	104.38	119.93	102.03	100.47	104.86
会宁县	Huining	106.98	105.97	161.31	105.60		117.59
景泰县	Jingtai	106.70	105.42	297.39	110.74	151.78	98.85
天水市	**Tianshui**	**111.34**	**112.21**	**160.34**	**99.76**	**111.93**	**109.18**
秦州区	Qinzhou	110.96	111.50	109.99	102.33	111.96	103.84
麦积区	Maiji	104.83	104.73	160.04	93.44	111.79	102.89
清水县	Qingshui	112.76	115.03	194.54	96.33	111.86	121.07
秦安县	Qinan	115.58	116.00	115.11	99.20	111.89	133.09
甘谷县	Gangu	113.22	113.65	241.82	100.80	111.90	113.83
武山县	Wushan	110.36	111.43	181.11	97.35	112.01	102.91
张家川县	Zhangjiachuan	110.27	112.55	105.17	105.86	111.95	102.72
武威市	**Wuwei**	**106.68**	**104.67**	**114.31**	**109.59**	**111.93**	**108.00**
凉州区	Liangzhou	102.14	98.68	126.11	106.78	111.93	111.23
民勤县	Minqin	108.71	108.82	107.21	109.86		103.34
古浪县	Gulang	115.77	116.62	952.24	114.31		111.06
天祝县	Tianzhu	107.62	107.54	49.24	110.39		104.20
张掖市	**Zhangye**	**106.07**	**105.87**	**92.14**	**106.53**	**111.93**	**106.36**

12-9 续表 1 continued

（上年 =100） (preceding year=100)

地、县	Region & County	农林牧渔业总产值 Gross Output Value of Agriculture, Forestry,Animal Husbandry and Fishery	农业 Agriculture	林业 Forestry	牧业 Animal Husbandry	渔业 Fishery	农林牧渔服务业 Services in Support of Agriculture
甘州区	Ganzhou	104.58	107.93	32.61	100.96	104.65	103.01
肃南县	Sunan	90.63	53.91	170.54	108.85		104.34
民乐县	Minle	110.54	108.02	172.48	117.84		104.68
临泽县	Linze	103.70	103.65	364.57	99.12	125.99	108.72
高台县	Gaotai	105.87	100.12	117.84	116.98	104.33	186.34
山丹县	Shandan	116.29	123.02	29.66	110.69		121.68
平凉市	**Pingliang**	**109.33**	**108.56**	**141.48**	**110.43**	**111.93**	**120.33**
崆峒区	Kongtong	113.50	111.46	138.90	115.36	111.93	101.54
泾川县	Jingchuan	108.86	108.32	63.86	113.43	111.93	97.05
灵台县	Lingtai	109.12	109.23	166.98	108.22	111.93	105.02
崇信县	Chongxin	107.34	105.30	476.41	106.69	111.93	118.80
庄浪县	Zhuanglang	106.06	100.17	406.18	111.81	111.93	101.12
静宁县	Jingning	109.49	109.83	135.15	107.09	111.93	107.99
华亭市	Huating	108.31	108.18	86.20	103.99	111.93	166.66
酒泉市	**Jiuquan**	**107.67**	**108.13**	**74.06**	**108.94**	**115.70**	**108.31**
肃州区	Suzhou	107.25	106.65	31.20	107.08	111.06	110.22
金塔县	Jinta	104.74	104.35	77.72	109.68	113.35	107.88
瓜州县	Guazhou	112.11	112.83	63.27	111.17	124.75	107.39
肃北县	Subei	113.83	128.15	10.88	115.37		103.18
阿克塞县	Akesai	113.99	84.95	115.06	119.56		106.83
玉门市	Yumen	108.07	111.04	90.01	102.20	129.22	89.18
敦煌市	Dunhuang	108.02	107.22	47.27	123.50	112.95	109.83
庆阳市	**Qingyang**	**106.26**	**104.36**	**101.39**	**110.79**	**111.93**	**106.64**
西峰区	Xifeng	107.86	107.51	33.85	118.31	111.93	106.40
庆城县	Qingcheng	113.83	113.67	145.30	111.36	111.93	109.28
环 县	Huanxian	105.22	100.78	70.89	112.11	111.93	102.21
华池县	Huachi	105.75	106.02	71.29	118.76	111.93	109.02
合水县	Heshui	108.85	105.57	102.90	118.12	111.93	108.60
正宁县	Zhengning	110.98	108.55	145.44	122.95	111.93	109.87
宁 县	Ningxian	104.91	100.51	180.49	115.54	111.93	102.58
镇原县	Zhenyuan	102.70	101.60	86.61	104.27	111.93	108.25
定西市	**Dingxi**	**111.39**	**112.62**	**153.11**	**104.90**	**111.93**	**107.03**
安定区	Anding	106.36	106.44	108.41	106.13		105.06
通渭县	Tongwei	110.48	108.08	392.55	99.81	105.62	107.45

12-9 续表 2 continued

（上年 =100） (preceding year=100)

地、县	Region & County	农林牧渔业总产值 Gross Output Value of Agriculture, Forestry,Animal Husbandry and Fishery	农业 Agriculture	林业 Forestry	牧业 Animal Husbandry	渔业 Fishery	农林牧渔服务业 Services in Support of Agriculture
陇西县	Longxi	109.56	111.73	148.73	99.29	198.13	107.44
渭源县	Weiyuan	115.10	116.53	131.69	106.88	126.99	106.40
临洮县	Lintao	111.51	113.71	65.22	108.44	118.64	106.93
漳 县	Zhangxian	110.74	113.73	79.56	100.01	72.47	107.94
岷 县	Minxian	119.89	122.16	53.23	110.24	103.76	105.67
陇南市	**Longnan**	**113.15**	**113.45**	**119.44**	**110.15**	**111.93**	**106.59**
武都区	Wudu	108.45	106.16	114.00	128.32	114.15	106.83
成 县	Chengxian	124.90	126.67	191.58	110.64	113.70	106.69
文 县	Wenxian	112.05	114.88	83.00	104.54	113.32	105.72
宕昌县	Tanchang	110.70	111.81	100.96	106.07	103.08	106.88
康 县	Kangxian	108.42	109.75	100.55	105.38	112.93	105.89
西和县	Xihe	108.97	111.48	64.91	109.52	79.77	106.99
礼 县	Lixian	126.45	131.42	284.61	101.88	111.93	106.50
徽 县	Huixian	109.57	107.01	406.54	105.25	114.66	106.79
两当县	Liangdang	109.88	110.11	58.44	113.11	113.38	105.58
临夏州	**Linxia**	**105.89**	**105.38**	**107.06**	**107.18**	**111.93**	**104.83**
临夏市	linxia	106.20	109.35	70.63	101.57	111.53	104.12
临夏县	linxia	106.17	105.69	77.39	108.60	40.71	106.49
康乐县	Kangle	105.66	104.18	127.10	106.00	47.68	105.13
永靖县	Yongjing	107.15	108.10	95.18	105.71	122.19	104.43
广河县	Guanghe	106.57	97.47	129.65	114.00		111.53
和政县	Hezheng	106.72	110.38	139.94	98.12		103.82
东乡县	Dongxiang	106.02	101.57	63.81	107.62	137.39	107.46
积石山县	Jishishan	104.81	106.30	70.38	107.19	72.27	86.16
甘南州	**Gannan**	**108.96**	**106.80**	**143.92**	**108.42**	**111.93**	**105.41**
合作市	Hezuo	104.84	105.77	28.96	106.39		102.62
临潭县	Lintan	105.68	110.86	20.33	101.76		103.12
卓尼县	Zhuoni	103.44	103.82	143.78	99.12	111.93	109.98
舟曲县	Zhouqu	104.67	106.66	106.69	98.59		104.32
迭部县	Diebu	124.43	111.97	188.02	106.81		110.14
玛曲县	Maqu	119.97	0.00	108.40	122.57		103.86
碌曲县	Luqu	106.12	78.46	210.71	107.13		106.47
夏河县	Xiahe	106.70	98.80	97.16	107.72		105.03

12-10 各市（州）农林牧渔业增加值及指数（2023）
Value-added and Indices of Agriculture, Forestry, Animal Husbandry and Fishery by Region(2023)

单位：万元 (10 000 yuan)

市（州）	Region	农林牧渔业增加值 Value-added	#农林牧渔服务业 Services in Support of Agriculture	农林牧渔业增加值指数 Indices of Value-added	#农林牧渔服务业 Services in Support of Agriculture
甘肃省	**Gansu**	**16907463**	**494614**	**105.9**	**108.3**
兰州市	Lanzhou	758003	27315	104.9	103.4
嘉峪关市	Jiayuguan	71220	41	105.7	105.9
金昌市	Jinchang	373788	24595	104.7	105.0
白银市	Baiyin	1285023	36888	105.7	106.1
天水市	Tianshui	1735612	10822	106.3	106.6
武威市	Wuwei	2357654	34174	106.4	106.8
张掖市	Zhangye	1882130	98482	106.1	106.5
平凉市	Pingliang	1652372	12534	106.0	106.4
酒泉市	Jiuquan	1635879	122347	106.7	107.3
庆阳市	Qingyang	1388759	23416	105.8	106.2
定西市	Dingxi	1258733	21986	105.5	105.9
陇南市	Longnan	1179225	19534	106.2	106.6
临夏州	Linxia	862645	36363	105.5	106.2
甘南州	Gannan	466419	26118	103.8	104.2

注：1. 本表按可比价格计算。
2.2023 年数据为快报数
a) The indices in this table are calculated at constant prices.
b) Data of 2023 are preliminary data.

12-11 灌溉、水库和除涝、治水、治碱情况
Irrigation, Reservoirs, Flood Prevention, Water and Soil Conservation, Improvement of Saline-Alkaline Land

指 标		Item	2010	2015	2020	2022	2023
万亩以上灌区数	（处）	Mumber of Irrigated Areas over 10 000 Mu (set)	214	242	250	242	241
3.3 万公顷以上		33 000 Hectares and Over	4	4	4	4	4
2.0-3.3 万公顷		20 000-33 000 Hectares	19	19	20	20	20
灌区有效灌溉面积	（万公顷）	Effective Irrigated Area (10 000 hectares)	96.2	124.5	118.2	131.9	135.0
3.3 万公顷以上		33 000 Hectares and Over	17.6	20.1	24.0	20.4	23.6
2.0-3.3 万公顷		20 000-33 000 Hectares	37.1	41.7	42.0	42.5	43.9
水库数	（座）	Number of Reservoirs (unit)	313	381	356	351	361
大型水库		Large Reservoir	8	9	10	10	10
中型水库		Medium-sized Reservoir	38	42	41	46	46
小型水库		Small Reservoir	267	330	305	295	305
水库库容量	（亿立方米）	Capacity of Reservoirs (100 million cu.m)	103.1	96.1	104.1	105.3	105.7
大型水库		Large Reservoir	83.9	79.0	85.3	85.3	85.3
中型水库		Medium-sized Reservoir	14.2	10.5	13.1	14.1	14.1
小型水库		Small Reservoir	4.9	5.8	5.6	5.8	6.3
除涝面积	（万公顷）	Areas with Flood Prevention Measures (10 000 hectares)	1.3	1.4	1.5	1.5	1.6
水土流失治理面积	（万公顷）	Area of Soil Erosion under Control (10 000 hectares)	794.7	770.2	1009.9	1150.5	1220.2
堤防长度	（万公里）	Total Length of Dikes (10 000 km)	0.4	0.7	1.0	1.1	1.2
堤防保护面积	（万公顷）	Area of Soil Erosion under Control (10 000 hectares)	23.2	42.1	54.3	61.0	60.2

12-12 农业机械拥有量
Number of Agricultural Machinery Owned

指 标	Item	2010	2015	2020	2022	2023
农业机械总动力合计（万千瓦）	Total Agricultural Machinery Power (10 000 kW)	1977.55	2684.95	2289.53	2516.66	2638.00
#柴油发动机动力	Power of Diesel Engines	1579.07	2182.11	1691.10	1885.33	1987.00
农用大中型拖拉机（台）	Number of Large and Medium-sized Agricultural Tractors (unit)	73174	160342	114682	142681	156858
小型拖拉机（台）	Number of Small Tractors (unit)	460716	613248	726865	723044	718588
联合收割机（台）	Combine Harvester (unit)	3632	8110	11972	16090	17257
机动脱粒机（台）	Motorized Thresher (unit)	134419	255225	292271	289478	288828

注：根据新修订的《全国农业机械化管理统计报表制度》，自 2016 年起，农业机械总动力不含农用运输车、三轮汽车和低速载货汽车。
a) According to the newly revised "National Agricultural Mechanization Management statistical reporting system", since 2016, the total power of agricultural machinery does not include agricultural transport vehicles, three wheeled vehicles and low-speed trucks.

12-13 农业生产条件
Agriculture Production Condition

指 标	Item	2010	2015	2020	2022	2023
农业机械化	**Agriculture Mechanization**					
机耕水平（%）	Level of Mechanical Plowing (%)	50.96	72.80	86.27	92.65	92.70
机播水平（%）	Level of Mechanical Sowing (%)	30.11	38.23	48.98	55.48	56.30
农业水利化	**Agriculture Irrigation and Water**					
有效灌溉面积（千公顷）	Effective Irrigated Area (1 000 hectares)	1098.88	1165.59	1286.47	1348.84	1381.50
水平梯田面积（千公顷）	Level Terrace Area (1 000 hectares)	1840.61	2063.50	2092.66	2142.31	2148.03
条田面积（千公顷）	Strip Area (1 000 hectares)	859.31	314.60	254.97	222.18	221.66
农业电气化	**Agriculture Electrization**					
农村用电量（万千瓦小时）	Electricity Consumed in Rural Areas (10 000 kWh)	428511	540417	657815	718292	742217
农村生产用电	For Produce	275651	332599	366827	396685	409739
农民生活用电	For Living	152861	207818	290988	321608	332478
乡村办村水电站（个）	Number of Hydropower Stations in Rural Areas(unit)	304	365	347	350	348
乡村办水电站装机容量（万千瓦）	Generating Capacity of Hydropower Station in Rural Areas (10 000 kW)		115.9	203.3	217.1	219.1
已通电村（个）	Electrified Villages (unit)	16115	16108	16052	15971	15928
占全省总数（%）	Rate in Total (%)	99.71	99.85	99.98	99.98	99.87
农业化学化	**Chemical for Agriculture**					
农用化肥施用量（实物量）（万吨）	Consumption of Chemical Fertilizers (real)(10 000 tons)	292.92	321.02	279.79	270.37	262.33
农用化肥施用量（折纯量）（万吨）	Consumption of Chemical Fertilizers (convert to pure amount)(10 000 tons)	85.26	97.92	80.36	77.13	76.61
氮肥	Nitrogenous Fertilizer	37.93	40.55	30.93	29.72	29.81
磷肥	Phosphate Fertilizer	16.56	19.13	14.93	14.28	13.95
钾肥	Potash Fertilizer	6.09	8.87	7.83	7.43	7.42
复合肥	Compound Fertilizer	24.68	29.37	26.66	25.69	25.44
农用塑料薄膜使用量（万吨）	Household Plastic Film Consumption (10 000 tons)	12.37	18.37	15.30	18.81	18.80

12-14 各地、县农业生产条件（2023）
Agriculture Production Condition by Region & County (2023)

地、县	Region & County	农业机械总动力（万千瓦）Total Agricultural Machinery Power (10 000 kW)	农村用电量（万千瓦小时）Electricity Consumed in Rural Areas (10 000 kWh)	化肥施用折纯量（吨）Chemical Fertilizer Consumption (convert to pure amount) (ton)	有效灌溉面积（千公顷）Effective Irrigated Area (1 000 hectares)
兰州市	**Lanzhou**	**131.27**	**39806.40**	**35390**	**77.96**
城关区	Chengguan	2.22	1385.58	235	0.10
七里河区	Qilihe	6.82	1942.56	1718	3.60
西固区	Xigu	4.75	4000.56	723	2.12
安宁区	Anning	0.87	1969.50	189	0.94
红古区	Honggu	12.93	5153.00	1841	3.89
永登县	Yongdeng	31.87	11460.12	9110	20.42
皋兰县	Gaolan	19.53	2027.41	2013	8.26
榆中县	Yuzhong	38.32	7982.72	15599	18.37
兰州新区	Lanzhou New Area	13.96	3884.95	3963	20.26
嘉峪关市	**Jiayuguan**	**13.85**	**2011.93**	**2512**	**4.30**
金昌市	**Jinchang**	**131.60**	**37147.39**	**19918**	**88.35**
金川区	Jinchuan	27.44	22489.89	8332	19.37
永昌县	Yongchang	104.16	14657.50	11586	68.98
白银市	**Baiyin**	**217.04**	**64285.91**	**46877**	**127.31**
白银区	Baiyin	27.13	6603.38	3635	4.42
平川区	Pingchuan	12.59	12966.25	2327	8.06
靖远县	Jingyuan	57.17	22113.45	15303	39.68
会宁县	Huining	67.74	8584.34	11198	32.64
景泰县	Jingtai	52.41	14018.49	14415	42.51
天水市	**Tianshui**	**175.22**	**51441.54**	**68231**	**39.56**
秦州区	Qinzhou	25.68	8905.00	6613	2.89
麦积区	Maiji	27.30	9954.05	14572	8.90
清水县	Qingshui	15.70	3335.89	6249	1.67
秦安县	Qinan	26.61	9989.30	17072	7.98
甘谷县	Gangu	31.88	8144.50	7440	6.50
武山县	Wushan	26.85	8052.80	13995	9.33
张家川县	Zhangjiachuan	21.20	3060.00	2288	2.28
武威市	**Wuwei**	**372.48**	**99753.11**	**88420**	**226.64**
凉州区	Liangzhou	163.13	54237.27	33825	99.84
民勤县	Minqin	115.74	21458.41	33065	62.06
古浪县	Gulang	66.43	19707.94	16628	52.48
天祝县	Tianzhu	27.18	4349.49	4903	12.26
张掖市	**Zhangye**	**323.05**	**69420.75**	**82805**	**249.09**

12-14 续表 1 continued

地、县	Region & County	农业机械总动力(万千瓦) Total Agricultural Machinery Power (10 000 kW)	农村用电量(万千瓦小时) Electricity Consumed in Rural Areas (10 000 kWh)	化肥施用折纯量(吨) Chemical Fertilizer Consumption (convert to pure amount) (ton)	有效灌溉面积(千公顷) Effective Irrigated Area (1 000 hectares)
甘州区	Ganzhou	85.40	26666.00	27009	80.79
肃南县	Sunan	8.80	3976.70	1291	13.80
民乐县	Minle	82.15	2065.94	20364	52.08
临泽县	Linze	56.15	10554.99	11965	32.18
高台县	Gaotai	47.21	12673.12	9530	37.73
山丹县	Shandan	43.33	13484.00	10089	29.17
平凉市	**Pingliang**	**163.14**	**53360.69**	**90176**	**33.84**
崆峒区	Kongtong	28.72	7011.90	9752	10.79
泾川县	Jingchuan	24.40	8632.84	18724	5.50
灵台县	Lingtai	26.10	6151.20	12609	2.18
崇信县	Chongxin	7.56	1561.19	5178	2.27
庄浪县	Zhuanglang	33.50	8712.42	18248	3.19
静宁县	Jingning	32.74	18194.55	22049	6.80
华亭市	Huating	10.12	3096.59	3616	3.11
酒泉市	**Jiuquan**	**271.89**	**44970.27**	**64021**	**217.70**
肃州区	Suzhou	89.71	11324.40	20247	60.98
金塔县	Jinta	54.92	5013.82	10373	41.56
瓜州县	Guazhou	42.00	10316.10	11909	52.81
肃北县	Subei	3.36	229.40	167	1.55
阿克塞县	Akesai	2.83	294.80	165	0.73
玉门市	Yumen	42.71	9284.65	12784	47.01
敦煌市	Dunhuang	36.37	8507.10	8375	13.06
庆阳市	**Qingyang**	**215.71**	**67121.49**	**77111**	**51.98**
西峰区	Xifeng	27.11	6226.64	5938	8.25
庆城县	Qingcheng	19.51	9639.33	12577	4.01
环　县	Huanxian	43.46	22293.35	18173	4.92
华池县	Huachi	20.29	2371.72	3915	5.31
合水县	Heshui	17.83	4895.48	5967	3.61
正宁县	Zhengning	21.52	5574.14	7586	3.58
宁　县	Ningxian	32.36	5307.96	7827	8.76
镇原县	Zhenyuan	33.62	10812.87	15129	13.54
定西市	**Dingxi**	**241.27**	**77585.60**	**86543**	**67.57**
安定区	Anding	50.11	10139.26	17566	12.92
通渭县	Tongwei	33.33	7020.60	17744	2.72

12–14 续表 2 continued

地、县	Region & County	农业机械总动力（万千瓦）Total Agricultural Machinery Power (10 000 kW)	农村用电量（万千瓦小时）Electricity Consumed in Rural Areas (10 000 kWh)	化肥施用折纯量（吨）Chemical Fertilizer Consumption (convert to pure amount) (ton)	有效灌溉面积（千公顷）Effective Irrigated Area (1 000 hectares)
陇西县	Longxi	40.59	6840.82	14103	15.81
渭源县	Weiyuan	20.66	7222.31	6742	10.18
临洮县	Lintao	46.05	39202.20	18097	21.80
漳 县	Zhangxian	18.97	1323.88	5506	3.89
岷 县	Minxian	31.57	5836.53	6786	0.26
陇南市	**Longnan**	**181.99**	**53839.15**	**51917**	**60.15**
武都区	Wudu	28.08	12859.38	10031	10.16
成 县	Chengxian	23.43	9179.13	5907	3.31
文 县	Wenxian	19.90	6927.06	1762	6.08
宕昌县	Tanchang	12.99	3999.12	2466	7.52
康 县	Kangxian	13.85	2670.19	5394	1.54
西和县	Xihe	26.31	3624.99	6654	6.17
礼 县	Lixian	33.48	5506.23	8475	17.72
徽 县	Huixian	18.36	7945.90	10491	6.56
两当县	Liangdang	5.60	1127.15	736	1.09
临夏州	**Linxia**	**109.42**	**58741.13**	**19545**	**52.72**
临夏市	linxia	4.03	5452.80	680	1.86
临夏县	linxia	15.35	4709.81	3315	13.35
康乐县	Kangle	17.60	16680.77	2442	6.91
永靖县	Yongjing	14.83	13740.08	4161	8.26
广河县	Guanghe	18.69	5213.50	1036	7.15
和政县	Hezheng	11.93	2413.49	544	2.95
东乡县	Dongxiang	13.59	7957.00	3831	6.97
积石山县	Jishishan	13.40	2573.68	3537	5.27
甘南州	**Gannan**	**45.84**	**8937.09**		**4.29**
合作市	Hezuo	3.74	421.96		0.13
临潭县	Lintan	12.80	2101.32		1.03
卓尼县	Zhuoni	9.35	789.92		0.94
舟曲县	Zhouqu	13.89	1915.08		1.58
迭部县	Diebu	3.43	1507.11		0.05
玛曲县	Maqu	0.09	762.33		
碌曲县	Luqu	1.13	274.77		
夏河县	Xiahe	1.42	1164.60		0.56

12-15 农作物播种面积
Total Sown Areas of Farm Crops

指 标	Item	2010	2015	2020	2022	2023
总播种面积（千公顷）	**Total Sown Area (1 000 hectares)**	**3726.13**	**3772.56**	**3931.84**	**4061.95**	**4139.59**
粮食作物	Sown Area of Grain Crops	2722.37	2715.72	2638.29	2699.76	2710.93
谷物	Cereal	1952.96	2031.08	1899.84	1964.19	1985.72
#稻谷	Rice	5.59	4.07	3.39	2.49	2.29
小麦	Wheat	885.33	806.39	708.72	739.49	740.15
玉米	Corn	853.85	1065.00	1000.81	1074.47	1099.17
豆类	Soybeans	172.63	127.26	163.80	159.47	156.63
#大豆	Soja	79.11	61.03	46.95	58.77	62.00
薯类	Tubers	596.77	557.39	574.65	576.11	568.59
油料	Oil-bearing Crops	356.54	343.21	276.05	269.90	277.61
#花生	Peanuts	0.51	0.68	0.44	0.31	0.15
油菜籽	Rapeseeds	196.83	190.56	148.84	152.77	160.70
棉花	Cotton	50.64	29.11	16.59	20.31	20.41
糖料	Sugar Crops	5.35	3.28	3.45	2.22	2.35
#甜菜	Beetroot	5.35	3.28	3.45	2.22	2.35
烟叶	Tobacco	3.18	2.24	1.63	1.57	1.66
#烤烟	Flue-cured Tobacco	2.62	2.03	1.58	1.50	1.62
蔬菜	Vegetables	240.64	314.08	401.77	453.52	485.72
瓜类	Melon	48.48	43.47	69.67	89.43	95.36
中草药材	Chinese Medicinal Materials	152.27	207.98	286.84	298.56	316.98
其他	Others	146.67	113.47	237.55	226.67	227.39
占总播种面积比重（%）	**Ratio in Total Sown Area (%)**					
粮食作物	Sown Area of Grain Crops	73.06	71.99	67.10	66.46	65.49
谷物	Cereal	52.41	53.84	48.32	48.36	47.97
#稻谷	Rice	0.15	0.11	0.09	0.06	0.06
小麦	Wheat	23.76	21.38	18.03	18.21	17.88
玉米	Corn	22.92	28.23	25.45	26.45	26.55
豆类	Soybeans	4.63	3.37	4.17	3.93	3.78
#大豆	Soja	2.12	1.62	1.19	1.45	1.50
薯类	Tubers	16.02	14.77	14.62	14.18	13.74
油料	Oil-bearing Crops	9.57	9.10	7.02	6.64	6.71
#花生	Peanuts	0.01	0.02	0.01	0.01	0.004
油菜籽	Rapeseeds	5.28	5.05	3.79	3.76	3.88
棉花	Cotton	1.36	0.77	0.42	0.50	0.49
糖料	Sugar Crops	0.14	0.09	0.09	0.05	0.06
#甜菜	Beetroot	0.14	0.09	0.09	0.05	0.06
烟叶	Tobacco	0.09	0.06	0.04	0.04	0.04
#烤烟	Flue-cured Tobacco	0.07	0.05	0.04	0.04	0.04
蔬菜	Vegetables	6.46	8.33	10.22	11.17	11.73
瓜类	Melon	1.30	1.15	1.77	2.20	2.33
中草药材	Chinese Medicinal Materials	4.09	5.51	7.30	7.35	7.66
其他	Others	3.94	3.01	6.04	5.58	5.49

12-16 各地、县农作物播种面积（2023）
Sown Areas of Farm Crops by Region & County(2023)

单位：千公顷 (1 000 hectares)

地、县	Region & County	农作物播种面积 Total Sown Area	粮食 Grain Crops	#小麦 Wheat	#玉米 Corn	#薯类 Tubers	油料 Oil-bearing Crops	蔬菜 Vegetables	中草药材 Chinese Medicinal Materials	果园面积 Area of Orchards
兰州市	**Lanzhou**	**196.13**	**88.12**	**26.38**	**31.39**	**17.85**	**9.44**	**64.67**	**9.92**	**8.09**
城关区	Chengguan	0.71	0.18	0.09	0.002		0.06	0.19		0.29
七里河区	Qilihe	9.64	0.99	0.10	0.88		0.04	8.46	0.14	0.53
西固区	Xigu	2.88	0.26	0.04	0.22		0.02	2.52	0.03	1.14
安宁区	Anning	0.94	0.22		0.22			0.53		1.46
红古区	Honggu	8.14	1.14	0.20	0.94		0.01	6.93		0.65
永登县	Yongdeng	65.55	39.08	14.63	11.03	7.41	2.72	13.10	1.19	1.27
皋兰县	Gaolan	13.58	6.39	2.91	3.28	0.15	0.37	5.12		1.61
榆中县	Yuzhong	69.58	31.00	4.12	11.60	9.53	3.07	26.34	8.03	0.53
兰州新区	Lanzhou New Area	25.12	8.86	4.31	3.21	0.76	3.14	1.47	0.53	0.62
嘉峪关市	**Jiayuguan**	**7.82**	**3.07**	**1.03**	**2.01**	**0.03**	**0.09**	**1.68**	**1.20**	**0.51**
金昌市	**Jinchang**	**92.76**	**62.93**	**24.80**	**30.33**	**7.52**	**1.94**	**19.44**	**0.61**	**1.24**
金川区	Jinchuan	19.50	14.46	2.35	11.93	0.19	0.01	4.31	0.02	0.68
永昌县	Yongchang	73.26	48.47	22.45	18.40	7.33	1.93	15.13	0.59	0.56
白银市	**Baiyin**	**389.50**	**267.14**	**48.78**	**122.49**	**67.85**	**23.37**	**24.04**	**22.40**	**11.42**
白银区	Baiyin	6.21	3.92	0.80	2.88	0.03	0.03	2.14	0.01	0.81
平川区	Pingchuan	23.48	16.03	2.67	8.23	2.36	2.40	1.21	0.77	0.97
靖远县	Jingyuan	113.02	53.37	7.77	30.66	5.88	3.54	12.37	12.86	3.34
会宁县	Huining	182.67	155.66	27.16	60.41	59.44	8.85	5.00	2.88	1.91
景泰县	Jingtai	64.11	38.16	10.38	20.31	0.15	8.56	3.32	5.88	4.38
天水市	**Tianshui**	**463.22**	**321.18**	**129.13**	**91.15**	**79.04**	**55.75**	**64.44**	**17.60**	**80.83**
秦州区	Qinzhou	74.04	48.78	21.54	14.90	9.98	14.82	6.79	3.54	10.42
麦积区	Maiji	55.79	42.51	19.80	16.67	3.92	6.74	4.52	0.91	15.01
清水县	Qingshui	63.19	45.26	17.26	14.40	10.00	7.33	7.48	2.53	11.39
秦安县	Qinan	73.29	56.23	20.69	13.54	16.65	7.84	5.86	2.19	22.61
甘谷县	Gangu	76.64	50.61	22.23	11.08	15.13	7.31	13.16	4.94	15.73
武山县	Wushan	76.42	42.75	13.98	10.55	14.56	7.38	23.04	2.83	3.08
张家川县	Zhangjiachuan	43.86	35.05	13.63	10.00	8.79	4.33	3.59	0.67	2.58
武威市	**Wuwei**	**274.27**	**160.34**	**41.04**	**92.71**	**13.65**	**9.88**	**50.90**	**9.60**	**11.09**
凉州区	Liangzhou	112.39	80.09	22.11	52.00	4.69	0.20	26.35	1.93	4.43
民勤县	Minqin	64.98	26.83	6.32	19.08	1.40	6.16	9.37	1.79	3.74
古浪县	Gulang	63.22	40.01	10.35	21.62	5.15	1.58	6.24	2.62	2.91
天祝县	Tianzhu	33.68	13.41	2.27	0.01	2.41	1.93	8.94	3.26	0.01
张掖市	**Zhangye**	**330.01**	**214.04**	**40.31**	**117.97**	**18.26**	**13.91**	**45.15**	**17.69**	**7.36**

12-16 续表 1 continued

单位：千公顷 (1 000 hectares)

地、县	Region & County	农作物播种面积 Total Sown Area	粮食 Grain Crops				油料 Oil-bearing Crops	蔬菜 Vegetables	中草药材 Chinese Medicinal Materials	果园面积 Area of Orchards
				#小麦 Wheat	#玉米 Corn	#薯类 Tubers				
甘州区	Ganzhou	85.43	61.40	2.31	56.88	0.80	0.71	19.88	0.76	0.94
肃南县	Sunan	15.60	7.80	1.06	2.77	0.13	0.06	0.47	0.20	0.01
民乐县	Minle	73.32	46.89	18.68	15.03	9.00	3.35	6.29	13.14	0.57
临泽县	Linze	34.44	24.62	0.93	23.42	0.00	0.31	5.64	0.78	2.59
高台县	Gaotai	43.51	24.53	3.50	18.17	1.01	0.58	9.55	0.28	2.77
山丹县	Shandan	47.13	30.92	13.80	1.70	6.71	3.99	2.82	2.53	0.49
平凉市	**Pingliang**	**358.04**	**290.09**	**93.95**	**105.05**	**56.78**	**22.43**	**32.55**	**5.61**	**91.08**
崆峒区	Kongtong	58.10	43.47	14.92	23.37	1.48	4.69	7.17	0.14	1.79
泾川县	Jingchuan	36.98	29.79	13.64	13.69	0.14	2.58	2.62	0.39	11.71
灵台县	Lingtai	60.27	51.95	22.12	19.06	0.71	4.62	2.57	0.44	6.34
崇信县	Chongxin	25.84	18.11	6.88	5.27	1.67	2.32	4.81	0.02	2.56
庄浪县	Zhuanglang	64.65	54.44	17.17	12.68	23.71	2.42	6.50	1.07	24.43
静宁县	Jingning	83.31	71.46	12.80	24.45	26.11	4.73	6.34	0.11	44.21
华亭市	Huating	28.90	20.87	6.42	6.54	2.97	1.07	2.54	3.44	0.03
酒泉市	**Jiuquan**	**224.38**	**68.26**	**22.48**	**45.29**	**0.17**	**4.61**	**41.78**	**29.26**	**12.46**
肃州区	Suzhou	59.40	27.02	4.47	22.30	0.14	0.22	18.05	0.33	1.66
金塔县	Jinta	45.69	16.64	6.67	9.94		0.77	11.80	2.50	2.00
瓜州县	Guazhou	53.53	7.80	3.75	3.98		0.94	2.70	14.43	0.20
肃北县	Subei	1.30	0.49	0.25	0.18	0.03	0.06	0.04	0.09	0.04
阿克塞县	Akesai	0.73	0.22		0.22		0.03	0.01	0.08	0.02
玉门市	Yumen	50.23	10.84	6.26	4.53		2.13	7.54	11.63	1.03
敦煌市	Dunhuang	13.51	5.26	1.08	4.15		0.46	1.64	0.19	7.51
庆阳市	**Qingyang**	**536.54**	**395.41**	**127.90**	**184.41**	**27.40**	**44.50**	**40.52**	**18.16**	**58.01**
西峰区	Xifeng	33.56	23.67	12.05	8.13	1.64	2.44	3.94	0.13	5.30
庆城县	Qingcheng	62.27	35.72	17.38	13.46	1.95	7.29	11.89	1.65	11.43
环　县	Huanxian	154.13	128.71	32.50	60.67	13.40	7.82	3.44	2.29	2.56
华池县	Huachi	51.24	43.24	2.20	26.11	5.00	2.19	1.72	2.73	0.68
合水县	Heshui	21.96	15.09	3.64	6.31	1.70	1.68	4.06	0.15	6.98
正宁县	Zhengning	18.16	8.43	1.07	6.08	0.36	3.80	2.01	2.74	6.85
宁　县	Ningxian	72.94	51.50	27.71	16.59	0.83	8.09	4.69	4.84	10.66
镇原县	Zhenyuan	122.29	89.06	31.36	47.04	2.52	11.18	8.76	3.63	13.55
定西市	**Dingxi**	**574.01**	**402.93**	**71.88**	**121.21**	**175.63**	**29.05**	**36.24**	**100.40**	**8.52**
安定区	Anding	121.61	99.91	6.65	27.92	59.25	5.33	14.95	1.11	0.51
通渭县	Tongwei	111.72	88.51	23.28	35.09	23.16	10.29	2.45	8.50	5.45

12-16 续表 2 continued

单位：千公顷 (1 000 hectares)

地、县	Region & County	农作物播种面积 Total Sown Area	粮食 Grain Crops				油料 Oil-bearing Crops	蔬菜 Vegetables	中草药材 Chinese Medicinal Materials	果园面积 Area of Orchards
				#小麦 Wheat	#玉米 Corn	#薯类 Tubers				
陇西县	Longxi	94.70	64.77	12.03	26.93	22.68	4.55	1.58	22.35	1.49
渭源县	Weiyuan	74.46	48.41	13.23	9.38	18.77	2.02	1.25	22.22	0.19
临洮县	Lintao	87.92	61.43	6.68	15.15	38.06	0.86	12.24	12.53	0.84
漳 县	Zhangxian	35.32	22.01	8.27	6.67	2.89	2.37	3.48	7.42	0.04
岷 县	Minxian	48.30	17.88	1.74	0.07	10.82	3.63	0.29	26.27	0.00
陇南市	**Longnan**	**362.70**	**238.63**	**82.48**	**63.53**	**61.50**	**32.37**	**39.37**	**50.78**	**34.08**
武都区	Wudu	65.09	37.72	5.23	8.29	17.55	3.20	10.40	13.70	0.80
成 县	Chengxian	34.65	22.14	10.42	7.23	0.65	4.67	4.84	2.70	0.50
文 县	Wenxian	27.75	13.96	2.64	5.53	4.72	2.95	5.71	5.08	0.96
宕昌县	Tanchang	31.27	15.50	3.74	2.90	5.10	2.14	1.60	11.99	0.32
康 县	Kangxian	20.57	15.07	4.72	4.40	3.07	1.54	2.25	1.64	0.67
西和县	Xihe	51.60	37.62	15.93	5.81	14.55	4.41	3.70	5.80	3.90
礼 县	Lixian	71.93	57.52	27.73	13.11	12.90	9.21	2.30	2.83	26.10
徽 县	Huixian	44.90	31.50	10.08	12.88	2.37	3.44	6.82	2.65	0.50
两当县	Liangdang	14.94	7.60	1.99	3.39	0.59	0.81	1.75	4.39	0.33
临夏州	**Linxia**	**170.07**	**125.14**	**19.55**	**72.70**	**28.38**	**16.08**	**15.49**	**9.78**	**3.98**
临夏市	linxia	1.66	0.89	0.01	0.86	0.02	0.20	0.04	0.06	0.04
临夏县	linxia	34.66	23.51	5.91	11.66	4.20	3.42	5.66	0.68	0.57
康乐县	Kangle	25.87	19.33	5.56	10.98	1.22	2.46	0.86	2.85	0.03
永靖县	Yongjing	24.55	15.29	1.44	9.51	4.23	0.37	6.00	2.35	0.84
广河县	Guanghe	14.81	13.01	0.04	11.46	1.50	0.31	1.28	0.04	0.04
和政县	Hezheng	16.60	10.55	3.57	4.90	1.77	3.89	0.75	1.33	0.86
东乡县	Dongxiang	30.29	28.45	0.50	13.85	13.33	0.22	0.17	1.34	0.22
积石山县	Jishishan	21.63	14.12	2.52	9.47	2.11	5.21	0.73	1.13	1.38
甘南州	**Gannan**	**87.94**	**48.12**	**7.21**	**4.45**	**6.85**	**10.40**	**2.64**	**19.56**	**0.88**
合作市	Hezuo	8.68	5.27			0.76	1.49	0.05	0.47	
临潭县	Lintan	23.58	10.74	1.57	0.29	1.04	3.31	0.75	7.08	
卓尼县	Zhuoni	14.94	6.16	0.30		0.48	1.71	0.83	5.67	0.02
舟曲县	Zhouqu	23.35	15.40	3.68	3.82	3.76	1.88	0.71	5.19	0.45
迭部县	Diebu	5.91	4.14	1.33	0.33	0.49	0.51	0.25	1.01	0.40
玛曲县	Maqu									
碌曲县	Luqu	2.49	1.54			0.10	0.14	0.01	0.04	
夏河县	Xiahe	8.99	4.87	0.33		0.22	1.37	0.03	0.11	0.01

12-17 各市（州）主要农作物播种面积构成（2023）
Sown Area Structure of Major Farm Crops by Region (2023)

单位：% (%)

市（州）	Region	农作物播种面积 Total Sown Area	粮食 Grain Crops	#小麦 Wheat	#玉米 Corn	#薯类 Tubers	油料 Oil-bearing Crops	中草药材 Chinese Medicinal Materials	蔬菜 Vegetables	瓜果 Fruit and Melon
甘肃省	**Gansu**	**100.00**	**65.49**	**17.88**	**26.55**	**13.74**	**6.71**	**7.66**	**11.73**	**2.33**
兰州市	Lanzhou	100.00	44.93	13.45	16.00	9.10	4.81	32.97	5.06	1.24
嘉峪关市	Jiayuguan	100.00	39.29	13.18	25.76	0.36	1.10	21.45	15.34	0.45
金昌市	Jinchang	100.00	67.84	26.73	32.70	8.11	2.09	20.95	0.65	0.37
白银市	Baiyin	100.00	68.58	12.52	31.45	17.42	6.00	6.17	5.75	9.16
天水市	Tianshui	100.00	69.34	27.88	19.68	17.06	12.03	13.91	3.80	0.46
武威市	Wuwei	100.00	58.46	14.96	33.80	4.98	3.60	18.56	3.50	5.89
张掖市	Zhangye	100.00	64.86	12.21	35.75	5.53	4.21	13.68	5.36	0.25
平凉市	Pingliang	100.00	81.02	26.24	29.34	15.86	6.27	9.09	1.57	1.14
酒泉市	Jiuquan	100.00	30.42	10.02	20.19	0.07	2.05	18.62	13.04	8.05
庆阳市	Qingyang	100.00	73.70	23.84	34.37	5.11	8.29	7.55	3.39	2.35
定西市	Dingxi	100.00	70.20	12.52	21.12	30.60	5.06	6.31	17.49	0.23
陇南市	Longnan	100.00	65.79	22.74	17.52	16.95	8.92	10.86	14.00	0.10
临夏州	Linxia	100.00	73.58	11.50	42.75	16.69	9.45	9.11	5.75	0.83
甘南州	Gannan	100.00	54.73	8.20	5.05	7.79	11.83	3.01	22.25	0.01

12-18 各市（州）主要农作物播种面积占全省的比重（2023）
Proportion of Major Farm Crops Sown Areas by Region (2023)

单位：% (%)

市（州）	Region	农作物播种面积 Total Sown Area	粮食 Grain Crops	#小麦 Wheat	#玉米 Corn	#薯类 Tubers	油料 Oil-bearing Crops	中草药材 Chinese Medicinal Materials	蔬菜 Vegetables	瓜果 Fruit and Melon
甘肃省	**Gansu**	**100.00**	**100.00**	**100.00**	**100.00**	**100.00**	**100.00**	**100.00**	**100.00**	**100.00**
兰州市	Lanzhou	4.74	3.25	3.56	2.86	3.14	3.40	3.13	13.31	2.52
嘉峪关市	Jiayuguan	0.19	0.11	0.14	0.18	0.00	0.03	0.38	0.35	0.04
金昌市	Jinchang	2.24	2.32	3.35	2.76	1.32	0.70	0.19	4.00	0.35
白银市	Baiyin	9.41	9.85	6.59	11.14	11.93	8.42	7.07	4.95	36.96
天水市	Tianshui	11.19	11.85	17.45	8.29	13.90	20.08	5.55	13.27	2.19
武威市	Wuwei	6.63	5.91	5.54	8.43	2.40	3.56	3.03	10.48	16.72
张掖市	Zhangye	7.97	7.90	5.45	10.73	3.21	5.01	5.58	9.30	0.86
平凉市	Pingliang	8.65	10.70	12.69	9.56	9.99	8.08	1.77	6.70	4.21
酒泉市	Jiuquan	5.42	2.52	3.04	4.12	0.03	1.66	9.23	8.60	18.72
庆阳市	Qingyang	12.96	14.59	17.28	16.78	4.82	16.03	5.73	8.34	13.08
定西市	Dingxi	13.87	14.86	9.71	11.03	30.89	10.46	31.67	7.46	1.37
陇南市	Longnan	8.76	8.80	11.14	5.78	10.82	11.66	16.02	8.11	0.39
临夏州	Linxia	4.11	4.62	2.64	6.61	4.99	5.79	3.08	3.19	1.47
甘南州	Gannan	2.12	1.78	0.97	0.40	1.21	3.75	6.17	0.54	0.007

12-19 主要农产品产量
Calendar Year Agricultural Output

单位：万吨 (10 000 tons)

年 份 Year	粮食 Grain Crops	油料 Oil-bearing Crops	中草药材 Chinese Medicinal Materials	甜菜 Beetroot	蔬菜 Vegetables	园林水果 Garden Fruits	肉类总产量 The Total Output Of Meat
1978	510.55	8.60	1.28	5.80	57.65	11.69	15.00
1979	461.35	8.46	1.25	4.42	53.64	7.35	12.90
1980	492.50	13.95	2.52	6.31	57.69	12.75	13.95
1981	412.81	13.18	1.51	10.62	59.24	11.05	14.13
1982	469.10	14.27	0.96	14.67	91.22	12.26	15.65
1983	539.62	19.28	1.79	17.48	80.56	12.58	14.77
1984	539.79	21.12	3.82	26.95	96.64	16.43	17.96
1985	530.55	26.31	3.23	61.62	116.65	19.91	23.95
1986	550.98	29.87	2.34	52.13	156.17	24.81	28.33
1987	529.37	29.45	2.30	56.32	162.31	27.17	29.34
1988	593.07	30.28	3.29	92.88	180.17	33.98	31.06
1989	639.20	30.39	3.00	66.33	208.87	34.84	31.74
1990	686.59	33.65	2.64	72.35	206.33	38.49	33.89
1991	656.38	32.55	2.79	103.63	201.88	40.42	36.56
1992	689.08	36.48	3.23	94.22	233.84	47.12	38.16
1993	750.26	37.53	5.29	104.62	251.99	59.66	41.99
1994	707.37	39.88	5.09	113.10	293.85	66.40	44.09
1995	626.78	31.69	4.28	107.01	329.39	80.36	47.33
1996	820.60	43.08	4.25	119.11	328.55	90.89	49.06
1997	766.16	35.56	3.99	139.11	346.87	100.25	52.60
1998	871.95	45.47	5.20	130.95	439.57	113.17	54.10
1999	814.93	43.79	10.70	73.85	487.32	125.74	55.78
2000	713.48	41.68	15.98	37.90	505.81	121.59	57.33
2001	753.22	38.42	24.58	45.12	603.17	121.71	59.67
2002	782.68	41.93	30.58	28.85	645.17	137.05	62.11
2003	789.34	46.04	32.51	19.95	732.59	145.37	64.37
2004	805.80	48.50	34.11	15.87	810.75	140.98	66.05
2005	836.89	50.31	35.55	14.54	866.91	172.45	69.81
2006	808.05	48.99	37.16	19.02	933.85	205.09	80.47
2007	807.60	46.72	39.74	28.20	621.03	150.19	78.51
2008	870.44	54.37	43.98	20.67	668.26	163.38	80.12
2009	896.15	59.92	46.24	21.32	711.35	182.75	80.80
2010	948.82	66.06	48.47	23.31	752.71	197.17	81.50
2011	1009.06	66.02	53.72	19.43	808.23	216.96	80.32
2012	1096.00	70.18	64.02	26.86	847.62	236.84	83.52
2013	1117.47	73.59	71.00	27.33	936.82	257.69	85.85
2014	1145.37	77.03	79.13	29.61	1014.20	279.99	89.52
2015	1154.58	76.71	83.75	18.26	1086.19	304.06	89.90
2016	1117.48	82.12	86.85	19.19	1092.89	359.93	92.20
2017	1105.90	77.35	92.72	26.69	1212.31	397.15	99.14
2018	1151.43	70.41	101.85	25.20	1292.57	370.03	101.16
2019	1162.58	63.18	113.15	26.51	1388.75	438.54	101.68
2020	1202.21	61.45	123.22	22.42	1478.51	481.07	110.09
2021	1231.46	58.79	131.46	15.88	1655.25	539.07	135.31
2022	1264.99	61.32	137.48	15.83	1736.64	575.39	142.65
2023	1272.88	63.10	148.90	16.88	1822.65	616.40	157.81

12-20 主要农产品产量
Yield of Major Farm Crops

指 标	Item	2010	2015	2020	2022	2023
主要农产品产量（万吨）	**Yield of Major Farm Crops(10 000 tons)**					
粮食	Grain Crops	948.82	1154.58	1202.22	1264.99	1272.88
夏粮	Summer Grain Crops	318.02	321.94	321.28	342.23	343.60
秋粮	Autumn Grain Crops	630.77	832.65	880.93	922.76	929.28
谷物	Cereal	746.15	938.24	942.18	1004.85	1014.28
#稻谷	Rice	3.93	2.84	1.69	1.50	1.42
小麦	Wheat	253.52	285.10	268.89	296.87	299.17
玉米	Corn	415.98	598.09	616.83	664.22	672.59
豆类	Beans	31.41	27.49	37.21	37.50	36.49
薯类	Tubers	171.23	188.85	222.82	222.64	222.10
油料	Oil-bearing Crops	66.06	76.71	61.45	61.32	63.10
#油菜籽	Rapeseeds	35.74	40.05	33.93	36.50	37.65
棉花	Cotton	7.99	4.82	3.01	3.99	4.25
麻类	Fiber Crops	0.23	0.26	0.29	0.08	0.08
甜菜	Beetroot	23.31	18.26	22.42	15.83	16.88
烟叶	Tobacco	0.96	0.70	0.52	0.51	0.56
#烤烟	Flue-cured Tobacco	0.85	0.62	0.51	0.49	0.54
中草药材	Chinese Medicinal Materials	48.47	83.75	123.22	137.48	148.90
蔬菜	Vegetables	752.71	1086.19	1478.51	1736.64	1822.65
园林水果	Garden Fruits	197.17	304.06	481.07	575.39	616.40
农产品单位面积产量（千克／公顷）	**Yield of Farm Crops Per Hectare (kg/hectare)**					
粮食	Grain Crops	3485.17	4251.48	4556.78	4685.55	4695.44
谷物	Cereal	3820.62	4619.41	4959.29	5115.84	5108.01
棉花	Cotton	1577.79	1655.60	1814.70	1962.22	2080.38
油菜籽	Rapeseeds	1815.99	2101.96	2279.44	2389.06	2342.60
甜菜	Beetroot	43594.06	55722.57	64956.00	71327.49	71692.43
烟叶	Tobacco	3017.49	3144.33	3197.76	3238.18	3346.06
中草药材	Chinese Medicinal Materials	3183.20	4026.80	4295.83	4604.70	4697.37
蔬菜	Vegetables	31279.61	34583.15	36799.81	38292.13	37524.76

12-21 各地、县主要农产品产量（2023）
Yield of Farm Crops by Region & County (2023)

单位：吨 (ton)

地、县	Region & County	粮食 Grain Crops	#小麦 Wheat	#玉米 Corn	#薯类 Tubers	油料 Oil-bearing Crops	中草药材 Chinese Medicinal Materials	蔬菜 Vegetables	瓜果 Fruit and Melon	人均粮食占有量（千克） Per Capita Grain Crops (kg)
兰州市	**Lanzhou**	**344395**	**86184**	**167785**	**56942**	**21803**	**2237347**	**83439**	**33751**	**77.83**
城关区	Chengguan	219	130	7		64	5639	2981		0.15
七里河区	Qilihe	4185	278	3882		58	242877	123	459	5.78
西固区	Xigu	1156	141	1005		41	76787	987	141	2.80
安宁区	Anning	687		675			19570	6380		1.45
红古区	Honggu	5172	626	4546		36	267288	2325		36.76
永登县	Yongdeng	140357	42194	56039	25580	4240	446406	11680	6491	529.25
皋兰县	Gaolan	27062	10147	16143	567	1140	212611	30211		293.20
榆中县	Yuzhong	132207	18250	70061	29012	5991	898341	13291	24784	280.52
兰州新区	Lanzhou New Area	33350	14417	15426	1783	10233	67828	15462	1877	98.29
嘉峪关市	**Jiayuguan**	**30257**	**6646**	**23427**	**185**	**260**	**116176**	**960**	**5200**	**96.06**
金昌市	**Jinchang**	**485715**	**168111**	**257739**	**58158**	**7704**	**965556**	**17050**	**5538**	**1124.33**
金川区	Jinchuan	120085	15860	102604	1619	22	244124	16310	236	458.87
永昌县	Yongchang	365630	152250	155135	56539	7682	721432	740	5302	2146.93
白银市	**Baiyin**	**988408**	**168558**	**561541**	**210425**	**33725**	**1488850**	**1299733**	**98460**	**664.22**
白银区	Baiyin	22669	2143	19729	105	61	137808	2415	30	69.09
平川区	Pingchuan	53771	11979	30153	6102	4361	72435	69501	1702	274.34
靖远县	Jingyuan	215777	36117	134640	26450	6076	818539	920428	34823	589.07
会宁县	Huining	481138	74602	212338	177339	6272	238050	224346	9905	1200.44
景泰县	Jingtai	215053	43718	164681	429	16955	222019	83043	52000	1092.19
天水市	**Tianshui**	**1379557**	**464362**	**580893**	**288148**	**116587**	**2377313**	**66060**	**61328**	**474.52**
秦州区	Qinzhou	233302	82501	111662	33419	34864	237051	2447	10785	363.34
麦积区	Maiji	206098	75766	108157	17940	14408	172834	20078	4409	378.93
清水县	Qingshui	189631	59758	81420	38974	17605	147997	2013	14460	809.35
秦安县	Qinan	231801	71512	81424	70302	12784	203729	20250	2159	578.06
甘谷县	Gangu	215235	81600	78000	48843	12769	491317	14103	12176	436.67
武山县	Wushan	160393	49500	62600	40856	18325	993248	7089	14259	453.86
张家川县	Zhangjiachuan	143097	43726	57630	37814	5832	131137	80	3081	597.23
武威市	**Wuwei**	**1189311**	**267272**	**795058**	**92169**	**38845**	**2998744**	**962897**	**79878**	**833.26**
凉州区	Liangzhou	687661	149237	503500	32389	561	1769749	171314	15625	786.52
民勤县	Minqin	210038	47156	150832	11945	31034	526545	684360	17299	1227.27
古浪县	Gulang	241534	62635	140691	31070	3500	421449	106684	13085	1019.66
天祝县	Tianzhu	50079	8243	35	16766	3749	281000	539	33869	345.45
张掖市	**Zhangye**	**1530991**	**280736**	**932541**	**141287**	**39864**	**2037117**	**45571**	**109208**	**1386.00**

12-21 续表 1 continued

单位：吨 (ton)

地、县	Region & County	粮食 Grain Crops	#小麦 Wheat	#玉米 Corn	#薯类 Tubers	油料 Oil-bearing Crops	中草药材 Chinese Medicinal Materials	蔬菜 Vegetables	瓜果 Fruit and Melon	人均粮食占有量（千克）Per Capita Grain Crops (kg)
甘州区	Ganzhou	506590	17034	479667	4216	3451	961566	18482	3851	991.49
肃南县	Sunan	46544	6836	21662	1093	181	25861		554	1721.81
民乐县	Minle	351425	123301	133763	72476	11338	139574	67	79199	1872.27
临泽县	Linze	177967	7397	169331	7	1218	282240	162	8268	1587.99
高台县	Gaotai	158984	25880	115248	8942	2187	475349	16106	1540	1308.57
山丹县	Shandan	223315	100157	12870	50252	14875	134748	10754	15796	1536.12
平凉市	**Pingliang**	**1167658**	**315973**	**568126**	**213170**	**43056**	**790284**	**167844**	**32909**	**653.85**
崆峒区	Kongtong	196917	49438	133872	5377	8473	189629	64721	721	396.07
泾川县	Jingchuan	129009	45924	78673	574	4250	42839	46014	625	619.41
灵台县	Lingtai	206720	77580	102643	3215	10655	53240	19606	1953	1399.73
崇信县	Chongxin	64631	23237	28314	5273	3316	124996	2985	103	803.38
庄浪县	Zhuanglang	219624	58059	64111	95547	5498	188350	9755	6827	678.61
静宁县	Jingning	272462	42015	121805	90680	8546	127851	15830	383	776.21
华亭市	Huating	78295	19720	38708	12504	2318	63379	8932	22298	440.89
酒泉市	**Jiuquan**	**576219**	**163265**	**410524**	**1491**	**14552**	**1913341**	**863830**	**109327**	**552.60**
肃州区	Suzhou	226472	31652	193313	1242	838	804332	52702	1957	505.63
金塔县	Jinta	144256	48196	95999		2444	707283	353473	21791	1213.02
瓜州县	Guazhou	65095	27717	37127		2447	69310	204379	47078	492.40
肃北县	Subei	3968	1863	1764	249	237	1131	3	476	264.52
阿克塞县	Akesai	1842		1842		24	105	46	876	173.76
玉门市	Yumen	90030	46290	43576		6594	257943	185856	36246	663.49
敦煌市	Dunhuang	44558	7546	36902		1969	73238	67370	904	244.29
庆阳市	**Qingyang**	**1429371**	**381581**	**825339**	**94481**	**90092**	**657786**	**588819**	**119120**	**670.29**
西峰区	Xifeng	101246	42520	46670	7713	6550	102631	20184	1353	199.35
庆城县	Qingcheng	114980	45173	53877	7897	14509	151623	52175	14586	497.37
环 县	Huanxian	380074	78622	222105	35192	10541	44247	48114	4660	1271.42
华池县	Huachi	140691	5931	90670	20576	4093	29539	19834	18885	1196.33
合水县	Heshui	71066	12354	41183	8442	3420	78627	21234	657	533.36
正宁县	Zhengning	54254	3898	45157	2002	6924	39901	7633	20082	322.57
宁 县	Ningxian	243186	101048	118119	4666	21577	85786	168153	38274	747.42
镇原县	Zhenyuan	323873	92036	207557	7992	22478	125431	251492	20623	925.17
定西市	**Dingxi**	**1628788**	**224238**	**634344**	**670817**	**68998**	**818337**	**72449**	**460031**	**656.13**
安定区	Anding	417463	18900	132710	248085	11808	410765	10676	6023	1002.47
通渭县	Tongwei	370092	70600	209098	73719	20713	28265	7449	33234	1164.15

12-21 续表 2 continued

单位：吨 (ton)

地、县	Region & County	粮食 Grain Crops	#小麦 Wheat	#玉米 Corn	#薯类 Tubers	油料 Oil-bearing Crops	中草药材 Chinese Medicinal Materials	蔬菜 Vegetables	瓜果 Fruit and Melon	人均粮食占有量（千克）Per Capita Grain Crops (kg)
陇西县	Longxi	244786	34335	120493	80523	10586	33468	27520	109046	581.80
渭源县	Weiyuan	188916	40419	52169	77438	6106	14100	9659	122255	696.30
临洮县	Lintao	250817	25333	84913	136674	2012	254366	17099	40079	529.78
漳　县	Zhangxian	87573	28989	34658	8394	7319	75187	17	28983	534.95
岷　县	Minxian	69141	5662	303	45984	10454	2186	29	120410	165.05
陇南市	**Longnan**	**927096**	**336360**	**324086**	**200517**	**68318**	**926935**	**7611**	**229789**	**395.83**
武都区	Wudu	146172	26857	42000	61298	7201	171890	1491	43628	270.09
成　县	Chengxian	105072	49200	46270	2944	10163	137023	417	25065	444.63
文　县	Wenxian	43587	10291	21537	7956	4954	126255	595	14263	228.58
宕昌县	Tanchang	68172	14635	20842	25446	4483	45932	111	61878	279.69
康　县	Kangxian	41351	18651	13746	4745	3250	35945	83	11348	260.86
西和县	Xihe	165584	58016	39565	65464	9328	49419	239	25667	484.29
礼　县	Lixian	170522	94477	45961	20344	19096	64608	1666	10052	420.34
徽　县	Huixian	155656	53100	78010	11141	8445	255532	2741	13890	839.00
两当县	Liangdang	30979	11133	16155	1179	1399	40332	267	23998	803.17
临夏州	**Linxia**	**744682**	**91269**	**516682**	**121736**	**54823**	**497370**	**60480**	**63029**	**354.42**
临夏市	linxia	7507	54	7384	68	592	1372	13506	126	20.31
临夏县	linxia	148285	29993	91887	20221	11786	171014	31789	2139	468.44
康乐县	Kangle	126544	28845	86504	5726	9213	34813	3140	24671	499.27
永靖县	Yongjing	84484	4699	64616	14883	1012	191684	11341	14017	481.28
广河县	Guanghe	111729	208	104711	6810	1326	44181		538	429.29
和政县	Hezheng	60915	15016	36076	8898	14270	26442	129	9035	299.67
东乡县	Dongxiang	124091	1479	64089	56441	548	7797	25	6494	431.89
积石山县	Jishishan	81129	10975	61416	8690	16076	20066	550	6010	345.15
甘南州	**Gannan**	**125886**	**21669**	**16115**	**18635**	**19828**	**68551**	**174**	**64897**	**188.25**
合作市	Hezuo	10738			1884	2212	625	3	862	97.89
临潭县	Lintan	29453	4930	732	2428	6981	15735	13	23715	236.95
卓尼县	Zhuoni	13243	878		1325	2894	36659		17489	141.64
舟曲县	Zhouqu	43672	11403	13678	10863	5054	12227	157	10620	382.75
迭部县	Diebu	11885	3858	1706	1449	702	3127		11458	233.49
玛曲县	Maqu									
碌曲县	Luqu	3208			271	167	142		665	90.61
夏河县	Xiahe	13687	600		415	1819	37	2	88	161.41

12-22 各地、县中草药材种植面积和产量（2023）
Sown Areas and Products of Chinese Medicine by Region & County (2023)

地、县	Region & County	中草药材 Chinese Medicinal Materials		当归 Angelica		党参 Codonopsis		其他 Others	
		面积（亩）Areas (mu)	产量（吨）Products (ton)	面积（亩）Areas (mu)	产量（吨）Products (ton)	面积（亩）Areas (mu)	产量（吨）Products (ton)	面积（亩）Areas (mu)	产量（吨）Products (ton)
兰州市	**Lanzhou**	**148815**	**33751**	**7900**	**3171**	**3988**	**1144**	**136927**	**29437**
城关区	Chengguan								
七里河区	Qilihe	2111	459	1071	282	528	120	512	57
西固区	Xigu	380	141	4	1			376	140
安宁区	Anning								
红古区	Honggu								
永登县	Yongdeng	17882	6491	250	71	332	84	17300	6335
皋兰县	Gaolan								
榆中县	Yuzhong	120433	24784	6575	2817	1362	569	112496	21398
兰州新区	Lanzhou New Area	8009	1877			1766	370	6243	1507
嘉峪关市	**Jiayuguan**	**18000**	**5200**					**18000**	**5200**
金昌市	**Jinchang**	**9102**	**5538**	**1600**	**1832**			**7502**	**3706**
金川区	Jinchuan	236	236					236	236
永昌县	Yongchang	8866	5302	1600	1832			7266	3470
白银市	**Baiyin**	**336005**	**98460**	**1600**	**121**	**6216**	**1397**	**328189**	**96942**
白银区	Baiyin	120	30					120	30
平川区	Pingchuan	11590	1702					11590	1702
靖远县	Jingyuan	192897	34823	1600	121	610	55	190687	34647
会宁县	Huining	43180	9905			5606	1342	37574	8563
景泰县	Jingtai	88218	52000					88218	52000
天水市	**Tianshui**	**263961**	**61328**	**8072**	**2496**	**27918**	**5385**	**227970**	**53447**
秦州区	Qinzhou	53055	10785			1955	553	51100	10232
麦积区	Maiji	13610	4409			1505	1149	12105	3260
清水县	Qingshui	38000	14460			1170	279	36830	14181
秦安县	Qinan	32858	2159			1065	91	31793	2068
甘谷县	Gangu	74050	12176	1281	118	18061	1955	54708	10103
武山县	Wushan	42378	14259	6791	2379	4162	1358	31425	10522
张家川县	Zhangjiachuan	10010	3081					10010	3081
武威市	**Wuwei**	**144036**	**79878**	**10249**	**5575**	**263**	**63**	**133523**	**74240**
凉州区	Liangzhou	28965	15625	1807	434	263	63	26895	15128
民勤县	Minqin	26784	17299					26784	17299
古浪县	Gulang	39354	13085	420	105			38934	12980
天祝县	Tianzhu	48933	33869	8022	5036			40911	28833
张掖市	**Zhangye**	**265345**	**109208**	**16590**	**7001**			**248756**	**102207**

12-22 续表 1 continued

地、县	Region & County	中草药材 Chinese Medicinal Materials		当归 Angelica		党参 Codonopsis		其他 Others	
		面积（亩）Areas (mu)	产量（吨）Products (ton)	面积（亩）Areas (mu)	产量（吨）Products (ton)	面积（亩）Areas (mu)	产量（吨）Products (ton)	面积（亩）Areas (mu)	产量（吨）Products (ton)
甘州区	Ganzhou	11381	3851	1512	587			9869	3264
肃南县	Sunan	3011	554	2	0.2			3009	554
民乐县	Minle	197100	79199	14791	6300			182309	72899
临泽县	Linze	11695	8268	285	114			11410	8154
高台县	Gaotai	4250	1540					4250	1540
山丹县	Shandan	37909	15796					37909	15796
平凉市	**Pingliang**	**84091**	**32909**	**161**	**66**	**112**	**41**	**83819**	**32802**
崆峒区	Kongtong	2040	721			17	5	2023	716
泾川县	Jingchuan	5822	625					5822	625
灵台县	Lingtai	6661	1953	6	0.4			6655	1952
崇信县	Chongxin	225	103					225	103
庄浪县	Zhuanglang	16009	6827	155	66	95	36	15759	6725
静宁县	Jingning	1709	383					1709	383
华亭市	Huating	51626	22298					51626	22298
酒泉市	**Jiuquan**	**438830**	**109327**					**438830**	**109327**
肃州区	Suzhou	4960	1957					4960	1957
金塔县	Jinta	37550	21791					37550	21791
瓜州县	Guazhou	216438	47078					216438	47078
肃北县	Subei	1400	476					1400	476
阿克塞县	Akesai	1210	876					1210	876
玉门市	Yumen	174473	36246					174473	36246
敦煌市	Dunhuang	2799	904					2799	904
庆阳市	**Qingyang**	**272467**	**119120**	**1087**	**307**	**4628**	**2231**	**266752**	**116582**
西峰区	Xifeng	1968	1353	25	7	170	68	1773	1278
庆城县	Qingcheng	24764	14586	7	1			24757	14586
环 县	Huanxian	34343	4660	650	164			33693	4496
华池县	Huachi	40962	18885					40962	18885
合水县	Heshui	2254	657	13	3	8	1	2233	653
正宁县	Zhengning	41144	20082			339	145	40805	19937
宁 县	Ningxian	72536	38274	392	133	2634	1589	69510	36552
镇原县	Zhenyuan	54496	20623			1478	428	53019	20195
定西市	**Dingxi**	**1505925**	**460031**	**369433**	**109788**	**482012**	**144798**	**654480**	**205445**
安定区	Anding	16599	6023			706	284	15893	5739
通渭县	Tongwei	127507	33234	319	89	5432	1458	121756	31687

12-22 续表 2 continued

地、县	Region & County	中草药材 Chinese Medicinal Materials		当归 Angelica		党参 Codonopsis		其他 Others	
		面积（亩）Areas (mu)	产量（吨）Products (ton)	面积（亩）Areas (mu)	产量（吨）Products (ton)	面积（亩）Areas (mu)	产量（吨）Products (ton)	面积（亩）Areas (mu)	产量（吨）Products (ton)
陇西县	Longxi	335322	109046	731	444	137776	57442	196814	51159
渭源县	Weiyuan	333244	122255	83109	30942	133012	36951	117122	54363
临洮县	Lintao	187958	40079	25077	6033	106322	20049	56559	13997
漳　县	Zhangxian	111230	28983	64685	16307	14831	2920	31714	9756
岷　县	Minxian	394065	120410	195512	55973	83934	25693	114620	38744
陇南市	**Longnan**	**761720**	**229789**	**51946**	**14036**	**199545**	**45014**	**510229**	**170739**
武都区	Wudu	205460	43628	20069	3790	58119	10968	127273	28870
成　县	Chengxian	40478	25065	160	65	775	235	39544	24766
文　县	Wenxian	76176	14263	1764	358	60219	10762	14193	3143
宕昌县	Tanchang	179918	61878	25554	8762	55824	16963	98540	36154
康　县	Kangxian	24661	11348			1384	412	23277	10935
西和县	Xihe	87071	25667	35	4	4671	897	82365	24766
礼　县	Lixian	42394	10052	4365	1057	14371	3301	23658	5694
徽　县	Huixian	39682	13890			2505	1132	37177	12759
两当县	Liangdang	65880	23998			1677	345	64203	23653
临夏州	**Linxia**	**146678**	**63029**	**20782**	**11002**	**3454**	**887**	**122442**	**51139**
临夏市	linxia	830	126			200	60	630	66
临夏县	linxia	10147	2139	798	299	200	94	9150	1746
康乐县	Kangle	42789	24671	9568	5614	303	141	32918	18916
永靖县	Yongjing	35194	14017			2001	438	33193	13579
广河县	Guanghe	610	538	355	422			255	116
和政县	Hezheng	19977	9035	7427	3498	50	20	12500	5518
东乡县	Dongxiang	20169	6494					20169	6494
积石山县	Jishishan	16962	6010	2635	1170	700	135	13627	4705
甘南州	**Gannan**	**293473**	**64897**	**50556**	**16101**	**94063**	**20450**	**148855**	**28347**
合作市	Hezuo	7105	862	250	37			6855	825
临潭县	Lintan	106162	23715	22434	5468	38632	8715	45096	9533
卓尼县	Zhuoni	85001	17489	18094	4048	31549	6735	35357	6706
舟曲县	Zhouqu	77886	10620	2949	424	22074	3805	52863	6391
迭部县	Diebu	15085	11458	6441	6107	1808	1194	6836	4157
玛曲县	Maqu								
碌曲县	Luqu	560	665					560	665
夏河县	Xiahe	1675	88	388	18			1287	70

12-23 各市（州）主要农产品单位面积产量（2023）
Yield of Major Farm Crops per Hectare by Region (2023)

单位：千克 / 公顷 (kg/hectare)

市（州）	Region	粮食 Grain Crops	谷物 Cereal	油菜籽 Rapeseeds	甜菜 Beetroot	烟叶 Tobacco	中草药材 Chinese Medicinal Materials	蔬菜 Vegetables	园林水果 Fruit
甘肃省	**Total**	**4695**	**5108**	**2343**	**71692**	**3346**	**4697**	**37525**	**18604**
兰州市	Lanzhou	3908	4245	1795		3000	3402	34597	15740
嘉峪关市	Jiayuguan	9846	9877	4562			4333	69249	7611
金昌市	Jinchang	7718	7716	3353	15000		9126	49677	6208
白银市	Baiyin	3700	4111	1113			4395	61932	16121
天水市	Tianshui	4295	4688	2101	33174	2337	3485	36893	25193
武威市	Wuwei	7417	7695	2210	84725	6504	8319	58920	11955
张掖市	Zhangye	7153	7157	2664	63975		6174	45114	11761
平凉市	Pingliang	4025	4211	2052	16500	14556	5870	24281	22834
酒泉市	Jiuquan	8441	8456	2963	83017		3737	45797	23261
庆阳市	Qingyang	3615	3775	2500	55714	3662	6558	16235	13072
定西市	Dingxi	4042	4370	2860	34455		4582	22580	10297
陇南市	Longnan	3885	4431	2137	2143	2791	4525	23543	8188
临夏州	Linxia	5951	6549	3438	16924		6446	32108	14673
甘南州	Gannan	2616	2611	1905	6271	1150	3317	25942	13545

12-24 各市（州）主要农产品人均占有量（2023）
Output of Major Farm Corps per Capita by Region (2023)

单位：千克／人 (kg/person)

市（州）	Region	粮食 Grain Crops	谷物 Cereal	油菜籽 Rapeseeds	甜菜 Beetroot	烟叶 Tobacco	中草药材 Chinese Medicinal Materials	蔬菜 Vegetables	园林水果 Fruit
甘肃省	**Total**	**516.28**	**411.39**	**15.27**	**6.85**	**0.23**	**739.27**	**60.39**	**250.01**
兰州市	Lanzhou	77.83	58.84	1.21		0.001	505.60	7.63	28.79
嘉峪关市	Jiayuguan	96.06	95.47	0.03			368.84	16.51	12.36
金昌市	Jinchang	1124.33	989.67	8.57	0.07		2235.06	12.82	17.78
白银市	Baiyin	664.22	502.21	2.99			1000.52	66.17	123.71
天水市	Tianshui	474.52	365.23	32.71	1.58	0.01	817.72	21.09	700.45
武威市	Wuwei	833.26	757.65	4.05	1.10	0.04	2100.99	55.96	92.87
张掖市	Zhangye	1386.00	1242.17	26.75	22.10		1844.19	98.87	78.37
平凉市	Pingliang	653.85	516.24	7.09	0.01	0.01	442.53	18.43	1164.54
酒泉市	Jiuquan	552.60	550.79	2.66	32.64		1834.91	104.85	277.94
庆阳市	Qingyang	670.29	602.27	23.82	0.06	1.73	308.46	55.86	355.62
定西市	Dingxi	656.13	352.83	10.67	0.32		329.65	185.31	35.36
陇南市	Longnan	395.83	290.15	27.51	0.002	0.75	395.76	98.11	119.14
临夏州	Linxia	354.42	290.98	25.71	0.71		236.71	30.00	27.80
甘南州	Gannan	188.25	130.49	29.63	0.37	0.001	102.51	97.05	17.79

12-25 园林水果生产
Garden Fruits Production

指 标	Item	2010	2015	2020	2022	2023
园林水果产量（吨）	**Output of Garden Fruits (ton)**	**1971700**	**3040650**	**4810708**	**5753889**	**6164016**
#苹果	Apple	1327794	2163521	3859773	4758770	6164016
梨	Pear	220034	272615	238848	262764	254538
葡萄	Grape	84523	209347	270811	267400	269353
红枣	Date	77304	110700	93796	87025	91805
柿子	Persimmon	15673	14972	25240	30778	33473
桃子	Peach	102646	159204	140660	157598	179677
杏子	Apricot	41991	50046	77702	85523	85708
果园面积（千公顷）	**Area of Orchards (1 000 hectares)**	**276.51**	**302.00**	**326.67**	**332.23**	**331.33**
#苹果园	Apple Orchard	210.22	230.65	248.56	256.39	256.43
梨园	Pear Orchard	17.04	17.92	19.85	19.52	18.75
葡萄园	Grape Orchard	11.90	17.87	16.33	15.43	14.92
桃园	Peach Orchard	5.67	5.28	6.94	7.40	7.87
杏园	Apricot Orchard	17.33	14.94	14.47	13.84	13.69

12-26 各地、县园林水果产量（2023）

Output of Garden Fruits by Region & County(2023)

单位：吨 (ton)

地、县	Region & County	园林水果产量 Garden Fruits	#苹果 Apples	#梨 Pears	#葡萄 Grapes	#红枣 Dates	#柿子 Persimmons	#杏子 Apricots	#桃子 Peaches
兰州市	**Lanzhou**	**127403**	**44291**	**26652**	**2662**	**8439**		**5767**	**33806**
城关区	Chengguan	5964	4822	293	440	1		58	349
七里河区	Qilihe	12318	5431	3927		10		25	2891
西固区	Xigu	12467	3065	3439	143	3110		62	459
安宁区	Anning	29898	770	990		3160		428	24450
红古区	Honggu	16354	10425	1580	769	500		47	1609
永登县	Yongdeng	13976	6847	3992	988	511		391	107
皋兰县	Gaolan	23392	10608	8119		903			3721
榆中县	Yuzhong	4024	1916	595	323	70		186	107
兰州新区	Lanzhou New Area	9010	407	3716		174		4571	114
嘉峪关市	**Jiayuguan**	**3893**	**187**	**279**	**3295**			**78**	**21**
金昌市	**Jinchang**	**7683**	**1610**	**1581**	**1012**	**1850**		**1392**	**223**
金川区	Jinchuan	5493	586	822	982	1842		1092	156
永昌县	Yongchang	2189	1025	759	30	8		301	67
白银市	**Baiyin**	**184096**	**88606**	**45720**	**340**	**34686**		**3010**	**9405**
白银区	Baiyin	16886	13720	803	89	650		154	177
平川区	Pingchuan	18306	15011	170	58	1711		56	1241
靖远县	Jingyuan	48063	23918	11604	194	6778		1888	3682
会宁县	Huining	23580	22000	628				123	149
景泰县	Jingtai	77261	13957	32515		25546		789	4156
天水市	**Tianshui**	**2036374**	**1871011**	**29678**	**31376**	**213**	**2602**	**2121**	**59099**
秦州区	Qinzhou	414970	376298	3170				45	1586
麦积区	Maiji	331163	290573	3378	29087		2166	673	2358
清水县	Qingshui	178867	176907	467	816		436		22
秦安县	Qinan	696751	629837	10219	394	213		662	54554
甘谷县	Gangu	262468	258710	2567	151			154	257
武山县	Wushan	68528	60628	4963	928			73	322
张家川县	Zhangjiachuan	83626	78059	4914				514	
武威市	**Wuwei**	**132556**	**45916**	**31255**	**31829**	**18033**		**1422**	**2668**
凉州区	Liangzhou	65608	23055	23246	17156	82		557	1490
民勤县	Minqin	32988	663	717	12500	17489		483	1136
古浪县	Gulang	33757	22197	7291	1969	462		382	42
天祝县	Tianzhu	203			203				
张掖市	**Zhangye**	**86568**	**6112**	**15769**	**36152**	**12836**	**2**	**8566**	**2635**

12-26 续表 1 continued

单位：吨 (ton)

地、县	Region & County	园林水果产量 Garden Fruits	#苹果 Apples	#梨 Pears	#葡萄 Grapes	#红枣 Dates	#柿子 Persimmons	#杏子 Apricots	#桃子 Peaches
甘州区	Ganzhou	10892	1976	4323	659	286		2048	327
肃南县	Sunan	79	14	47	16	2		1	
民乐县	Minle	5310	278	3051	141			874	
临泽县	Linze	41067	3546	6048	16609	12324		972	1448
高台县	Gaotai	21202	185	1587	17713	164	2	322	719
山丹县	Shandan	8018	114	714	1015	60		4349	142
平凉市	**Pingliang**	**2079656**	**2038964**	**9496**	**466**	**187**	**10303**	**4118**	**4311**
崆峒区	Kongtong	37983	32620	396	315	59		1799	2580
泾川县	Jingchuan	266593	245810	126	62	33	10228	776	811
灵台县	Lingtai	137370	133519	640	53	95	53	219	541
崇信县	Chongxin	42778	41028	116	21		23	921	237
庄浪县	Zhuanglang	646732	646627	25	10			70	1
静宁县	Jingning	947977	939213	8170	2			330	135
华亭市	Huating	222	147	24	4			3	6
酒泉市	**Jiuquan**	**289820**	**24636**	**25732**	**154923**	**9125**		**25066**	**45534**
肃州区	Suzhou	37946	14819	2338	2642	88		2858	11285
金塔县	Jinta	41820	7575	11678	11903	4603		2239	3329
瓜州县	Guazhou	2119	192	111	1024	785			8
肃北县	Subei	326	53	31				242	
阿克塞县	Akesai	945			931	14			
玉门市	Yumen	14860	993	257	6868	79		2488	4016
敦煌市	Dunhuang	191804	1005	11316	131554	3556		17239	26896
庆阳市	**Qingyang**	**758350**	**720638**	**2119**	**1809**	**820**	**2349**	**24150**	**3789**
西峰区	Xifeng	92431	89927	542	230	15	118	689	643
庆城县	Qingcheng	165537	160123	233	770	179	40	3017	1041
环　县	Huanxian	24671	16894	83	17	24		7413	116
华池县	Huachi	8088	3730	118	29	10		2933	134
合水县	Heshui	112609	110645	192	99	24	481	833	116
正宁县	Zhengning	91931	90177	72	29	7	407	960	85
宁　县	Ningxian	166515	158757	685	369	445	1257	3396	1283
镇原县	Zhenyuan	96567	90384	194	265	116	46	4909	373
定西市	**Dingxi**	**87769**	**45357**	**10626**	**629**	**1631**		**6591**	**2042**
安定区	Anding	3546	99	1442	0.1	10		1519	111
通渭县	Tongwei	42424	41714	111		4		81	

12-26 续表 2 continued

单位：吨 (ton)

地、县	Region & County	园林水果产量 Garden Fruits	#苹果 Apples	#梨 Pears	#葡萄 Grapes	#红枣 Dates	#柿子 Persimmons	#杏子 Apricots	#桃子 Peaches
陇西县	Longxi	18448	662	6424	3	9		2803	59
渭源县	Weiyuan	4000	70	41				124	
临洮县	Lintao	18849	2730	2489	626	1608		2064	1871
漳 县	Zhangxian	479	74	107					
岷 县	Minxian	23	8	12					
陇南市	**Longnan**	**279033**	**204377**	**8895**	**3937**	**439**	**15497**	**1539**	**10938**
武都区	Wudu	13094	2126	1137	977	53	938	206	2588
成 县	Chengxian	13025	1543	386	138		4975	505	1053
文 县	Wenxian	23570	4538	1366	2587	278	979	29	3519
宕昌县	Tanchang	5902	1838	955	13	15	480	16	270
康 县	Kangxian	7666	981	600	38	76	2628	44	273
西和县	Xihe	21107	17207	1079			371	418	752
礼 县	Lixian	181216	173804	2399	101		257	231	1829
徽 县	Huixian	12089	1748	955	64	17	4474	79	508
两当县	Liangdang	1363	593	19	18	0.1	395	11	147
临夏州	**Linxia**	**58404**	**15331**	**30513**	**282**	**3458**	**36**	**1678**	**4836**
临夏市	linxia	462		280				107	5
临夏县	linxia	13737	540	8948	62	31		470	3014
康乐县	Kangle	1870		1479				206	16
永靖县	Yongjing	21471	14707	1480	204	3272	36	98	1520
广河县	Guanghe	842		525				299	
和政县	Hezheng	12788		11836				171	
东乡县	Dongxiang	3814	84	2670	16	155		326	278
积石山县	Jishishan	3420		3297					3
甘南州	**Gannan**	**11894**	**6205**	**1342**	**642**	**16**	**2684**	**99**	**368**
合作市	Hezuo								
临潭县	Lintan								
卓尼县	Zhuoni	103	38	65					
舟曲县	Zhouqu	9445	4313	972	641	16	2675	97	235
迭部县	Diebu	2322	1854	282	2		8	2	133
玛曲县	Maqu								
碌曲县	Luqu								
夏河县	Xiahe	24		24					

12-27 牲畜饲养情况及畜产品产量
Number of Livestock and Output of Livestock Products

指 标	Item	2010	2015	2020	2022	2023
大牲畜年末数（万头）	Large Animals (year-end) (10 000 heads)	538.08	493.06	536.17	594.54	606.98
牛	Cattle and Buffaloes	421.06	418.95	482.00	531.80	558.90
马	Horses	12.24	12.79	11.07	12.55	12.90
骡	Mules	28.27	17.07	9.55	8.28	6.59
驴	Donkeys	74.71	41.85	30.20	28.16	24.60
骆驼	Camels	1.80	2.40	3.35	3.89	3.99
大牲畜出栏数（万头）	Slaughtered Fattened Large Animals (10 000 heads)	167.62	175.20	239.72	258.07	271.97
牛	Cattle and Buffaloes	152.47	166.76	228.57	247.84	261.40
马	Horses	1.87	1.50	1.48	1.50	1.87
骡	Mules	2.79	1.21	1.19	1.08	0.98
驴	Donkeys	10.02	5.12	7.58	6.56	6.57
骆驼	Camels	0.47	0.60	0.90	1.08	1.15
猪年末数（万头）	Hogs (year-end)(10 000 heads)	536.19	528.71	622.00	699.50	696.00
肉猪出栏数（万头）	Slaughtered Fattened Hogs (10 000 heads)	603.85	613.30	664.30	895.68	958.60
羊年末数（万头）	Sheep And Goats (year-end)(10 000 heads)	1771.23	1994.70	2191.80	2595.60	2805.80
羊出栏数（万头）	Sheep Marketable Fattened Stock (10 000 heads)	991.90	1255.65	1737.10	2278.04	2558.20
肉类产量（万吨）	Output Of Meat (10 000 tons)	81.50	89.90	110.09	142.65	157.44
#猪牛羊肉	Output Of Pork,Beef And Mutton	75.15	82.43	101.67	131.60	143.36
猪肉	Pork	43.77	44.76	49.17	67.91	72.70
牛肉	Beef	15.57	17.48	24.90	27.18	29.76
羊肉	Mutton	15.82	20.19	27.60	36.52	40.90
禽肉	Poultry Meat	4.78	6.41	7.20	9.87	12.80
奶类（万吨）	Milk (10 000 tons)	34.70	38.22	58.44	92.67	102.80
#牛奶	Cow Milk	34.70	37.60	57.54	91.83	101.80
绵羊毛（吨）	Sheep Wool (ton)	27066.19	30707.16	33756.79	34419.27	40731.50
山羊毛（吨）	Goat Wool (ton)	2134.14	2562.69	1829.84	1506.75	1993.80
山羊绒（吨）	Cashmere (ton)	359.58	460.91	410.01	425.76	446.05
禽蛋（万吨）	Poultry Eggs (10 000 tons)	15.81	20.74	19.80	21.63	23.50
水产品产量（吨）	Aquatic Products (ton)	10601	14748	14058	14380	14883

注：畜牧业及水产品数据根据第一、二、三次农业普查结果进行了相应衔接调整。
a) Data of animal husbandry and aquatic products were adjusted according to the First 、Second and Third National Agricultural Census.

12–28 各地、县牲畜饲养情况（2023）
Number of Livestock by Region & County (2023)

地、县	Region & County	大牲畜存栏（万头）Large animals Livestock (10 000heads)	#牛 Cattle	羊存栏数（万只）Sheep and Goats Livestock (10 000heads)	猪存栏数（万头）Sheep and Goats Livestock (10 000heads)	大牲畜出栏（万头）Slaughtered Fattened Large Animals (10 000heads)	#牛 Cattle	羊出栏数（万只）Slaughtered Fattened Sheep and Goats (10 000heads)	猪出栏数（万头）Slaughtered Fattened Hogs (10 000heads)
兰州市	**Lanzhou**	**6.14**	**5.74**	**81.67**	**49.48**	**1.45**	**1.31**	**53.65**	**58.85**
城关区	Chengguan	0.03	0.03	0.26	0.06	0.01	0.01	0.30	0.22
七里河区	Qilihe	0.28	0.26	2.00	1.17	0.14	0.14	1.13	2.06
西固区	Xigu	0.15	0.14	1.33	1.50	0.01	0.01	0.93	1.84
安宁区	Anning	0.05	0.05	0.98	0.79	0.01	0.01	0.80	0.46
红古区	Honggu	0.66	0.66	5.08	1.00	0.12	0.12	2.69	2.32
永登县	Yongdeng	1.81	1.71	42.55	13.76	0.50	0.43	21.56	17.07
皋兰县	Gaolan	0.27	0.26	6.27	4.05	0.05	0.02	6.48	3.68
榆中县	Yuzhong	1.78	1.52	15.06	10.95	0.55	0.51	11.94	13.51
兰州新区	Lanzhou New Area	1.12	1.11	8.15	16.20	0.07	0.07	7.82	17.68
嘉峪关市	**Jiayuguan**	**1.22**	**1.22**	**9.40**	**3.91**	**0.38**	**0.37**	**6.55**	**6.26**
金昌市	**Jinchang**	**7.43**	**6.83**	**88.05**	**15.09**	**0.21**	**0.14**	**61.03**	**6.16**
金川区	Jinchuan	2.80	2.45	19.82	2.95	0.04	0.01	11.90	3.29
永昌县	Yongchang	4.62	4.38	68.23	12.14	0.17	0.14	49.13	2.87
白银市	**Baiyin**	**23.12**	**17.34**	**251.00**	**83.05**	**2.89**	**1.09**	**300.54**	**121.30**
白银区	Baiyin	1.10	1.08	10.62	7.68	0.02	0.01	9.94	10.42
平川区	Pingchuan	2.20	0.71	16.31	12.82	0.43	0.12	14.86	12.75
靖远县	Jingyuan	1.59	0.65	47.19	21.18	0.52	0.43	71.68	33.49
会宁县	Huining	16.45	13.35	103.42	29.16	1.18	0.02	117.35	45.68
景泰县	Jingtai	1.78	1.55	73.47	12.21	0.74	0.51	86.72	18.96
天水市	**Tianshui**	**28.90**	**27.07**	**36.01**	**88.87**	**11.12**	**10.81**	**25.08**	**95.75**
秦州区	Qinzhou	1.57	1.44	3.33	11.68	0.31	0.31	2.18	8.87
麦积区	Maiji	1.20	1.18	2.51	14.42	0.41	0.41	1.60	18.56
清水县	Qingshui	6.03	5.17	4.40	7.97	2.84	2.78	3.47	13.36
秦安县	Qinan	0.54	0.54	1.89	8.15	0.14	0.14	1.44	6.67
甘谷县	Gangu	2.36	2.33	2.99	30.21	0.35	0.33	1.58	24.66
武山县	Wushan	3.87	3.35	8.40	14.74	1.33	1.25	7.57	21.43
张家川县	Zhangjiachuan	13.33	13.06	12.50	1.68	5.73	5.59	7.23	2.20
武威市	**Wuwei**	**80.96**	**79.85**	**666.55**	**89.19**	**33.06**	**32.66**	**543.36**	**193.61**
凉州区	Liangzhou	50.27	50.16	166.42	64.60	22.01	21.97	118.05	124.00
民勤县	Minqin	2.94	2.67	162.32	7.95	1.60	1.43	144.35	25.07
古浪县	Gulang	8.97	8.95	242.48	14.66	3.33	3.32	215.70	41.21
天祝县	Tianzhu	18.77	18.06	95.32	1.97	6.12	5.93	65.27	3.32
张掖市	**Zhangye**	**79.47**	**73.98**	**404.14**	**52.54**	**35.28**	**34.16**	**405.99**	**98.42**

12-28 续表 1 continued

地、县	Region & County	大牲畜存栏（万头）Large animals Livestock (10 000heads)	#牛 Cattle	羊存栏数（万只）Sheep and Goats Livestock (10 000heads)	猪存栏数（万头）Sheep and Goats Livestock (10 000heads)	大牲畜出栏（万头）Slaughtered Fattened Large Animals (10 000heads)	#牛 Cattle	羊出栏数（万只）Slaughtered Fattened Sheep and Goats (10 000heads)	猪出栏数（万头）Slaughtered Fattened Hogs (10 000heads)
甘州区	Ganzhou	28.45	27.73	96.80	15.01	12.56	12.33	115.80	29.49
肃南县	Sunan	9.10	8.49	75.15	0.16	3.54	3.50	65.96	0.20
民乐县	Minle	8.26	8.14	52.09	15.27	1.94	1.88	49.04	28.36
临泽县	Linze	16.71	15.88	26.46	6.45	11.33	11.13	32.86	17.03
高台县	Gaotai	10.59	9.25	50.13	12.68	4.48	4.08	46.70	17.95
山丹县	Shandan	5.27	4.49	103.51	2.98	1.43	1.26	95.63	5.39
平凉市	**Pingliang**	**59.50**	**59.02**	**24.17**	**41.95**	**44.44**	**44.11**	**22.35**	**61.17**
崆峒区	Kongtong	11.96	11.95	6.81	5.10	13.27	13.27	6.30	8.81
泾川县	Jingchuan	3.96	3.96	3.52	7.22	2.59	2.59	2.63	10.10
灵台县	Lingtai	7.80	7.80	4.12	3.01	6.07	6.07	3.19	4.04
崇信县	Chongxin	6.48	6.48	3.32	3.19	6.00	6.00	3.25	6.06
庄浪县	Zhuanglang	11.34	10.99	2.02	11.87	4.64	4.40	1.62	5.98
静宁县	Jingning	11.42	11.32	2.18	8.51	6.25	6.18	1.33	13.45
华亭市	Huating	6.55	6.53	2.21	3.05	5.61	5.60	4.04	12.73
酒泉市	**Jiuquan**	**22.88**	**16.60**	**401.94**	**23.47**	**17.52**	**15.23**	**464.15**	**41.66**
肃州区	Suzhou	11.39	11.01	109.00	10.47	13.18	12.96	146.91	16.99
金塔县	Jinta	0.93	0.88	78.90	5.04	0.52	0.48	129.19	12.03
瓜州县	Guazhou	3.04	1.30	53.56	2.55	1.11	0.50	48.56	2.83
肃北县	Subei	3.30	1.63	26.95	0.18	1.36	0.78	19.21	0.30
阿克塞县	Akesai	0.94	0.23	15.40		0.24	0.04	15.95	
玉门市	Yumen	1.80	1.18	80.40	4.20	0.58	0.32	66.66	8.04
敦煌市	Dunhuang	1.47	0.39	37.73	1.03	0.54	0.15	37.66	1.47
庆阳市	**Qingyang**	**44.70**	**40.40**	**322.11**	**68.09**	**23.04**	**21.28**	**207.13**	**70.40**
西峰区	Xifeng	0.59	0.59	13.10	12.52	0.29	0.29	6.97	12.06
庆城县	Qingcheng	4.44	4.25	31.57	5.30	2.04	1.99	12.05	5.10
环　县	Huanxian	6.96	5.42	167.50	4.97	3.23	2.90	121.03	6.93
华池县	Huachi	2.23	1.92	23.27	3.36	0.93	0.84	7.41	3.58
合水县	Heshui	3.16	3.01	25.04	4.04	1.44	1.42	20.93	5.08
正宁县	Zhengning	2.01	2.01	1.90	8.56	0.83	0.83	1.31	6.67
宁　县	Ningxian	8.79	8.76	19.65	17.12	5.60	5.59	14.19	19.78
镇原县	Zhenyuan	16.51	14.44	40.09	12.22	8.67	7.43	23.25	11.20
定西市	**Dingxi**	**57.04**	**49.74**	**153.31**	**78.71**	**13.99**	**12.96**	**118.31**	**69.70**
安定区	Anding	10.26	8.82	42.51	14.31	2.56	2.47	37.20	9.14
通渭县	Tongwei	12.10	9.65	13.83	8.36	2.89	2.62	10.39	10.69

12–28 续表 2 continued

地、县	Region & County	大牲畜存栏（万头）Large animals Livestock (10 000heads)	#牛 Cattle	羊存栏数（万只）Sheep and Goats Livestock (10 000heads)	猪存栏数（万头）Sheep and Goats Livestock (10 000heads)	大牲畜出栏（万头）Slaughtered Fattened Large Animals (10 000heads)	#牛 Cattle	羊出栏数（万只）Slaughtered Fattened Sheep and Goats (10 000heads)	猪出栏数（万头）Slaughtered Fattened Hogs (10 000heads)
陇西县	Longxi	9.06	7.37	21.71	16.79	1.78	1.63	14.18	13.71
渭源县	Weiyuan	5.48	5.38	19.25	8.93	1.53	1.51	13.58	5.20
临洮县	Lintao	7.80	7.71	27.77	20.96	2.87	2.80	30.14	20.78
漳 县	Zhangxian	3.20	2.55	10.71	2.45	0.77	0.50	4.00	2.85
岷 县	Minxian	9.14	8.25	17.52	6.90	1.58	1.42	8.82	7.34
陇南市	**Longnan**	**21.65**	**14.82**	**27.51**	**56.36**	**6.66**	**5.41**	**20.69**	**82.29**
武都区	Wudu	5.03	3.30	5.01	10.75	1.22	1.05	3.64	14.49
成 县	Chengxian	0.67	0.67	0.91	6.46	0.20	0.20	0.51	9.15
文 县	Wenxian	1.69	1.26	4.31	5.56	0.73	0.44	2.52	6.70
宕昌县	Tanchang	4.31	3.45	6.28	4.34	0.99	0.94	3.85	5.75
康 县	Kangxian	0.47	0.44	1.33	3.60	0.26	0.25	1.05	4.60
西和县	Xihe	1.09	0.89	2.59	5.86	0.30	0.26	2.54	11.48
礼 县	Lixian	6.71	3.12	4.24	4.22	2.03	1.33	5.55	9.97
徽 县	Huixian	0.95	0.95	2.01	13.18	0.49	0.49	0.74	17.07
两当县	Liangdang	0.72	0.72	0.83	2.39	0.46	0.46	0.29	3.08
临夏州	**Linxia**	**44.73**	**42.08**	**207.83**	**29.47**	**16.64**	**16.60**	**199.38**	**28.80**
临夏市	linxia	0.76	0.76	1.82	0.57	0.72	0.72	1.84	0.68
临夏县	linxia	9.78	9.77	27.26	9.09	2.24	2.24	16.92	9.43
康乐县	Kangle	8.08	7.99	16.73	1.66	3.69	3.66	10.01	1.96
永靖县	Yongjing	1.42	1.35	17.94	11.90	0.29	0.28	15.51	13.50
广河县	Guanghe	6.90	6.87	39.62		2.65	2.65	21.68	
和政县	Hezheng	4.35	4.32	11.69	0.88	2.34	2.34	7.15	0.94
东乡县	Dongxiang	8.17	5.81	67.84	0.08	2.34	2.34	112.27	0.19
积石山县	Jishishan	5.28	5.21	24.94	5.29	2.38	2.38	14.00	2.11
甘南州	**Gannan**	**129.20**	**124.22**	**132.12**	**15.83**	**54.83**	**54.83**	**129.97**	**25.13**
合作市	Hezuo	8.24	8.16	18.81	1.23	4.61	4.61	10.74	2.36
临潭县	Lintan	3.37	3.35	10.36	2.34	2.55	2.55	8.05	3.85
卓尼县	Zhuoni	13.99	13.80	15.98	1.90	7.81	7.81	14.07	3.13
舟曲县	Zhouqu	2.12	1.71	0.83	4.80	1.00	1.00	1.06	7.26
迭部县	Diebu	7.06	6.78	0.66	4.12	4.36	4.36	2.67	6.34
玛曲县	Maqu	56.09	53.17	24.81		17.73	17.73	21.21	
碌曲县	Luqu	22.94	22.44	21.17	0.27	7.55	7.55	18.49	0.51
夏河县	Xiahe	15.39	14.81	39.51	1.17	9.22	9.22	53.68	1.69

12-29 各地、县畜产品产量（2023）
Output of Livestock Products by Region & County (2023)

单位：吨 (ton)

地、县	Region & County	肉类 Output of Meat	#猪肉 Pork	#牛肉 Beef	#羊肉 Mutton	奶类 Milk	绵羊毛 Sheep Wool	山羊毛 Goat Wool	禽蛋 Poultry Eggs	水产品 Aquatic Products
兰州市	**Lanzhou**	**54700**	**44632**	**1490**	**8578**	**87218**	**1097**	**107**	**17566**	**658**
城关区	Chengguan	232	169	7	55	537	4		3	
七里河区	Qilihe	1897	1561	154	181	7303	31	1	779	
西固区	Xigu	1562	1398	15	148	3954	19		496	
安宁区	Anning	506	364	14	128	306	15		315	
红古区	Honggu	2334	1762	141	431	18477	71	2	452	60
永登县	Yongdeng	16812	12936	479	3396	9124	575	34	4120	475
皋兰县	Gaolan	3850	2794	21	1035	5562	95	6	3385	6
榆中县	Yuzhong	12773	10237	583	1953	7639	166	20	6961	117
兰州新区	Lanzhou New Area	14735	13410	75	1250	34315	121	44	1054	
嘉峪关市	**Jiayuguan**	**6274**	**4800**	**427**	**1047**	**34452**	**158**		**1207**	
金昌市	**Jinchang**	**16515**	**4672**	**2085**	**9758**	**142345**	**1418**	**77**	**3359**	**396**
金川区	Jinchuan	4794	2179	712	1904	96792	392	14	1664	
永昌县	Yongchang	11720	2493	1373	7854	45553	1026	63	1695	396
白银市	**Baiyin**	**151262**	**91991**	**11221**	**48050**	**46461**	**3425**	**293**	**21440**	**1466**
白银区	Baiyin	9683	7905	190	1588	19000	150	12	3257	213
平川区	Pingchuan	12205	9668	162	2375	7101	187	38	2140	92
靖远县	Jingyuan	37087	25395	232	11460	5200	634	57	8861	931
会宁县	Huining	63671	34647	10262	18762	10710	1591	65	3892	
景泰县	Jingtai	28616	14376	376	13864	4450	862	121	3290	230
天水市	**Tianshui**	**88950**	**72614**	**12327**	**4009**	**6271**	**401**	**65**	**19511**	**1482**
秦州区	Qinzhou	7429	6727	353	348	155	48	7	2899	255
麦积区	Maiji	14796	14075	465	256	350	2	7	3989	297
清水县	Qingshui	13859	10133	3171	555	2236	61	6	2285	155
秦安县	Qinan	5450	5057	163	230	1609	27	2	2818	5
甘谷县	Gangu	19327	18701	373	253	617	33	7	3548	179
武山县	Wushan	18888	16254	1423	1211	1172	130	19	2928	539
张家川县	Zhangjiachuan	9201	1667	6378	1156	132	101	16	1044	52
武威市	**Wuwei**	**270929**	**146831**	**37227**	**86871**	**252373**	**11565**	**18**	**27064**	**48**
凉州区	Liangzhou	137970	94045	25051	18874	147462	2983		11658	48
民勤县	Minqin	43719	19015	1627	23078	992	2572	17	7854	
古浪县	Gulang	69523	31253	3785	34485	100214	3635	1	5791	
天祝县	Tianzhu	19717	2518	6764	10434	3705	2376		1761	
张掖市	**Zhangye**	**178487**	**74635**	**38943**	**64908**	**227190**	**8767**	**155**	**18150**	**2358**

12-29 续表 1 continued

单位：吨 (ton)

地、县	Region & County	肉类 Output of Meat	#猪肉 Pork	#牛肉 Beef	#羊肉 Mutton	奶类 Milk	绵羊毛 Sheep Wool	山羊毛 Goat Wool	禽蛋 Poultry Eggs	水产品 Aquatic Products
甘州区	Ganzhou	51648	20278	14664	16706	150507	2566	18	10718	780
肃南县	Sunan	14437	151	3841	10445	12541	2162	11	102	
民乐县	Minle	35136	23535	2554	9048	20399	1004	17	3032	
临泽县	Linze	28938	12476	11188	5274	29518	545	3	1556	740
高台县	Gaotai	25883	14080	4885	6918	11127	1076	17	1699	811
山丹县	Shandan	22444	4115	1812	16518	3098	1392	88	1042	27
平凉市	**Pingliang**	**100241**	**46387**	**50282**	**3572**	**26630**	**106**	**52**	**10883**	**1122**
崆峒区	Kongtong	22822	6683	15132	1006	5214	62	9	1793	304
泾川县	Jingchuan	11030	7656	2953	420	4495	0.1	14	2346	376
灵台县	Lingtai	10500	3065	6925	509	4691	8	11	402	289
崇信县	Chongxin	11952	4593	6840	519	1746	25	8	261	10
庄浪县	Zhuanglang	11564	4538	6380	646	1064	7	3	1107	69
静宁县	Jingning	15470	10200	5011	258	5523		3	3859	6
华亭市	Huating	16905	9652	7040	213	3897	4	5	1116	68
酒泉市	**Jiuquan**	**123164**	**31595**	**17364**	**74205**	**27800**	**7421**	**210**	**14222**	**2365**
肃州区	Suzhou	51147	12888	14771	23488	15000	2628	34	10128	1250
金塔县	Jinta	30320	9124	542	20654	1200	1528	12	1874	346
瓜州县	Guazhou	10481	2144	573	7764	1300	934	34	581	231
肃北县	Subei	4191	228	892	3071	1600	216	72	43	
阿克塞县	Akesai	2595		45	2550	1500	213	6	9	
玉门市	Yumen	17122	6094	370	10658	4300	1217	43	950	334
敦煌市	Dunhuang	7309	1117	171	6021	2900	684	7	637	204
庆阳市	**Qingyang**	**110758**	**53389**	**24254**	**33115**	**16450**	**530**	**718**	**44073**	**568**
西峰区	Xifeng	10592	9146	332	1114	291	188	18	2109	105
庆城县	Qingcheng	8067	3871	2269	1927	245		63	1247	40
环　县	Huanxian	27910	5257	3304	19350	10504		347	2524	35
华池县	Huachi	4851	2712	955	1184	2380	1	57	1449	60
合水县	Heshui	8815	3849	1620	3346	309	25	91	1593	75
正宁县	Zhengning	6206	5055	942	209	306	14	6	1398	28
宁　县	Ningxian	23639	15003	6368	2268	1326	152	49	5689	98
镇原县	Zhenyuan	20679	8496	8466	3718	1090	150	88	28063	127
定西市	**Dingxi**	**86550**	**52863**	**14772**	**18915**	**31954**	**823**	**120**	**20585**	**985**
安定区	Anding	15704	6935	2821	5948	3699	293	16	4494	24
通渭县	Tongwei	12749	8105	2983	1661	8568	116	10	2559	13

12-29 续表 2 continued

单位：吨 (ton)

地、县	Region & County	肉类 Output of Meat	#猪肉 Pork	#牛肉 Beef	#羊肉 Mutton	奶类 Milk	绵羊毛 Sheep Wool	山羊毛 Goat Wool	禽蛋 Poultry Eggs	水产品 Aquatic Products
陇西县	Longxi	14520	10396	1857	2267	2411	1	10	2038	109
渭源县	Weiyuan	7831	3940	1720	2171	2335	228	12	6414	158
临洮县	Lintao	23777	15762	3198	4818	13561	165	9	3611	334
漳　县	Zhangxian	3371	2159	573	640	705		36	852	261
岷　县	Minxian	8597	5566	1621	1410	673	20	27	618	86
陇南市	**Longnan**	**71886**	**62406**	**6172**	**3308**	**807**	**5**	**92**	**20191**	**1490**
武都区	Wudu	12769	10987	1200	582	658	4	17	2256	185
成　县	Chengxian	7252	6941	230	81	65		4	2991	116
文　县	Wenxian	5977	5079	496	402			22	1134	737
宕昌县	Tanchang	6047	4364	1067	616	40		19	3012	34
康　县	Kangxian	3941	3485	288	168	10		6	1595	34
西和县	Xihe	9407	8705	296	406	32		2	2045	62
礼　县	Lixian	9965	7560	1518	887			9	2569	63
徽　县	Huixian	13625	12950	556	119		1	10	2765	188
两当县	Liangdang	2903	2335	521	47	2		4	1822	71
临夏州	**Linxia**	**72713**	**21913**	**18923**	**31877**	**38046**	**3546**	**120**	**6974**	**1866**
临夏市	linxia	1627	514	819	294	1439	34		89	156
临夏县	linxia	12429	7174	2549	2706	24615	597	21	2827	92
康乐县	Kangle	7263	1488	4175	1600	344	407	6	1098	17
永靖县	Yongjing	13074	10271	323	2480	2133	315	24	935	1430
广河县	Guanghe	6484		3018	3466	3203	693	5	647	
和政县	Hezheng	4521	716	2662	1143	2930	234	5	183	60
东乡县	Dongxiang	20760	142	2669	17950	235	963	29	855	75
积石山县	Jishishan	6554	1608	2708	2238	3147	303	31	341	36
甘南州	**Gannan**	**102344**	**19059**	**62505**	**20780**	**80982**	**1396**	**3**	**1801**	**79**
合作市	Hezuo	8759	1788	5254	1717	4426	186	1	1	
临潭县	Lintan	7116	2920	2910	1287	6450	163		162	8
卓尼县	Zhuoni	13527	2377	8900	2250	6320	175		322	68
舟曲县	Zhouqu	6811	5506	1135	169	405	6	2	1139	
迭部县	Diebu	10203	4805	4970	428	5580	10		177	
玛曲县	Maqu	23604		20212	3392	29750	248			3
碌曲县	Luqu	11947	385	8607	2956	20131	212			
夏河县	Xiahe	20377	1278	10517	8582	7920	395			

12-30 受灾面积和成灾面积
Areas Covered and Affected by Natural Disaster

单位：千公顷 (1 000 hectares)

年 份 Year	受灾面积 Areas Covered	成灾面积 Areas Affected	成灾面积占受灾面积比重(%) Percentage of Disaster Areas Affected to Areas Covered (%)	水灾 Flood		旱灾 Drought	
				受灾面积 Areas Covered	成灾面积 Areas Affected	受灾面积 Areas Covered	成灾面积 Areas Affected
2000	2004.12	1572.91	78.48	55.77	41.82	1622.33	1303.93
2001	1575.59	1180.72	74.94	33.53	24.53	1089.83	833.13
2002	1270.29	913.25	71.89	50.61	35.68	636.83	483.13
2003	1176.41	813.87	69.18	229.70	169.51	562.63	383.31
2004	1243.84	866.83	69.69	80.08	42.44	378.59	286.02
2005	1137.95	739.98	65.03	101.30	76.76	607.03	380.82
2006	1422.13	1061.68	74.65	73.91	48.95	875.49	662.81
2007	1436.16	1040.57	72.46	110.55	77.95	975.71	700.30
2008	1238.71	871.81	70.38	35.05	20.23	731.83	520.05
2009	1299.83	981.59	75.52	38.51	23.23	1008.87	792.49
2010	1167.48	877.71	75.18	101.79	74.66	601.85	499.85
2011	1209.77	881.60	72.87	55.24	37.83	893.77	656.66
2012	676.43	490.05	72.45	98.41	63.54	211.83	144.15
2013	977.64	593.59	60.72	151.93	110.55	551.76	297.37
2014	695.34	389.48	56.01	25.67	14.80	242.03	108.38
2015	664.38	416.59	62.70	33.21	24.23	316.81	181.58
2016	844.51	499.69	59.17	34.38	26.15	605.69	350.13
2017	494.23	278.08	56.27	26.91	17.83	304.04	158.87
2018	535.26	350.51	65.48	134.84	90.66	57.19	36.82
2019	161.44	99.21	61.45	32.65	22.44	23.02	6.60
2020	331.52	209.40	63.16	61.58	43.41	15.77	9.88
2021	480.83	300.84	62.57	11.32	6.09	340.94	230.82
2022	312.38	170.40	54.55	27.81	15.84	160.03	100.87
2023	435.94	227.45	52.17	5.34	3.27	279.98	165.87

12-31 各市（州）受灾面积和成灾面积（2023）

Areas Covered and Affected by Natural Disaster by Region(2023)

单位：千公顷 (1 000 hectares)

市（州）	Region	受灾面积 Areas Covered	成灾面积 Areas Affected	成灾面积占受灾面积比重(%) Percentage of Disaster Areas Affected to Areas Covered (%)	水灾 Flood		旱灾 Drought	
					受灾面积 Areas Covered	成灾面积 Areas Affected	受灾面积 Areas Covered	成灾面积 Areas Affected
兰州市	Lanzhou	38.19	29.07	76.13	0.05	0.04	38.06	28.98
嘉峪关市	Jiayuguan	0.56	0.42	75.75			0.29	0.22
金昌市	Jinchang	40.43	26.72	66.11			40.43	26.72
白银市	Baiyin	60.73	31.70	52.20	1.42	1.01	35.31	27.85
天水市	Tianshui	14.24	5.29	37.14	0.02	0.01	9.15	3.37
武威市	Wuwei	60.77	29.47	48.49	0.08	0.08	57.49	27.87
张掖市	Zhangye	36.33	25.67	70.64			36.28	25.61
平凉市	Pingliang	50.12	17.10	34.11	0.01		10.29	1.84
酒泉市	Jiuquan	0.51	0.35	69.92			0.51	0.35
庆阳市	Qingyang	63.22	24.01	37.97	2.38	1.38	15.45	7.06
定西市	Dingxi	6.53	0.10	1.48			6.44	0.02
陇南市	Longnan	2.30	1.15	50.11	1.08	0.64	0.70	0.10
临夏州	Linxia	13.79	7.55	54.72	0.06	0.01	9.05	5.57
甘南州	Gannan	2.15	1.59	73.71	0.26	0.11	0.29	0.19

主要统计指标解释

乡村户数 指长期（一年以上）居住在乡镇（不包括城关镇）行政管理区域内的住户，还包括居住在城关镇所辖行政村范围内的农村住户。户口不在本地而在本地居住一年及以上的住户，也包括在本地农村住户内；有本地户口，但举家外出谋生一年以上的住户，无论是否保留承包耕地都不包括在本地农村住户范围内。不包括乡村地区内的国有经济机关、团体、学校、企业、事业单位的集体户。

乡村人口 指乡村地区常住居民户数中的常住人口数，即经常在家或在家居住6个月以上，而且经济和生活与本户连成一体的人口。外出从业人员在外居住时间虽然在6个月以上，但收入主要带回家中，经济与本户连为一体，仍视为家庭常住人口；在家居住，生活和本户连成一体的国家职工、退休人员也为家庭常住人口。但是现役军人、中专及以上（走读生除外）的在校学生以及常年在外（不包括探亲、看病等）且已有稳定的职业与居住场所的外出从业人员，不应当作家庭常住人口。

农林牧渔业总产值 指以货币表现的农、林、牧、渔业全部产品和对农林牧渔业生产活动进行的各种支持性服务活动的价值总量，它反映一定时期内农林牧渔业生产总规模和总成果。1957年以前的农林牧渔业总产值中包括了厩肥和农民自给性手工业（如农民自制衣服、鞋、袜，自己从事粮食初步加工等）。1958年及以后，林业中增加了村及村以下竹木采伐产值；牧业中取消了厩肥产值；副业中取消了农民自给性手工业产值，增加了村及村以下办的工业产值；渔业中增加了海洋捕捞水产品产值。1980年及以后，在副业中增加了农民家庭兼营工业商品部分的产值。从1984年起村及村以下工业产值划归工业。从1993年起取消副业，将野生动物的捕猎划入牧业，野生植物采集和农民家庭兼营商品性工业划归农业。从2003年起，执行新的国民经济行业分类标准，农林牧渔业总产值中包括了农林牧渔服务业产值。林业中增加了森林采运业产值。农业中取消了家庭兼营商品性工业产值，将野生林产品的采集划归林业。

农林牧渔业总产值的计算方法通常是按农、林、牧、渔业产品及其副产品的产量分别乘以各自单位产品价格求得；少数生产周期较长，当年没有产品或产品产量不易统计的，则采用间接方法匡算其产值；然后将四业产品产值及农林牧渔服务业产值相加即为农林牧渔业总产值。

粮食产量 指农业生产经营者日历年度内生产的全部粮食数量。按收获季节包括夏收粮食、早稻和秋收粮食，按作物品种包括谷物、薯类和豆类。其产量计算方法：谷物按脱粒后的原粮计算，豆类按去豆荚后的干豆计算；薯类（包括甘薯和马铃薯，不包括芋头和木薯）1963年以前按每4公斤鲜薯折1公斤粮食计算，从1964年开始改为按5公斤鲜薯折1公斤粮食计算；城市郊区作为蔬菜的薯类（如马铃薯等）按鲜品计算，并且不作粮食统计。

棉花产量 指全社会的产量。包括春播棉和夏播棉；产量按皮棉计算；不包括木棉。

油料产量 指全部油料作物的生产量。包括花生、油菜籽、芝麻、向日葵籽、胡麻籽（亚麻籽）和其他油料。不包括大豆、木本油料和野生油料。花生以带壳干花生计算。

猪、牛、羊肉产量 指当年出栏并已屠宰、除去头蹄下水后带骨肉（即胴体重）的重量。包括全社会范围内的产量。2008年以前为全面统计，2008年以来，省一级建立了主要畜禽监测调查制度，省一级猪、牛、羊、禽等主要畜禽数据均以抽样调查数为法定数据，省级以下的为全面数据。

期初（末）畜禽存栏头（只）数 指报告期初（末）农村各种合作经济组织和国营农场、农民个人、机关、团体、学校、工矿企业、部队等单位，以及城镇居民饲养的大牲畜、猪、羊、家禽等畜禽的数量。数据上报方式及数据调整情况同猪、牛、羊肉产量。

农作物播种面积 指农业生产经营者应在日历年度内收获农作物在全部土地（耕地或非耕地）上的播种或移植面积。凡是本年内收获的农作物，无论是本年还是上年播种，都算为播种面积，但不包括本年播种，下年收获的农作物面积。

有效灌溉面积 指具有一定的水源，地块比较平整，灌溉工程或设备已经配套，在一般年景下能够进行正常灌溉的耕地面积。在一般情况下，有效灌溉面积应等于灌溉工程或设备已经配套，能够进行正常灌溉的水田和水浇地面积之和。它是反映我国农田水利建设的重要指标。

农用化肥施用量 指本年度内实际用于农业生产的化肥数量，包括氮肥、磷肥、钾肥和复合肥。化肥施用量要求按折纯量计算数量。折纯量是指把氮肥、磷肥、钾肥分别按含氮、含五氧化二磷、含氧化钾的百分比成分进行折算后的数量。复合肥按其所含主要成分折算。公式为：

折纯量 = 实物量 × 某种化肥有效成分含量的百分比

农业机械总动力 指全部农业机械动力的额定功率之和。农业机械是指用于种植业、畜牧业、渔业、农产品初加工、农用运输和农田基本建设等活动的机械及设备。农机总动力按使用能源不同分为以下四部分：

柴油发动机动力：指全部柴油发动机额定功率之和；

汽油发动机动力：指全部汽油发动机额定功率之和；

电动机动力：指全部电动机（含潜水电泵的电动机）额定功率之和；

其他机械动力：指采用柴油、汽油、电力之外的其他能源，如水力、风力、煤炭、太阳能等动力机械功率之和。这个指标的统计数据主要来源于农机部门。

13

工　业

Industry

简要说明

一、本篇资料主要内容

本篇反映工业经济方面的基本情况。主要包括规模以上工业企业主要经济指标、构成资料；主要工业产品产量、规模以上工业主要产品生产能力资料；国有及国有控股工业企业情况；支柱产业情况。

二、本篇资料的统计范围

本篇资料中规模以上工业企业的统计范围：2010年为年主营业务收入500万元及以上的工业法人单位，从2011年开始，为年主营业务收入2000万元及以上的工业法人单位。

三、本篇资料来源

本篇资料由省统计局工业交通处根据工业统计年报中有关资料整理。2019、2018年规模以上工业企业主要指标数据与上年数据之间存在不可比因素，其主要原因是：（一）根据统计制度，每年定期对规模以上工业企业调查范围进行调整。每年有部分企业达到规模标准纳入调查范围，也有部分企业因规模变小而退出调查范围，还有新建投产企业、破产、注（吊）销企业等变化。（二）加强统计执法，对统计执法检查中发现的不符合规模以上工业统计要求的企业进行了清理，对相关基数依规进行了修正。（三）加强数据质量管理，剔除跨地区、跨行业重复统计数据。根据国家统计局最新开展的企业组织结构调查情况，对企业集团（公司）跨地区、跨行业重复计算进行了剔重。（四）“营改增”政策实施后，服务业企业改交增值税且税率较低，工业企业逐步将内部非工业生产经营活动剥离，转向服务业，使工业企业财务数据有所减小。

13-1 规模以上工业企业工业增加值增长速度及比重

Growth Rate and Proportion of Value-added Industry of Industrial Enterprises above Designated Size

单位：% (%)

项 目	Item	2022		2023	
		比上年增长 Growth over the Previous Year	占总量比重 Proportion of Total	比上年增长 Growth over the Previous Year	占总量比重 Proportion of Total
工业增加值	**Value-added of Industry**	**6.00**	**100.00**	**7.60**	**100.00**
# 国有及国有控股	State-owned and State-holding Enterprises	5.33	78.56	7.00	77.50
按登记注册类型分	**By Status of Registration**				
国有企业	State-owned Enterprises	6.29	29.69	14.25	30.92
集体企业	Collective-owned Enterprises	34.48	0.11	-10.00	0.10
股份合作企业	Cooperative Enterprises	203.81	0.08	10.28	0.08
股份制企业	Share-holding Corporations	5.81	68.05	4.84	66.70
外商及港澳台商投资企业	Enterprises with Funds from Foreign, Hong Kong ,Macao and Taiwan	2.19	1.76	5.96	1.79
其他企业	Other Enterprises	63.52	0.32	12.18	0.42
按企业规模分	**Grouped by Size of Enterprises**				
大型企业	Large Enterprises	4.10	67.01	6.05	65.22
中型企业	Medium-size Enterprises	11.33	13.04	8.03	12.85
小型企业	Small Enterprises	10.19	17.52	13.30	19.34
微型企业	Micro Enterprises	0.38	2.44	6.30	2.59
按轻重工业分	**Grouped by Light and Heavy Industries**				
轻工业	Light Industry	-2.20	12.07	3.97	12.29
重工业	Heavy Industry	7.43	87.93	8.12	87.71
按工业门类分	**Grouped by Industries**				
采矿业	Mining	8.89	27.25	4.44	25.56
制造业	Manufacturing	5.30	61.22	9.38	62.23
电力、热力、燃气及水生产和供应业	Production and Supply of Electricity, Heat, Gas and Water	4.30	11.53	5.92	12.22
# 私营企业	Private Industrial Enterprises	12.86	10.99	11.57	12.24
# 战略性新兴产业	Strategic and Emerging Industries	-12.30	8.03	7.06	9.24
# 高技术产业	High-tech Industry	-13.18	5.31	3.55	5.47
# 装备制造业	Equipment Manufacturing Industry	7.43	5.40	17.01	6.10

注：1. 工业增加值中含长庆油田甘肃部分。
2. 工业增加值增长速度按可比价计算。

a) The value-added of industry included the data of PCOC Gansu Part.
b) Growth rate of value-added of industrial was calculated by comparable prices.

13-2 规模以上工业企业主要经济指标（2023）

单位：万元

类别	Item	企业单位数（个）Number of Enterprises (unit)	#亏损企业 Loss-making Enterprises
甘肃省	**Gansu**	**2858**	**906**
按登记注册类型分	**By Status of Registration**		
内资	Domestic Funded Enterprises	2800	892
港澳台商投资企业	Enterprises with Funds from Hong Kong ,Macao and Taiwan	32	8
外商投资企业	Foreign Funded Enterprises	25	6
其他企业	Other Enterprises	1	
按轻重工业分	**Grouped by Light and Heavy Industries**		
轻工业	Light Industry	702	216
重工业	Heavy Industry	2156	690
按企业规模分	**Grouped by Size of Enterprises**		
大型企业	Large Enterprises	70	16
中型企业	Medium-sized Enterprises	202	76
小型企业	Small Enterprises	2004	643
微型企业	Micro Enterprises	582	171
按工业门类分	**Grouped by Industries**		
采矿业	Mining	246	83
制造业	Manufacturing	2087	699
电力、热力、燃气及水生产和供应业	Production and Supply of Electricity, Heat, Gas and Water	525	124
按行业分	**Grouped by Sector**		
煤炭开采和洗选业	Mining and Washing of Coal	78	36
石油和天然气开采业	Extraction of Petroleum and Natural Gas	3	1
黑色金属矿采选业	Mining and Processing of Ferrous Metal Ores	26	12
有色金属矿采选业	Mining and Processing of Non-Ferrous Metal Ores	36	5
非金属矿采选业	Mining and Processing of Non-metal Ores	76	25
开采辅助活动	Support Activities for Mining	27	4
其他采矿业	Mining of Other Ores		
农副食品加工业	Processing of Food from Agricultural Products	273	86
食品制造业	Manufacture of Foods	71	29
酒、饮料和精茶制造业	Manufacture of Liquor, Beverages and Refined Tea	49	13
烟草制品业	Manufacture of Tobacco	2	
纺织业	Manufacture of Textile	10	5
纺织服装、服饰业	Manufacture of Textile, Wearing Apparel and Accessories	11	2
皮革、毛皮、羽毛（绒）及其制品和制鞋业	Manufacture of Leather, Fur, Feather and Related Products and Footwear	9	4

Main Economic Indicators of Industrial Enterprises above Designated Size (2023)

(10 000 yuan)

资产总计 Total Assets	#流动资产合计 Total Current Assets	#存货 Inventories	#产成品 Finished Product	负债合计 Total Liabilities	所有者权益 Owners' Equity
176811401	**64286064**	**14077482**	**4534856**	**106758612**	**70062191**
171611875	62059469	13770767	4442632	103901312	67710499
3623382	1367264	87351	25713	2042883	1580499
1568088	851447	214107	66511	808923	768632
8056	7884	5257		5494	2562
15049145	8615197	2844249	1019279	7599605	7459001
161762256	55670867	11233233	3515577	99159007	62603190
85908148	25582441	6576133	1269323	47039266	38868882
25760293	9666603	2599313	829589	16856164	8904127
49783514	23354693	4530812	2278401	32032777	17760188
15359446	5682327	371224	157544	10830405	4528995
25137398	5091902	459217	295870	11780267	13357129
107234680	47677439	13234112	4176413	64405132	42838999
44439323	11516723	384154	62573	30573213	13866063
10306047	3086136	193363	142160	5521561	4784486
10511636	737080	37359	26097	3574880	6936756
1004156	189258	47402	30897	616870	387286
1884360	476278	92251	35169	1120171	764188
1083621	398284	68874	54919	713583	370037
347578	204866	19967	6628	233203	114376
3778827	2191189	784091	340877	2350725	1437568
1427487	720345	171648	86107	897717	529770
1601259	943500	404225	140851	675048	926211
1184606	913969	603969	37010	116958	1067649
190344	88965	27442	19946	66731	123613
63471	42604	6772	3999	26394	37076
182974	139416	22147	10822	80616	102358

13-2 续表 1

单位：万元

类 别	Item	企业单位数（个）Number of Enterprises (unit)	#亏损企业 Loss-making Enterprises
木材加工及木、竹、藤、棕、草制品业	Processing of Timber, Manufacture of Wood, Bamboo, Rattan, Palm and Straw Products	9	3
家具制造业	Manufacture of Furniture		
造纸及纸制品业	Manufacture of Paper and Paper Products	12	4
印刷业和记录媒介复制业	Printing and Reproduction of Recording Media	11	4
文教、工美、体育和娱乐用品制造业	Manufacture of Articles for Culture, Education, Arts and Crafts, Sport and Entertainment Activities	1	1
石油、煤炭及其他燃料加工业	Petroleum, Coal and Other Fuel Processing Industries	36	17
化学原料及化学制品制造业	Manufacture of Raw Chemical Materials and Chemical Products	248	113
医药制造业	Manufacture of Medicines	155	38
化学纤维制造业	Manufacture of Chemical Fibers	4	4
橡胶和塑料制品业	Manufacture of Rubber and Plastics Products	63	15
非金属矿物制品业	Manufacture of Non-metallic Mineral Products	588	173
黑色金属冶炼及压延加工业	Smelting and Pressing of Ferrous Metals	43	23
有色金属冶炼及压延加工业	Smelting and Pressing of Non-ferrous Metals	79	29
金属制品业	Manufacture of Metal Products	136	55
通用设备制造业	Manufacture of General Purpose Machinery	38	9
专用设备制造业	Manufacture of Special Purpose Machinery	53	11
汽车制造业	Manufacture of Automobiles	6	3
铁路、船舶、航空航天和其他运输设备制造业	Manufacture of Railway, Ship, Aerospace and Other Transport Equipments	5	1
电气机械及器材制造业	Manufacture of Electrical Machinery and Apparatus	98	24
计算机、通信和其他电子设备制造业	Manufacture of Computers,Communication and Other Electronic Equipment	35	14
仪器仪表制造业	Manufacture of Measuring Instruments and Machinery	10	5
其他制造业	Other Manufacture	2	
废弃资源综合利用业	Utilization of Waste Resources	23	14
金属制品、机械和设备修理业	Repair Service of Metal Products, Machinery and Equipment	7	
电力、热力生产和供应业	Production and Supply of Electric Power and Heat Power	436	95
燃气生产和供应业	Production and Supply of Gas	58	10
水生产和供应业	Production and Supply of Water	31	19

continued

(10000 yuan)

资产总计 Total Assets	#流动资产合计 Total Current Assets	#存货 Inventories	#产成品 Finished Product	负债合计 Total Liabilities	所有者权益 Owners' Equity
41336	24388	10656	6443	35202	6135
121711	44300	22092	12532	74002	47708
97719	48660	15217	3169	92886	4833
3033	876	327	11	794	2239
6419911	1672100	761498	250880	3972901	2447010
8783805	3420296	854027	385887	5364860	3418944
5040530	2643543	560627	253452	2143842	2896687
72198	8474	3650	1946	254805	-182607
693052	496580	128665	84010	364970	328081
11369275	6004372	906025	369576	6443329	4925941
6661698	2070731	765519	181421	4787066	1874631
26221041	11600036	3699569	673567	13359591	12861450
2868274	2024671	368769	109602	2120365	747909
2710212	1450579	391267	190736	1743683	966529
3384425	2286300	683256	162877	2279508	1104917
210787	101816	30910	15798	132725	78062
955032	584177	125894	10867	412858	542173
4323761	3043692	620215	373930	3264381	1059380
7925192	2981720	780507	284302	3419040	4506152
322854	83550	6760	2304	140051	182803
9528777	1499820	338422	135701	9027695	501082
286664	136979	48186	26522	175841	110823
764424	409790	91762	1269	580550	183874
40824108	10336704	333432	47417	28264992	12559072
1215813	567647	45908	14348	800431	415381
2399402	612372	4814	808	1507791	891611

13-2 续表 2

单位：万元

类别	Item	营业收入 Business Revenue	营业成本 Business Cost
甘肃省	**Gansu**	**112986176**	**96064871**
按登记注册类型分	**By Status of Registration**		
内资	Domestic Funded Enterprises	109761634	93330025
港澳台商投资企业	Enterprises with Funds from Hong Kong ,Macao and Taiwan	1988650	1726648
外商投资企业	Foreign Funded Enterprises	1233393	1006924
其他企业	Other Enterprises	2499	1273
按轻重工业分	**Grouped by Light and Heavy Industries**		
轻工业	Light Industry	10372963	7318623
重工业	Heavy Industry	102613213	88746248
按企业规模分	**Grouped by Size of Enterprises**		
大型企业	Large Enterprises	62866626	52184704
中型企业	Medium-sized Enterprises	18371014	16528706
小型企业	Small Enterprises	27696490	24203352
微型企业	Micro Enterprises	4052047	3148108
按工业门类分	**Grouped by Industries**		
采矿业	Mining	9969685	6261971
制造业	Manufacturing	85351767	74188372
电力、热力、燃气及水生产和供应业	Production and Supply of Electricity, Heat, Gas and Water	17664724	15614527
按行业分	**Grouped by Sector**		
煤炭开采和洗选业	Mining and Washing of Coal	3770876	2563626
石油和天然气开采业	Extraction of Petroleum and Natural Gas	4582061	2660085
黑色金属矿采选业	Mining and Processing of Ferrous Metal Ores	295764	234985
有色金属矿采选业	Mining and Processing of Non-Ferrous Metal Ores	768140	370352
非金属矿采选业	Mining and Processing of Non-metal Ores	318153	225426
开采辅助活动	Support Activities for Mining	234690	207498
其他采矿业	Mining of Other Ores		
农副食品加工业	Processing of Food from Agricultural Products	3820364	3451643
食品制造业	Manufacture of Foods	834007	720011
酒、饮料和精茶制造业	Manufacture of Liquor, Beverages and Refined Tea	1039736	635733
烟草制品业	Manufacture of Tobacco	1824452	510727
纺织业	Manufacture of Textile	82841	72510
纺织服装、服饰业	Manufacture of Textile, Wearing Apparel and Accessories	47998	33590
皮革、毛皮、羽毛(绒)及其制品和制鞋业	Manufacture of Leather, Fur, Feather and Related Products and Footwear	70269	63968

continued

(10 000 yuan)

税金及附加 Taxes and Extra Charges	销售费用 Selling Expenses	管理费用 Administrative Expenses	财务费用 Financial Expenses	营业利润 Business Profits	利润总额 Total Profits	亏损企业亏损额 Loss of Loss-making Enterprises	平均用工人数（人） Annual Average Employees (person)
4466061	**1386329**	**3067345**	**1475784**	**5780477**	**5801018**	**2153833**	**512106**
4440338	1277554	2997882	1434183	5528535	5549494	2111867	501368
12168	31283	31453	33266	165759	163637	18536	4751
13555	77493	37882	8110	85311	87278	23431	5902
		128	225	873	610		85
1186506	509078	424049	68976	712864	752999	148068	75741
3279555	877251	2643296	1406807	5067613	5048019	2005765	436365
4084201	510714	1450946	499606	4157963	4066299	523523	246217
168104	229693	540959	246730	185337	193271	848895	100798
176486	598525	972902	486824	1006059	1107601	666387	155427
37271	47397	102538	242624	431118	433848	115027	9664
766576	104718	529200	158258	2316699	2173391	242617	82167
3589551	1222733	2117774	625633	2949853	2993102	1105510	345993
109935	58879	420371	691893	513925	634526	805706	83946
118899	68282	203669	71350	935899	923471	115221	53248
603379	2711	181345	37277	1096335	969227	90975	12204
10155	7753	17247	11195	9432	9172	8126	3049
25313	1410	78491	20518	260941	259474	1827	6569
7422	23051	35137	13917	8682	6926	22581	3878
1408	1511	13312	4002	5410	5120	3887	3219
7775	95133	95888	33743	97615	118621	52752	22311
3769	31407	36824	17225	21271	29891	21558	8534
91440	141577	64156	397	107853	107119	5821	10744
1056212	18709	59728		149894	148482		2433
625	2817	6292	636			1980	2099
352	866	6968		6237	5463	352	1496
382	855	2406	484	934	1721	1583	1392

13-2 续表 3

单位：万元

类 别	Item	营业收入 Business Revenue	营业成本 Business Cost
木材加工及木、竹、藤、棕、草制品业	Processing of Timber, Manufacture of Wood, Bamboo, Rattan, Palm and Straw Products	38535	36861
家具制造业	Manufacture of Furniture		
造纸及纸制品业	Manufacture of Paper and Paper Products	117965	107875
印刷业和记录媒介复制业	Printing and Reproduction of Recording Media	52783	44965
文教、工美、体育和娱乐用品制造业	Manufacture of Articles for Culture, Education, Arts and Crafts, Sport and Entertainment Activities	59	49
石油、煤炭及其他燃料加工业	Petroleum, Coal and Other Fuel Processing Industries	12675261	9986818
化学原料及化学制品制造业	Manufacture of Raw Chemical Materials and Chemical Products	5726483	5230910
医药制造业	Manufacture of Medicines	1701852	1016197
化学纤维制造业	Manufacture of Chemical Fibers	23676	27832
橡胶和塑料制品业	Manufacture of Rubber and Plastics Products	452357	387316
非金属矿物制品业	Manufacture of Non-metallic Mineral Products	5163054	4502935
黑色金属冶炼及压延加工业	Smelting and Pressing of Ferrous Metals	6221861	5889567
有色金属冶炼及压延加工业	Smelting and Pressing of Non-ferrous Metals	32218090	29452733
金属制品业	Manufacture of Metal Products	2815366	2708746
通用设备制造业	Manufacture of General Purpose Machinery	720258	595533
专用设备制造业	Manufacture of Special Purpose Machinery	1379186	1174381
汽车制造业	Manufacture of Automobiles	34148	30376
铁路、船舶、航空航天和其他运输设备制造业	Manufacture of Railway, Ship, Aerospace and Other Transport Equipments	352417	260116
电气机械及器材制造业	Manufacture of Electrical Machinery and Apparatus	3440516	3210480
计算机、通信和其他电子设备制造业	Manufacture of Computers,Communication and Other Electronic Equipment	3299026	3000896
仪器仪表制造业	Manufacture of Measuring Instruments and Machinery	33687	22217
其他制造业	Other Manufacture	450425	383306
废弃资源综合利用业	Utilization of Waste Resources	297095	265016
金属制品、机械和设备修理业	Repair Service of Metal Products, Machinery and Equipment	418003	365067
电力、热力生产和供应业	Production and Supply of Electric Power and Heat Power	15348608	13506853
燃气生产和供应业	Production and Supply of Gas	2090149	1916241
水生产和供应业	Production and Supply of Water	225968	191434

continued

(10 000 yuan)

税金及附加 Taxes and Extra Charges	销售费用 Selling Expenses	管理费用 Administrative Expenses	财务费用 Financial Expenses	营业利润 Business Profits	利润总额 Total Profits	亏损企业亏损额 Loss of Loss-making Enterprises	平均用工人数（人） Annual Average Employees (person)
339	233	1576	521	-1690	-1554	2337	382
928	3133	3381	1991	-1006	2029	571	1210
465	1132	4841	1231	-363	-137	1813	1465
12		35	64	-151	-151	151	15
2098966	52949	263714	42261	285991	239906	91446	30140
29913	56196	270104	41457	27541	34936	215580	37094
19644	188772	103668	7433	307171	313358	35627	16498
617	172	2865	2677	-13037	-11530	11530	393
2457	16547	21346	2896	12052	13374	4591	4145
46203	166440	301193	58235	-32034	-29541	252054	42587
18906	178508	108491	56756	-110511	-94728	124935	24007
152915	90952	261631	232167	1910696	1908920	77747	55147
7318	16104	59657	15590	-14250	-12838	37257	9349
6018	34609	57051	20665	-11836	-4035	43956	8713
10272	27858	61561	25987	39650	40978	16497	13773
431	1076	3132	655	-2365	-2272	2783	538
1466	1050	28186	4438	24311	24704	236	2632
10173	64941	66217	14975	45761	49326	65746	16668
14469	22372	113731	33433	81903	83581	24558	16719
362	1151	5680	3569	-1409	-1243	2784	611
1546	24	66708	829	8982	15733		8780
2105	2787	17107	2582	-494	2794	9264	2074
3472	4365	23640	6216	11662	10721		4044
101663	10350	348607	675934	449758	559268	777059	73336
4667	42123	40661	3300	84194	84266	5543	4583
3605	6406	31104	12659	-20027	-9008	23105	6027

13-3 按行业分国有及国有控股企业主要经济指标（2023）

单位：万元

类 别	Item	企业单位数（个）Number of Enterprises (unit)	#亏损企业 Loss-making Enterprises
甘肃省	**Gansu**	**775**	**188**
煤炭开采及洗选业	Mining and Washing of Coal	22	5
石油和天然气开采业	Extraction of Petroleum and Natural Gas	3	1
黑色金属矿采选业	Mining and Processing of Ferrous Metal Ores	3	
有色金属矿采选业	Mining and Processing of Non-Ferrous Metal Ores	13	1
非金属矿采选业	Mining and Processing of Non-metal Ores	19	6
开采辅助活动	Support Activities for Mining	1	
其他采矿业	Mining of Other Ores		
农副食品加工业	Processing of Food from Agricultural Products	23	4
食品制造业	Manufacture of Foods	6	4
酒、饮料和精茶制造业	Manufacture of Liquor, Beverages and Refined Tea	8	1
烟草制品业	Manufacture of Tobacco	2	
纺织业	Manufacture of Textile	2	1
纺织服装、服饰业	Manufacture of Textile, Wearing Apparel and Accessories	6	1
皮革、毛皮、羽毛（绒）及其制品和制鞋业	Manufacture of Leather, Fur, Feather and Related Products and Footwear	2	2
木材加工及木．竹、藤、棕、草制品业	Processing of Timber, Manufacture of Wood, Bamboo, Rattan, Palm and Straw Products	1	
家具制造业	Manufacture of Furniture		
造纸及纸制品业	Manufacture of Paper and Paper Products		
印刷业和记录媒介复制业	Printing and Reproduction of Recording Media	5	1
文教、工美、体育和娱乐用品制造业	Manufacture of Articles for Culture, Education, Arts and Crafts, Sport and Entertainment Activities		
石油、煤炭及其他燃料加工业	Petroleum, Coal and Other Fuel Processing Industries	12	3
化学原料及化学制品制造业	Manufacture of Raw Chemical Materials and Chemical Products	40	13
医药制造业	Manufacture of Medicines	20	6
化学纤维制造业	Manufacture of Chemical Fibers	3	3
橡胶和塑料制品业	Manufacture of Rubber and Plastics Products	8	3
非金属矿物制品业	Manufacture of Non-metallic Mineral Products	90	16
黑色金属冶炼和压延加工业	Smelting and Pressing of Ferrous Metals	9	3
有色金属冶炼和压延加工业	Smelting and Pressing of Non-ferrous Metals	28	8
金属制品业	Manufacture of Metal Products	23	10
通用设备制造业	Manufacture of General Purpose Machinery	16	2
专用设备制造业	Manufacture of Special Purpose Machinery	20	6
汽车制造业	Manufacture of Automobiles		
铁路、船舶、航空航天和其他运输设备制造业	Manufacture of Railway, Ship, Aerospace and Other Transport Equipments	3	
电气机械及器材制造业	Manufacture of Electrical Machinery and Apparatus	22	4
计算机、通信和其他电子设备制造业	Manufacture of Computers,Communication and Other Electronic Equipment	5	
仪器仪表制造业	Manufacture of Measuring Instruments and Machinery	2	2
其他制造业	Other Manufacture	1	
废弃资源综合利用业	Utilization of Waste Resources	3	1
金属制品、机械和设备修理业	Repair Service of Metal Products, Machinery and Equipment	4	
电力、热力生产和供应业	Production and Supply of Electric Power and Heat Power	309	64
燃气生产和供应业	Production and Supply of Gas	15	1
水生产和供应业	Production and Supply of Water	26	16

Main Indicators of State-owned and State-holding Industrial Enterprises by Industrial Sector (2023)

(10000 yuan)

资产总计 Total Assets	#流动资产合计 Total Current Assets	#存货 Inventories	#产成品 Finished Product	负债合计 Total Liabilities	所有者权益 Owners' Equity
125757357	**39606043**	**8587905**	**2037264**	**75682888**	**50074422**
8910369	2606437	102055	78363	4469866	4440502
10511636	737080	37359	26097	3574880	6936756
489497	28874	1408	50	364111	125387
552906	149438	44059	8533	379838	173068
566911	105693	12037	8431	333261	233650
30301	25690	1843		26229	4071
640675	380092	140016	38193	400439	240235
317079	110020	31356	10947	175007	142073
259325	125581	58772	41186	146711	112614
1184606	913969	603969	37010	116958	1067649
142621	49478	13634	8936	22574	120047
55077	35556	4738	2507	21986	33090
120555	99620	3552	1767	46654	73901
33741	18013	2853	436	42384	-8642
5649640	1244728	682400	205484	3251210	2398430
4096351	1565964	240075	112602	2102485	1993866
2814696	1317714	223000	77685	797803	2016893
66094	6702	3189	1901	252200	-186106
160178	99378	27742	14697	97747	62431
4020647	1660951	308893	132286	2276215	1744431
5727565	1538677	554634	99135	4192676	1534888
23653822	10299975	3228521	505290	11674762	11979060
1374761	947085	234947	62643	1108664	266096
1275093	805474	247721	112371	1008250	266843
2885487	1899104	561353	115739	2020834	864653
945476	576935	120086	8200	406321	539156
1160778	810729	179538	92531	742880	417899
814500	536269	129545	37888	458483	356017
6111	5892	1079	118	8610	-2499
9459478	1479074	331607	134682	8985390	474087
106857	52037	23255	10672	49978	56878
752443	398345	91256	1269	570690	181753
33965051	7988688	308741	41122	23607833	10357174
715112	405981	28508	7686	517676	197435
2291920	580799	4167	808	1431283	860636

13-3 续表

单位：万元

类别	Item	营业收入 Business Revenue	营业成本 Business Cost
甘肃省	**Gansu**	**83083534**	**69859505**
煤炭开采及洗选业	Mining and Washing of Coal	2706653	1643168
石油和天然气开采业	Extraction of Petroleum and Natural Gas	4582061	2660085
黑色金属矿采选业	Mining and Processing of Ferrous Metal Ores	132882	100370
有色金属矿采选业	Mining and Processing of Non-Ferrous Metal Ores	275137	164472
非金属矿采选业	Mining and Processing of Non-metal Ores	90366	64765
开采辅助活动	Support Activities for Mining	44642	41793
其他采矿业	Mining of Other Ores		
农副食品加工业	Processing of Food from Agricultural Products	554541	483871
食品制造业	Manufacture of Foods	119839	109283
酒、饮料和精茶制造业	Manufacture of Liquor, Beverages and Refined Tea	230546	187196
烟草制品业	Manufacture of Tobacco	1824452	510727
纺织业	Manufacture of Textile	35604	28303
纺织服装、服饰业	Manufacture of Textile, Wearing Apparel and Accessories	34460	21486
皮革、毛皮、羽毛（绒）及其制品和制鞋业	Manufacture of Leather, Fur, Feather and Related Products and Footwear	7722	7349
木材加工及木．竹、藤、棕、草制品业	Processing of Timber, Manufacture of Wood, Bamboo, Rattan, Palm and Straw Products		
家具制造业	Manufacture of Furniture		
造纸及纸制品业	Manufacture of Paper and Paper Products		
印刷业和记录媒介复制业	Printing and Reproduction of Recording Media	29345	24442
文教、工美、体育和娱乐用品制造业	Manufacture of Articles for Culture, Education, Arts and Crafts, Sport and Entertainment Activities		
石油、煤炭及其他燃料加工业	Petroleum, Coal and Other Fuel Processing Industries	11837477	9156787
化学原料及化学制品制造业	Manufacture of Raw Chemical Materials and Chemical Products	2975684	2797940
医药制造业	Manufacture of Medicines	792000	336803
化学纤维制造业	Manufacture of Chemical Fibers	12173	16765
橡胶和塑料制品业	Manufacture of Rubber and Plastics Products	84881	73513
非金属矿物制品业	Manufacture of Non-metallic Mineral Products	1832602	1580463
黑色金属冶炼和压延加工业	Smelting and Pressing of Ferrous Metals	4800140	4542468
有色金属冶炼和压延加工业	Smelting and Pressing of Non-ferrous Metals	28373293	25884246
金属制品业	Manufacture of Metal Products	769897	716616
通用设备制造业	Manufacture of General Purpose Machinery	352053	291797
专用设备制造业	Manufacture of Special Purpose Machinery	1154980	1014806
汽车制造业	Manufacture of Automobiles		
铁路、船舶、航空航天和其他运输设备制造业	Manufacture of Railway, Ship, Aerospace and Other Transport Equipments	345333	254838
电气机械及器材制造业	Manufacture of Electrical Machinery and Apparatus	1064747	981200
计算机、通信和其他电子设备制造业	Manufacture of Computers,Communication and Other Electronic Equipment	783974	702209
仪器仪表制造业	Manufacture of Measuring Instruments and Machinery	4195	3098
其他制造业	Other Manufacture	436750	372566
废弃资源综合利用业	Utilization of Waste Resources	116124	102964
金属制品、机械和设备修理业	Repair Service of Metal Products, Machinery and Equipment	402923	351242
电力、热力生产和供应业	Production and Supply of Electric Power and Heat Power	14411536	12919736
燃气生产和供应业	Production and Supply of Gas	1661159	1541865
水生产和供应业	Production and Supply of Water	203365	170276

continued

(10 000 yuan)

税金及附加 Taxes and Extra Charges	销售费用 Selling Expenses	管理费用 Administrative Expenses	财务费用 Financial Expenses	营业利润 Business Profits	利润总额 Total Profits	亏损企业亏损额 Loss of Loss-making Enterprises	平均用工人数（人） Annual Average Employees (person)
4209563	**633637**	**1962468**	**1060196**	**4853807**	**4807075**	**1468863**	**319610**
102719	36702	159608	60113	899904	893437	77699	43650
603379	2711	181345	37277	1096335	969227	90975	12204
8318	39	6474	5462	10570	10647		1569
7253	529	31347	11520	55601	56158	225	2717
2941	274	12247	11016	-2787	-2569	12198	1279
88		416	499	526	526		42
1884	21814	18654	2255	13420	19448	2855	4326
776	7193	6096	1776	-2163	-2590	2848	1086
6587	25666	6192	935	6604	7112	36	1919
1056212	18709	59728	-3285	149894	148482		2433
449	2102	4522	-273	184	165	442	1045
331	391	6267	-266	6222	5327	201	999
239	320	1559	178	-1623	-1455	1455	373
257	760	2703	866	678	685	815	853
2096992	42005	251498	31172	319977	276973	44619	27655
12333	12938	131728	8003	-2886	8806	101348	15021
8021	118373	37316	-12382	269162	268445	10116	5843
610	171	2412	2573	-12907	-11399	11399	389
971	2134	3746	1	2539	2513	1083	904
23614	21259	120843	17564	-12557	-13082	138770	12659
15167	148928	70227	52574	-105117	-99102	103699	16386
136931	67483	222997	204208	1765575	1758182	49488	46625
3108	2950	23928	8942	-5033	-4719	17100	3575
3415	12807	22923	10050	4275	7353	2172	4793
7983	15583	43693	22463	24375	21413	14297	8813
1457	756	27908	4390	24576	24903		2476
4088	19240	28135	6764	11549	12649	10149	7396
2248	2735	19967	3823	22990	22227		2804
8	16	1477	35	-1178	-1180	1180	86
1383		65391	783	8220	14907		8708
836	688	4604	799	2381	2401	1759	682
3410	4251	22815	6225	11395	10431		3811
89085	8165	313166	554536	242821	340620	750820	68476
2962	29825	20241	-1238	68246	67297	1624	2139
3511	6120	30298	10841	-17962	-7161	19492	5874

13-4 按行业分大中型企业主要经济指标（2023）

单位：万元

类 别	Item	企业单位数（个）Number of Enterprises (unit)	#亏损企业 Loss-making Enterprises
甘肃省	**Gansu**	**272**	**92**
煤炭开采及洗选业	Mining and Washing of Coal	30	9
石油和天然气开采业	Extraction of Petroleum and Natural Gas	2	1
黑色金属矿采选业	Mining and Processing of Ferrous Metal Ores	3	
有色金属矿采选业	Mining and Processing of Non-Ferrous Metal Ores	6	
非金属矿采选业	Mining and Processing of Non-metal Ores	2	
开采辅助活动	Support Activities for Mining	1	
其他采矿业	Mining of Other Ores		
农副食品加工业	Processing of Food from Agricultural Products	12	2
食品制造业	Manufacture of Foods	5	
酒、饮料和精茶制造业	Manufacture of Liquor, Beverages and Refined Tea	8	1
烟草制品业	Manufacture of Tobacco	1	
纺织业	Manufacture of Textile	2	1
纺织服装、服饰业	Manufacture of Textile, Wearing Apparel and Accessories		
皮革、毛皮、羽毛（绒）及其制品和制鞋业	Manufacture of Leather, Fur, Feather and Related Products and Footwear	1	
木材加工及木.竹、藤、棕、草制品业	Processing of Timber, Manufacture of Wood, Bamboo, Rattan, Palm and Straw Products		
家具制造业	Manufacture of Furniture		
造纸及纸制品业	Manufacture of Paper and Paper Products		
印刷业和记录媒介复制业	Printing and Reproduction of Recording Media	1	
文教、工美、体育和娱乐用品制造业	Manufacture of Articles for Culture, Education, Arts and Crafts, Sport and Entertainment Activities		
石油、煤炭及其他燃料加工业	Petroleum, Coal and Other Fuel Processing Industries	10	5
化学原料及化学制品制造业	Manufacture of Raw Chemical Materials and Chemical Products	27	13
医药制造业	Manufacture of Medicines	9	2
化学纤维制造业	Manufacture of Chemical Fibers		
橡胶和塑料制品业	Manufacture of Rubber and Plastics Products	1	
非金属矿物制品业	Manufacture of Non-metallic Mineral Products	20	11
黑色金属冶炼和压延加工业	Smelting and Pressing of Ferrous Metals	8	4
有色金属冶炼和压延加工业	Smelting and Pressing of Non-ferrous Metals	24	6
金属制品业	Manufacture of Metal Products	3	1
通用设备制造业	Manufacture of General Purpose Machinery	10	3
专用设备制造业	Manufacture of Special Purpose Machinery	14	1
汽车制造业	Manufacture of Automobiles		
铁路、船舶、航空航天和其他运输设备制造业	Manufacture of Railway, Ship, Aerospace and Other Transport Equipments	2	
电气机械及器材制造业	Manufacture of Electrical Machinery and Apparatus	18	9
计算机、通信和其他电子设备制造业	Manufacture of Computers,Communication and Other Electronic Equipment	9	2
仪器仪表制造业	Manufacture of Measuring Instruments and Machinery		
其他制造业	Other Manufacture	1	
废弃资源综合利用业	Utilization of Waste Resources	3	1
金属制品、机械和设备修理业	Repair Service of Metal Products, Machinery and Equipment	4	
电力、热力生产和供应业	Production and Supply of Electric Power and Heat Power	27	14
燃气生产和供应业	Production and Supply of Gas	1	
水生产和供应业	Production and Supply of Water	7	6

Main Economic Indicators of Large and Medium-sized Industrial Enterprises by Industrial Sector (2023)

(10000 yuan)

资产总计 Total Assets	#流动资产合计 Total Current Assets	#存货 Inventories	#产成品 Finished Product	负债合计 Total Liabilities	所有者权益 Owners' Equity
111668441	**35249044**	**9175446**	**2098912**	**63895430**	**47773009**
8442192	2665842	115034	82449	4616409	3825782
10170683	734727	36592	26097	3194151	6976532
521760	36274	3099	902	397685	124075
1146572	184471	17187	4470	650900	495672
72232	20056	3407	3366	59257	12975
45022	29052	251		32009	13014
1111071	508977	173912	48457	609734	501336
555108	265095	35025	13921	287358	267750
871494	501897	263432	62979	299768	571726
1181094	910580	603958	36999	116356	1064737
140120	47823	13318	8251	24038	116082
823	706	677	384	1154	-331
13734	7071	1903	10	10996	2738
5914722	1325024	647793	189430	3566386	2348336
4965394	1758952	337161	124131	3027618	1937776
1552035	584987	186230	71090	610794	941242
10567	7325	2667	1285	5288	5279
4334797	1564465	333322	105495	1663160	2671636
6315675	1840394	674214	126967	4526010	1789665
24413512	10477788	3303291	453023	11865848	12547663
377190	229280	110656	33948	288648	88542
1685924	737396	224841	105548	938928	746996
2764420	1843146	578786	123167	1925229	839191
508417	409599	72760	8200	266661	241757
1854475	1065552	218940	128696	1275135	579340
7302648	2457305	547340	169271	2932798	4369850
9459478	1479074	331607	134682	8985390	474087
143755	55290	15765	11597	91684	52071
752443	398345	91256	1269	570690	181753
13769500	2605938	219663	15868	10236693	3532806
376786	204027	8791	6535	305895	70891
894799	292585	2569	426	512758	382041

13-4 续表

单位：万元

类　别	Item	营业收入 Business Revenue	营业成本 Business Cost
甘肃省	**Gansu**	**81237640**	**68713410**
煤炭开采及洗选业	Mining and Washing of Coal	2829193	1702278
石油和天然气开采业	Extraction of Petroleum and Natural Gas	4523183	2614530
黑色金属矿采选业	Mining and Processing of Ferrous Metal Ores	153105	111120
有色金属矿采选业	Mining and Processing of Non-Ferrous Metal Ores	475176	203737
非金属矿采选业	Mining and Processing of Non-metal Ores	36376	27412
开采辅助活动	Support Activities for Mining	19446	15943
其他采矿业	Mining of Other Ores		
农副食品加工业	Processing of Food from Agricultural Products	816579	740637
食品制造业	Manufacture of Foods	420894	363855
酒、饮料和精茶制造业	Manufacture of Liquor, Beverages and Refined Tea	635907	334586
烟草制品业	Manufacture of Tobacco	1818420	506989
纺织业	Manufacture of Textile	48553	41847
纺织服装、服饰业	Manufacture of Textile, Wearing Apparel and Accessories		
皮革、毛皮、羽毛(绒)及其制品和制鞋业	Manufacture of Leather, Fur, Feather and Related Products and Footwear	5953	5728
木材加工及木.竹、藤、棕、草制品业	Processing of Timber, Manufacture of Wood, Bamboo, Rattan, Palm and Straw Products		
家具制造业	Manufacture of Furniture		
造纸及纸制品业	Manufacture of Paper and Paper Products		
印刷业和记录媒介复制业	Printing and Reproduction of Recording Media	13287	12053
文教、工美、体育和娱乐用品制造业	Manufacture of Articles for Culture, Education, Arts and Crafts, Sport and Entertainment Activities		
石油、煤炭及其他燃料加工业	Petroleum, Coal and Other Fuel Processing Industries	11796215	9161317
化学原料及化学制品制造业	Manufacture of Raw Chemical Materials and Chemical Products	2968143	2771715
医药制造业	Manufacture of Medicines	443352	272209
化学纤维制造业	Manufacture of Chemical Fibers		
橡胶和塑料制品业	Manufacture of Rubber and Plastics Products	18708	15871
非金属矿物制品业	Manufacture of Non-metallic Mineral Products	1355114	1218173
黑色金属冶炼和压延加工业	Smelting and Pressing of Ferrous Metals	5728060	5417484
有色金属冶炼和压延加工业	Smelting and Pressing of Non-ferrous Metals	28254781	25583538
金属制品业	Manufacture of Metal Products	286058	265512
通用设备制造业	Manufacture of General Purpose Machinery	401762	324574
专用设备制造业	Manufacture of Special Purpose Machinery	1127561	977127
汽车制造业	Manufacture of Automobiles		
铁路、船舶、航空航天和其他运输设备制造业	Manufacture of Railway, Ship, Aerospace and Other Transport Equipments	174549	115145
电气机械及器材制造业	Manufacture of Electrical Machinery and Apparatus	1389435	1257800
计算机、通信和其他电子设备制造业	Manufacture of Computers,Communication and Other Electronic Equipment	2778088	2505771
仪器仪表制造业	Manufacture of Measuring Instruments and Machinery		
其他制造业	Other Manufacture	436750	372566
废弃资源综合利用业	Utilization of Waste Resources	95112	73645
金属制品、机械和设备修理业	Repair Service of Metal Products, Machinery and Equipment	402923	351242
电力、热力生产和供应业	Production and Supply of Electric Power and Heat Power	11291628	10906490
燃气生产和供应业	Production and Supply of Gas	407943	363218
水生产和供应业	Production and Supply of Water	85387	79299

continued

(10 000 yuan)

税金及附加 Taxes and Extra Charges	销售费用 Selling Expenses	管理费用 Administrative Expenses	财务费用 Financial Expenses	营业利润 Business Profits	利润总额 Total Profits	亏损企业亏损额 Loss of Loss-making Enterprises	平均用工人数（人） Annual Average Employees (person)
4252305	**740407**	**1991905**	**746336**	**4343300**	**4259570**	**1372419**	**347015**
106263	35472	167750	62581	947911	935674	75904	49680
601008	2711	180866	31559	1095028	968598	90975	12118
8474	1064	8361	7139	14555	14295		1763
15682	469	38177	10894	196455	192444		3223
1887	2	2859	1338	2578	2588		1002
65		3304	11	123	68		582
2151	12707	21508	10712	36113	39155	16042	8174
1828	13885	11347	4292	30483	31212		2957
78487	99018	45786	-2204	79042	78008	2127	6944
1056144	18543	57991	-3231	149514	148102		2234
451	1940	4112	-270	138	154	453	1485
27	106	65	1	26	60		448
121	69	1081	155	183	184		391
2095774	41363	250286	36854	270738	227922	79214	28486
13677	16357	134949	7266	-510	9337	117903	18984
5549	93874	27031	-2754	26240	25132	7297	5433
173	432	1750	117	484	504		368
17604	25212	78839	3029	-66817	-69013	144908	10103
17241	170936	96035	54312	-104667	-91616	113671	20917
144083	69842	234426	209387	1916066	1908789	36811	49192
1447	1311	8009	348	3374	3200	201	1843
3847	28070	39602	9529	-16081	-9653	39201	5815
8041	17775	39989	22677	35363	32331	7293	10009
1303	756	16692	3824	15518	15886		2476
5290	35827	35321	11164	25037	27693	22139	11113
13662	20060	106444	32831	81938	81501	17828	15201
1383		65391	783	8220	14907		8708
476	746	5048	1211	9019	9027	275	1076
3410	4251	22815	6225	11395	10431		3811
42558	3553	257411	224394	-419178	-349080	586887	57488
1693	22711	12407	-3835	14576	14530		1365
2507	1349	16255	5997	-19562	-12800	13289	3626

13-5 私营工业企业主要财务指标（2023）

单位：万元

类 别	Item	企业单位数（个）Number of Enterprises (unit)	#亏损企业 Loss-making Enterprises
甘肃省	Gansu	1682	565
煤炭开采及洗选业	Mining and Washing of Coal	47	26
石油和天然气开采业	Extraction of Petroleum and Natural Gas		
黑色金属矿采选业	Mining and Processing of Ferrous Metal Ores	22	11
有色金属矿采选业	Mining and Processing of Non-Ferrous Metal Ores	18	4
非金属矿采选业	Mining and Processing of Non-metal Ores	54	19
开采辅助活动	Support Activities for Mining	25	4
其他采矿业	Mining of Other Ores		
农副食品加工业	Processing of Food from Agricultural Products	197	58
食品制造业	Manufacture of Foods	51	22
酒、饮料和精茶制造业	Manufacture of Liquor, Beverages and Refined Tea	23	9
烟草制品业	Manufacture of Tobacco		
纺织业	Manufacture of Textile	8	4
纺织服装、服饰业	Manufacture of Textile, Wearing Apparel and Accessories	4	0
皮革、毛皮、羽毛(绒)及其制品和制鞋业	Manufacture of Leather, Fur, Feather and Related Products and Footwear	7	2
木材加工及木.竹、藤、棕、草制品业	Processing of Timber, Manufacture of Wood, Bamboo, Rattan, Palm and Straw Products	8	3
家具制造业	Manufacture of Furniture		
造纸及纸制品业	Manufacture of Paper and Paper Products	10	2
印刷业和记录媒介复制业	Printing and Reproduction of Recording Media	5	2
文教、工美、体育和娱乐用品制造业	Manufacture of Articles for Culture, Education, Arts and Crafts, Sport and Entertainment Activities	1	1
石油、煤炭及其他燃料加工业	Petroleum, Coal and Other Fuel Processing Industries	20	12
化学原料及化学制品制造业	Manufacture of Raw Chemical Materials and Chemical Products	154	73
医药制造业	Manufacture of Medicines	105	23
化学纤维制造业	Manufacture of Chemical Fibers		
橡胶和塑料制品业	Manufacture of Rubber and Plastics Products	48	10
非金属矿物制品业	Manufacture of Non-metallic Mineral Products	469	146
黑色金属冶炼和压延加工业	Smelting and Pressing of Ferrous Metals	32	19
有色金属冶炼和压延加工业	Smelting and Pressing of Non-ferrous Metals	39	16
金属制品业	Manufacture of Metal Products	102	40
通用设备制造业	Manufacture of General Purpose Machinery	16	5
专用设备制造业	Manufacture of Special Purpose Machinery	25	4
汽车制造业	Manufacture of Automobiles	4	2
铁路、船舶、航空航天和其他运输设备制造业	Manufacture of Railway, Ship, Aerospace and Other Transport Equipments	2	1
电气机械及器材制造业	Manufacture of Electrical Machinery and Apparatus	39	6
计算机、通信和其他电子设备制造业	Manufacture of Computers,Communication and Other Electronic Equipment	22	11
仪器仪表制造业	Manufacture of Measuring Instruments and Machinery	6	1
其他制造业	Other Manufacture	1	0
废弃资源综合利用业	Utilization of Waste Resources	17	12
金属制品、机械和设备修理业	Repair Service of Metal Products, Machinery and Equipment	2	0
电力、热力生产和供应业	Production and Supply of Electric Power and Heat Power	64	9
燃气生产和供应业	Production and Supply of Gas	30	5
水生产和供应业	Production and Supply of Water	5	3

Main Financial Indicators of Private Industrial Enterprises (2023)

(10000 yuan)

资产总计 Total Assets	#流动资产合计 Total Current Assets	#存货 Inventories	#产成品 Finished Product	负债合计 Total Liabilities	所有者权益 Owners' Equity
25110843	**13639592**	**3154266**	**1473546**	**15962382**	**9148448**
1028454	385606	78027	57401	763447	265006
494616	146694	43477	28734	235691	258925
385970	195092	39923	24234	239483	146487
454857	276683	53337	44069	332634	122222
272256	150123	17874	6628	174965	97291
1893101	1028884	450114	203210	1250593	642507
699306	370902	92433	49685	500019	199287
415094	258203	113924	40458	258404	156690
47723	39487	13808	11010	44157	3566
5594	4550	1601	1372	3672	1922
62419	39796	18595	9055	33962	28457
41336	24388	10656	6443	35202	6135
101273	38094	18514	10033	64381	36892
45142	25333	9109	2344	40899	4242
3033	876	327	11	794	2239
535849	285909	56878	29686	475210	60639
2227193	923137	331578	160958	1507792	719401
1317181	815713	251903	143450	864375	452805
413639	301421	92319	63851	206620	207018
6201623	3903958	505815	203170	3290496	2911123
785465	419860	186195	67758	479575	305890
1521761	807251	266259	117943	998056	523705
596548	431378	105614	40921	401835	194712
498378	271258	58935	21681	388189	110189
275458	210874	52963	19986	149514	125944
187467	93737	27382	13969	122352	65116
9555	7242	5808	2668	6538	3018
527581	385425	45909	23648	259949	267631
502183	376051	146629	43983	395606	106577
27569	20121	3207	1884	16644	10925
69299	20746	6815	1019	42305	26994
117557	59827	21913	13911	79436	38122
4803	4267	289		3057	1746
2776061	1126344	13366	3802	1925959	850102
336246	113724	12137	4573	196875	139370
229255	76638	636		173699	55556

13-5 续表

单位：万元

类 别	Item	营业收入 Business Revenue	营业成本 Business Cost
甘肃省	**Gansu**	**17561965**	**15565851**
煤炭开采及洗选业	Mining and Washing of Coal	852125	765226
石油和天然气开采业	Extraction of Petroleum and Natural Gas		
黑色金属矿采选业	Mining and Processing of Ferrous Metal Ores	160364	131770
有色金属矿采选业	Mining and Processing of Non-Ferrous Metal Ores	128926	66069
非金属矿采选业	Mining and Processing of Non-metal Ores	209185	147102
开采辅助活动	Support Activities for Mining	170602	149762
其他采矿业	Mining of Other Ores		
农副食品加工业	Processing of Food from Agricultural Products	2001877	1808400
食品制造业	Manufacture of Foods	319005	275987
酒、饮料和精茶制造业	Manufacture of Liquor, Beverages and Refined Tea	173776	103384
烟草制品业	Manufacture of Tobacco		
纺织业	Manufacture of Textile	47238	44207
纺织服装、服饰业	Manufacture of Textile, Wearing Apparel and Accessories	9043	7858
皮革、毛皮、羽毛(绒)及其制品和制鞋业	Manufacture of Leather, Fur, Feather and Related Products and Footwear	62548	56619
木材加工及木.竹、藤、棕、草制品业	Processing of Timber, Manufacture of Wood, Bamboo, Rattan, Palm and Straw Products	38535	36861
家具制造业	Manufacture of Furniture		
造纸及纸制品业	Manufacture of Paper and Paper Products	81812	73123
印刷业和记录媒介复制业	Printing and Reproduction of Recording Media	12842	11197
文教、工美、体育和娱乐用品制造业	Manufacture of Articles for Culture, Education, Arts and Crafts, Sport and Entertainment Activities	59	49
石油、煤炭及其他燃料加工业	Petroleum, Coal and Other Fuel Processing Industries	686519	678176
化学原料及化学制品制造业	Manufacture of Raw Chemical Materials and Chemical Products	1556464	1371936
医药制造业	Manufacture of Medicines	697425	532281
化学纤维制造业	Manufacture of Chemical Fibers		
橡胶和塑料制品业	Manufacture of Rubber and Plastics Products	317353	274781
非金属矿物制品业	Manufacture of Non-metallic Mineral Products	3039940	2638288
黑色金属冶炼和压延加工业	Smelting and Pressing of Ferrous Metals	1210744	1157296
有色金属冶炼和压延加工业	Smelting and Pressing of Non-ferrous Metals	2503012	2347691
金属制品业	Manufacture of Metal Products	781806	737947
通用设备制造业	Manufacture of General Purpose Machinery	209578	187203
专用设备制造业	Manufacture of Special Purpose Machinery	163583	121486
汽车制造业	Manufacture of Automobiles	15294	13573
铁路、船舶、航空航天和其他运输设备制造业	Manufacture of Railway, Ship, Aerospace and Other Transport Equipments	7084	5277
电气机械及器材制造业	Manufacture of Electrical Machinery and Apparatus	620469	542341
计算机、通信和其他电子设备制造业	Manufacture of Computers,Communication and Other Electronic Equipment	559919	539746
仪器仪表制造业	Manufacture of Measuring Instruments and Machinery	16136	13317
其他制造业	Other Manufacture	13675	10740
废弃资源综合利用业	Utilization of Waste Resources	144564	136738
金属制品、机械和设备修理业	Repair Service of Metal Products, Machinery and Equipment	5432	4677
电力、热力生产和供应业	Production and Supply of Electric Power and Heat Power	396300	265541
燃气生产和供应业	Production and Supply of Gas	304808	268915
水生产和供应业	Production and Supply of Water	43926	40288

continued

(10 000 yuan)

税金及附加 Taxes and Extra Charges	销售费用 Selling Expenses	管理费用 Administrative Expenses	财务费用 Financial Expenses	营业利润 Business Profits	利润总额 Total Profits	亏损企业亏损额 Loss of Loss-making Enterprises	平均用工人数（人） Annual Average Employees (person)
122368	**458161**	**669440**	**240479**	**320111**	**378164**	**381388**	**124156**
11925	26756	34540	2200	9748	6056	34335	6967
1761	7714	9793	5344	633	294	6357	1396
4724	625	17323	4149	35177	37341	1602	2108
4275	22432	20042	3071	10197	7736	8947	2442
1255	1511	9593	3492	4762	4527	3887	2595
3933	39588	50651	26325	39743	53189	35270	12927
1527	12772	19704	11459	-8202	-655	16640	4441
23195	15759	14192	3531	10672	10147	1870	2818
176	716	1769	909	-708	-692	1539	1054
14	457	376	67	221	287		354
144	535	847	305	2557	3176	128	1019
339	233	1576	521	-1690	-1554	2337	382
493	2307	2896	1160	403	2250	350	937
121	225	1413	364	-648	-608	785	352
12		35	64	-151	-151	151	15
1753	10386	10198	7059	-26111	-29446	39020	1821
8576	30791	89831	24401	5290	1768	69042	12851
9359	45719	42285	18141	27884	34637	11264	7193
975	9237	13800	3233	7890	9165	2506	2469
21158	128246	160611	29799	32894	34991	63533	26669
2856	25931	27543	3943	-12454	-5489	20886	5798
8348	17750	21176	17387	75387	80084	11001	5149
2448	10120	26731	5152	-5063	-4015	12653	4714
1132	3629	13060	6251	-843	3551	8073	2378
1116	8084	10124	2554	9857	13197	1494	3086
157	329	1891	571	-1533	-1469	1742	237
9	293	278	49	-266	-199	236	156
2238	20635	15028	2935	25657	29777	301	4083
740	2067	8063	1256	5635	7764	6706	1965
73	172	1115	71	755	925	617	247
163	24	1317	45	762	826		72
1206	1861	10123	1184	-9472	-6283	7197	994
39		642	-9	84	107		124
4543	1325	15258	46669	76327	81283	4568	2491
1311	9662	14762	2256	7775	8523	2745	1684
277	272	855	4573	-3055	-2876	3613	168

13-6 按行业分规模以上工业企业主要经济效益指标（2023）

类 别	Branch	总资产贡献率 (%) Ratio of Profits,Taxes and Interests to Average Assets(%)			
		规模以上工业企业 Industrial Enterprises above Designated Size	国有及国有控股企业 State-owned and State-holding Enterprises	大中型企业 Large & Medium-sized Industrial Enterprises	规模以上工业企业 Industrial Enterprises above Designated Size
甘肃省	**Gansu**	**8.07**	**9.7**	**10.06**	**60.38**
煤炭开采及洗选业	Mining and Washing of Coal	13.42	14.55	16	53.58
石油和天然气开采业	Extraction of Petroleum and Natural Gas	18.22	18.22	18.8	34.01
黑色金属矿采选业	Mining and Processing of Ferrous Metal Ores	4.09	6.36	6.94	61.43
有色金属矿采选业	Mining and Processing of Non-Ferrous Metal Ores	17.58	14.39	20.54	59.45
非金属矿采选业	Mining and Processing of Non-metal Ores	3.83	2.69	11.97	65.85
开采辅助活动	Support Activities for Mining	4.28	5.7	0.43	67.09
其他采矿业	Mining of Other Ores				
农副食品加工业	Processing of Food from Agricultural Products	4.40	4.23	4.73	62.21
食品制造业	Manufacture of Foods	4.17	0.39	7.58	62.89
酒、饮料和精茶制造业	Manufacture of Liquor, Beverages and Refined Tea	14.91	7.96	21.04	42.16
烟草制品业	Manufacture of Tobacco	116.71	116.71	116.96	9.87
纺织业	Manufacture of Textile	1.41	1.27	1.36	35.06
纺织服装、服饰业	Manufacture of Textile, Wearing Apparel and Accessories	14.27	15.16		41.58
皮革、毛皮、羽毛(绒)及其制品和制鞋业	Manufacture of Leather, Fur, Feather and Related Products and Footwear	2.45	-0.31	47.25	44.06
木材加工及木.竹、藤、棕、草制品业	Processing of Timber, Manufacture of Wood, Bamboo, Rattan, Palm and Straw Products	0.44			85.16
家具制造业	Manufacture of Furniture				
造纸及纸制品业	Manufacture of Paper and Paper Products	8.68			60.80
印刷业和记录媒介复制业	Printing and Reproduction of Recording Media	2.53	7.39	4.16	95.05
文教、工美、体育和娱乐用品制造业	Manufacture of Articles for Culture, Education, Arts and Crafts, Sport and Entertainment Activities	-2.41			26.19
石油、煤炭及其他燃料加工业	Petroleum, Coal and Other Fuel Processing Industries	43.63	49.72	46.66	61.88
化学原料及化学制品制造业	Manufacture of Raw Chemical Materials and Chemical Products	1.88	1.52	1.21	61.08
医药制造业	Manufacture of Medicines	7.81	10.52	3.07	42.53
化学纤维制造业	Manufacture of Chemical Fibers	-10.05	-10.79		352.92
橡胶和塑料制品业	Manufacture of Rubber and Plastics Products	3.91	3.72	16.24	52.66
非金属矿物制品业	Manufacture of Non-metallic Mineral Products	1.82	2.06	-0.14	56.67
黑色金属冶炼和压延加工业	Smelting and Pressing of Ferrous Metals	0.16	-0.31	0.08	71.86
有色金属冶炼和压延加工业	Smelting and Pressing of Non-ferrous Metals	10.21	10.47	10.85	50.95
金属制品业	Manufacture of Metal Products	0.98	1.01	2.12	73.92
通用设备制造业	Manufacture of General Purpose Machinery	1.37	2.11	0.76	64.34
专用设备制造业	Manufacture of Special Purpose Machinery	3.43	2.86	3.36	67.35
汽车制造业	Manufacture of Automobiles	-0.42			62.97
铁路、船舶、航空航天和其他运输设备制造业	Manufacture of Railway, Ship, Aerospace and Other Transport Equipments	4.14	4.19	5.88	43.23
电气机械及器材制造业	Manufacture of Electrical Machinery and Apparatus	2.22	3.11	2.94	75.50
计算机、通信和其他电子设备制造业	Manufacture of Computers,Communication and Other Electronic Equipment	2.30	4.1	2.42	43.14
仪器仪表制造业	Manufacture of Measuring Instruments and Machinery	1.11	-17.85		43.38
其他制造业	Other Manufacture	0.23	0.21	0.21	94.74
废弃资源综合利用业	Utilization of Waste Resources	6.84	6.82	8.4	61.34
金属制品、机械和设备修理业	Repair Service of Metal Products, Machinery and Equipment	4.07	3.97	3.97	75.95
电力、热力生产和供应业	Production and Supply of Electric Power and Heat Power	4.12	3.9	0.4	69.24
燃气生产和供应业	Production and Supply of Gas	10.22	11.89	5.36	65.84
水生产和供应业	Production and Supply of Water	0.39	0.39	-0.42	62.84

Designated Size by Industrial Sector (2023)

资产负债率 (%) Ratio of Debts to Assets (%)		流动资产周转次数（次 / 年）Turnover of Current Assets (times/year)			工业成本费用利润率 (%) Ratio of Profits to Total Industrial Costs(%)			产品销售率 (%) Sales Ratio of Products (%)		
国有及国有控股企业 State-owned and State-holding Enterprises	大中型企业 Large & Medium-sized Industrial Enterprises	规模以上工业企业 Industrial Enterprises above Designated Size	国有及国有控股企业 State-owned and State-holding Enterprises	大中型企业 Large & Medium-sized Industrial Enterprises	规模以上工业企业 Industrial Enterprises above Designated Size	国有及国有控股企业 State-owned and State-holding Enterprises	大中型企业 Large & Medium-sized Industrial Enterprises	规模以上工业企业 Industrial Enterprises above Designated Size	国有及国有控股企业 State-owned and State-holding Enterprises	大中型企业 Large & Medium-sized Industrial Enterprises
60.18	**57.22**	**1.76**	**2.10**	**2.30**	**5.62**	**6.47**	**5.83**	**97.67**	**99.32**	**98.83**
50.16	54.68	1.22	1.04	1.06	31.21	45.90	46.33	95.50	98.22	96.23
34.01	31.41	6.22	6.22	6.16	33.08	33.08	33.65	100.11	100.11	100.09
74.38	76.22	1.56	4.60	4.22	3.33	9.41	11.06	81.40	96.15	86.49
68.70	56.77	1.61	1.84	2.58	53.80	26.37	73.60	94.40	94.82	95.89
58.79	82.04	0.80	0.85	1.81	2.29	-2.82	8.02	80.84	92.59	100.00
86.56	71.10	1.15	1.74	0.67	2.26	1.23	0.35	100.00	100.00	
62.50	54.88	1.74	1.46	1.60	3.18	3.62	4.91	93.74	91.93	93.71
55.19	51.77	1.16	1.09	1.59	3.65	-2.04	7.88	92.98	93.10	97.60
56.57	34.40	1.10	1.84	1.27	12.55	3.22	16.08	83.68	91.89	79.04
9.87	9.85	2.00	2.00	2.00	25.03	25.03	25.21	101.43	101.43	101.44
15.83	17.16	0.93	0.72	1.02	-0.64	0.47	0.32	91.25	91.18	93.75
39.92		1.13	0.97		13.16	19.01		95.45	100.00	100.00
38.70	140.21	0.50	0.08	8.43	2.47	-14.96	1.02	78.00	150.00	137.50
		1.58			-3.90			104.55		
		2.66			1.72			98.35		100.00
125.61	80.06	1.08	1.63	1.88	-0.26	2.38	1.38	97.96	110.00	125.00
		0.07			-76.05			100.00		
57.55	60.30	7.58	9.51	8.90	2.31	2.91	2.39	99.30	99.70	99.47
51.33	60.97	1.67	1.90	1.69	0.61	0.29	0.31	94.69	98.00	95.20
28.34	39.35	0.64	0.60	0.76	21.97	47.93	5.50	79.76	75.95	69.44
381.58		2.79	1.82		-33.82	-50.75		111.76	110.00	116.67
61.02	50.04	0.91	0.85	2.55	3.06	3.10	2.77	97.92	107.97	109.42
56.61	38.37	0.86	1.10	0.87	-0.58	-0.74	-5.15	95.79	95.56	96.38
73.20	71.66	3.00	3.12	3.11	-1.49	-2.02	-1.57	98.33	99.51	99.01
49.36	48.60	2.78	2.75	2.70	6.32	6.63	7.27	100.05	100.41	100.50
80.64	76.53	1.39	0.81	1.25	-0.45	-0.61	1.13	93.85	99.45	99.49
79.07	55.69	0.50	0.44	0.54	-0.55	2.11	-2.32	90.13	84.59	89.95
70.03	69.64	0.60	0.61	0.61	3.06	1.89	2.95	95.05	95.75	94.29
		0.34			-6.32			112.90	150.00	160.00
42.98	52.45	0.60	0.60	0.43	7.53	7.76	10.02	87.50		
64.00	68.76	1.13	1.31	1.30	1.45	1.20	2.02	97.09	101.31	102.35
56.29	40.16	1.11	1.46	1.13	2.53	2.94	2.93	93.91	96.12	93.73
140.89		0.40	0.71		-3.57	-24.34		96.77	100.00	
94.99	94.99	0.30	0.30	0.30	3.37	3.29	3.29	100.00		
46.77	63.78	2.17	2.23	1.72	0.95	2.18	10.66	96.18	93.75	82.69
75.84	75.84	1.02	1.01	1.01	2.64	2.66	2.66	100.00	100.00	100.00
69.51	74.34	1.48	1.80	4.33	3.83	2.46	-3.06	99.90	99.93	99.98
72.39	81.19	3.68	4.09	2.00	4.20	4.23	3.68	99.80	99.76	100.00
62.45	57.30	0.37	0.35	0.29	-3.70	-3.27	-12.37	96.26	95.43	97.22

13-7 主要工业产品产量
Output of Major Industrial Products

产品名称	Product Name	2010	2015	2020	2022	2023
原煤（万吨）	Coal (10 000 tons)	4547.20	4390.27	3848.12	5351.76	5990.19
原油（万吨）	Crude Petroleum Oil (10 000 tons)	382.14	820.09	968.74	1092.24	1166.37
天然气（万立方米）	Natural Gas (10 000 cu.m)	10344	12108	38982	54405	75210
铁矿石原矿（万吨）	Iron Ore (10 000 tons)	991.62	1596.21	970.02	1178.06	1231.17
小麦粉（万吨）	Wheatmeal (10 000 tons)	151.08	119.36	75.72	81.77	75.50
饮料、酒（万千升）	Drinks (10 000kl)	71.54	66.18	38.33	45.20	42.80
软饮料（万吨）	Soft Drinks (10 000 tons)	138.43	241.40	137.06	142.36	154.28
卷烟（万箱）	Cigarettes (10 000 cases)	80.00	103.00	92.24	93.60	94.00
原油加工量（万吨）	Crude Oil Processing (10 000 tons)	1383.54	1424.31	1467.55	1454.31	1466.50
焦炭（万吨）	Coke (10 000 tons)	244.32	525.05	516.84	494.60	560.32
硫酸（万吨）	Sulfuric Acid (10 000 tons)	247.00	443.03	248.32	293.96	298.29
烧碱（万吨）	Caustic Soda (10 000 tons)	21.69	19.02	36.39	47.10	41.05
电石（万吨）	Calcium Carbide (10 000 tons)	97.54	112.80	81.41	98.79	72.16
乙烯（万吨）	Ethene (10 000 tons)	69.48	64.20	69.70	70.54	60.79
农用化肥（万吨）	Chemical Fertilizer (10 000 tons)	81.32	46.70	17.50	17.12	21.00
化学农药（万吨）	Chemical Pesticide (10 000 tons)	0.13	0.32	3.70	5.37	5.33
塑料制品（万吨）	Plastic Products (ton)	13.88	39.09	19.18	22.45	24.87
水泥（万吨）	Cement (10 000 tons)	2414.11	4764.30	4651.15	4008.21	4125.46
平板玻璃（万重量箱）	Plate Glass (10 000 weight cases)	653.89	124.78	519.26	500.58	776.88
生铁（万吨）	Pig Iron (10 000 tons)	625.49	690.52	782.29	810.73	814.70
粗钢（万吨）	Crude Steel (10 000 tons)	662.25	852.10	1059.17	1084.89	1108.86
钢材（万吨）	Rolled Steel (10 000 tons)	699.17	847.77	1102.65	1091.63	1179.41
铁合金（万吨）	Iron Alloy (10 000 tons)	119.49	85.65	98.67	89.48	88.38
十种有色金属（万吨）	Ten Kinds of Nonferrous Metals (10 000 tons)	191.53	381.36	350.64	417.46	498.77
#铜（万吨）	Copper (10 000 tons)	44.79	92.47	66.32	93.34	115.48
铅（万吨）	Lead (10 000 tons)	2.69	2.82	3.23	2.04	2.37
锌（万吨）	Zinc (10 000 tons)	23.51	40.38	40.45	44.34	44.47
镍（万吨）	Nickel (10 000 tons)	12.98	15.31	15.01	15.26	16.29
铝（万吨）	Aluminium (10 000 tons)	104.40	230.38	225.52	261.10	307.35
汽车（辆）	Motor Vehicles (set)	20718	24354	400	23	36
发电设备（万千瓦小时）	Power Generating Equipment (10 000 kWh)	3.53	4.52	10.80	246.38	917.45
变压器（万千伏安）	Power Transformer (10 000 kva)	221.95	160.56	91.57	131.38	105.91
集成电路（万块）	Integrated Circuits (10 000 units)	550307	1497496	4572888	5904011	6040860
发电量（亿千瓦小时）	Electricity (100 million kWh)	791.53	1139.45	1601.18	1816.58	1925.39
火力发电量	Thermal Power	502.29	718.65	874.39	1045.21	1038.58
水力发电量	Hydropower	262.32	270.96	379.27	287.39	289.56
风力发电量	Wind Power		107.30	242.33	339.43	411.88
太阳能发电量	Photoelectric Power		40.77	105.19	144.55	185.36

13-8 规模以上工业主要产品年末生产能力
Production Capacity of Major Products of Industrial Enterprises above Designated Size (Year-end)

产品名称	Product name	2010	2015	2020	2022	2023
原煤（万吨）	Coal (10 000 tons)	5163.65	5260.29	4832.00	6163.00	7061.00
卷烟（亿支）	Cigarettes (100 million pieces)	465.00	695.25	731.36	725.90	546.94
原油加工量（万吨）	Crude Oil Processing (10 000 tons)	1600.00	1600.00	1670.00	1670.00	1682.00
焦炭（万吨）	Coke (10 000 tons)	335.00	807.50	727.50	765.00	882.79
碳化钙（万吨）	Calcium Carbide(10 000 tons)	120.74	169.00	113.00	125.40	124.00
农用氮、磷、钾化学肥料总计（万吨）	Chemical Fertilizer (10 000 tons)	99.97	122.70	35.95	45.50	45.50
水泥熟料（万吨）	Cement Clinker(10 000 tons)	2366.39	4199.16	3963.00	4144.00	4081.30
水泥（万吨）	Cement (10 000 tons)	3345.77	6817.61	6401.00	6448.50	6489.79
平板玻璃（万重量箱）	Plate Glass (10 000 weight cases)	654.08	602.20	610.00	625.00	1019.20
生铁（万吨）	Pig Iron (10 000 tons)	809.00	1017.32	892.00	892.00	911.65
粗钢（万吨）	Crude Steel (10 000 tons)	795.00	1300.00	1245.50	1215.50	1241.49
钢材（万吨）	Rolled Steel (10 000 tons)	547.15	1191.08	1373.80	1407.90	1547.41
铁合金（万吨）	Iron Alloy (10 000 tons)	159.44	157.32	124.61	119.20	133.44
原铝（万吨）	Primary Aluminium (10 000 tons)	120.52	291.08	276.00	293.50	315.20
汽车（万辆）	Motor Vehicles(10 000 sets)	5.00	4.00	4.10	0.06	0.06
#轿车	Cars(10 000 sets)	5.00	4.00	4.10	0.06	0.06
发电设备容量总计（万千瓦）	Installed Capacity of Power Generation(10 000 kWh)	2374.91	4075.30	4637.88	5109.60	6239.31
火电设备容量总计	Thermal Power	1319.62	1893.90	2102.85	1989.17	2252.25
水电设备容量总计	Hydropower	571.79	678.70	564.61	514.33	569.26
风电设备容量总计	Wind Power	477.65	1085.40	1281.61	1696.91	1980.21

13-9 国有及国有控股企业主要指标（2023）
Major Indicators of State-owned and State-holding Industrial Enterprises (2023)

单位：亿元 (100 million yuan)

指 标	Item	国有及国有控股企业 State-owned and State-holding Industrial Enterprises	占全省比重 (%) Proportion (%)	国有及国有控股大中型企业 Large and Medium-sized State-owned and State-holding Industrial Enterprises	占全省比重 (%) Proportion (%)
企业单位数（个）	Number of Enterprises (unit)	775	27.12	164	5.74
期末用工人数（万人）	Year-end Employees (10 000 persons)	31.75	61.89	27.14	52.89
年末资产总计	Total Property (year-end)	12575.74	71.13	9170.07	51.86
流动资产合计	Total Current Assets	3960.60	61.61	2767.40	43.05
年末负债合计	Total Liabilities (year-end)	7568.29	70.89	5390.05	50.49
年末所有者权益	Owners' Equity (year-end)	5007.44	71.47	3780.02	53.95
#实收资本	Paid-up Capital	2853.17	71.11	1679.98	41.87
营业收入	Business Revenue	8308.35	73.53	7106.54	62.90
税金及附加	Taxes and Extra Charges	420.96	94.26	410.78	91.98
利润总额	Total Profits	480.71	82.87	369.16	63.64
税金总额	Total Taxes	642.65	89.47	596.53	83.05
亏损企业数（个）	Number of Loss-making Enterprises (unit)	188	20.75	53	5.85
亏损企业亏损额	Total Losses Loss-making Enterprises	146.89	68.20	116.32	54.01

13-10 支柱工业主要指标占全省比重
Proportion to Total Industry in Gansu of Main Indicators of Pillar Industry

单位：% (%)

指 标	Item	2010	2015	2020	2022	2023
单位数	Number of Enterprises	77.11	69.60	66.09	64.06	62.98
期末用工人数	Year-end Employees	84.64	81.43	79.85	86.75	77.87
工业总产值	Gross Output Value of Industry	92.75	87.01	86.53	87.58	86.90
工业增加值	Value Added	91.62	87.07	84.25	87.60	87.05
年末资产总计	Total Assets (year-end)	90.86	88.02	81.04	78.20	77.44
负债合计	Total Liabilities	91.77	90.18	82.63	78.20	76.73
利润总额	Total Profits	86.78		59.29	80.39	91.72
利税总额	Total Profits and Taxes	92.68	81.40	80.71	87.63	92.84
工业销售产值	Sales Value of Industry Products	92.87	87.78	87.09	87.85	87.51

13-11 支柱工业主要指标
Main Indicators of Pillar Industry

行 业	Sector	2010	2015	2020	2022	2023
单位数（个）	**Number of Enterprises (unit)**	**1543**	**1495**	**1290**	**1613**	**1800**
石化工业	Petrochemical Industry	248	235	206	309	354
有色工业	Ferrous Industry	116	119	84	101	115
电力工业	Power Industry	237	242	341	398	436
冶金工业	Metallurgical Industry	141	111	60	66	69
机械工业	Machinery Industry	300	250	239	316	353
食品工业	Food Industry	414	485	314	358	395
煤炭工业	Coal Industry	87	53	46	65	78
工业增加值增速（%）	**Growth Rate of Value-added (%)**	**16.14**	**5.42**	**6.50**	**8.29**	**7.60**
石化工业	Petrochemical Industry	8.26	8.10	5.02	3.33	6.48
有色工业	Ferrous Industry	-0.51	12.50	4.03	15.24	15.89
电力工业	Power Industry	19.50	-3.80	11.68	3.24	1.04
冶金工业	Metallurgical Industry	21.24	-8.90	8.56	5.62	1.47
机械工业	Machinery Industry	65.22	12.50	15.63	12.00	20.73
食品工业	Food Industry	22.86	10.10	-0.50	6.86	5.53
煤炭工业	Coal Industry	18.81	-6.20	1.48	21.90	4.06
年末资产总计（亿元）	**Total Assets (year-end) (100 million yuan)**	**5914.27**	**10490.42**	**9893.34**	**12384.56**	**13691.40**
石化工业	Petrochemical Industry	1153.75	1529.98	1581.72	2060.81	2648.06
有色工业	Ferrous Industry	1304.61	2706.42	2241.28	2650.31	2810.54
电力工业	Power Industry	1406.15	2609.42	3149.11	3806.07	4082.41
冶金工业	Metallurgical Industry	876.53	1371.29	700.63	743.10	766.59
机械工业	Machinery Industry	422.00	812.55	900.63	1245.34	1553.98
食品工业	Food Industry	459.14	831.42	693.35	787.68	799.22
煤炭工业	Coal Industry	292.09	629.34	626.62	1091.25	1030.60

13-11 续表 continued

行 业	Sector	2010	2015	2020	2022	2023
负债合计（亿元）	**Total Liabilities (100 million yuan)**	**3730.53**	**7025.64**	**6053.92**	**7428.88**	**8191.72**
石化工业	Petrochemical Industry	623.47	869.39	776.37	978.51	1353.24
有色工业	Ferrous Industry	776.93	1885.77	1277.82	1446.80	1447.98
电力工业	Power Industry	1085.08	1938.27	2239.92	2643.07	2826.50
冶金工业	Metallurgical Industry	558.11	996.66	476.80	513.62	540.39
机械工业	Machinery Industry	257.63	529.47	624.92	856.97	1067.41
食品工业	Food Industry	246.02	419.38	332.81	381.24	404.04
煤炭工业	Coal Industry	183.29	386.70	325.28	608.67	552.16
利润总额（亿元）	**Total Profit (100 million yuan)**	**201.07**	**-151.15**	**177.90**	**488.37**	**532.09**
石化工业	Petrochemical Industry	76.62	-4.03	35.35	164.04	124.59
有色工业	Ferrous Industry	48.71	-61.80	60.42	179.43	216.84
电力工业	Power Industry	1.02	-5.93	29.03	18.07	55.93
冶金工业	Metallurgical Industry	19.69	-110.43	6.53	-21.96	-8.56
机械工业	Machinery Industry	14.11	12.23	5.49	6.56	10.53
食品工业	Food Industry	21.40	32.48	25.89	33.49	40.41
煤炭工业	Coal Industry	19.53	-13.67	15.19	108.74	92.35
工业销售产值增速（%）	**Growth Rate of Industrial Sales Output Value (%)**	**32.69**	**-12.70**	**2.45**	**16.82**	**7.16**
石化工业	Petrochemical Industry	23.68	-20.18	-11.60	26.96	1.82
有色工业	Ferrous Industry	30.26	2.66	7.28	23.53	14.16
电力工业	Power Industry	41.59	-5.05	8.88	7.64	5.32
冶金工业	Metallurgical Industry	31.53	-32.54	7.51	-6.19	-9.77
机械工业	Machinery Industry	75.71	-13.05	17.16	8.59	29.17
食品工业	Food Industry	33.64	1.43	4.35	8.36	6.79
煤炭工业	Coal Industry	26.46	-20.77	-5.03	33.85	-1.79

13-12 各地区规模以上工业企业主要经济指标(2023)
Main Economic Indicators of Industrial Enterprises above Designated Size by Region (2023)

单位:亿元 (100 million yuan)

指 标	Item	兰州市 Lanzhou	嘉峪关市 Jiayuguan	金昌市 Jinchang	白银市 Baiyin	天水市 Tianshui
企业单位数(个)	Number of Enterprises (unit)	528	75	141	255	206
亏损企业	Loss-making Enterprises	191	29	41	85	61
平均用工人数(人)	Annual Average Employees (person)	158814	30315	40272	54918	33405
资产总计	Total Assets (Year-end)	3965.70	1204.76	2002.25	1381.24	1061.60
#流动资产合计	Total Current Assets	1666.42	446.57	763.83	683.19	443.76
#存货	Inventories	408.80	106.71	175.82	201.47	108.52
#产成品	Finished Product	103.84	31.37	36.35	47.26	51.47
负债合计	Total Liabilities at Year-end	2474.39	748.01	976.20	801.59	549.78
所有者权益	Owners' Equity at Year-end	1492.26	456.75	1026.06	579.65	511.82
营业收入	Business Revenue	3459.61	1216.67	2032.28	939.20	346.30
营业成本	Business Cost	2988.21	1126.46	1843.44	855.22	298.38
税金及附加	Taxes and Extra Charges	223.94	5.83	12.20	5.72	2.80
销售费用	Selling Expenses	46.59	16.75	4.12	9.15	7.45
管理费用	Administrative Expenses	99.41	17.34	20.24	24.02	21.33
财务费用	Financial Expenses	29.17	11.70	13.54	14.30	5.32
利润总额	Total Profits	40.86	29.25	115.13	29.44	11.40
税金总额	Total Taxes	304.13	19.03	41.05	21.87	13.71
#工业企业本年应交增值税	Value-added Tax Payable	80.19	13.20	28.85	16.15	10.90

13-12 续表 1 continued

单位：亿元 (100 million yuan)

指 标	Item	武威市 Wuwei	张掖市 Jiuquan	平凉市 Pingliang	酒泉市 Jiuquan	庆阳市 Qingyang
企业单位数（个）	Number of Enterprises (unit)	238	255	123	391	139
亏损企业	Loss-making Enterprises	81	105	46	109	45
平均用工人数（人）	Annual Average Employees (person)	22440	20525	31363	46078	28704
资产总计	Total Assets (Year-end)	750.12	632.23	633.67	3005.85	1642.14
#流动资产合计	Total Current Assets	332.08	263.45	240.37	824.42	240.86
#存货	Inventories	63.23	56.62	24.52	118.70	25.90
#产成品	Finished Product	29.61	27.36	10.83	55.94	11.36
负债合计	Total Liabilities at Year-end	530.88	425.30	415.04	2212.19	673.40
所有者权益	Owners' Equity at Year-end	219.25	206.93	218.63	793.66	968.74
营业收入	Business Revenue	332.60	266.01	289.82	878.67	913.53
营业成本	Business Cost	274.00	218.77	219.64	698.12	597.94
税金及附加	Taxes and Extra Charges	3.20	4.05	5.95	45.08	126.05
销售费用	Selling Expenses	11.12	7.91	5.80	8.26	4.27
管理费用	Administrative Expenses	10.73	9.55	14.00	32.18	28.97
财务费用	Financial Expenses	8.12	8.48	4.26	24.62	10.67
利润总额	Total Profits	19.47	11.36	63.59	68.99	131.60
税金总额	Total Taxes	11.48	10.04	21.74	71.51	174.60
#工业企业本年应交增值税	Value-added Tax Payable	8.28	5.99	15.79	26.42	48.55

13-12 续表 2 continued

单位：亿元 (100 million yuan)

指 标	Item	定西市 Dingxi	陇南市 Longnan	临夏州 Linxia	甘南州 Gannan
企业单位数（个）	Number of Enterprises (unit)	235	123	96	53
亏损企业	Loss-making Enterprises	47	23	31	12
平均用工人数（人）	Annual Average Employees (person)	16040	17577	7721	3934
资产总计	Total Assets (Year-end)	494.06	529.62	218.36	159.52
#流动资产合计	Total Current Assets	208.82	199.93	71.15	43.75
#存货	Inventories	56.81	40.50	14.77	5.37
#产成品	Finished Product	20.36	15.49	8.46	3.77
负债合计	Total Liabilities at Year-end	323.19	320.02	125.76	100.13
所有者权益	Owners' Equity at Year-end	170.87	209.60	92.60	59.40
营业收入	Business Revenue	275.59	212.79	94.04	41.51
营业成本	Business Cost	239.06	135.69	84.32	27.24
税金及附加	Taxes and Extra Charges	1.73	8.75	0.56	0.74
销售费用	Selling Expenses	5.51	9.96	1.14	0.63
管理费用	Administrative Expenses	8.92	13.71	4.30	2.02
财务费用	Financial Expenses	6.28	5.26	3.02	2.83
利润总额	Total Profits	12.41	37.32	0.97	8.32
税金总额	Total Taxes	6.52	17.95	2.62	2.05
#工业企业本年应交增值税	Value-added Tax Payable	4.79	9.20	2.06	1.31

13-13　各市（州）规模以上工业增加值及效益指标（2023）
Value-added of Industry and Main Indicators on Economic Benefit of Industrial Enterprises above Designated Size by Region (2023)

市（州）	Region	工业增加值指数（可比价）（上年=100） Indices of Value-added of Industry (At Comparable Prices) (preceding year=100)	总资产贡献率（%） Ratio of Profits, Taxes and Interests to Average Assets (%)	资产负债率（%） Ratio of Debts to Assets (%)	流动资产周转次数（次/年） Turnover of Current Assets (time/year)	工业成本费用利润率（%） Ratio of Profits to Total Industrial Costs (%)	产品销售率（%） Sales Ratio of Products (%)
兰州市	Lanzhou	100.2	9.38	62.39	2.08	1.28	98.65
嘉峪关市	Jiayuguan	109.8	4.97	62.09	2.72	2.47	99.92
金昌市	Jinchang	116.9	8.34	48.75	2.66	6.08	101.18
白银市	Baiyin	107.2	4.55	58.03	1.37	3.23	98.11
天水市	Tianshui	105.3	2.78	51.79	0.78	3.30	94.58
武威市	Wuwei	101.0	5.01	70.77	1.00	6.31	90.04
张掖市	Zhangye	106.4	4.39	67.27	1.01	4.52	89.68
平凉市	Pingliang	100.6	14.07	65.50	1.21	25.88	95.01
酒泉市	Jiuquan	111.6	5.39	73.60	1.07	8.94	99.87
庆阳市	Qingyang	112.6	19.28	41.01	3.79	20.27	99.89
定西市	Dingxi	107.0	4.76	65.41	1.32	4.69	85.07
陇南市	Longnan	106.5	11.24	60.42	1.06	22.25	89.30
临夏州	Linxia	100.1	2.91	57.59	1.32	1.04	96.03
甘南州	Gannan	104.5	8.11	62.77	0.95	24.98	96.58

13-14　各市（州）规模以上工业主要工业产品产量（2023）
Output of Major Industrial Products of Industrial Enterprises above Designated Size by Region (2023)

市（州）	Region	原煤（万吨） Coal (10 000 tons)	原油（万吨） Crude Oil (10 000 tons)	原油加工量（万吨） Crude Oil Processing (10 000 tons)	发电量（亿千瓦小时） Electricity (100 million kWh)	粗钢（万吨） Crude Steel (10 000 tons)	钢材（万吨） Rolled Steel (10 000 tons)	水泥（万吨） Cement (10 000 tons)	汽车（辆） Motor Vehicles (set)
兰州市	Lanzhou	532.20	0.72	869.20	239.48	479.16	519.47	832.32	36
嘉峪关市	Jiayuguan				207.83	629.70	659.53	231.39	
金昌市	Jinchang				112.36			173.01	
白银市	Baiyin	1021.46			232.33			384.55	
天水市	Tianshui				21.59			431.65	
武威市	Wuwei	409.60			102.65		0.4	167.81	
张掖市	Zhangye	252.77			82.24			126.51	
平凉市	Pingliang	2335.88			186.89			340.14	
酒泉市	Jiuquan	764.14	69.73	236.03	536.34			220.45	
庆阳市	Qingyang	674.14	1095.92	361.27	22.61			34.45	
定西市	Dingxi				36.50			425.82	
陇南市	Longnan				45.48			436.85	
临夏州	Linxia				53.55			224.15	
甘南州	Gannan				45.56			96.35	

主要统计指标解释

工业 指从事自然资源的开采，对采掘品和农产品进行加工和再加工的物质生产部门。具体包括：(1)对自然资源的开采，如采矿、晒盐等(但不包括禽兽捕猎和水产捕捞)；(2)对农副产品的加工、再加工，如粮油加工、食品加工、缫丝、纺织、制革等；(3)对采掘品的加工、再加工，如炼铁、炼钢、化工生产、石油加工、机器制造、木材加工等，以及电力、燃气及水的生产和供应等；(4)对工业品的修理、翻新，如机器设备的修理等。

工业统计调查单位为工业法人单位。

工业法人单位指从事工业生产经营活动的法人单位。工业法人单位应同时具备以下条件：①依法成立，有自己的名称、组织机构和场所，能够独立承担民事责任；②独立拥有（或授权）使用资产，承担负债，有权与其他单位签订合同；③具有包括资产负债表在内的账户，或者能够根据需要编制账户。

国有控股企业 即原来的国有及国有控股企业，根据企业实收资本中国有经济成分的出资人的实际投资情况，或国有经济成分的出资人对企业资产的实际控制、支配程度进行分类。以下情况为国有控股：（1）在企业的全部实收资本中，国有经济成分的出资人拥有的实收资本（股本）所占企业全部实收资本（股本）的比例大于50%的国有绝对控股。（2）在企业的全部实收资本中，国有经济成分的出资人拥有的实收资本（股本）所占比例虽未大于50%，但相对大于其他任何一方经济成分的出资人所占比例的国有相对控股；或者虽不大于其他经济成分，但根据协议规定拥有企业实际控制权的国有协议控股。（3）投资双方各占50%，且未明确由谁绝对控股的企业，若其中一方为国有经济成分的，一律按国有控股处理。

轻工业 指主要提供生活消费品和制作手工工具的工业。按其所使用的原料不同，可分为两大类：(1)以农产品为原料的轻工业，是指直接或间接以农产品为基本原料的轻工业。主要包括食品制造、饮料制造、烟草加工、纺织、缝纫、皮革和毛皮制作、造纸以及印刷等工业；(2)以非农产品为原料的轻工业，是指以工业品为原料的轻工业。主要包括文教体育用品、化学药品制造、合成纤维制造、日用化学制品、日用玻璃制品、日用金属制品、手工工具制造、医疗器械制造、文化和办公用机械制造等工业。

重工业 指为国民经济各部门提供物质技术基础的主要生产资料的工业。按其生产性质和产品用途，可以分为下列三类：(1)采掘(伐)工业，是指对自然资源的开采，包括石油开采、煤炭开采、金属矿开采、非金属矿开采等工业；(2)原材料工业，指向国民经济各部门提供基本材料、动力和燃料的工业。包括金属冶炼及加工、炼焦及焦炭、化学、化工原料、水泥、人造板以及电力、石油和煤炭加工等工业；(3)加工工业，是指对工业原材料进行再加工制造的工业。包括装备国民经济各部门的机械设备制造工业、金属结构、水泥制品等工业，以及为农业提供的生产资料如化肥、农药等工业。

根据上述划分原则，修理业中以重工业产品为修理作业对象的划为重工业，反之划为轻工业。

工业总产值（当年价格） 指工业企业在报告期内生产的以货币形式表现的工业最终产品和提供工业劳务活动的总价值量。

资产总计 指企业过去的交易或者事项形成的、由企业拥有或者控制的、预期会给企业带来经济利益的资源。资产一般按流动性分为流动资产和非流动资产。其中流动资产可分为货币资金、交易性金融资产、应收票据、应收账款、预付款项、其他应收款、存货等；非流动资产可分为长期股权投资、固定资产、无形资产及其他非流动资产等。来源于会计“资产负债表”中“资产总计”项目的期末余额数。

流动资产合计 资产满足以下条件之一应归为流动资产：（1）预计在一个正常营业周期中变现、出售或耗用，主要包括存货、应收账款等；（2）主要为交易目的而持有；（3）预计在资产负债表日起一年内（含一年）变现；（4）自资产负债日起一年内，交换其他资产或清偿负债的能力不受限制的现金或现金等价物。包括货币资金、应收票据、应收账款、存货等项目。来源于会计“资产负债表”中“流动资产合计”项目的期末余额数。

存货 指企业在日常活动中持有以备出售的产成品或商品、处在生产过程中的在产品、在生产过程或提供劳务过程中耗用的材料或物料等，通常包括原材料、在产品、半成品、产成品、商品以及周转材料等。来源于会计“资产负债表”中“存货”项目的期末余额数。

产成品 指企业已经完成全部生产过程并验收入库，可以按照合同规定的条件送交订货单位，或者可以作为商品对外销售的产品。来源于会计“产成品”科目的借方余额。

负债合计 指企业过去的交易或者事项形成的，预期会导致经济利益流出企业的现时义务。负债一般按偿还期长短分为流动负债和非流动负债。来源于会计“资产负债表”中“负债合计”项目的期末余额数。

所有者权益 指企业资产扣除负债后由所有者享有的剩余权益。公司的所有者权益又称股东权益。包括实收资本、资本公积、盈余公积、未分配利润等。来源于会计“资产负债表”中“所有者权益合计”项目的期末余额数。

营业收入 指企业经营主要业务和其他业务所确认的收入总额。营业收入包括“主营业务收入”和“其他业务收入”。来源于会计“利润表”中“营业收入”项目的本年累计数。

营业成本 指企业经营主要业务和其他业务所发生的成本总额。包括企业（单位）在报告期内从事销售商品、提供劳务等日常活动发生的各种耗费。包括“主营业务成本”和“其他业务成本”。来源于会计“利润表”中“营业成本”项目的本年累计数。

税金及附加 指企业因从事生产经营活动按税法规定应缴纳的消费税、城市维护建设税、资源税、环境保护税、教育费附加、房产税、城镇土地使用税、车船税、印花税等相关税费。根据会计“利润表”中“税金及附加”项目的本年累计数填报。

销售费用 指企业在销售商品和材料、提供劳务的过程中发生的各种费用，包括保险费、包装费、展览费和广告费、商品维修费、预计产品质量保证损失、运输费、装卸费等以及为销售本企业商品而专设的销售机构（含销售网点、售后服务网点等）的职工薪酬、业务费、折旧费等经营费用。

管理费用 指企业为组织和管理企业生产经营所发生的费用，包括企业在筹建期间内发生的开办费、董事会和行政管理部门在企业经营管理中发生的，或者应当由企业统一负担的公司经费等。来源于会计“利润表”中“管理费用”项目的本年累计数。

财务费用 指企业为筹集生产经营所需资金等而发生的筹资费用，包括企业生产经营期间发生的利息支出（减利息收入）、汇兑损失（减汇兑收益）以及相关的手续费等。来源于会计“利润表”中“财务费用”项目的本年累计数。

利润总额 指企业在一定会计期间的经营成果，是生产经营过程中各种收入扣除各种耗费后的盈余，反映企业在报告期内实现的盈亏总额。来源于会计“利润表”中“利润总额”项目的本期金额数。

平均用工人数 指报告期企业平均实际拥有的、参与本企业生产经营活动的人员数。

就业人员平均人数 是指报告期内每天拥有的就业人员人数。

总资产贡献率 反映企业全部资产的获利能力，是企业经营业绩和管理水平的集中体现，是评价和考核企业盈利能力的核心指标。计算公式为：

$$\text{总资产贡献率}(\%)=\frac{\text{利润总额}+\text{税金总额}+\text{利息支出}}{\text{资产总计}}\times 100\%$$

公式中：税金总额为产品销售税金及附加与应交增值税之和；资产总计为期初期末资产之和的算术平均值。

资产负债率 该指标既反映企业经营风险的大小，也反映企业利用债权人提供的资金从事经营活动的能力。计算公式为：

$$\text{资产负债率}(\%)=\frac{\text{负债总额}}{\text{资产总额}}\times 100\%$$

资产与负债均为报告期期末数。

流动资产周转次数 指一定时期内流动资产完成的周转次数，反映投入工业企业流动资金的周转速度。计算公式为：

$$\text{流动资产周转次数}=\frac{\text{营业收入}}{\text{流动资产合计}}$$

成本费用利润率 反映企业投入的生产成本及费用的经济效益，同时也反映企业降低成本所取得的经济效益。计算公式为：

$$\text{成本费用利润率}(\%)=\frac{\text{利润总额}}{\text{成本费用总额}}\times 100\%$$

公式中：成本费用总额为产品销售成本、销售费用、管理费用、财务费用、研发费用之和。

产品销售率 该指标反映工业产品已实现销售的程度，是分析工业产销衔接情况，研究工业产品满足社会需求的指标。计算公式为：

$$\text{产品销售率}=\frac{\text{工业销售产值}}{\text{工业总产值（现价）}}\times 100\%$$

14 建筑业

Construction

简要说明

一、本篇资料主要内容

本篇资料反映建筑业概况和发展情况。主要包括建筑业企业基本情况和生产经营情况。

二、本篇资料的统计范围

建筑业统计范围为辖区内具有总承包或专业承包建筑业资质的所有独立核算建筑业企业（包括没有工作量的建筑业企业）及所属的产业活动单位。

三、本篇资料来源

本篇资料由省统计局固定资产投资处根据国家统计局制定的《建筑业统计报表制度》整理、汇总。

14-1 建筑业企业概况
Main Indicators on Construction Enterprises

年份 Year	总计 Total	国有企业 State-owned	集体企业 Collective-owned	其他 Others
企业单位数（个）				
Number of Enterprises(unit)				
2005	933	148	156	629
2006	951	145	150	656
2007	930	134	147	649
2008	926	111	114	701
2009	919	101	110	708
2010	890	101	98	691
2011	908	92	97	719
2012	1215	103	105	1007
2013	1295	73	87	1135
2014	1348	69	86	1193
2015	1370	69	82	1219
2016	1393	63	78	1252
2017	1457	85	76	1296
2018	1571	79	72	1420
2019	1822	82	66	1674
2020	1980	84	62	1834
2021	2374	111	56	2207
2022	2671	128	51	2492
从业人员（万人）				
Number of Persons Employed (10 000 persons)				
2005	42.77	9.25	9.04	24.48
2006	43.67	8.51	9.53	25.63
2007	43.88	7.32	9.40	27.16
2008	42.03	5.66	5.39	30.97
2009	44.98	5.35	5.67	33.97
2010	45.76	6.36	4.86	34.55
2011	46.00	7.31	5.60	33.08
2012	56.26	7.49	5.81	42.96
2013	54.81	5.97	5.86	42.98
2014	58.89	7.63	6.21	45.05
2015	55.10	7.88	5.40	41.82
2016	54.10	8.38	5.35	40.37
2017	48.60	8.08	4.40	36.12
2018	43.39	6.98	3.48	32.93
2019	43.02	8.76	3.15	31.11
2020	40.86	8.29	2.76	29.81
2021	49.34	10.09	2.42	36.83
2022	51.39	11.50	2.17	37.72
2023				

注：1. 本表数据指标口径为辖区内具有总承包和专业承包建筑业资质的所有独立核算的建筑业企业，包括没有工作量的建筑业企业。
2. 本表国有企业为大口径，含国有、国有联营和国有独资公司；集体企业为大口径，含集体、集体联营和股份合作。

a) The data indicators in this table are all independent accounting construction enterprises with general contracting and professional contracting qualification in the jurisdiction, including those without workload.

b) State-owned enterprises in this table are large-caliber, including state-owned, state-owned joint ventures and wholly state-owned companies; collective enterprises are large-caliber, including collectives, collective joint ventures, and stock cooperation.

14-1 续表 1 continued

年 份 Year	总计 Total	国有企业 State-owned	集体企业 Collective-owned	其他 Others
建筑业总产值（万元）Gross Output Value (10 000 yuan)				
2005	3141700	1169235	376213	1596252
2006	3443287	1103154	486291	1853842
2007	4369039	974710	662602	2731727
2008	4812744	900868	529097	3382779
2009	5798859	987574	508935	4302350
2010	7519879	1303237	580351	5636292
2011	9256772	2262570	744144	6250058
2012	13722823	3221873	1086236	9414714
2013	17208628	2698696	1241827	13268105
2014	18145239	2818352	1329573	13997314
2015	18490185	2731643	1245432	14513110
2016	19472432	2973159	1159388	15339885
2017	18254227	4521134	891891	12841202
2018	18079549	4775966	690134	12613449
2019	19163534	5159913	661846	13341775
2020	20582639	5828042	566393	14188203
2021	22705025	5860167	587077	16257781
2022	24776825	6551546	507787	17717492

14-1 续表 2 continued

年 份 Year	总计 Total	内资企业 Domestic Invested Enterprises	港澳台投资企业 Enterprises with Investment from Hong Kong, Macao and Taiwan	外商投资企业 Foreign Invested Enterprises
企业单位数（个）Number of Enterprises(unit)				
2023	2963	2962		1
从业人员（万人）Number of Persons Employed (10 000 persons)				
2023	53.74	53.74		
建筑业总产值（万元）Gross Output Value (10 000 yuan)				
2023	26974787	26974660		127

注：表中“内资”“港澳台投资”“外商投资”分组数据按照《关于市场主体统计分类的划分规定》（国统字【2023】11 号）标准计算。

a) The grouping data of "domestic capital", "Hong Kong, Macao, and Taiwan investment", and "foreign investment" in the table are calculated according to the "Classification Regulations for Market Entities Statistics" (Guotongzi [2023] No. 11) standard.

14-2 按登记注册类型分建筑业企业主要经济指标（2023）
Main Economic Indicators on Construction Enterprises by Registration Status(2023)

指 标	Item	合 计 Total	内资企业 Domestic Funded Enterprises	港、澳、台商投资企业 Enterprises with Funds from Hong Kong ,Macao and Taiwan	外商投资企业 Foreign Funded Enterprises
单位数（个）	Number of Construction Enterprises (unit)	2963	2962		1
从业人员（万人）	Number of Employed Persons (10 000 persons)	53.74	53.74		
建筑业总产值（亿元）	Gross Output Value of Construction (100 million yuan)	2697.48	2697.47		0.01
营业收入（亿元）	Business Revenue (100 million yuan)	2748.40	2748.39		0.01
营业成本（亿元）	Business Cost (100 million yuan)	2524.07	2524.07		
税金及附加（亿元）	Taxes and Extra Charges (100 million yuan)	12.33	12.33		
营业利润（亿元）	Operating Profits (100 million yuan)	89.37	89.37		
利润总额（亿元）	Total Profits (100 million yuan)	84.04	84.04		
税金总额（亿元）	Total Tax (100 million yuan)	104.44	104.44		
产值利润率（%）	Ratio of Profit to Gross Output Value (%)	3.12	3.12		3.5
产值利税率（%）	Ratio of Output Value to Profit and Tax (%)	6.99	6.99		4.7
劳动生产率（元/人）	Overall Labor Productivity (yuan/person)	501958	501961		253600
按总产值计算	In Terms of Gross Output Value				
房屋建筑施工面积（万平方米）	Floor Space of Buildings under Construction (10 000 sq.m)	11417	11417		
房屋建筑竣工面积（万平方米）	Floor Space of Buildings Completed (10 000 sq.m)	2191	2191		
# 住宅	Residential Buildings	1456	1456		
房屋建筑面积竣工率（%）	Rat of Floor Space of Buildings Completed (%)	19.19	19.19		

14-3 按行业分建筑企业主要指标（2023）

类别	Items	单位数（个）Number of Construction Enterprises (unit)	年末从业人员（万人）Year-end Employed Persons (10 000 persons)	建筑业总产值（亿元）Gross Output Value of Construction (100 million)
甘肃省	**Gansu**	**2963**	**42.88**	**2697.48**
房屋建筑业	Housing Construction Industry	1797	27.83	1410.43
土木工程建筑业	Civil Engineering Construction	828	11.34	1059.93
铁路、道路、隧道和桥梁工程建筑	Railways,Tunnels,Highways and Bridges Buildings	471	5.82	649.79
水利和水运工程建筑	Buildings of Water Conservancy and Water Transport Engineering	108	1.42	107.60
海洋工程建筑业	Marine Engineering Construction Industry			
工矿工程建筑	Mining Engineering Buildings	21	1.31	89.37
架线和管道工程建筑	Wired and Pipeline Engineering Buildings	89	1.32	96.13
节能环保工程施工	Construction of Energy Saving and Environmental Protection Projects	2	0.001	0.04
电力工程施工	Construction of Power Engineering	53	0.88	89.12
其他土木工程建筑	Other Civil Engineering Buildings	84	0.57	27.88
建筑安装业	Construction Installation	163	3.05	174.96
建筑装饰及其他建筑业	Building Decoration and Other Construction	175	0.67	52.15
建筑装饰和装修业	Building Decoration	145	0.50	33.79
建筑物拆除和场地准备活动	Buildings Tear Down and Preparation Activities of Site	15	0.11	15.23
提供施工设备服务	Providing Construction Equipment Services	1		
其他未列明的建筑活动	Other Unindicated Building Industry	14	0.06	3.14

14-4 建筑施工企业主要财务指标（2023）

单位：亿元

项目	Item	资产总计 Total Assets	#流动资产 Current Assets	#固定资产净值 Net Fixed Assets
甘肃省	**Gansu**	**5583.35**	**4124.97**	**253.64**
按登记注册统计类别分	**By Type of Registration and Statistical Categories**			
内资企业	Domestic Funded Enterprises	5583.09	4124.84	253.64
港、澳、台商投资企业	Funded from Hong Kong,Macao and Taiwan			
外商投资企业	Foreign Funded Enterprises	0.26	0.13	
按行业类别分	**By Sector**			
房屋建筑业	Construction of Buildings	3308.22	2488.41	140.07
土木工程建筑业	Civil Engineering	1911.82	1320.29	100.02
建筑安装业	Construction Installation	184.26	153.55	11.32
建筑装饰和其他建筑业	Building Decoration and Other Constructions	179.06	162.72	2.23
按隶属关系分	**By Administrative Relationship**			
中　央	Central	383.88	258.29	8.88
地　方	Local	2691.58	1962.06	122.84
其　他	Other	582.03	320.34	49.37

Main Indicators of Construction Enterprises by Sector (2023)

#建筑工程 Construc-tion	#安装工程 Installa-tion	房屋建筑施工面积（万平方米） Floor Space of Buildings under Construction (10 000 sq.m)	房屋建筑竣工面积（万平方米） Floor Space of Buildings Completed (10 000 sq.m)	房屋建筑竣工价值（亿元） Value of Buildings Completed (100 million yuan)	房屋建筑竣工率（%） Rate of Floor Space of Buildings Completed (%)	竣工房屋造价（元/平方米） Cost of Buildings Completed (yuan/sq.m)
2335.58	**262.34**	**11417.12**	**2190.82**	**461.31**	**19.19**	**2105.67**
1308.01	52.42	9951.75	2063.83	400.30	20.74	1939.61
913.82	121.43	1199.87	97.29	39.56	8.11	4066.45
628.22	7.42	687.97	58.00	32.62	8.43	5625.00
75.98	30.56	39.86				
68.70	17.92	303.59	10.27	2.21	3.38	2154.06
65.54	26.73	23.57	12.09	3.59	51.29	2972.50
0.04						
50.93	35.99					
24.41	2.82	144.90	16.94	1.13	11.69	669.46
70.99	81.03	162.37	26.33	20.62	16.21	7834.09
42.77	7.46	103.13	3.37	0.83	3.27	2450.57
25.31	6.94	23.84	2.28	0.40	9.58	1736.58
15.00	0.01	78.40	0.20	0.38	0.26	19000.00
2.46	0.51	0.89	0.89	0.05	100.00	564.04

Main Financial Indicators of Construction Enterprises (2023)

(100 million yuan)

负债合计 Total Liabilities	#流动负债 Liquid Liabilities	#非流动负债 Non-current Liabilities	所有者权益 Owners' Equity	#实收资本 Paid-in Capitals	营业收入 Business Revenue	#主营业务收入 Revenue from Principal Business	利税总额 Total Pre-tax Profits	#利润总额 Total Profits
4064.18	**3367.32**	**382.61**	**1519.18**	**637.77**	**2748.40**	**2579.06**	**188.48**	**84.04**
4064.18	3367.32	382.61	1518.91	637.72	2748.39	2579.05	188.48	84.04
			0.26	0.05	0.01	0.01		
2421.82	1996.37	255.88	886.40	303.00	1409.08	1304.74	89.34	36.22
1358.11	1110.98	121.67	553.70	183.63	1100.98	1045.87	85.73	42.67
137.71	123.88	1.62	46.56	30.21	176.02	167.38	9.77	3.82
146.54	136.09	3.43	32.52	120.93	62.32	61.07	3.64	1.34
333.69	308.04	23.99	50.19	33.96	282.35	277.23	12.42	7.43
2061.43	1756.12	240.01	630.15	193.07	906.01	858.37	62.53	31.93
365.27	265.91	71.93	216.76	42.74	310.62	300.64	21.75	10.66

14-5 分市（州）建筑业企业签订合同和承包工程完成情况（2023）
Contracts Signed and Completion of Contracted Projects by Construction Enterprises by Region (2023)

单位：亿元 (100 million yuan)

市（州）	Region	合同总额 Total Value of Contracts	上年结转合同额 from Contracts Signed in Last Year	本年新签合同额 Value from New Contracts Signed in This Year	直接从建设单位承揽工程完成的产值 Completed Output Value of Projects Contracted Directly from Investors	自行完成施工产值 Own-completed Output Value	分包出去工程的产值 Output Value of Out-sourced Projects	从建设单位以外承揽工程完成的产值 Completed Output Value of Projects Contracted from Non-investors
甘肃省	**Gansu**	**6071.58**	**2830.54**	**3241.04**	**2658.45**	**2633.20**	**25.25**	**64.28**
兰州市	Lanzhou	3454.91	1697.68	1757.23	1265.17	1246.80	18.37	40.72
嘉峪关市	Jiayuguan	48.45	12.88	35.57	33.14	33.14	0.00	1.86
金昌市	Jinchang	171.05	57.26	113.79	118.66	118.58	0.08	0.88
白银市	Baiyin	221.12	84.02	137.09	133.28	132.49	0.80	2.10
天水市	Tianshui	268.10	110.03	158.07	173.42	171.91	1.51	2.72
武威市	Wuwei	223.07	107.51	115.55	118.52	117.43	1.09	1.33
张掖市	Zhangye	188.02	87.52	100.50	102.65	102.40	0.25	1.51
平凉市	Pingliang	168.18	61.69	106.49	120.99	120.99	0.00	0.65
酒泉市	Jiuquan	268.01	103.94	164.07	133.60	132.66	0.94	5.17
庆阳市	Qingyang	333.91	180.30	153.60	117.34	117.24	0.10	1.51
定西市	Dingxi	236.72	100.17	136.55	137.69	137.69	0.00	1.95
陇南市	Longnan	165.95	75.96	89.98	75.35	74.19	1.17	0.40
临夏州	Linxia	261.48	127.94	133.54	97.79	97.20	0.58	2.72
甘南州	Gannan	62.62	23.61	39.01	30.84	30.49	0.35	0.76

14-6 建筑业房屋建筑面积
Floor Space of Buildings Constructed by Construction Enterprises

单位：万平方米

年份 Year	房屋建筑面积 Floor Space of Buildings	
	施工面积 Floor Space under Construction	竣工面积 Floor Space Completed
2005	3008.48	1455.17
2006	3313.53	1638.38
2007	3788.00	1472.74
2008	3791.49	1842.81
2009	4178.20	1724.38
2010	5032.63	2013.88
2011	5925.09	2409.80
2012	8179.58	3257.61
2013	10319.41	3976.67
2014	11531.10	4172.00
2015	10757.08	4082.94
2016	10422.41	3915.21
2017	9777.64	3031.49
2018	10099.99	2713.19
2019	10689.92	2686.74
2020	10966.35	2392.39
2021	12418.75	2341.39
2022	12228.76	2030.52
2023	11417.12	2190.82

14-7 各地、县建筑业企业情况（2023）
Basic Conditions of Construction Enterprises by Region & County (2023)

地、县	Region & County	单位数（个）Number of Construction Enterprises (unit)	从业人员（万人）Number of Employed Persons (10000 persons)	建筑业总产值（亿元）Gross Output Value of Construction (100 million yuan)	利税总额（亿元）Total Pre-tax Profits (100 million yuan)
甘肃省	**Gansu**	**2963**	**53.74**	**2697.48**	**188.48**
兰州市	**Lanzhou**	**525**	**16.91**	**1287.52**	**91.16**
城关区	Chengguan	273	5.93	458.04	27.67
七里河区	Qilihe	70	3.23	253.50	17.93
西固区	Xigu	40	3.24	128.76	5.95
安宁区	Anning	27	1.49	198.56	14.87
红古区	Honggu	13	0.22	4.77	0.33
永登县	Yongdeng	13	0.16	3.80	0.16
皋兰县	Gaolan	18	0.10	3.58	0.29
榆中县	Yuzhong	15	0.46	85.84	9.10
兰州新区	Lanzhoun New Area	56	2.09	150.65	14.85
嘉峪关市	**Jiayuguan**	**78**	**0.95**	**35.00**	**1.80**
金昌市	**Jinchang**	**66**	**1.66**	**119.45**	**6.26**
金川区	Jinchuan	56	1.50	112.55	5.95
永昌县	Yongchang	10	0.16	6.90	0.31
白银市	**Baiyin**	**227**	**3.62**	**134.58**	**7.09**
白银区	Baiyin	108	0.97	45.83	2.42
平川区	Pingchuan	34	1.40	39.83	1.43
靖远县	Jingyuan	27	0.51	18.95	0.89
会宁县	Huining	34	0.26	7.51	0.59
景泰县	Jingtai	24	0.48	22.47	1.75
天水市	**Tianshui**	**180**	**4.67**	**174.64**	**9.72**
秦州区	Qinzhou	54	2.18	96.45	3.61
麦积区	Maiji	34	0.47	14.65	0.74
清水县	Qingshui	13	0.14	5.64	0.36
秦安县	Qinan	21	0.34	10.71	0.72
甘谷县	Gangu	29	0.92	25.55	2.12
武山县	Wushan	22	0.31	13.13	1.60
张家川县	Zhangjiachuan	7	0.30	8.51	0.57
武威市	**Wuwei**	**241**	**3.51**	**118.76**	**8.15**
凉州区	Liangzhou	158	2.33	74.10	5.07
民勤县	Minqin	31	0.29	11.02	0.75
古浪县	Gulang	24	0.44	17.73	1.08
天祝县	Tianzhu	28	0.45	15.91	1.26
张掖市	**Zhangye**	**366**	**2.45**	**103.91**	**9.30**

14–7 续表 1 continued

地、县	Region & County	单位数（个）Number of Construction Enterprises (unit)	从业人员（万人）Number of Employed Persons (10000 persons)	建筑业总产值（亿元）Gross Output Value of Construction (100 million yuan)	利税总额（亿元）Total Pre-tax Profits (100 million yuan)
甘州区	Ganzhou	198	0.83	34.44	3.28
肃南县	Sunan	17	0.13	7.74	0.53
民乐县	Minle	27	0.28	19.68	1.23
临泽县	Linze	35	0.50	16.57	1.53
高台县	Gaotai	50	0.27	8.54	0.74
山丹县	Shandan	39	0.44	16.94	2.00
平凉市	**Pingliang**	**193**	**3.44**	**121.64**	**9.33**
崆峒区	Kongtong	102	0.84	57.18	5.25
泾川县	Jingchuan	16	0.25	12.32	0.58
灵台县	Lingtai	15	0.15	5.61	0.28
崇信县	Chongxin	9	0.14	3.56	0.36
庄浪县	Zhuanglang	15	0.76	13.93	1.06
静宁县	Jingning	21	1.13	23.23	1.42
华亭市	Huating	15	0.17	5.82	0.36
酒泉市	**Jiuquan**	**250**	**2.69**	**137.83**	**10.47**
肃州区	Suzhou	121	1.43	83.25	6.81
金塔县	Jinta	25	0.16	5.25	0.76
瓜州县	Anxi	28	0.25	7.00	0.53
肃北县	Subei	10	0.05	2.40	0.05
阿克塞县	Akesai	11	0.06	1.72	0.26
玉门市	Yumen	30	0.54	28.72	1.33
敦煌市	Dunhuang	25	0.21	9.48	0.73
庆阳市	**Qingyang**	**245**	**2.73**	**118.75**	**6.87**
西峰区	Xifeng	125	1.02	59.15	3.24
庆城县	Qingcheng	30	0.54	15.52	1.16
环　县	Huanxian	21	0.26	14.02	0.88
华池县	Huachi	16	0.07	5.78	0.40
合水县	Heshui	8	0.11	2.74	0.25
正宁县	Zhengning	8	0.21	4.08	0.22
宁　县	Ningxian	20	0.31	10.74	0.20
镇原县	Zhenyuan	17	0.22	6.72	0.53
定西市	**Dingxi**	**157**	**3.28**	**139.64**	**12.74**
安定区	Anding	52	1.17	56.37	3.90
通渭县	Tongwei	16	0.32	11.02	2.23

14–7 续表 2 continued

地、县	Region & County	单位数（个）Number of Construction Enterprises (unit)	从业人员（万人）Number of Employed Persons (10000 persons)	建筑业总产值（亿元）Gross Output Value of Construction (100 million yuan)	利税总额（亿元）Total Pre-tax Profits (100 million yuan)
陇西县	Longxi	21	0.69	28.45	1.13
渭源县	Weiyuan	14	0.16	5.42	0.68
临洮县	Lintao	33	0.78	29.13	3.12
漳　县	Zhangxian	8	0.07	3.08	1.22
岷　县	Minxian	13	0.09	6.17	0.45
陇南市	**Longnan**	**201**	**2.51**	**74.58**	**6.21**
武都区	Wudu	103	1.13	35.31	3.77
成　县	Chengxian	22	0.24	7.71	0.31
文　县	Wenxian	6	0.16	3.69	0.29
宕昌县	Tanchang	4	0.06	1.63	0.17
康　县	Kangxian	10	0.14	3.63	0.24
西和县	Xihe	14	0.19	3.15	0.39
礼　县	Lixian	28	0.39	11.10	0.52
徽　县	Huixian	9	0.12	5.75	0.31
两当县	Liangdang	5	0.08	2.61	0.19
临夏州	**Linxia**	**144**	**4.21**	**99.93**	**7.24**
临夏市	linxia	30	1.02	30.13	2.29
临夏县	linxia	20	0.40	12.39	1.43
康乐县	Kangle	21	0.37	8.07	0.87
永靖县	Yongjing	29	1.31	25.00	1.60
广河县	Guanghe	13	0.17	2.57	0.12
和政县	Hezheng	12	0.48	10.11	0.20
东乡县	Dongxiang	15	0.37	9.95	0.72
积石山县	Jishishan	4	0.09	1.70	0.01
甘南州	**Gannan**	**90**	**1.10**	**31.25**	**2.14**
合作市	Hezuo	16	0.28	8.30	0.66
临潭县	Lintan	17	0.19	3.02	0.36
卓尼县	Zhuoni	17	0.09	2.26	0.16
舟曲县	Zhouqu	12	0.17	4.15	0.15
迭部县	Diebu	9	0.11	3.38	0.19
玛曲县	Maqu	10	0.09	3.59	0.02
碌曲县	Luqu	4	0.09	3.68	0.50
夏河县	Xiahe	5	0.08	2.86	0.10

主要统计指标解释

建筑业统计单位 指从事房屋、构筑物建造和设备安装活动的法人企业。建筑业法人企业应具有建筑业资质并能够独立核算，同时其应具备以下条件：（1）依法成立，有自己的名称、组织机构和场所，能够承担民事责任；（2）独立拥有和使用资产，承担负债，有权与其他单位签订合同；（3）独立核算盈亏，能够编制资产负债表。

建筑业总产值 是以货币形式表现的建筑业企业在一定时期内生产的建筑业产品和提供的服务的总和。建筑业总产值包括：

（1）建筑工程产值：指列入建筑工程预算内的各种工程价值。

（2）安装工程产值：指设备安装工程价值，不包括被安装设备本身的价值。

（3）其他产值：建筑业总产值中除建筑工程、安装工程以外的产值。包括房屋构筑物修理产值、非标准设备制造产值、总包企业向分包企业收取的管理费以及不能明确划分的施工活动所完成的产值。

a. 房屋构筑物修理产值：指房屋和构筑物修理所完成的产值，但不包括被修理房屋、构筑物本身价值和生产设备的修理价值。

b. 非标准设备制造产值：指加工制造没有定型的非标准生产设备的加工费和原材料价值（如化工厂、炼油厂用的各种罐、槽，矿井生产统一使用的各种漏斗、三角槽、阀门等）以及附属加工厂为本企业承建工程制作的非标准设备的价值。

建筑业增加值 指建筑业企业在报告期内以货币形式表现的建筑业生产经营活动的最终成果。

从 2004 年第一次全国经济普查开始，建筑业现价增加值按生产法和分配法（收入法）两种方法计算，以收入法的计算结果为准，即从收入的角度出发，根据生产要素在生产过程中应得的收入份额计算。具体计算方法：经济普查年度建筑业增加值按照《经济普查年度 GDP 核算方案》计算，非经济普查年度建筑业增加值按照《非经济普查年度 GDP 核算方案》计算。

房屋施工面积 指在报告期内施工的全部房屋建筑面积，包括本期新开工的房屋建筑面积、上期施工跨入本期继续施工的房屋建筑面积、上期停缓建在本期恢复施工的房屋建筑面积、本期竣工的房屋建筑面积及本期施工后又停缓建的房屋建筑面积。

房屋竣工面积 指在报告期内房屋建筑按照设计要求全部完工，达到了住人和使用条件，经验收鉴定合格或达到竣工验收标准，正式移交使用的各栋房屋建筑面积总和。

营业收入 指企业经营主要业务和其他业务所确认的收入总额。营业收入合计包括“主营业务收入”和“其他业务收入”。

主营业务收入 指企业确认的销售商品、提供劳务等主营业务的收入。

营业成本 指企业经营主要业务和其他业务所发生的成本总额。

税金及附加 指企业经营主要业务和其他业务应负担的营业税、消费税、城市维护建设税、教育费附加等。

营业利润 指企业从事生产经营活动所取得的利润。

15

批发和零售业

Wholesale and Retail Trades

简要说明

一、本篇资料主要内容

本篇资料主要反映批发和零售业发展与经营状况，同时反映商品流通、商品消费、市场运行态势。主要内容包括：限额以上批发和零售业基本情况、商品流转情况、财务状况；亿元商品交易市场成交情况；社会消费品零售总额等。

二、本篇资料的统计范围

限额以上批发和零售业的法人企业、个体户，成交额在亿元以上的商品交易市场，以及参与商品零售、餐饮经营活动的各行业法人企业和产业活动单位、个体户。限额以上批发和零售业统计单位是指：批发业，年主营业务收入 2000 万元及以上；零售业，年主营业务收入 500 万元及以上。

本篇资料中行业分类按照国民经济行业分类 GB/T 4754—2017 标准执行。

三、本篇资料来源

本篇资料由省统计局贸易外经处加工整理。

15-1 社会消费品零售总额
Total Retail Sales of Consumer Goods

项目	Item	2021	2022	2023	2023年比2022年增长(%) Growth Rate in 2023 over 2022 (%)
社会消费品零售总额（亿元）	**Total Retail Sales of Consumer Goods (100 million yuan)**	**4037.11**	**3922.20**	**4329.70**	**10.39**
按城乡分	**By Urban and Rural Area**				
城镇	Urban	3309.22	3216.20	3544.21	10.20
#城区	City Subdivision	2366.42	2310.21	2564.77	11.02
乡村	Rural	727.89	706.00	785.49	11.26
按消费形态分	**By Consumption Morphological**				
商品零售	Commodity Retail	3567.19	3515.90	3831.14	8.97
餐费收入	Income from Meals	469.92	406.30	498.56	22.71
构成（%）（总额=100）	**Composition (%) (Total=100)**				
按城乡分	**By Urban and Rural Area**				
城镇	Urban	81.97	82.00	81.86	
#城区	City Subdivision	58.62	58.90	59.24	
乡村	Rural	18.03	18.00	18.14	
按消费形态分	**By Consumption Morphological**				
#商品零售	Commodity Retail	88.36	89.64	88.49	
餐费收入	Income from Meals	11.64	10.36	11.51	

15-2 限额以上批发和零售业情况
Basic Conditions of Wholesale and Retail Trades

项　目	Item	2010	2015	2020	2022	2023
批发和零售业	Wholesale and Retail Trades					
法人企业（个）	Number of Corporation Enterprises (unit)	705	1595	1938	2453	2766
年末从业人数（人）	Engaged Persons at Year-end (person)	66546	100243	105155	118451	122874
商品购进额（亿元）	Total Purchases (100 million yuan)	1727.21	3572.37	6356.39	9970.96	10402.48
#进口额（亿元）	Imports (100 million yuan)	1.78	31.95	44.12	49.89	75.27
商品销售额（亿元）	Total Sales (100 million yuan)	2021.40	4232.94	6767.35	10431.95	10919.09
#出口额（亿元）	Exports (100 million yuan)	4.00	21.68	7.89	20.11	26.68
期末商品库存额（亿元）	Total Stock at Year-end (100 million yuan)	205.77	240.68	273.21	343.12	358.44
批发业	Wholesale Trade					
法人企业（个）	Number of Corporation Enterprises (unit)	265	574	871	1068	1207
年末从业人数（人）	Engaged Persons at Year-end (person)	22404	30977	39363	45933	47697
商品购进额（亿元）	Total Purchases (100 million yuan)	1391.31	2825.42	5482.20	8887.88	9128.94
#进口额（亿元）	Imports (100 million yuan)	0.99	12.29	23.51	42.22	64.95
商品销售额（亿元）	Total Sales (100 million yuan)	1644.99	3350.29	5762.65	9215.92	9518.96
#出口额（亿元）	Exports (100 million yuan)	3.99	21.28	7.89	20.11	26.68
期末商品库存额（亿元）	Total Stock at Year-end (100 million yuan)	161.28	158.93	177.64	260.16	248.06
零售业	Retail Trade					
法人企业（个）	Number of Corporation Enterprises (unit)	440	1021	1067	1385	1559
年末从业人数（人）	Engaged Persons at Year-end (person)	44142	69266	65792	72518	75177
商品购进额（亿元）	Total Purchases (100 million yuan)	335.91	746.96	874.20	1083.08	1273.54
#进口额（亿元）	Imports (100 million yuan)	0.79	19.65	20.61	7.67	10.32
商品销售额（亿元）	Total Sales (100 million yuan)	376.41	882.64	1004.70	1216.02	1400.14
#出口额（亿元）	Exports (100 million yuan)	0.01	0.40		0.001	
期末商品库存额（亿元）	Total Stock at Year-end (100 million yuan)	44.49	81.74	95.57	82.97	110.38
年末零售营业面积（万平方米）	Business Area of Retail at Year-end (10 000 sq.m)	301.83	361.10	493.08	553.36	603.86

15-3 限额以上批发业企业基本情况（2023）
Basic Conditions of Enterprises above Designated Size of Wholesale Trade (2023)

项　目	Item	法人企业（个）Number of Corporation Enterprises (unit)	从业人员期末人数（人）Engaged Persons at Year-end (person)
批发业	**Wholesale Trade**	**1207**	**47697**
按登记注册类型分	**By Status of Registration**		
内资企业	**Domestic Funded Enterprises**	**1196**	**46120**
国有独资公司	State Sole Funded Corporations	36	1750
私营有限责任公司	Private Limited Liability Corporations	880	25595
其他有限责任公司	Other Limited Liability Corporations	233	12480
私营股份有限公司	Private Share-holding Limited Corporations	4	124
其他股份有限公司	Other Share-holding Limited Corporations	8	835
全民所有制企业（国有企业）	State-owned Enterprises	22	4647
集体所有制企业（集体企业）	Collective-owned Enterprises	2	33
股份合作企业	Cooperative Enterprises	4	539
联营企业	Joint Ownership Enterprises		
个人独资企业	Solo Proprietorship Enterprises	5	76
合伙企业	Partnership Enterprises	2	41
其他内资企业	Other Domestic Funded Enterprises		
港、澳、台商投资企业	**Enterprises with Funds from Hong Kong, Macao and Taiwan**	**3**	**279**
港澳台投资有限责任公司	Limited Liability Corporations with Funds from Hong Kong, Macao and Taiwan	**3**	**279**
港澳台投资股份有限公司	Share-holding Limited Corporations with Funds from Hong Kong, Macao and Taiwan		
港澳台投资合伙企业	Cooperative Enterprises with Funds from Hong Kong, Macao and Taiwan		
其他港澳台投资企业	Other Enterprises with Funds from Hong Kong, Macao and Taiwan		
外商投资企业	**Foreign Funded Enterprises**	**4**	**1232**
外商投资有限责任公司	Limited Liability Corporations With Foreign Investment	1	866
外商投资股份有限公司	Share-holding Limited Corporations With Foreign Investment	2	233
外商投资合伙企业	Partnership Enterprises With Foreign Investment		
其他外商投资企业	Other Foreign Funded Enterprises	1	133
农民专业合作社（联合社）	**Professional Cooperative agency of Farmers**	**4**	**66**

15-3 续表 continued

项 目	Item	法人企业（个）Number of Corporation Enterprises (unit)	从业人员期末人数（人）Engaged Persons at Year-end (person)
按行业分	**By Sector**		
农、林、牧、渔产品批发	Wholesale of Agricultural,Forestry,Livestock and Fishery Products	127	2974
食品饮料及烟草制品批发	Wholesale of Food, Beverages and Tobaccos	200	14933
#米、面制品及食用油批发	Wholesale of Rice, Flour and Edible Oil	30	857
烟草制品批发	Wholesale of Tobaccos	15	3698
纺织、服装及家庭用品批发	Wholesale of Textiles, , Wearing Apparel and Household Articles	21	1162
#服装批发	Wholesale of Garments	10	747
文化、体育用品及器材批发	Wholesale of Culture, Sports Appliances and Equipments	13	1520
医药及医疗器材批发	Wholesale of Medicines and Medical Appliances	187	9315
矿产品、建材及化工产品批发	Wholesale of Mineral Products, Building Materials and Chemical Products	522	13462
#煤炭及制品批发	Wholesale of Coal and Related Products	121	1990
石油及制品批发	Wholesale of Petroleum and Related Products	64	3685
金属及金属矿批发	Wholesale of Metal Materials	150	4662
建材批发	Wholesale of Building Materials	101	1435
化肥批发	Wholesale of Chemical Fertilizer	32	808
机械设备、五金产品及电子产品批发	Wholesale of Machinery, Hardware and Electronic Equipment	114	3938
贸易经纪与代理	Trade Broker and Agency	2	39
其他批发	Other Wholesale not Classified Elsewhere	21	354

15-4 限额以上批发业企业购销存情况（2023）
Total Purchases, Sales and Stock of Enterprises above Designated Size of Wholesale Trade (2023)

单位：万元 (10 000 yuan)

项　目	Item	商　品 购进额 Total Purchases Value	进口 Imports	商　品 销售额 Total Sales Value	出口 Exports	期末商品 库存额 Stock (year-end)
批发业	**Wholesale Trade**	**91289435**	**649481**	**95189565**	**266802**	**2480599**
按登记注册类型分	**By Status of Registration**					
内资企业	**Domestic Funded Enterprises**	**90829424**	**649481**	**94631816**	**266802**	**2424612**
国有独资公司	State Sole Funded Corporations	27714494	71468	28601200	20461	697504
私营有限责任公司	Private Limited Liability Corporations	15135962	160978	16132747	155007	843240
其他有限责任公司	Other Limited Liability Corporations	36790016	416902	37625657	59740	576464
私营股份有限公司	Private Share-holding Limited Corporations	123587		158025		4618
其他股份有限公司	Other Share-holding Limited Corporations	3867761		4048536	31594	29805
全民所有制企业（国有企业）	State-owned Enterprises	6787110	133	7630945		236938
集体所有制企业（集体企业）	Collective-owned Enterprises	11587		12679		4242
股份合作企业	Cooperative Enterprises	362104		382954		30935
联营企业	Joint Ownership Enterprises					
个人独资企业	Solo Proprietorship Enterprises	26252		27803		132
合伙企业	Partnership Enterprises	10553		11271		734
其他内资企业	Other Domestic Funded Enterprises					
港、澳、台商投资企业	**Enterprises with Funds from Hong Kong, Macao and Taiwan**	**45308**		**65687**		**21211**
港澳台投资有限责任公司	Limited Liability Corporations with Funds from Hong Kong,Macao and Taiwan	45308		65687		21211
港澳台投资股份有限公司	Share-holding Limited Corporations with Funds from Hong Kong,Macao and Taiwan					
港澳台投资合伙企业	Cooperative Enterprises with Funds from Hong Kong, Macao and Taiwan					
其他港澳台投资企业	Other Enterprises with Funds from Hong Kong,Macao and Taiwan					
外商投资企业	**Foreign Funded Enterprises**	**397863**		**456869**		**34514**
外商投资有限责任公司	Limited Liability Corporations With Foreign Investment	88747		121574		10272
外商投资股份有限公司	Share-holding Limited Corporations With Foreign Investment	206748		232928		24242
外商投资合伙企业	Partnership Enterprises With Foreign Investment					
其他外商投资企业	Other Foreign Funded Enterprises	102368		102368		
农民专业合作社（联合社）	**Professional Cooperative agency of Farmers**	**16840**		**35192**		**263**

15-4 续表 continued

单位：万元 (10 000 yuan)

项 目	Item	商品购进额 Total Purchases Value	进口 Imports	商品销售额 Total Sales Value	出口 Exports	期末商品库存额 Stock (year-end)
按行业分	**By Sector**					
农、林、牧、渔产品批发	Wholesale of Agricultural,Forestry,Livestock and Fishery Products	1889381	17069	1972797	62662	351016
食品饮料及烟草制品批发	Wholesale of Food, Beverages and Tobaccos	3756484	21179	5060051	32173	318118
#米、面制品及食用油批发	Wholesale of Rice, Flour and Edible Oil	235223	10110	275098	873	48254
烟草制品批发	Wholesale of Tobaccos	1973078	133	2772457		142106
纺织、服装及家庭用品批发	Wholesale of Textiles, Wearing Apparel and Household Articles	229740		267265		35115
#服装批发	Wholesale of Garments	99289		115564		22880
文化、体育用品及器材批发	Wholesale of Culture, Sports Appliances and Equipments	452463		506837		41788
医药及医疗器材批发	Wholesale of Medicines and Medical Appliances	3135325	3092	3365283	4118	305719
矿产品、建材及化工产品批发	Wholesale of Mineral Products, Building Materials and Chemical Products	77855588	513247	79788192	117578	1281904
#煤炭及制品批发	Wholesale of Coal and Related Products	3754832		4043965	1704	92185
石油及制品批发	Wholesale of Petroleum and Related Products	31235865	404547	32339094	63801	776925
金属及金属矿批发	Wholesale of Metal Materials	34994418	105639	35341165	6681	228656
建材批发	Wholesale of Building Materials	3779012	2150	3905638	34000	81761
化肥批发	Wholesale of Chemical Fertilizer	468669		490161		78350
机械设备、五金产品及电子产品批发	Wholesale of Machinery, Hardware and Electronic Equipment	1481615	2656	1564052	43646	130656
贸易经纪与代理	Trade Broker and Agency	97369	92238	101936	6625	5440
其他批发	Other Wholesale not Classified Elsewhere	2391470		2563152		10843

15-5 限额以上批发业企业资产及负债（2023）
Assets and Liabilities of Enterprises above Designated Size of Wholesale Trade (2023)

单位：万元 (10 000 yuan)

项目	Item	资产总计 Total Assets	# 流动资产合计 Total Current Assets	# 固定资产原价 Original Value of Fixed Assets	负债合计 Total Liabilities	所有者权益合计 Total Owners' Equities
批发业	**Wholesale Trade**	**33064085**	**17704836**	**3439988**	**20942948**	**12121138**
按登记注册类型分	**By Status of Registration**					
内资企业	**Domestic Funded Enterprises**	**32813513**	**17587216**	**3335831**	**20827169**	**11986344**
国有独资公司	State Sole Funded Corporations	10441996	2974526	937101	5466330	4975666
私营有限责任公司	Private Limited Liability Corporations	6083277	5214572	671570	4705428	1377850
其他有限责任公司	Other Limited Liability Corporations	14373755	7966958	1233092	9744298	4629457
私营股份有限公司	Private Share-holding Limited Corporations	269908	180895	6930	236080	33829
其他股份有限公司	Other Share-holding Limited Corporations	504608	341120	211000	271808	232800
全民所有制企业(国有企业)	State-owned Enterprises	898901	679265	269834	218047	680854
集体所有制企业(集体企业)	Collective-owned Enterprises	6605	5481	855	6054	551
股份合作企业	Cooperative Enterprises	221259	212879	3433	169931	51328
联营企业	Joint Ownership Enterprises					
个人独资企业	Solo Proprietorship Enterprises	3944	2446	1776	2011	1933
合伙企业	Partnership Enterprises	9259	9075	241	7182	2077
其他内资企业	Other Domestic Funded Enterprises					
港、澳、台商投资企业	**Enterprises with Funds from Hong Kong, Macao and Taiwan**	**45882**	**35645**	**12771**	**21870**	**24013**
港澳台投资有限责任公司	Limited Liability Corporations with Funds from Hong Kong, Macao and Taiwan	45882	35645	12771	21870	24013
港澳台投资股份有限公司	Share-holding Limited Corporations with Funds from Hong Kong, Macao and Taiwan					
港澳台投资合伙企业	Cooperative Enterprises with Funds from Hong Kong, Macao and Taiwan					
其他港澳台投资企业	Other Enterprises with Funds from Hong Kong, Macao and Taiwan					
外商投资企业	**Foreign Funded Enterprises**	**200757**	**78345**	**91171**	**93309**	**107448**
外商投资有限责任公司	Limited Liability Corporations With Foreign Investment	57175	52549	7792	48493	8682
外商投资股份有限公司	Share-holding Limited Corporations With Foreign Investment	92541	28435	56935	29842	62699
外商投资合伙企业	Partnership Enterprises With Foreign Investment					
其他外商投资企业	Other Foreign Funded Enterprises	51041	-2639	26445	14974	36068
农民专业合作社（联合社）	**Professional Cooperative agency of Farmers**	**3934**	**3629**	**215**	**600**	**3333**

15-5 续表 continued

单位：万元 (10 000 yuan)

项目	Item	资产总计 Total Assets	#流动资产合计 Total Current Assets	#固定资产原价 Original Value of Fixed Assets	负债合计 Total Liabilities	所有者权益合计 Total Owners' Equities
按行业分	**By Sector**					
农、林、牧、渔产品批发	Wholesale of Agricultural,Forestry,Livestock and Fishery Products	1153684	930193	230251	807173	346511
食品饮料及烟草制品批发	Wholesale of Food, Beverages and Tobaccos	2228634	1494270	528986	1096492	1132142
#米、面制品及食用油	Wholesale of Rice, Flour and Edible Oil	211989	139459	24511	158993	52996
批发烟草制品批发	Wholesale of Tobaccos	688588	554294	129075	76460	612128
纺织、服装及家庭用品批发	Wholesale of Textiles, Wearing Apparel and Household Articles	87171	78262	10539	62187	24984
#服装批发	Wholesale of Garments	32182	29791	2690	23017	9165
文化、体育用品及器材批发	Wholesale of Culture, Sports Appliances and Equipments	146246	140840	2838	124998	21249
医药及医疗器材批发	Wholesale of Medicines and Medical Appliances	2277615	2060805	151169	1702575	575040
矿产品、建材及化工产品批发	Wholesale of Mineral Products, Building Materials and Chemical Products	26072846	12040605	2445896	16238047	9834799
#煤炭及制品批发	Wholesale of Coal and Related Products	1098058	983579	77239	983670	114389
石油及制品批发	Wholesale of Petroleum and Related Products	3101103	2114148	1255419	1498326	1602777
金属及金属矿批发	Wholesale of Metal Materials	19051472	6389532	1013267	11381049	7670423
建材批发	Wholesale of Building Materials	1825092	1620163	60743	1496394	328698
化肥批发	Wholesale of Chemical Fertilizer	255351	216364	21939	204835	50516
机械设备、五金产品及电子产品批发	Wholesale of Machinery, Hardware and Electronic Equipment	797467	717548	52561	655651	141816
贸易经纪与代理	Trade Broker and Agency	11265	10988	606	10883	383
其他批发	Other Wholesale not Classified Elsewhere	289156	231325	17142	244943	44213

15-6 限额以上批发业企业主要财务指标（2023）
Main Financial Indicators of Enterprises above Designated Size of Wholesale Trade (2023)

单位：万元 (10 000 yuan)

项 目	Item	营业收入 Business Revenue	营业成本 Business Cost	税金及附加 Taxes and Extra Charges	营业利润 Business Profits
批发业	**Wholesale Trade**	**89572443**	**86823435**	**453385**	**956939**
按登记注册类型分	**By Status of Registration**				
内资企业	**Domestic Funded Enterprises**	**89072921**	**86413517**	**452144**	**933914**
国有独资公司	State Sole Funded Corporations	29589674	29226180	23595	58509
私营有限责任公司	Private Limited Liability Corporations	14555800	13748648	20286	92209
其他有限责任公司	Other Limited Liability Corporations	34001027	33523637	64808	462323
私营股份有限公司	Private Share-holding Limited Corporations	143973	140710	119	-10080
其他股份有限公司	Other Share-holding Limited Corporations	3621996	3456316	2682	49593
全民所有制企业（国有企业）	State-owned Enterprises	6766969	5949396	340087	272418
集体所有制企业（集体企业）	Collective-owned Enterprises	11394	10387	6	199
股份合作企业	Cooperative Enterprises	347026	325075	524	8444
联营企业	Joint Ownership Enterprises				
个人独资企业	Solo Proprietorship Enterprises	25004	23761	21	212
合伙企业	Partnership Enterprises	10058	9407	16	89
其他内资企业	Other Domestic Funded Enterprises				
港、澳、台商投资企业	**Enterprises with Funds from Hong Kong, Macao and Taiwan**	**63007**	**47343**	**134**	**7878**
港澳台投资有限责任公司	Limited Liability Corporations with Funds from Hong Kong, Macao and Taiwan	63007	47343	134	7878
港澳台投资股份有限公司	Share-holding Limited Corporations with Funds from Hong Kong, Macao and Taiwan				
港澳台投资合伙企业	Cooperative Enterprises with Funds from Hong Kong, Macao and Taiwan				
其他港澳台投资企业	Other Enterprises with Funds from Hong Kong, Macao and Taiwan				
外商投资企业	**Foreign Funded Enterprises**	**401323**	**330515**	**976**	**12380**
外商投资有限责任公司	Limited Liability Corporations With Foreign Investment	121013	74390	547	5049
外商投资股份有限公司	Share-holding Limited Corporations With Foreign nvestment	179954	159054	297	13876
外商投资合伙企业	Partnership Enterprises With Foreign Investment				
其他外商投资企业	Other Foreign Funded Enterprises	100356	97071	132	-6545
农民专业合作社（联合社）	**Professional Cooperative agency of Farmers**	**35192**	**32060**	**133**	**2767**

15-6 续表 continued

单位：万元 (10 000 yuan)

项 目	Item	营业收入 Business Revenue	营业成本 Business Cost	税金及附加 Taxes and Extra Charges	营业利润 Business Profits
按行业分	**By Sector**				
农、林、牧、渔产品批发	Wholesale of Agricultural,Forestry,Livestock and Fishery Products	1869552	1783328	1478	15354
食品饮料及烟草制品批发	Wholesale of Food, Beverages and Tobaccos	4609782	3621686	342516	241444
#米、面制品及食用油批发	Wholesale of Rice, Flour and Edible Oil	257156	245866	238	-2304
烟草制品批发	Wholesale of Tobaccos	2455651	1736772	338207	202114
纺织、服装及家庭用品批发	Wholesale of Textiles, Wearing Apparel and Household Articles	239120	208437	267	1217
#服装批发	Wholesale of Garments	102443	91101	105	302
文化、体育用品及器材批发	Wholesale of Culture, Sports Appliances and Equipments	452438	423235	2927	1769
医药及医疗器材批发	Wholesale of Medicines and Medical Appliances	3045172	2745223	6080	46813
矿产品、建材及化工产品批发	Wholesale of Mineral Products, Building Materials and Chemical Products	75555929	74349701	73349	640796
#煤炭及制品批发	Wholesale of Coal and Related Products	3612103	3491355	5929	-18836
石油及制品批发	Wholesale of Petroleum and Related Products	32847512	32159892	22966	229015
金属及金属矿批发	Wholesale of Metal Materials	31900339	31637154	38056	408190
建材批发	Wholesale of Building Materials	3491166	3413386	3763	26176
化肥批发	Wholesale of Chemical Fertilizer	453901	434364	455	-5359
机械设备、五金产品及电子产品批发	Wholesale of Machinery, Hardware and Electronic Equipment	1427068	1288352	1728	27647
贸易经纪与代理	Trade Broker and Agency	94683	94166	52	-4347
其他批发	Other Wholesale not Classified Elsewhere	2278699	2309308	24988	-13753

15-7 限额以上零售业企业基本情况（2023）

Basic Conditions of Enterprises above Designated Size in Retail Trade (2023)

项 目	Item	法人企业（个）Number of Corporation Enterprises (unit)	从业人员期末人数（人）Engaged Persons at Year-end (person)
零售业	**Retail Trade**	**1559**	**75177**
按登记注册类型分	**By Status of Registration**		
内资企业	**Domestic Funded Enterprises**	**1543**	**73836**
国有独资公司	State Sole Funded Corporations	21	2733
私营有限责任公司	Private Limited Liability Corporations	1249	42764
其他有限责任公司	Other Limited Liability Corporations	197	21278
私营股份有限公司	Private Share-holding Limited Corporations	2	94
其他股份有限公司	Other Share-holding Limited Corporations	7	4772
全民所有制企业(国有企业)	State-owned Enterprises	5	516
集体所有制企业(集体企业)	Collective-owned Enterprises	5	142
股份合作企业	Cooperative Enterprises	2	89
联营企业	Joint Ownership Enterprises	1	8
个人独资企业	Solo Proprietorship Enterprises	53	1431
合伙企业	Partnership Enterprises	1	9
其他内资企业	Other Domestic Funded Enterprises		
港、澳、台商投资企业	**Enterprises with Funds from Hong Kong, Macao and Taiwan**	**8**	**854**
港澳台投资有限责任公司	Limited Liability Corporations with Funds from Hong Kong, Macao and Taiwan	8	854
港澳台投资股份有限公司	Share-holding Limited Corporations with Funds from Hong Kong, Macao and Taiwan		
港澳台投资合伙企业	Cooperative Enterprises with Funds from Hong Kong, Macao and Taiwan		
其他港澳台投资企业	Other Enterprises with Funds from Hong Kong, Macao and Taiwan		
外商投资企业	**Foreign Funded Enterprises**	**7**	**469**
外商投资有限责任公司	Limited Liability Corporations With Foreign Investment	1	40
外商投资股份有限公司	Share-holding Limited Corporations With Foreign Investment	2	123
外商投资合伙企业	Partnership Enterprises With Foreign Investment		
其他外商投资企业	Other Foreign Funded Enterprises	4	306
农民专业合作社（联合社）	**Professional Cooperative agency of Farmers**	**1**	**18**

15-7 续表 continued

项 目	Item	法人企业（个）Number of Corporation Enterprises (unit)	从业人员期末人数（人）Engaged Persons at Year-end (person)
按行业分	**By Sector**		
综合零售	Integrated Retail	314	23657
#百货零售	Retail of General Merchandise	167	8400
超级市场零售	Retail of Supermarkets	135	14557
食品、饮料及烟草制品专门零售	Retail of Food, Beverages and Tobaccos	162	3440
纺织、服装及日用品专门零售	Special Retail of Textiles, Garments and Daily Consumer Articles	46	2622
#服装零售	Retail of Garments	22	1340
文化、体育用品及器材专门零售	Special Retail of Culture, Sports Appliances and Equipments	31	3156
#图书报刊零售	Retail of Books Newspapers and Magazines	12	2639
医药及医疗器材专门零售	Retail of Medicines and Medical Appliances	81	14802
#西药零售	Retail of Western Medicine	77	14647
汽车、摩托车、零配件和燃料及其他动力销售	Retail of Motor Vehicles,Motorcycles,Spare Parts,Fuels and Other Power	702	23332
#汽车新车零售	Retail of New Car	539	15554
机动车燃油零售	Retail of Motor Vehicle Fuel	130	7096
家用电器及电子产品专门零售	Special Retail of Household Electric Appliances and Electronic Products	155	2479
#日用家电零售	Retail of Household Electric Appliances	69	1114
计算机、软件及辅助设备零售	Retail of Computer, Software and Assistant Appliances	29	440
通信设备零售	Retail of Communication Equipments	48	777
五金、家具及室内装饰材料专门零售	Special Retail of Hardware, Furniture and Decoration Materials	22	534
货摊、无店铺及其他零售	Stall,Non-shop and Other Retails	46	1155

15–8 限额以上零售业企业购销存情况（2023）
Total Purchases, Sales and Stock of Enterprises above Designated Size of Retail Trade (2023)

单位：万元 (10 000 yuan)

项 目	Item	商品购进额 Total Purchases Value	进口 Imports	商品销售额 Total Sales Value	期末商品库存额 Stock (year-end)
零售业	**Retail Trade**		**103223**	**14001385**	**1103808**
按登记注册类型分	**By Status of Registration**				
内资企业	**Domestic Funded Enterprises**	**12289474**	**75042**	**13529580**	**1067053**
国有独资公司	State Sole Funded Corporations	1761152		1956930	43065
私营有限责任公司	Private Limited Liability Corporations	5900832	50903	6152726	689248
其他有限责任公司	Other Limited Liability Corporations	2493500	24140	3094959	275043
私营股份有限公司	Private Share-holding Limited Corporations	10272		10304	80
其他股份有限公司	Other Share-holding Limited Corporations	1683184		1860934	41792
全民所有制企业（国有企业）	State-owned Enterprises	299831		300568	6672
集体所有制企业（集体企业）	Collective-owned Enterprises	10522		11312	248
股份合作企业	Cooperative Enterprises	4588		4971	1252
联营企业	Joint Ownership Enterprises	6012		6559	1
个人独资企业	Solo Proprietorship Enterprises	118881		129530	9608
合伙企业	Partnership Enterprises	701		786	44
其他内资企业	Other Domestic Funded Enterprises				
港、澳、台商投资企业	**Enterprises with Funds from Hong Kong, Macao and Taiwan**	**235513**	**28181**	**262872**	**20203**
港澳台投资有限责任公司	Limited Liability Corporations with Funds from Hong Kong, Macao and Taiwan	235513	28181	262872	20203
港澳台投资股份有限公司	Share-holding Limited Corporations with Funds from Hong Kong, Macao and Taiwan				
港澳台投资合伙企业	Cooperative Enterprises with Funds from Hong Kong, Macao and Taiwan				
其他港澳台投资企业	Other Enterprises with Funds from Hong Kong, Macao and Taiwan				
外商投资企业	**Foreign Funded Enterprises**	**210390**		**208582**	**16542**
外商投资有限责任公司	Limited Liability Corporations With Foreign Investment	117		1685	119
外商投资股份有限公司	Share-holding Limited Corporations With Foreign Investment	41780		51697	
外商投资合伙企业	Partnership Enterprises With Foreign Investment				
其他外商投资企业	Other Foreign Funded Enterprises	168493		155200	16423
农民专业合作社（联合社）	**Professional Cooperative agency of Farmers**	**23**		**352**	**10**

15-8 续表 continued

单位：万元 (10 000 yuan)

项　目	Item	商品购进额 Total Purchases Value	进口 Imports	商品销售额 Total Sales Value	期末商品库存额 Stock (year-end)
按行业分	**By Sector**				
综合零售	Integrated Retail	1334252	4	1803128	129621
#百货零售	Retail of General Merchandise	609543		962908	61563
超级市场零售	Retail of Supermarkets	693656	4	799020	64630
食品、饮料及烟草制品专门零售	Retail of Food, Beverages and Tobaccos	493049	1483	562698	46079
纺织、服装及日用品专门零售	Special Retail of Textiles, Garments and Daily Consumer Articles	134923		181805	24298
#服装零售	Retail of Garments	59378		82611	9093
文化、体育用品及器材专门零售	Retail of Culture, Sports Appliances and Equipments	276881	220	278990	54416
#图书报刊零售	Retail of Books Newspapers and Magazines	236965		232754	47530
医药及医疗器材专门零售	Retail of Medicines and Medical Appliances	524959		684034	104196
#西药零售	Retail of Western Medicine	519353		677969	103426
汽车、摩托车、零配件和燃料及其他动力销售	Retail of Motor Vehicles,Motorcycles,Spare Parts, Fuels and Other Power	9353936	100646	9785076	684538
#汽车新车零售	Retail of New Car	4830617	98754	4694537	585863
机动车燃油零售	Retail of Motor Vehicle Fuel	4324978		4869599	96132
家用电器及电子产品专门零售	Special Retail of Household Electric Appliances and Electronic Products	365878		430967	46561
#日用家电零售	Retail of Household Electric Appliances	158594		169341	22400
计算机、软件及辅助设备零售	Retail of Computer, Software and Assistant Appliances	53025		67566	6480
通信设备零售	Retail of Communication Equipments	124194		162181	16091
五金、家具及室内装饰材料专门零售	Special Retail of Hardware, Furniture and Decoration Materials	41035		41267	7749
货摊、无店铺及其他零售	Stall,Non-shop and Other Retails	210486	870	233420	6350

15-9 限额以上零售业企业资产及负债（2023）

Assets and Liabilities of Enterprises above Designated Size of Retail Trade (2023)

单位：万元 (10 000 yuan)

项 目	Item	资产总计 Total Assets	#流动资产合计 Total Current Assets	#固定资产原价 Original Value of Fixed Assets	负债合计 Total Liabilities	所有者权益合计 Total Owners' Equities
零售业	**Retail Trade**	**6478457**	**4289636**	**1566510**	**4567473**	**1811111**
按登记注册类型分	**By Status of Registration**					
内资企业	**Domestic Funded Enterprises**	**6296096**	**4235954**	**1470552**	**4336761**	**1859462**
国有独资公司	State Sole Funded Corporations	211243	67540	161523	58990	123779
私营有限责任公司	Private Limited Liability Corporations	3375974	2533870	657517	2512142	863832
其他有限责任公司	Other Limited Liability Corporations	2195617	1400050	395439	1511840	683777
私营股份有限公司	Private Share-holding Limited Corporations	4485	2031	3981	3406	1079
其他股份有限公司	Other Share-holding Limited Corporations	286619	69498	168292	119038	96182
全民所有制企业（国有企业）	State-owned Enterprises	66663	33384	43136	17759	48905
集体所有制企业（集体企业）	Collective-owned Enterprises	6882	4032	3479	4043	2839
股份合作企业	Cooperative Enterprises	2110	2006	478	887	1223
联营企业	Joint Ownership Enterprises	3475	3321	472	1191	2283
个人独资企业	Solo Proprietorship Enterprises	142146	120085	36136	107325	34821
合伙企业	Partnership Enterprises	883	137	98	141	742
其他内资企业	Other Domestic Funded Enterprises					
港、澳、台商投资企业	**Enterprises with Funds from Hong Kong, Macao and Taiwan**	**51248**	**32215**	**30404**	**32081**	**19167**
港澳台投资有限责任公司	Limited Liability Corporations with Funds from Hong Kong,Macao and Taiwan	51248	32215	30404	32081	19167
港澳台投资股份有限公司	Share-holding Limited Corporations with Funds from Hong Kong, Macao and Taiwan					
港澳台投资合伙企业	Cooperative Enterprises with Funds from Hong Kong, Macao and Taiwan					
其他港澳台投资企业	Other Enterprises with Funds from Hong Kong, Macao and Taiwan					
外商投资企业	**Foreign Funded Enterprises**	**129529**	**20541**	**65127**	**197554**	**-68025**
外商投资有限责任公司	Limited Liability Corporations With Foreign Investment	5265	4758	994	1169	4096
外商投资股份有限公司	Share-holding Limited Corporations With Foreign Investment	36819	5063	19078	41388	-4570
外商投资合伙企业	Partnership Enterprises With Foreign Investment					
其他外商投资企业	Other Foreign Funded Enterprises	87445	10719	45054	154997	-67552
农民专业合作社（联合社）	**Professional Cooperative agency of Farmers**	**1584**	**927**	**427**	**1078**	**506**

15-9 续表 continued

单位：万元 (10 000 yuan)

项 目	Item	资产总计 Total Assets	#流动资产合计 Total Current Assets	#固定资产原价 Original Value of Fixed Assets	负债合计 Total Liabilities	所有者权益合计 Total Owners' Equities
按行业分	**By Sector**					
综合零售	Integrated Retail	1837619	1173559	417921	1370460	467159
#百货零售	Retail of General Merchandise	1248217	779663	298947	916087	332130
超级市场零售	Retail of Supermarkets	565508	375763	114711	428448	137060
食品、饮料及烟草制品专门零售	Retail of Food, Beverages and Tobaccos	311161	236589	68669	224647	86513
纺织、服装及日用品专门零售	Special Retail of Textiles, Garments and Daily Consumer Articles	169816	124004	41831	134911	34905
#服装零售	Retail of Garments	58290	42360	17766	61672	-3382
文化、体育用品及器材专门零售	Retail of Culture, Sports Appliances and Equipments	399549	305484	101224	190930	208619
#图书报刊零售	Retail of Books Newspapers and Magazines	355915	277548	92882	175005	180910
医药及医疗器材专门零售	Retail of Medicines and Medical Appliances	442511	300287	39516	318736	123775
#西药零售	Retail of Western Medicine	431638	293441	35936	313922	117716
汽车、摩托车、零配件和燃料及其他动力销售	Retail of Motor Vehicles,Motorcycles,Spare Parts, Fuels and Other Power	2882453	1809475	837830	2042315	735628
#汽车新车零售	Retail of New Car	2050814	1563171	300720	1575088	475725
机动车燃油零售	Retail of Motor Vehicle Fuel	740014	200146	491400	406231	229272
家用电器及电子产品专门零售	Special Retail of Household Electric Appliances and Electronic Products	241556	205747	12615	179250	62306
#日用家电零售	Retail of Household Electric Appliances	105476	80544	7142	74245	31231
计算机、软件及辅助设备零售	Retail of Computer, Software and Assistant Appliances	51308	47828	3191	26980	24328
通信设备零售	Retail of Communication Equipments	67054	60101	1653	65145	1909
五金、家具及室内装饰材料专门零售	Special Retail of Hardware, Furniture and Decoration Materials	31396	28942	4018	24368	7029
货摊、无店铺及其他零售	Stall,Non-shop and Other Retails	162396	105550	42886	81855	85178

15-10 限额以上零售业企业主要财务指标（2023）
Main Financial Indicators of Enterprises above Designated Size of Retail Trade (2023)

单位：万元 (10 000 yuan)

项目	Item	营业收入 Business Revenue	营业成本 Business Cost	税金及附加 Taxes and Extra Charges	营业利润 Business Profits
零售业	**Retail Trade**	**12856498**	**11493838**	**35940**	**230420**
按登记注册类型分	**By Status of Registration**				
内资企业	**Domestic Funded Enterprises**	**12416480**	**11059528**	**33754**	**264159**
国有独资公司	State Sole Funded Corporations	1711034	1597539	2417	49328
私营有限责任公司	Private Limited Liability Corporations	5708303	5108046	12356	65820
其他有限责任公司	Other Limited Liability Corporations	2923813	2458001	15156	72515
私营股份有限公司	Private Share-holding Limited Corporations	9585	8511	8	64
其他股份有限公司	Other Share-holding Limited Corporations	1645536	1506896	2960	63880
全民所有制企业（国有企业）	State-owned Enterprises	275401	253216	369	10876
集体所有制企业（集体企业）	Collective-owned Enterprises	10710	9600	29	47
股份合作企业	Cooperative Enterprises	4447	3498	6	73
联营企业	Joint Ownership Enterprises	5755	5344	12	70
个人独资企业	Solo Proprietorship Enterprises	121201	108307	440	1476
合伙企业	Partnership Enterprises	695	570	1	10
其他内资企业	Other Domestic Funded Enterprises				
港、澳、台商投资企业	**Enterprises with Funds from Hong Kong, Macao and Taiwan**	**246148**	**223019**	**1786**	**-1533**
港澳台投资有限责任公司	Limited Liability Corporations with Funds from Hong Kong, Macao and Taiwan	246148	223019	1786	-1533
港澳台投资股份有限公司	Share-holding Limited Corporations with Funds from Hong Kong, Macao and Taiwan				
港澳台投资合伙企业	Cooperative Enterprises with Funds from Hong Kong, Macao and Taiwan				
其他港澳台投资企业	Other Enterprises with Funds from Hong Kong, Macao and Taiwan				
外商投资企业	**Foreign Funded Enterprises**	**193519**	**210994**	**400**	**-32189**
外商投资有限责任公司	Limited Liability Corporations With Foreign Investment	1845	1201	6	-1136
外商投资股份有限公司	Share-holding Limited Corporations With Foreign Investment	44665	44867	65	-3917
外商投资合伙企业	Partnership Enterprises With Foreign Investment				
其他外商投资企业	Other Foreign Funded Enterprises	147009	164926	329	-27137
农民专业合作社（联合社）	**Professional Cooperative agency of Farmers**	**351**	**296**		**-18**

15-10 续表 continued

单位：万元 (10 000 yuan)

项 目	Item	营业收入 Business Revenue	营业成本 Business Cost	税金及附加 Taxes and Extra Charges	营业利润 Business Profits
按行业分	**By Sector**				
综合零售	Integrated Retail	1754439	1414948	13942	39577
#百货零售	Retail of General Merchandise	934878	754650	12125	35090
超级市场零售	Retail of Supermarkets	778465	628419	1755	5000
食品、饮料及烟草制品专门零售	Retail of Food, Beverages and Tobaccos	540008	466490	1090	19939
纺织、服装及日用品专门零售	Special Retail of Textiles, Garments and Daily Consumer Articles	171449	125551	738	1092
#服装零售	Retail of Garments	82046	58235	353	1054
文化、体育用品及器材专门零售	Retail of Culture, Sports Appliances and Equipments	278867	210941	1735	8916
#图书报刊零售	Retail of Books Newspapers and Magazines	236869	177419	918	8313
医药及医疗器材专门零售	Retail of Medicines and Medical Appliances	646239	459590	1818	16810
#西药零售	Retail of Western Medicine	640147	455545	1810	16934
汽车、摩托车、零配件和燃料及其他动力销售	Retail of Motor Vehicles,Motorcycles, Spare Parts, Fuels and Other Power	8815500	8273267	15471	120895
#汽车新车零售	Retail of New Car	4315285	4049484	8348	2972
机动车燃油零售	Retail of Motor Vehicle Fuel	4300157	4044640	6852	110557
家用电器及电子产品专门零售	Special Retail of Household Electric Appliances and Electronic Products	393022	355607	362	-257
#日用家电零售	Retail of Household Electric Appliances	151477	137512	182	-1929
计算机、软件及辅助设备零售	Retail of Computer, Software and Assistant Appliances	63007	52725	78	770
通信设备零售	Retail of Communication Equipments	147525	138054	72	112
五金、家具及室内装饰材料专门零售	Special Retail of Hardware, Furniture and Decoration Materials	39497	33206	92	-275
货摊、无店铺及其他零售	Stall,Non-shop and Other Retails	217477	154239	693	23724

15-11 亿元以上商品交易市场摊位分类情况（2023）
Classification of Commodity Exchange Markets of Transaction Value over 100 Million Yuan (2023)

类 别	Classification	摊位数（个）Number of Booths (unit)	成交额（万元）Turnover (10 000 yuan)
总计	**Total**	**24221**	**4408030**
粮油、食品类	Grain and Oil,Food	8687	1875985
#粮油类	Grain and Oil	515	181515
肉禽蛋类	Meat,Poultry and Eggs	1129	327629
水产品类	Aquatic Products	629	271762
蔬菜类	Vegetables	4894	672723
干鲜果品类	Dried and Fresh Melons and Fruits	1253	415154
饮料类	Beverages	148	15964
烟酒类	Tobacco and Liquor	110	4138
服装鞋帽、针、纺织品类	Clothing, Shoes, Hats and Textiles	4757	200729
服装类	Clothing	4144	180159
鞋帽类	Footwear and Hats	364	10118
针、纺织品类	Knitwear and Textiles	249	10452
化妆品类	Cosmetics	123	23170
金银珠宝类	Gold,Silver and Jewellery	37	7882
日用品类	Articles for Daily Use	560	111597
五金、电料类	Hardware & Electrical Materials	605	43948
体育、娱乐用品类	Sports & Recreational Articles	117	15661
书报杂志类	Newspapers and Magazines	28	662
电子出版物及音像制品类	E-journal and Video Products	20	3021
家用电器和音像器材类	Household Appliances and Video Equipments	508	127527
中西药品类	Traditional Chinese and Western Medicine	4329	1394816
西药类	Western Medicine	12	2159
中草药及中成药类	Traditional Chinese	4314	1392392
文化办公用品类	Cultural and Official Goods	164	45841
家具类	Furniture	742	221284
通信器材类	Communication Appliances	19	4578
煤炭及制品类	Coal and Related Products		
木材及制品类	Wood and Wooden Products	247	13963
石油及制品类	Petroleum and Related Products		
化工材料及制品类	Raw Chemical Materials and Related Products		
#化肥类	Fertilizer		
金属材料类	Metal Materials	310	171314
建筑及装潢材料类	Building and Decoration Materials	1564	63039
机电产品及设备类	Mechanical & Electrical Products	31	7416
#农机类	Agricultural Machinery		
汽车类	Automobile	5	12000
种子饲料类	Seed and Feedstuff	9	2055
棉麻类	Cotton and Hemp		
其他类	Others	1101	41440

15-12 各市（州）限额以上批发业企业基本情况和主要财务指标（2023）
Basic Conditions and Main Financial Indicators of Enterprises above Designated Size of Wholesale Trade by Region (2023)

单位：万元 (10 000 yuan)

市（州）	Region	法人企业（个）Number of Corporation Enterprises (unit)	从业人员期末人数（人）Engaged Persons at Year-end (person)	商品销售额 Total Sales	营业收入 Business Revenue	营业成本 Business Cost	税金及附加 Taxes and Extra Charges	营业利润 Business Profits
兰州市	Lanzhou	496	23381	76671779	72466934	71071050	155977	215339
嘉峪关市	Jiayuguan	22	2379	3709380	3808379	3620680	23269	445401
金昌市	Jinchang	36	727	1275068	1156935	1097959	8311	2258
白银市	Baiyin	43	1126	1541650	1319314	1218370	23276	30482
天水市	Tianshui	96	2548	1749348	1577274	1454514	39076	32772
武威市	Wuwei	118	4099	1408059	1276405	1149834	21456	21410
张掖市	Zhangye	102	4155	1234798	1206557	1075085	15252	29267
平凉市	Pingliang	40	1335	437887	391549	323567	21774	14465
酒泉市	Jiuquan	100	2412	4560166	4023593	3843681	23170	71261
庆阳市	Qingyang	42	1190	495371	441108	358625	30276	20189
定西市	Dingxi	38	1260	671386	610088	526705	30750	22353
陇南市	Longnan	45	1858	944181	846606	706936	34987	39529
临夏州	Linxia	22	865	326187	295062	244584	16985	9441
甘南州	Gannan	7	362	164304	152641	131846	8828	2771

15-13 各市（州）限额以上零售业企业基本情况和主要财务指标（2023）
Basic Conditions and Main Financial Indicators of Enterprises above Designated Size of Retail Trade by Region (2023)

单位：万元 (10 000 yuan)

市（州）	Region	法人企业（个）Number of Corporation Enterprises (unit)	从业人员期末人数（人）Engaged Persons at Year-end (person)	商品销售额 Total Sales	营业收入 Business Revenue	营业成本 Business Cost	税金及附加 Taxes and Extra Charges	营业利润 Business Profits
兰州市	Lanzhou	322	30735	6005041	5597027	4946194	23447	65895
嘉峪关市	Jiayuguan	40	1980	276082	268077	230867	866	6624
金昌市	Jinchang	48	1690	338157	306877	275110	488	7493
白银市	Baiyin	99	3865	921257	829594	724158	1501	33994
天水市	Tianshui	182	5495	988467	878432	820627	1680	-3291
武威市	Wuwei	76	2619	364394	336166	301983	524	1233
张掖市	Zhangye	145	5411	890870	801050	721358	1268	15691
平凉市	Pingliang	84	3371	597189	554995	502775	887	14055
酒泉市	Jiuquan	141	3794	751814	694703	625962	1143	17991
庆阳市	Qingyang	106	5671	914010	825660	745761	1411	17469
定西市	Dingxi	87	3203	670641	597851	532843	837	24149
陇南市	Longnan	142	4394	597151	537976	489824	767	10643
临夏州	Linxia	66	2455	480185	436533	400173	778	11139
甘南州	Gannan	21	494	206127	191559	176204	345	7336

15-14 按城乡分各地、县社会消费品零售总额（2023）
Total Retail Sale of Consumer Goods of Urban and Rural Areas by Region & County(2023)

单位：万元 (10 000 yuan)

地、县	Region & County	社会消费品零售总额 Total Retail Sales of Consumer Goods	城镇 Urban	乡村 Rural
兰州市	**Lanzhou**	**17963314**	**15748861**	**2214453**
城关区	Chengguan	9675787	8749911	925876
七里河区	Qilihe	2732108	2259407	472701
西固区	Xigu	1538027	1376121	161905
安宁区	Anning	1996720	1905304	91416
红古区	Honggu	321652	281992	39660
永登县	Yongdeng	345621	220064	125557
皋兰县	Gaolan	101690	67260	34431
榆中县	Yuzhong	417307	275755	141552
兰州新区	Lanzhou New Area	834402	613045	221357
嘉峪关市	**Jiayuguan**	**950074**	**939332**	**10742**
金昌市	**Jinchang**	**1119924**	**888438**	**231486**
金川区	Jinchuan	743899	630259	113640
永昌县	Yongchang	376025	258178	117846
白银市	**Baiyin**	**2067416**	**1678255**	**389161**
白银区	Baiyin	1084214	1019995	64220
平川区	Pingchuan	198204	188393	9811
靖远县	Jingyuan	271207	181897	89309
会宁县	Huining	294297	144820	149477
景泰县	Jingtai	219494	143150	76344
天水市	**Tianshui**	**3057704**	**2380521**	**677183**
秦州区	Qinzhou	967103	778257	188846
麦积区	Maiji	788735	636073	152662
清水县	Qingshui	111068	82629	28439
秦安县	Qinan	420861	310873	109988
甘谷县	Gangu	366589	272060	94529
武山县	Wushan	293042	218534	74508
张家川县	Zhangjiachuan	110306	82095	28211
武威市	**Wuwei**	**1849163**	**1292508**	**556655**
凉州区	Liangzhou	1118464	844893	273571
民勤县	Minqin	239828	149114	90714
古浪县	Gulang	238559	152426	86133
天祝县	Tianzhu	252312	146076	106237
张掖市	**Zhangye**	**2709346**	**1921248**	**788098**

15-14 续表 1 continued

单位：万元 (10 000 yuan)

地、县	Region & County	社会消费品零售总额 Total Retail Sales of Consumer Goods	城镇 Urban	乡村 Rural
甘州区	Ganzhou	1507934	1103210	404724
肃南县	Sunan	72885	40123	32762
民乐县	Minle	312644	215620	97025
临泽县	Linze	259708	166251	93457
高台县	Gaotai	231062	148724	82338
山丹县	Shandan	325112	247320	77793
平凉市	**Pingliang**	**2152247**	**1926196**	**226052**
崆峒区	Kongtong	1020384	934796	85588
泾川县	Jingchuan	149644	131938	17706
灵台县	Lingtai	108297	97907	10390
崇信县	Chongxin	62946	40393	22554
庄浪县	Zhuanglang	273446	235898	37548
静宁县	Jingning	353994	315067	38927
华亭市	Huating	183537	170198	13339
酒泉市	**Jiuquan**	**3454465**	**2533748**	**920717**
肃州区	Suzhou	1741899	1205662	536238
金塔县	Jinta	238545	172356	66189
瓜州县	Guazhou	486116	351350	134766
肃北县	Subei	42222	39460	2762
阿克塞县	Akesai	36486	29437	7049
玉门市	Yumen	339920	278527	61393
敦煌市	Dunhuang	569276	456956	112320
庆阳市	**Qingyang**	**2063973**	**1554612**	**509361**
西峰区	Xifeng	849486	665618	183868
庆城县	Qingcheng	193200	138726	54474
环 县	Huanxian	190947	142870	48077
华池县	Huachi	93363	69414	23949
合水县	Heshui	108806	80730	28076
正宁县	Zhengning	125959	89926	36033
宁 县	Ningxian	248883	182439	66444
镇原县	Zhenyuan	253329	184889	68440
定西市	**Dingxi**	**2163419**	**1829121**	**334299**
安定区	Anding	804372	692501	111870
通渭县	Tongwei	166172	138537	27634

15-14 续表 2 continued

单位：万元 (10 000 yuan)

地、县	Region & County	社会消费品零售总额 Total Retail Sales of Consumer Goods	城镇 Urban	乡村 Rural
陇西县	Longxi	387626	325757	61869
渭源县	Weiyuan	127918	106272	21646
临洮县	Lintao	321572	270510	51062
漳　县	Zhangxian	76785	63452	13332
岷　县	Minxian	278976	232091	46885
陇南市	**Longnan**	**1996768**	**1350802**	**645966**
武都区	Wudu	966289	661621	304668
成　县	Chengxian	206301	148539	57762
文　县	Wenxian	85486	47217	38270
宕昌县	Tanchang	169786	115012	54775
康　县	Kangxian	91870	57082	34789
西和县	Xihe	116781	72972	43809
礼　县	Lixian	188289	123494	64794
徽　县	Huixian	153067	114561	38506
两当县	Liangdang	18899	10306	8593
临夏州	**Linxia**	**1242103**	**1002039**	**240064**
临夏市	linxia	627013	597024	29989
临夏县	linxia	120606	90971	29635
康乐县	Kangle	94804	51488	43316
永靖县	Yongjing	110603	83742	26861
广河县	Guanghe	117830	72830	45000
和政县	Hezheng	54651	38374	16277
东乡县	Dongxiang	37967	24860	13108
积石山县	Jishishan	78629	42751	35879
甘南州	**Gannan**	**507112**	**396402**	**110710**
合作市	Hezuo	217730	170266	47464
临潭县	Lintan	43373	33918	9455
卓尼县	Zhuoni	41710	32617	9093
舟曲县	Zhouqu	48091	37607	10484
迭部县	Diebu	31496	24629	6867
玛曲县	Maqu	34041	26620	7421
碌曲县	Luqu	30398	23771	6627
夏河县	Xiahe	60273	46974	13299

15-15 按行业分各地、县社会消费品零售总额（2023）
Total Retail Sale of Consumer Goods by Sector and Region & County (2023)

单位：万元 (10 000 yuan)

地、县	Region & County	社会消费品零售总额 Total Retail Sales of Consumer Goods	餐费收入 Income from Meals	商品零售 Commodity Retail
兰州市	**Lanzhou**	**17963314**	**1617044**	**16346270**
城关区	Chengguan	9675787	807993	8867794
七里河区	Qilihe	2732108	206095	2526014
西固区	Xigu	1538027	275597	1262429
安宁区	Anning	1996720	67846	1928874
红古区	Honggu	321652	28949	292703
永登县	Yongdeng	345621	60811	284810
皋兰县	Gaolan	101690	35756	65934
榆中县	Yuzhong	417307	83089	334218
兰州新区	Lanzhou New Area	834402	50909	783493
嘉峪关市	**Jiayuguan**	**950074**	**91112**	**858962**
金昌市	**Jinchang**	**1119924**	**132161**	**987763**
金川区	Jinchuan	743899	87669	656230
永昌县	Yongchang	376025	44492	331533
白银市	**Baiyin**	**2067416**	**247883**	**1819533**
白银区	Baiyin	1084214	144332	939882
平川区	Pingchuan	198204	24616	173588
靖远县	Jingyuan	271207	34331	236875
会宁县	Huining	294297	16660	277636
景泰县	Jingtai	219494	27943	191551
天水市	**Tianshui**	**3057704**	**446050**	**2611654**
秦州区	Qinzhou	967103	136431	830672
麦积区	Maiji	788735	110973	677762
清水县	Qingshui	111068	17231	93837
秦安县	Qinan	420861	64334	356527
甘谷县	Gangu	366589	55280	311309
武山县	Wushan	293042	44744	248298
张家川县	Zhangjiachuan	110306	17057	93249
武威市	**Wuwei**	**1849163**	**197142**	**1652021**
凉州区	Liangzhou	1118464	114649	1003815
民勤县	Minqin	239828	29560	210268
古浪县	Gulang	238559	25088	213471
天祝县	Tianzhu	252312	27845	224468
张掖市	**Zhangye**	**2709346**	**425721**	**2283625**

15-15 续表 1 continued

单位：万元 (10 000 yuan)

地、县	Region & County	社会消费品零售总额 Total Retail Sales of Consumer Goods	餐费收入 Income from Meals	商品零售 Commodity Retail
甘州区	Ganzhou	1507934	255044	1252890
肃南县	Sunan	72885	8039	64846
民乐县	Minle	312644	65098	247546
临泽县	Linze	259708	19573	240135
高台县	Gaotai	231062	27104	203958
山丹县	Shandan	325112	50862	274250
平凉市	**Pingliang**	**2152247**	**170776**	**1981471**
崆峒区	Kongtong	1020384	40863	979521
泾川县	Jingchuan	149644	24179	125465
灵台县	Lingtai	108297	16936	91362
崇信县	Chongxin	62946	5385	57561
庄浪县	Zhuanglang	273446	29882	243564
静宁县	Jingning	353994	34403	319590
华亭市	Huating	183537	19129	164408
酒泉市	**Jiuquan**	**3454465**	**479111**	**2975354**
肃州区	Suzhou	1741899	178660	1563239
金塔县	Jinta	238545	34283	204262
瓜州县	Guazhou	486116	36517	449600
肃北县	Subei	42222	4045	38178
阿克塞县	Akesai	36486	6913	29573
玉门市	Yumen	339920	61057	278863
敦煌市	Dunhuang	569276	157636	411640
庆阳市	**Qingyang**	**2063973**	**240651**	**1823322**
西峰区	Xifeng	849486	53663	795823
庆城县	Qingcheng	193200	38268	154932
环　县	Huanxian	190947	36095	154852
华池县	Huachi	93363	9660	83703
合水县	Heshui	108806	11884	96922
正宁县	Zhengning	125959	14987	110972
宁　县	Ningxian	248883	39473	209410
镇原县	Zhenyuan	253329	36621	216708
定西市	**Dingxi**	**2163419**	**334266**	**1829153**
安定区	Anding	804372	70948	733423
通渭县	Tongwei	166172	36826	129346

15-15 续表 2 continued

单位：万元 (10 000 yuan)

地、县	Region & County	社会消费品零售总额 Total Retail Sales of Consumer Goods	餐费收入 Income from Meals	商品零售 Commodity Retail
陇西县	Longxi	387626	58697	328929
渭源县	Weiyuan	127918	26879	101039
临洮县	Lintao	321572	65282	256290
漳　县	Zhangxian	76785	18539	58246
岷　县	Minxian	278976	57096	221880
陇南市	**Longnan**	**1996768**	**231010**	**1765758**
武都区	Wudu	966289	67189	899100
成　县	Chengxian	206301	31638	174663
文　县	Wenxian	85486	19095	66391
宕昌县	Tanchang	169786	29679	140107
康　县	Kangxian	91870	21295	70575
西和县	Xihe	116781	12872	103909
礼　县	Lixian	188289	29554	158735
徽　县	Huixian	153067	15150	137917
两当县	Liangdang	18899	4538	14361
临夏州	**Linxia**	**1242103**	**208646**	**1033457**
临夏市	linxia	627013	116394	510620
临夏县	linxia	120606	14531	106074
康乐县	Kangle	94804	16154	78650
永靖县	Yongjing	110603	20357	90247
广河县	Guanghe	117830	16250	101580
和政县	Hezheng	54651	8205	46446
东乡县	Dongxiang	37967	6227	31741
积石山县	Jishishan	78629	10528	68101
甘南州	**Gannan**	**507112**	**155773**	**351339**
合作市	Hezuo	217730	70280	147450
临潭县	Lintan	43373	19629	23744
卓尼县	Zhuoni	41710	15197	26513
舟曲县	Zhouqu	48091	12222	35869
迭部县	Diebu	31496	11874	19622
玛曲县	Maqu	34041	7099	26942
碌曲县	Luqu	30398	5661	24737
夏河县	Xiahe	60273	13811	46462

主要统计指标解释

社会消费品零售总额 指企业（单位、个体户）通过交易直接售给个人、社会集团非生产、非经营用的实物商品金额，以及提供餐饮服务所取得的收入金额。个人包括城乡居民和入境人员，社会集团包括机关、社会团体、部队、学校、企事业单位、居委会或村委会等。

批发业 指向其他批发或零售单位（含个体经营者）及其他企事业单位、机关团体等批量销售生活用品、生产资料的活动，以及从事进出口贸易和贸易经纪与代理的活动，包括拥有货物所有权，并以本单位（公司）的名义进行交易活动，也包括不拥有货物的所有权，收取佣金的商品代理、商品代售活动；本类还包括各类商品批发市场中固定摊位的批发活动，以及以销售为目的的收购活动。

零售业 指百货商店、超级市场、专门零售商店、品牌专卖店、售货摊等主要面向最终消费者（如居民等）的销售活动，以互联网、邮政、电话、售货机等方式的销售活动，还包括在同一地点，后面加工生产，前面销售的店铺（如面包房）；谷物、种子、饲料、牲畜、矿产品、生产用原料、化工原料、农用化工产品、机械设备（乘用车、计算机及通信设备除外）等生产资料的销售不作为零售活动；多数零售商对其销售的货物拥有所有权，但有些则是充当委托人的代理人，进行委托销售或以收取佣金的方式进行销售；零售业按销售渠道分为有店铺零售和无店铺零售，其中有店铺零售分为综合零售和专门零售。

批发和零售业商品购进、销售、库存额 指各种登记注册类型的批发和零售业企业（单位）以本企业（单位）为总体的，从国内、国外市场购进的商品总量，销售和出口的商品总量，库存的商品总量等情况。该指标可以反映商品流转过程中商品的购进、销售、库存之间的比例关系和存在的问题。

商品购进额 指从本企业以外的单位和个人购进（包括从国外直接进口）作为转卖或加工后转卖的商品金额（含增值税），本指标反映批发和零售业从国内外市场上购进商品的总价。商品购进包括：（1）从工农业生产者、批发和零售业、住宿和餐饮业、出版社或报社的出版发行部门和其他服务业等企事业单位和个体经营户购进的商品；（2）从机关、社会团体购进的商品；（3）从海关、市场管理部门购进的缉私和没收的商品；（4）从居民收购的废旧商品等。不包括：（1）企业为本单位自身经营用，不是作为转卖而购进的商品，如材料物资、包装物、低值易耗品、办公用品等；（2）未通过买卖行为而收入的商品，如接受其他部门移交的商品、借入的商品、收入代其他单位保管的商品、其他单位赠送的样品、加工回收的成品等；（3）经本单位介绍，由买卖双方直接结算，本单位只收取手续费的业务；（4）销售退回和买方拒付货款的商品；（5）商品溢余；（6）期货交易商品。

商品销售额 指对本单位以外的单位和个人出售的商品金额（包括售给本单位消费用的商品，含增值税），在批发和零售业中，本指标反映在国内市场上销售商品以及出口商品的总价。商品销售包括：（1）售给个人和社会集团消费用的商品；（2）售给农业、工业、建筑业、服务业等国民经济各行业用于生产、经营用的商品，包括售予批发和零售业作为转卖或加工后转卖的商品；（3）对国（境）外直接出口的商品。商品销售不包括：（1）未通过买卖行为付出的商品，如因机构变动移交给其他企业单位的商品、借出的商品、归还受其他单位委托代保管的商品、付出的加工原料和赠送给其他单位的样品等；（2）促销返券所销售的，不计入营业收入的商品；（3）经本单位介绍，由买卖双方直接结算，本单位只收取手续费的业务；（4）未发生所有权转移的商品预付卡销售，如加油卡；（5）汽车维修、电话卡销售等服务性经济活动；（6）购货退回的商品；（7）商品损耗和损失；（8）出售本单位自用的废旧物资；（9）期货交易商品；（10）自来水供应企业、电力企业、天然气供应企业提供的水、电、气。

期末商品库存额 对于批发和零售业法人单位和个体经营户，是指报告期末取得所有权的全部商品金额（含增值税）；对于批发和零售业产业活动单位，是指报告期末实际在库且归属法人具有所有权的全部商品金额（含增值税）。这个指标反映批发和零售业的商品库存情况，以及对市场商品供应的保证程度。库存商品包括：（1）存放在本单位（如门市部、批发站、采购站、经营处）的仓库、货场、货柜和货架中的商品；（2）挑选、整理、包装中的商品；（3）已记入购进而尚未运到本单位的商品，即发货单或银行承兑凭证已到而货未到的商品；（4）寄放他处的商品，如因购货方拒绝付款而暂时存在购货方的商品；（5）委托其他单位代销（未作销售或调出）尚未售出的商品；（6）代其他单位购进尚未交付的商品。库存商品不包括：（1）所有权不属于本单位的商品，如商品已作销售但买方尚未取走的商品，代替他人保管、运输、加工的商品，代其他单位销售（未做购进或调入）而未售出的商品；（2）委托外单位加工的商品，包括本单位所属加工厂和其他生产单位加工生产尚未收回成品的商品；（3）外贸企业代理其他单位从国外进口，尚未付给订货单位的商品；（4）代国家储备部门保管的商品。

亿元以上商品交易市场　指年成交额在亿元及以上的商品交易市场。商品交易市场是指经有关部门和组织批准设立，有固定场所、设施，有经营管理部门和监管人员，若干市场经营者入内，常年或实际开业三个月以上，集中、公开、独立地进行生活消费品、生产资料等现货商品交易以及提供相关服务的交易场所，包括各类消费品市场、生产资料市场等。

16

住宿、餐饮业和旅游业

Hotels, Catering Services and Tourism

简要说明

一、本篇资料主要内容

本篇资料主要反映住宿和餐饮业的基本情况、经营情况和旅游产业的发展状况。主要内容包括：限额以上住宿和餐饮业基本情况、经营情况、财务状况；连锁餐饮业经营情况；旅行社、星级饭店基本情况；入境、出境旅游人数、国内旅游人数，以及国际、国内旅游收入等。

二、本篇资料的统计范围

限额以上住宿和餐饮业的法人企业、个体户；餐饮连锁集团；旅行社、星级饭店和旅游者。

限额以上住宿和餐饮业统计口径为：年主营业务收入 200 万元及以上。

三、本篇资料来源

本篇资料由省统计局贸易外经处加工整理；旅游资料由省文化和旅游厅提供。

16-1 限额以上住宿和餐饮业情况
Basic Conditions above Designated Size of Hotels and Catering Services

指 标	Item	2015	2020	2022	2023
住宿和餐饮业	**Hotels and Catering Services**				
法人企业（个）	Number of Corporation Enterprises (unit)	624	778	949	1122
年末从业人数（人）	Engaged Persons at Year-end (person)	45848	47305	46996	53513
营业额（万元）	Business Revenue (10 000 yuan)	716557	707406	749504	1189417
#餐费收入（万元）	From Meals (10 000 yuan)	427105	418553	464214	713706
年末营业面积（平方米）	Business Area of Hotel and Catering Services at Year-end (sq.m)	1314533	2502643	3032749	3759747
住宿业	**Hotels**				
法人企业（个）	Number of Corporation Enterprises (unit)	286	411	467	532
年末从业人数（人）	Engaged Persons at Year-end (person)	24210	25072	22380	25171
营业额（万元）	Business Revenue (10 000 yuan)	390244	363854	319127	551538
#客房收入（万元）	From Hotel Rooms (10 000 yuan)	219333	219333	209554	371584
餐费收入（万元）	From Meals (10 000 yuan)	141301	120782	91643	154969
客房数（间）	Number of Rooms (room)	42109	64552	75445	80167
床位数（位）	Number of Beds (bed)	70577	108927	122081	132080
年末餐饮营业面积（平方米）	Business Area of Catering Services at Year-end (sq.m)	536155	1543086	1696784	2207476
餐饮业	**Catering Services**				
法人企业（个）	Number of Corporation Enterprises (unit)	338	367	482	590
年末从业人数（人）	Engaged Persons at Year-end (person)	21638	22233	24616	28342
营业额（万元）	Business Revenue (10 000 yuan)	326313	343552	430377	637880
#餐费收入（万元）	From Meals (10 000 yuan)	285804	297771	372571	558738
年末餐饮营业面积（平方米）	Business Area of Catering Services at Year-end (sq.m)	778378	959557	1335965	1552271

16-2 限额以上住宿业企业基本情况（2023）

Basic Conditions of Enterprises above Designated Size of Hotels (2023)

项 目	Item	法人企业（个）Number of Corporation Enterprises (unit)	从业人员期末人数（人）Engaged Persons at Year-end (person)
住宿业	**Hotels**	**532**	**25171**
按登记注册类型分	**By Status of Registration**		
内资企业	**Domestic Funded Enterprises**	**530**	**24792**
国有独资公司	State Sole Funded Corporations	15	1764
私营有限责任公司	Private Limited Liability Corporations	418	15789
其他有限责任公司	Other Limited Liability Corporations	70	5664
私营股份有限公司	Private Share-holding Limited Corporations	2	128
其他股份有限公司	Other Share-holding Limited Corporations		
全民所有制企业（国有企业）	State-owned Enterprises	7	620
集体所有制企业（集体企业）	Collective-owned Enterprises	1	
股份合作企业	Cooperative Enterprises		
联营企业	Joint Ownership Enterprises		
个人独资企业	Solo Proprietorship Enterprises	17	827
合伙企业	Partnership Enterprises		
其他内资企业	Other Domestic Funded Enterprises		
港、澳、台商投资企业	**Enterprises with Funds from Hong Kong, Macao and Taiwan**	**1**	**142**
港澳台投资有限责任公司	Limited Liability Corporations with Funds from Hong Kong, Macao and Taiwan	1	142
港澳台投资股份有限公司	Share-holding Limited Corporations with Funds from Hong Kong, Macao and Taiwan		
港澳台投资合伙企业	Cooperative Enterprises with Funds from Hong Kong, Macao and Taiwan		
其他港澳台投资企业	Other Enterprises with Funds from Hong Kong, Macao and Taiwan		
外商投资企业	**Foreign Funded Enterprises**	**1**	**237**
外商投资有限责任公司	Limited Liability Corporations With Foreign Investment	1	237
外商投资股份有限公司	Share-holding Limited Corporations With Foreign Investment		
外商投资合伙企业	Partnership Enterprises With Foreign Investment		
其他外商投资企业	Other Foreign Funded Enterprises		
农民专业合作社（联合社）	**Professional Cooperative agency of Farmers**		

16-3 限额以上住宿业企业经营情况（2023）
Business of Enterprises above Designated Size of Hotels (2023)

单位：万元 (10 000 yuan)

项　目	Item	营业额 Business Revenue	#客房收入 From Hotel Rooms	#餐费收入 From Meals
住宿业	**Hotels**	**551538**	**371584**	**154969**
按登记注册类型分	**By Status of Registration**			
内资企业	**Domestic Funded Enterprises**	**543250**	**366194**	**152696**
国有独资公司	State Sole Funded Corporations	37546	22421	12635
私营有限责任公司	Private Limited Liability Corporations	348247	252595	87218
其他有限责任公司	Other Limited Liability Corporations	128096	77341	38177
私营股份有限公司	Private Share-holding Limited Corporations	3069	1404	1607
其他股份有限公司	Other Share-holding Limited Corporations			
全民所有制企业（国有企业）	State-owned Enterprises	11401	4719	6230
集体所有制企业（集体企业）	Collective-owned Enterprises	396	248	
股份合作企业	Cooperative Enterprises			
联营企业	Joint Ownership Enterprises			
个人独资企业	Solo Proprietorship Enterprises	14496	7466	6830
合伙企业	Partnership Enterprises			
其他内资企业	Other Domestic Funded Enterprises			
港、澳、台商投资企业	**Enterprises with Funds from Hong Kong, Macao and Taiwan**	**4168**	**3402**	**764**
港澳台投资有限责任公司	Limited Liability Corporations with Funds from Hong Kong, Macao and Taiwan	4168	3402	764
港澳台投资股份有限公司	Share-holding Limited Corporations with Funds from Hong Kong, Macao and Taiwan			
港澳台投资合伙企业	Cooperative Enterprises with Funds from Hong Kong,Macao and Taiwan			
其他港澳台投资企业	Other Enterprises with Funds from Hong Kong, Macao and Taiwan			
外商投资企业	**Foreign Funded Enterprises**	**4120**	**1988**	**1508**
外商投资有限责任公司	Limited Liability Corporations With Foreign Investment	4120	1988	1508
外商投资股份有限公司	Share-holding Limited Corporations With Foreign Investment			
外商投资合伙企业	Partnership Enterprises With Foreign Investment			
其他外商投资企业	Other Foreign Funded Enterprises			
农民专业合作社（联合社）	**Professional Cooperative agency of Farmers**			

16-4 限额以上住宿业企业资产及负债（2023）
Assets and Liabilities of Enterprises above Designated Size of Hotels (2023)

单位：万元 (10 000 yuan)

项目	Item	资产总计 Total Assets	#流动资产合计 Total Current Assets	#固定资产原价 Original Value of Fixed Assets	负债合计 Total Liabilities	所有者权益合计 Total Owners' Equities
住宿业	**Hotels**	**1987646**	**842448**	**1107958**	**1302766**	**684880**
按登记注册类型分	**By Status of Registration**					
内资企业	**Domestic Funded Enterprises**	**1970349**	**835366**	**1066415**	**1287948**	**682401**
国有独资公司	State Sole Funded Corporations	286155	67666	258586	166158	119997
私营有限责任公司	Private Limited Liability Corporations	958529	427017	470780	781197	177332
其他有限责任公司	Other Limited Liability Corporations	665472	315183	272216	301613	363859
私营股份有限公司	Private Share-holding Limited Corporations	9444	3166	4455	6561	2883
其他股份有限公司	Other Share-holding Limited Corporations					
全民所有制企业（国有企业）	State-owned Enterprises	25151	13098	42822	17712	7439
集体所有制企业（集体企业）	Collective-owned Enterprises					
股份合作企业	Cooperative Enterprises					
联营企业	Joint Ownership Enterprises					
个人独资企业	Solo Proprietorship Enterprises	25598	9236	17556	14707	10891
合伙企业	Partnership Enterprises					
其他内资企业	Other Domestic Funded Enterprises					
港、澳、台商投资企业	**Enterprises with Funds from Hong Kong, Macao and Taiwan**	**6503**	**4963**	**10170**	**1673**	**4830**
港澳台投资有限责任公司	Limited Liability Corporations with Funds from Hong Kong, Macao and Taiwan	6503	4963	10170	1673	4830
港澳台投资股份有限公司	Share-holding Limited Corporations with Funds from Hong Kong, Macao and Taiwan					
港澳台投资合伙企业	Cooperative Enterprises with Funds from Hong Kong, Macao and Taiwan					
其他港澳台投资企业	Other Enterprises with Funds from Hong Kong,Macao and Taiwan					
外商投资企业	**Foreign Funded Enterprises**	**10794**	**2119**	**31373**	**13145**	**-2350**
外商投资有限责任公司	Limited Liability Corporations With Foreign Investment	10794	2119	31373	13145	-2350
外商投资股份有限公司	Share-holding Limited Corporations With Foreign Investment					
外商投资合伙企业	Partnership Enterprises With Foreign Investment					
其他外商投资企业	Other Foreign Funded Enterprises					
农民专业合作社（联合社）	**Professional Cooperative agency of Farmers**					

16-5 限额以上住宿业企业主要财务指标（2023）
Main Financial Indicators of Enterprises above Designated Size of Hotels (2023)

单位：万元 (10 000 yuan)

项　目	Item	营业收入 Business Revenue	营业成本 Business Cost	税金及附加 Taxes and Extra Charges	营业利润 Business Profits
住宿业	**Hotels**	**537823**	**269018**	**7325**	**2861**
按登记注册类型分	**By Status of Registration**				
内资企业	**Domestic Funded Enterprises**	**530003**	**267679**	**6993**	**2870**
国有独资公司	State Sole Funded Corporations	36029	24315	1759	-8036
私营有限责任公司	Private Limited Liability Corporations	337890	158079	2810	10089
其他有限责任公司	Other Limited Liability Corporations	127424	72060	1867	-434
私营股份有限公司	Private Share-holding Limited Corporations	3069	2672	41	56
其他股份有限公司	Other Share-holding Limited Corporations				
全民所有制企业（国有企业）	State-owned Enterprises	11308	3095	216	-215
集体所有制企业（集体企业）	Collective-owned Enterprises				
股份合作企业	Cooperative Enterprises				
联营企业	Joint Ownership Enterprises				
个人独资企业	Solo Proprietorship Enterprises	14283	7458	301	1411
合伙企业	Partnership Enterprises				
其他内资企业	Other Domestic Funded Enterprises				
港、澳、台商投资企业	**Enterprises with Funds from Hong Kong, Macao and Taiwan**	**3932**	**443**	**93**	**372**
港澳台投资有限责任公司	Limited Liability Corporations with Funds from Hong Kong, Macao and Taiwan	3932	443	93	372
港澳台投资股份有限公司	Share-holding Limited Corporations with Funds from Hong Kong, Macao and Taiwan				
港澳台投资合伙企业	Cooperative Enterprises with Funds from Hong Kong, Macao and Taiwan				
其他港澳台投资企业	Other Enterprises with Funds from Hong Kong, Macao and Taiwan				
外商投资企业	**Foreign Funded Enterprises**	**3888**	**896**	**239**	**-381**
外商投资有限责任公司	Limited Liability Corporations With Foreign Investment	3888	896	239	-381
外商投资股份有限公司	Share-holding Limited Corporations With Foreign Investment				
外商投资合伙企业	Partnership Enterprises With Foreign Investment				
其他外商投资企业	Other Foreign Funded Enterprises				
农民专业合作社（联合社）	**Professional Cooperative agency of Farmers**				

16-6 限额以上餐饮业企业基本情况（2023）
Basic Conditions of Enterprises above Designated Size of Catering Services (2023)

项 目	Item	法人企业（个）Number of Corporation Enterprises (unit)	从业人员期末人数（人）Engaged Persons at Year-end (person)
餐饮业	**Catering Services**	**590**	**28342**
按登记注册类型分	**By Status of Registration**		
内资企业	**Domestic Funded Enterprises**	**589**	**26035**
国有独资公司	State Sole Funded Corporations	9	665
私营有限责任公司	Private Limited Liability Corporations	455	18663
其他有限责任公司	Other Limited Liability Corporations	80	4779
私营股份有限公司	Private Share-holding Limited Corporations	2	
其他股份有限公司	Other Share-holding Limited Corporations	2	95
全民所有制企业（国有企业）	State-owned Enterprises	4	309
集体所有制企业（集体企业）	Collective-owned Enterprises	1	108
股份合作企业	Cooperative Enterprises	2	184
联营企业	Joint Ownership Enterprises		
个人独资企业	Solo Proprietorship Enterprises	34	1232
合伙企业	Partnership Enterprises		
其他内资企业	Other Domestic Funded Enterprises		
港、澳、台商投资企业	**Enterprises with Funds from Hong Kong, Macao and Taiwan**	**1**	**2307**
港澳台投资有限责任公司	Limited Liability Corporations with Funds from Hong Kong, Macao and Taiwan	1	2307
港澳台投资股份有限公司	Share-holding Limited Corporations with Funds from Hong Kong, Macao and Taiwan		
港澳台投资合伙企业	Cooperative Enterprises with Funds from Hong Kong, Macao and Taiwan		
其他港澳台投资企业	Other Enterprises with Funds from Hong Kong, Macao and Taiwan		
外商投资企业	**Foreign Funded Enterprises**		
外商投资有限责任公司	Limited Liability Corporations With Foreign Investment		
外商投资股份有限公司	Share-holding Limited Corporations With Foreign Investment		
外商投资合伙企业	Partnership Enterprises With Foreign Investment		
其他外商投资企业	Other Foreign Funded Enterprises		
农民专业合作社（联合社）	**Professional Cooperative agency of Farmers**		

16-7 限额以上餐饮业企业经营情况（2023）
Business of Enterprises above Designated Size of Catering Services (2023)

单位：万元 (10 000 yuan)

项目	Item	营业额 Business Revenue	#餐费收入 From Meals
餐饮业	**Catering Services**	**637880**	**558738**
按登记注册类型分	**By Status of Registration**		
内资企业	**Domestic Funded Enterprises**	**595655**	**516513**
国有独资公司	State Sole Funded Corporations	11907	7283
私营有限责任公司	Private Limited Liability Corporations	396319	359262
其他有限责任公司	Other Limited Liability Corporations	155390	123228
私营股份有限公司	Private Share-holding Limited Corporations	80	78
其他股份有限公司	Other Share-holding Limited Corporations	1930	1511
全民所有制企业（国有企业）	State-owned Enterprises	3534	2027
集体所有制企业（集体企业）	Collective-owned Enterprises	2695	1777
股份合作企业	Cooperative Enterprises	3164	3164
联营企业	Joint Ownership Enterprises		
个人独资企业	Solo Proprietorship Enterprises	20638	18186
合伙企业	Partnership Enterprises		
其他内资企业	Other Domestic Funded Enterprises		
港、澳、台商投资企业	**Enterprises with Funds from Hong Kong, Macao and Taiwan**	**42224**	**42224**
港澳台投资有限责任公司	Limited Liability Corporations with Funds from Hong Kong, Macao and Taiwan	42224	42224
港澳台投资股份有限公司	Share-holding Limited Corporations with Funds from Hong Kong, Macao and Taiwan		
港澳台投资合伙企业	Cooperative Enterprises with Funds from Hong Kong, Macao and Taiwan		
其他港澳台投资企业	Other Enterprises with Funds from Hong Kong, Macao and Taiwan		
外商投资企业	**Foreign Funded Enterprises**		
外商投资有限责任公司	Limited Liability Corporations With Foreign Investment		
外商投资股份有限公司	Share-holding Limited Corporations With Foreign Investment		
外商投资合伙企业	Partnership Enterprises With Foreign Investment		
其他外商投资企业	Other Foreign Funded Enterprises		
农民专业合作社（联合社）	**Professional Cooperative agency of Farmers**		

16-8 限额以上餐饮业企业资产及负债（2023）
Assets and Liabilities of Enterprises above Designated Size of Catering Services (2023)

单位：万元 (10 000 yuan)

项 目	Item	资产总计 Total Assets	#流动资产合计 Total Current Assets	#固定资产原价 Original Value of Fixed Assets	负债合计 Total Liabilities	所有者权益合计 Total Owners' Equities
餐饮业	**Catering Services**	**791206**	**365463**	**343376**	**584436**	**206771**
按登记注册类型分	**By Status of Registration**					
内资企业	**Domestic Funded Enterprises**	**767755**	**362780**	**336287**	**568426**	**199328**
国有独资公司	State Sole Funded Corporations	33913	8042	30967	27331	6582
私营有限责任公司	Private Limited Liability Corporations	441256	196883	191314	319704	121552
其他有限责任公司	Other Limited Liability Corporations	233180	134847	85180	184696	48485
私营股份有限公司	Private Share-holding Limited Corporations					
其他股份有限公司	Other Share-holding Limited Corporations	5568	2506	2884	2693	2875
全民所有制企业（国有企业）	State-owned Enterprises	3523	2211	4590	2661	862
集体所有制企业（集体企业）	Collective-owned Enterprises	4312	3454	330	3713	599
股份合作企业	Cooperative Enterprises	1120	778	1160	448	672
联营企业	Joint Ownership Enterprises					
个人独资企业	Solo Proprietorship Enterprises	44882	14059	19861	27181	17701
合伙企业	Partnership Enterprises					
其他内资企业	Other Domestic Funded Enterprises					
港、澳、台商投资企业	**Enterprises with Funds from Hong Kong, Macao and Taiwan**	**23452**	**2683**	**7089**	**16009**	**7443**
港澳台投资有限责任公司	Limited Liability Corporations with Funds from Hong Kong, Macao and Taiwan	23452	2683	7089	16009	7443
港澳台投资股份有限公司	Share-holding Limited Corporations with Funds from Hong Kong,Macao and Taiwan					
港澳台投资合伙企业	Cooperative Enterprises with Funds from Hong Kong, Macao and Taiwan					
其他港澳台投资企业	Other Enterprises with Funds from Hong Kong, Macao and Taiwan					
外商投资企业	**Foreign Funded Enterprises**					
外商投资有限责任公司	Limited Liability Corporations With Foreign Investment					
外商投资股份有限公司	Share-holding Limited Corporations With Foreign Investment					
外商投资合伙企业	Partnership Enterprises With Foreign Investment					
其他外商投资企业	Other Foreign Funded Enterprises					
农民专业合作社（联合社）	**Professional Cooperative agency of Farmers**					

16-9 限额以上餐饮业企业主要财务指标（2023）
Main Financial Indicators of Enterprises above Designated Size of Catering Services (2023)

单位：万元 (10 000 yuan)

项　目	Item	营业收入 Business Revenue	营业成本 Business Cost	税金及附加 Taxes and Extra Charges	营业利润 Business Profits
餐饮业	**Catering Services**	**609845**	**380607**	**3357**	**10845**
按登记注册类型分	**By Status of Registration**				
内资企业	**Domestic Funded Enterprises**	**567620**	**356829**	**3347**	**4835**
国有独资公司	State Sole Funded Corporations	11314	9383	201	-2131
私营有限责任公司	Private Limited Liability Corporations	379267	227647	1466	7796
其他有限责任公司	Other Limited Liability Corporations	146558	100887	656	1250
私营股份有限公司	Private Share-holding Limited Corporations				
其他股份有限公司	Other Share-holding Limited Corporations	1338	820	6	22
全民所有制企业（国有企业）	State-owned Enterprises	3076	1894	916	-1952
集体所有制企业（集体企业）	Collective-owned Enterprises	2605	838	2	315
股份合作企业	Cooperative Enterprises	3030	1677	8	53
联营企业	Joint Ownership Enterprises				
个人独资企业	Solo Proprietorship Enterprises	20432	13682	93	-519
合伙企业	Partnership Enterprises				
其他内资企业	Other Domestic Funded Enterprises				
港、澳、台商投资企业	**Enterprises with Funds from Hong Kong, Macao and Taiwan**	**42224**	**23778**	**11**	**6010**
港澳台投资有限责任公司	Limited Liability Corporations with Funds from Hong Kong, Macao and Taiwan	42224	23778	11	6010
港澳台投资股份有限公司	Share-holding Limited Corporations with Funds from Hong Kong, Macao and Taiwan				
港澳台投资合伙企业	Cooperative Enterprises with Funds from Hong Kong,Macao and Taiwan				
其他港澳台投资企业	Other Enterprises with Funds from Hong Kong, Macao and Taiwan				
外商投资企业	**Foreign Funded Enterprises**				
外商投资有限责任公司	Limited Liability Corporations With Foreign Investment				
外商投资股份有限公司	Share-holding Limited Corporations With Foreign Investment				
外商投资合伙企业	Partnership Enterprises With Foreign Investment				
其他外商投资企业	Other Foreign Funded Enterprises				
农民专业合作社（联合社）	**Professional Cooperative agency of Farmers**				

16-10 各市（州）限额以上住宿业企业基本情况和主要财务指标（2023）
Basic Conditions and Main Financial Indicators of Enterprises above Designated Size of Hotels by Region (2023)

单位：万元 (10 000 yuan)

市（州）	Region	法人企业（个）Number of Corporation Enterprises (unit)	从业人员期末人数（人）Engaged Persons at Year-end (person)	营业额 Business Revenue	营业收入 Business Revenue	营业成本 Business Cost	税金及附加 Taxes and Extra Charges	营业利润 Business Profits
兰州市	Lanzhou	162	9463	247514	242838	116284	3269	6263
嘉峪关市	Jiayuguan	12	344	7531	7325	3719	129	-456
金昌市	Jinchang	6	146	2990	2956	1520	16	688
白银市	Baiyin	15	644	12520	12332	5620	89	-570
天水市	Tianshui	58	2398	44901	43545	25050	482	-1080
武威市	Wuwei	29	1045	18720	18621	13640	172	-2182
张掖市	Zhangye	37	1356	30070	28701	14435	385	1358
平凉市	Pingliang	16	625	10599	10475	4207	201	72
酒泉市	Jiuquan	67	2420	63955	62553	21761	963	2903
庆阳市	Qingyang	19	968	15953	14796	7817	100	-2748
定西市	Dingxi	24	1404	24782	23599	12651	254	1183
陇南市	Longnan	40	1556	25116	24126	13911	212	-754
临夏州	Linxia	15	1518	25174	24303	18796	756	-2141
甘南州	Gannan	32	1284	21713	21654	9608	297	325

16-11 各市（州）限额以上餐饮业企业基本情况和主要财务指标（2023）
Basic Conditions and Main Financial Indicators of Enterprises above Designated Size of Catering Services by Region (2023)

单位：万元 (10 000 yuan)

市（州）	Region	法人企业（个）Number of Corporation Enterprises (unit)	从业人员期末人数（人）Engaged Persons at Year-end (person)	营业额 Business Revenue	营业收入 Business Revenue	营业成本 Business Cost	税金及附加 Taxes and Extra Charges	营业利润 Business Profits
兰州市	Lanzhou	220	12936	323327	308870	180090	748	5522
嘉峪关市	Jiayuguan	9	662	22460	21288	18409	121	-118
金昌市	Jinchang	19	815	18668	17474	13149	80	45
白银市	Baiyin	8	597	15062	14704	5105	128	3724
天水市	Tianshui	71	2297	46460	45354	30341	183	854
武威市	Wuwei	31	1162	20702	20639	16942	191	-3510
张掖市	Zhangye	20	633	19658	19411	13239	51	517
平凉市	Pingliang	42	1904	37253	36361	23069	385	1854
酒泉市	Jiuquan	32	1304	32977	31830	19506	153	1373
庆阳市	Qingyang	34	1426	23112	21611	12636	1011	-1157
定西市	Dingxi	40	1824	39042	36103	20948	107	2515
陇南市	Longnan	17	602	10683	10082	6814	35	137
临夏州	Linxia	32	1617	20498	18245	15773	127	-1362
甘南州	Gannan	15	563	7977	7874	4586	39	450

16–12 旅游业发展情况
Development of Tourism

指 标	Item	2015	2020	2022	2023
旅行社数（个）	**Number of Travel Agencies (unit)**	**523**	**780**	**949**	**1171**
#出境旅游组团社	Number of Outbound Travel Tour Agencies	50	66	66	66
星级饭店数（个）	**Number of Star-rated Hotel (unit)**	**382**	**384**	**343**	**331**
入境旅游人数（人次）	**Number of Overseas Visitor Arrivals (person-time)**	**54508**	**25446**		
外国人	Foreigners	31607	14546		
港澳同胞	Chinese Compatriots From Hong Kong and Macao	7018	4760		
台湾同胞	Chinese Compatriots From Taiwan Province	15883	6140		
国内旅游人数（万人次）	**Number of Domestic Visitors (10 000 person-times)**	**15633**	**21288**	**13482**	**38805**
旅游收入	**Tourism Earnings**				
国际旅游（外汇）收入（万美元）	Foreign Exchange Earnings from International Tourism (10 000 USD)	1418	697		
旅游总花费（亿元）	Total Tourism Expenditure (100 million yuan)	975	1454	665	2746

16–13 国内旅游情况
Domestic Tourism

年 份 Year	国内游客 （万人次） Domestic Tourists (10 000 person-times)	旅游总花费 （亿元） Total Tourism Expenditure (100 million yuan)	人均花费 （元） Per Capita Expenditure (yuan)
2000	732.70	23.09	315.14
2001	838.88	24.90	296.82
2002	1035.03	31.34	302.79
2003	863.31	23.70	274.52
2004	949.60	55.25	581.82
2005	1207.85	62.56	517.95
2006	1574.10	80.20	509.50
2007	2389.93	115.91	484.99
2008	2482.30	137.50	553.92
2009	3387.67	192.77	569.03
2010	4284.45	237.20	553.63
2011	5826.48	333.70	572.73
2012	7824.26	471.08	602.08
2013	10068.40	620.20	615.99
2014	12655.29	780.20	616.50
2015	15633.00	975.00	623.68
2016	19089.40	1220.40	639.31
2017	23889.40	1580.00	661.38
2018	30190.90	2060.10	682.36
2019	37422.70	2680.00	716.14
2020	21288.22	1454.38	683.19
2021	27601.91	1841.78	667.00
2022	13482.02	665.02	493.27
2023	38804.60	2745.80	708.00

主要统计指标解释

住宿业 指为旅行者提供短期留宿场所的活动，有些单位只提供住宿，也有些单位提供住宿、饮食、商务、娱乐一体的服务，不包括主要按月或按年长期出租房屋住所的活动。

餐饮业 指通过即时制作加工、商业销售和服务性劳动等，向消费者提供食品和消费场所及设施的服务。

营业额 指住宿和餐饮业单位在经营活动中，因提供服务或销售商品等取得的全部收入（含增值税），收入主要来源于提供客房、餐费服务、商品销售和其他服务，如商务服务。不包括多产业法人企业附营的其他行业产业活动单位的餐费收入、商品销售收入等各项收入。

客房收入 指住宿和餐饮业单位在经营活动中因提供住宿服务取得的收入（含增值税）。不包括多产业法人企业附营的其他行业产业活动单位的客房收入。

餐费收入 指本单位为顾客提供就餐服务取得的收入（含增值税）。包括：经烹饪、调制加工后出售的各种食品，如主食、炒菜、凉拌菜等的收入。不包括多产业法人企业附营的其他行业产业活动单位的餐费收入。

住宿和餐饮业年末餐饮营业面积 指住宿和餐饮业企业对外提供餐饮服务的就餐面积和从事食品加工、烹饪、调制的厨房面积，不包括办公用房和仓库等面积。按年末实有建筑面积统计。本指标应与餐费收入统计相匹配。

客房数 指本单位提供住宿服务的房间数，该指标按报告期内正常情况下的实有数统计。

床位数 指本单位供应旅客使用的床位数，不包括临时加床和门店内部工作人员使用的床位。该指标按报告期内正常情况下的实有数统计。

餐位数 指本单位为顾客提供就餐服务时，正常可同时容纳就餐人员的餐位数量，不包括临时加的餐位。该指标按报告期内正常情况下的实有数统计。

国内游客 指报告期内在中国（大陆）观光游览、休闲度假、探亲访友、保健疗养、购物娱乐、学习交流、会议培训或开展经济、文化、体育、宗教等活动的中国（大陆）居民，其出游的目的不是通过所从事的活动谋取报酬。国内游客包括国内过夜游客和国内一日游游客。

国内旅游人次数 指报告期内在中国（大陆）观光游览、度假、探亲访友、就医疗养、购物、参加会议或从事经济、文化、体育、宗教活动的中国（大陆）居民，其出游过程中不以获得报酬为目的，统计时，国内旅游人次数按每出游 1 次统计 1 人次。

国际旅游收入 入境游客在中国（大陆）境内旅行、游览过程中用于交通、参观游览、住宿、餐饮、购物、娱乐等全部花费。

旅游总花费 指国内游客在国内旅行、游览过程中用于交通、参观游览、住宿、餐饮、购物、娱乐等全部花费。

17

运输和邮电

Transport, Postal and Telecommunication Services

简要说明

一、本篇资料主要内容

本篇资料反映交通运输业，邮政、电信业发展的基本状况。

交通运输业资料主要包括：三种（铁路、公路、航空）运输方式的线路里程及完成的货物和旅客运输量、周转量。

邮政、电信业资料主要包括：邮政局（所）及邮路情况，邮电通信主要电路及设备拥有量，主要的邮电业务完成情况及邮电通信发展水平资料。

二、本篇资料来源

本篇资料由省统计局服务业统计处搜集、加工整理。

1. 交通运输资料分别由中国铁路兰州局集团有限公司、省交通运输厅、东航甘肃分公司、省公安厅提供。

2. 邮政、电信业资料由省邮政管理局、省通信管理局提供。

17–1 交通运输业基本情况
Basic Conditions of Transport

指　标	Item	2010	2015	2020	2022	2023
运输线路长度（公里）	**Length of Transport Routes (km)**	**124584**				
#铁路营业里程	Railways in Operation	2149	3272	4454	4860	4860
公路里程	Highways	118879	140052	155957	157243	158219
#高速公路	Expressway	1993	3522	5072	5783	6181
客运量总计（万人次）	**Total Passenger Traffic (10 000 person-times)**	**53776**	**41516**	**26831**	**8097**	**15939**
#铁路	Railways	2178	3123	4153	2444	6200
公路	Highways	51404	37242	22478	5544	9371
民航	Civil Aviation	100	1061	144	83	210
旅客周转量总计（亿人公里）	**Total Passenger-Kilometers (100 million passenger-km)**	**509.6**	**641.1**	**399.6**	**220.7**	**498.4**
#铁路	Railways	275.1	370.7	237.9	176.7	402.3
公路	Highways	220.1	248.8	140.8	32.2	66.0
民航	Civil Aviation	14.1	21.5	20.9	11.8	29.9
货运量总计（万吨）	**Total Freight Traffic (10 000 tons)**	**29009**	**58258**	**67240**	**72945**	**79808**
#铁路	Railways	4926	5936	5966	8861	9905
公路	Highways	24050	52281	61272	64084	69902
民航	Civil Aviation	1.13	6.55	0.83	0.62	0.90
货物周转量总计（亿吨公里）	**Total Freight Ton-kilometers (100 million tons-km)**	**1607.25**	**2226.00**	**2516.84**	**3680.60**	**4245.80**
#铁路	Railways	1082.98	1313.62	1496.44	1990.22	2155.20
公路	Highways	524.09	912.14	1020.27	1690.33	2090.50
民航	Civil Aviation	0.18	0.20	0.10	0.10	0.10
民用汽车拥有量（万辆）	**Possession of Civil Motor Vehicles (10 000 units)**	**127**	**297**	**393**	**440**	**470**
#载客汽车辆数	Number of Buses and Cars	58	168	308	355	385
载货汽车辆数	Number of Trucks	26	45	65	81	82
#公路部门营运汽车	Number of Motor Vehicles Owned by Highway Departments	24	39	32	29	27
#私人汽车拥有量	Possession of Private Vehicles	69	228	337	379	406

注：1. 铁路运输数据从 2012 年 8 月起增加西安铁路局、青藏铁路公司、乌鲁木齐铁路局甘肃段统计数据；2016 年 1–6 月起增加呼和浩特铁路局甘肃段统计数据；2017 年 1 月起增加兰州新区铁投公司甘肃段统计数据；2023 年 1–3 月起增加中兰铁路客运专线有限责任公司、宁夏城际铁路有限责任公司甘肃段统计数据（下表同）。
2. 2019 年，公路数据统计口径为交通部专项调查数据，与往年不可比（下表同）。
3. 民航数据，2013—2015 年包含海航的客运量和货运量，2016 年起仅为东航数据（下表同）。
4. 私人汽车拥有量中含三轮汽车和低速货车；汽车拥有量 = 汽车保有量（下表同）。

a) Railway transport data from August 2012 to increase the Xi'an Railway Administration, qinghai-tibet Railway Corporation, Urumqi Railway Administration, Gansu section of statistical data; From January to June 2016, statistics on the Gansu section of the Hohhot Railway Administration will be added. From January 2017, statistics on the Gansu section of the Lanzhou New Area Railway Investment Corporation will be added.Starting from January to March, the 2023 of statistics on the Gansu section of the China-lanzhou railway passenger dedicated Line Co. , Ltd (The following related tables are the same).

b) In 2019,the statistical coverage of highway data are the data from the survey of transport economics, and the data are not comparable with last year (The following related tables are the same).

c) Data of civil aviation include the passenger traffic and freight volume of HNA in 2013-2015. Since 2016,data of civil aviation only refers to data of China Eastern Airlines (The following related tables are the same).

d) Possession of private vehicles including three-wheeled vehicles and low-speed trucks. Possession of vehicles are equal to ownership of vehicles (The following related tables are the same).

17-2 运输线路长度
Length of Transportation Routes

单位：公里 (km)

年 份 Year	铁路营业里程 Length of Railways in Operation	#电气化里程 Electrified Railways	公路 Length of Highways	#等级公路 Expressway and Class I to IV Highways	#高速 Express Way	#一级 First Class	#二级 Second Class	等外路 Highway Below Class IV
2000	1962	1766	39344	29393				9951
2001	1962	1766	39844	30283				9561
2002	1961	1766	40223	30806				9417
2003	1962	1766	40293	30947				9346
2004	1938	1748	40751	31614				9137
2005	2013	1754	41330	32792	1006	141	4969	8538
2006	1987	2208	95642	42866	1060	166	4962	52776
2007	2148	2208	100612	50662	1316	144	5076	49950
2008	2149	2213	105638	58381	1316	147	5076	47257
2009	2149	2346	114000	76631	1644	147	5494	37369
2010	2149	2799	118879	85733	1993	161	5768	33147
2011	2149	3054	123696	91692	2343	170	5856	32003
2012	2194	3100	131201	101372	2549	178	6648	29829
2013	2286	3191	133597	106812	2953	206	7309	26785
2014	2966	3920	138084	114080	3262	321	7519	24004
2015	3272	4090	140052	120447	3522	368	7928	19604
2016	3527	4585	142026	124026	3845	418	8407	18000
2017	4070	5128	142252	124788	4016	429	8894	17465
2018	4075	5133	143228	128071	4242	627	9156	15157
2019	4211	4097	151443	146377	4453	763	10538	5066
2020	4454	4340	155957	151596	5072	951	10872	4361
2021	4680	4340	156583	152434	5540	1166	11035	4148
2022	4860	4521	157243	153543	5783	1618	10948	3700
2023	4860	4521	158219	155294	6181	1772	11187	2925

注：铁路营业里程为兰州铁路局甘肃境内数。电气化里程为兰州铁路局全路局数。2007 年起铁路营业里程中包括敦煌铁路 161.48 公里（下表同）。

a) Data of electrified railways refer to total railway of Lanzhou Railway Bureau. Since 2007, data in length of railways in operation included 161.48 km of the Dunhuang Railway (The following related tables are the same).

17-3 运输线路质量
Quality of Transport Routes

单位：公里 (km)

指 标	Item	2010	2015	2020	2022	2023
铁路营业里程	Length of Railways in Operation	2149	3272	4454	4860	4860
#复线里程	Double-Tracking Length	1363	2127	3306	3487	3487
复线里程比重（%）	Proportion (%)	63.42	65.01	74.23	71.74	71.74
公路里程	Length of Highways	118879	140052	155957	157243	158219
#等级公路里程	Expressway and Class I to IV Highways	85733	120447	151596	153543	155294
等级公路里程比重（%）	Proportion (%)	72.12	86.00	97.20	97.65	98.15

17-4 货运量和货运周转量
Freight Traffic & Freight Ton-Kilometers

年 份 Year	货运量总计(万吨) Total Freight Traffic (10 000 tons)	#铁路 Railways	#公路 Highways	#民航 Civil Aviation	货物周转量总计(亿吨公里) Total Freight Ton-Kilometers (100 million tons-km)	#铁路 Railways	#公路 Highways	#民航 Civil Aviation
1978	4423	2216	2206	0.65	175.58	163.97	11.55	0.06
1979	4197	2112	2084	0.80	174.83	163.79	10.95	0.08
1980	3802	2059	1742	0.90	167.00	158.16	8.76	0.08
1981	3184	1867	1317	0.47	147.14	140.17	6.92	0.06
1982	3388	1904	1484	0.16	162.99	154.68	8.26	0.06
1983	3454	2051	1403	0.08	184.48	175.68	8.75	0.05
1984	3883	2192	1691	0.11	206.71	196.52	10.09	0.10
1985	10112	2414	7698	0.12	254.99	219.83	35.01	0.15
1986	10448	2384	8064	0.19	269.07	232.14	36.92	0.01
1987	14543	2373	12170	0.28	295.61	246.75	48.83	0.03
1988	14585	2361	12224	0.28	330.76	267.11	63.62	0.03
1989	14317	2397	11920	0.26	336.47	282.22	54.22	0.03
1990	16614	2386	14228	0.28	343.06	286.71	56.31	0.03
1991	14726	2426	12300	0.32	364.29	303.36	60.89	0.03
1992	17144	2501	14643	0.30	391.40	312.76	78.61	0.03
1993	19193	2571	16622	0.30	399.12	318.02	81.07	0.03
1994	19921	2571	17350	0.35	416.68	332.02	84.62	0.04
1995	20275	2555	17719	1.00	432.90	344.26	88.59	0.05
1996	20813	2602	18210	1.00	435.59	342.78	92.77	0.04
1997	21236	2628	18608	0.30	448.18	351.00	97.08	0.10
1998	21614	2546	19035	0.39	454.42	353.24	101.06	0.07
1999	22060	2691	19333	0.47	494.41	390.20	104.07	0.08
2000	22722	2885	19800	1.09	541.42	431.81	109.38	0.18
2001	23208	2991	20179	0.90	573.15	458.91	114.03	0.16
2002	23541	3092	20408	0.99	591.48	472.71	118.54	0.17
2003	23915	3158	20713	1.26	632.93	508.94	123.71	0.21
2004	24776	3270	21460	1.26	746.33	616.06	130.01	0.19
2005	25843	3274	22520	1.08	855.09	717.56	137.31	0.15
2006	27512	3633	23826	1.32	923.67	776.84	146.46	0.16
2007	29505	4126	25325	1.33	1024.81	868.06	156.48	0.19
2008	22742	4512	18201	1.44	1454.64	979.58	474.84	0.21
2009	25489	4646	20812	1.33	1477.06	987.13	489.72	0.21
2010	29009	4926	24050	1.13	1607.25	1082.98	524.09	0.18
2011	34179	5355	28790	1.22	1791.21	1143.60	647.41	0.19
2012	45856	6313	39517	1.34	2395.88	1489.73	905.94	0.21
2013	51482	6394	45072	5.55	2379.66	1568.24	811.21	0.20
2014	57247	6450	50780	5.96	2516.82	1524.05	992.60	0.17
2015	58258	5936	52281	6.55	2226.01	1313.62	912.14	0.20
2016	60657	5861	54761	1.19	2170.23	1220.33	949.64	0.20
2017	66205	6052	60117	1.16	2439.85	1390.72	1048.88	0.19
2018	70387	6087	64271	1.06	2610.09	1490.91	1118.97	0.16
2019	63611	5366	58228	1.03	2710.64	1516.69	979.56	0.16
2020	67240	5966	61272	0.83	2516.84	1496.44	1020.27	0.10
2021	76110	6444	69665	0.84	2887.44	1689.89	1197.41	0.13
2022	72945	8861	64084	0.62	3680.60	1990.22	1690.33	0.10
2023	79808	9905	69902	0.90	4245.80	2155.17	2090.50	0.10

17-5 客运量和客运周转量
Passenger Traffic & Passenger-Kilometers

年份 Year	客运量总计（万人次）Total Passenger Traffic (10 000 person-times)	#铁路 Railways	#公路 Highways	#民航 Civil Aviation	旅客周转量总计（亿人公里）Total Passenger-Kilometers (100 million passenger-km)	#铁路 Railways	#公路 Highways	#民航 Civil Aviation
1978	3038	686	2324	28	51.72	39.45	10.17	2.11
1979	3374	772	2567	34	60.48	45.91	11.65	2.93
1980	3865	789	3038	38	61.53	46.24	13.73	1.56
1981	3882	751	3123	8	63.07	45.66	15.61	1.80
1982	4387	883	3494	10	67.11	49.12	17.04	0.95
1983	4871	893	3974	4	74.71	55.16	19.23	0.33
1984	5526	1026	4496	4	84.65	62.27	22.03	0.35
1985	6355	1094	5256	5	102.67	75.83	26.46	0.39
1986	7053	1131	5910	12	113.56	81.77	31.09	0.70
1987	8010	1173	6819	18	122.75	83.76	36.97	2.03
1988	9550	1244	8286	20	135.54	93.80	39.19	2.55
1989	10101	1083	9001	17	132.43	87.79	42.65	1.99
1990	8712	860	7832	20	117.09	72.76	42.03	2.30
1991	8845	850	7970	25	127.01	79.95	44.26	2.81
1992	9108	874	8208	26	130.51	83.57	44.03	2.91
1993	9580	883	8668	29	140.71	91.43	45.87	3.41
1994	10148	926	9186	36	150.66	97.88	48.56	4.22
1995	10547	942	9563	42	150.62	95.13	50.48	5.01
1996	10748	841	9872	35	152.43	93.69	54.37	4.37
1997	11234	884	10319	31	161.00	97.00	57.60	6.40
1998	11881	886	10796	31	176.12	107.92	61.75	6.30
1999	12361	923	11223	35	181.87	109.35	65.95	6.41
2000	12907	1039	11600	76	206.16	124.57	70.63	10.79
2001	13921	1080	12560	70	226.84	139.03	77.77	9.85
2002	14750	1038	13420	72	232.72	138.73	84.06	9.73
2003	15004	948	13732	84	230.79	132.71	87.16	10.70
2004	16519	1125	15050	109	268.36	157.76	96.32	14.07
2005	17803	1230	16247	85	288.30	172.70	104.89	10.50
2006	19066	1402	17319	100	319.96	195.28	113.00	11.45
2007	20435	1566	18510	113	348.93	213.54	120.93	14.23
2008	46002	1844	43962	103	441.34	232.22	196.71	12.21
2009	49995	2038	47755	110	469.99	248.23	206.58	14.97
2010	53776	2178	51404	100	509.61	275.13	220.15	14.12
2011	60906	2353	58355	102	594.56	314.57	265.07	14.70
2012	64477	2383	61884	117	683.41	379.75	286.44	17.01
2013	36934	2522	33556	771	613.00	383.24	212.01	17.59
2014	39852	2672	36224	866	624.31	377.87	229.02	17.26
2015	41516	3123	37242	1061	641.10	370.74	248.75	21.45
2016	41775	3604	37932	149	635.77	359.96	253.26	22.29
2017	42793	4468	38080	156	643.13	371.71	247.76	23.48
2018	42353	5474	36634	168	659.18	401.28	233.31	24.47
2019	42321	5969	36085	188	674.75	419.11	227.83	27.68
2020	26831	4153	22478	144	399.62	237.87	140.76	20.89
2021	15634	4601	10813	141	355.52	269.11	66.70	19.63
2022	8097	2444	5544	83	220.69	176.66	32.23	11.78
2023	15939	6200	9371	210	498.45	402.35	65.96	29.93

17-6 民用汽车拥有量
Possession of Civil Vehicles

单位：万辆 (10 000 units)

年 份 Year	民用汽车总计 Total Possession of Civil Vehicles	# 载客汽车 Passenger Vehicles	大型 Large	中型 Medium	小型 Small	微型 Minicar	载货汽车 Trucks	重型 Heavy	中型 Medium	轻型 Light	微型 Mini	三轮汽车 Three-wheeled Vehicles	低速货车 Low-speed Trucks
2006	46.85	22.71	1.50	1.40	17.22	2.59	13.60	2.81	3.58	6.83	0.38		
2007	53.23	27.18	1.57	1.44	21.76	2.42	14.71	2.98	3.72	7.74	0.27		
2008	62.44	32.89	1.64	1.41	27.66	2.18	16.36	3.35	4.01	8.79	0.22		
2009	105.45	43.86	1.74	1.45	38.58	2.08	20.91	4.78	4.46	11.50	0.17		
2010	126.77	57.52	1.85	1.48	52.17	2.01	26.37	6.29	4.75	15.22	0.11		
2011	148.76	73.30	1.97	1.51	67.67	2.14	31.00	7.40	4.88	18.64	0.08		
2012	174.14	92.32	2.01	1.47	86.63	2.20	35.42	8.12	4.73	22.51	0.07		
2013	202.77	114.92	2.05	1.36	109.37	2.14	39.89	8.78	4.15	26.91	0.06		
2014	231.86	139.91	2.12	1.34	134.59	1.87	43.79	9.56	4.00	30.18	0.05		
2015	296.84	167.55	2.14	1.22	162.31	1.88	45.39	9.40	3.60	32.34	0.05		
2016	330.37	202.09	2.22	1.20	197.09	1.58	48.65	9.45	3.34	35.82	0.04		
2017	334.57	233.73	2.31	1.16	228.80	1.46	51.86	9.78	3.06	38.99	0.03		
2018	358.47	257.52	2.37	1.12	252.98	1.06	55.54	10.34	2.88	42.30	0.02		
2019	364.11	281.89	2.39	1.08	277.40	1.02	59.21	10.78	2.58	45.82	0.02		
2020	392.69	307.80	2.37	1.03	303.42	0.97	64.52	11.66	2.37	50.49	0.01		
2021	421.12	334.45	2.33	0.97	330.22	0.93	84.00	12.48	2.16	54.50		13.29	1.57
2022	439.50	355.28	2.32	0.92	351.15	0.89	81.35	12.21	1.81	56.18		9.92	1.24
2023	470.20	385.40	2.29	0.85	381.38	0.84	81.81	11.82	1.56	59.14	0.003	8.29	1.00

17-7 私人汽车拥有量
Possession of Private Vehicles

单位：万辆 (10 000 units)

年 份 Year	私人汽车总计 Total Private Vehicles	# 载客汽车 Passenger Vehicles	大型 Large	中型 Medium	小型 Small	微型 Minicar	载货汽车 Trucks	重型 Heavy	中型 Medium	轻型 Light	微型 Mini	三轮汽车 Three-wheeled Vehicles	低速货车 Low-speed Trucks
2006	24.21	8.65	0.22	0.43	6.62	1.38	6.14	1.26	1.80	2.89	0.19		
2007	28.75	11.72	0.18	0.41	9.84	1.29	6.96	1.30	1.90	3.61	0.15		
2008	35.94	16.02	0.16	0.38	14.31	1.18	8.15	1.46	2.08	4.48	0.13		
2009	51.18	25.06	0.14	0.38	23.36	1.18	11.36	1.98	2.44	6.83	0.11		
2010	69.33	36.74	0.13	0.38	35.01	1.22	15.77	2.63	2.79	10.27	0.08		
2011	87.61	50.28	0.12	0.38	48.41	1.38	19.06	3.06	2.93	13.01	0.06		
2012	109.92	67.23	0.08	0.35	65.33	1.47	22.58	3.39	2.89	16.25	0.05		
2013	135.70	87.89	0.04	0.27	86.13	1.45	26.19	3.70	2.60	19.85	0.04		
2014	163.35	112.34	0.03	0.24	110.78	1.28	29.09	4.04	2.56	22.45	0.04		
2015	228.07	139.66	0.02	0.20	138.33	1.11	30.87	4.07	2.35	24.41	0.04		
2016	260.06	173.15	0.01	0.18	171.99	0.96	33.61	4.20	2.22	27.16	0.03		
2017	287.58	204.02	0.01	0.16	202.96	0.89	36.12	4.35	2.03	29.72	0.02		
2018	308.59	226.12	0.01	0.15	225.12	0.85	38.66	4.49	1.90	32.25	0.02		
2019	311.38	248.60	0.01	0.13	247.64	0.81	41.43	4.53	1.73	35.16	0.01		
2020	337.16	273.35	0.01	0.13	272.45	0.77	45.30	4.68	1.57	39.04	0.01		
2021	362.16	298.52	0.01	0.12	297.66	0.73	62.54	4.63	1.39	42.06		13.02	1.44
2022	378.86	318.27	0.01	0.11	317.46	0.69	59.43	4.35	1.12	43.19		9.62	1.14
2023	406.20	345.82	0.01	0.09	345.08	0.65	59.16	3.97	0.93	45.33	0.001	8.01	0.92

17-8 新注册民用汽车数量
Statistics on New Registration of Civil Vehicles

单位：辆 (unit)

年 份 Year	民用汽车总计 Total	#载客汽车 Passenger Vehicles	大型 Large	中型 Medium	小型 Small	微型 Minicar	#载货汽车 Trucks	重型 Heavy	中型 Medium	轻型 Light	微型 Mini	三轮汽车 Three-wheeled Vehicles
2009	198969	109705	2184	995	105489	1037	45463	9254	6700	29371	138	
2010	227439	135926	2493	1135	131120	1178	61627	15529	6129	39885	84	
2011	227281	151731	2725	1097	146216	1693	51872	12101	3686	36081	4	
2012	260978	180714	3078	1035	175624	977	54093	9617	3065	41408	3	
2013	310367	216884	2699	1158	212428	599	65075	13071	3055	48937	12	
2014	335317	251541	2259	1140	247533	609	59669	11429	1891	46349		
2015	711898	288996	2354	913	281870	3859	43577	4322	785	38470		
2016	427297	341595	2338	903	338132	222	51939	4536	907	46496		
2017	376780	302808	3243	578	298809	178	53879	7222	823	45834		
2018	306994	240677	2359	534	237661	123	53968	8424	673	44871		
2019	306670	239121	1938	577	236566	40	57714	7704	552	49458		
2020	335672	249654	1674	321	247653	6	74297	11496	737	62064		
2021	338027	258580	1266	365	256948	1	76748	13591	656	56405	1	6095
2022	261304	208220	1052	240	206928		50925	5427	325	40599	5	4569
2023	345479	274822	886	236	273700		68455	7414	448	56560	7	4023

17-9 公路营运汽车拥有量
Possession of Vehicles for Highway Business Transportation

年 份	汽车总计（万辆） Total (10 000 units)	#载客汽车 Passenger Vehicles		#载货汽车 Trucks	
		辆数（万辆） Number (10 000 units)	客位（万客位） Number of Seats (10 000 seats)	辆数（万辆） Number (10 000 units)	吨位（万吨） Capacity (10 000 tons)
2009	20.01	5.34	84.25	10.90	449.25
2010	23.90	5.65	88.12	13.86	356.66
2011	27.30	6.15	93.25	16.17	151.78
2012	29.85	6.33	95.74	18.08	138.70
2013	32.50	6.58	98.72	19.99	114.56
2014	34.48	6.85	101.56	21.78	113.47
2015	39.44	7.34	105.01	21.80	109.69
2016	39.36	7.79	110.01	22.19	109.00
2017	38.76	8.04	115.78	22.44	108.83
2018	37.95	8.23	119.82	22.46	111.15
2019	33.51	8.34	122.40	20.91	110.75
2020	31.93	8.01	128.10	20.38	119.33
2021	30.93	7.92	125.67	22.76	123.02
2022	28.51	7.87	125.35	20.40	116.32
2023	26.55	7.79	123.82	18.53	109.07

注：1. 2000–2004 年为全国运输汽车（含营运和非营运汽车）；2005 年起为全国营运汽车（不含非营运汽车）。
2. 从 2010 年起，公路营运载客汽车不包括在公路运输管理部门管理并注册登记为公共汽车和出租汽车。
3. 从 2013 年起，公路营运载货汽车包括货车、牵引车和挂车，统计口径发生调整，数据与上年同期不可比。

a) From 2000 to 2004, it was a national transport vehicle (including operating and non operating vehicles); since 2005, it has been a national operating vehicle (excluding non operating vehicles) .

b) Since 2010, road operating passenger cars do not include buses and taxis managed and registered by the road transport administration.

c) Since 2013, the road operation cargo vehicles include freight cars, traction vehicles and trailers. The statistical caliber has been adjusted, and the data is not comparable with that of the same period of last year.

17-10 邮电业务基本情况
Basic Conditions of Postal and Telecommunication Services

指 标	Item	2010	2015	2020	2022	2023
邮电业务量	**Business Volume of Post and Telecommunication Services**					
邮政业务总量（亿元）	Business Volume of Postal Services(100 million yuan)	8.49	16.32	47.13	49.45	62.83
电信业务总量（亿元）	Business Volume of Telecommunication Services (100 million yuan)	444.81	347.29	2556.96	296.54	300.09
邮政业务量	**Business Volume of Postal Services**					
函件（万件）	Number of Letters (10 000 pcs)	3806.00	1582.40	695.91	678.11	671.27
包裹（万件）	Package (10 000 pcs)	90.00	67.55	54.12	28.25	37.04
快递（万件）	Pieces of Express Mail Services (10 000 pcs)	421.00	3541.43	13823.52	19588.30	29225.03
#国内同城快递	Local Express Service		554.87	2218.09	2653.89	3844.83
#国内异地快递	National Express Service		2981.74	11601.91	16932.56	25377.89
快递业务收入（亿元）	Revenue from Express Service (100 million yuan)		7.25	29.79	38.16	52.29
报刊期发数（万份）	Issue of Newspapers and Magazines (10 000 copies)	210.00	189.80	181.37	210.64	205.01
集邮业务（万枚）	Stamps for Collection (10 000 pcs)	1500.00	2166.00	1163.51	906.67	1014.18
营业网点 （处）	Number of Offices (unit)	1270	1655	5991	6682	6901
邮路总长度（万公里）	Length of Postal Routes (10 000 km)	7.96	8.52	19.80	16.38	15.03
#汽车邮路总长度	Length of Vehicle Postal Routes	3.06	8.08	8.85	8.47	9.11
铁路邮路总长度	Length of Railway Postal Routes	0.60	0.38	0.28	0.19	0.25
农村投递线路总长度（万公里）	Rural Delivery Routes (10 000 km)	11.04	14.89	12.89	13.38	13.28
电信业务量	**Business Volume of Telecommunication Services**					
移动电话通话时长（亿分钟）	Length of Calls of Mobile Telephone (100 million minutes)	661.50	1047.50	761.34	780.38	781.89
移动短信业务量（亿条）	Short Message Services (100 million messages)	180.70	190.10	188.43	228.96	208.64
互联网普及率（%）	Popularization Rate of Internet (%)			122		
移动电话用户（万户）	Number of Mobile Telephone Subscribers at Year-end (10 000 subscribers)	1390.10	2108.1	2673.83	2784.35	2879.48
#4G 移动电话用户（万户）	3G Mobile Phone Subscribers (10 000 subscribers)		726.7	2175.38	1636.44	1356.49
#5G 移动电话用户（万户）	4G Mobile Phone Subscribers (10 000 subscribers)				894.56	1318.64
固定电话用户（万户）	Number of Fixed Telephone Subscribers at Year-end (10 000 subscribers)	411.90	326.00	309.80	299.90	306.60
长途光缆线路长度（万公里）	Length of Long-distance Optical Cable Lines (10 000 km)	2.9	3.2	4.0	4.1	4.4
互联网宽带接入端口（万个）	Broad Band Subscribers Port of Internet (10 000 ports)	172	821	1461	1754	1959

注：1. 邮政业务总量、快递的统计口径 2007-2010 年为规模以上（年业务收入 200 万元以上）邮政业法人企业数据，2011 年起统计口径为年营业收入 10 万元以上法人企业（下表同）。
2. 邮政业务总量，2010 年及以前按 2000 年不变价格计算，2011—2020 年按 2010 年不变价格计算，2021 年起按 2020 年不变价格计算。
3. 电信业务总量，2010 年及以前按 2000 年不变价格计算，2011—2015 年按 2010 年不变价格计算，2016—2020 年按 2015 年不变价格计算，2021 年起按 2020 年不变价格计算 ,2022 年起按上年不变价格计算。
4. 邮政行业营业网点数，2007—2015 年为规模以上邮政业法人企业办理业务的场所，2016 年起包括邮政公司网点和各快递服务企业网点（下表同）。
5. 长途电话业务电路包括固定长途电话业务电路和移动长途电话业务电路。
6. 长途电话为本地网内区间电话通话量。
7. 互联网普及率自 2022 年起不再统计。

a) Statistical coverage of business volume of postal and telecommunication services and pieces of express mail services are from 2007-2010 are postal enterprises above designated size (with annual business revenue above 2 million yuan),Since 2011,statistical caliber is the corpo-rate enterprises whose annual operating revenue are more than 100 thousand yuan (The following related tables are the same).
b) Business volume of postal services before 2010 was calculated at 2000 constant prices, From 2011 to 2020 was calculated at 2010 constant prices, since 2021, was calculated at 2020 constant prices.
c) Business volume of telecommunication services before 2010 was calculated at 2000 constant prices, From 2011 to 2015 was calculated at 2010 constant prices, From 2016 to 2020 was calculated at 2015 constant prices, since 2021, we calculated at 2020 constant prices. From 2022,we calculated at the constant price of last year.
d) Number of postal offices referred to the business sites of postal enterprises above designated size from 2007 to 2015. Since 2016,the offices including the offices of postal company and express service business (The following related tables are the same).
e) Long-distance telephone circuits includes fixed and mobile long-distance telephone circuits.
f) Long-distance telephone is the volume within the range of local network.
g) Popularization Rate of Internet has not been counted since 2022.

17-11 邮政和电信业务量

Business Volume of Postal and Telecommunication Services

年份 Year	邮政业务总量（万元）Business Volume of Postal Services (10 000 yuan)	电信业务总量（万元）Business Volume of Telecommunication Services (10 000 yuan)	函件（万件）Number of Letters (10 000pcs)	包裹（万件）Package (10 000pcs)	快递（万件）Pieces of Express Mail Services (10 000 pcs)	快递业务收入（万元）Revenue from Express Service (10 000yuan)	报刊期发数（万份）Issue of Newspapers and Magazines (10 000copies)	集邮业务（万枚）Stamps for Collection (10 000copies)
1995			9104		29		496	4161
1996			9716		48		474	4897
1997			8969		61		500	7942
1998			8245		72		502	10997
1999			7817		79		656	11150
2000			9919		101		679	10767
2001			10032		104		672	8110
2002			12215		128		421	4276
2003			10483		196		469	2876
2004			5645		213		353	2495
2005	70225	1289021	5071	111	227		175	1700
2006	87945	1586780	4019	112	233		200	1400
2007	77052	2115772	3490	103	226		189	1427
2008	79622	2718466	3769	96	301		303	1800
2009	89399	3529286	3811	102	347		200	1600
2010	84871	4448065	3806	90	421		210	1500
2011	74612	1607463	3277	91	1135	27730	201	1989
2012	82361	1799694	3560	94	1470	35525	226	1952
2013	113795	1982160	3190	40	1789	40781	188	1738
2014	135103	2640164	2664	89	2656	51198	210	1920
2015	163248	3472888	1582	68	3541	72537	190	2166
2016	221880	2320505	1029	51	6065	125041	193	2216
2017	267380	4559358	864	61	7202	148096	187	1741
2018	310527	11942649	765	78	8912	188515	203	1764
2019	386322	19589231	722	71	10371	226397	187	1368
2020	471286	25569577	696	54	13824	297864	181	1164
2021	497999	2923077	579	33	18458	369629	182	1009
2022	494522	2965436	678	28	19588	381585	211	907
2023	628300	3000914	671	37	29225	522921	205	1014

17-11 续表 continued

年 份 Year	固定电话用户（万户） Number of Fixed Telephone Subscribers at Year-end (10 000 subscribers)	移动电话用户期末数（万户） Number of Mobile Telephones Subscribers at Year-end (10 000 subscribers)	#4G 移动电话用户（万户） 4G Mobile Phone Subscribers (10 000 subscribers)	#5G 移动电话用户（万户） 5G Mobile Phone Subscribers (10 000 subscribers)	移动短信业务量（亿条） Short Message Services (100 million messages)	移动电话通话时长（亿分钟） Length of Calls of Mobile Telephone (100 million minutes)	互联网宽带接入用户（万户） Broadband Subscribers of Internet (10 000 subscribers)
1995	43.32						
1996	57.65						
1997	73.49						
1998	95.23						
1999	118.15						
2000	180.17						
2001	250.43						
2002	321.99						
2003	402.30						
2004	477.25						
2005	548.04	408.44					56.54
2006	607.49	545.37					63.74
2007	585.46	686.40			52.40	284.20	77.77
2008	519.19	896.48			82.60	393.20	68.04
2009	453.93	1194.37			143.30	516.00	98.30
2010	411.90	1390.10			180.70	661.50	109.52
2011	396.44	1614.00			204.40	777.40	145.63
2012	377.76	1764.00			211.70	876.40	163.30
2013	364.33	1976.00			205.40	962.10	192.15
2014	341.30	2059.00	126.00		184.50	1018.30	213.90
2015	325.99	2108.10	726.70		190.10	1047.50	245.34
2016	312.26	2203.84	1332.50		164.90	1050.40	392.86
2017	326.77	2526.41	1744.50		104.20	1004.40	576.40
2018	332.83	2736.00	2000.95		202.80	923.11	742.84
2019	331.75	2751.17	2205.43		175.82	820.12	870.69
2020	309.80	2673.83	2175.38		188.43	761.34	931.42
2021	301.20	2744.72	1837.30		190.20	754.70	1025.24
2022	299.90	2784.35	1636.44	894.56	228.96	780.38	1092.69
2023	306.60	2879.48	1356.49	1318.64	208.64	781.89	1186.80

17-12 邮电局所数及邮递线路、邮电通信电路

Number of Postal Offices and Postal Delivery Routes, Telecommunications Services Facilities

年 份 Year	营业网点 (处) Number of Offices (unit)	邮路及农村投递线路总长度 (公里) Length of Postal Routes and Rural Delivery Routes (km)	农村投递线路 (公里) Rural Delivery Routes (km)	长途光缆线路长度 (公里) Length of Long-distance Optical Cable Lines (km)
1995	1217	164629	106265	2462
1996	1254	179278	106321	4909
1997	1286	179241	106397	6524
1998	1526	167616	105925	8336
1999	1278	143249	105794	8410
2000	1290	180748	105856	10140
2001	1293	181034	106216	12474
2002	1289	174706	105985	18061
2003	1279	174599	106200	20703
2004	1281	175896	106089	21873
2005	1280	179404	104848	19729
2006	1286	179089	104393	23091
2007	1310	180592	104906	27122
2008	1269	186505	109679	27772
2009	1269	188415	110944	30106
2010	1270	190024	110385	29939
2011	1325	155012	112023	28259
2012	1197	188238	134411	29525
2013	1208	191651	134717	31099
2014	1493	190451	133743	31377
2015	1655	234109	148872	32446
2016	4635	337209	144652	33409
2017	4863	300439	112385	35762
2018	4725	331814	130145	37735
2019	4351	334315	128852	37436
2020	5991	326852	128898	39961
2021	6441	225087	131918	40479
2022	6682	297651	133835	40970
2023	6901	283100	132800	43970

17-13 邮电通信服务水平

Postal and Telecommunication Services Available

指 标	Item	2010	2015	2020	2022	2023
平均每人每年发函件数（件）	Annual Average Number of Letters Mailed per Capita (copy)	1.4	1.0	0.3	0.3	0.3
平均每百人每年订报刊数（份）	Annual Average Number of Newspaper and Magazine Subscribed per 100 Persons (copy)	8	7	7	9	8
固定电话普及率（部／百人）	Popularization Rate of Fixed Telephone (set/100 persons)	15.6	12.6	11.7	12.0	12.3
移动电话普及率（部／百人）	Popularization Rate of Mobile Telephone (set/100 persons)	52.8	81.4	101.0	111.8	115.6
设有邮电局、所的乡(镇)比重(%)	Percentage of Townships with Postal and Telecommunication	63.7	100	100	100	100

17-14 各市（州）交通运输业基本情况（2023）
Basic Conditions of Transportation by Region (2023)

市（州）	Region	公路里程（公里）Length of Highways (km)	#等级公路（公里）Expressway and Class I to IV Highways (km)	#高速 Expressway	民用汽车拥有量（万辆）Possession of Civil Vehicles (10 000 units)	#私人汽车 Private Vehicles
兰州市	Lanzhou	9150.24	9125.97	519.60	115.20	90.64
嘉峪关市	Jiayuguan	723.23	714.24	75.64	9.59	8.62
金昌市	Jinchang	2416.62	2416.62	184.59	11.86	10.85
白银市	Baiyin	12201.77	11407.48	327.38	31.70	28.27
天水市	Tianshui	14356.31	14347.49	418.66	37.57	34.95
武威市	Wuwei	13262.17	13017.01	610.63	29.86	27.91
张掖市	Zhangye	10948.83	10948.83	324.64	27.31	25.02
平凉市	Pingliang	11348.72	10956.43	524.47	29.98	27.56
酒泉市	Jiuquan	17963.51	17849.64	1229.07	26.88	24.02
庆阳市	Qingyang	16794.38	16470.05	499.78	39.36	35.84
定西市	Dingxi	12963.82	12860.73	518.74	38.56	35.51
陇南市	Longnan	19462.55	18937.15	643.65	26.82	25.01
临夏州	Linxia	8032.57	7916.72	192.71	34.82	22.92
甘南州	Gannan	8593.85	8325.64	111.24	9.95	9.06

17-15 各市（州）邮电通信行业基本情况（2023）
Basic Conditions of Postal and Telecommunication Services by Region (2023)

市（州）	Region	邮政业务总量（万元）Business Volume of Postal Services (10 000 yuan)	电信业务总量（万元）Business Volume of Telecom-munication Services (10 000 yuan)	固定电话用户期末数（户）Number of Fixed Telephone Subscribers at Year-end (subscriber)	移动电话用户期末数（户）Number of Mobile Telephones Subscribers at Year-end (subscriber)	（固定）互联网宽带用户数（户）Number of (Fixed) Broadband Subscribers of Internet (subscriber)
兰州市	Lanzhou	209360	927303	607690	6297705	2754964
嘉峪关市	Jiayuguan	11275	52390	153698	462805	225373
金昌市	Jinchang	11475	62981	52767	586171	246745
白银市	Baiyin	29565	161777	225912	1709932	702490
天水市	Tianshui	72219	258601	471069	3135867	1317189
武威市	Wuwei	31897	154120	133181	1754642	676711
张掖市	Zhangye	22950	131547	179019	1414522	664486
平凉市	Pingliang	34506	172702	217801	1942788	889081
酒泉市	Jiuquan	25114	144879	267798	1384109	657757
庆阳市	Qingyang	54074	225339	232753	2436410	980760
定西市	Dingxi	44617	224041	100945	2549276	958778
陇南市	Longnan	42896	215886	240884	2451413	867265
临夏州	Linxia	28155	182762	124542	1932707	643887
甘南州	Gannan	10198	86590	58373	736459	282000

注：电信业务量采用上年不变价格计算；邮政业务量按照2020年不变价格计算。

a) Business volume of postal services was calculated at the constant price of last year;Business volume of telecommunication services was calculated at 2020 constant prices.

主要统计指标解释

铁路营业里程 又称营业长度（包括正式营业和临时营业里程），指投入客货运输营业或临时营业的线路长度。

电气化里程 指具备了电力机车牵引条件，并已交付运营的线路里程。

公路里程 指报告期末公路的实际长度。统计范围：包括城间、城乡间、乡（村）间能行驶汽车的公共道路，公路通过城镇街道的里程，公路桥梁长度、隧道长度、渡口宽度。不包括城市街道里程，断头路里程，农（林）业生产用道路里程，工（矿）企业等内部道路里程。统计原则：按已竣工验收或交付使用的实际里程计算；两条或多条公路共同经由同一路段的重复里程，只计算一次。

货（客）运量 指在一定时期内，各种运输工具实际运送的货物（旅客）数量。该指标是反映运输业为国民经济和人民生活服务的数量指标，也是制定和检查运输生产计划、研究运输发展规模和速度的重要指标。货运按吨计算，客运按人计算。货物不论运输距离长短、货物类别，均按实际重量统计。旅客不论行程远近或票价多少，均按一人一次客运量统计；半价票、小孩票也按一人统计。

货物（旅客）周转量 指在一定时期内，由各种运输工具运送的货物（旅客）数量与其相应运输距离的乘积之总和。该指标可以反映运输业生产的总成果，也是编制和检查运输生产计划，计算运输效率、劳动生产率以及核算运输单位成本的主要基础资料。计算货物周转量通常按发出站与到达站之间的最短距离，也就是计费距离计算。计算公式为：

货物（旅客）周转量 = Σ（货物（旅客）运输量 × 运输距离）

民用汽车拥有量 指报告期末，在公安交通管理部门按照《机动车注册登记工作规范》，已注册登记领有民用车辆牌照的全部汽车数量。汽车拥有量统计的主要分类：根据汽车结构分为载客汽车、载货汽车及其他汽车；根据汽车所有者不同分为个人（私人）汽车、单位汽车；根据汽车的使用性质分为营运汽车、非营运汽车；根据汽车大小规格不同载客汽车分为大型、中型、小型和微型，载货汽车分为重型、中型、轻型和微型。

邮政、电信业务总量 指以货币形式表示的邮政、电信通信企业为社会提供各类邮政、电信通信服务的总数量。计算方法为各类业务的实物量分别乘以相应的不变单价，求出各类业务的货币量加总求得。没有不变单价的业务按其业务收入直接相加。

移动电话用户 指在电信运营企业营业网点办理开户登记手续，通过移动电话交换机进入移动电话网，占用移动电话号码的各类电话用户。包括各类签约用户、智能网预付费用户、无线上网卡用户。

18

教育和科学技术

Education & Science and Technology

简要说明

一、本篇资料主要内容

本篇主要反映教育、科学技术活动的基本情况。

教育资料主要包括：高等教育（研究生教育、普通本专科教育、成人本专科、其他各类高等学历教育），中等教育（高中阶段、初中阶段），小学教育，教育经费情况等资料。主要包括学校数、在校学生数、招生数、毕业生数、教职工数和专任教师数以及各类学校教育经费情况。

科学技术资料主要内容包括：研究与试验发展（R&D）情况、规模以上工业科技活动情况、科技成果情况、专利申请及授权情况、企事业单位专业技术人员等。

二、本篇资料来源

本篇资料由省统计局社会科技处搜集、整理。

1. 教育资料由省教育厅提供。

2. 科技资料来源于省统计局《科技统计综合年报》《规模以上工业企业研发活动统计年报》、省人力资源和社会保障厅、省科学技术厅。

3. 专利资料由省市场监督管理局提供。

18-1 各级各类学校、教职工和专任教师情况（2023）

Number of Schools, Educational Personnel and Full-time Teachers by Type and Level (2023)

项　目	Item	学校数（所）Number of Schools (unit)	教职工数（人）Teachers and Staff (person)	专任教师（人）Full-time Teachers (person)
高等教育	**Higher Education**	**49**	**47666**	**36300**
研究生培养机构	Institutions Providing Postgraduate Programs	15		110
普通高校	Regular Higher Education Institutions	11		
科研机构	Research Institutions	4		110
普通高等学校	Regular Higher Education Institutions	49	47346	35952
本科院校	HEIs Offering Degree Programs	22	33310	24095
#本科层次职业学院	Vocational College of Undergraduate	2	2453	2176
（高职）专科院校	Higher Vocational Colleges	27	14036	11857
#职业技术学院	Vocational and Technical Colleges	26	13392	11344
其他普通高教机构	Other Institutions			
成人高等学校	Adult HEIs	(4)	320	238
民办的其他高等教育机构	Other Non-government HEIs			
中等教育	**Secondary Education**	**1982**	**177452**	**145907**
高中阶段教育	Senior Secondary Education	545	80529	61946
高中	Senior Secondary Schools	368	64568	48361
普通高中	Regular Senior Secondary Schools	368	64568	48361
完全中学	Combined Secondary Schools	136	20484	10041
高级中学	Regular High Schools	213	40460	37460
十二年一贯制学校	12-Year Schools	19	3624	860
成人高中	Adult High Schools			
中等职业教育	Secondary Vocational Education	177	15961	13585
普通中专	Regular Specialized Secondary Schools	58	5510	4506
成人中专	Adult Specialized Secondary Schools	12	291	221
职业高中	Vocational Senior Secondary Schools	107	10042	8471
技工学校	Skilled Workers Schools			
其他中职机构	Other Institutions	(9)	118	387
初中阶段教育	Junior Secondary Education	1437	96923	83961
初中	Junior Secondary Schools	1437	96923	83961
初级中学	Regular Junior Secondary Schools	804	57532	55375
九年一贯制学校	9-Year Schools	633	39391	18403
十二年一贯制学校	12-Year Schools	(19)		1056
完全中学	Combined Secondary Schools	(136)		9127
职业初中	Vocational Junior Secondary Schools			
成人初中	Adult Junior Secondary Schools			
初等教育	**Primary Education**	**4465**	**137944**	**152108**
普通小学	Regular Primary Schools	4465	137944	152108
小学	Primary Schools	4465	137944	131914
九年一贯制学校	9-Year Schools	(633)		19210
十二年一贯制学校	12-Year Schools	(19)		984
成人小学	Adult Primary Schools			
#扫盲班	Literacy Courses			
专门学校	**Correctional Work-Study Schools**	**1**	**8**	**8**
特殊教育	**Special Education Schools**	**47**	**1423**	**1202**
学前教育	**Pre-school Education Institutions**	**7713**	**88127**	**62538**

注：1. 完全中学的学校数和教职工数计入高中阶段教育，九年一贯制学校的学校数和教职工数计入初中阶段教育，十二年一贯制学校的学校数和教职工数计入高中教育阶段。专任教师按照教育层次划分归类。

2. ( ) 表示不计校数。

a) The numbers of Combined Secondary Schools and their educational personnel are calculated into the number of Senior Secondary Education,the numbers of 9-Year Schools and their educational personnel are calculated into the number of Junior Secondary Education,the numbers of 12-Year Schools and their educational personnel are calculated into the number of Senior Secondary Education.The full-time teachers are classified by educational level.

b) The data within "( )" are not calculated as the number of schools.

18-2 各级各类学历教育学生情况（2023）
Number of Students of Formal Education by Type and Level (2023)

单位：人 (person)

项　目	Item	招生数 Entrants	在校学生数 Total Enrollment	毕业生数 Graduates
高等教育	**Higher Education**	**288129**	**879324**	**254264**
研究生	Postgraduates	22025	64901	16817
博士	Doctor's Degree	2113	8132	1070
硕士	Master's Degree	19912	56769	15747
普通本专科	Undergraduates in Regular HEIs	210488	662493	189459
本科	Normal Courses	102533	353906	84330
专科	Short-cycle Courses	107955	308587	105129
成人本专科	Undergraduates in Adult HEIs	55000	113844	29181
本科	Normal Courses	41732	88101	16479
专科	Short-cycle Courses	13268	25743	12702
网络本专科生	Web-based Undergraduates		34215	17034
本科	Normal Courses		30835	15685
专科	Short-cycle Courses		3380	1349
留学生	Foreign Students	616	1921	1773
其他	Others		1950	
中等教育	**Secondary Education**	**572365**	**1663052**	**501684**
高中阶段教育	Senior Secondary Education	243753	711100	222589
高中	Senior Secondary Schools	178684	529748	171028
普通高中	Regular Senior Secondary Schools	178684	529748	171028
完全中学	Combined Secondary Schools	41598	122168	38743
高级中学	Regular High Schools	133370	398454	129756
十二年一贯制学校	12-Year Schools	3716	9126	2529
成人高中	Adult High Schools			
中等职业教育	Secondary Vocational Education	65069	181352	51561
普通中专	Regular Specialized Secondary Schools	24854	73150	23317
成人中专	Adult Specialized Secondary Schools	1691	3098	1093
职业高中	Vocational Senior Secondary Schools	38524	105104	27151
初中阶段教育	Junior Secondary Education	328612	951952	279095
初中	Junior Secondary Schools	328612	951952	279095
初级中学	Regular Junior Secondary Schools	219805	638426	188572
九年一贯制学校	9-Year Schools	66506	192586	55074
十二年一贯制学校	12-Year Schools	3955	11046	3670
完全中学	Combined Secondary Schools	38346	109894	31779
职业初中	Vocational Junior Secondary Schools			
成人初中	Adult Junior Secondary Schools			
初等教育	**Primary Education**	**358454**	**2040393**	**331945**
普通小学	Regular Primary Schools	358454	2040393	331945
小学	Primary Schools	305940	1745829	283497
九年一贯制学校	9-Year Schools	50139	279922	45719
十二年一贯制学校	12-Year Schools	2375	14642	2729
成人小学	Adult Primary Schools			
#扫盲班	Literacy Courses			
专门学校	**Correctional Work-Study Schools**		**(17)**	
特殊教育	**Special Education Schools**	**3294**	**19789**	**3658**
学前教育	**Pre-school Education Institutions**	**253688**	**855998**	**365266**

注：1. 完全中学、九年一贯制学校和十二年一贯制学校的学生数按教育层次分别计入对应教育阶段的学生数中。
2. 特殊教育学生数中包括普通中小学随班就读的学生。

a) Number of the students in Combined Secondary Schools, 9-Year Schools,12-Year Schools are classified by educational level.

b) Number of the students in the Special Education Schools includes those followed in the regular primary and middle School.

18-3 各级各类民办学校校数、教职工、专任教师情况（2023）
Number of Schools, Educational Personnel and Full-time Teachers of Non-government Schools by Type and Level (2023)

项 目	Item	学校数（所）Number of Schools (unit)	教职工数（人）Teachers and Staff (person)	专任教师（人）Full-time Teachers (person)
高等教育	**Higher Education**	**6**	**3918**	**3191**
研究生培养机构	Institutions Providing Postgraduate Programs			
普通高校	Regular Higher Education Institutions			
科研机构	Research Institutions			
普通高等学校	Regular Higher Education Institutions	6	3918	3191
本科院校	HEIs Offering Degree Programs	3	2666	2146
#独立学院	Independent Institutions			
（高职）专科院校	Higher Vocational Colleges	3	1252	1045
#职业技术学院	Vocational and Technical Colleges	3	1252	1045
其他普通高教机构	Other Institutions			
成人高等学校	Adult HEIs			
民办的其他高等教育机构	Other Non-government HEIs			
中等教育	**Secondary Education**	**106**	**9175**	**5856**
高中阶段教育	Senior Secondary Education	85	7020	3999
高中	Senior Secondary Schools	47	4667	2276
普通高中	Regular Senior Secondary Schools	47	4667	2276
完全中学	Combined Secondary Schools	6	566	199
高级中学	Regular High Schools	34	2163	1623
十二年一贯制学校	12-Year Schools	7	1938	454
成人高中	Adult High Schools			
中等职业教育	Secondary Vocational Education	38	2353	1723
普通中专	Regular Specialized Secondary Schools	6	510	381
成人中专	Adult Specialized Secondary Schools	2	94	60
职业高中	Vocational Senior Secondary Schools	30	1723	1222
技工学校	Skilled Workers Schools			
其他中职机构	Other Institutions	(1)	26	60
初中阶段教育	Junior Secondary Education	21	2155	1857
初中	Junior Secondary Schools	21	2155	1857
初级中学	Regular Junior Secondary Schools	4	344	274
九年一贯制学校	9-Year Schools	17	1811	835
十二年一贯制学校	12-Year Schools	(7)		503
完全中学	Combined Secondary Schools	(6)		245
职业初中	Vocational Junior Secondary Schools			
成人初中	Adult Junior Secondary Schools			
初等教育	**Primary Education**	**5**	**131**	**986**
普通小学	Regular Primary Schools	5	131	986
小学	Primary Schools	5	131	93
九年一贯制学校	9-Year Schools	(17)		511
十二年一贯制学校	12-Year Schools	(7)		382
成人小学	Adult Primary Schools			
#扫盲班	Literacy Courses			
工读学校	**Correctional Work-Study Schools**			
特殊教育	**Special Education Schools**			
学前教育	**Pre-school Education Institutions**	**2416**	**42448**	**23678**

注：1. 完全中学的学校数和教职工数计入高中阶段教育，九年一贯制学校的校数和教职工数计入初中阶段教育，十二年一贯制学校的校数和教职工数计入高中阶段教育。专任教师是按照教育层次划分归类。

2. 2018 年起，民办学校不包含具有法人资格的中外合作办学校（下表同）。

a) The numbers of Combined Secondary Schools and their educational personnel are calculated into the number of Senior Secondary Education, the numbers of 9-Year Schools and their educational personnel are calculated into the number of Junior Secondary Education, the numbers of 12-Year Schools and their educational personnel are calculated into the number of Senior Secondary Education. The full-time teachers are classified by educational level.

b) Since 2018, the number of Non-government Schools do not include Sino-foreign cooperation office with legal personality (The following related tables are the same).

18-4 各级各类民办教育学生情况（2023）
Statistics on Students of Non-government Schools by Type and Level (2023)

单位：人 (person)

项　目	Item	招生数 Entrants	在校学生数 Total Enrollment	毕业生数 Graduates
高等教育	**Higher Education**	**30441**	**83283**	**18041**
研究生	Postgraduates			
博士	Doctor's Degree			
硕士	Master's Degree			
普通高等学校	Undergraduates in Regular HEIs	30441	83283	18041
本科院校	HEIs Offering Degree Programs	18033	49372	11831
（高职）专科院校	Higher Vocational Colleges	12408	33911	6210
#职业技术学院	Vocational and Technical Colleges	12408	33911	6210
成人本专科	Undergraduates in Adult HEIs			
本科	Normal Courses			
专科	Short-cycle Courses			
另有其他学生数	Students Enrolled in Other Formal Programs			
民办高校	Non-Government HEI			
民办的其他高等教育机构	Non-Government Other HEIs			
中等教育	**Secondary Education**	**24831**	**70632**	**21393**
高中阶段教育	Senior Secondary Education	17775	48767	14737
高中	Senior Secondary Schools	9806	27047	8947
普通高中	Regular Senior Secondary Schools	9806	27047	8947
完全中学	Combined Secondary Schools	1578	3664	1159
高级中学	Regular High Schools	6309	18625	5892
十二年一贯制学校	12-Year Schools	1919	4758	1896
成人高中	Adult High Schools			
中等职业教育	Secondary Vocational Education	7969	21720	5790
普通中专	Regular Specialized Secondary Schools	978	3437	1554
成人中专	Adult Specialized Secondary Schools	500	815	96
职业高中	Vocational Senior Secondary Schools	6491	17468	4140
技工学校	Skilled Workers Schools			
初中阶段教育	Junior Secondary Education	7056	21865	6656
初中	Junior Secondary Schools	7056	21865	6656
初级中学	Regular Junior Secondary Schools	1138	3675	1041
九年一贯制学校	9-Year Schools	3148	10156	2860
十二年一贯制学校	12-Year Schools	1805	4975	1903
完全中学	Combined Secondary Schools	965	3059	852
职业初中	Vocational Junior Secondary Schools			
成人初中	Adult Junior Secondary Schools			
初等教育	**Primary Education**	**1546**	**14065**	**3526**
普通小学	Regular Primary Schools	1546	14065	3526
小学	Primary Schools	198	1746	390
九年一贯制学校	9-Year Schools	789	7435	1938
十二年一贯制学校	12-Year Schools	559	4884	1198
成人小学	Adult Primary Schools			
#扫盲班	Literacy Courses			
工读学校	**Correctional Work-Study Schools**			
特殊教育	**Special Education Schools**			
学前教育	**Pre-school Education Institutions**	**98232**	**367357**	**163080**

注：1. 完全中学、九年一贯制学校和十二年一贯制学校的学生数按教育层次分别计入对应教育阶段的学生数中。
2. 特殊教育学生数中包括义务教育阶段随班就读的学生、其他学校附设特教班。
3. “另有其他学生数”包括：自考助学班学生、预科生、进修及培训学生数。

a) Number of the students in Combined Secondary Schools, 9-Year Schools,12-Year Schools are classified by educational level.
b) Number of the students in the Special Education Schools includes those followed in the regular primary and middle School.
c) Students Enrolled in Other Formal Programs include students of classes for self-learning programs, preparatory courses, and in-service training courses.

18-5 各级各类学校数

Number of School by Type and Level

单位：所 (unit)

年 份 Year	普通高等学校 Regular HEIs	普通中学 Regular Secondary Schools	高中 Senior Secondary Schools	初中 Junior Secondary Schools	职业中学 Vocational Secondary Schools	普通小学 Regular Primary Schools	特殊教育学校 Special Education Schools	学前教育 Pre-primary Education Institutions
1995	17	1626	444	1182	190	23718	11	1235
1996	17	1657	430	1227	180	23658	11	1321
1997	17	1656	427	1229	182	22848	11	1545
1998	17	1666	421	1245	178	22634	10	1803
1999	18	1667	410	1257	177	22560	10	2040
2000	18	1689	419	1270	170	21557	12	2249
2001	25	1979	435	1544	154	17477	11	1992
2002	25	2004	438	1566	156	16648	14	2286
2003	31	2031	453	1578	140	15635	14	2276
2004	31	2054	470	1584	151	15347	14	2377
2005	33	2050	497	1553	153	14963	14	2451
2006	33	2155	495	1660	154	14685	14	2556
2007	34	2130	493	1637	162	14002	14	2457
2008	34	2103	480	1623	181	13424	15	2503
2009	34	2081	463	1618	177	12637	15	2452
2010	35	2038	452	1586	150	11582	17	2407
2011	37	2012	436	1576	147	10907	22	2457
2012	37	2033	445	1588	141	10336	28	2712
2013	37	1989	428	1561	133	9640	32	3141
2014	38	1940	402	1538	126	8979	33	3471
2015	40	1877	386	1491	118	8052	37	3971
2016	44	1861	379	1482	114	6924	40	6441
2017	44	1852	384	1468	105	6172	41	7122
2018	44	1848	381	1467	109	5785	43	7734
2019	44	1841	376	1465	106	5444	44	7988
2020	50	1836	364	1472	107	5252	44	8089
2021	49	1834	363	1471	106	4951	45	8159
2022	49	1821	368	1453	106	4782	47	8021
2023	49	1805	368	1437	107	4465	47	7713

注：职业中学包括职业高中和职业初中（下表同）。

a) Vocational secondary schools include vocational senior and junior secondary schools (The following related tables are the same).

18-6 各级各类学校专任教师数

Number of Full-time Teachers of Schools by Type and Level

单位：人 (person)

年份 Year	普通高等学校 Regular HEIs	普通中学 Regular Secondary Schools	高中 Senior Secondary Schools	初中 Junior Secondary Schools	职业中学 Vocational Secondary Schools	普通小学 Regular Primary Schools	特殊教育学校 Special Education Schools	学前教育 Pre-primary Education Institutions
1995	6284	62669	12970	49699	4173	130032	224	9776
1996	6282	63912	13151	50761	4013	129823	235	8758
1997	6403	66124	13723	52401	4190	130628	248	10194
1998	6505	67774	13703	54071	4415	131473	221	10765
1999	6899	70711	14233	56478	4615	128839	297	10669
2000	7208	74082	15200	58882	4549	125172	269	11953
2001	8826	78439	16562	61877	4598	122038	271	10109
2002	10021	82709	18582	64127	4751	124017	279	10115
2003	12274	87753	21754	65999	3945	126740	294	11109
2004	13727	93024	25458	67566	4614	128725	296	9933
2005	14816	99150	29127	70023	5158	130841	303	10221
2006	16105	106106	32081	74025	5803	135491	314	10939
2007	17439	110204	33979	76225	7337	137149	345	10950
2008	18581	114963	35524	79439	7537	141371	341	12589
2009	19629	116883	36450	80433	8256	139966	380	12365
2010	20761	120689	37517	83172	7522	140381	418	13668
2011	22066	123055	38593	84462	8283	141324	484	15009
2012	23232	124844	40467	84377	8042	140235	572	17086
2013	24351	126817	42469	84348	7860	140436	692	20621
2014	25283	128599	43761	84838	7739	140476	671	26097
2015	26132	128621	44764	83857	8099	140320	729	30342
2016	26731	127471	45107	82364	8104	141113	825	39459
2017	28474	126418	45386	81032	7746	141962	877	43975
2018	28939	125682	45730	79952	8292	143260	921	46614
2019	29755	126850	45813	81037	8295	148408	1083	49438
2020	31030	127233	45994	81239	8364	150870	1092	53466
2021	32369	129645	47335	82310	8515	152144	1116	60336
2022	34021	130572	47955	82617	8412	151868	1152	62978
2023	35952	132322	48361	83961	8471	152108	1202	62538

18-7 各级各类学校招生数
Number of Entrants of Formal Education by Type and Level of School

单位：人 (person)

年 份 Year	普通高等学校 Regular HEIs	普通中学 Regular Secondary Schools	高中 Senior Secondary Schools	初中 Junior Secondary Schools	职业中学 Vocational Secondary Schools	普通小学 Regular Primary Schools	特殊教育学校 Special Education Schools
1995	15119	337758	64113	273645	19260	525875	311
1996	15567	354996	63001	291995	19533	548661	281
1997	16313	375656	63782	311874	20593	563443	333
1998	16813	404014	69652	334362	19790	546980	842
1999	23010	455111	75439	379672	21180	538695	1049
2000	33425	508648	90840	417808	21461	552740	1094
2001	45382	547593	109805	437788	20945	601257	1644
2002	53079	590617	143666	446951	23013	609934	1231
2003	60069	621290	168181	453109	19212	572321	975
2004	66182	657600	186561	471039	26738	508787	979
2005	71572	691600	205710	485890	32313	461894	915
2006	90373	711676	207257	504419	52175	481721	1301
2007	98569	678575	204816	473759	71267	435661	1614
2008	110889	696897	210511	486386	72436	411003	2051
2009	112280	699300	216982	482318	72692	372689	1954
2010	114899	673394	219614	453780	70355	361331	2071
2011	124935	628251	221551	406700	56719	338176	1457
2012	131263	602045	226107	375938	55991	341155	1434
2013	123402	552431	218143	334288	45215	320908	1409
2014	130624	518092	208136	309956	40433	280655	1285
2015	126242	490221	199426	290795	38362	313028	1769
2016	130683	483583	193389	290194	41215	326665	2235
2017	138515	468236	182636	285600	37209	336255	2531
2018	146640	469212	172624	296588	39021	344889	3050
2019	170605	471882	172017	299865	41809	352383	3771
2020	194305	450330	171813	278517	44423	350883	3676
2021	179802	477122	171832	305290	48669	331323	3576
2022	191920	500143	181958	318185	46219	320458	3258
2023	210488	507296	178684	328612	38524	358454	3294

18-8 各级各类学校在校学生数

Number of Students Enrollment by Level and Type of School

单位：人 (person)

年份 Year	普通高等学校 Regular HEIs	普通中学 Regular Secondary Schools	高中 Senior Secondary Schools	初中 Junior Secondary Schools	职业中学 Vocational Secondary Schools	普通小学 Regular Primary Schools	特殊教育学校 Special Education Schools	学前教育 Pre-primary Education Institutions
1995	45480	915263	168589	746674	42747	2737059	1529	409893
1996	47578	966394	176444	789950	45696	2857986	1523	403714
1997	50678	1021024	180035	840989	48111	2992795	1476	398426
1998	54014	1079819	185946	893873	48889	3092488	4003	376575
1999	62637	1185891	201138	984753	49866	3131747	4653	407489
2000	81734	1314710	229500	1085210	52573	3164603	6438	427960
2001	110898	1459845	276573	1183272	52657	3189816	9953	401681
2002	143009	1606592	346294	1260298	56483	3229371	9192	402653
2003	173391	1733035	427011	1306024	49529	3227592	7673	372225
2004	200282	1844406	499609	1344797	62506	3155535	7732	350749
2005	229459	1943839	566168	1377671	73451	3035794	8339	349407
2006	263691	2047847	603358	1444489	100062	2984425	9127	342279
2007	295992	2036640	613906	1422734	131929	2846312	11606	330213
2008	331895	2038447	618253	1420194	155909	2689631	13443	337843
2009	361490	2041628	630654	1410974	167699	2525962	13687	358748
2010	381526	2031002	646975	1384027	170001	2370406	13350	387338
2011	405306	1942478	657086	1285392	147946	2200743	9455	432181
2012	431069	1845050	664879	1180171	151327	2063549	8337	480323
2013	442963	1702496	666556	1035940	125348	1867268	8396	549800
2014	452300	1625349	654430	970919	111266	1802371	7635	620127
2015	450463	1538620	629365	909255	101348	1802401	9260	701132
2016	457204	1479661	603490	876171	98383	1821629	11373	892087
2017	466185	1433408	577281	856127	94384	1855722	13492	929708
2018	483620	1419319	549305	870014	95575	1896471	15769	944401
2019	524948	1408051	526270	881781	98472	1941406	19294	932788
2020	581062	1389962	515813	874149	104443	2009079	21468	958299
2021	613378	1399931	515162	884769	112863	2025009	21968	970256
2022	648141	1429308	525737	903571	113471	2020074	20822	947232
2023	662493	1481700	529748	951952	105104	2040393	19789	855998

18-9 各级各类学校毕业生数
Number of Graduates by Level and Type of School

单位：人 (person)

年份 Year	普通高等学校 Regular HEIs	普通中学 Regular Secondary Schools	高中 Senior Secondary Schools	初中 Junior Secondary Schools	职业中学 Vocational Secondary Schools	普通小学 Regular Primary Schools	特殊教育学校 Special Education Schools
1995	14288	252360	46948	205412	14053	319684	141
1996	13314	256098	48060	208038	12993	336205	121
1997	13140	274961	52911	222050	14884	355832	132
1998	13251	291067	54794	236273	14726	383938	258
1999	14007	305292	53867	251425	17030	424250	684
2000	13971	327787	56479	271308	15210	459255	948
2001	17000	351876	62793	289083	16785	488961	900
2002	21647	402829	72295	330534	17021	486101	712
2003	29582	456044	89040	367004	14753	481495	466
2004	39390	506391	109055	397336	16975	488842	612
2005	49886	561654	138165	423489	19144	502605	684
2006	57381	595637	164257	431380	19539	506371	701
2007	63315	628548	179335	449213	24451	478740	1089
2008	75051	645494	194146	451348	29687	485899	1664
2009	84082	655641	192269	463372	39579	492720	1965
2010	92226	649631	195045	454586	44095	474328	1850
2011	99042	660487	202234	458253	50585	426257	708
2012	102980	656260	213620	442640	43807	398700	834
2013	109192	636032	216530	419502	45569	370611	831
2014	118697	575501	223828	351673	35089	319335	818
2015	124003	556758	224408	332350	33969	300080	917
2016	119911	531473	219083	312390	30008	298820	1046
2017	124786	506220	208113	298107	30270	294669	1232
2018	122347	484294	201083	283211	28070	300842	1524
2019	123314	479552	193621	285931	30189	303579	1997
2020	133490	466498	181187	285311	27814	279871	2233
2021	140033	465171	171143	294028	26533	307408	3340
2022	165898	469129	170330	298799	28426	321291	3757
2023	189459	450123	171028	279095	27151	331945	3658

18-10 研究生数
Number of Postgraduates

单位：人 (person)

年 份 Year	招生数 Entrants	博士 Doctor's Degree	硕士 Master's Degree	在 校 学生数 Enrollment	博士 Doctor's Degree	硕士 Master's Degree	毕业生数 Graduates	博士 Doctor's Degree	硕士 Master's Degree
1995	689			1873	361	1512	416	76	340
1996	780			2146	440	1706	484	71	413
1997	884			2350	495	1855	601	93	508
1998	875			2563	523	2040	623	127	496
1999	1075			2874	597	2277	706	139	567
2000	1558			3579	764	2815	801	130	671
2001	2147			4781	963	3118	1096	283	813
2002	2703	448	2255	6403	1236	5167	940	168	772
2003	3634	583	3051	8555	1594	6961	1349	218	1131
2004	5073	683	4390	11496	1986	9509	1965	290	1675
2005	6146	717	5429	14895	2320	12575	2484	378	2106
2006	6710	747	5963	18069	2583	15486	3201	474	2727
2007	7117	783	6334	20034	2765	17269	4831	595	4236
2008	7502	810	6692	21580	2953	18627	5649	600	5049
2009	8463	887	7576	23469	3153	20316	6122	633	5459
2010	9098	888	8210	25609	3335	22274	6523	669	5854
2011	9307	923	8384	26973	3482	23491	7160	729	6431
2012	9804	943	8861	28306	3597	24709	8002	797	7205
2013	10116	973	9143	29412	3746	25666	8629	762	7867
2014	9870	820	9050	29080	3370	25710	8637	600	8037
2015	10089	825	9264	29637	3516	26121	9195	644	8551
2016	10699	873	9826	31199	3720	27479	8806	601	8205
2017	12810	942	11868	34548	3970	30578	9152	643	8509
2018	13959	1159	12800	38457	4383	34074	9526	642	8884
2019	15098	1320	13778	42538	4841	37697	10398	690	9708
2020	18377	1479	16898	48472	5456	43016	11861	733	11128
2021	19734	1678	18056	54704	6296	48408	12834	732	12102
2022	21097	1914	19183	60493	7226	53267	14649	888	13761
2023	22025	2113	19912	64901	8132	56769	16817	1070	15747

18-11 高等教育学校(机构)学生数(2023)

Number of Students in Higher Education Institutions (2023)

单位：人 (person)

项 目	Item	招生数 Entrants	在校学生数 Enrollment	毕业生数 Graduates	授予学位数 Degrees Awarded
研究生	Postgraduates	22025	64901	16817	16936
博士	Doctor's Degrees	2113	8132	1070	1085
硕士	Master's Degrees	19912	56769	15747	15851
普通本专科	Undergraduates in Regular HEIs	210488	662493	189459	83878
本科院校	HEIs Offering Degree Programs	102533	353906	84330	83878
#本科层次职业学校		7211	15000		
(高职)专科院校	Higher Vocational Colleges	107955	308587	105129	
#职业技术学院	Vocational and Technical Colleges	104090	293974	96305	
成人本专科	Undergraduates in Adult HEIs	55000	113844	29181	327
本科	Normal Courses	41732	88101	16479	327
专科	Short-cycle Courses	13268	25743	12702	
在职人员攻读 硕士学位	Master's Degree Programs for On-the-job Personnel				
网络本专科生	Web-based Undergraduates		34215	17034	
本科	Normal Courses		30835	15685	
专科	Short-cycle Courses		3380	1349	
自考助学班	Classes run by Non-government HEIs for Students Preparing for Self-directed State-administered Examinations				
普通预科生	College-preparatory Classes		1950		
研究生课程进修班	Postgraduates Courses				
进修及培训	In-service Training				
留学生	Foreign Students	616	1921	1773	225

注：留学生指来中国学习的留学生数。
a) Foreign students refer to foreign students studying in China.

18-12 普通本科分学科学生数(2023)

Number of Regular Students for Normal Courses in HEIs by Discipline (2023)

单位：人 (person)

类 别	Item	毕业生数 Graduates	招生人数 Entrants	在校学生数 Enrollment
甘肃省	**Gansu**	**84330**	**95322**	**338906**
哲学	Philosophy	70	100	319
经济学	Economics	4067	3879	15368
法学	Law	4342	4537	18024
教育学	Education	4281	3473	13522
文学	Literature	7525	7570	29224
历史学	History	970	1166	4169
理学	Science	6623	7524	28622
工学	Engineering	27681	35941	116313
农学	Agriculture	2209	2732	9541
医学	Medicine	7164	8679	34187
管理学	Administrators	14065	13517	46227
艺术学	Art	5333	6204	23390

18-13 普通专科和职业本科分学科学生数（2023）
Number of Students in Junior Colleges and Vocational Undergraduate Colleges by Field of Study(2023)

单位：人 (person)

类 别	Item	毕业生数 Graduates	招生数 Entrants	在校学生数 Enrollment
甘肃省	**Gansu**	**105129**	**115166**	**323587**
农林牧渔大类	Agriculture, Forestry, Husbandry and Fishing	4499	6495	15712
资源环境与安全大类	Resource Environment and Security	5349	6248	18174
能源动力与材料大类	Material and Energy	1875	3257	8011
土木建筑大类	Civil Engineering	7869	7144	20121
水利大类	Water Resources	667	881	2183
装备制造大类	Manufacturing	10962	15440	39354
生物与化工大类	Biology and Chemical Engineering	2942	3469	10336
轻工纺织大类	Light Industry and Textile	291	295	807
食品药品与粮食大类	Food & Medicine and Grain	2244	2240	5937
交通运输大类	Transportation and Communication	7797	9246	25435
电子信息大类	Electronic Information	9471	12513	35609
医药卫生大类	Medicine and Health	15976	18401	50838
财经商贸大类	Finance & Economics,Business & Trade	14076	10294	30871
旅游大类	Tourism	2424	2956	7854
文化艺术大类	Culture and Art	1650	2991	7796
新闻传播大类	Journalism and Communication	151	227	615
教育与体育大类	Education and Physical Education	12836	10550	36397
公安与司法大类	Police Security and Justice	2265	1000	3816
公共管理与服务大类	Public Management and Service	1785	1519	3721

18-14 成人本科分学科学生数（2023）
Number of Adult Students for Normal Courses in HEIs by Discipline (2023)

单位：人 (person)

类 别	Item	毕业生数 Graduates	招生人数 Entrants	在校学生数 Enrollment
甘肃省	**Gansu**	**16479**	**41732**	**88101**
哲学	Philosophy			
经济学	Economics	154	205	436
法学	Law	677	2102	3914
教育学	Education	310	3071	6374
文学	Literature	708	2692	6918
历史学	History	20	67	168
理学	Science	53	423	995
工学	Engineering	6120	15554	31745
农学	Agriculture	319	585	1191
医学	Medicine	4624	9186	20039
管理学	Administrators	3469	7746	16110
艺术学	Art	25	101	211

18-15 成人专科分学科学生数（2023）
Number of Adult Students for Short-cycle Courses in HEIs by Discipline(2023)

单位：人 (person)

类 别	Item	毕业生数 Graduates	招生人数 Entrants	在校学生数 Enrollment
甘肃省	**Gansu**	**12702**	**13268**	**25743**
农林牧渔大类	Agriculture, Forestry, Husbandry and Fishing	122	430	1215
资源环境与安全大类	Resource Environment and Security	66	147	313
能源动力与材料大类	Material and Energy	12	12	15
土木建筑大类	Civil Engineering	863	1494	2271
水利大类	Water Resources	1	78	170
装备制造大类	Manufacturing	522	767	1088
生物与化工大类	Biology and Chemical Engineering	20	619	1028
轻工纺织大类	Light Industry and Textile			
食品药品与粮食大类	Food & Medicine and Grain	29		1
交通运输大类	Transportation and Communication	2345	787	2000
电子信息大类	Electronic Information	264	622	839
医药卫生大类	Medicine and Health	2209	2269	5451
财经商贸大类	Finance & Economics,Business & Trade	3431	3263	6417
旅游大类	Tourism	26	35	50
文化艺术大类	Culture and Art	8	28	86
新闻传播大类	Journalism and Communication			
教育与体育大类	Education and Physical Education	2460	1976	3630
公安与司法大类	Police Security and Justice	173	190	439
公共管理与服务大类	Public Management and Service	151	551	730

18-16 网络本科分学科学生数（2023）
Number of Web-based Students for Normal Courses in HEIs by Discipline (2023)

单位：人 (person)

类 别	Item	毕业生数 Graduates	招生人数 Entrants	在校学生数 Enrollment
甘肃省	**Gansu**	**15685**		**30835**
哲学	Philosophy			
经济	Economics	460		1042
法学	Law	1103		2242
教育学	Education			
文学	Literature	828		1618
历史学	History			
理学	Science	53		159
工学	Engineering	4769		8733
农学	Agriculture			
医学	Medicine	3299		5966
管理学	Administrators	5173		11075
艺术学	Art			

18-17 网络专科分学科学生数（2023）
Number of Web-based Students for Short-cycle Courses in HEIs by Discipline (2023)

单位：人 (person)

类 别	Item	毕业生数 Graduates	在校学生数 Enrollment
甘肃省	**Gansu**	**1349**	**3380**
农林牧渔大类	Agriculture, Forestry, Husbandry and Fishing		
资源环境与安全大类	Resource Environment and Security		
能源动力与材料大类	Material and Energy		
土木建筑大类	Civil Engineering	298	631
水利大类	Water Resources		
装备制造大类	Manufacturing		
生物与化工大类	Biology and Chemical Engineering		
轻工纺织大类	Light Industry and Textile		
食品药品与粮食大类	Food & Medicine and Grain		
交通运输大类	Transportation and Communication		
电子信息大类	Electronic Information	216	416
医药卫生大类	Medicine and Health	186	560
财经商贸大类	Finance & Economics,Business & Trade	199	592
旅游大类	Tourism		
文化艺术大类	Culture and Art		
新闻传播大类	Journalism and Communication		
教育与体育大类	Education and Physical Education		
公安与司法大类	Police Security and Justice	8	52
公共管理与服务大类	Public Management and Service	442	1129

18-18 技工学校数、学生数和教职工数
Number of Schools, Students, Educational Personnel of Skilled Workers Schools

单位：人 (person)

年 份 Year	学校数（所） Schools (unit)	毕业生数 Graduates	招生人数 Entrants	在校学生数 Enrollment	教职员工 Educational Personnel	专任教师 Full-time Teachers
2005	57	4586	11424	23971	3698	2856
2006	62	7068	12878	29781	5206	4415
2007	62	7068	12878	29781	4598	3807
2008	75	11304	24720	57631		4147
2009	78	12549	41016	71060	4205	2928
2010	78	19944	39944	91249	4525	2189
2011	78	27378	31338	94678	4468	3171
2012	79	25182	26620	96116	4553	3235
2013	80	46847	17402	66671	4555	3250
2014	81	29525	15374	52520	4626	3110
2015	82	23797	13623	42523	4656	3133
2016	82	14948	11984	39559	4732	3442
2017	82	14886	12697	37370	4564	3725
2018	33	11614	11024	33514	3506	2905
2019	36	9818	14033	34545	3478	2696
2020	38	9054	14587	36422	3858	3220
2021	41	12494	15939	38579	4016	3216
2022	43	14027	15967	38984	4048	3435
2023	51	13440	19339	43295	4565	3122

18-19 小学学龄儿童净入学率和各级普通学校毕业生升学率
Net Enrolment Ratio of School-age Children in Primary Schools and Promotion Rate of Graduates of Regular School by Levels

单位：%　　　　(%)

年 份 Year	小学学龄儿童净入学率 Net Enrollment Ratio of School-age Children in Primary Schools	小学升学率 Promotion Rate from Primary Schools to Junior Secondary Schools	初中升学率 Promotion Rate from Junior Secondary Schools to Senior Secondary Schools	高中阶段毛入学率 Gross Enrollment Rate of High School Education
1996	97.20	86.85		
1997	97.68	87.93		
1998	98.20	87.40		
1999	98.62	89.49		
2000	98.83	90.98		
2001	98.02	89.53	37.98	35.48
2002	98.55	91.95	43.46	38.20
2003	97.99	94.10	45.83	40.33
2004	98.27	96.36	46.95	42.16
2005	98.87	96.67	48.58	42.77
2006	98.89	99.61	48.04	44.50
2007	98.94	98.96	45.59	52.00
2008	99.14	100.10	46.64	60.00
2009	99.45	97.89	46.83	70.00
2010	99.46	95.67	48.31	71.00
2011	99.56	95.41	48.35	75.00
2012	99.68	94.29	51.08	80.00
2013	99.78	90.20	52.00	85.00
2014	99.80	97.06	59.18	90.00
2015	99.83	96.90	60.00	92.00
2016	99.89	97.09	61.81	93.00
2017	99.90	97.10	61.27	94.00
2018	99.91	98.59	60.95	94.00
2019	99.99	98.78	60.16	95.00
2020	99.99	99.52	60.22	95.00
2021	99.99	99.31	63.86	95.30
2022	99.99	99.03	60.90	95.60
2023	99.99	99.00	64.02	95.70

注：1. 初中升高级中学包含升入技工学校。
2. 高中升学率为普通高校招生数（含电大普通班）与普通高中毕业生数之比。

a) Data on promotion rate from junior secondary schools to senior secondary schools include those entering into secondary technical schools.

b) Data on promotion rate from senior secondary schools to higher education refer to the ratio of new entrants into regular institutions of higher education (including regular classes of TV universities) to graduates of senior secondary schools.

18-20 平均每万人口在校学生数和大中小学学生构成
Number of Students per 10 000 Population and It's Composition

年 份 Year	平均每万人口在校学生数（人） Students Enrollment per 10 000 Persons (person)			大、中、小学学生占学生总数（%） Students of Different Levels as Percentage to Total Students (%)		
	大学生 University and College Students	中学生 Secondary School Students	小学生 Primary School Students	大学生 University and College Students	中学生 Secondary School Students	小学生 Primary School Students
1995	19	383	1146	0.88	16.90	50.50
1996	20	398	1177	0.82	16.00	47.20
1997	21	416	1218	0.82	15.80	46.30
1998	22	435	1245	0.88	16.80	48.20
1999	25	466	1232	1.01	18.30	48.30
2000	32	514	1238	1.26	19.40	46.70
2001	42	588	1239	2.09	27.44	59.95
2002	55	681	1246	2.57	28.91	58.13
2003	67	725	1240	3.05	33.26	56.85
2004	76	769	1205	3.73	37.49	58.78
2005	88	818	1170	4.26	39.38	56.36
2006	101	868	1145	4.78	41.06	54.16
2007	113	778	1088	5.72	39.33	54.95
2008	126	776	1023	6.56	40.29	53.15
2009	137	907	1116	6.35	41.98	51.67
2010	149	931	1103	6.83	42.65	50.52
2011	158	888	859	8.30	46.61	45.09
2012	168	721	806	9.91	42.53	47.56
2013	172	659	723	11.04	42.43	46.53
2014	175	631	699	11.66	41.89	46.45
2015	173	592	694	11.88	40.58	47.54
2016	175	567	698	12.16	39.37	48.47
2017	177	546	706	12.41	38.17	49.42
2018	197	609	719	12.96	39.94	47.09
2019	198	569	733	13.21	37.92	48.87
2020	232	633	803	13.92	37.96	48.13
2021	246	643	813	18.32	36.08	45.60
2022	259	651	807	15.08	37.92	47.00
2023	269	675	828	15.17	38.09	46.74

18-21 各级学校教师负担学生数
Student-Teacher Ratio of School by Level

单位：人 (person)

年 份 Year	平均每个教师负担学生数 Students Taught Each Teacher			
	普通高等学校 Regular HEIs	普通中等专业学校 Regular Secondary Vocational Schools	普通中学 Regular Secondary Schools	普通小学 Primary School
1995	7	9	15	21
1996	8	10	15	22
1997	8	10	15	23
1998	8	11	16	24
1999	9	11	17	24
2000	12	12	18	25
2001	13	14	19	26
2002	14	16	19	26
2003	14	17	20	25
2004	15	18	19	25
2005	15	20	20	23
2006	16	22	19	22
2007	17	22	18	21
2008	18		18	19
2009	18		17	18
2010	18	23	17	17
2011	19	21	16	15
2012	19	21	15	15
2013	18	18	13	13
2014	18	17	13	13
2015	18	17	12	13
2016	18	15	12	13
2017	18	16	11	13
2018	17	16	11	13
2019	18	14	11	13
2020	19	14	11	13
2021	21	15	11	13
2022	21	15	11	13
2023	20	13	11	13

18-22 进城务工子女和农村留守儿童在校情况（2023）
Children of Migrant Workers and Children Left Behind (2023)

单位：人 (person)

项 目	Item	进城务工人员随迁子女 Children of Migrant Workers	外省迁入 From Other Provinces	本省外县迁入 From Other Counties of the Same Province	农村留守儿童 Rural Children Left Behind
普通小学	**Regular Primary Schools**				
毕业生数	Graduates	21304	4395	16909	18734
招生数	Entrants	24300	4531	19769	16549
#受过学前教育	Trained in Preschool				16537
在校学生数	Enrolment	142789	28100	114689	120055
#女	Female	68017	13619	54398	53895
初中	**Junior Secondary Schools**				
毕业生数	Graduates	17196	3465	13731	18985
招生数	Entrants	20762	4151	16611	21627
在校学生数	Enrolment	59979	12164	47815	62523
#女	Female	26248	5269	20979	29053

18-23 教育经费情况
Basic Statistics on Educational Funds

单位：万元 (10 000 yuan)

年 份 Year	合计 Total	国家财政性教育经费 Government Appropriation for Education	#预算内教育经费 Budgetary	民办学校办学经费 Funds from Private Schools	社会捐赠经费 Donations and Fund-raising for Running Schools	事业收入 Income from Teaching Research and Other Auxiliary Activity	#学杂费 Tuition and Miscellaneous Fees	其他教育经费 Other Educational Funds
2000	535287	425021	352952	1831	11207	88887	63864	8341
2001	686750	520918	442922	4401	7428	135660	104008	18342
2002	836719	618783	538793	8872	9239	182477	132539	17348
2003	914336	652146	582181	18685	5686	212472	156053	25348
2004	1031445	727916	659017	21274	7037	248453	174186	26765
2005	1195074	847512	785026	34541	5555	273897	198727	33569
2006	1448234	1108365	1024273	41261	5451	260510	188990	32646
2007	1779095	1413920	1342179	2256	6090	326870	244610	29959
2008	2469385	2077502	2009317	1245	11587	354513	272808	24538
2009	2957602	2502298	2426498	2361	28287	395001	311653	29655
2010	3276887	2756965	2644938	7953	19834	450572	359800	41563
2011	3926598	3374222	3179614	4558	8132	482239	399882	57446
2012	4841482	4276671	4014241	5053	3714	494962	404867	61083
2013	5105559	4483501	4126143	4111	5444	545763	450078	66740
2014	5500815	4873620	4622912	6733	8178	547647	462768	64638
2015	6478024	5778852	5709262	6066	6826	598436	477707	87845
2016	7075700	6357782	6284544	7126	6920	621472	484153	82400
2017	7470974	6669673	6611422	7987	3872	629832	506484	159609
2018	7810782	6970056	6890092	22592	5258	694648	555089	118228
2019	8462781	7563777	7439034	12982	10039	768242	597541	107741
2020	8909183	8062360	7753045	8959	7703	743168	580531	86992
2021	8981870	7990568	7796399	8553	9533	869022	688312	104195
2022	9530656	8547123	8340517	8031	11204	853188	683627	111111

18-24 各类学校教育经费情况（2022）
Educational Funds in Various School (2022)

单位：万元 (10 000 yuan)

类别	Item	合计 Total	国家财政性教育经费 Government Appropriation for Education	#预算内教育经费 Budgetary	民办学校办学经费 Funds from Private Schools	社会捐赠经费 Donations and Fund-raising for Running Schools	事业收入 Income from Teaching Research and Other Auxiliary Activity	#学杂费 Tuition and Miscellaneous Fees	其他教育经费 Other Educational Funds
总　计	**Total**	**9530656**	**8547123**	**8340517**	**8031**	**11204**	**853188**	**683627**	**111111**
高等学校	Institutions of Higher Education	2216529	1617348	1573981	1000	2793	523683	401652	71704
普通高等学校	Regular HEIs	2195166	1605815	1562640	1000	2793	514120	393238	71438
成人高等学校	Adults HEIs	21362	11533	11341			9563	8414	266
中等职业学校	Secondary Vocational Schools	474945	447296	375428	462	90	24451	6434	2646
中等专业学校	Secondary Specialized Schools	341176	324495	276608	203	31	15060	2511	1387
职业高中	Vocational Senior Secondary Schools	114517	108182	84254	259		5276	3280	800
技工学校	Skilled Workers Schools	12504	9090	9090			3007	409	407
成人中专学校	Adult Specialized Secondary Schools	6749	5530	5477		59	1108	234	53
普通中学	Regular Secondary Schools	2701935	2570479	2551168	936	3735	112717	100334	14068
普通高中	Regular Senior Secondary Schools	1052625	961937	951770	926	2532	79387	70706	7844
普通初中	Regular Junior Secondary Schools	1649310	1608543	1599398	10	1203	33330	29627	6224
#农村	Rural Areas	1176344	1167028	1165792		1142	5406	4466	2769
普通小学	Regular Primary Schools	2952645	2907717	2897818	79	3927	26041	23422	14882
#农村	Rural Areas	2304214	2292285	2290442	28	1760	4650	3466	5492
特殊教育学校	Special Education Schools	25882	25800	25539		4	46	46	32
幼儿园	Kindergartens	888338	725624	666217	5553	327	153022	151653	3811
教育行政单位	Education Administrative Unit	60811	58758	58287		173			1880
教育事业单位	Education Institution	116478	108459	106542		155	5946		1918
其他	Others	93092	85641	85537			7281	86	170

18-25 各地、县幼儿园和普通小学基本情况（2023）
Basic Statistics on Kindergartens and Regular Primary Schools by Region & County (2023)

单位：人 (person)

地、县	Region & County	幼儿园数（所） Kindergartens (unit)	在园儿童数 Children in Kindergartens	普通小学学校数（所） Schools (unit)	普通小学专任教师数 Full-time Teachers	普通小学招生数 Entrants	普通小学在校学生数 Enrollment	普通小学毕业生数 Graduates
兰州市	**Lanzhou**	**827**	**126480**	**389**	**18130**	**55781**	**281341**	**39751**
城关区	Chengguan	254	40485	75	5018	19092	93704	12844
七里河区	Qilihe	167	21076	56	2702	8107	42264	6020
西固区	Xigu	71	10892	30	1652	5129	25859	3723
安宁区	Anning	78	13680	23	1557	6586	29864	3635
红古区	Honggu	20	4218	24	708	1830	10008	1590
永登县	Yongdeng	53	5757	57	1905	2268	14975	3066
皋兰县	Gaolan	26	2665	16	510	1027	5734	979
榆中县	Yuzhong	90	14759	71	2431	6277	32467	4799
兰州新区	Lanzhou New Area	68	12948	37	1647	5465	26466	3095
嘉峪关市	**Jiayuguan**	**55**	**12257**	**14**	**1217**	**4891**	**21891**	**2795**
金昌市	**Jinchang**	**55**	**12109**	**25**	**1705**	**4930**	**23501**	**4061**
金川区	Jinchuan	32	8435	14	951	3400	15719	2474
永昌县	Yongchang	23	3674	11	754	1530	7782	1587
白银市	**Baiyin**	**288**	**50413**	**247**	**11206**	**21584**	**120300**	**19340**
白银区	Baiyin	71	12162	18	1698	5536	25977	3419
平川区	Pingchuan	34	7528	33	1573	3256	18475	2804
靖远县	Jingyuan	92	11175	111	3034	4664	28285	5184
会宁县	Huining	53	12999	52	3360	5381	32192	5440
景泰县	Jingtai	38	6549	33	1541	2747	15371	2493
天水市	**Tianshui**	**1097**	**93589**	**502**	**19054**	**41581**	**250893**	**43280**
秦州区	Qinzhou	198	18914	70	3342	9102	50533	8364
麦积区	Maiji	232	18534	88	2832	7791	44030	7366
清水县	Qingshui	123	8255	63	1991	3381	22361	3975
秦安县	Qinan	189	10303	62	2475	4482	26695	4848
甘谷县	Gangu	100	15759	65	3206	7367	45810	7937
武山县	Wushan	108	12595	101	2837	5115	33347	6171
张家川县	Zhangjiachuan	147	9229	53	2371	4343	28117	4619
武威市	**Wuwei**	**332**	**44425**	**207**	**8553**	**18567**	**103358**	**17531**
凉州区	Liangzhou	172	30088	125	5221	12388	67232	11118
民勤县	Minqin	22	3356	14	719	1503	7063	1207
古浪县	Gulang	63	6506	32	1583	2834	18791	3511
天祝县	Tianzhu	75	4475	36	1030	1842	10272	1695
张掖市	**Zhangye**	**293**	**35739**	**109**	**5564**	**14820**	**73793**	**13427**

18-25 续表 1 continued

单位：人 (person)

地、县	Region & County	幼儿园数（所）Kindergartens (unit)	在园儿童数 Children in Kindergartens	普通小学学校数（所）Schools (unit)	普通小学专任教师数 Full-time Teachers	普通小学招生数 Entrants	普通小学在校学生数 Enrollment	普通小学毕业生数 Graduates
甘州区	Ganzhou	79	17861	31	2139	6995	32990	5402
肃南县	Sunan	9	569	2	195	225	1307	236
民乐县	Minle	46	6127	40	1245	2863	15157	3293
临泽县	Linze	75	3190	12	637	1312	6788	1272
高台县	Gaotai	53	3841	12	587	1432	6871	1218
山丹县	Shandan	31	4151	12	761	1993	10680	2006
平凉市	**Pingliang**	**764**	**59886**	**561**	**12849**	**24833**	**145044**	**25807**
崆峒区	Kongtong	167	17043	144	2983	7069	40318	6751
泾川县	Jingchuan	143	6965	166	1590	2764	16689	2893
灵台县	Lingtai	53	4697	23	1071	1959	11352	2222
崇信县	Chongxin	46	2821	50	601	1142	6420	1154
庄浪县	Zhuanglang	136	10774	52	2709	4836	28703	5191
静宁县	Jingning	136	11042	51	2584	4569	26473	4786
华亭市	Huating	83	6544	75	1311	2494	15089	2810
酒泉市	**Jiuquan**	**190**	**32843**	**95**	**4448**	**12148**	**62410**	**9722**
肃州区	Suzhou	97	15441	27	1809	5496	27258	4148
金塔县	Jinta	23	3192	16	571	1298	6122	1040
瓜州县	Guazhou	19	4020	19	663	1551	8846	1340
肃北县	Subei	1	341	2	75	111	636	90
阿克塞县	Akesai	1	438	1	66	172	800	137
玉门市	Yumen	23	4587	16	633	1878	9857	1627
敦煌市	Dunhuang	26	4824	14	631	1642	8891	1340
庆阳市	**Qingyang**	**687**	**77076**	**575**	**15410**	**31076**	**198919**	**35713**
西峰区	Xifeng	124	23177	73	3246	9152	51712	8662
庆城县	Qingcheng	56	7814	26	1533	3145	20690	3807
环　县	Huanxian	48	10532	92	2032	4239	26418	4624
华池县	Huachi	33	4467	41	888	1726	10409	1862
合水县	Heshui	95	4879	28	944	1923	13014	2408
正宁县	Zhengning	31	5741	65	1436	2320	16576	3088
宁　县	Ningxian	66	9866	127	2597	4015	28825	5322
镇原县	Zhenyuan	234	10600	123	2734	4556	31275	5940
定西市	**Dingxi**	**1095**	**92863**	**492**	**16320**	**40916**	**222361**	**33622**
安定区	Anding	166	17143	48	2428	7537	34727	4757
通渭县	Tongwei	110	8772	26	1889	3933	19607	2991

18-25 续表 2 continued

单位：人 (person)

地、县	Region & County	幼儿园数（所） Kinderg-artens (unit)	在园儿童数 Children in Kindergar-tens	普通小学学校数（所） Schools (unit)	普通小学专任教师数 Full-time Teachers	普通小学招生数 Entrants	普通小学在校学生数 Enrollment	普通小学毕业生数 Graduates
陇西县	Longxi	131	16236	53	3117	7430	42284	6363
渭源县	Weiyuan	159	8991	27	1420	3961	20512	3389
临洮县	Lintao	257	18674	156	2788	7998	42709	6443
漳　县	Zhangxian	57	6668	40	1357	2982	17783	2536
岷　县	Minxian	215	16379	142	3321	7075	44739	7143
陇南市	**Longnan**	**798**	**87182**	**397**	**15557**	**34913**	**215254**	**37668**
武都区	Wudu	129	22818	60	3447	8904	53949	9113
成　县	Chengxian	66	9945	40	1431	3753	22807	3947
文　县	Wenxian	46	6359	30	1420	2353	13918	2361
宕昌县	Tanchang	65	8385	58	1692	3275	20351	3437
康　县	Kangxian	42	5452	32	1048	2310	13616	2407
西和县	Xihe	258	11899	77	2193	5302	34390	6250
礼　县	Lixian	105	13962	57	2821	5896	38008	6793
徽　县	Huixian	68	7045	32	1203	2598	15516	2930
两当县	Liangdang	19	1317	11	302	522	2699	430
临夏州	**Linxia**	**806**	**107132**	**700**	**15870**	**42493**	**257924**	**38507**
临夏市	linxia	96	18968	49	1889	6896	37644	5336
临夏县	linxia	46	12810	154	2380	5536	35944	5713
康乐县	Kangle	65	13546	88	1889	4782	32012	5110
永靖县	Yongjing	56	7496	42	1429	3147	15230	2277
广河县	Guanghe	117	15522	85	2066	6249	37530	5456
和政县	Hezheng	141	9026	75	1602	4120	26925	4020
东乡县	Dongxiang	226	17562	94	2456	6709	41870	5969
积石山县	Jishishan	59	12202	113	2159	5054	30769	4626
甘南州	**Gannan**	**426**	**24004**	**152**	**6225**	**9921**	**63404**	**10721**
合作市	Hezuo	43	4320	14	753	1738	10111	1571
临潭县	Lintan	95	4477	23	1105	1730	11201	1943
卓尼县	Zhuoni	67	3310	22	864	1347	9287	1726
舟曲县	Zhouqu	57	4165	36	1045	1625	9540	1655
迭部县	Diebu	65	1816	14	563	682	4492	797
玛曲县	Maqu	15	1480	9	572	972	6795	1100
碌曲县	Luqu	33	1493	16	596	539	3664	620
夏河县	Xiahe	51	2943	18	727	1288	8314	1309

18-26 各地县普通中学基本情况（2023）

Basic Statistics on Regular Primary Schools by Region & County (2023)

单位：人 (person)

地、县	Region & County	普通中学学校数（所）Schools (unit)	毕业生数 Graduates	招生数 Entrants	在校学生数 Enrollment	高中 Senior Secondary Schools	初中 Junior Secondary Schools	专任教师 Full-time Teachers
兰州市	**Lanzhou**	**212**	**56883**	**65436**	**184612**	**70579**	**114033**	**16586**
城关区	Chengguan	50	17743	19322	54164	18682	35482	4709
七里河区	Qilihe	25	6551	8642	23248	7777	15471	1929
西固区	Xigu	25	6458	7296	20701	10352	10349	1902
安宁区	Anning	17	5289	5653	16513	5361	11152	1436
红古区	Honggu	9	2259	2480	7228	2711	4517	689
永登县	Yongdeng	26	4646	5190	15126	6168	8958	1499
皋兰县	Gaolan	9	1650	1696	4849	2227	2622	567
榆中县	Yuzhong	30	7927	8977	25880	10185	15695	2449
兰州新区	Lanzhou New Area	21	4360	6180	16903	7116	9787	1406
嘉峪关市	**Jiayuguan**	**10**	**4706**	**4771**	**14430**	**5994**	**8436**	**1167**
金昌市	**Jinchang**	**19**	**7228**	**6803**	**21066**	**8575**	**12491**	**2009**
金川区	Jinchuan	10	4024	4077	12268	4847	7421	1091
永昌县	Yongchang	9	3204	2726	8798	3728	5070	918
白银市	**Baiyin**	**129**	**26922**	**30586**	**89355**	**32607**	**56748**	**9947**
白银区	Baiyin	22	5644	6158	17765	7513	10252	1920
平川区	Pingchuan	14	3710	4265	12607	4434	8173	1372
靖远县	Jingyuan	34	6822	7943	23010	7839	15171	2477
会宁县	Huining	43	7213	8289	24385	8618	15767	2983
景泰县	Jingtai	16	3533	3931	11588	4203	7385	1195
天水市	**Tianshui**	**252**	**63609**	**67618**	**203415**	**74915**	**128500**	**17596**
秦州区	Qinzhou	38	12054	12917	39204	14117	25087	3060
麦积区	Maiji	39	10389	11298	34334	12575	21759	2842
清水县	Qingshui	28	5499	6026	17511	5965	11546	1510
秦安县	Qinan	37	8377	8005	24805	10172	14633	2775
甘谷县	Gangu	54	11773	12091	38465	14549	23916	3310
武山县	Wushan	36	10014	10450	30189	11256	18933	2497
张家川县	Zhangjiachuan	20	5503	6831	18907	6281	12626	1602
武威市	**Wuwei**	**129**	**25486**	**26517**	**79824**	**29404**	**50420**	**7713**
凉州区	Liangzhou	77	15691	16977	50179	18092	32087	4526
民勤县	Minqin	12	2460	2010	6374	2708	3666	1019
古浪县	Gulang	24	4943	5090	15734	5938	9796	1357
天祝县	Tianzhu	16	2392	2440	7537	2666	4871	811
张掖市	**Zhangye**	**41**	**19220**	**20319**	**61690**	**22169**	**39521**	**5023**

18-26 续表 1 continued

单位：人 (person)

地、县	Region & County	普通中学学校数（所）Schools (unit)	毕业生数 Graduates	招生数 Entrants	在校学生数 Enrollment	高中 Senior Secondary Schools	初中 Junior Secondary Schools	专任教师 Full-time Teachers
甘州区	Ganzhou	12	8253	8528	25539	9420	16119	1989
肃南县	Sunan	6	377	337	961	363	598	156
民乐县	Minle	7	4255	4720	14938	5313	9625	1078
临泽县	Linze	4	1811	1884	5740	1978	3762	528
高台县	Gaotai	5	1618	1749	5429	1853	3576	555
山丹县	Shandan	7	2906	3101	9083	3242	5841	717
平凉市	**Pingliang**	**166**	**37123**	**40281**	**119264**	**43305**	**75959**	**11793**
崆峒区	Kongtong	35	9382	10547	30560	10888	19672	2421
泾川县	Jingchuan	21	4030	4453	13237	4770	8467	1571
灵台县	Lingtai	19	3002	3397	10149	3551	6598	1037
崇信县	Chongxin	10	1504	1706	5000	1697	3303	449
庄浪县	Zhuanglang	32	7100	7889	23644	8503	15141	2457
静宁县	Jingning	37	8324	7887	23949	9539	14410	2814
华亭市	Huating	12	3781	4402	12725	4357	8368	1044
酒泉市	**Jiuquan**	**46**	**17320**	**17309**	**51517**	**21778**	**29739**	**4790**
肃州区	Suzhou	22	7627	7733	22862	9984	12878	2136
金塔县	Jinta	6	2099	1833	5727	2492	3235	605
瓜州县	Guazhou	5	2296	2343	6947	2953	3994	617
肃北县	Subei	2	142	185	559	249	310	90
阿克塞县	Akesai	1	247	253	689	335	354	54
玉门市	Yumen	6	2332	2584	7380	2581	4799	595
敦煌市	Dunhuang	4	2577	2378	7353	3184	4169	693
庆阳市	**Qingyang**	**166**	**46023**	**52392**	**151392**	**50788**	**100604**	**12502**
西峰区	Xifeng	25	11314	14240	39506	15324	24182	3012
庆城县	Qingcheng	19	4273	4990	13615	3819	9796	1130
环　县	Huanxian	31	6113	6790	20053	6579	13474	1814
华池县	Huachi	13	2360	2676	7797	2431	5366	678
合水县	Heshui	9	2749	2947	8675	2350	6325	686
正宁县	Zhengning	16	3444	4376	12665	3754	8911	1112
宁　县	Ningxian	24	7210	7637	22605	7535	15070	1752
镇原县	Zhenyuan	29	8560	8736	26476	8996	17480	2318
定西市	**Dingxi**	**251**	**42652**	**50201**	**146473**	**52479**	**93994**	**14479**
安定区	Anding	39	5567	7150	21231	8174	13057	2307
通渭县	Tongwei	46	4071	4334	13277	5060	8217	1837

18-26 续表 2 continued

单位：人 (person)

地、县	Region & County	普通中学学校数（所） Schools (unit)	毕业生数 Graduates	招生数 Entrants	在校学生数 Enrollment	高中 Senior Secondary Schools	初中 Junior Secondary Schools	专任教师 Full-time Teachers
陇西县	Longxi	46	7842	9567	28260	9835	18425	2689
渭源县	Weiyuan	28	4115	4814	14496	5395	9101	1705
临洮县	Lintao	45	8189	10054	28288	10085	18203	2573
漳 县	Zhangxian	17	3091	3721	10849	3719	7130	953
岷 县	Minxian	30	9777	10561	30072	10211	19861	2415
陇南市	**Longnan**	**233**	**47500**	**55764**	**163266**	**55280**	**107986**	**12993**
武都区	Wudu	40	12061	14067	40563	14610	25953	3202
成 县	Chengxian	25	4887	5877	16725	5562	11163	1120
文 县	Wenxian	24	3351	3610	10376	3917	6459	996
宕昌县	Tanchang	26	4370	5122	15312	5563	9749	1302
康 县	Kangxian	18	3103	3697	10971	4280	6691	847
西和县	Xihe	29	7482	8787	25944	7841	18103	1984
礼 县	Lixian	40	8140	9659	28907	8696	20211	2311
徽 县	Huixian	25	3523	4290	12436	3977	8459	1074
两当县	Liangdang	6	583	655	2032	834	1198	157
临夏州	**Linxia**	**104**	**42178**	**55003**	**150903**	**46737**	**104166**	**11448**
临夏市	linxia	9	7222	9539	27695	11683	16012	2257
临夏县	linxia	19	5867	7448	19933	5148	14785	1604
康乐县	Kangle	18	5543	7573	21109	6632	14477	1376
永靖县	Yongjing	7	3933	3880	11500	4773	6727	1100
广河县	Guanghe	10	5199	7185	19294	4846	14448	1154
和政县	Hezheng	10	4087	5569	14458	4041	10417	1136
东乡县	Dongxiang	18	4800	7182	18082	4040	14042	1230
积石山县	Jishishan	13	5527	6627	18832	5574	13258	1591
甘南州	**Gannan**	**47**	**13273**	**14296**	**44493**	**15138**	**29355**	**4276**
合作市	Hezuo	6	2812	3401	9863	4067	5796	859
临潭县	Lintan	10	2330	2294	7785	2592	5193	731
卓尼县	Zhuoni	9	2146	2403	7471	2225	5246	644
舟曲县	Zhouqu	7	1982	1917	6178	2154	4024	725
迭部县	Diebu	5	832	809	2661	994	1667	363
玛曲县	Maqu	3	969	1058	3479	965	2514	231
碌曲县	Luqu	2	856	915	2681	945	1736	263
夏河县	Xiahe	5	1346	1499	4375	1196	3179	460

18–27 各市（州）普通高等学校基本情况（2023）
Number of Regular Institutions of Higher Education by Region (2023)

单位：人 (person)

市（州）	Region	学校数（所）Schools (unit)	专任教师数 Full-time Teachers	招生数 Entrants	本科 Normal Courses	专科 Short-cycle Courses	在校学生数 Enrollment	本科 Normal Courses	专科 Short-cycle Courses
兰州市	Lanzhou	28	25200	139524	82394	57130	449768	281080	168688
嘉峪关市	Jiayuguan	1	339	2671		2671	7116		7116
金昌市	Jinchang	1	378	3406		3406	8489		8489
白银市	Baiyin	2	647	5599		5599	14024		14024
天水市	Tianshui	4	2474	14265	4267	9998	46419	15858	30561
武威市	Wuwei	2	1125	7628		7628	22187		22187
张掖市	Zhangye	2	1314	7841	5236	2605	25617	19386	6231
平凉市	Pingliang	2	987	5964	2258	3706	19403	8430	10973
酒泉市	Jiuquan	1	736	4320		4320	12507		12507
庆阳市	Qingyang	2	1231	8891	5185	3706	27528	17127	10401
定西市	Dingxi	1	86	683		683	683		683
陇南市	Longnan	1	513	3008		3008	8757		8757
临夏州	Linxia	1	402	3495		3495	7970		7970
甘南州	Gannan	1	520	3193	3193		12025	12025	

18–27 续表 continued

单位：人 (person)

市（州）	Region	毕（结）业生数 Graduates with Degrees or Diplomas	本科 Normal Courses	专科 Short-cycle Courses	授予学位数 Degrees Awarded
兰州市	Lanzhou	126869	66213	60656	65980
嘉峪关市	Jiayuguan	2179		2179	
金昌市	Jinchang	1972		1972	
白银市	Baiyin	2558		2558	
天水市	Tianshui	15113	4276	10837	4163
武威市	Wuwei	8773		8773	
张掖市	Zhangye	5737	4637	1100	4698
平凉市	Pingliang	5540	1820	3720	1813
酒泉市	Jiuquan	4821		4821	
庆阳市	Qingyang	7367	4239	3128	4147
定西市	Dingxi				
陇南市	Longnan	3502		3502	
临夏州	Linxia	1883		1883	
甘南州	Gannan	3145	3145		3077

18–28 科技活动基本情况
Basic Statistics on Scientific and Technological Activities

指 标	Item	2010	2015	2020	2022	2023
研究与试验发展（R&D）投入情况	**Statistics on R&D Input**					
有 R&D 活动的单位数（个）	Number of Units with R & D Activities (unit)	331	693	729	911	964
R&D 人员（人）	R & D Personnel (person)	30321	40787	43082	56650	66301
R&D 人员全时当量（人年）	Full-time Equivalent of R&D Personnel (man-year)	20774	25859	26814	34325.3	41886.1
R&D 经费内部支出（万元）	Internal Expenditure on R&D (10 000yuan)	415886	827203	1096444	1441494.3	1562491.7
R&D 经费内部支出相当于生产总值比例（%）	Ratio of Internal Expenditure on R&D to GDP (%)	1.03	1.22	1.22	1.30	1.32

注：根据 2022 年地区生产总值最终核实数据，2022 年研究与试验发展（R&D）经费内部支出相当于生产总值比例已修订为 1.30%。
a) Based on the final verification data of GDP in 2022, the Ratio of Internal Expenditure on R&D to GDP has been revised to 1.30% in 2022.

18–29 研究与试验发展（R&D）人员
R&D Personnel

单位：人 (person)

指 标	Item	2010	2015	2020	2022	2023
R&D 人员	**R&D Personnel**	**30321**	**40787**	**43082**	**56650**	**66301**
按学历分	**By Level of Education**					
博士毕业	Doctor	2096	3809	7949		
硕士毕业	Master	4882	7797	10200		
本科毕业	Under-graduate	13319	13533	17064		
其他人员	Others	10024	15648	7871		
# 女性	Female	7368	11575	12902	16384	18925
# 研究人员	Researchers	18739	21360	29295	35580	40362
# 全时人员	Full-time Equivalent	16978	23074	24125	29610	34336

18-30 研究与试验发展（R&D）人员全时当量
Full-time Equivalent of R&D Personnel

单位：人年 (man-year)

指　标	Item	2010	2015	2020	2022	2023
R&D 人员全时当量	**Full-time Equivalent of R&D Personnel**	**20774**	**25859**	**26814**	**34325**	**41886**
#研究人员	Researchers	12771	13256	18533	21128	25756
按活动类型分	**By Type of Activity**					
基础研究	Basic Research	2299	4309	6652	7927	9478
应用研究	Applied Research	4890	5570	7178	8615	12334
试验发展	Experimental Development	13586	15980	12983	17781	20072

18-31 研究与试验发展（R&D）经费情况
Expenditure on R&D

单位：万元 (10 000yuan)

指　标	Item	2010	2015	2020	2022	2023
R&D 经费内部支出	**Internal Expenditure on R&D by Sources**	**415886**	**827203**	**1096444**	**1441494**	**1562492**
按活动类型分	**By Type of Activity**					
基础研究	Basic Research	56498	127825	160952	202176	257991
应用研究	Applied Research	87531	129000	239614	312317	369812
试验发展	Experimental Development	271858	570378	695878	927001	934689
按执行部门分	**By Execution Departments**					
企业	Enterprises	223202	493772	587276	793511	860563
研究与开发机构	R&D Institutions	120428	248233	344094	456372	484186
高等学校	Higher Education	62646	69583	128091	146720	174376
其他	Others	9610	15615	36982	44892	43367
按支出用途分	**By Expenditure Use**					
日常性支出	Routine Expenses	355587	695594	938361	1130318	1242241
#人员劳务费	Labor Cost	95801	199305	331545	429282	430827
资产性支出	Assets Expenditure	60299	131609	158083	311176	320251
#仪器和设备	Equipment	50997	99373	137022	212978	226454
按资金来源分	**By Sources of Funding**					
政府资金	Government Appropriation Funds	161543	297574	398240	513903	614082
企业资金	Self-raised Funds by Enterprises	238039	500065	645537	854964	897689
国外资金	Foreign Funds	1224	2780	1008	358	2009
其他资金	Other Funds	15081	26784	51658	72270	48712
R&D 经费外部支出	**External Expenditure on R&D by Performer and Sources**	**35208**	**132107**	**49148**	**73174**	**59514**
#对国内研究机构支出	to Domestic Research Institutions	16414	66762	20702	16280	9442
对国内高等学校支出	to Domestic Higher Education	10888	29546	10503	9417	7497
对国内企业支出	to Domestic Enterprises	3013	27094	15959	46123	41444
对境外机构支出	to Foreign Institutions	4894	8678	1974	1340	824

18–32 科技成果情况
Statistics on Scientific and Technological Results

单位：项 (unit)

指 标	Item	2010	2015	2020	2022	2023
登记成果数	**Number of registered results**	**1065**	**819**	**2140**	**1851**	**2449**
按执行部门分	**By Execution Departments**					
科研机构	Research Institutions	210	188	333	361	506
大专院校	Colleges and Universities	295	200	599	402	629
企业	Enterprises	242	336	635	538	633
医疗机构	Medical Institutions	194	61	387	335	423
其他	Others	124	34	186	215	258
按活动类型分	**By Type of Activity**					
应用技术成果	Applied Technology Results	985	655	1463	1188	1288
基础理论成果	Basic Theoretical Results	27	138	648	618	1102
软科学成果	Soft Science Results	53	26	29	45	59
奖励项目数	**Number of Reward Items**	**181**	**149**	**153**	**204**	**202**
应用技术成果应用行业	**Application Technology Application Industry**	**985**	**655**	**1463**	**1188**	**1288**
第一产业	Primary Industry	294	276	518	514	559
第二产业	Secondary Industry	213	205	358	239	372
第三产业	Tertiary Industry	478	174	587	435	357
已应用项目数	**Number of Applied Items**	**790**	**581**	**1286**	**1055**	**1216**

18-33 规模以上工业企业科技活动基本情况
Basic Statistics on Science and Technology Activities of Industrial Enterprises above Designated Size

指　标	Item	2010	2015	2020	2022	2023
企业基本情况	**Statistics on Industrial Enterprises**					
有 R&D 活动企业数（个）	Number of Enterprises Having R&D Activities (unit)	126	457	421	563	589
有 R&D 活动企业占规模以上企业比重（%）	Percentage of Enterprises Having R&D Activities to Total Number of Enterprises (%)	6.3	21.4	21.7	22.3	20.6
研究与试验发展（R&D）活动	**Statistics on R&D Activities**					
R&D 人员全时当量（人年）	Full-time Equivalent of R&D Personnel(man-year)	9561	12578	8614	14487	17229
R&D 经费内部支出（万元）	Internal Expenditure on R&D(10 000 yuan)	218590	486077	521334	720007	782290
R&D 项目数（项）	R&D Projects (item)	644	1572	1608	2703	2156
R&D 项目经费内部支出（万元）	Internal Expenditure on R&D Projects(10 000 yuan)	152320	412787	501693	627277	659462
企业办研发机构	**Statistics on R&D Institutions**					
机构数（个）	Number of R&D Institutions(unit)	161	284	205	306	282
机构人员数（人）	R&D Personnel (person)	5383	12113	10097	12108	9357
机构经费支出（万元）	Expenditure on R&D(10 000yuan)	52792	167872	165260	296112	372398
新产品开发及生产	**Statistics on New Products Development and Production**					
新产品开发项目数（个）	Number of New Products(unit)	1182	1291	1565	2520	2830
新产品开发经费支出（万元）	Expenditure on New Products Development(10 000 yuan)	212337	392974	436109	686626	631067
新产品销售收入（亿元）	Sales Revenue of New Products(100 million yuan)	349.06	574.10	578.03	1121.96	1377.03
#新产品出口	Export	25.32	50.72	46.53	39.45	59.72
专利情况	**Statistics on Patent**					
专利申请数（件）	Patent Applications (piece)	1043	2230	3829	5979	7154
#发明专利	Inventions	328	698	1229	1855	2285
有效发明专利数（件）	Number of Patents in Force(piece)	402	1884	4017	5733	6664
技术获取和技术改造（万元）	**Statistics on Technology Acquisition and** Technology Reconstruction(10 000 yuan)					
引进国外技术经费支出	Expenditure for Acquisition of Foreign Technology	59956	21378	900		
引进技术消化吸收经费支出	Expenditure for Assimilation of Technology	122099	69148		27	20
购买国内技术经费支出	Expenditure for Purchase of Domestic Technology	44929	35973	686	5173	16570
技术改造经费支出	Expenditure for Technical Renovation	408340	571814	529369	799478	684622

18-34　专利授权情况
Statistics of Patent Grant

单位：项　　(item)

指　标	Item	2018	2019	2020	2022	2023
总计	**Total**	**13958**	**14894**	**20991**	**22490**	**20903**
发明专利	Inventions	1280	1154	1446	2472	3568
实用新型	Utility Models	10696	11722	17503	18234	15763
外观设计	Designs	1982	2018	2042	1784	1572
职务	Official	10329	11377	15039	17030	17891
大专院校	Universities and Colleges	2678	2724	3909	3559	3017
科研单位	Research Institutions	787	870	970	1532	1541
企业	Enterprises	6550	7144	9277	10898	12247
机关团体	Government Agencies and Organizations	314	639	883	1041	1086
非职务	Non-official	3629	3517	5952	5460	3012

18-35　各类技术合同签订情况（2023）
Statistics of Signing Technical Contract (2023)

指　标	Item	合同数（项）Number of Contracts (item)	合同成交金额（万元）Amount of Contracts (10 000 yuan)	#技术交易额 Revenue for Technique Trade
合计	**Total**	**14148**	**4681469**	**1938690**
技术开发合同	Technical Development	1368	408671	320326
技术转让合同	Technical Transfer	378	116618	86634
技术咨询合同	Technical Advisory	603	54621	24839
技术服务合同	Technical Service	11347	3970793	1432045
技术许可合同	Technology License	452	130765	74844

18–36 各市（州）研究与试验发展 (R&D) 情况（2023）
Basic Statistics on R&D by Region (2023)

市（州）	Region	有R&D活动的单位数（个）Number of Units (unit)	R&D人员（人）R&D Personnel (person)	R&D经费内部支出（万元）Internal Expenditure on R&D (10 000yuan)	按活动类型分 By Type of Activity			按支出用途分 By Expenditure Use		R&D经费外部支出（万元）External Expenditure on R&D (10000yuan)
					基础研究 Basic Research	应用研究 Applied Research	试验发展 Experimental Development	日常性支出 Routine Expenses	资产性支出 Assets Expenditure	
兰州市	Lanzhou	262	34731	836178	206355	243955	385868	654007	182171	27202
嘉峪关市	Jiayuguan	27	1604	45613		1585	44027	43885	1727	3230
金昌市	Jinchang	62	5601	97013	1083	32661	63269	87649	9364	10476
白银市	Baiyin	56	2756	66024	558	14476	50990	60742	5282	3555
天水市	Tianshui	41	3210	91665	2867	4271	84527	81717	9948	1717
武威市	Wuwei	150	3363	50383	1054	3015	46313	47773	2610	2151
张掖市	Zhangye	92	2426	38155	3951	9368	24837	35448	2707	201
平凉市	Pingliang	26	1209	12377	1824	3148	7405	11429	948	2984
酒泉市	Jiuquan	75	5195	210019	14845	34725	160449	108808	101211	2428
庆阳市	Qingyang	39	2337	48285	23088	8969	16228	46044	2242	3859
定西市	Dingxi	78	1652	35725		1485	34240	34256	1469	1502
陇南市	Longnan	25	1462	23332	2141	11783	9408	23201	132	176
临夏州	Linxia	23	604	6658	8	305	6345	6344	314	15
甘南州	Gannan	8	151	1065	218	66	781	937	128	19

18-37 企业单位分行业各类专业技术人员（2023）

Professional and Technical Personnel of Enterprises Units by Sector and Type(2023)

单位：人 (person)

行业	Sector	总计 Total	工程技术人员 Engineering	农业技术人员 Agriculture	科学研究人员 Scientific Research	卫生技术人员 Health Care	教学人员 Teaching	其他 Other
总计	**Total**	**113629**	**68868**	**1055**	**442**	**1288**	**598**	**41378**
农、林、牧、渔业	Agriculture,Forestry,Animal Husbandry and Fishery	2101	639	829	13	22	37	561
采矿业	Mining	11558	8272	60	142	72	115	2897
制造业	Manufacturing	14361	11241	44	35	117	40	2884
电力、热力、燃气及水生产和供应业	Production and Supply of Electricity, Heat, Gas and Water	6631	5802	14	24	13	3	775
建筑业	Construction	27251	21997	1		43	1	5209
批发和零售业	Wholesale and Retail Trades	633	142	15	1	17	6	452
交通运输、仓储和邮政业	Transport, Storage and Post	11774	7594	41	71	41	1	4026
住宿和餐饮业	Hotels and Catering Services	528	76	1	5	319		127
信息传输、软件和信息技术服务业	Information Transmission,Software and Information Technology	767	591	1	23		7	145
金融业	Financial Intermediation	20108	399		12	2	22	19673
房地产业	Real Estate	1282	861	2	1	6		412
租赁和商务服务业	Leasing and Commercial Services	979	669	3	22	3	8	274
科学研究和技术服务业	Scientific Research and Technical Services	4814	4499	6	27			282
水利环境和公共设施管理业	Management of Water Conservancy, Environment and Public Facilities	5410	4755	7		4	1	643
居民服务、修理和其他服务业	Services to Households, Repair and Other Services	922	433	30	33	2	23	401
教育	Education	392	17		3	1	325	46
卫生和社会工作	Health and Social Service	725	48		2	625		50
文化、体育和娱乐业	Culture, Sports and Entertainment	3327	802	1	28	1	9	2486
公共管理、社会保障和社会组织	Public Management,Social Security and Social Organization	66	31					35
国际组织	International Organizations							

注：此表为公有制经济企业专业技术人员数据。
a) Data in this table are data of professional and technical personnel of public economic enterprises.

18-38 事业单位分专业类别专业技术人员（2023）
Professional and Technical Personnel of Public Institutions by Professional Category (2023)

单位：人 (person)

专业类别	Professional Category	总计 Total	博士 Doctor's Degree	硕士 Master's Degree	大学本科 Normal Courses	大学专科 Short-cycle Courses	中专 Specialized Secondary	高中及以下 Senior Secondary and below	在管理岗位工作的 Worked in Management Position
总计	**Total**	**518155**	**5460**	**31780**	**353373**	**106613**	**17601**	**3328**	**12320**
工程技术人员	Engineering Technical Personnel	36342	83	2610	23040	8442	1851	316	1663
农业技术人员	Agricultural Technical Personnel	23043	9	1101	12659	6863	1911	500	1092
科学研究人员	Scientific Research Personnel	2449	318	864	1083	164	17	3	189
卫生技术人员	Health Technology Personnel	91127	213	4434	58745	21947	5033	755	2714
审计专业人员	Audit Professionals Personnel	462		35	358	66	3		5
实验技术人员	Experimental Technical Personnel	361	16	78	226	37	4		31
教学人员	Teaching Personnel	337549	4747	20763	239885	63107	7680	1367	5511
经济人员	Economic Personnel	2922	1	177	1832	808	82	22	88
会计人员	Accounting Personnel	3119		154	2102	697	144	22	93
统计人员	Statistics Personnel	329		20	200	97	8	4	3
翻译人员	Translation Personnel	147		21	93	27	6		12
图书档案、文博人员	Book Archives,Cultural and Museum Personnel	4515	61	548	2844	896	96	70	201
新闻、出版人员	News,Publishing Personnel	3795	11	239	2902	594	24	25	332
律师、公证人员	Lawyer, Notary	246		7	201	24	13	1	1
播音人员	Broadcaster	507		13	362	108	19	5	20
工艺美术人员	Arts and Crafts Personnel	215		7	133	51	18	6	9
体育人员	Sports Personnel	977		27	656	212	37	45	64
艺术人员	Art Personnel	2358	1	144	1240	470	358	145	129
其他人员	Others	7692		538	4812	2003	297	42	163

18-39　事业单位分行业各类专业技术人员（2023）
Professional and Technical Personnel of Institutional Unit by Sector and Type (2023)

单位：人 (person)

行　业	Sector	总 计 Total	博士 Doctor's Degree	硕士 Master's Degree	大学本科 Normal Courses	大学专科 Short-cycle Courses	中专 Specialized Secondary	高中及以下 Senior Secondary and below	在管理岗位工作的 Worked in Management Position
总计	**Total**	**518155**	**5460**	**31780**	**353373**	**106613**	**17601**	**3328**	**12320**
农、林、牧、渔业	Agriculture,Forestry,Animal Husbandry and Fishery	30000	12	1427	16750	9398	2024	389	1393
采矿业	Mining	238		6	151	59	20	2	3
制造业	Manufacturing	10			9	1			1
电力、热力、燃气及水生产和供应业	Production and Supply of Electricity, Heat, Gas and Water	415		2	166	122	124	1	3
建筑业	Construction	698		43	423	179	45	8	40
批发和零售业	Wholesale and Retail Trades	5			3	2			
交通运输、仓储和邮政业	Transport, Storage and Post	5255		171	4020	934	126	4	121
住宿和餐饮业	Hotels and Catering Services								
信息传输、软件和信息技术服务业	Information Transmission,Software and Information Technology	260		53	180	20	3	4	10
金融业	Financial Intermediation	369		3	160	155	46	5	1
房地产业	Real Estate	92		3	60	24	1	4	1
租赁和商务服务业	Leasing and Commercial Services	13		2	10	1			1
科学研究和技术服务业	Scientific Research and Technical Services	10704	232	2062	6888	1192	318	12	525
水利环境和公共设施管理业	Management of Water Conservancy, Environment and Public Facilities	11477	10	433	6988	3416	520	110	529
居民服务、修理和其他服务业	Services to Households,Repair and Other Services	759		24	415	226	68	26	28
教育	Education	344645	4927	21495	243061	65491	7911	1760	5709
卫生和社会工作	Health and Social Service	89784	216	4520	58660	20553	5217	618	2858
文化、体育和娱乐业	Culture, Sports and Entertainment	12131	61	934	7898	2373	609	256	826
公共管理、社会保障和社会组织	Public Management,Social Security and Social Organization	11300	2	602	7531	2467	569	129	271
国际组织	International Organizations								

18-40 各市（州）规模以上企业创新基本情况（2023）

指 标	Item	兰州市 Lanzhou	嘉峪关市 Jiayuguan	金昌市 Jinchang
创新活动	**Innovative Activity**			
企业数（个）	Number of Enterprises (unit)	2089	189	271
开展创新活动的企业数（个）	Number of Enterprises to Carry out Innovation Activities (unit)	731	87	124
#成功实现创新	Successful to Achieve Innovation	663	83	110
#开展产品或工艺创新活动	Carry out Product or Process Innovation Activities	490	62	88
#有组织（管理）创新或营销创新	Own the Organize (Manage) Innovation or Marketing Innovation	515	63	96
#同时实现四种创新	Simultaneously Achieving Four Innovations	74	12	11
产品或工艺创新	**Product or Process Innovation**			
有内部 R&D 的企业数（个）	Number of Enterprises with Internal R&D (unit)	171	24	62
有外部 R&D 的企业数（个）	Number of Enterprises with External R&D (unit)	67	4	14
企业创新费用（亿元）	Innovation Expense for Industrial Enterprises (100 million yuan)	39.13	30.86	36.36
#R&D 经费内部支出	Internal Expenditure on R&D	16.85	4.31	9.61
#R&D 经费外部支出	External Expenditure on R&D	2.21	0.32	1.04
保持和提高竞争	**Maintain and Enhance Competitiveness**			
占全部企业的比重（%）	**Proportion of Following Enterprises to All Enterprises (%)**			
申请了专利的企业	Enterprises Applied for a Patent	9.05	14.81	16.61
申请了注册商标的企业	Enterprises Applied for a Registered Trademark	4.50	3.70	9.23
申请了版权登记的企业	Enterprises Applied for a Copyright Registration	2.15	3.17	2.95
形成了国家或行业技术标准的企业	Enterprises Formed a National or Industry Technical Standards	5.36	4.76	6.27
发挥了时间上的先发优势的企业	Enterprises Played the Time's First-mover Advantage	16.52	13.23	15.87
有发明专利申请的企业	Enterprises Have the Patent Applications	6.46	7.94	12.18

Basic Statistics of Enterprise Innovation above Designated Size by Region (2023)

白银市 Baiyin	天水市 Tianshui	武威市 Wuwei	张掖市 Zhangye	平凉市 Pingliang	酒泉市 Jiuquan	庆阳市 Qingyang	定西市 Dingxi	陇南市 Longnan	临夏州 Linxia	甘南州 Gannan
439	571	524	607	328	763	398	418	358	257	97
180	216	221	279	102	270	122	201	126	85	29
171	194	207	257	93	251	115	182	124	79	29
121	142	157	203	49	169	62	165	58	49	14
142	166	156	191	86	180	96	126	106	69	25
22	30	30	33	8	18	13	17	12	9	3
51	25	97	98	14	65	22	72	28	19	5
16	12	12	13	6	11	6	13	5	3	1
29.87	10.02	3.92	4.74	1.48	7.74	5.37	4.35	2.56	1.16	0.29
5.47	6.37	2.72	2.23	0.61	5.20	2.93	2.99	2.07	0.33	0.05
0.35	0.17	0.21	0.02	0.30	0.10	0.39	0.15	0.02	0.00	0.00
11.85	9.11	12.40	10.71	5.49	7.73	3.52	11.24	4.19	3.50	6.19
7.74	9.46	6.30	7.08	3.96	4.33	4.27	9.09	7.26	8.56	7.22
2.28	1.05	2.10	1.15	1.22	1.05	0.75	1.20	1.68	1.56	2.06
7.52	6.83	6.30	3.62	5.18	4.85	3.02	6.22	5.59	5.84	2.06
15.26	16.99	15.65	13.84	13.11	11.14	13.07	17.22	16.76	19.84	14.43
7.97	3.85	6.87	4.94	3.35	3.80	2.01	6.46	1.96	1.95	4.12

18-41 规模以上企业创新基本情况（2023）
Enterprise Innovation above Designated Size (2023)

指 标	Item	全 省 Total	工 业 Industry	建筑业 Construc -tion	服务业 Service Industry
创新活动	**Innovative Activity**				
企业数（个）	Number of Enterprises (unit)	7309	2810	947	3552
开展创新活动的企业数（个）	Number of Enterprises to Carry out Innovation Activities (unit)	2773	1504	281	988
#成功实现创新	Successful to Achieve Innovation	2558	1347	264	947
#开展产品或工艺创新活动	Carry out Product or Process Innovation Activities	1829	1276	153	400
#有组织（管理）创新或营销创新	Own the Organize (Manage) Innovation or Marketing Innovation	2017	942	220	855
#同时实现四种创新	Simultaneously Achieving Four Innovations	292	166	23	103
产品或工艺创新	**Product or Process Innovation**				
有内部 R&D 的企业数（个）	Number of Enterprises with Internal R&D (unit)	753	575	49	129
有外部 R&D 的企业数（个）	Number of Enterprises with External R&D (unit)	183	117	20	46
企业创新费用（亿元）	Innovation Expense for Industrial Enterprises (100 million yuan)	177.84	162.79	8.31	6.74
#R&D 经费内部支出	Internal Expenditure on R&D	61.73	56.80	2.31	2.62
#R&D 经费外部支出	External Expenditure on R&D	5.29	3.34	0.09	1.85
创新合作	**Innovation Cooperation**				
开展创新合作的企业数（个）	Number of Enterprises to Carry out Innovation Cooperation (unit)	1672	875	171	626
#与高等学校开展创新合作	Carry out Innovation Cooperation with Colleges and Universities	488	318	50	120
#与研究机构开展创新合作	Carry out Innovation Cooperation with Research Institutions	293	220	19	54
保持和提高竞争力	**Maintain and Enhance Competitiveness**				
占全部企业的比重（%）	**Proportion of Following Enterprises to All Enterprises (%)**				
申请了专利的企业	Enterprises Applied for a Patent	9.08	19.89	3.91	1.91
申请了注册商标的企业	Enterprises Applied for a Registered Trademark	6.10	9.75	2.75	4.11
申请了版权登记的企业	Enterprises Applied for a Copyright Registration	1.71	2.46	0.42	1.46
形成了国家或行业技术标准的企业	Enterprises Formed a National or Industry Technical Standards	5.39	8.29	4.86	3.24
对技术秘密进行内部保护的企业	Enterprises Carried out Internal Protection to Technical Secret	6.43	11.21	4.12	3.27
发挥了时间上的先发优势的企业	Enterprises Played the Time's First-mover Advantage	15.32	13.20	16.26	16.75
有发明专利申请的企业	Enterprises Have the Patent Applications	5.43	11.53	2.85	1.30
采取知识产权保护或相关措施的企业	Enterprises Take Intellectual Property Protection or Related Measures	37.83	51.53	32.00	28.55

主要统计指标解释

普通高等学校 指通过国家普通高等教育招生考试，招收高中毕业生为主要培养对象，实施高等学历教育的全日制大学、独立设置的学院、独立学院和高等专科学校、高等职业学校及其他机构。

大学、独立设置的学院主要实施本科及本科层次以上的教育。独立学院主要实施本科层次的教育。高等专科学校、高等职业学校实施专科层次的教育。其他机构是指承担国家普通招生计划任务不计校数的机构，包括普通高等学校分校、大专班等。

成人高等学校 指通过国家成人高等教育招生考试，招收具有高中毕业或同等学力的人员为主要培养对象，利用函授、业余、脱产等多种形式，对其实施高等学历教育的学校。包括：职工高等学校、农民高等学校、管理干部学院、教育学院、独立函授学院、广播电视大学、其他机构。其他机构是指承担国家成人招生计划任务不计校数的机构。

小学学龄儿童净入学率 指调查范围内已入小学学习的学龄儿童占校内外学龄儿童总数（包括弱智儿童，不包括盲聋哑儿童）的比重。

研究与试验发展（R&D） 指在科学技术领域，为增加知识总量，以及运用这些知识去创造新的应用进行的系统的创造性的活动，包括基础研究、应用研究、试验发展三类活动。国际上通常采用 R&D 活动的规模和强度指标反映一国的科技实力和核心竞争力。

基础研究 指为了获得关于现象和可观察事实的基本原理的新知识（揭示客观事物的本质、运动规律，获得新发现、新学说）而进行的实验性或理论性研究，它不以任何专门或特定的应用或使用为目的。其成果以科学论文和科学著作为主要形式。用来反映知识的原始创新能力。

应用研究 指为获得新知识而进行的创造性研究，主要针对某一特定的目的或目标。应用研究是为了确定基础研究成果可能的用途，或是为达到预定的目标探索应采取的新方法（原理性）或新途径。其成果形式以科学论文、专著、原理性模型或发明专利为主。用来反映对基础研究成果应用途径的探索。

试验发展 指利用从基础研究、应用研究和实际经验所获得的现有知识，为产生新的产品、材料和装置，建立新的工艺、系统和服务，以及对已产生和建立的上述各项作实质性的改进而进行的系统性工作。其成果形式主要是专利、专有技术、具有新产品基本特征的产品原型或具有新装置基本特征的原始样机等。在社会科学领域，试验发展是指把通过基础研究、应用研究获得的知识转变成可以实施的计划（包括为进行检验和评估实施示范项目）的过程。人文科学领域没有对应的试验发展活动。主要反映将科研成果转化为技术和产品的能力，是科技推动经济社会发展的物化成果。

产品创新 指企业推出了全新的或有重大改进的产品。产品创新的“新”要体现在产品的功能或特性上，包括技术规范、材料、组件、用户友好性等方面的重大改进。不包括产品仅有外观变化或其他微小改变的情况，也不包括直接转销。此处的“新”是指该产品对本企业而言必须是新的，但对于其他企业或整个市场而言不一定是新的。这里的产品既包括货物，也包括服务。货物方面产品创新的例子有新能源汽车、新功能手机等；服务方面产品创新的例子有新的保修服务，如显著延长的新产品保修期限等。

工艺创新 指企业采用了全新的或有重大改进的生产方法、工艺设备或辅助性活动。工艺创新的“新”要体现在技术、设备或流程上；它对本企业而言必须是新的，但对于其他企业或整个市场而言不一定是新的。不包括单纯的组织管理方式的变化。此处的辅助性活动指企业的采购、物流、财务、信息化等活动。

组织（管理）创新 指企业采取了此前从未使用过的全新的组织管理方式，主要涉及企业的经营模式、组织结构或外部关系等方面。不包括单纯的合并或收购。组织（管理）创新应是企业管理层战略决策的结果。此处的“新”是指它对本企业而言必须是新的，但对于其他企业或整个市场而言不一定是新的。

营销创新 指企业采用了此前从未使用过的全新的营销概念或营销策略，主要涉及产品（服务）设计或包装、产品（服务）推广、产品（服务）销售渠道、产品（服务）定价等方面。不包括季节性、周期性变化和其他常规的营销方式变化。此处的“新”是指它对本企业而言必须是新的，但对于其他企业或整个市场而言不一定是新的。

R&D 人员　指参与研究与试验发展项目研究、管理和辅助工作的人员，包括项目（课题）组人员，企业科技行政管理人员和直接为项目（课题）活动提供服务的辅助人员。反映投入从事拥有自主知识产权的研究开发活动的人力规模。

R&D 人员全时当量　指全时人员数加非全时人员按工作量折算为全时人员数的总和。例如：有两个全时人员和三个非全时人员（工作时间分别为 20%、30% 和 70%），则全时当量为 2+0.2+0.3+0.7=3.2 人年。为国际上比较科技人力投入而制定的可比指标。

R&D 经费内部支出合计　指调查单位用于内部开展 R&D 活动（基础研究、应用研究和试验发展）的实际支出。包括用于 R&D 项目（课题）活动的直接支出，以及间接用于 R&D 活动的管理费、服务费、与 R&D 有关的基本建设支出以及外协加工费等。不包括生产性活动支出、归还贷款支出以及与外单位合作或委托外单位进行 R&D 活动而转拨给对方的经费支出。

R&D 项目（课题）数　指在当年立项并开展研究工作、以前年份立项仍继续进行研究的研发项目（课题）数，包括当年完成和年内研究工作已告失败的研发项目（课题），但不包括委托外单位进行的研发项目（课题）数。

R&D 项目（课题）人员全时当量　指实际参加研发项目（课题）活动人员折合的全时当量。

R&D 项目（课题）经费内部支出　指调查单位内部在报告年度进行研发项目（课题）研究和试制等的实际支出。包括劳务费、其他日常支出、固定资产购建费、外协加工费等，不包括委托或与外单位合作进行项目（课题）研究而拨付给对方使用的经费。

新产品销售收入　指报告期企业销售新产品实现的销售收入。新产品是指采用新技术原理、新设计构思研制、生产的全新产品，或在结构、材质、工艺等某一方面比原有产品有明显改进，从而显著提高了产品性能或扩大了使用功能的产品。既包括经政府有关部门认定并在有效期内的新产品，也包括企业自行研制开发，未经政府有关部门认定，从投产之日起一年之内的新产品。

专利　是专利权的简称，是对发明人的发明创造经审查合格后，由专利局依据专利法授予发明人和设计人对该项发明创造享有的专有权。包括发明、实用新型和外观设计。反映拥有自主知识产权的科技和设计成果情况。

发明（专利）　指对产品、方法或者其改进所提出的新的技术方案。是国际通行的反映拥有自主知识产权技术的核心指标。

实用新型（专利）　指对产品的形状、构造或者其结合所提出的适于实用的新的技术方案。反映具有一定技术含量的技术成果情况。

外观设计（专利）　指对产品的形状、图案、色彩或者其结合所作出的富有美感并适于工业上应用的新设计。反映拥有自主知识产权的外观设计成果情况。

19

卫生、社会服务和社会保障

Public Health, Social Services and Social Security

简要说明

一、本篇资料主要内容

本篇资料主要包括卫生、民政事业、安全生产、劳动保障、残疾人事业及其他社会统计情况。

卫生主要包括：卫生机构、卫生技术人员、床位数、医院诊疗人次及入院人数、新型农村合作医疗情况。

民政事业和劳动保障资料主要包括：社会福利事业机构、人员和社会救济情况、社会保障、婚姻登记等情况。

二、本篇资料来源

本篇资料由省统计局社会科技处搜集、加工整理。

1. 卫生资料由省卫健委提供、新型农村合作医疗资料由省医保局提供。

2. 安全生产资料由省应急管理厅提供。

3. 民政事业、劳动保障及其他社会统计数据分别来源于省民政厅、省人力资源和社会保障厅、省公安厅、省委统战部、省妇联、省总工会、省残联。

19-1 医疗卫生机构基本情况
Basic Statistics of Health Care Institutions

项 目	Item	2021	2022	2023
卫生机构数（个）	**Number of Health Care Institutions (unit)**	**25758**	**25267**	**25345**
医院	Hospitals	699	706	737
综合医院	General Hospitals	362	355	357
中医医院	Hospitals Specialized in Traditional Chinese Medicine	116	120	120
中西医结合医院	Hospital of Integrated Traditional Chinese with Western Medicine	36	35	37
民族医院	Nationalities Hospitals	16	15	15
专科医院	Specialized Hospitals	169	180	205
护理院	Nursing Home		1	3
基层医疗卫生机构	Primary Medical and Health Institutions	24374	24072	24200
社区卫生服务中心（站）	Community Health Service Centers (Stations)	698	701	744
社区卫生服务中心	Community Health Centre	213	216	217
社区卫生服务站	Community Health Station	485	485	527
卫生院	Health Centers	1359	1357	1351
街道卫生院	Street Health Center	2	3	3
乡镇卫生院	Township Health Center	1357	1354	1348
村卫生室	Village Clinics	16302	16265	16272
门诊部	Outpatient Department	116	114	137
诊所、卫生所、医务室	Clinics	5899	5635	5696
专业公共卫生机构	Professional Public Health Institutions	650	462	383
疾病预防控制中心	Centers for Disease Control and Prevention	103	104	105
专科疾病防治院（所、站）	Specialized Disease Prevention & Treatment Institute	9	9	9
健康教育所（站、中心）	Health Education Institution	14	14	23
妇幼保健院（所、站）	Women and Children Care Agencies	99	99	99
急救中心（站）	First Aid Centers (Stations)	4	4	4
采供血机构	Blood Collection Agencies	18	18	18
卫生监督所（中心）	Health Inspection Institution(center)	95	95	64
计划生育技术服务机构	Family Planning Technical Service Institutions	308	119	61
其他卫生机构	Other Health Institutions	35	27	25
疗养院	Sanatorium	5	4	5
卫生监督检验（监测、检测）所（站）	Health Supervision and Inspection Institute (Station)			
医学科学研究机构	Medicine Scientific Research Institutions	2	2	2
医学在职培训机构	Medical-service Training Institutions	1	1	1
临床检验中心（所、站）	Clinical Laboratory Center (Institute, Station)	1	1	1
统计信息中心	Statistical Information Center	2	2	2
其他	Others	24	17	14

19-1 续表 1 continued

项 目	Item	2021	2022	2023
床位数（张）	**Beds (unit)**	**183246**	**188994**	**203974**
医院	Hospitals	142626	144613	156135
综合医院	General Hospitals	91992	93448	96016
中医医院	Hospitals Specialized in Traditional Chinese Medicine	28889	30590	32879
中西医结合医院	Hospital of Integrated Traditional Chinese with Western Medicine	4196	3861	4668
民族医院	Nationalities Hospitals	1461	1259	1372
专科医院	Specialized Hospitals	16088	15356	21024
护理院	Nursing Home		99	176
基层医疗卫生机构	Primary Medical and Health Institutions	33647	34976	37651
社区卫生服务中心（站）	Community Health Service Centers (Stations)	4155	4566	5123
社区卫生服务中心	Community Health Centre	3246	3571	3898
社区卫生服务站	Community Health Station	909	995	1225
卫生院	Health Centers	28767	29671	32187
街道卫生院	Street Health Center	20	30	30
乡镇卫生院	Township Health Center	28747	29641	32157
村卫生室	Village Clinics			
门诊部	Outpatient Department	224	257	341
诊所、卫生所、医务室	Clinics	501		
专业公共卫生机构	Professional Public Health Institutions	6304	8743	9506
疾病预防控制中心	Centers for Disease Control and Prevention			
专科疾病防治院（所、站）	Specialized Disease Prevention & Treatment Institute	500	832	806
健康教育所（站、中心）	Health Education Institution			
妇幼保健院（所、站）	Women and Children Care Agencies	5786	7893	8682
急救中心（站）	First Aid Centers (Stations)	18		18
采供血机构	Blood Collection Agencies			
卫生监督所（中心）	Health Inspection Institution(center)			
计划生育技术服务机构	Family Planning Technical Service Institutions			
其他卫生机构	Other Health Institutions	669	662	682
疗养院	Sanatorium	669	662	682
卫生监督检验（监测、检测）所（站）	Health Supervision and Inspection Institute (Station)			
医学科学研究机构	Medicine Scientific Research Institutions			
医学在职培训机构	Medical-service Training Institutions			
临床检验中心（所、站）	Clinical Laboratory Center (Institute, Station)			
统计信息中心	Statistical Information Center			
其他	Others			

19-1 续表 2 continued

项 目	Item	2021	2022	2023
卫生机构人员数（人）	**Number of Health Agency Personnel (person)**	**247724**	**254105**	**267783**
卫生技术人员（人）	**Medical Technical Personnel (person)**	**201099**	**207303**	**220576**
医院	Hospitals	128839	134156	142746
综合医院	General Hospitals	89585	92628	96194
中医医院	Hospitals Specialized in Traditional Chinese Medicine	24299	25817	27844
中西医结合医院	Hospital of Integrated Traditional Chinese with Western Medicine	2724	2860	4202
民族医院	Nationalities Hospitals	973	987	978
专科医院	Specialized Hospitals	11258	11825	13450
护理院	Nursing Home		39	78
基层医疗卫生机构	Primary Medical and Health Institutions	55258	55267	59553
社区卫生服务中心（站）	Community Health Service Centers (Stations)	9339	9866	11067
社区卫生服务中心	Community Health Centre	5885	6395	7287
社区卫生服务站	Community Health Station	3454	3471	3780
卫生院	Health Centers	30336	30305	31824
街道卫生院	Street Health Center	32	35	36
乡镇卫生院	Township Health Center	30304	30270	31788
村卫生室	Village Clinics	2601	2425	2643
门诊部	Outpatient Department	1613	1666	2000
诊所、卫生所、医务室	Clinics	11369	11005	12019
专业公共卫生机构	Professional Public Health Institutions	16672	17555	17950
疾病预防控制中心	Centers for Disease Control and Prevention	3688	3792	4187
专科疾病防治院（所、站）	Specialized Disease Prevention & Treatment Institute	383	368	378
健康教育所（站、中心）	Health Education Institution	52	63	67
妇幼保健院（所、站）	Women and Children Care Agencies	9831	10870	11485
急救中心（站）	First Aid Centers (Stations)	147	150	154
采供血机构	Blood Collection Agencies	563	560	602
卫生监督所（中心）	Health Inspection Institution(center)	1470	1443	934
计划生育技术服务机构	Family Planning Technical Service Institutions	538	309	143
其他卫生机构	Other Health Institutions	330	325	327
疗养院	Sanatorium	163	130	153
卫生监督检验（监测、检测）所（站）	Health Supervision and Inspection Institute (Station)			
医学科学研究机构	Medicine Scientific Research Institutions	26	34	34
医学在职培训机构	Medical-service Training Institutions	67	63	63
临床检验中心（所、站）	Clinical Laboratory Center (Institute, Station)	45	57	38
统计信息中心	Statistical Information Center			
其他	Others	29	41	39
每万人口执业（助理）医师（人）	**Number of Licensed (Assistant) Doctors per 10 000 Population(person)**	**28.4**	**29.0**	**31.6**
每万人口注册护士（人）	**Number of Registered Nurses per 10 000 Population(person)**	**36.8**	**38.0**	**40.7**

19-2　卫生机构数
Number of Health Care Institutions

单位：个　　(unit)

年 份 Year	总 计 Total	#医院 Hospitals	#综合医院 General Hospitals	#中医医院 Hospitals Specialized in Traditional Chinese Medicine	#专科医院 Specialized Hospitals	#基层医疗卫生机构 Primary Medical and Health Institutions	#社区卫生服务中心（站） Community Health Service Centers (Stations)	#卫生院 Health Centers
2007	11958	370	270	69	30		299	1343
2008	10737	371	262	70	34		321	1342
2009	10011	373	259	68	35	9279	340	1342
2010	10267	378	257	69	40	9529	429	1350
2011	10065	388	261	68	45	9319	575	1381
2012	9542	402	264	70	53	8771	620	1382
2013	9845	419	273	73	54	8676	606	1381
2014	11216	427	275	76	54	8574	597	1378
2015	11031	442	277	81	62	8655	612	1351
2016	11425	446	277	81	64	9032	582	1376
2017	11847	521	302	91	97	9567	602	1378
2018	11398	623	351	109	119	9296	628	1379
2019	10234	718	381	122	166	8300	675	1379
2020	9829	705	373	117	167	8215	671	1368
2021	9456	699	362	116	169	8072	698	1359
2022	9002	706	355	120	180	7807	701	1357
2023	9073	737	357	120	205	7928	744	1351

注：本表卫生机构数不包含村卫生室数。

a) Number of health care institutions in this table doesn’t include villages clinics.

19-2　续表　continued

单位：个　　(unit)

年 份 Year	#门诊部 Outpatient Department	#专业公共卫生机构 Professional Public Health Institutions	#疾病防控中心 Centers for Disease Control and Prevention	#专科疾病防治院（所、站） Specialized Disease Prevention & Treatment Institute	#妇幼保健院（所、站） Women and Children Care Agencies	#卫 生 监督所 Health Inspection Institution (Center)
2007	81		106	7	99	87
2008	82		104	7	100	87
2009	74	320	103	7	99	86
2010	64	325	103	7	100	90
2011	50	329	103	7	100	91
2012	66	330	103	7	99	93
2013	69	700	103	7	100	93
2014	76	2061	103	7	100	92
2015	74	1815	103	7	100	92
2016	70	1835	103	7	103	92
2017	79	1643	103	7	99	93
2018	68	1392	103	6	99	94
2019	69	1123	103	8	99	94
2020	85	873	102	9	99	95
2021	116	650	103	9	99	95
2022	114	462	104	9	99	95
2023	137	383	105	9	99	64

19-3 卫生机构人员数
Number of Employed Persons in Health Care Institutions

单位：人 (person)

年份 Year	总计 Total	#卫生技术人员 Medical Technical Personnel	#执业（助理）医师 Licensed (Assistant) Doctors	#执业医师 Licensed Doctors	#注册护士 Registered Nurses	#药师（士） Pharmacist	#技师（士） Technician	乡村医生和卫生员 Village Doctors and Assistants
2000	85167	69318					2000	
2001	85774	70283			22376		2183	
2002	81177	66799	29947	23007	20232	5407	3454	
2003	81495	67243	29924	23172	22460	5565	3489	
2004	80994	66503	29415	23199	20054	5085	3359	
2005	81049	66926	29701	23222	22403	5023	3463	
2006	82357	68507	30238	23656	20425	4943	3561	
2007	101796	85348	35144	27523	23999	4972	4747	
2008	103982	87436	36176	29015	24950	4859	5148	
2009	107312	89963	36721	29907	26422	4766	5328	
2010	115368	97387	38249	31309	29646	5058	5522	20618
2011	146290	106252	41121	33382	33713	5317	5802	21193
2012	152294	111907	43302	35173	37212	5589	5802	21503
2013	159645	116319	43442	35813	40668	5816	6033	21688
2014	178919	126294	47791	38667	45196	6046	6429	21669
2015	182305	129523	49663	40185	47832	6118	6705	21368
2016	187632	135188	53195	43124	50653	6236	7035	21251
2017	200405	147612	56398	45571	58682	6501	7857	21473
2018	206060	156343	59370	48073	63807	6948	8317	19330
2019	228654	178869	62891	50303	79531	7492	10041	18218
2020	237823	188932	66396	53774	85264	7703	10581	18063
2021	247724	201099	70673	58018	91723	8106	12725	16275
2022	254105	207303	72325	59920	94720	8269	14268	16095
2023	267783	220576	78030	65313	100397	9328	15909	16039

19-4 每万人口卫生技术人员
Medical Technical Personnel in Health Care Institutions per 10000 Persons

单位：人 (person)

年份 Year	卫生技术人员 Medical Technical Personnel	执业（助理）医师 Licensed (Assistant) Doctors	注册护士 Registered Nurses
2000	27.56	14.99	8.59
2001	27.85	14.82	8.87
2002	26.39	11.83	7.99
2003	26.50	11.79	8.85
2004	26.17	11.57	7.89
2005	26.30	11.67	8.80
2006	26.90	11.87	8.02
2007	33.49	13.79	9.42
2008	34.28	14.18	9.78
2009	35.21	14.37	10.34
2010	38.04	14.94	11.58
2011	41.44	16.04	13.15
2012	43.42	16.80	14.44
2013	45.74	17.40	15.86
2014	48.75	18.45	17.44
2015	49.83	19.10	18.40
2016	51.80	20.38	19.41
2017	56.22	21.48	22.35
2018	59.28	22.51	24.19
2019	67.56	23.76	30.04
2020	75.51	26.54	34.08
2021	80.76	28.38	36.84
2022	83.17	29.02	38.00
2023	89.50	31.60	40.70

19-5 卫生机构床位数
Number of Beds in Health Institutions

单位：张 (unit)

年 份 Year	总 计 Total	# 医院 Hospitals	# 基层医疗卫生机构 Primary Medical and Health Institutions	# 社区卫生服务中心（站） Community Health Service Centers (Stations)	# 卫生院 Health Centers
2000	59441	43511			13046
2001	60336	44303			13072
2002	61157	44287		170	13064
2003	61223	44387		246	12715
2004	61801	45123		241	12906
2005	63638	47073		323	12783
2006	66197	48779		441	13672
2007	70290	50459		978	15992
2008	76581	53847		1359	18468
2009	87419	56767	21867	1607	20260
2010	94883	60961	24160	2117	21461
2011	101108	67303	24986	2713	22273
2012	111979	76304	31726	8877	22682
2013	116087	84511	27250	3465	23447
2014	122375	90499	27621	3473	23814
2015	127011	94596	27939	3766	24013
2016	136571	100882	30598	5840	24608
2017	147305	111393	30718	4265	25787
2018	162667	126077	30998	4144	26777
2019	172594	134286	32295	4302	27919
2020	177929	138610	32999	4267	28650
2021	183246	142626	33647	4155	28767
2022	188994	144613	34976	4566	29671
2023	203974	156135	37651	5123	32187

19-5 续表 continued

单位：张 (unit)

年 份 Year	# 专业公共卫生机构 Professional Public Health Institutions	妇幼保健院（所、站） Women and Children Care Agencies	专科疾病防治院（所、站） Specialized Disease Prevention & Treatment Institute	每万人口医疗卫生机构床位数 Beds of Medical Institutions per 10000 Population	每万农村人口乡镇卫生院床位数 Beds of Township Health Centers per 10000 Rural Population
2000		684		23.63	6.83
2001		695	2	23.91	6.86
2002		1602	26	24.17	7.17
2003		1566	62	24.13	6.90
2004		1739	61	24.32	7.11
2005		1811	12	25.00	7.18
2006		1768	18	25.99	7.79
2007		1804	214	27.58	9.20
2008		1911	14	30.02	10.67
2009	8039	2021	28	34.22	11.77
2010	9762	2246	28	37.06	13.12
2011	8819	2364	28	39.43	13.82
2012	3199	3187	12	43.44	14.37
2013	3576	3532	32	44.96	15.17
2014	3605	3561	32	47.23	15.76
2015	3826	3782	32	48.86	16.26
2016	4441	4397	32	52.33	17.05
2017	4626	4564	50	56.10	18.32
2018	5024	4978	46	61.68	19.41
2019	5395	4925	455	65.19	20.47
2020	5752	5234	500	71.12	23.97
2021	6304	5786	500	73.59	24.75
2022	8743	7893	832	75.80	25.99
2023	9506	8682	806	82.70	29.33

19-6 按市县分卫生机构数、床位数和卫生技术人员
Number of Health Institutions, Beds and Health Technicians by City and County

年 份 Year	卫生机构数（个）Health Institutions (unit)		卫生机构床位数（张）Beds of Medical Institutions (unit)		卫生技术人员（人）Medical Technical Personnel (person)		#执业（助理）医师 Licensed (Assistant) Doctors		#注册护士 Registered Nurses	
	市 City	县 County	市 City	县 County	市 City	县 County	市 City	县 County	市 City	县 County
2000			31287	28154	35977	33341	15037	16614	11924	7526
2001			32146	28190	37069	33214	15485	16885	12440	7780
2002			32317	28619	34808	31806	14494	15331	12518	7647
2003			32877	28346	35344	31899	14692	15232	12318	7846
2004			33455	28346	35004	31499	14697	14718	12296	7758
2005			35673	27965	36444	30482	15357	14344	12470	7611
2006			37327	28870	36876	31631	15633	14605	12707	7718
2007	3771	8169	39480	30837	47418	38172	19859	15349	15958	8039
2008	3413	7324	42447	34216	48824	38875	20507	15669	16524	8426
2009	3289	6722	49327	38092	50541	39422	21003	15718	17676	8746
2010	3229	7038	53823	41060	54078	43309	21875	16374	19788	9858
2011	6957	19805	56163	44945	58569	47683	23334	17787	21933	11780
2012	7012	19246	61874	50105	62101	49806	24573	18729	23776	13436
2013	7064	19464	60460	55627	65275	51044	25349	18093	25825	14843
2014	7412	20490	62858	59517	70057	56237	26891	20900	28312	16884
2015	7399	20204	65315	61696	72522	57001	27973	21690	29975	17857
2016	7718	20426	70054	66517	75506	59682	29639	23556	31684	18969
2017	7741	21137	75931	71414	83873	63739	31491	24913	37280	21420
2018	7744	20141	86070	76597	89671	66672	33289	26081	40339	23468
2019	7984	18708	90602	81992	100557	78312	34333	28558	48029	31502
2020	8119	18131	91781	86148	106072	82860	36712	29684	51111	34153
2021	7990	17768	94349	88897	112626	88473	39143	31530	54376	37347
2022	7920	17347	98701	90293	116856	90447	40150	32175	56187	38533
2023	8036	17309	107774	96200	124553	96023	43326	34704	59671	40726

注：按市县分的卫生机构床位数为医院、卫生院床位数。2011 年起卫生机构数包括村卫生室数。

a) Number of beds in health care institutions by city and county referred to beds of hospital and health centers.Since 2011,data of health care institutions include the villages clinics.

19-7 各类医疗卫生机构医疗服务及床位利用情况（2023）

Number of Visits and Inpatients in Medical Institutions and Utilization of Beds (2023)

类别	Item	诊疗人次数（万人次）Visits (10 000 person-times)	#门、急诊 Outpatients with Emergency Treatment	入院人数（万人）Number of Inpatients (10 000 persons)	医生日均担负诊疗人次（人次）Daily Visits Each Doctor (person-time)	实际开放总床日数（万日）Days of Total Beds Actually Opened (10 000 days)
总计	**Total**	**12105.81**	**11393.79**	**591.91**	**5.8**	**6837.37**
医院	Hospitals	6313.12	6033.09	476.57	5.5	5390.43
综合医院	General Hospitals	4435.95	4270.48	332.56	5.9	3424.53
中医医院	Hospitals Specialized in Traditional Chinese Medicine	1312.06	1224.88	101.20	5.5	1181.01
中西医结合医院	Hospital of Integrated Traditional Chinese with Western Medicine	148.33	136.96	13.79	4.0	163.55
民族医院	Nationalities Hospitals	35.18	33.90	2.79	2.9	37.88
专科医院	Specialized Hospitals	381.00	366.29	26.03	3.8	577.43
护理院	Nursing Hospital	0.61	0.58	0.21	1.5	6.03
基层医疗卫生机构	Basic Medical Institutions	5090.65	4668.83	86.83	6.1	1113.18
#社区卫生服务中心（站）	Community Health Service Centers	813.94	774.21	5.79	9.4	115.25
卫生院	Health Centers	1420.68	1314.67	80.11	4.6	997.93
街道卫生院	Urban Health Centers	0.62	0.61	0.01	1.5	1.10
乡镇卫生院	Township Health Centers	1420.07	1314.05	80.10	4.6	996.84
村卫生室	Village Clinics	1431.98	1254.51			
门诊部	Outpatient Department	85.62	62.74	0.93	4.5	
专业公共卫生机构	Specialized Public Health Institutions	701.09	690.96	28.24	7.1	321.08
#专科疾病防治院（所、站）	Specialized Disease Prevention & Treatment Institution	13.29	13.29	0.51	6.1	20.29
妇幼保健院（所、站）	Women and Children Care Agencies	678.56	668.43	27.73	7.2	300.78
其他医疗卫生机构	Other Institutions	0.94	0.90	0.28	0.7	12.68
#疗养院	Sanatoriums	0.94	0.90	0.28	0.7	12.68

19-7 续表 continued

类 别	Item	平均开放病床（万张）Average Beds Opened (10 000 beds)	病床周转次数（次）Turnover of Beds (time)	病床工作日（日）Working Days of Beds (day)	病床使用率（%）Utilization Rate of Beds (%)	平均住院日（日）Average Stay Days in Hospital (day)
总计	**Total**	**18.73**	**31.3**	**257.8**	**70.62**	**7.8**
医院	Hospitals	14.77	32.0	274.4	75.18	8.4
综合医院	General Hospitals	9.38	35.1	277.8	76.12	7.7
中医医院	Hospitals Specialized in Traditional Chinese Medicine	3.24	31.1	278.6	76.32	9.3
中西医结合医院	Hospital of Integrated Traditional Chinese with Western Medicine	0.45	30.6	257.7	70.59	7.8
民族医院	Nationalities Hospitals	0.10	25.4	182.3	49.94	6.7
专科医院	Specialized Hospitals	1.58	16.2	255.8	70.07	13.9
护理院	Nursing Hospital	0.02	12.4	335.9	92.03	22.6
基层医疗卫生机构	Basic Medical Institutions	3.05	28.5	194.3	53.23	5.5
#社区卫生服务中心（站）	Community Health Service Centers	0.32	18.3	188.2	51.56	7.2
卫生院	Health Centers	2.73	29.3	195.0	53.43	5.4
街道卫生院	Urban Health Centers	0.00	2.8	39.1	10.71	9.2
乡镇卫生院	Township Health Centers	2.73	29.3	195.2	53.47	5.4
村卫生室	Village Clinics					
门诊部	Outpatient Department					
专业公共卫生机构	Specialized Public Health Institutions	0.88	31.9	206.1	56.46	6.1
#专科疾病防治院(所、站)	Specialized Disease Prevention & Treatment Institution	0.06	9.6	254.6	69.76	18.6
妇幼保健院（所、站）	Women and Children Care Agencies	0.82	33.4	202.8	55.56	5.8
其他医疗卫生机构	Other Institutions	0.03	7.9	54.9	15.05	4.9
#疗养院	Sanatoriums	0.03	7.9	54.9	15.05	4.9

19-8 农村乡镇卫生院医疗服务情况
Situations of Medical Services in Township Health Centers

年 份 Year	诊疗人次 (万人次) Number of Visits (10 000 person-times)	病床使用率 (%) Utilization Rate of Beds (%)	出院者平均住院日 (日) Average Duration of Hospitalization (day)
2007	1453	24.03	4.4
2008	1799	51.81	4.9
2009	1653	58.62	6.0
2010	1547	54.44	6.0
2011	1763	52.94	6.4
2012	1947	58.73	6.2
2013	2089	56.97	6.4
2014	1988	55.96	6.8
2015	1970	57.05	6.7
2016	2018	59.99	6.4
2017	2072	61.65	6.0
2018	1891	60.94	5.6
2019	1725	59.06	5.7
2020	1500	53.77	5.8
2021	1339	50.21	5.8
2022	1250	47.22	6.0
2023	1421	53.43	5.4

19-9 社区卫生服务中心(站)医疗服务情况
Medical Services of Community Health Service Centers(Stations)

年 份 Year	入院人数 (人) Number of Inpatients (person)	病床使用率 (%) Utilization Rate of Beds (%)	出院者平均住院日 (日) Average Duration of Hospitalization (day)	医师日均担负诊疗人次 (人次) Daily Visits Per Doctor (person-time)	医师日均担负住院床日 (日) Daily Inpatients Per Doctor (day)
2007	19355	58.1	2.0	9.1	0.3
2008	24980	70.3	1.1	10.6	0.5
2009	26585	60.5	1.2	8.9	0.4
2010	25320	51.8	4.7	5.1	0.4
2011	44305	59.3	5.6	7.9	0.5
2012	51806	57.2	5.8	7.8	0.5
2013	45655	54.9	6.8	8.1	0.5
2014	47294	56.5	6.8	9.7	0.5
2015	53392	55.9	6.1	9.8	0.5
2016	53729	59.1	5.6	9.4	0.5
2017	56266	56.9	5.7	9.5	0.5
2018	52021	53.5	5.9	9.6	0.5
2019	53469	50.5	5.8	9.8	0.5
2020	50745	48.0	5.6	8.7	0.4
2021	37668	46.2	6.4	8.0	0.3
2022	31466	38.6	7.1	6.9	0.3
2023	57941	51.6	7.2	9.4	0.5

19-10　医院、卫生院基本情况（2023）
Basic Statistics of Hospitals and Health Centers (2023)

项　目	Item	总计 Total	医院 Hospitals	市 City	县 County	卫生院 Health Centers
医院和卫生院数（个）	Hospitals and Health Centers(unit)	2088	737	392	345	1351
床位数（张）	Beds(unit)	188322	156135	90282	65853	32187
人员数（人）	Personnel(person)	267783	164677	101524	63153	34265
#卫生技术人员	Medical Technical Personnel	220576	142746	87662	55084	31824
执业医师	Licensed Doctor	65313	41463	26929	14534	8378
注册护士	Registered Nurses	100397	72005	44644	27361	10898
药剂人员	Pharmacists	9328	5941	3714	2227	1756
检验人员	Laboratory Technicians	7738	4828	2970	1858	940
其　他	Others	15811	8631	3955	4676	4512

19-11　28种传染病发病及死亡情况（2023）
Number of Reported Cases and Deaths of 28 Infectious Diseases (2023)

疾病名称	Diseases	发病人数（人）Number of Diseases (person)	发病率（1/10万）Incidence (1/100 000)	死亡人数（人）Number of Deaths (person)	死亡率（1/10万）Death Rate (1/100 000)
病毒性肝炎	Viral Hepatitis	15868	64.36	7	0.03
肺结核	Pulmonary Tuberculosis	9999	40.56	17	0.07
梅毒	Syphilis	7336	29.75		
淋病	Gonorrhea	730	2.96		
细菌性和阿米巴性痢疾	Dysentery	1509	6.12		
猩红热	Scarlet Fever	574	2.33		
艾滋病	AIDS	687	2.79	178	0.72
布鲁氏菌病	Brucellosis	5569	22.59		
百日咳	Pertussis	449	1.82	1	0.00
流行性出血热	Hemorrhage Fever	37	0.15		
伤寒和副伤寒	Typhoid and Paratyphoid Fever	29	0.12		
登革热	Dengue Fever	3	0.01		
麻疹	Measles	20	0.08		
疟疾	Malaria	27	0.11		
流行性乙型脑炎	Encephalitis B	16	0.06		
狂犬病	Hydrophobia				
炭疽	Anthrax				
钩端螺旋体病	Leptospirosis				
血吸虫病	Schistosomiasis				
流行性脑脊髓膜炎	Epidemic Encephalitis	1			
新生儿破伤风	Newborn Tetanus				
霍乱	Cholera				
人感染H7N9禽流感	HpAI H7N9				
鼠疫	The Plague				
传染性非典型肺炎	SARS				
脊髓灰质炎	Poliomyelitis				
人感染高致病性禽流感	HpAI				
白喉	Diphtheria				

19–12 卫生总费用
Total Health Expenditure

年份 Year	卫生总费用（亿元） Total Health Expenditure (100 million yuan)	政府卫生支出 Government Health Expenditure		社会卫生支出 Social Health Expenditure		个人现金卫生支出 Out-of-pocket Health Expenditure		人均卫生总费用（元） Per Capita Health Expenditure (yuan)	卫生总费用相对于GDP比重（%） Health Expenditure as Percentage of GDP (%)
		绝对数（亿元） Level (100 million yuan)	占卫生总费用比重（%） As Percentage of Health Expenditure (%)	绝对数（亿元） Level (100 million yuan)	占卫生总费用比重（%） As Percentage of Health Expenditure (%)	绝对数（亿元） Level (100 million yuan)	占卫生总费用比重（%） As Percentage of Health Expenditure (%)		
2000	4.37	0.72	16.49	1.23	28.16	2.42	55.34	129.01	5.44
2001	4.61	0.97	21.13	0.85	18.52	2.78	60.35	135.32	5.27
2002	5.83	1.10	18.83	0.88	15.04	3.85	66.13	169.84	5.98
2003	79.85	17.89	22.40	18.93	23.71	43.03	53.89	305.80	6.10
2004	89.92	20.11	22.36	24.02	26.72	45.79	50.92	343.45	5.77
2005	106.61	27.12	25.44	22.07	20.70	57.42	53.86	410.91	5.51
2006	124.41	31.13	25.02	27.31	21.95	65.98	53.03	447.36	5.46
2007	147.15	45.37	30.83	31.53	21.43	70.25	47.74	562.27	5.45
2008	213.89	83.93	39.24	48.18	22.53	81.78	38.24	813.85	6.73
2009	263.98	102.42	38.80	69.80	26.44	91.76	34.76	1001.65	7.79
2010	295.38	116.54	39.45	74.22	25.13	104.62	35.42	1153.86	7.17
2011	393.60	161.60	41.06	99.25	25.22	132.75	33.73	1534.99	7.84
2012	444.72	168.88	37.97	113.94	25.62	161.91	36.41	1725.36	7.87
2013	518.21	188.17	36.31	141.28	27.26	188.75	36.43	2006.89	8.27
2014	569.75	212.32	37.27	164.19	28.82	193.24	33.92	2199.13	8.34
2015	654.07	259.10	39.61	199.60	30.52	195.37	29.87	2516.09	9.63
2016	754.06	283.95	37.66	250.60	33.23	219.51	29.11	2889.18	10.47
2017	812.70	291.84	35.91	290.81	35.78	230.05	28.31	3095.17	10.59
2018	905.32	318.03	35.13	330.65	36.52	256.64	28.35	3432.77	10.95
2019	935.01	342.50	36.63	322.17	34.46	270.34	28.91	3531.76	10.72
2020	1015.31	424.00	41.76	299.50	29.5	291.82	28.74	4059.59	11.26
2021	1110.71	412.92	37.18	382.47	34.44	315.31	28.39	4460.63	10.84
2022	1127.11	418.29	37.11	394.17	34.97	314.65	27.92	4522.16	10.06

19–13 各市（州）卫生机构基本情况（2023）
Basic Statistics of Health Institutions by Region (2023)

市（州）	Region	卫生机构数（个） Number of Health Institutions (unit)	#医院 Hospitals	#卫生院 Health Centers	卫生机构床位数（张） Number of Hospital Beds (unit)	#医院 Hospitals	#卫生院 Health Centers	卫生机构人员数（人） Number of Persons Engaged in Health Institutions (person)	#医院 Hospitals	#卫生院 Health Centers
兰州市	Lanzhou	2279	117	61	36070	30935	876	56454	39647	1369
嘉峪关市	Jiayuguan	131	8	3	2827	2451	60	4350	2837	90
金昌市	Jinchang	467	13	12	3256	2852	270	5378	3778	281
白银市	Baiyin	1378	23	74	9478	7105	1694	14805	8878	2063
天水市	Tianshui	3238	111	135	20016	15210	3233	27273	16778	3974
武威市	Wuwei	1880	44	96	14882	10735	2509	18285	11302	2348
张掖市	Zhangye	1404	46	90	11569	8615	2106	14527	8560	1792
平凉市	Pingliang	2274	56	102	18278	14096	3179	21524	12468	4173
酒泉市	Jiuquan	992	34	78	8656	6714	1447	12019	7187	1509
庆阳市	Qingyang	1878	46	125	15867	11268	3586	19890	11892	3596
定西市	Dingxi	2740	62	126	21379	15457	4884	23600	14331	4140
陇南市	Longnan	3964	82	219	21563	16393	4259	22335	12497	3707
临夏州	Linxia	1727	54	127	14845	10305	3402	18893	10385	3687
甘南州	Gannan	880	32	99	4002	2945	578	6395	2894	1242
兰州新区	Lanzhou New Area	113	9	4	1286	1054	104	2055	1243	294

注：卫生机构数包括村卫生室数。

a) Number of health care institutions included number of village clinics.

19-14 各市（州）卫生技术人员数（2023）
Number of Medical Technical Personnel in Health Care Institutions by Region (2023)

单位：人 (person)

市（州）	Region	卫生技术人员 Medical Technical Personnel	#执业（助理）医师 Licensed (Assistant) Doctors	#执业医师 Licensed Doctors	#注册护士 Registered Nurses	#药师（士） Pharmacist	#技师（士） Technician
兰州市	Lanzhou	47803	16958	15821	23572	1901	3624
嘉峪关市	Jiayuguan	3848	1333	1107	1847	193	284
金昌市	Jinchang	4669	1556	1295	2051	236	330
白银市	Baiyin	12356	4491	3870	5487	542	862
天水市	Tianshui	21580	7379	6105	9827	972	1566
武威市	Wuwei	15009	5263	4353	6917	628	1060
张掖市	Zhangye	12358	4450	3643	5627	517	829
平凉市	Pingliang	18072	6908	5513	7912	724	1371
酒泉市	Jiuquan	10502	3570	2991	4772	491	770
庆阳市	Qingyang	16369	5587	4549	7815	664	1295
定西市	Dingxi	19709	7400	6009	8457	981	1442
陇南市	Longnan	16272	5897	4284	6971	665	987
临夏州	Linxia	15287	4539	3609	6994	508	1004
甘南州	Gannan	5023	2023	1596	1384	245	333
兰州新区	Lanzhou New Area	1719	676	568	764	61	152

19-15 孕产妇及婴儿死亡率
Mortality Rate of Maternal and Infant

指　标	Item	2010	2015	2020	2022	2023
孕产妇死亡率（1/10 万）	Maternal Mortality Rate (1/100 000)	33.23	15.07	15.07	11.15	11.35
城市	Urban	23.38	19.34	13.19	13.48	10.01
农村	Rural	37.50	13.27	16.18	9.64	12.32
婴儿死亡率（‰）	Infant Mortality Rate(‰)	10.00	5.28	3.37	2.89	3.17
城市	Urban	7.66	4.48	2.88	2.41	2.75
农村	Rural	11.02	5.62	3.66	3.20	3.48
5 岁以下儿童死亡率（‰）	Mortality Rate of Children under 5(‰)	11.35	6.40	4.57	3.94	4.31
城市	Urban	8.86	5.71	3.65	3.27	3.69
农村	Rural	12.43	6.70	5.12	4.37	4.76
新生儿死亡率（‰）	Newborn Mortality Rate(‰)	7.81	3.74	2.23	1.93	2.07
城市	Urban	5.90	3.24	1.98	1.59	1.84
农村	Rural	8.64	3.96	2.38	2.17	2.23

19-16 妇联组织及干部基本情况
Basic Conditions of Women's Federation Organizations and Cadres

指 标	Item	2010	2015	2020	2022	2023
乡及乡以上妇联组织机构（个）	Women's Federation Institution of Township and above (unit)	1488	1469	1466	1475	1473
乡及乡以上妇联干部（人）	Women's Federation Cadres of Township and above (person)	2197	2218	2335	2318	2220
在干部中少数民族干部数（人）	Number of Minority Cadres (person)	276	263			401
少数民族干部占干部总数（%）	Percentage of Minority Cadres in Total Cadres (%)	12.6	11.9			16.7

19-17 各党派党员（成员）数
Number of Different Parties Member

项 目	Item	2010	2015	2020	2022	2023
中国共产党（万人）	Communist Party of China (10 000 persons)	151	175	184	194	196
中国国民党革命委员会（人）	Revolutionary Committee of Kuomintang (person)	2668	3262	3888	4022	4110
中国民主同盟（人）	Democracy League (person)	6444	8118	9506	9839	10013
中国民主建国会（人）	China Democratic National Construction Association (person)	2341	2854	3383	3555	3681
中国民主促进会（人）	China Association Promoting Democracy (person)	2767	3364	3980	4195	4304
中国农工民主党（人）	Chinese Peasants' and Workers' Democratic Party (person)	2041	2610	3393	3550	3672
九三学社（人）	Jiu San Society (person)	2898	3583	4403	4713	4819

19-18　工会组织情况
Basic Statistics on Trade Unions

年 份 Year	工会基层组织数（个） Number of Grassroots Unions (unit)	已建立工会组织的基层单位的职工与会员人数（万人） Membership and Number of Staff and Workers in Grassroots Unions(10 000 persons)				工会专职干部人员数（人） Number of Full-time Personnel of Unions (person)
		职工人数 Number of Staff and Workers	#女职工 Female	会员人数 Membership	#女会员 Female	
1995	12251	194.29	68.44	173.91	62.31	11532
1996	12052	196.34	71.72	175.78	63.88	10020
1997	10596	173.33	61.80	155.82	54.46	8601
1998	10519	173.68	62.45	159.78	57.14	9073
1999	9788	177.23	60.71	157.06	55.36	9554
2000	10768	168.25	60.86	154.69	55.16	8714
2001	14675	177.76	63.50	163.40	56.00	6257
2002	15320	222.27	75.81	209.00	70.25	5789
2003	24291	206.12	69.16	190.43	63.72	5861
2004	23061	206.42	71.29	195.35	67.31	6279
2005	17522	219.05	75.67	207.14	70.49	5475
2006	19328	238.70	83.80	225.35	79.50	5051
2007	21642	268.76	93.14	256.68	89.44	4895
2008	24366	294.22	102.26	281.12	99.18	4890
2009	26936	312.17	105.12	301.35	102.03	5267
2010	28711	326.68	111.90	316.24	109.52	4998
2011	30422	347.28	122.48	335.97	119.19	5989
2012	33196	354.67	126.20	344.56	123.90	6336
2013	35123	370.31	131.38	358.67	129.22	6838
2014	35873	369.92	130.42	356.36	128.25	7199
2015	36626	373.12	134.29	363.35	132.10	7504
2016	37134	386.79	138.60	374.61	135.46	9177
2017	37878	401.33	142.79	388.70	139.85	9887
2018	38373	414.71	149.02	403.07	145.79	10214
2019	37993	424.58	151.79	414.79	149.05	9557
2020	38301	429.64	155.32	420.64	152.66	9873
2021	36045	384.75	143.75	375.24	140.86	10268
2022	36484	374.49	140.23	364.62	137.20	10035
2023	36025	358.03	136.26	349.56	133.61	8485

19-19 生产安全事故绝对指标
Absolute Indicators of Production Safety Accidents

年 份 Year	事故起数（起） Number of Accidents (case)	死亡人数（人） Number of Death (person)	受伤人数（人） Number of Injuries (person)	直接经济损失（万元） Direct Economic Loss (10 000 yuan)
2000	10679	2670	6155	7168.0
2001	11376	2602	6690	6570.6
2002	11607	2759	6769	7016.0
2003	11422	2661	6262	7360.3
2004	9842	2460	5740	6559.9
2005	8420	2181	5564	6924.6
2006	7828	2082	5453	7980.7
2007	5736	1889	4352	8017.5
2008	4875	1797	3774	7789.1
2009	4383	1758	3401	6975.6
2010	4375	1703	3728	8447.5
2011	4103	1737	3627	20239.1
2012	5090	1639	3403	16758.2
2013	5028	1579	3394	11503.9
2014	5061	1543	3605	8699.1
2015	4759	1519	3583	8670.5
2016	1214	978	1036	11929.0
2017	1130	891	998	12853.5
2018	955	776	711	19307.5
2019	845	709	619	17648.4
2020	719	616	544	15255.9
2021	681	585	477	14275.2
2022	709	551	468	17723.3
2023	662	537	462	13806.1

注：自 2016 年 1 月 1 日起，《生产安全事故统计管理办法》和《生产安全事故统计报表制度（暂行）》开始实施，对生产安全事故统计范围统计口径进行改革，具体是：

1. 道路运输事故是指公路客运、公交客运、出租客运、网络约车、旅游客运、租赁、教练、货运、危化品运输、工程救险、校车，包括企业通勤车在内的其他营运性车辆或其他生产经营性车辆等十二类道路运输车辆在从事相应运输活动中发生人员伤亡的事故纳入道路运输业事故统计。
2. 未造成人员伤亡且直接经济损失小于 100 万元（不含）的生产安全事故暂不纳入统计（下表同）。

Since January 1, 2016, "production safety accident statistical management approach" and "production safety accident statistical reporting system (temporary)" began to implement.The production safety accident statistics, statistical caliber were reformed.Specifically is:

a) Road transport accident refers to the road passenger transport, bus passenger transport, leasing passenger transport, network bus, travel passenger, leasing, coach, freight, hazardous chemicals transportation, engineering rescue, school bus, including business commuter vehicles, including other operating vehicles or Other production and operation of vehicles and other 12 types of road transport vehicles engaged in the corresponding transport activities which occurred in the casualties of the accident,include in the road transport industry accident statistics.

b) The production safety accidents that didn't cause casualties and direct economic losses of less than 100 million (excluding) are not included in the statistics temporarily (The following related tables are the same).

19–20　较大以上生产安全事故指标

Production Safety Accident Indicators with Larger Above

年 份 Year	较大生产安全事故起数（起） Number of Production Safety Accident with Larger above (case)	较大生产安全事故死亡人数（人） Number of Death of Production Safety Accident with Larger above (person)	重大以上生产安全事故起数（起） Number of Production Safety Accident with Significantly above (case)	重大以上生产安全事故死亡人数（人） Number of Death of Production Safety Accident with Significantly above (person)
2000	72	284	8	112
2001	58	228	1	22
2002	89	343	3	37
2003	74	282	3	40
2004	68	282	2	29
2005	60	218	2	26
2006	67	261	3	68
2007	78	316		
2008	67	247		
2009	67	250	1	10
2010	59	235	2	23
2011	53	227	3	57
2012	54	203	2	30
2013	50	189	1	18
2014	40	186	3	36
2015	40	155		
2016	18	66	1	12
2017	17	66		
2018	11	39	1	15
2019	19	68		
2020	22	80		
2021	14	54	1	13
2022	12	41	1	10
2023	13	60		

19-21 生产安全事故相对指标

Relative Indicators of Production Safety Accidents

年 份 Year	亿元国内生产总值安全事故死亡率（人） Rate of Safety Accident Mortality Per 100 Million Yuan of GDP (person)	工矿商贸就业人员十万人生产安全事故死亡率（人） Production Safety Accident Mortality Rate Per One Hundred Thousand Employed Persons of Industrial, Mining and Business Enterprises (person)	道路交通万车死亡率（人） 10 Thousand Vehicle Mortality Rate of Road Traffic (person)	煤矿百万吨死亡率（人） Coal Mine Million Tons Mortality Rate (person)
2000	2.54	5.35	31.19	8.45
2001	2.43	4.00	27.09	3.25
2002	2.39	5.48	29.34	2.92
2003	2.04	4.61	22.60	3.05
2004	1.57	4.50	19.36	2.97
2005	1.13	3.00	16.17	1.31
2006	0.92	5.24	14.13	2.62
2007	0.70	4.85	11.43	1.53
2008	0.56	2.99	10.79	0.91
2009	0.52	2.71	9.63	0.75
2010	0.42	2.83	7.64	0.77
2011	0.35	3.41	6.89	0.77
2012	0.29	2.90	5.92	0.74
2013	0.24	2.30	5.15	0.21
2014	0.23	1.33	6.24	0.27
2015	0.22	1.62	4.70	0.43

19-21 续表 continued

年 份 Year	亿元国内生产总值安全事故死亡率（人） Rate of Safety Accident Mortality Per 100 Million Yuan of GDP (person)	工矿商贸就业人员十万人生产安全事故死亡率（人） Production Safety Accident Mortality Rate Per One Hundred Thousand Employed Persons of Industrial,Mining and Business Enterprises (person)	十二类车辆道路交通万车死亡率（人） 10 Thousand Vehicle Mortality Rate of Road Traffic of Twelve Types of Vehicles (person)	煤矿百万吨死亡率（人） Coal Mine Million Tons Mortality Rate (person)
2015（新标准） (New Standard)	0.17	1.62	26.67	0.43
2016	0.13	2.10	18.63	0.28
2017	0.12	2.20	16.10	0.21
2018	0.09	2.54	12.20	0.14
2019	0.08	2.92	11.66	0.24
2020	0.07	2.40	10.73	0.21
2021	0.06	2.67	10.01	0.14
2022	0.05	2.44	8.91	0.36
2023	0.05	1.76	10.17	0.13

19-22 刑事案件发、破案情况
Statistics on Occurred and Solved of Criminal Cases

年 份 Year	刑事案件发案总数（件） Number of Criminal Cases Occurred (case)	刑事案件破案总数（件） Number of Criminal Cases Solved (case)	刑事案件破案率（%） Rate of Criminal Cases Solved (%)
2000	36481	20420	55.97
2001	42881	22546	52.58
2002	36758	19538	53.15
2003	34016	18812	55.30
2004	33099	18216	55.03
2005	31587	18473	58.48
2006	31114	18378	59.07
2007	31203	18325	58.73
2008	43037	20932	48.64
2009	46611	22365	47.98
2010	66472	26404	39.72
2011	78682	30573	38.86
2012	87084	36129	41.50
2013	89013	33814	37.98
2014	92040	30709	33.36
2015	108472	34431	31.74
2016	99806	40701	40.80
2017	78881	34699	44.00
2018	69205	28884	41.74
2019	66552	22675	34.10
2020	66283	24736	37.30
2021	64922	25871	39.85
2022	54624	30064	55.04
2023	51525	33031	64.11

19-23 交通事故情况
Basic Statistics on Traffic Accidents

年 份 Year	交通事故（起） Number of Traffic Accidents (case)	死亡人数（人） Number of Deaths (person)	受伤人数（人） Number of Injuries (person)	直接损失（万元） Direct Property Losses (10 000 yuan)
2000	7520	2078	5637	2927.4
2001	7929	2110	6350	3170.7
2002	7696	2188	6363	3264.9
2003	7659	2090	5948	3498.8
2004	6361	1992	5566	2512.2
2005	5414	1799	5406	2252.8
2006	4822	1695	5311	1737.9
2007	3809	1549	4293	1303.2
2008	3371	1557	3697	1447.9
2009	2937	1553	3353	1224.9
2010	3090	1501	3692	1094.7
2011	3027	1505	3578	2835.5
2012	2954	1438	3343	1659.7
2013	2915	1435	3336	1212.2
2014	3038	1432	3575	1291.2
2015	3064	1396	3554	1236.3
2016	2878	1345	3161	1064.7
2017	2794	1334	3201	929.2
2018	3112	1285	3282	980.5
2019	2923	1197	3000	823.1
2020	2831	1138	2873	688.8
2021	2854	1142	2952	654.0
2022	2887	1306	2592	681.8
2023	3790	1307	3988	709.3

19-24 火灾事故情况
Basic Statistics on Fire Accidents

年 份 Year	火灾事故 （起） Number of Fire Accidents (case)	死亡人数 （人） Number of Deaths (person)	受伤人数 （人） Number of Injuries (person)	直接损失 （万元） Direct Property Losses (10 000 yuan)
2000	2291	24	62	2542.4
2001	2736	51	88	2244.1
2002	3276	32	85	2182.8
2003	3137	31	83	1706.2
2004	3030	24	30	1959.1
2005	2599	31	41	2335.7
2006	2673	16	39	1564.5
2007	1658	15	18	1566.5
2008	1235	7	16	1932.9
2009	1198	5	6	1088.2
2010	1140	10	7	1897.2
2011	912	5	5	3773.2
2012	4388	8	1	4139.4
2013	6472	22	35	7292.0
2014	6028	9	3	5432.2
2015	5469	13	6	4906.8
2016	4887	9	25	3194.9
2017	7314	2	7	3939.2
2018	8594	6	6	3475.4
2019	7979	10	9	4475.0
2020	9174	31	2	5389.6
2021	11455	31	22	7766.1
2022	12364	20	30	6381.9
2023	13836	16	27	10200.0

19-25 受灾情况
Disaster Situation

指 标	Item	2015	2020	2021	2022	2023
受灾面积（公顷）	Area Affected (hectare)	1020927	396333	553442	487918	375180
#旱灾	Drought	532988	7164	410031	169642	211040
洪涝灾	Flood Disaster	72184	71473	18315	59696	16240
风雹灾	Wind and Hail Disaster	268847	139221	107703	105222	46540
台风灾	Typhoon Disaster					
雪灾低温冷冻	Snow Disaster and Low-temperature,Freezing	103239	177695	6795	153356	84350
受灾人次（万人次）	Affected Person-times (10 000 person-times)	660	475.47	403.32	483.04	360.16
直接经济损失（万元）	Direct Economic Loss (10 000 yuan)	622061	3373179	675364	850495	1475000

19-26 婚姻登记和离婚情况
Number of Marriages and Divorces

年 份 Year	准予登记结婚（对） Registered Marriages (couples)	初婚（人） First Marriages (person)	再婚（人） Re-marriages (person)	离婚（对） Divorces (couples)	离婚率（‰） Divorce Rate (‰)
1995	155553	302938	8168	4541	0.38
1996	170379	331815	8943	4855	0.40
1997	154302	298654	9950	4409	0.36
1998	136978	262488	11468	5061	0.41
1999	133121	255203	11039	5241	0.42
2000	127799	244975	10623	5541	0.43
2001	126045	239734	12656	5790	0.45
2002	122033	227496	16570	6224	0.48
2003	118476	222219	14573	23000	1.77
2004	121187	225150	17008	21499	1.64
2005	114554	209947	19161	22260	1.72
2006	132615	245015	20215	23287	1.76
2007	115761	218565	12957	22017	1.68
2008	118023	223252	12794	22928	1.68
2009	122398	233316	11480	24742	1.88
2010	142294	269585	15003	27926	2.18
2011	169112	316838	21386	30473	2.38
2012	167518	318659	16377	32908	2.55
2013	186467	359247	13687	38500	2.98
2014	201813	391891	11735	42231	3.27
2015	220327	426481	14173	46185	3.56
2016	219095	425510	12680	38839	2.98
2017	197930	383348	12512	41272	1.58
2018	210653	384023	37283	46166	1.75
2019	198507	323753	73261	62172	2.35
2020	177911	288392	67430	75740	3.02
2021	164144	275743	52545	42533	1.71
2022	134185	224674	43696	40861	1.64
2023	164245	277782	50708	49810	2.02

注：从 2003 年起离婚人数包含法院判决离婚人数。
a) Since 2003, number of divorce has included the number of divorce sentenced by the courts.

19–27 社会救助情况
Statistics on Social Relief

项　目	Item	2010	2015	2020	2022	2023
城镇低保人数（万人）	Number of Urban Residents Receiving Minimum Living Allowance (10 000 persons)	87.81	76.21	35.54	31.62	30.86
#女性	Female	31.90	29.79	16.41	15.05	14.48
#老年人	Old People	9.70	6.80	3.67	3.57	3.93
#残疾人	Disabled	4.70	3.72	2.43	2.46	2.51
#在职人员	Serving Officers	3.20	0.75	0.31	0.19	0.17
#灵活就业	Flexible Employment	13.90	14.23	8.18	8.05	7.90
城镇居民最低生活保障资金（亿元）	Minimum Living Security Fund of Urban Households (100 million yuan)	18.95	25.13	22.11	22.49	22.18
农村低保人数（万人）	Number of Rural Residents Receiving Minimum Living Allowance (10 000 persons)	326.74	336.92	141.96	149.54	159.09
#女性	Female	104.90	122.79	57.06	61.27	64.62
#老年人	Old People	77.70	74.10	34.26	36.41	39.77
#未成年人	Minor	70.70	48.73	26.48	31.46	34.66
#残疾人	Disabled	22.30	12.34	11.16	14.24	13.89
农村居民最低生活保障资金（亿元）	Minimum Living Security Fund of Rural Households (100 million yuan)	24.27	55.03	43.44	52.59	57.03
农村特困人员救助供养（万人）	Number of Rural Destitute Households Receiving Assistance and Livelihood (10 000 persons)	13.06	12.07	9.07	9.51	9.68
#女性	Female	3.10	2.31	1.57	1.46	1.43
#老年人	Old People	9.32	9.99	6.78	6.60	6.59
#残疾人	Disabled	3.22	2.75	1.96	2.51	2.65
农村集中供养人数	Rural Households with Centralized Livelihood	1.00	0.93	0.85	0.91	0.91
农村分散供养人数	Rural Households with Decentralized Livelihood	11.60	11.14	8.22	8.60	8.77

19–28 社会福利事业单位基本情况（2023）
Basic Statistics on Social Welfare Institutions (2023)

项　目	Item	收留抚养类机构数（个）Number of Adoption Bodies (unit)	年末床位数（张）Number of Beds at Year-end (bed)	年末在院人数（人）Number of Adoption Persons at Year-end (person)	年末职工人数（人）Number of Staff and Workers at Year-end (person)
养老机构总数	**Number of Institutions for the Aged**	**305**	**33404**	**15076**	**4091**
农村养老服务机构	Service Institutions for the Aged in Rural Areas	154	11099	6247	1322
社会福利院	Social Welfare Institutions	48	6427	3782	896
光荣院	Glory School				
养老公寓等各类养老机构	Apartment for the Aged, etc.Various Institutions for the Aged	103	15878	5047	1873
荣誉军人康复医院	Rehabilitation Hospital for Honor Soldiers				
复员军人疗养院	Demobilized Soldiers Sanatorium				
军队离退休干部休养所（军休所）	Retired Military Officers Sanatorium				
为智障与精神病人提供收留抚养服务机构	**Institutions with Adoption Services for Mentally Retarded and Mental Patients**	**3**	**850**	**794**	**290**
福利类精神病院和医院（社会福利院）	Welfare Class Mental Hospital and Hospital (Social Welfare Hospital)	3	850	794	290
复退军人精神病院	Mental Hospitals for Ex-serviceman				
为儿童提供住宿的社会服务机构数	**Number of Social Service Institutions Providing Accommodation for Children**	**17**	**2622**	**1355**	**445**
儿童收养机构	Adoption Institutions for Children				
儿童福利院	Children Welfare House	15	2552	1355	425
SOS 儿童村	SOS Children's Village				
未成年人救助保护中心	Juvenile Rescue and Protection Centers	2	70		20
其他提供住宿的社会服务机构数	**Total Number of Other Social Service Institutions Providing Accommodation**	**47**	**3201**	**868**	**803**
#生活无着人员救助管理站	Rescue Management Station for Destitute Persons	34	1348	132	328
军供站	Serviceman Supply Stations				
安置农场	Placement Farms				
其他提供住宿的社会服务机构	Other Social Service Institutions Providing Accommodation	13	1853	736	475

19-29 各市（州）社会服务基本情况（2023）
Basic Statistics on Social Service by Region(2023)

市（州）	Region	社会服务民政经费（万元）Civil Affairs Funds for Social Service (10 000 yuan)	其他生活救助（传统救济等）（人）Other Living Assistance (Traditional Relief, etc.) (person)	养老服务机构数（个）Number of Service Institutions for the Aged (unit)	养老服务年末收留抚养人数（人）Number of Adoption Persons for the Pension Services at Year-end (person)	养老服务床位数（张）Number of Beds for the Pension Services at Year-end (bed)	社区服务机构和设施总数（个）Number of Community Service Centers (unit)
甘肃省	**Gansu**	**1392373.0**	**55**	**305**	**15076**	**33404**	**5747**
省本级	Province Level	5019.1					1
兰州市	Lanzhou	104928.3	50	20	1761	3698	599
嘉峪关市	Jiayuguan	8118.7		11	387	828	52
金昌市	Jinchang	20063.0		6	276	852	201
白银市	Baiyin	84514.1		15	700	1125	114
天水市	Tianshui	176002.8		12	666	941	113
武威市	Wuwei	77257.1		25	2384	8519	286
张掖市	Zhangye	69367.7		31	1904	3301	145
平凉市	Pingliang	108198.1		26	1395	2609	1649
酒泉市	Jiuquan	54818.2		29	1324	3490	658
庆阳市	Qingyang	133677.0		33	1514	2095	1472
定西市	Dingxi	166992.9		63	1776	3515	56
陇南市	Longnan	168740.2		22	381	923	53
临夏州	Linxia	167763.6	5	8	478	1226	125
甘南州	Gannan	41430.8		4	130	282	127
兰州新区	Lanzhou New Area	5071.5					96
甘肃矿区	Gansu Mining Area	409.9					

19-30 各市（州）抚恤及社会福利救济费用（2023）
Basic Statistics on Pensions and Social Welfare Relief Funds by Region(2023)

单位：万元 (10 000 yuan)

市（州）	Region	抚恤 Pensions	城市居民最低生活保障 Urban Residents Receiving Minimum Living Allowance	农村居民最低生活保障 Rural Residents Receiving Minimum Living Allowance	自然灾害生活救助 Living Relief for Natural Disasters
甘肃省	**Gansu**	**108054**	**221843**	**570273**	**35958**
省本级	Province Level	220			1300
兰州市	Lanzhou	13482	20796	15955	833
嘉峪关市	Jiayuguan	893	933	122	27
金昌市	Jinchang	1559	4915	4022	
白银市	Baiyin	7896	24998	26607	4007
天水市	Tianshui	15314	26121	86240	1962
武威市	Wuwei	8977	8604	25313	4514
张掖市	Zhangye	5472	10209	25282	437
平凉市	Pingliang	9870	20779	42935	759
酒泉市	Jiuquan	4544	13678	11842	422
庆阳市	Qingyang	12191	17066	63561	9656
定西市	Dingxi	11962	18150	86226	1177
陇南市	Longnan	9248	20657	81637	1936
临夏州	Linxia	4096	27342	85513	7868
甘南州	Gannan	1495	7188	12249	1060
兰州新区	Lanzhou New Area	778	105	2769	
甘肃矿区	Gansu Mining Area	58	300		

19-31 各市（州）城乡居民最低生活保障情况（2023）

Basic Statistics on Urban and Rural Residents Receiving Minimum Living Allowance by Region (2023)

单位：人　(person)

市（州）	Region	城镇居民最低生活保障人数 Number of Urban Residents Receiving Minimum Living Allowance	#登记失业 Registered Unemployed	农村最低生活保障人数 Number of Rural Residents Receiving Minimum Living Allowance
甘肃省	**Gansu**	**308628**	**45214**	**1590890**
兰州市	Lanzhou	24842	5780	35751
嘉峪关市	Jiayuguan	1222	78	200
金昌市	Jinchang	6303	518	7296
白银市	Baiyin	31819	7010	76878
天水市	Tianshui	40662	6906	266547
武威市	Wuwei	12718	2910	57472
张掖市	Zhangye	15241	622	50452
平凉市	Pingliang	31775	5867	125353
酒泉市	Jiuquan	17424	1115	28272
庆阳市	Qingyang	22783	8743	184546
定西市	Dingxi	24383	3170	239166
陇南市	Longnan	27665	1728	188683
临夏州	Linxia	41282	423	284553
甘南州	Gannan	10031	303	41084
兰州新区	Lanzhou New Area	160	8	4637
甘肃矿区	Gansu Mining Area	318	33	

19-32 各市（州）社区养老服务机构和设施情况（2023）

Basic Statistics on Community Service Agencies and Facilities for the Aged by Region (2023)

市（州）	Region	单位数（个） Number of Community Service Centers (unit)	年末职工人数（人） Number of Staff and Workers at Year-end (person)	床位数（个） Number of Beds (unit)
甘肃省	**Gansu**	**9510**	**16812**	**117018**
省本级	Provincial Level	5	23	20
兰州市	Lanzhou	777	2114	19930
嘉峪关市	Jiayuguan	41	104	517
金昌市	Jinchang	181	426	2348
白银市	Baiyin	607	1320	8549
天水市	Tianshui	1310	2727	15467
武威市	Wuwei	689	1143	8321
张掖市	Zhangye	520	804	4071
平凉市	Pingliang	879	2034	10909
酒泉市	Jiuquan	332	474	4439
庆阳市	Qingyang	1020	1467	9433
定西市	Dingxi	1124	873	11088
陇南市	Longnan	831	837	8827
临夏州	Linxia	681	1460	9711
甘南州	Gannan	455	871	2981
兰州新区	Lanzhou New Area	58	135	407
甘肃矿区	Gansu Mining Area			

19-33 残疾人事业基本情况
Basic Information of Person with Disabilities

项　目	Item	2021	2022	2023
康复（人）	**Rehabilitation (person)**			
视力残疾人接受基本康复服务	Persons with Visually Disability Received Basic Rehabilitation Services	9873	13107	12191
听力残疾人接受基本康复服务	Persons with Hearing Disability Received Basic Rehabilitation Services	10777	13097	13157
肢体残疾人接受基本康复服务	Persons with Physical Disability Received Basic Rehabilitation Services	51345	66274	70589
智力残疾人接受基本康复服务	Persons with Intellectual Disability Received Basic Rehabilitation Services	7520	8738	8242
精神残疾人接受基本康复服务	Persons with Mental Disability Received Basic Rehabilitation Services	12818	15015	14944
教育	**Education**			
高等院校招生残疾考生人数（人）	Disable Students Admitted to Higher Education Institutions (person)	535	444	819
就业（人）	**Employment (person)**			
按比例就业	Proportionate Employment	6591	6549	6097
集中就业	Centralized Employment	1783	1791	1753
个体就业	Individual Employment	15298	14561	13484
公益性岗位	Public Welfare Position	3007	3082	3129
辅助性岗位	Auxiliary Position	3306	3069	2799
从事农业种植加工业	Engaged in Agricultural Planting and Processing	168477	161795	153052
灵活就业形式	Flexible Employment	72286	72675	71735
社会保障	**Social Security**			
符合参保条件的残疾居民（人）	Disability Residents Who Meet the Insured Conditions (person)	1051476	1046830	1036343
#重度残疾人	People with Severe Disability	378807	395467	404765
实际参保的残疾居民	Disabled Residents who Actual Participate in Insurance	975980	964917	945879
60 周岁以下参保残疾居民（人）	60 Year Old and under Disabled Residents who Actual Participate in Insurance (person)			
#重度残疾人	People with Severe Disability	225478	231469	230341
#获得全额代缴	Get Full Payment by Others	161935	165626	151901
获得部分代缴	Get Part of Payment by Others	55197	55513	68356
残疾人托养机构（个）	Care and Rehabilitation Institutions for Disabled (unit)	197	162	114
维权	**Rights Protection**			
残疾人法律援助工作站（个）	Legal Assistance Station for PWDs(unit)			
残疾人法律救助工作站办理的案件（件）	Case Handled by the Legal Assistance Station for PWDs (case)			
组织建设（人）	**Organization construction (person)**			
省市县乡残联编制	Manning Quotas of Provincial,Municipal,County and Township CDPFs	3671	3755	3947
省市县乡残联实有人员	Actual Personnel with Provincial,Municipal,County and Township CDPFs	4355	4432	4904
服务设施	**Service Facilities**			
已投入使用残疾人综合服务设施（个）	Comprehensive Service Facilities for PWDs that Already Put into Use (unit)	94	93	94

19-34 社会保险基金收支及累计结余

Revenue, Expenses and Balance of Social Insurance Fund

单位：万元 (10 000 yuan)

年份 Year	合计 Total	基本养老保险 Basic Pension Insurance	失业保险 Unemployment Insurance	基本医疗保险 Basic Medical Care Insurance	工伤保险 Work Injury Insurance	生育保险 Maternity Insurance
基金收入 Revenue						
1995	61053	60848		101	90	14
1996	94266	93715		349	156	46
1997	124765	124078		426	183	78
1998	135667	134754		421	324	168
1999	288392	287409		453	357	173
2000	362539	361037		878	446	178
2001	426149	372816	26752	26158	297	126
2002	533371	443252	27341	62343	252	183
2003	590252	473460	29227	86925	325	315
2004	680744	538930	29968	108013	2335	1498
2005	768770	603454	33913	122647	5246	3510
2006	1041336	802548	45350	178381	11561	3496
2007	1272909	963161	47454	244994	13551	3749
2008	1593361	1139038	65240	364387	19266	5430
2009	1928964	1374014	83594	438172	25944	7240
2010	2273747	1656659	86576	492238	28762	9512
2011	3039940	2227124	114802	620985	59085	17944
2012	3253788	2331174	128708	719366	51333	23207
2013	3622603	2579881	147850	802865	60957	31050
2014	4212005	2981741	166208	951800	72288	40018
2015	4445590	3113855	155599	1054949	78147	43040
2016	5386647	3927631	145984	1190656	82279	40097
2017	7271907	4542399	105450	2484305	92038	47715
2018	9301110	6260806	107340	2720700	123191	89073
2019	10115282	6730233	128760	3071245	101820	83224
2020	10108011	6516012	117291	3410156	64552	
2021	12264782	7975674	152331	4015939	120838	
2022	12847965	8535343	160578	4021067	130977	
2023	14648329	9932687	200126	4370783	144733	
基金支出 Expenses						
1995	43678	43578		66	21	13
1996	82195	93715		212	31	23
1997	112622	124078		350	38	53
1998	136044	134754		374	69	98
1999	297059	287409		245	141	124
2000	368560	361037		839	286	124
2001	399340	372816	16334	14297	157	89
2002	472790	443252	19723	45717	187	88
2003	531273	473460	32138	71084	344	157
2004	575528	465062	23643	85995	535	293
2005	639453	501410	24625	110468	1856	1094

注：1. 2007 年及以后城镇基本医疗保险基金中包括城镇职工基本医疗保险和城镇居民基本医疗保险。
2. 2010 年及以后基本养老保险基金中包括城镇职工基本养老保险和城乡居民基本养老保险。
3. 工伤保险累计结余中含储备金。
4. 2020 年生育保险与城镇职工基本医疗保险合并实施，生育保险基金收入及支出情况在基本医疗保险中反映。

a) Data of basic medical care insurance include both urban workers and urban residence from 2007.
b) Data of the basic pension insurance for 2010 and following years include the basic pension insurances for urban workers and for urban and rural residents.
c) The grand total of work injury insurance at year-end include reserve fund.
d) In 2020, the maternity insurance and the basic medical insurance for urban employees were merged and implemented, so the income and expenditure of the maternity insurance fund are reflected in the basic medical insurance.

19–34 续表 continued

单位：万元 (10 000 yuan)

年 份 Year	合 计 Total	基本养老保险 Basic Pension Insurance	失业保险 Unemployment Insurance	基本医疗保险 Basic Medical Care Insurance	工伤保险 Work Injury Insurance	生育保险 Maternity Insurance
2006	799960	614418	39276	140115	4641	1510
2007	921999	708366	26033	178778	6878	1944
2008	1185827	896631	34488	242606	9346	2756
2009	1478303	1063507	60588	332770	17411	4027
2010	1744135	1269141	74598	378909	16783	4704
2011	2123277	1534152	33027	506543	42740	6815
2012	2661208	1926021	30279	653193	39895	11820
2013	3108375	2247052	26453	762692	51699	20479
2014	3548465	2585831	18794	857968	60771	25101
2015	4136933	3068733	49579	927726	64290	26605
2016	4864849	3673157	82224	1005799	67530	36139
2017	6457098	4009307	59318	2246486	70881	71106
2018	8308877	5535949	56535	2567213	80516	68664
2019	9498791	6468181	80364	2772961	93036	84249
2020	10297647	7204193	176158	2824326	92970	
2021	11273606	7883467	113033	3178138	98968	
2022	11621205	8516401	191137	2826584	87083	
2023	13494043	9385494	60930	3924467	123152	
累计结余 Balance at Year-end						
1995	66108	65949		47	108	4
1996	78176	77735		178	236	27
1997	90319	89632		254	381	52
1998	89939	88883		301	636	119
1999	86307	85110		177	852	168
2000	80447	78836		377	1012	222
2001	150355	73189	53024	13055	863	224
2002	210946	119376	60642	29681	928	319
2003	314408	200118	57731	54956	1126	477
2004	400752	266104	64056	65974	2936	1682
2005	530901	368146	73342	78989	6326	4098
2006	782212	560176	79423	121865	14664	6084
2007	1140053	814976	100845	188240	28095	7897
2008	1547277	1057383	131258	310096	37968	10572
2009	1998372	1367889	154264	415931	46503	13785
2010	2541256	1769817	166242	528462	58144	18591
2011	3457915	2462788	248016	642900	74491	29720
2012	4050546	2867941	346445	665153	85549	41107
2013	4577811	3215776	467841	747894	94586	51714
2014	5240005	3611686	615255	840319	106102	66644
2015	5529615	3637160	721275	968142	119959	83079
2016	7010309	4850528	785036	1152998	134709	87038
2017	8270173	5434596	831168	1784895	155867	63647
2018	9309775	6248858	881973	1908882	176006	94056
2019	9829743	6598208	753982	2209883	184790	82880
2020	9981955	6251876	695115	2878593	156371	
2021	11380159	6751111	734412	3716394	178242	
2022	12606920	6770053	703853	4910878	222136	
2023	13761205	7317245	843049	5357194	243717	

19-35 社会保障基本情况
Basic Statistics of Social Security

单位：万人 (10 000 persons)

项 目	Item	2010	2015	2020	2022	2023
基本养老保险	**Basic Pension Insurance**					
年末参加基本养老保险人数	Basic Pension Insurance Participants at Year-end					
城镇职工基本养老保险	Urban Employees Basic Pension Insurance	242.48	306.20	484.50	517.55	532.54
职工	Number of Employees	171.13	197.01	319.80	343.05	352.43
离退休人员	Number of Retirees	71.35	109.19	164.70	174.50	180.11
城乡居民基本养老保险	Basic Pension Insurance for Urban and Rural Residents	378.99	1236.74	1388.18	1386.55	1378.98
失业保险	**Unemployment Insurance**					
年末参保人数	Contributors at Year-end	164.46	162.76	187.36	202.76	210.05
全年发放失业保险金（万元）	Unemployed Relief (10 000 yuan)	14673	13600	12800	15629	18904
基本医疗保险	**Medical Care Insurance**					
年末参保人数	Contributors at Year-end	588.79	634.96	2590.40	2555.12	2510.59
职工	Staff and Workers	290.22	307.90	361.92	380.97	396.68
城乡居民	Urban and Rural Residents	298.57	327.03	2228.48	2174.15	2113.91
工伤保险	**Work Injury Insurance**					
年末参保人数	Contributors at Year-end	130.09	182.60	264.64	287.22	297.44
年末享受待遇的人数	Beneficiaries at Year-end	1.09	2.33	1.54	1.67	2.11
生育保险	**Maternity Insurance**					
年末参保人数	Contributors at Year-end	82.00	154.10	234.01	256.88	265.41
享受待遇人数（万人次）	Beneficiaries at Year-end (10 000 person-times)	1.02	3.53	14.46	6.97	13.39

注：2012 年 8 月起，新型农村社会养老保险和城镇居民社会养老保险制度全覆盖工作全面启动，合并为城乡居民社会养老保险（下表同）。

a) Since August 2012, system of new rural old-age insurance and urban basic pension insurance have started completely, and called basic pension insurance for urban and rural residents as total (The following related tables are the same).

19-36 各市（州）年末参加企业职工基本养老保险人数
Enterprise Employee Basic Pension Insurance Contributors at Year-end by Region

单位：万人 (10 000 persons)

市（州）	Region	2013	2014	2015	2016	2017	2018	2019	2020	2021	2022	2023
甘肃省	**Gansu**	**288.40**	**298.85**	**306.20**	**315.00**	**324.10**	**336.51**	**349.73**	**361.05**	**375.53**	**387.59**	**399.57**
兰州市	Lanzhou	59.92	66.16	68.76	71.73	76.30	83.74	90.50	94.53	98.66	101.37	105.90
嘉峪关市	Jiayuguan	9.37	9.66	10.09	10.43	11.16	11.54	11.74	11.87	12.50	13.00	13.19
金昌市	Jinchang	5.99	6.00	6.37	6.69	6.81	7.14	7.31	7.54	8.02	8.48	8.83
白银市	Baiyin	13.00	13.22	14.02	14.31	14.63	14.97	15.79	16.36	17.09	19.15	19.58
天水市	Tianshui	19.79	20.12	20.52	21.82	22.77	23.56	24.50	25.42	26.53	27.27	27.99
武威市	Wuwei	11.00	11.40	12.20	12.51	12.83	13.93	16.57	17.55	17.85	18.44	18.93
张掖市	Zhangye	10.39	10.73	11.33	11.63	11.96	12.51	13.00	13.42	14.19	14.85	15.43
平凉市	Pingliang	9.82	9.99	10.33	10.41	10.81	11.10	11.65	12.08	12.56	12.98	13.46
酒泉市	Jiuquan	10.95	11.64	12.02	13.78	14.01	13.68	13.83	14.41	15.63	16.08	16.66
庆阳市	Qingyang	7.32	7.46	7.57	7.64	7.74	7.36	8.07	9.00	9.81	10.06	10.23
定西市	Dingxi	9.09	9.49	10.10	10.29	10.72	11.74	10.81	11.05	11.43	12.02	12.45
陇南市	Longnan	7.02	7.14	7.30	7.41	7.63	8.02	8.28	8.38	8.82	9.11	9.45
临夏州	Linxia	6.27	6.35	6.43	6.48	6.62	6.25	6.54	6.55	6.80	6.96	7.21
甘南州	Gannan	2.44	2.45	2.53	2.45	2.13	2.20	2.35	2.47	2.72	2.84	3.12

注：不包括离退休人员。

a) The retirees are not included in this table.

19–37　各市（州）年末参加城乡居民基本养老保险人数
Urban and Rural Residents Basic Pension Insurance Contributors at Year-end by Region

单位：万人　　(10 000 persons)

市（州）	Region	2013	2014	2015	2016	2017	2018	2019	2020	2021	2022	2023
甘肃省	**Gansu**	**1238.49**	**1240.13**	**1236.74**	**1253.73**	**1262.36**	**1316.97**	**1372.56**	**1388.18**	**1387.89**	**1386.55**	**1378.98**
兰州市	Lanzhou	74.81	74.05	72.78	72.78	72.85	75.01	75.87	76.13	76.34	76.62	76.57
嘉峪关市	Jiayuguan	1.67	1.75	1.85	1.90	1.92	2.06	2.16	2.23	2.28	2.28	2.31
金昌市	Jinchang	15.87	15.99	15.87	15.91	16.18	16.06	15.80	15.79	15.53	15.43	15.37
白银市	Baiyin	74.06	73.47	74.33	75.63	75.74	79.21	81.17	81.79	84.20	84.29	83.43
天水市	Tianshui	163.27	166.73	167.53	170.90	174.85	192.22	200.45	203.84	202.73	204.34	203.64
武威市	Wuwei	88.14	87.62	87.40	87.49	87.14	89.80	90.59	90.54	90.27	90.73	90.11
张掖市	Zhangye	68.52	69.15	68.98	68.70	68.57	68.88	68.59	68.67	68.17	68.06	67.32
平凉市	Pingliang	118.45	119.36	119.60	120.76	121.23	127.58	129.24	130.68	129.64	128.85	126.76
酒泉市	Jiuquan	44.31	44.58	44.43	44.47	44.35	44.95	45.06	45.31	44.92	45.99	45.36
庆阳市	Qingyang	143.32	142.74	148.03	148.94	149.85	151.17	151.57	154.38	156.57	155.79	154.92
定西市	Dingxi	156.02	156.11	150.06	156.18	158.87	161.96	165.50	166.17	165.96	165.75	165.77
陇南市	Longnan	149.76	149.52	150.51	152.88	153.37	157.68	163.31	169.79	168.37	166.67	166.06
临夏州	Linxia	104.41	102.95	100.05	100.81	100.85	111.66	143.94	143.21	143.15	142.48	142.14
甘南州	Gannan	35.87	36.12	35.32	36.38	36.58	38.72	39.31	39.67	39.76	39.29	39.25

19–38　各市（州）年末参加失业保险人数
Unemployment Insurance Contributors at Year-end by Region

单位：万人　　(10 000 persons)

市（州）	Region	2013	2014	2015	2016	2017	2018	2019	2020	2021	2022	2023
甘肃省	**Gansu**	**163.09**	**162.35**	**162.76**	**164.32**	**165.38**	**168.34**	**172.97**	**187.36**	**196.08**	**202.76**	**210.05**
兰州市	Lanzhou	57.36	57.27	56.75	56.76	56.73	56.77	60.02	67.44	71.08	73.23	75.06
嘉峪关市	Jiayuguan	5.36	5.38	5.55	5.77	6.10	6.45	6.55	6.58	6.67	6.65	6.95
金昌市	Jinchang	7.30	7.28	7.59	7.55	7.05	7.05	6.74	6.62	7.07	7.30	7.72
白银市	Baiyin	11.88	12.00	12.47	12.51	12.67	12.65	12.36	11.66	11.72	11.75	11.82
天水市	Tianshui	14.51	14.37	14.20	14.10	13.99	13.74	13.51	12.08	12.08	12.49	12.81
武威市	Wuwei	6.39	6.48	7.12	7.29	7.80	8.74	9.68	10.66	11.01	11.75	12.00
张掖市	Zhangye	6.85	7.00	7.34	7.67	7.85	8.25	8.60	8.89	9.28	9.60	9.89
平凉市	Pingliang	8.70	8.69	8.68	8.66	8.69	8.83	9.03	10.79	11.56	12.49	13.17
酒泉市	Jiuquan	7.03	6.52	6.70	7.17	7.54	8.28	9.08	10.62	11.62	12.05	12.79
庆阳市	Qingyang	8.27	8.26	8.26	8.27	8.29	8.28	8.35	12.04	13.08	13.75	13.85
定西市	Dingxi	8.25	8.38	8.57	8.81	8.96	9.13	9.63	10.48	10.76	11.22	11.86
陇南市	Longnan	4.26	4.82	4.72	4.76	4.83	5.40	5.54	5.36	5.47	5.58	5.98
临夏州	Linxia	4.19	4.11	4.17	4.00	3.67	3.46	2.93	2.98	3.11	3.27	3.43
甘南州	Gannan	2.76	2.81	3.05	3.36	3.64	3.82	3.26	3.64	4.04	4.11	4.31

19–39 各市（州）城镇职工基本医疗保险参保人数

Persons Covered of Urban Employees Basic Medical Care Insurance by Region

单位：万人 (10 000 persons)

市（州）	Region	2013	2014	2015	2016	2017	2018	2019	2020	2021	2022	2023
甘肃省	**Gansu**	**297.05**	**302.60**	**307.92**	**314.44**	**320.25**	**331.59**	**344.30**	**361.92**	**372.34**	**380.97**	**396.68**
兰州市	Lanzhou	82.23	84.45	85.72	90.73	92.99	98.71	105.79	126.70	129.58	130.87	139.47
嘉峪关市	Jiayuguan	8.38	8.06	8.75	8.92	9.26	9.71	10.76	11.43	9.80	10.38	10.69
金昌市	Jinchang	11.36	11.89	12.05	12.11	11.97	12.19	12.29	12.71	12.91	13.63	14.35
白银市	Baiyin	21.83	22.15	22.45	23.19	23.54	23.71	24.06	24.84	25.28	25.39	26.14
天水市	Tianshui	27.66	27.66	27.67	25.16	25.42	25.79	27.86	29.01	30.11	30.24	29.10
武威市	Wuwei	12.69	12.84	13.16	13.30	13.35	13.96	14.45	14.91	15.83	16.11	16.48
张掖市	Zhangye	12.15	12.00	11.85	12.16	12.41	13.01	13.40	13.83	14.29	14.69	15.54
平凉市	Pingliang	11.03	11.20	1.95	12.36	12.84	13.07	13.78	16.14	17.25	19.19	20.14
酒泉市	Jiuquan	12.82	11.28	11.52	11.79	12.19	12.68	12.87	16.43	17.30	18.32	19.45
庆阳市	Qingyang	13.93	14.09	14.10	14.30	14.27	14.30	14.63	15.90	16.78	17.68	18.43
定西市	Dingxi	14.52	14.92	15.48	15.82	16.14	16.27	16.69	17.19	18.09	18.39	18.97
陇南市	Longnan	13.35	13.44	13.41	14.08	14.20	14.74	15.11	15.88	16.82	17.10	17.69
临夏州	Linxia	10.33	10.68	10.89	11.01	11.38	11.49	11.72	12.28	12.88	13.28	13.89
甘南州	Gannan	6.59	6.98	7.26	7.46	8.08	8.38	8.40	7.86	8.23	8.39	8.43

19–40 各市（州）城乡居民基本医疗保险参保人数

Persons Covered of Urban and Rural Residents Basic Medical Care Insurance by Region

单位：万人 (10 000 persons)

市（州）	Region	2013	2014	2015	2016	2017	2018	2019	2020	2021	2022	2023
甘肃省	**Gansu**	**325.72**	**328.05**	**327.03**	**328.90**	**2191.97**	**2215.06**	**2228.64**	**2228.48**	**2214.85**	**2174.15**	**2113.91**
兰州市	Lanzhou	100.27	106.84	106.82	105.91	215.37	214.90	209.99	208.36	209.04	207.11	204.90
嘉峪关市	Jiayuguan	7.73	7.73	8.24	8.46	11.35	11.61	11.48	11.49	12.21	12.17	12.15
金昌市	Jinchang	31.42	31.04	30.97	30.96	30.69	31.07	30.92	30.62	30.04	29.44	28.87
白银市	Baiyin	20.44	21.70	17.78	18.34	139.84	141.55	140.69	137.62	136.49	132.62	128.57
天水市	Tianshui	27.98	20.33	21.59	21.48	304.08	303.53	304.63	305.46	306.59	297.39	287.93
武威市	Wuwei	17.63	17.60	17.51	21.48	155.83	156.18	153.03	148.67	146.45	141.55	137.70
张掖市	Zhangye	16.49	16.79	17.02	16.71	110.73	110.34	109.09	107.44	106.35	104.31	102.58
平凉市	Pingliang	16.18	17.06	17.47	18.17	191.05	192.67	193.62	190.62	188.36	182.70	178.63
酒泉市	Jiuquan	17.19	16.96	16.89	17.13	79.70	79.49	79.89	78.35	78.15	76.55	75.06
庆阳市	Qingyang	15.69	14.15	14.15	14.15	227.30	227.13	226.27	222.90	220.55	216.52	210.54
定西市	Dingxi	15.69	16.36	17.17	17.77	249.34	255.72	256.22	255.15	253.82	250.21	243.90
陇南市	Longnan	14.79	14.40	14.23	15.83	240.13	244.73	248.45	249.10	248.82	245.18	240.15
临夏州	Linxia	18.60	20.93	20.98	20.99	176.66	185.25	202.61	220.37	215.48	215.82	201.05
甘南州	Gannan	7.15	6.18	6.21	6.33	59.90	60.90	61.76	62.33	62.51	62.58	61.88

注：2017 年，城镇居民基本医疗保险改为城乡居民医疗保险，将新农合参保人数归入其中。

a) Since 2017,urban residents basic medical care insurance are changed to urban and rural residents basic medical care insurance,the new rural cooperative medical care are included.

19-41 各市（州）年末参加工伤保险人数

Work Injury Insurance Contributors at Year-end by Region

单位：万人 (10 000 persons)

市（州）	Region	2013	2014	2015	2016	2017	2018	2019	2020	2021	2022	2023
甘肃省	**Gansu**	**167.72**	**175.14**	**182.60**	**188.35**	**198.58**	**219.43**	**244.10**	**264.64**	**278.74**	**287.22**	**297.44**
兰州市	Lanzhou	46.28	46.18	45.92	49.91	55.12	61.00	69.29	75.12	80.39	81.60	82.84
嘉峪关市	Jiayuguan	6.47	6.85	7.28	7.16	6.95	7.34	7.48	7.34	7.29	7.44	7.43
金昌市	Jinchang	7.39	7.40	7.44	7.31	7.02	8.50	8.71	8.65	9.23	9.42	9.81
白银市	Baiyin	13.02	12.72	12.84	13.48	14.39	14.54	15.09	15.92	16.86	16.57	16.99
天水市	Tianshui	9.94	9.94	12.46	13.33	13.48	14.17	17.38	18.84	19.40	20.57	20.98
武威市	Wuwei	10.29	11.39	11.86	12.51	15.05	16.18	14.89	16.14	15.84	15.87	16.18
张掖市	Zhangye	7.49	7.88	9.02	8.73	9.04	9.85	10.76	11.99	12.07	12.87	14.02
平凉市	Pingliang	9.10	8.78	8.88	8.09	8.10	10.25	12.74	15.54	15.97	16.78	17.58
酒泉市	Jiuquan	9.50	8.85	9.68	10.18	10.27	11.61	12.30	13.34	14.54	14.95	15.84
庆阳市	Qingyang	5.69	5.81	6.53	7.53	7.61	8.65	10.32	11.70	12.58	13.56	14.97
定西市	Dingxi	8.22	8.90	9.44	9.53	9.67	9.90	12.55	13.03	13.18	14.17	14.73
陇南市	Longnan	6.90	6.70	6.67	6.97	7.15	7.56	10.43	11.20	13.10	13.89	14.70
临夏州	Linxia	3.81	4.22	4.35	4.71	5.61	6.18	10.38	10.92	11.92	12.76	13.37
甘南州	Gannan	3.02	2.95	3.10	3.37	3.39	5.70	5.70	6.55	7.36	7.34	7.87

19-42 各市（州）年末参加生育保险人数

Maternity Insurance Contributors at Year-end by Region

单位：万人 (10 000 persons)

市（州）	Region	2013	2014	2015	2016	2017	2018	2019	2020	2021	2022	2023
甘肃省	**Gansu**	**135.07**	**143.70**	**154.10**	**162.75**	**175.31**	**202.91**	**221.81**	**234.01**	**250.69**	**256.88**	**265.41**
兰州市	Lanzhou	45.61	45.52	45.25	48.49	54.94	58.62	63.57	76.98	83.16	85.05	88.88
嘉峪关市	Jiayuguan	6.18	7.14	7.37	7.50	6.88	6.93	6.93	6.93	6.81	6.93	7.12
金昌市	Jinchang	3.63	3.77	3.94	4.06	4.43	4.26	4.28	4.69	7.56	7.98	8.51
白银市	Baiyin	7.51	8.05	8.60	8.81	10.36	10.74	12.48	14.74	15.19	15.06	15.33
天水市	Tianshui	10.62	10.89	13.31	13.84	14.01	15.00	18.28	18.63	19.41	19.49	18.88
武威市	Wuwei	6.83	7.35	7.51	7.61	7.49	8.88	9.45	11.03	11.69	11.93	12.07
张掖市	Zhangye	6.62	7.14	7.54	7.90	8.10	8.63	8.95	9.35	9.68	10.17	10.85
平凉市	Pingliang	6.26	6.40	7.36	7.58	7.91	8.38	9.82	11.47	12.72	14.05	14.80
酒泉市	Jiuquan	6.58	6.21	6.72	7.04	7.28	8.19	8.82	11.06	12.36	13.12	14.02
庆阳市	Qingyang	8.65	8.88	8.96	9.16	9.40	10.03	10.46	11.00	11.90	12.35	12.82
定西市	Dingxi	9.89	10.29	10.63	10.75	10.93	11.08	11.88	12.58	13.21	13.34	13.69
陇南市	Longnan	4.30	4.54	4.71	6.92	7.08	9.60	10.33	11.95	12.50	12.68	13.08
临夏州	Linxia	5.35	5.64	5.89	6.37	8.24	8.31	8.47	9.41	9.93	10.17	10.62
甘南州	Gannan	2.92	3.38	3.55	3.92	5.51	5.92	6.29	5.97	6.32	6.46	6.46

主要统计指标解释

卫生机构 指从卫生行政部门取得《医疗机构执业许可证》，或从民政、工商行政、机构编制管理部门取得法人单位登记证书，为社会提供医疗保健、疾病控制、卫生监督服务或从事医学科研和教育等工作的单位。卫生机构包括医院、疗养院、社区卫生服务中心（站）、卫生院、门诊部、诊所（卫生所、医务室）、急救中心（站）、采供血机构、妇幼保健院（所、站）、专科疾病防治院（所、站）、疾病预防控制中心（防疫站）、卫生监督所、卫生监督检验（监测、检测）机构、医学科研机构、医学在职培训机构、健康教育所（站）等其他卫生机构。

医院 包括综合医院、中医医院、中西医结合医院、民族医院、各类专科医院和护理院。

基层医疗卫生机构 包括社区卫生服务中心、社区卫生服务站、街道卫生院、乡镇卫生院、村卫生室、门诊部、诊所（医务室）。

专业公共卫生机构 包括疾病预防控制中心、专科疾病防治机构、妇幼保健机构（含妇幼保健计划生育服务中心）、健康教育机构、急救中心（站）、采供血机构、卫生监督机构、取得《医疗机构执业许可证》或《计划生育技术服务许可证》的计划生育技术服务机构。

卫生人员 指在医院、基层医疗卫生机构、专业公共卫生机构及其他医疗卫生机构工作的职工，包括卫生技术人员、乡村医生和卫生员、其他技术人员、管理人员和工勤人员。一律按支付年底工资的在岗职工统计，包括各类聘任人员（含合同工）及返聘本单位半年以上人员，不包括临时工、离退休人员、退职人员、离开本单位仍保留劳动关系人员、本单位返聘和临聘不足半年人员。

卫生技术人员 包括执业医师、执业助理医师、注册护士、药师（士）、检验技师（士）、影像技师、卫生监督员和见习医（药、护、技）师（士）等卫生专业人员。不包括从事管理工作的卫生技术人员（如院长、副院长、党委书记等）。

执业医师 指具有《医师执业证》及其“级别”为“执业医师”，且实际从事医疗、预防保健工作的人员，不包括实际从事管理工作的执业医师。执业医师类别分为临床、中医、口腔和公共卫生。

执业助理医师 指《医师执业证》“级别”为“执业助理医师”且实际从事医疗、预防保健工作的人员，不包括实际从事管理工作的执业助理医师。执业助理医师类别分为临床、中医、口腔和公共卫生四类。

每万人口医疗卫生机构床位 每万人口医疗卫生机构床位 = 医疗卫生机构床位数 / 人口数 ×10000。人口数系年末常住人口。

卫生总费用 是反映一个国家或地区在一定时期内（通常为 1 年）用于医疗卫生保健服务所消耗的资金总量。用筹资来源法测算，分为政府卫生支出、社会卫生支出、个人现金卫生支出三部分。

政府卫生支出 指各级政府用于医疗卫生服务、医疗保障补助、卫生和医疗保障行政管理、人口与计划生育事务支出等各项事业的经费。

社会卫生支出 指政府支出外的社会各界对卫生事业的资金投入。包括社会医疗保障支出、商业健康保险费、社会办医支出、社会捐赠援助、行政事业性收费收入等。

个人现金卫生支出 指城乡居民在接受各类医疗卫生服务时的现金支付，包括享受各种医疗保险制度的居民就医时自付的费用。可分为城镇居民、农村居民个人现金卫生支出，反映城乡居民医疗卫生费用的负担程度。

人均卫生费用 即某年卫生总费用与同期平均人口数之比。

卫生总费用与 GDP 之比 指某年卫生总费用与同期国内生产总值（GDP）之比。是用来反映一定时期国家对卫生事业的资金投入力度，以及政府和全社会对卫生事业、居民健康的重视程度。

孕产妇死亡率 指年内每 10 万名孕产妇的死亡人数。孕产妇死亡指从妊娠期至产后 42 天内，由于任何妊娠或妊娠处理有关的原因导致的死亡，但不包括意外原因死亡者。按国际通用计算方法，“孕产妇总数”以“活产数”代替计算。

5 岁以下儿童死亡率 指年内未满 5 岁儿童死亡人数与活产数之比，一般以‰表示。

新生儿死亡率 指年内新生儿死亡数与活产数之比。一般以‰表示。新生儿死亡指出生至28天以内（即0–27天）

死亡人数。

离婚率　指某地区当年离婚对数占该地区年平均人口的比重。计算公式为：

$$离婚率=\frac{当年离婚对数}{年平均人口数}\times 100\%$$

基本养老保险（参保）职工人数　指报告期末按照国家法律、法规和有关政策规定参加基本养老保险并在社保经办机构已建立缴费记录档案的职工人数，包括中断缴费但未终止养老保险关系的职工人数，不包括只登记未建立缴费记录档案的人数。

基本医疗保险参保人数　指报告期末按国家有关规定参加基本医疗保险的人数。包括参加保险的职工人数和退休人员人数。

失业保险参保人数　指报告期末按照国家法律、法规和有关政策规定参加了失业保险的城镇企业事业单位的职工及地方政府规定参加失业保险的其他人员的人数。

工伤保险参加人数　指报告期末依据国家有关规定参加工伤保险的职工人数。

生育保险参保人数　指报告期末依据有关规定参加生育保险的职工人数。

城镇居民最低生活保障人数　指报告期末家庭平均收入在当地规定的最低生活保障线以下的城镇居民数。包括“三无”对象、失业人员和在职、下岗、退休人员等。

农村居民最低生活保障人数　指报告期末在建立农村最低生活保障制度的地区，得到当地政府或集体给予最低生活保障的农业人口家庭人数。

20

文化和体育

Culture and Sports

简要说明

一、本篇资料主要内容

本篇主要反映文化、体育、新闻出版、广播电视事业的发展情况。

文化资料主要包括文化产业基本情况、艺术表演团体、艺术表演场所、公共图书馆、博物馆、文化馆、文化站、广播、电影、电视、新闻出版等文化事业的机构、人员、经费和业务活动情况。体育资料主要包括体育系统职工和运动员情况。

二、本篇资料来源

本篇资料由省统计局社会科技处搜集、整理。艺术业、图书馆业、群众文化服务业的资料来自省文旅厅；广播、电影、电视资料来自省广电局；出版资料来自省委宣传部；体育资料来自省体育局。

20-1 文化产业基本情况
Basic Statistics of Cultural Industry

项 目	Item	2015	2020	2021	2022
文化产业增加值（亿元）	Value-added of Cultural Industry (100 million yuan)	124.2	186.9	216.7	215.3
#法人单位增加值（亿元）	Value-added of Corporate Units (100 million yuan)	99.4	145.9	168.4	163.7
文化产业增加值占GDP的比重(%)	Value-added of Cultural Industry as Proportion of GDP (%)	1.8	2.1	2.1	1.9
文化产业法人单位机构数（家）	Number of Corporate Units Institutions of Cultural Industry (uint)	11025			29356
从业人员（万人）	Employed Persons (10 000 persons)	20.3	13.1	12.3	16.0

20-2 文化及相关产业规模以上企业分类主要指标（2023）
Main Indicators of Culture and Related Industry above Designated Size by Type (2023)

项 目	Item	法人单位数（个）Number of Institutional Unit (unit)	从业人员期末人数（人）Number of Employed Persons at year-end (person)	资产总计（万元）Total Assets (10 000 yuan)	营业收入（万元）Business Revenue (10 000 yuan)	利润总额（万元）Total Profits (10 000 yuan)
全省	**Total**	**182**	**19331**	**3260492**	**1765681**	**4611**
文化核心领域	**Core Area**	**139**	**16747**	**3000957**	**1629154**	**6495**
新闻信息服务	News and Information Service	5	1142	66745	85016	6086
内容创作生产	Content Authoring	28	1795	584145	195401	20583
创意设计服务	Creative Design Service	23	3229	481001	520285	29816
文化传播渠道	Channels of Cultural Transmission	56	7930	1254643	745838	-50365
文化投资运营	Cultural Investment and Operation					
文化娱乐休闲服务	Cultural Entertainment and Service	27	2651	614423	82613	375
文化相关领域	**Related Area**	**43**	**2584**	**259535**	**136528**	**-1884**
文化辅助生产和中介服务	Subsidiary Production and Intermediary Services	30	2280	224523	96265	-2876
文化装备生产	Production of Cultural Equipment	4	35	5362	5786	131
文化消费终端生产	Terminal Production of Cultural Consumption	9	269	29651	34478	862